ELS·ELW 거래실무서

유석진 감수
지영근 · 최한진 · 문성제 · 정재은 공저

박영사

추 천 사

우리나라의 파생결합증권 시장은 지난 10년간 눈부신 발전과 성장을 거듭해왔습니다. ELS 시장은 2012년 현재 연간 50조원에 가까운 발행실적을 기록하며, ELS가 처음 도입된 10년 전에 비해 10배 이상 성장하는 등 저금리 시대의 효율적인 대체투자 상품으로 자리 매김해가고 있으며, ELW 또한 장내주식옵션의 빈자리를 보충하며 투자 및 헤지수단으로써의 기능과 제 역할을 충분히 하고 있습니다.

금융투자협회는 파생상품시장의 건전한 발전과 투자자보호를 위해 금융당국 및 업계 관계자와 함께 꾸준한 노력을 기울여 왔습니다. 2011년에는 금융감독원 및 업계 시장참여자와 함께 「파생상품업무처리 모범규준」을 개정하여 금융투자회사가 파생상품을 취급함에 있어 리스크관리의 효율성을 제고할 수 있도록 하였으며, 2012년에는 「파생결합증권 신고서 작성 가이드라인」과 「ELS · DLS 신고서 작성사례」를 제정하여 투자자가 파생결합증권 공시내용을 통해 정보를 쉽게 얻을 수 있도록 하는 한편, 파생결합증권의 운용 및 헤지자산 관리가 보다 투명하게 운영될 수 있도록 「파생결합증권 발행 및 운용에 관한 모범규준」을 제정한 바 있습니다.

파생결합증권 시장은 앞으로도 무궁무진한 발전이 기대되는 만큼 풀어가야 할 과제도 많습니다. 금융투자협회는 금융당국 및 업계 관계자와 함께 건전한 투자문화가 정착될 수 있도록 지속적인 노력을 경주하겠습니다.

이와 같은 노력의 일환으로 파생결합증권에 대한 실무과정을 담은 책자를 발간하게 되었습니다.

현장에서 직접 실무를 수행하는 담당자들이 그간 업무를 수행하면서 습득한 노하우를 그대로 담아 시장참가자 및 일반투자자들이 파생결합증권에 보다 쉽게 다가갈 수 있도록 기술하였습니다. 아무쪼록 본 책자가 파생결합증권 시장에 대한 친절한 지침서가 될 수 있기를 바랍니다.

마지막으로 이 책이 만들어지기까지 많은 노력을 경주하여 주신 저자분들께 감사드리며, 우리나라 파생결합증권 시장의 꾸준한 발전을 기원합니다.

2012년 12월

한국금융투자협회 파생상품본부장 직무대행

이 도 연

머 리 말

이 책은 파생결합증권 중 주가연계상품인 ELS·ELW의 기획에서부터 설계, 발행, 운용, 유통, 사후관리에 이르기까지 전 과정에 걸쳐 실무적으로 접근하고자 기획되었다. 저자들은 모두 증권회사에서 ELS·ELW 관련 업무를 오랜 기간 했거나, 현재 하고 있는 현장실무자로 구성하였다. 기획의도에 맞춰 저자들은 각자 현장에서 쌓아온 오랜 경험과 지식을 바탕으로 이해하기 쉽고 실제 활용이 가능하도록 집필하고자 노력하였으며, 이에 따라 책의 제목도 「ELS·ELW 거래실무서」로 정하게 되었다.

기존에 발간된 파생상품 관련 저서들은 파생상품 전반을 포괄적으로 다루고 있어 개별 상품에 대한 자세한 설명이 부족하였고, 가격결정이론(pricing model)의 경우 상당한 배경 지식을 요해 일반 독자가 쉽게 접근하기 어려웠다. 또한 실무서의 경우 옵션·스왑 등 고전적인 파생상품에 편중되어 있어 파생결합증권에 대해 실무적으로 접근한 책은 거의 찾아볼 수 없었다. 이렇듯 저자 4인은 파생결합증권에 관한 실무와 그 응용을 중심으로 한 서적의 부재라는 공동 인식 하에 ELS와 ELW에 관한 거래실무서를 집필하기로 의기투합하게 되었다.

이 책은 크게 네 개의 장으로 구성되어 있다. 우선 제1장은 파생결합증권에 대한 개괄적인 설명으로, 파생결합증권 시장 개요, 설계, 발행과정, 파생결합증권 영업시 유의점 등에 대해 서술하였으며, 제2장 및 제3장은 각각 ELS와 ELW의 평가 및 운용전략에 대해 다루고 있다. 마지막으로 제4장은 파생결합증권의 법적 의미, 발행 관련 계약서 및 파생결합증권 헤지를 위한 장외파생상품 계약시 법률리스크 관리를 위해 유의해야 할 사항을 담았다.

파생결합증권 담당 실무자가 업무중 궁금한 사항을 참고하고, 파생결합증권에 관심을 가지고 있는 일반투자자가 파생결합증권의 발행 및 운용과정을 보다 쉽고 깊이 있게 이해하는 데 조금이나마 도움이 되길 바란다.

이 책을 집필하는 동안 많은 관심과 배려로 도움을 주신 모든 분들께 감사드린다. 특히 증권회사 장외파생상품 1세대로서 파생결합증권 실무경험을 바탕으로 감수를 맡아 부족한 부분을 채워주신 와이즈에프엔의 유석진 상무님, 아낌없는 조언으로 책의 완성도를 높여주신 신영증권 김대일 이사님, 대우증권 양한준 변호사님, HMC투자증권의 오영표 변호사님 및 무사히 책이 나올 수 있도록 물심양면으로 지원해주신 금융투자협회 및 박영사 관계자 여러분께 진심으로 감사드린다.

마지막으로 저자들이 이 책에 기술한 내용은 저자들이 근무하고 있는 회사의 공식적인 입장이 아닌 개인적인 견해임을 밝혀둔다.

저자 일동

차 례

CHAPTER 1 파생결합증권의 개요

CHAPTER 3 ELW 실무 및 LP트레이딩

CHAPTER 4 파생결합증권의 법적 실무

파생결합증권의 개요

CHAPTER 01

CHAPTER 1

파생결합증권의 개요

1. 파생결합증권의 의의 및 현황

1-1. 파생결합증권의 의의

파생결합증권이란 기초자산의 가격·이자율·지표·단위 또는 이를 기초로 하는 지수 등의 변동과 연계하여 미리 정하여진 방법에 따라 지급금액 또는 회수금액이 결정되는 권리가 표시된 증권[1]을 말한다.

기초자산의 종류[2]

1. 금융투자상품
2. 통화(외국통화 포함)
3. 일반상품(농산물, 축산물, 수산물, 임산물, 광산물, 에너지에 속하는 물품 및 이 물품을 원료로 하여 제조하거나 가공한 물품, 그 밖에 이와 유사한 것)

---

1 자본시장과 금융투자업에 관한 법률(이하 자본시장법) 제4조 7항.

2 자본시장법 제4조 10항.

4. 신용위험(당사자 또는 제삼자의 신용등급의 변동, 파산 또는 채무재조정 등으로 인한 신용의 변동)
5. 그 밖에 자연적, 환경적, 경제적 현상 등에 속하는 위험으로서 합리적이고 적정한 방법에 의하여 가격, 이자율, 지표, 단위의 산출이나 평가가 가능한 것

1-2. 파생결합증권의 분류

파생결합증권은 일반적으로 실무상에서 ELS, ELW, DLS 등으로 분류된다.

① ELS(Equity Linked Securities): 주권의 가격 혹은 주가지수를 기초자산으로 하여, 그 기초자산의 가격 등의 변동과 연계하여 미리 정해진 방법으로 투자수익이 결정되는 증권

② ELW(Equity Linked Warrant): 주권의 가격 혹은 주가지수 등의 기초자산을 사전에 정한 미래의 시점(만기)에 미리 정하여진 가격(행사가격)에 사거나(Call) 팔(Put)수 있는 권리(옵션)를 나타내는 증권으로 거래소에서 요구하는 일정 요건을 갖출 경우 거래소 시장에 상장하여 주식과 동일하게 매매 가능

③ DLS(Derivative Linked Securities): ELS와 비슷하나 기초자산이 주권의 가격 혹은 주가지수에 한정되지 않고 이자율, 환율, 일반상품 및 신용위험 등 가격, 이자율, 지표, 단위 또는 이를 기초로 하는 지수 등의 변동과 연계하여 투자수익이 결정되는 증권

이러한 파생결합증권의 구분은 증권거래법 시절로 거슬러 올라가게 된다. 자본시장법이 시행되기 이전에 파생결합증권은 증권거래법에서 유가증권으로 분류되어 다음과 같이 정의되어 있었고, 이러한 이유에서 실무상에서는 아직 파생결합증권을 ELS, ELW, DLS로 구분하여 관리되고 있다. 본 서는 주가연계 파생결합증권 실무서이니만큼 ELS와 ELW를 중심으로 서술하고자 한다.

舊증권거래법 내 파생결합증권의 정의 및 분류[3]

6. 재정경제부령이 정하는 기준에 따라 발행하는 증권이나 증서로서 당사자 일방의 의사표시에 의하여 유가증권시장·코스닥시장 또는 이와 유사한 시장으로서 외국에 있는 시장에서 매매거래되는 특정 주권의 가격이나 주가지수의 수치의 변동과 연계하여 미리 정하여진 방법에 따라 주권의 매매나 금전을 수수하는 거래를 성립시킬 수 있는 권리를 표시하는 증권 또는 증서(본호신설 2002. 2. 9, 본호개정 2003. 2. 24, 2004. 4. 1, 2005. 1. 27)
7. 재정경제부령이 정하는 기준에 따라 발행하는 증권이나 증서로서 유가증권시장·코스닥시장 또는 이와 유사한 시장으로서 외국에 있는 시장에서 매매거래되는 특정 주권의 가격이나 주가지수의 수치의 변동과 연계하여 주권 또는 금전(그 주권·증권 또는 증서의 가치에 상당하는 금전을 말한다)의 지급청구권을 표시하는 증권 또는 증서(본호신설 2003. 2. 24, 본호개정 2004. 4. 1, 2005. 1. 27)
8. 재정경제부령이 정하는 기준에 따라 다음 각목의 어느 하나에 해당하는 것의 변동과 연계하여 미리 정하여진 방법에 따라 이익을 얻거나 손실을 회피하기 위한 계약상의 권리를 나타내는 증권 또는 증서(제6호 및 제7호에 해당하는 것을 제외한다)
   가. 법 제2조 제1항 각호의 규정에 따른 유가증권의 가격·이자율 또는 이를 기초로 하는 지수의 수치
   나. 재정경제부령이 정하는 것의 가격·이자율 또는 이를 기초로 하는 지수의 수치 또는 지표
   다. 신용위험(당사자 또는 제3자의 신용등급의 변동·파산 또는 채무재조정 등을 말한다. 이하 같다)의 지표(본호신설 2005. 3. 28)

1-3. ELS 시장현황

ELS는 증권회사가 장외파생상품을 취급할 수 있게 된 이후 2003년 2월에 증권거래법 시행령 개정에 따라 유가증권으로 지정되면서 시장에 처음 등장하였다. 초기엔 옵션과 채권이 결합된 원금보장형 상품이 주류를 이루었고, 이후에 점차 다양한 상품들이 출시되었다. 2003년에는 3.5조원이 발행되었으며, 이후 2006년에 처음 20조원을 돌파하였으며, 금융위기가 있었던 2008~2009년에 잠시 주춤한 적을 제외하

3 舊증권거래법 시행령 제2조의3.

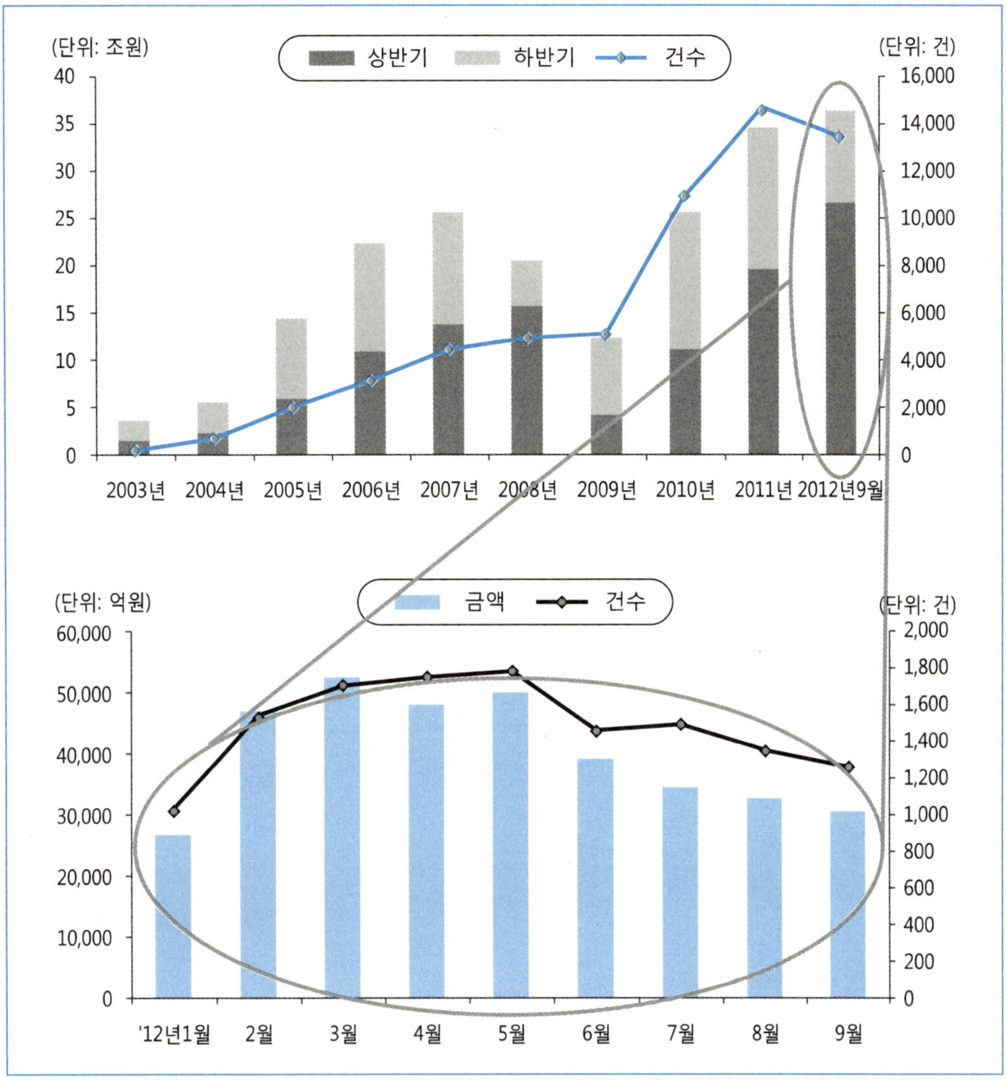

[그림 1-1] ELS 연도별 발행현황 및 2012년 월별 발행현황

고는 매년 꾸준하게 성장하였다. 2012년은 상반기에만 26.3조원[4]이 발행되어 연말까지 40조원이 넘게 발행될 것으로 예상된다.

발행 후 미상환잔액 또한 꾸준하게 증가하여 2012년 9월말 현재 39조원이 발행 후 미상환잔액으로 남아있다.

---

4 2012년 3월 5.3조원이 발행되어 월별 발행실적 최초로 5조원이 넘게 발행되었다.

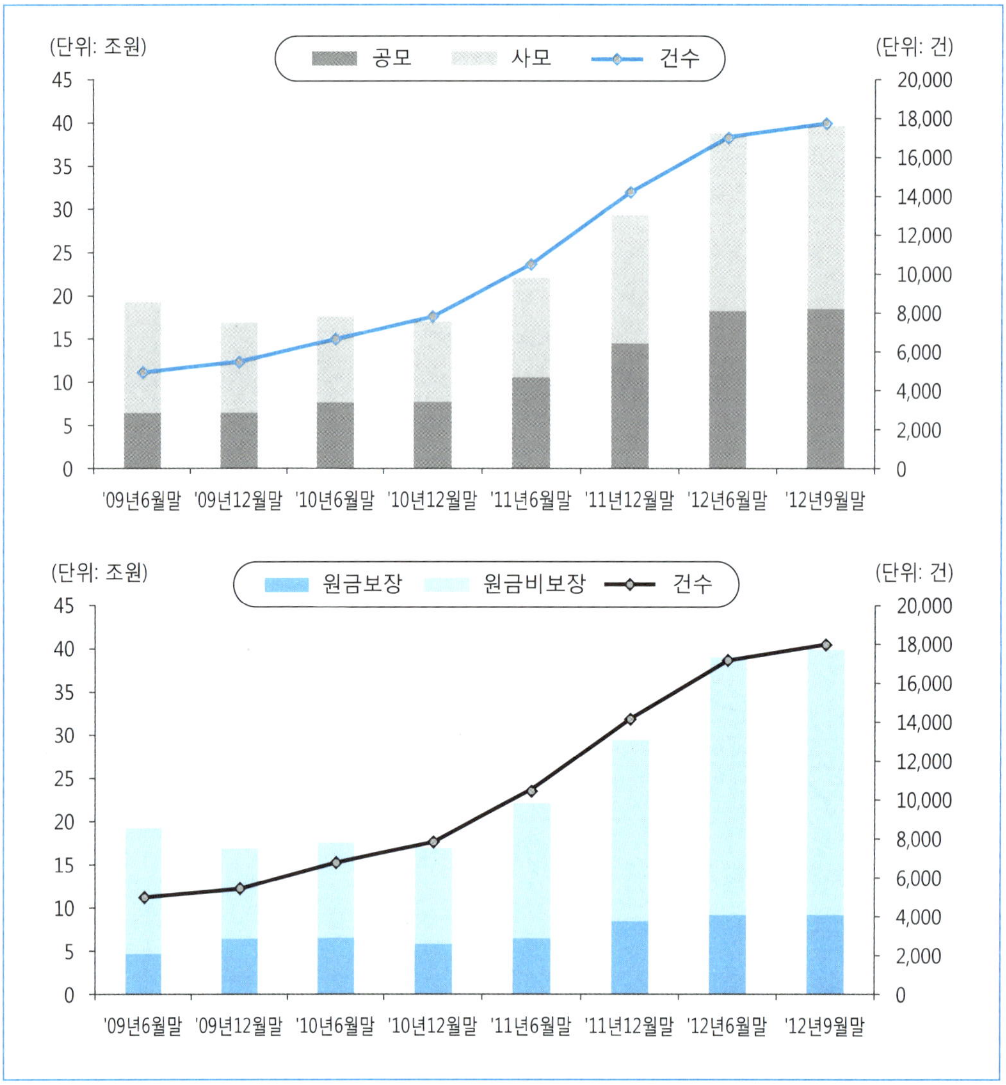

[그림 1-2] 2009~12년 반기별 ELS 발행잔액

1-4. ELW 시장현황

ELW는 2005년 12월에 처음 도입되었으며, 2012년 9월말 현재 4,040종목(약 183억 워런트)이 상장되어 있으며, 시가총액은 약 5.6조원이다. 일평균거래대금은 ELW가 처음 상장된 2005년에는 210억원에 불과했으나 이후 폭발적으로 증가하여 2010년에는 1조 6천억원까지 증가(일일거래대금 최고치는 2010년 10월 14일에 기록

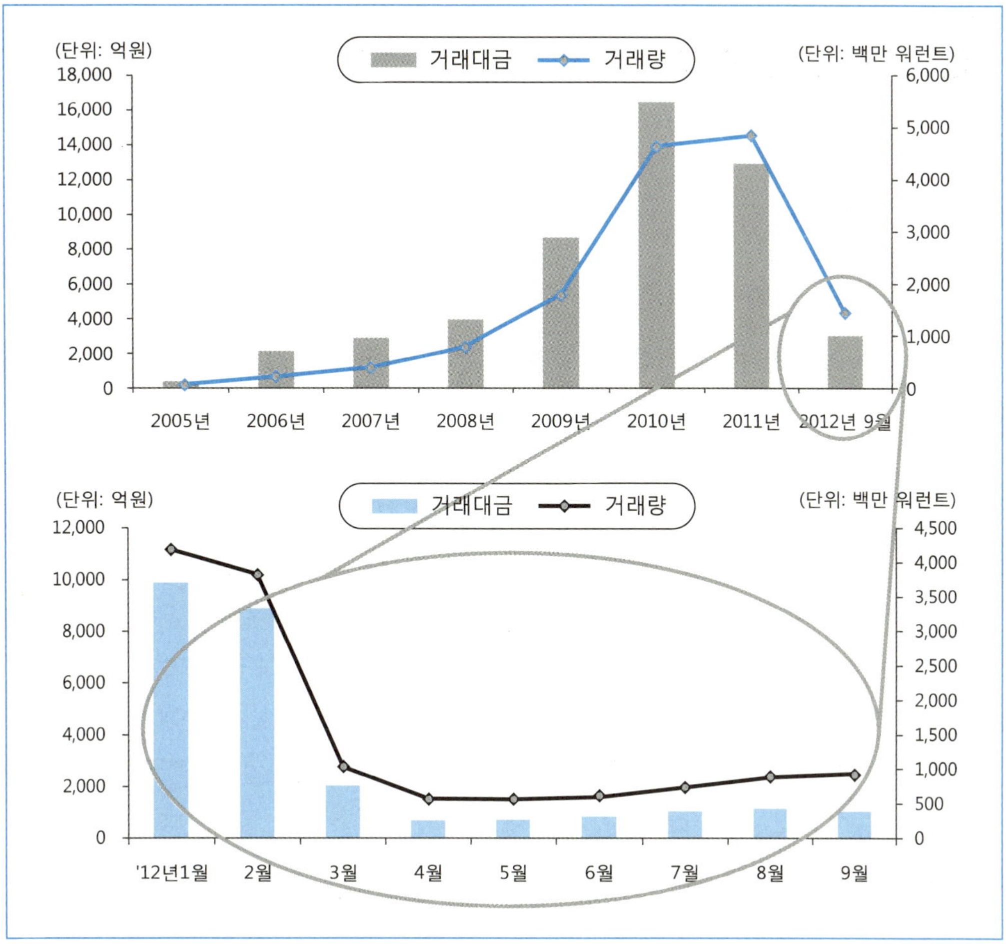

[그림 1-3] **ELW 연도별 및 2012년 월별 일평균거래현황**

한 2조 7,746억원)하였으나 2011년에는 1조 2천억원으로 감소하였으며, 2012년에는 일평균거래대금이 5분의1 수준인 2천 8백억원대로 급감하였다. 특히 ELW 안정화 조치가 취해진 2012년 3월부터 월별 일평균거래대금이 1천억원을 하회하고 있다. ELW의 일평균거래량 역시 2005년에는 불과 1천 4백만 워런트였으나 2011년에는 48억 워런트로 증가한 후, 2012년에는 14억 워런트로 급감하였다.

2. ELS 및 ELW의 종류

2-1. ELS의 종류

(1) 원금보장유무에 따른 분류[5]

ELS는 상품설계에 따라 원금보장형 상품과 원금비보장형 상품으로 분류할 수 있다. 원금보장형 상품의 경우 기초자산의 가격 움직임과 상관없이 투자자는 만기에 원금을 보장받을 수 있다. 또한 상품설계에 따라 원금이상 또는 원금의 일정부분을 보장하는 상품(예: 원금의 102% 보장, 원금의 95% 보장)도 가능하다. 한 가지 유의할 점은 원금보장의 의미가 시장위험으로부터의 보장에 한정된다는 점이다. 투자자의 요청에 의해 만기나 자동조기상환 이전에 중도상환을 요청하는 경우 원금의 손실이 발생할 수 있다. 또한 발행사의 신용위험으로부터는 원금보장이 되지 않아 발행사가 파산, 지급불능 등의 경우가 발생하는 경우에도 원금손실이 발생할 수 있다.

원금비보장형 상품의 경우 원금보장형 상품에 비해 고수익을 추구할 수 있고, 보다 다양한 상품설계가 가능하다. 저금리 기조가 계속되면서 ELS는 중위험 중수익 구조의 대표적인 상품으로 자리매김했으며, 이러한 현상에는 원금비보장 상품이 크게 일조를 했다. ELS의 발행현황을 봐도 시기에 따라 약간의 차이는 있지만 일반적으로 원금비보장형 상품과 원금보장형 상품의 비율은 7: 3 정도로 원금비보장형 상품이 많이 발행되었다.

(2) 발행형태에 따른 분류

ELS는 발행형태에 따라 공모와 사모로 구분할 수 있다. 공모ELS는 증권신고서,[6] 투자설명서 및 간이투자설명서 등을 금감원 공시사이트에 공시하고, 효력발생 이후 청약권유의 과정을 통해 판매가 이루어진다. 공모ELS는 불특정다수를 대상으로 발행

5 자본시장법 개정안이 통과되면 원금보장 파생결합증권은 파생결합증권에서 제외되어 파생결합사채로 분류된다. 이에 대한 자세한 내용은 제4장에서 후술하기로 한다.

6 대부분 ELS 발행사의 경우 지속·반복적으로 ELS를 발행하기 때문에 일괄신고서, 일괄신고추가서류 등을 사용하고 있다. 이에 대해서는 추후에 자세하게 설명하기로 한다.

표 1-1 연도별 ELS 원금보장/비보장 발행현황(2012년은 1~9월) (단위 : 억원, 건)

구분	2009년 월평균		2010년 월평균		2011년 월평균		2012년 월평균 (1~9월)	
	금액	건수	금액	건수	금액	건수	금액	건수
공모	4,630	171	9,061	334	12,596	519	14,250	568
사모	5,340	256	11,998	576	16,046	699	25,837	932
합계	9,970	428	21,059	910	28,642	1,218	40,087	1,500

하기 때문에 개인 등 일반투자자 및 공모형식을 갖춘 상품에만 투자할 수 있는 일부 기관을 대상으로 한다. 따라서 사모ELS에 비해 보다 공시관련 및 판매절차에 관련해서 까다로운 규제를 받게 된다.

이에 반해 사모ELS는 발행사와 투자자가 일대일 계약형식으로 발행된다. 따라서 공제회, 투신사, 보험사, 은행, 일반법인, 새마을금고, PB센터 등을 통해 거액을 투자하는 개인을 주로 대상으로 한다. 일대일 계약형식이기에 공모에 비해 규제에서 비교적 자유로운 편이고, 발행당 금액이 공모에 비해 큰 편이다. 따라서 사모ELS의 발행금액이 공모ELS의 발행금액보다 많다.

(3) 기초자산에 따른 분류

ELS는 개별주식의 가격 또는 주가지수를 기초자산으로 한다. 한 개의 개별주식의 가격을 기초자산으로 하기도 하고, 두 개 이상의 개별주식의 가격을 기초자산으로 하기도 한다. 주가지수를 기초자산으로 하는 ELS도 하나 혹은 둘 이상의 주가지수를 기초자산으로 하기도 한다. 경우에 따라서는 개별주식의 가격과 주가지수를 조합한 혼합형 기초자산 ELS도 발행된다. 혼합형의 경우 최근 좀 늘어나는 추세이긴

표 1-2 연도별 ELS 공/사모 발행현황(2012년은 1~9월) (단위 : 억원, 건)

구분	'09년 월평균		'10년 월평균		'11년 월평균		'12년 월평균 (1~9월)	
	금액	건수	금액	건수	금액	건수	금액	건수
원금보장	2,762	104	4,799	211	8,238	288	12,374	293
원금비보장	7,208	324	16,260	699	20,404	930	27,713	1,206
합계	9,970	428	21,059	910	28,642	1,218	40,087	1,500

| 표 1-3 | 2012년 9월 기초자산별 ELS 발행현황 (단위 : 억원, 건, %)

보장유무	모집형태	지수형			주식형			혼합형			전체		
		금액	건수	비중	금액	건수	비중	금액	건수	비중	금액	건수	비중
원금보장	공모	618	83	2.0%	–	–	0.0%	1	1	0.0%	619	84	2.0%
	사모	5,576	87	18.2%	11	1	0.0%	–	–	0.0%	5,587	88	18.2%
	합계	6,194	170	20.2%	11	1	0.0%	1	1	0.0%	6,206	172	20.2%
원금비보장	공모	6,735	192	22.0%	1,649	150	5.4%	496	40	1.6%	8,880	382	29.0%
	사모	12,597	358	41.1%	2,310	291	7.5%	656	60	2.1%	15,563	709	50.8%
	합계	19,333	550	63.1%	3,959	441	12.9%	1,152	100	3.8%	24,444	1,091	79.8%
합계	공모	7,353	275	24.0%	1,649	150	5.4%	497	41	1.6%	9,500	466	31.0%
	사모	18,173	445	59.3%	2,321	292	7.6%	656	60	2.1%	21,150	797	69.0%
	합계	25,527	720	83.3%	3,970	442	13.0%	1,153	101	3.8%	30,650	1,263	100%

*비중 : 금액기준 비중

하지만 전체에서 차지하는 비중은 아직 미미한 편이고, 지수형이 70% 이상을 차지한다.

(4) 기타 주가연계상품과의 비교

개별주식의 가격 또는 주가지수를 기초자산으로 하여 그 가격과 수익이 연동되는 상품에는 ELS, ELF 및 ELD가 있다. 세 상품 모두 수익구조나 경제적 실질은 비슷하나 설계 및 운용주체, 법적 성질 등에서 각각 차이가 있다.

ELS는 발행사인 금융투자회사가 발행하는 사채와 같은 법적 성질을 가지는 증권의 일종이다. 따라서 발행사는 사전에 정해진 조건 충족 시 사전에 정해진 수익을 지급해야만 한다. 즉, ELS 발행 후 운용과정에서의 이익 또는 손실여부와 상관없이 정해진 조건이 충족되면 정해진 수익을 지급해야 하는 것이다.

ELF(Equity Linked Fund)는 운용사가 모집하여 발행하는 수익증권으로서 그 수익이 ELS와 마찬가지로 기초자산인 개별주식 또는 주가지수와 연동된다. 또한 ELF는 원금보장 및 원금비보장 형태의 상품이 모두 가능하나 운용실적에 따라 연동되는 펀드이므로 원금보장은 불가능하며 원금보존추구의 형태로 발행이 된다.

| 표 1-4 | ELS/ELD/ELF의 비교

구 분	ELD	ELS	ELF
주 체	은행	금융투자회사	운용사
투자형태	정기예금	파생결합증권	집합투자증권
판매기관	은행	금융투자회사[7]	금융투자회사/은행
자산운용	고유계정	고유계정	고유계정 분리
예금보호	보장	해당 없음	해당 없음
원금보장	보장	원금보장/비보장	원금보전추구/비보전
소득과세	이자	배당	배당/이자
수익률	사전약정수익률	사전약정수익률	실적배당

ELD(Equity Linked Deposit)는 상품설계 및 판매주체가 은행이다. 수익이 개별 주식의 가격 또는 주가지수에 연동한다는 점은 다른 여타 주가연계 상품과 동일하나 상품의 본질 자체가 예금이기 때문에 원금보장형 상품만 가능하다. 또한 수익에 대해 다른 상품은 배당소득세를 부과하나 ELD는 예금이므로 이자소득세를 부과[8]한다.

2-2. ELW의 종류[9]

(1) 권리종류(콜/풋)에 따른 분류

ELW는 권리종류에 따라 콜ELW 또는 풋ELW 두 가지 종류로 발행된다. 콜ELW는 만기에 기초자산을 행사가격으로 발행사로부터 인수하거나 그 차액(만기평가가격－행사가격)만큼 받을 수 있는 권리가 부여된 증권을 의미하며, 풋ELW는 만기에 기초자산을 행사가격으로 발행사에게 인도하거나 그 차액(행사가격－만기평가가격)만큼 받을 수 있는 권리가 부여된 증권을 의미한다. 현재 콜ELW, 풋ELW 두 가지 권리 모두 상장되어 거래되고 있으나, 만기결제방식은 현금에 의한 차액결제방식으로만 이루어지고 있다.

---

7 ELS는 기본적으로 발행사인 금융투자회사에서 판매를 하나, 사모로 발행된 ELS를 은행 특정금전신탁에 편입하여 은행창구에서 판매가 이루어지기도 한다

8 현재 배당소득세와 이자소득세의 세율은 동일하다.

9 디지털 ELW, 바스켓ELW 등도 상장되어 거래된 적이 있으나 현재 거의 상장되지 않고 있으므로 plain vanilla option 형태의 ELW와 KOBA를 중심으로 간략히 소개하고 자세한 사항은 3장에서 서술하기로 한다.

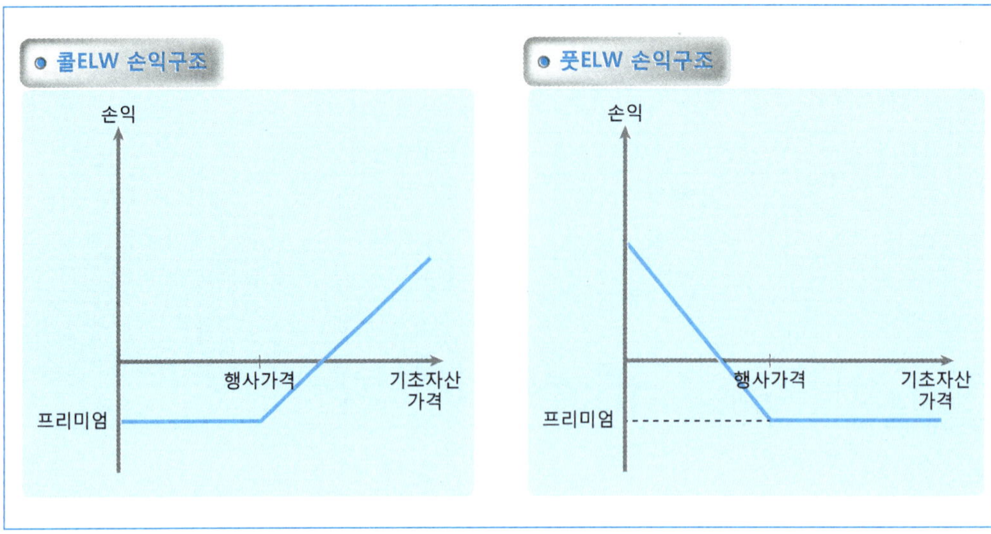

[그림 1-4] 콜ELW와 풋ELW의 손익구조

(2) 기초자산에 따른 분류

ELW는 개별주식 또는 주가지수를 기초자산으로 하여 발행된다. ELW의 기초자산으로 사용될 수 있는 개별종목 및 주가지수는 거래소 규정 및 세칙[10]에서 정한 바에 따라 매 분기 거래소가 선정하여 발표하고 있다.

개별주식 ELW와 주가지수 ELW의 가장 큰 차이점은 만기평가가격의 산정방식이다. 일반적으로 개별주식 ELW의 경우 최종거래일을 포함한 전 5영업일 간의 기초자산 종가의 평균으로, 주가지수 ELW의 경우에는 지수의 최종거래일의 종가로 산정한다.

ELW 기초자산

1. 코스피200지수를 구성하는 종목 중 거래대금 상위 100위 이내의 종목 중 일평균거래대금이 100억원 이상으로서 거래소가 매 분기별로 공표하는 종목 또는 당해 복수종목의 바스켓
2. 스타지수를 구성하는 종목 중 상장예비심사청구일이 속하는 월의 직전월의 말일을 기

10 유가증권시장 상장규정 제41조의2 제1항 2호 및 시행세칙 제24조의4.

준으로 시가총액 상위 5개의 종목 또는 당해 복수종목의 바스켓
3. 코스피200지수, 스타지수, 니케이225(Nikkei225)지수, 항셍(Hang Seng)지수

(3) 조기종료 ELW

조기종료 ELW(KOBA ELW: Knock Out BArrier ELW)는 2010년 9월 6일 처음으로 상장되었다. 일반 ELW와 달리 조기종료(Knock Out) 성격이 추가된 새로운 유형의 ELW이며 최소잔존가치[11]를 보장한다. 즉, ITM 상태로 발행되어 조기종료 콜 ELW[12]의 경우 기초자산의 가격이 상승하면 그 상승분에 비례하여 수익을 거둘 수 있고, 기초자산의 가격이 하락하여 Knock Out Barrier[13](Down and Out barrier)에 도달하면 옵션은 소멸하여 조기종료 콜ELW는 바로 상장이 폐지되며, Max[최소잔존가치, (조기종료 평가가격[14] − 행사가격)] × 전환비율을 지급하게 된다.

현재 조기종료 ELW는 Kospi200지수만을 기초자산으로 발행되고 있다. 당초 조기종료 ELW는 최소잔존가치를 보장해줌으로써 원금손실을 제한하여 투자안정성을 높이고, ITM 상태로 발행함으로써 내재변동성 등의 영향을 적게 받아 보다 투명한 가격이 제공되는 상품으로서 기존ELW의 보완재로써 역할해 줄 것으로 기대하였으나 현재 상장된 조기종료 ELW 대부분이 거래가 거의 되지 않아 상장종목 수도 점점 줄어들고 있는 실정이다.

---

11 최소잔존가치는 콜의 경우(조기종료발생 기준가격 − 행사가격) × 30% 이상, 풋의 경우(행사가격 − 조기종료발생 기준가격) × 30% 이상이어야 한다.

12 조기종료 풋ELW의 경우 반대로서 Knock Out Barrier가 Up and Out Barrier이며, barrier 도달 시 Max[최소잔존가치, (행사가격 − 조기종료 평가가격)] × 전환비율을 지급한다.

13 최소한의 잔존가치를 보장하기 위하여 Knock Out Barrier와 행사가격의 차이는 발행 시 기초자산 가격의 5% 이상이어야 한다.

14 Knock Out Barrier에 도달한 이후 기초자산 가격을 평가하는 기간(Knock Out Barrier에 도달한 시간이 12시 이전이면 그 시점부터 당일 15시까지, 12시 이후이면 그 시점부터 익일 12시까지) 동안 기초자산 체결가격 중 가장 낮은 가격 이상(콜) 또는 가장 높은 가격 이하(풋).

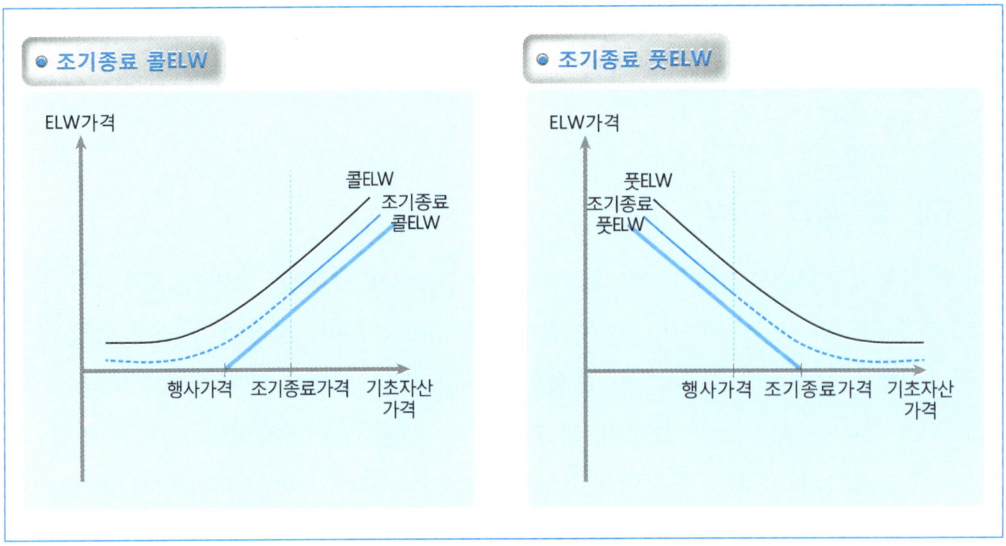

[그림 1-5] 조기종료 콜ELW와 조기종료 풋ELW의 구조

3. 파생결합증권의 발행요건

3-1. 장외파생상품 인가

2002년 2월 증권거래법 시행령이 개정되고 2002년 7월 증권회사에게 장외파생상품 업무를 허용하게 됨에 따라 장외파생금융상품 겸영인가를 취득한 증권회사는 장외파생상품과 관련된 업무를 할 수 있게 되었다. 2002년 8월 3개사(삼성, 대우, LG)가 인가를 취득하여 장외파생 업무를 시작하게 되었으며, 이후 24개사[15]가 증권거래법 하에서 추가적으로 인가를 취득하였으며, 이들 회사는 파생결합증권을 포함하여 장외파생상품 분야에서 다양한 업무를 수행하였다.

이후 증권거래법이 폐지되고 2009년 2월 자본시장법이 시행되었다. 자본시장법

15 현재 영업을 하고 있는 회사 기준이며, 합병 등을 감안하면 실제로 인가를 신청하여 취득한 회사의 수와는 다소 차이가 있다.

하에서는 금융투자업을 영위하기 위해서는 금융투자업의 종류, 금융투자상품의 범위 및 투자자의 유형별로 인가업무단위를 선택하여 인가업무단위별로 인가를 신청하여 금융위원회로부터 인가를 받아야 한다.

ELS, ELW 및 DLS 등의 파생결합증권을 발행하기 위해서는 증권 투자매매업(1-1-1 또는 1-1-2) 및 장외파생상품 투자매매업(1-3-1 또는 1-3-2) 인가를 받아야 한다.

| 표 1-5 | 2012년 9월 31일 현재 장외파생 인가현황

<table>
<tr><th colspan="2">구 분</th><th colspan="2">증권회사</th><th>상품</th><th>인가종류</th></tr>
<tr><td colspan="2" rowspan="3">국내사
(23사)</td><td colspan="2">재인가(18사) : 교보, 신한, 대신, 대우, 동부, 메리츠, 미래에셋, 삼성, 유진, 신영, 우리투자, 한국투자, 현대, 한화, 동양, SK, 하나대투, NH</td><td>전체</td><td>투자매매 · 중개</td></tr>
<tr><td colspan="2">후발(4사) : IBK, HMC, 키움, KB투자</td><td>주식관련 파생결합증권 발행 · 헤지목적</td><td>투자매매</td></tr>
<tr><td colspan="2">후발(1사) : 하이</td><td>파생결합증권(신용제외) 발행 · 헤지목적</td><td>투자매매</td></tr>
<tr><td rowspan="4">외국사
(11사)</td><td rowspan="3">법인
(6사)</td><td colspan="2">재인가(4사) : 맥쿼리, 씨티, 도이치, 노무라</td><td>전체</td><td>투자매매 · 중개</td></tr>
<tr><td rowspan="2">후발(2사) :</td><td>한국스탠다드차타드</td><td>주식관련 파생결합증권 발행 · 헤지목적</td><td>투자매매</td></tr>
<tr><td>비엔피파리바</td><td>–주권 : 목적무관
–주권 외 : ELS · ELW 등 발행시 헤지목적</td><td>투자매매</td></tr>
<tr><td>지점[16]
(5사)</td><td colspan="2">재인가(5사) : CS, 메릴린치, 골드만삭스, UBS, JP모간증권 서울지점</td><td>전체</td><td>투자매매 · 중개</td></tr>
</table>

16 장외파생상품 인가를 받은 외국계 증권사 5개사는 법무부 유권해석에 의해 파생결합증권 발행은 불가능하여 주로 백투백 상대사로 영업을 하고 있다. 따라서 2012년 10월말 현재 파생결합증권 발행이 가능한 금융투자회사는 29개사이다.

금융당국은 자본시장법 시행 당시 경제여건이 자본시장법 제정 당시와는 달리 글로벌 금융위기의 여파로 자본시장이 침체되고, 금융투자업의 수익기반이 약화된 상황임을 이유로 단계별 인가정책을 발표하였고, 현재까지 단계적으로 완화해 나가는 정책을 유지해 가고 있다. 단계적 인가정책 하에서 장외파생상품 관련 인가는 2009년 7월에 '주식관련 파생결합증권 발행 및 헤지를 위한 장외파생상품 투자매매업'에 한하여 인가가 허용되었으며, 2010년 5월에 '파생결합증권(신용기초제외) 발행 및 헤지를 위한 장외파생상품 투자매매업'으로 인가가 확대 허용되었다. 이러한 제한 인가정책 하에서 장외파생상품 인가를 받은 회사는 총 7개사이며, 이들 7개사를 합해 현재 장외파생상품 인가를 받아 장외파생상품 및 파생결합증권을 취급하고 있는 회사는 〈표 1-5〉와 같다.

3-2. 장외파생상품 인가신청요건 및 인가절차 흐름도

전술한 바와 같이 파생결합증권을 발행하기 위해서는 장외파생상품 투자매매업 인가(1-3-1 또는 1-3-2)[17]를 받아야 하며, 금융투자회사가 동인가를 받기 위해서는 다음의 금융투자업 인가요건[18] 및 장외파생상품의 위험관리기준[19]을 모두 갖춰야 한다.

금융투자업 인가신청요건

1. 상법에 따른 주식회사 또는 외국금융투자업자
2. 인가업무단위별 최저자기자본[20]을 갖출 것
3. 사업계획이 타당하고 건전할 것

17 자본시장법 시행 이후 현재까지 인가를 받은 금융투자회사는 모두 1-3-1(일반투자자 및 전문투자자)의 인가를 신청하여 받았고, 1-3-2(전문투자자)를 신청한 사례는 없다. 증권관련 인가도 필요하지만 증권인가 관련 내용은 생략하기로 한다.

18 자본시장법 제12조 2항 및 시행령 별표1.

19 금융투자업규정 제5-50조에서 평가항목은 위험관리조직 및 인력, 위험측정 및 관리실무, 위험관리 및 내부통제전산시스템으로 규정하고 있으며, 별표15~16에서 위험관리 종합평가기준 및 세부평가기준에 대해 나열하고 있다.

20

인가단위	금융투자업	상품	투자자 유형	최저자기자본
1-3-1	투자매매업	장외파생	일반 및 전문투자자	900억원
1-3-2	투자매매업	장외파생	전문투자자	450억원

4. 투자자의 보호가 가능하고, 충분한 인력과 전산설비 및 물적설비를 갖출 것
5. 임원이 결격사유에 해당하지 않을 것
6. 대주주나 외국금융투자업자가 충분한 출자능력, 건전한 재무상태[21] 및 사회적 신용을 갖출 것
7. 금융투자업자와 투자자간 및 투자자 상호간의 이해상충 방지체계를 갖출 것

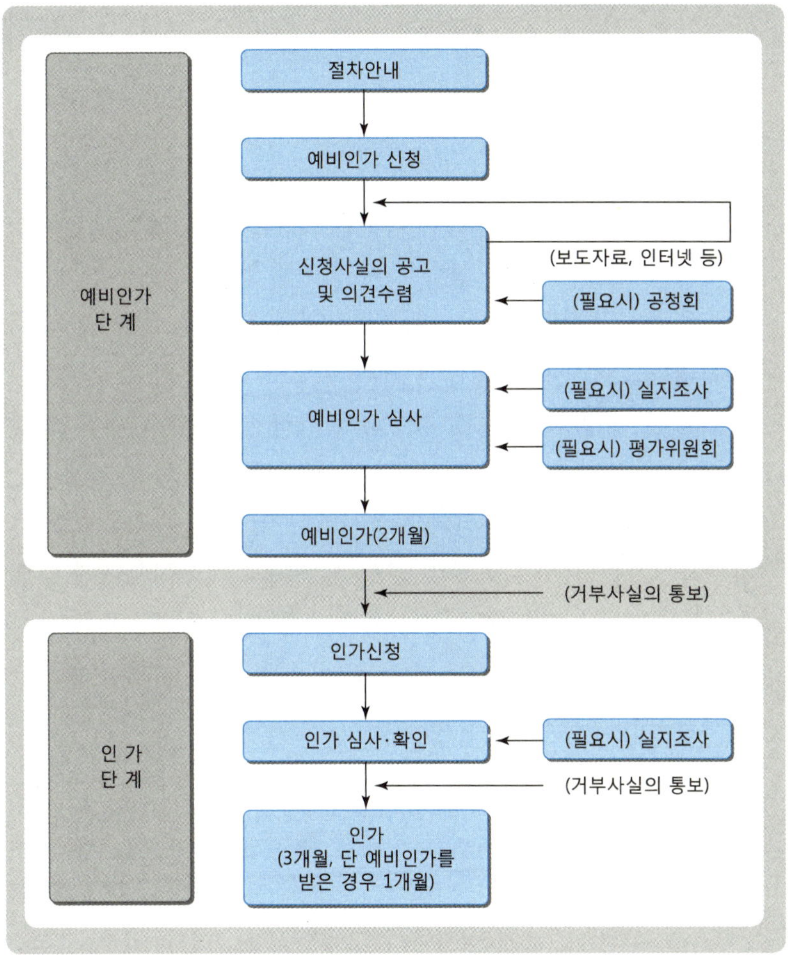

[그림 1-6] **인가절차 흐름도**[22]

21 건전한 재무상태와 사회적 신용의 상세내용은 자본시장법 시행령 제16조 8항 참조.
22 자본시장법 제14조 및 금융투자업규정 별표1.

또한 인가 후에도 장외파생상품을 매매[23]하기 위해서는 총위험액은 자기자본 30% 이하, 영업용순자본비율은 200% 이상[24] 유지하고, 위험관리기준을 계속적으로 충족해야 한다.

4. ELS 업무절차 흐름

4-1. 이사회 결의

현행 법률 체계상 사채 발행을 위한 이사회 결의·방법 등에 대해서는 일반법에 해당하는 상법을 적용[25]하고 있다. 상법상 사채를 발행하는 경우 이사회의 결의[26]가 필요하고, 다만 정관에서 정할 경우는 대표이사에게 사채의 금액 및 종류를 정하여 1년을 초과하지 않는 기간 내에 사채 발행의 위임이 가능[27]하다.

2012년 4월 15일 개정된 상법 및 시행령에 따라 금융투자회사가 발행하는 기존의 파생결합증권이 상법상 파생결합사채로 분류[28]되었다. 상법상 파생결합사채로 분류되었기에 원칙적으로 파생결합증권의 발행시마다 이사회 결의가 필요하나, 파생결합증권은 연중 상시 발행되는 특성상 일정 범위 내에서 대표이사에게 발행권한의 위임이 필요하다. 따라서 ELS를 발행하는 발행사는 정관에 파생결합증권의 발행과 관련된 사항을 대표이사에게 위임한다는 조항을 마련[29]하여야 실무시 발행업무를 최대

23 자본시장법 제166조의2.

24 자본시장법에서는 장외파생상품 매매를 위해 영업용순자본비율을 200% 이상 유지하고, 미달시 신규 매매를 중지하고 기존거래의 정리 및 헤지거래만 할 수 있도록 규정하고 있으나, 유가증권시장 상장규정 제41-2조에서 ELW를 발행하여 상장하고자 하는 경우 영업용순자본비율이 250% 이상일 것으로 규정하고 있어 대부분의 금융투자회사가 그 이상의 영업용순자본비율을 유지하고 있다.

25 법적 분류체계에 관해서는 4장에서 자세하게 다루기로 한다.

26 상법 제469조 1항~3항.

27 상법 제469조 4항.

28 상법 제469조 및 시행령 제24조.

29 개정상법의 시행(2012. 4. 15)으로 증권회사가 발행하는 파생결합증권이 상법상 파생결합사채로 분류되었으며, 상법상 사채발행을 하기 위해서는 이사회의 결의가 필요하고, 다만 정관에서 정할 경우에는 사채의 금액 및 종류를 정하여 1년을 초과하지 않는 기간 내에 대표이사에 사채발행을 위임할 수

한 간소화할 수 있다.

4-2. 사전검토단계

ELS를 발행하기 위한 사전검토단계에서는 상품 구조의 결정, 헤지운용방법 결정, 각종 리스크검토 및 관련부서 협의 등이 이루어져야 한다.

(1) 상품 구조의 결정

ELS의 구조는 무궁무진하다. 상품의 형태 및 기초자산의 조합에 따라 얼마든지 다양하고 새로운 상품을 설계할 수 있다. 따라서 상품 구조를 결정하는 단계에서는 지점 및 marketer의 고객에 대한 survey 등을 통해 고객의 수요와 needs에 부합하는 상품을 설계하여 출시한다.

(2) 운용방법 결정

상품 구조가 결정되면 운용방법을 결정해야 한다. ELS를 운용하는 방법에는 크게 자체헤지와 백투백(Back To Back)헤지 두 가지 방법이 있으며, 경우에 따라 한 개의 상품에 두 가지 방법을 혼용하여 사용하기도 한다. 자체헤지[30]는 다이나믹 헤지(Dynamic Hedge)라고도 불리며 기초자산 가격 및 변동성의 변화에 따른 ELS의 가격변화 위험을 상쇄하기 위해 지속적으로 기초자산 및 기초자산 관련 파생상품을 매매하는 기법을 말한다.

반면 백투백헤지란 발행한 ELS와 동일한 구조의 반대포지션을 구성하여 리스크를 상쇄시키는 방법으로서, 발행한 ELS의 발행가격보다 저렴한 가격으로 같거나 비슷한 수익구조를 갖는 포지션을 매수하여 그 차익을 수취하는 방법으로 수익을 낸다. 백투백헤지는 자체헤지에 비해 포지션을 연속적으로 재조정할 필요가 없기 때문에 "Hedging and Forget Scheme," 즉 정적헤지의 일종이라고 할 수 있다. 백투백헤지는 크게 백투백 상품을 OTC로 하는 방법과 ELS를 매입하는 방법[31] 두 가지로 구

있다. 연중 상시 발행되는 파생결합증권의 특성상 발행시마다 이사회에서 발행결의를 하는 것이 현실적으로 불가능하므로 정관상 사채발행에 대한 위임근거를 마련하는 것이 반드시 필요하다. 금융투자협회 안내공문 참조(개정 상법상 파생결합사채 발행절차 관련 안내, 금협파지B910-37).

30 자체헤지를 위한 자세한 운용기법은 2장에서 후술하기로 한다.

분할 수 있다. 또한 OTC거래는 Fully-Funded Swap방식과 Unfunded Swap방식으로 구분할 수 있다. Fully-Funded Swap방식은 발행한 ELS와 손익 및 경제적 효과가 동일한 형태의 상품을 매입한다는 점에서 ELS 매입방식과 동일하나, 거래상품의 법적 성질이 장외파생상품이냐 증권이냐 하는 점만 다를 뿐이다. Fully-Funded Swap방식과 ELS 매입방식은 모두 거래 초기에 매입금액을 거래상대방에게 지급해야 한다는 점에서 신용리스크[32]가 발생한다. 즉, 거래 후 거래상대방이 부도·파산 등 지급불능 상태에 놓이게 되면 swap 또는 매입ELS로부터 발생한 수익은 물론이고 거래초기 지급한 금액도 받을 수 없게 될 수 있다.

반면 Unfunded Swap방식은 거래초기에 [명목금액－swap 가격]에 상당하는 금액만큼 오히려 받고, 그 이후 일정기간마다(주로 3개월) 명목금액×약정금리[33]만큼을 지급하는 거래방식이다. 이후 swap의 평가가격에 따라 서로 담보를 주고 받음으로써 거래상대방간의 신용리스크를 해소한다.

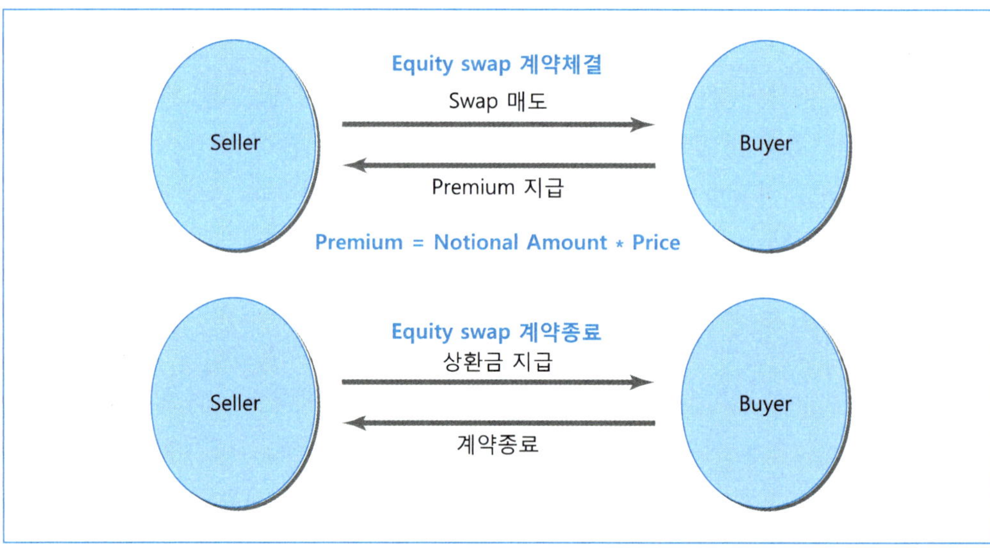

[그림 1-7] Fully-Funded Swap방식과 ELS 매입방식

31 ELS를 발행하고 헤지하기 위해 다른 증권사가 발행한 동일한 형태의 ELS를 매입하는 방식을 의미한다.

32 Fully-Funded Swap방식으로 거래하는 경우도 담보를 수수할 수 있으므로, 이 경우엔 신용리스크를 해소할 수 있다.

33 주로 CD금리＋α로 정해진다. 이런 이유로 Unfunded Swap을 실무에서는 CD swap이라고 부르기도 한다.

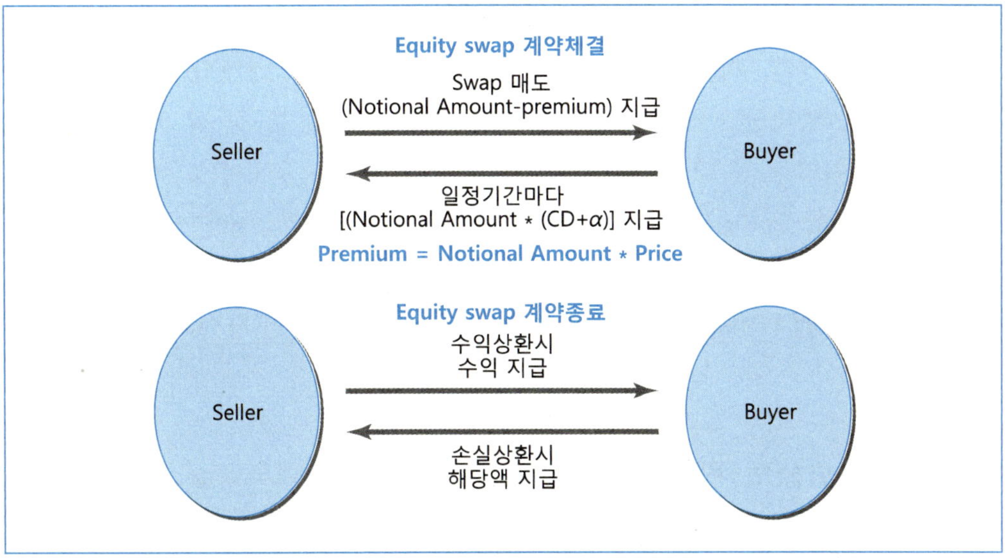

[그림 1-8] Unfunded Swap방식

담보거래가 수반되지 않은 Fully-Funded Swap방식(ELS 매입방식도 동일)과 담보거래가 수반된 Unfunded Swap방식의 극명한 차이는 신용리스크의 차이이며, 이러한 차이는 2008년 9월 리먼 브라더스 파산 당시 크게 작용했다. 리먼은 리먼브라더스 서울지점[34]이 2003년 장외파생상품 인가를 받은 이래로 ELS시장에서 백투백 거래상대방으로서 활발한 거래를 하고 있었고 많은 국내 증권회사들이 리먼과 거래를 하고 있었다. 리먼 파산 당시 리먼과 백투백 거래를 했던 대부분의 증권회사들은 리먼과 Unfunded Swap방식으로 거래하고 있었으므로 손실을 최소화[35]할 수 있었으나, 담보 없이 Fully-Funded Swap방식으로 거래했던 일부 증권회사 및 운용사는 손실을 그대로 떠 앉을 수밖에 없었다.

34 당시 리먼 서울지점이 장외파생상품 인가를 받고 영업활동을 하고 있었으며, 국내 ELS발행사들의 직접적인 거래상대방은 홍콩에 있는 LBCCA(Lehman Brothers Commercial Corporation Asia limited)라는 entity였다.

35 2008년 9월 리먼 파산 이전에 2008년 3월경 베어스턴스가 파산 직전에 JP모건에 합병되었다. 베어스턴스 사태는 해외IB 신용리스크에 대한 경각심을 일깨웠고, 그 이후 거래는 대부분 unfunded swap방식으로 거래되었으며, 이전에 fully-funded swap방식으로 거래됐던 상품도 unwinding 후 unfunded swap방식으로 다시 거래되었다. 실제로 리먼과 fully-funded swap방식으로 거래됐던 많은 상품들도 리먼 파산 몇 개월 전에 unfunded swap방식으로 변경되었기에 리먼 파산 후 손실을 최소화할 수 있었다.

(3) 각종 리스크검토 및 관련부서 협의

다른 상품과 마찬가지로 ELS 발행시에도 한도관련 내부규정 및 파생상품 거래에 수반되는 여러 가지 리스크를 고려하여야 하며, 필요시 관련부서와 협의를 거쳐야 한다. 발행한도, 요인별 리스크한도, 손실한도 및 VaR한도 준수여부를 확인하여야 하며, 특히 거래상대방이 새로운 거래상대방이거나 또는 거래대상 상품이 신상품인 경우 법률리스크, 결제리스크 및 신용리스크에 대한 충분한 검토가 이루어져야 한다.

4-3. 신고서의 작성 및 공시[36]

(1) 신고서의 작성

공모ELS를 발행하기 위해선 증권신고서 및 첨부자료를 작성하여 전자공시시스템(DART)[37]에 제출하여야 한다.

증권신고서란 발행인과 발행되는 증권에 대한 정확한 정보를 투자자에게 제공함으로써 발행인과 투자자 사이에 발생할 수 있는 정보의 비대칭을 해소하는 것을 목적으로 하는 서류[38]이다. 따라서 해당 ELS의 공모와 관련하여 투자의사 결정에 필요한 모든 사항을 기재하여야 하며, 그 구체적인 기재사항과 첨부서류는 자본시장법 시행령에서 정하고 있다.

증권신고서 기재사항[39] 및 첨부서류[40]

〈ELS 증권신고서 기재사항〉

1. 대표이사 및 신고업무 담당이사의 확인 및 서명

36 ELS와 ELW의 신고서작성 및 공시절차는 대동소이하고 다만 상장절차의 유무에서만 차이를 보인다. 본 장에서는 ELS를 중심으로 서술하고, ELW에 대해서는 상장절차를 포함하여 3장에서 자세히 후술하기로 한다.

37 Data Analysis, Retrieval and Transfer System.

38 변제호 · 홍성기 · 김종훈 · 엄세용 · 김유석, 자본시장법, 지원출판사, p. 338.

39 자본시장법 시행령 제125조 1항.

40 자본시장법 시행령 제125조 2항.

2. 모집 또는 매출에 관한 다음 각 사항
   가. 모집 또는 매출에 관한 일반사항
   나. 모집 또는 매출되는 증권의 권리내용
   다. 모집 또는 매출되는 증권의 취득에 따른 투자위험요소
   라. 모집 또는 매출되는 증권의 기초자산에 관한 사항
   마. 모집 또는 매출되는 증권에 대한 인수인의 의견
   사. 자금의 사용목적
   아. 그 밖에 투자자를 보호하기 위하여 필요한 사항
3. 발행인에 관한 다음의 사항[41]
   가. 회사의 개요
   나. 사업의 내용
   다. 재무에 관한 사항
   라. 회계감사인의 감사의견
   마. 이사회 등 회사의 기관 및 계열회사에 관한 사항
   바. 주주에 관한 사항
   사. 임원 및 직원에 관한 사항
   아. 이해관계자와의 거래내용
   자. 그 밖에 투자자를 보호하기 위하여 필요한 사항

〈ELS 증권신고서 첨부서류〉

1. 정관
2. 증권의 발행을 결의한 이사회의사록
3. 예비투자설명서
4. 간이투자설명서
5. 회계감사인의 감사보고서
6. 회계감사인의 반기검토보고서
7. 회계감사인의 분기검토보고서
8. 회계감사인의 연결감사보고서
9. 회계감사인의 연결반기검토보고서
10. 회계감사인의 연결분기검토보고서

41 자본시장법 시행령 제129조 및 증권의 발행 및 공시에 관한 규정 제2-4조 6항에 따라 외국기업은 ELS의 증권신고서 또는 일괄신고서의 발행인에 관한 사항 중 마.이사회 등 회사의 기관 및 계열회사에 관한 사항~아.이해관계자와의 거래내용 부분을 생략할 수 있다. 외국기업은 준거법 등이 우리나라와 상이하여 동 기재사항을 그대로 기재하기 어려운 경우가 있기 때문에 이를 금융위원회가 달리 정할 수 있도록 근거를 마련한 것이다(변제호 · 홍성기 · 김종훈 · 엄세용 · 김유석, 자본시장법, 지원출판사, p. 347).

(2) 참조방식에 의한 기재

자본시장법 제119조 4항 및 증권의 발행 및 공시에 관한 규정 제2-12조 5항은 참조방식에 의한 기재에 대해 규정하고 있다. 참조방식에 의한 기재란 증권신고서 작성시 신고서에 기재하여야 할 사항이나 첨부서류가 이미 제출한 신고서나 첨부서류, 사업보고서, 분·반기보고서, 주요사항보고서의 기재내용 및 첨부서류와 동일한 부분이 있을 때에는 그 부분을 적시하여 이를 참조하라는 뜻을 기재함으로써 본 내용의 기재를 갈음하는 방법을 의미한다. 실무에서는 보통 증권신고서 중 발행인에 관한 사항은 사업보고서, 반기보고서, 분기보고서, 주요사항보고서에 신고서의 기재사항 등 다른 여타 공시서류에 이미 제출된 경우가 많으므로, 이 부분은 참조방식에 의한 기재로 대신하는 경우가 많다. DART편집기에서도 참조방식의 기재에 대한 기능을 지원한다. 따라서 참조방식의 기재가 가능한 내용인 경우 DART편집기에서 단위서식 양식을 삽입할 때 「참조방식에 의한 기재의 경우」 메뉴를 선택하여 다음과 같이 기재한다.

「발행인에 관한 사항」 참조방식에 의한 기재의 예

제2부 발행인에 관한 사항

[참조방식에 의한 기재의 경우]

가. 참조사항

– 발행인에 관한 사항은 2012년 00월 00일에 금융위원회와 한국거래소에 제출된 00증권 제0기 사업보고서(2011년 04월 01일~2012년 03월 31일) 및 그 첨부서류를 참조하시기 바랍니다.

나. 참조서류 조회방법

– 사업(분기, 반기)보고서의 공시장소

금융위원회(주소: 서울특별시 00구 00동 00번지, 전화번호: 02-000-0000)

(금융감독원 전자공시시스템 → http://dart.fss.or.kr)

(3) DART편집기를 활용한 ELS 증권신고서 작성

증권신고서는 DART편집기[42]를 사용하여 작성한다. DART편집기에는 증권의 종류별로 증권신고서 양식이 미리 설정되어 있으며, ELS의 경우 파생결합증권(주가연계증권) 양식을 선택하여 사용하며, 동양식은 자본시장법 및 증권의 발행 및 공시 등에 관한 규정에서 정한 위의 사항을 아래와 같은 목차로 구성하고 있다.

DART편집기 내 ELS 증권신고서 양식

〈투자결정시 유의사항〉
[대표이사 등의 확인]
요약정보
  1. 모집 또는 매출에 관한 일반사항
  2. 투자위험요소

제1부 모집 또는 매출에 관한 사항
Ⅰ. 모집 또는 매출에 관한 일반사항
  1. 공모개요
  2. 공모방법
  3. 공모가격 결정방법
  4. 모집 또는 매출절차 등에 관한 사항
  5. 인수 등에 관한 사항
Ⅱ. 증권의 주요 권리내용
Ⅲ. 투자위험요소
Ⅳ. 기초자산에 관한 사항
Ⅴ. 인수인의 의견
Ⅵ. 자금의 사용목적
Ⅶ. 그 밖에 투자자 보호를 위해 필요한 사항

제2부 발행인에 관한 사항
[전문가의 확인]
  1. 전문가의 확인
  2. 전문가와의 이해관계

42 전자공시시스템에 제출할 파일을 작성 및 전송하는 소프트웨어로서 http://filer.fss.or.kr에서 다운가능.

작성시에는 기업공시서식 작성기준[43]을 참고하여 필요한 내용[44]을 작성하여야 하며, 작성한 파일은 전자문서파일(확장자 dsd파일)로 저장되며, DART편집기를 사용하여 DART사이트에 제출할 수 있다. DART편집기를 이용하여 자료 작성시 기업공시실무안내[45] 제5장 전자공시를 참고하면 보다 쉽게 DART편집기를 활용하는 데 도움을 얻을 수 있다.

(4) 증권신고서의 효력 발생

제출한 증권신고서는 제출하여 신고가 수리된 날[46]로부터 15일(원금보장 파생결합증권의 경우는 7일) 이후에 효력이 발생한다.

증권신고서(일괄신고서) 효력발생기간[47]

1. 파생결합증권의 모집 또는 매출의 경우에는 15일
2. 만기 시 최저지급액을 발행가액 이상으로 정한 파생결합증권(원금보장형)의 모집 또는 매출의 경우에는 7일

※ 단 2012년 3월 자본시장법 시행규칙의 개정에 따라 위의 기간에 공휴일, 토요일, 근로자의 날은 산입하지 않는다. 따라서 효력발생일을 산정할 때는 공휴일 등을 제외한 영업일 기준으로 산정하여야 한다.

43 「자본시장법」 및 「증권의 발행 및 공시 등에 관한 규정」에 따라 작성하는 제반 공시서류의 작성방법, 기재내용 및 범위 등에 관하여 필요한 사항을 정한 금융감독원의 기준.

44 증권신고서의 상세내용은 일괄신고서 및 일괄신고추가서류와 대동소이하므로 후술하기로 한다.

45 공시대상 기업이 관련 법규 및 제도 등을 정확하게 이해하고 공시할 수 있도록 설명한 자료로서 금융감독원이 매년 내용을 수정·보완하여 발간하는 자료로서 금융감독원 홈페이지(www.fss.or.kr)에서 다운받을 수 있다.

46 증권신고서 등을 전자문서로 제출하는 경우(즉, DART시스템을 통하여 직접 전송하는 경우), 18:00이전에 제출된 것에 한하여 그날 접수한 것으로 처리한다. 평일의 경우 07:00부터 18:00까지 제출이 가능하며, 다만 발행사의 제출편의를 위해 마감 후 제출(18:00~19:00)이 가능하도록 하였으며, 이는 그 다음 날에 접수된 것으로 처리한다는 사실을 특히 유의할 필요가 있음(기업공시 실무안내 2012, p. 169).

47 자본시장법 시행규칙 제12조 및 증권의 발행 및 공시 등에 관한 규정 제2-3조.

(5) 일괄신고서[48]의 사용

자본시장법에서는 일정요건을 갖춘 발행사에 한해 ELS 등의 파생결합증권 및 기타 몇 가지 경우에 한해서는 예외적으로 일괄신고서를 사용할 수 있게 하였다.

공모ELS뿐만 아니라 모든 증권을 모집 또는 매출하고자 하는 경우 투자자 보호를 위해 발행증권 및 발행인에 관한 제반정보를 미리 공시하도록 하기 위해 증권을 공모할 때마다 증권신고서를 제출하는 것이 원칙이나, 발행인에 대한 정보가 미리 증권시장에 잘 알려져 있는 경우라면 굳이 동일한 사항을 매번 반복하여 신고서에 기재하여 제출할 필요성이 줄어든다. 따라서 발행인이 일정한 발행예정기간의 발행물량에 대해서 사전에 일괄하여 신고하고, 동 기간 중에는 일일이 신고서를 제출하지 않고도 공모할 수 있도록 하는 일괄신고서 제도를 도입한 것이다.[49]

일괄신고서 사용이 가능한 증권의 종류[50]

1. 주권
2. 주권 관련 사채권(전환사채권, 신주인수권부사채권, 교환사채권) 및 이익참가부사채권
3. 제2호의 사채권을 제외한 사채권
4. 파생결합증권
5. 개방형 집합투자증권

일괄신고서 제출자격요건[51]

파생결합증권에 대한 일괄신고서를 제출하려면 다음의 요건을 모두 갖추어야 한다.
1. 최근 1년간 분기별 업무보고서 및 월별 업무보고서를 제출한 금융투자업자로서 파생결

48 2012년 9월 현재 ELS를 발행할 수 있는 29개사 중 ELS 발행이 활발하지 않은 외국계 현지법인 및 신규 인가를 받은 몇 개사를 제외하고 대부분의 ELS 발행사는 일괄신고서를 사용하고 있다.
49 변제호 · 홍성기 · 김종훈 · 엄세용 · 김유석, 자본시장법, 지원출판사, p. 359.
50 자본시장법 시행령 제121조 1항.
51 자본시장법 시행령 제121조 4항.

합증권[52]을 최근 1년간 모집 또는 매출한 실적이 있을 것
2. 최근 사업연도의 재무제표에 대한 회계감사인의 감사의견이 적정일 것
3. 최근 1년 이내에 금융위원회로부터 증권의 발행을 제한하는 조치를 받은 사실이 없을 것

일괄신고서를 사용하게 되면 동일한 사항을 매번 반복하여 증권신고서를 제출할 필요 없이 일괄신고기간 중에는 새로운 상품 발행시마다 일괄신고추가서류 및 투자설명서를 제출함으로써 바로 청약을 받아 발행을 할 수 있어 실무절차를 간소화[53]할 수 있다. 또한 매번 ELS를 발행할 때마다 효력발생기간을 기다려야 하는 어려움에서 벗어날 수 있다는 장점이 있다. 증권신고서의 경우 증권신고서 접수 후 매번 효력발생기간을 기다려야 하나, 일괄신고서를 사용하게 되면 일괄신고서에 기재된 발행예정기간[54] 동안에는 그럴 필요가 없게 되는 것이다. 따라서 공모ELS의 즉시 발행이 가능해진다. 일괄신고서를 사용하면 공모ELS를 즉시 발행할 수 있게 되어, 고객이 원하는 상품을 즉각적으로 발행해주는 서비스가 가능하다. 또한 백투백거래로 헤지를 하게 되는 경우 백투백 거래상대방과 가격협상(nego)을 하는 시점부터 발행시점까지의 기간이 짧아져 협상된 가격에 대한 유지시간이 줄어들어 가격경쟁력에서도 우위[55]를 점할 수 있게 된다. 단 일괄신고서를 제출하면 발행예정기간 중 3회 이상 ELS를 발행[56]하여야 하며, 3회 이상 발행하지 않는 경우 해당 발행사 또는 임직원은 해

52 파생결합증권의 경우 ELS, ELW 및 DLS는 각각 그 구조·기초자산·특성 등이 다르므로 다른 종류의 증권으로 취급하며, 다만 DLS의 경우에는 기초자산(예: 환율과 이자율)을 달리하더라도 같은 종류의 증권에 해당한다. 따라서 ELS를 모집 또는 매출한 실적이 있더라도 DLS의 일괄신고서를 내기 위해서는 DLS의 모집 또는 매출한 실적이 있어야 하며, 환율을 기초자산으로 하는 DLS를 모집 또는 매출한 실적이 있는 경우, 이자율을 기초자산으로 하는 DLS를 모집 또는 매출하고자 하는 경우에는 일괄신고서의 제출이 가능하다. 〈기업공시실무안내 2012, 금융감독원, p. 160~161〉

53 증권신고서 기재사항이나 첨부서류가 이미 제출된 것과 같은 부분이 있는 때에는 참조방식으로 간소화할 수 있으므로(자본시장법 제119조 4항) 일괄신고서의 최대장점은 효력발생기간과 관련된 부분이라 할 수 있다.

54 ELS 등 파생결합증권에 대한 일괄신고서의 발행예정기간은 일괄신고서의 효력발생일로부터 2개월 이상 1년 이내의 기간으로 하며(자본시장법 시행령 제121조 2항), 일괄신고서를 제출한 자는 발행예정기간 중 3회 이상 발행을 해야 한다(자본시장법 시행령 제121조 3항).

55 실제로 대부분의 회사들이 일괄신고서를 이용하고 있으므로, 일괄신고서를 사용하게 되면 가격경쟁력에서 우위를 점하기 보다는 증권신고서를 사용하는 회사가 가격경쟁력에서 열위에 놓이게 된다.

56 자본시장법 시행령 제121조 6항은 「잘 알려진 기업(WKSI, Well-Known Seasoned Issuer)제도」에 대해 규정하고 있다. 일정요건을 충족(주권상장 5년 경과, 시가총액 5천억 이상, 최근 3년간 정기보고서 기한 내 제출, 최근 3년간 금융위 또는 거래소로부터 제재 없을 것, 최근 사업연도 감사의견 적정, 최근

당 법령[57]에 의해 제재를 받을 수 있다.

일괄신고서 기재사항[58] 및 첨부서류[59]

〈ELS 일괄신고서 기재사항〉

1. 대표이사 및 신고업무 담당이사의 확인 및 서명
2. 발행예정기간
3. 발행예정금액
4. 발행인에 관한 사항
5. 그 밖에 투자자를 보호하기 위하여 필요한 사항

〈ELS 일괄신고서 첨부서류〉

1. 정관
2. ELS의 일괄신고를 결의한 이사회의사록
3. 회계감사인의 감사보고서
4. 회계감사인의 반기검토보고서
5. 회계감사인의 분기검토보고서
6. 회계감사인의 연결감사보고서
7. 회계감사인의 연결반기검토보고서
8. 회계감사인의 연결분기검토보고서

(6) 일괄신고추가서류의 사용

일괄신고서는 장기간의 발행예정물량을 일괄하여 신고하는 것이므로 발행금액이나 손익구조 등 구체적인 발행조건은 개별적인 발행이 이루어질 때 비로소 확정된다. 따라서 개별ELS의 발행시에는 일괄신고추가서류를 작성하여 제출하여야 한다.

3년간 분식회계 또는 자본시장법 위반으로 벌금형 이상의 제재 없을 것 등)하는 잘 알려진 기업은 일괄신고서의 기간을 2년 이내로 할 수 있고, 발행예정기간 내에 해당 증권을 3회 이상 발행하지 않아도 된다. 하지만 파생결합증권의 경우는 「잘 알려진 기업제도」를 이용할 수 없으므로 주의가 필요하다.

57 자본시장법 제420조, 제422조 및 별표 1, 자본시장법 시행령 별표 5.

58 자본시장법 시행령 제126조 1항.

59 자본시장법 시행령 제126조 2항.

일괄신고추가서류 기재사항 및 첨부서류[60]

〈ELS 일괄신고추가서류 기재사항〉

1. 모집 또는 매출의 개요
2. 일괄신고서상의 발행예정기간 및 발행예정금액
3. 발행예정기간 중에 이미 모집 또는 매출한 실적
4. 모집 또는 매출되는 증권에 대한 인수인의 의견(인수인이 있는 경우만 해당한다)
5. 그 밖에 투자자를 보호하기 위하여 필요한 사항
   - 5-1. 모집 또는 매출되는 증권의 권리내용
   - 5-2. 모집 또는 매출되는 증권의 취득에 따른 투자위험요소
   - 5-3. 모집 또는 매출되는 증권의 기초자산에 관한 사항
   - 5-4. 자금의 사용목적
   - 5-5. 그 밖에 투자자 보호를 위하여 필요한 사항

   ※ ELS의 일괄신고추가서류는 증권의 발행 및 공시에 관한 규정 제2-4조 3항에 의해 대표이사 및 신고업무를 담당하는 이사의 서명을 생략할 수 있다.

〈ELS 일괄신고추가서류 첨부서류〉

1. 정관
2. 이사회의사록(일괄신고서 제출당시 첨부한 이사회의사록 재첨부 가능)
3. 예비투자설명서(필요시)
4. 간이투자설명서
5. 회계감사인의 감사보고서
6. 회계감사인의 반기검토보고서
7. 회계감사인의 분기검토보고서
8. 회계감사인의 연결감사보고서
9. 회계감사인의 연결반기검토보고서
10. 회계감사인의 연결분기검토보고서

※ 증권의 발행 및 공시에 관한 규정 제2-4조에서는 예비투자설명서 및 간이투자설명서의 첨부여부는 필수가 아닌 선택으로 규정되어 있다. 따라서 예비투자설명서는 활용도가 낮아 대부분 첨부하지 않고 있다. 하지만 간이투자설명서의 경우 금융투자회사의 영업 및 업무에 관한 규정 제2-5조 3항에 따라 상품설명시 사용해야 하므로 첨부해야 한다.

60 자본시장법 시행령 제122조 2항 및 증권의 발행 및 공시에 관한 규정 제2-4조 4항~5항.

(7) 일괄신고추가서류의 작성 및 참고사항

공모ELS 발행시 일괄신고서를 사용하는 경우, 전술한 바와 같이 일괄신고서는 발행예정금액 및 기간에 대한 내용이 주를 이루어 선언적 의미에 불과하고, 실질적으로 개별상품에 대한 상세내용, 즉 증권신고서와 같은 내용은 대부분 일괄신고추가서류에 기재한다. 따라서 일괄신고추가서류가 일괄신고서에 비해 내용이 상세하고, 분량이 많으므로 작성시 유의하여야 한다.

일괄신고추가서류 작성시에는 기업공시서식작성기준 및 파생결합증권 신고서 작성 가이드라인을 참조하여 작성한다. 동 가이드라인은 금융감독원의 기업공시서식 작성기준에 맞춰 파생결합증권 신고서 작성에 도움을 주고자 DART편집기의 ELS 일괄신고추가서류 양식을 샘플 형식으로 하여 금융투자협회가 제정한 가이드라인이므로 신고서 작성시 참고로 활용할 수 있다. DART편집기의 ELS 일괄신고추가서류 양식 및 항목별 작성내용은 다음과 같다.

DART편집기 내 ELS 일괄신고추가서류 양식 및 주요 기재내용

〈투자결정시 유의사항〉

- 투자결정시 유의사항 항목에는 일반투자자가 투자판단시 유의하여야 할 사항을 기재
- 투자판단시 공시서류를 반드시 확인할 것, 관련 투자 위험요소를 충분히 이해하고 투자결정을 할 것, 기초자산의 성격 및 가격 추이 등을 감안할 것, 발행인의 재무현황 및 신용등급을 고려할 것, 원금보장형 상품이라 할지라도 중도상환시는 원금손실이 발생할 수 있다는 것 등이 주요 내용이며, 일괄신고추가서류의 가장 앞부분에 기재
- 경고적 의미를 더하고 가독성을 높이기 위해 테두리를 쳐서 기재

〈모집 또는 매출에 관한 사항의 요약〉

- 모집 또는 매출에 관한 사항의 요약에는 증권의 종류, 회차, 모집총액, 기초자산, 만기일, 청약일 등에 관한 사항을 기재
- DART편집기에서 단위서식삽입을 하면 해당 내용에 대한 표가 추가되어, 표의 빈칸에 해당 내용을 채워넣는 방식으로 기재

〈모집 또는 매출의 개요〉

- 모집 또는 매출의 개요 단위서식을 삽입하면 해당 하위메뉴(Ⅰ. 모집 또는 매출에 관한

일반사항 ~ Ⅶ. 그 밖에 투자자 보호를 위해 필요한 사항)들이 자동으로 생성

Ⅰ. 모집 또는 매출에 관한 일반사항

1. 공모개요
   - 공모개요에는 (1) 용어의 정의 (2) 모집 또는 매출의 개요 (3) 예상손익구조 등을 기재
   - 개요에 해당하는 부분이므로 주로 표를 사용하여 해당 내용에 대해 간략하게 기재
2. 공모방법
   - 해당 상품의 공모의 방식에 대해 기재하며, 청약자격의 제한여부 등(예: 근로자퇴직급여보장법에 의한 퇴직연금적립금만 청약 가능)을 기재
3. 공모가격 결정방법
   - 신고서 제출시점에 제3의 독립된 평가기관(평가회사) 또는 발행인이 산정한 이론상의 평가금액에 만기까지의 헤지비용을 추산하여 더한 가격을 기재
   - 복수의 평가기관이 산정한 평가금액을 사용하는 경우 평가기관의 가격들을 단순평균한 가격에 만기까지의 헤지비용을 추산하여 더한 가격을 기재
4. 모집 또는 매출절차 등에 관한 사항
   - (1) 모집 또는 매출관련 공고일자와 공고방법 (2) 청약의 방법 (3) 청약결과 배정방법 (4) 납입 및 청약증거금의 대체·반환 (5) 증권의 발행 및 교부에 관한 사항 등을 기재
5. 인수 등에 관한 사항
   - 기타 발행과 관련한 대리인 등에 관한 사항으로서, 원리금지급대행계약을 맺어 지급금액 및 상환금액의 지급대행 업무를 하는 기관에 대한 사항 기재

Ⅱ. 증권의 주요 권리내용

1. 예상손익구조
   - (1) 상황별 손익구조 (2) 예상손익구조그래프 (3) 기초자산의 과거 데이터를 이용한 수익률 모의실험 (4) 최대이익액 및 최대손실액 등으로 구성
   - 예상손익구조는 기초자산의 변동에 따른 예상손익을 투자자가 쉽게 이해할 수 있도록 알기 쉽게 표현된 표나 그래프를 최대한 활용하여 설명
   - 최대손실액 및 최대이익액과 그 조건 등에 대한 설명 및 과거 5년간 기초자산의 가격을 이용한 수익률 모의실험결과를 표와 그래프 등을 이용하여 기재
2. 권리의 내용
   - (1) 상환금액의 지급에 관한 사항 (2) 통지방법 및 절차 (3) 결제방법 및 절차 (4) 투자자의 요청에 의한 중도상환 (5) 증권의 발행취소 및 환불 (6) 증권의 상장 및 매매 등으로 구성
   - 자동조기상환평가가격 또는 만기평가가격의 결정 후 지체없이 상환금액을 결정하여 홈페이지 등에 게시한다는 내용 및 공정가액(기준가)는 매일 홈페이지 등에 게

시한다는 내용 기재

- ELS의 유동성 제고를 위하여 중도상환을 청구할 수 있다는 내용을 기재하고, 중도상환방법, 중도상환 신청일, 중도상환금액 결정일, 중도상환가격 비율 등을 표 및 그림으로 작성

3. 권리내용의 변경 및 결제불이행에 관한 사항

- (1) 본 증권의 조기종결 및 상환 (2) 권리내용의 변경 (3) 발행인의 결제불이행에 대한 투자자의 권리구제절차 (4) 준거법과 재판관할 등으로 구성
- 발행인의 파산 등 또는 기초자산의 폐지 등으로 조기종결사유가 발행하는 경우 조기종결의 방법 및 절차 등에 대해 기재
- 지수산정의 오류, 시장교란사유, 지수변경 또는 기초자산이 주식인 경우 증자 등의 사유가 발생해 권리내용이 변경되는 경우 처리방법 및 통지 등에 관한 사항 기재

Ⅲ. 투자위험요소

- 위험요인별로 알아보기 쉽게 표로 작성하여 기재

1. 가격변동위험

- 기초자산의 가격변동에 연동하여 수익구조가 결정된다는 점, 공정가액(기준가)에 영향을 미치는 요인별 위험, 이해상충구조에 따른 위험, 발행인의 정상적인 영업활동이 미치는 영향, 평가손실위험 등으로 구분하여 기재

2. 발행회사 위험

- 발행인의 재무, 손익상황과 관련한 위험, 결제지연 위험 등으로 구분하여 발행회사의 재무상태 및 신용상태 악화에 따른 투자자의 손실 가능성을 기재

3. 조기종결 및 중도상환 위험

- 조기종결 위험, 중도상환청구권 행사가 제한될 위험, 중도상환시 원금손실 위험, 중도상환가격 산정 관련 이해상충 위험 등으로 구분하여 기재

4. 기타투자위험

- 일반적인 파생결합증권의 위험, 장내시장에서 거래되지 않아 환금성에 제약이 따르는 위험, 세제 및 법률상 위험 등으로 구분하여 기재

Ⅳ. 기초자산에 관한 사항

- 기초자산이 지수인 경우 지수 개요, 산출기관 등을 간략히 서술하고, 추가정보를 참조할 수 있도록 지수 산출기관의 웹사이트 등을 기재
- 기초자산이 개별주식인 경우 대상 회사의 기업개요 및 대상회사가 발행시점 기준 과거 6개월간 공시한 공시목록을 서술하고, 이를 조회할 수 있는 방법에 대한 설명과 링크 기재
- 기초자산의 최근 5년간 가격변동 추이에 대해 수치 또는 그래프 등을 활용하여 주가 상승기 및 하락기의 추이가 충분히 반영되도록 기재

Ⅴ. 인수인의 의견

–파생결합증권의 경우 대부분 발행회사가 직접 모집을 하므로 해당 사항이 없다는 사실을 기재

Ⅵ. 자금의 사용목적

–표를 사용하여 모집 또는 매출총액, 발행제비용, 순수입금 등을 설명하고, 조달된 자금의 운용계획에 대해 기재

Ⅶ. 그 밖에 투자자 보호를 위해 필요한 사항

–발행회사의 현재 및 과거 3년치 파생결합증권 발행 및 발행잔액 현황을 표로 서술하고, 파생결합증권 관련 신용환산액 기재

–파생결합증권으로부터의 발행가액 대비 수익은 배당소득으로 간주되고 원천징수 대상인 경우 원천징수하게 된다는 사실 기재

〈전문가의 확인〉

1. 전문가의 확인

–파생결합증권의 경우 해당 사항 없음

2. 전문가와의 이해관계

–파생결합증권의 경우 해당 사항 없음

(8) 정정신고서의 작성 및 제출

제출한 신고서(증권신고서, 일괄신고서 및 일괄신고추가서류) 중 중요사항에 관하여 거짓의 기재 또는 표시가 있거나 중요사항이 기재 또는 표시되지 않은 경우 금융위원회는 이의 정정을 명할 수 있으며,[61] 발행인이 기재사항을 변경하고자 하는 경우에도 자발적으로 정정신고서를 제출[62]할 수 있다. 또한 중요한 기재사항[63]을 정정하고자 하는 경우에는 반드시 정정신고서를 제출해야 한다. 정정신고서는 ELS의 청약일 전일까지 제출할 수 있다(단 일괄신고서에 대한 정정신고서는 발행예정기간 종료 전까지 가능[64]).

증권신고서 또는 일괄신고서에 대한 정정신고서를 제출하는 경우 신고서의 효력

61 자본시장법 제122조 1항.

62 자본시장법 제122조 3항.

63 자본시장법 시행령 제130조.

64 자본시장법 제122조 4항.

발생은 정정신고서가 수리된 날부터 3일이 경과한 날에 그 효력이 발생[65]한다. 단 정정신고서가 수리된 날부터 3일이 경과한 날이 당초의 일괄신고서의 효력이 발생하는 날보다 먼저 도래하는 경우에는 당초의 신고서의 효력이 발생하는 날에 그 효력이 발생한다. 또한 원금보장형 ELS 신고서를 제출한 후 시장상황의 변동 등으로 지급금액 결정방식을 변경하기 위하여 정정신고서를 제출하는 경우에는 정정신고서를 수리한 날부터 3일이 경과한 날에 그 효력이 발생하며, 이 경우 공휴일은 효력발생기간에 산입하지 아니하며[66] 3일 후가 원래 신고서의 효력발생일보다 빠른 경우에는 당초의 신고서의 효력이 발생하는 날에 그 효력이 발생한다. 그러나 사소한 문구수정 등 투자자의 투자판단에 크게 영향을 미치지 아니하는 경미한 사항을 정정하기 위하여 정정신고서를 제출하는 경우에는 원래의 효력발생일에 영향을 미치지 아니한다.[67]

DART편집기에서 정정신고서의 양식은 별도로 존재하지 않으며, 다만 정정하고자 하는 신고서의 맨 앞 부분에 정오표 단위서식을 삽입하여 해당 내용을 기재함으로써 작성할 수 있다.

(9) 철회신고서의 제출

신고서 제출 후 신고서를 철회하고자 하는 경우에는 ELS의 청약일 전일까지 철회신고서를 제출할 수 있다. 증권거래법 시절에는 효력발생 이전까지만 철회신고서의 제출이 가능했으나, 자본시장법에서는 효력이 발생한 이후라도 청약일 이전까지는 투자자와 발행인 간 권리의무 관계가 형성되지 않으므로 투자자 보호에 큰 문제가 없으며, 정정신고서 제출시기가 청약일 전일인 점을 감안하여 철회신고서 제출시한도 정정신고서 제출시기와 형평에 맞게 청약일 전일까지 제출할 수 있도록 했다.[68]

(10) 투자설명서의 작성 및 제출

증권신고서의 효력이 발생하면 그 효력이 발생하는 날(일괄신고서를 사용하는

65 자본시장법 시행규칙 제12조 2항 및 증권의 발행 및 공시에 관한 규정 제2-3조 1항.
66 증권의 발행 및 공시에 관한 규정 제2-3조 1항.
67 증권의 발행 및 공시에 관한 규정 제2-3조 3항.
68 변제호 · 홍성기 · 김종훈 · 엄세용 · 김유석, 자본시장법, 지원출판사, p. 366.

경우는 일괄신고추가서류를 제출하는 날) 투자설명서를 작성하여 제출[69]하여야 한다. 투자설명서의 내용은 증권신고서(일괄신고서를 사용하는 경우는 일괄신고추가서류)에 기재된 내용과 다른 내용을 표시하거나 그 기재사항을 누락하여서는 안 된다. 시행령 및 규정[70]에서는 표제부와 본문에 기재해야 하는 사항에 대해 규정하고 있으며, DART편집기의 투자설명서 양식도 표제부와 본문으로 구분되어 있다. 표제부는 자본시장법 시행령에서 요구하는 내용에 대해 표로 구성되어 있으므로 해당 내용을 작성한다. 본문은 특별한 양식 없이 빈 공간만 존재하므로 시행령 및 규정에서 요구하는 내용을 증권신고서 또는 일괄신고추가서류로부터 대부분 그대로 인용해서 작성한다.

작성된 투자설명서는 DART편집기로 전송하여 접수(일괄신고서를 사용하는 경우 일괄신고추가서류와 함께 제출)하며, 이 작업이 끝나면 비로소 청약 이전단계의 신고서 관련 업무는 마무리가 된다.

(11) 간이투자설명서의 작성

전술한 바와 같이 ELS는 금융투자회사의 영업 및 업무에 관한 규정 제2-5조 3항에 따라 ELS에 대한 설명시 간이투자설명서를 사용하여야 하므로 증권신고서 또는 일괄신고추가서류 제출시 첨부서류로 제출하여야 한다. 시행령 및 규정[71]에서는 간이투자설명서의 작성방법에 대해 규정하고 있으므로 해당 내용이 모두 포함될 수 있도록 작성해야 한다. 실제 작성시에는 다음과 같은 내용[72] 위주로 작성한다.

간이투자설명서 양식 및 주요 기재내용

[유의사항]

- 정부가 해당 간이투자설명서의 내용을 보증 또는 승인하는 것이 아니라는 뜻, 예금자보호법에 의한 보호를 받지 않는 금융투자상품이므로 투자에 신중을 기하라는 주의 문구 등을 기재

69 일괄신고서를 사용하는 경우 일괄신고추가서류와 투자설명서를 함께 제출하여 공시한다.
70 자본시장법 시행령 제131조 및 증권의 발행 및 공시에 관한 규정 제2-14조.
71 자본시장법 시행령 제134조 및 증권의 발행 및 공시에 관한 규정 제2-16조.
72 상세한 내용은 「파생결합증권 신고서 작성 가이드라인」의 샘플을 참조한다.

1. 상품개요
   - ELS의 종목명, 모집총액, 청약기간, 납입일, 발행일, 신고서 제출 당시의 공정가액에 관한 사항 등을 기재
2. 권리의 내용
   - 기초자산 가격 평가일, 관찰일, 평가방법에 관한 사항, 손익구조 등에 대해 기재
3. 손익구조그래프
   - 손익구조를 알기쉽게 표 및 그래프 등을 이용하여 설명
4. 기초자산의 과거 데이터를 이용한 수익률 모의실험
   - 과거 5년간 기초자산의 가격을 이용한 수익률 모의실험 결과를 표와 그래프 등을 이용하여 기재
5. 중도상환에 대한 사항
   - 시장상황에 따라 중도상환청구권이 제한될 수 있다는 사실, 중도상환 신청가능일, 지급일, 중도상환금액 결정일, 중도상환금액 등에 관한 사항 기재
6. 투자자 유의사항
   - 파생상품적 성격에 따른 위험, 발행사의 신용과 관련한 위험, 환금성 제약의 위험, 과세관련 위험, 권리내용의 변경 및 조기종결 위험 등을 기재
7. 인수에 관한 사항
   - ELS의 경우 해당사항 없음
8. 자금의 사용목적
   - 발행 후 상환금의 안정적인 지급을 위하여 헤지거래 등에 자금이 사용될 계획이라는 사실 기재
9. 발행인이 영위하는 사업의 목적
   - 발행사가 영위하고 있는 사업에 대해 간략히 기재
10. 발행인의 요약 재무정보
    - 발행인의 재무정보에 대해 00년 00월 00일에 제출한 사업보고서를 참조하라는 참조방식으로 기재
11. 기타 사항
    - 투자의 모든 책임은 고객에게 있으므로 충분히 설명을 듣고 판단하라는 주의문구 등을 기재

[효력발생에 관한 사항]

- 신고서가 효력발생 전인 경우 효력이 발생하지 않았으며 청약일 이전에 기재사항이 정정될 수 있다는 사항
- 효력이 발생한 날짜 및 청약일 이전에 기재사항이 정정될 수 있다는 사항

증권신고서와 투자설명서의 비교[73]

증권신고서와 투자설명서는 그 기재내용에 따라 구분되기 보다는 그 목적에 따라 구분되는 것이다. 즉, 증권신고서는 발행시장에 대한 규제를 위하여 감독당국에 제출되는 반면, 투자설명서는 일반투자자에게 청약의 권유시 그 내용을 알리기 위한 것이다. 증권신고서와 투자설명서는 그 내용상 상당부분 겹치는데 이는 투자설명서가 증권신고서의 내용을 일반투자자에게 제공하는 서류라는 점에서 기인한 것이다.

(12) ELS 신고서 공시관련 위반에 대한 제재 및 손해배상책임

금융위원회는 신고서 공시관련 위반사항이 발생한 경우 그 사실을 공고하고 정정을 명할 수 있으며, 필요시 그 증권의 발행·모집·매출 그 밖의 거래를 정지하거나, 기타 이에 대한 제재조치를 할 수 있다.

ELS 신고서 공시관련 위반사항[74]

1. 증권신고서·정정신고서 또는 증권발행실적보고서를 제출하지 않은 경우
2. 증권신고서·정정신고서 또는 증권발행실적보고서 중 중요사항에 관하여 거짓의 기재 또는 표시가 있거나 중요사항이 기재 또는 표시되지 아니한 경우
3. 신고서의 효력발생 전에 증권의 취득 또는 매수의 청약에 대한 승낙을 한 경우
4. 정당한 투자설명서를 작성·사용·공시하지 아니한 경우

ELS 신고서 공시관련 위반사항 발생시 제재[75]

1. 1년의 범위에서 증권의 발행제한
2. 임원에 대한 해임권고
3. 고발 또는 수사기관에의 통보
4. 경고 또는 주의

73 변제호·홍성기·김종훈·엄세용·김유석, 자본시장법, 지원출판사, p. 367.
74 자본시장법 제132조.
75 자본시장법 시행령 제138조.

또한 자본시장법은 ELS 신고서 및 투자설명서 중 중요사항에 관하여 거짓의 기재 또는 표시가 있거나 중요사항이 기재 또는 표시되지 않음으로써 증권의 취득자가 손해를 입은 경우에는 신고서 등의 작성에 관여한 자에게 손해배상책임을 지도록 하고 있다.[76] 그러므로 ELS 신고서 및 투자설명서 작성 · 공시관련 업무 시에는 오류 또는 실수로 이러한 문제가 발생하지 않도록 신중을 기해야 한다.

4-4. ELS의 투자권유

(1) ELS 투자권유를 위한 자격요건

ELS를 투자자에게 투자권유하기 위해서는 관련 규정[77]에 따라 일정요건을 갖추어야 한다. 동 규정에서는 ELS를 포함한 파생결합증권에 대하여 투자권유 및 투자자문의 업무를 수행하기 위해서는 파생상품투자상담사 시험에 합격(과거 선물협회 또는 증권업협회가 주관하는 선물거래상담사 시험에 합격하거나 선물거래상담사로 등록된 사실이 있는 경우도 포함[78])하고 협회가 주관하는 파생상품투자상담사에 대한 등록교육을 이수하여야 한다(단 전문투자자를 대상으로 투자권유를 하기 위해서는 금융투자회사 또는 해외 금융투자회사에서 근무한 경력이 1년 이상일 것[79])고 규정하고 있다. 따라서 금융투자회사의 지점 또는 영업관련 부서에서 일반투자자를 대상으로 ELS 투자권유를 업무로 하는 임직원은 파생상품투자상담사 시험에 합격하고 등록교육을 이수하여야 하며, 전문투자자를 대상으로 투자권유를 하는 임직원은 시험합격 또는 관련업무 1년 이상의 경력이 필요하다. 이를 위반하여 무자격자가 투자권유행위를 하는 경우 불건전영업행위[80]에 해당되어 관련법령 및 규정에 따라 처벌을 받을 수 있으므로 유의해야 한다.

(2) ELS 투자권유시 유의사항

자본시장법 및 금융투자회사의 영업 및 업무에 관한 규정[81]은 ELS 투자권유시

76 자본시장법 제125조.
77 금융투자전문인력과 자격시험에 관한 규정.
78 금융투자전문인력과 자격시험에 관한 규정 부칙 제5조.
79 금융투자전문인력과 자격시험에 관한 규정 제1-4조 3항.
80 자본시장법 제71조.

적합성 원칙, 적정성 원칙, 부당권유 금지 및 설명의무 등을 준수할 것을 요구하고 있다.

자본시장법 내 준수사항

① 적합성 원칙: 일반투자자에게 투자권유를 하기 전에 항상 일반투자자의 투자목적, 재산상황 및 투자경험 등에 비추어 그에게 적합하지 아니하다고 인정되는 투자권유를 해서는 안된다(자본시장법 제46조)

② 적정성 원칙: 일반투자자에게 투자권유를 하지 않고 파생상품 등을 판매하려는 경우에는 일반투자자에게 적정하지 아니하다고 판단되는 경우에는 그 사실을 일반투자자에게 알리고 일반투자자로부터 확인을 받아야 한다(자본시장법 제46조의2).

③ 설명의무: 일반투자자를 상대로 투자권유를 하는 경우에는 금융투자상품의 내용, 투자위험, 금융투자상품의 투자성에 관한 구조, 수수료, 계약의 해지에 관한 사항을 일반투자자가 이해하기 쉽게 설명해야 한다(자본시장법 제47조).

④ 손해배상책임: 일반투자자를 상대로 투자권유를 하는 경우에 설명의무 미이행 또는 중요사항 설명의 허위·왜곡·누락으로 손해 발생시 손해배상책임을 져야 한다(자본시장법 제48조).

⑤ 부당권유 금지: 거짓을 알리는 행위, 불확실한 사항에 대해 단정적 판단을 제공하거나 확실하다고 오인하게 할 소지가 있는 내용을 알리는 행위, 투자자로부터 투자권유의 요청을 받지 아니하고 실시간 대화의 방법을 이용하는 행위(불초청권유), 투자권유에 대한 거부의사를 표시하였음에도 불고하고 투자권유를 계속하는 행위(의사에 반하는 재권유) 등을 금지한다(자본시장법 제49조).

금융투자회사의 영업 및 업무에 관한 규정 내 준수사항

〈투자자정보의 확인, 규정 제2-3조〉

① 금융투자회사는 투자권유를 하기 전에 일반투자자의 투자목적, 재산상황 및 투자경험 등의 투자자정보를 확인하고, 해당 일반투자자로부터 서명, 기명날인, 녹취, 전자우편 등의 방법으로 확인을 받아 이를 유지·관리하여야 한다

② 금융투자회사는 확인한 투자자정보의 내용을 해당 일반투자자에게 지체 없이 제공하여

81 금융투자회사의 영업 및 업무에 관한 규정 제2-3조~제2-5조.

야 한다.

〈투자권유의 적합성, 규정 제2-4조〉

① 금융투자회사는 자체적으로 정한 적합성판단 기준에 비추어 일반투자자에게 적합하지 않다고 인정되는 투자권유를 하여서는 안 된다.

② 금융투자회사는 일반투자자에게 파생상품 등[82]을 판매하려는 경우에는 투자권유를 하지 아니하더라도 면담·질문 등을 통하여 그 일반투자자의 투자자정보를 파악하여야 한다.

③ 금융투자회사는 일반투자자의 투자자정보에 비추어 해당 파생상품 등이 그 일반투자자에게 적정하지 아니하다고 판단되는 경우에는 그 사실을 알리고, 일반투자자로부터 서명 등의 방법으로 확인을 받아야 한다.

〈설명의무, 규정 제2-5조〉

① 금융투자회사는 일반투자자에게 투자권유를 하는 경우에는 금융투자상품의 내용, 투자에 따르는 위험, 금융투자상품의 투자성에 관한 구조와 성격, 투자자가 부담하는 수수료에 관한 사항, 조기상환조건이 있는 경우 그에 관한 사항 및 계약의 해제·해지에 관한 사항 등 투자설명사항을 투자자가 이해할 수 있도록 설명하고, 설명한 내용을 일반투자자가 이해하였음을 서명 등의 방법으로 확인받아야 한다.

② 금융투자회사는 일반투자자를 대상으로 투자권유를 하는 경우에는 해당 일반투자자가 서명 또는 기명날인의 방법으로 설명서의 수령을 거부하는 경우를 제외하고는 투자설명서를 교부하여야 한다.

③ 금융투자회사는 일반투자자가 공모의 방법으로 발행된 파생결합증권(주식워런트증권은 제외한다)을 매매하고자 하고자 하는 경우 간이투자설명서[83]를 추가로 교부하고 그 내용을 충분히 설명하여야 한다.

또한 금융투자회사는 투자권유시 임직원이 준수하여야 할 구체적인 기준 및 절차를 정한 투자권유준칙을 마련(파생상품 등에 대해서는 투자자 등급별로 차등화된 투자권유준칙 필요)하여 투자권유시 준수하도록 하여야 한다. 따라서 ELS의 투자권유시에는 자본시장법, 금융투자회사의 영업 및 업무에 관한 규정, 투자권유준칙 기타 사내규정들을 모두 고려하여 불완전판매가 발생하지 않도록 유의하여야 한다.

82 '파생상품 등'은 원금비보장 파생결합증권을 포함한다(자본시장법 제46조의2 및 시행령 제52조의2). 따라서 원금비보장 ELS의 투자권유시에는 적정성 원칙도 함께 고려해야 한다.

83 2012년 3월 규정개정으로 인해 공모 ELS/DLS의 투자권유시 핵심설명서 대신 간이투자설명서를 사용하고 있다.

표준투자권유준칙[84] 내 준수사항

〈투자자정보 파악 및 투자자성향 분석 등〉

① 임직원 등은 투자권유를 희망하는 투자자에 대하여 투자권유 전에 면담·질문 등을 통하여 투자자의 투자자정보를 투자자정보 확인서에 따라 파악하고, 투자자로부터 서명 등의 방법으로 확인을 받아 이를 유지·관리하여야 한다.

② 임직원 등은 확인한 투자자정보의 내용 및 투자자 성향을 투자자에게 지체 없이 제공하여야 한다.

③ 임직원 등은 투자자정보를 제공하지 아니하면 일반투자자로서 보호를 받을 수 없다는 점을 통지하였음에도 불구하고 자신의 정보를 제공하지 아니 하는 투자자에 대하여는 그 거부의사를 서면으로 확인받아야 한다.

④ 임직원 등은 투자자정보를 제공하지 아니하는 투자자에 대하여는 투자권유를 희망하지 않는 투자자로 간주하고 '투자권유를 희망하지 않는 투자자에 대한 판매' 절차를 따른다.

⑤ 임직원 등은 회사가 이미 투자자정보를 알고 있는 투자자에 대하여 투자권유를 하고자 하는 경우 투자자정보 유효기간 경과여부를 확인하고, 유효기간이 지난 경우에는 투자자정보를 다시 파악하여야 한다.

〈투자권유 절차 및 유의사항〉

① 임직원 등은 회사가 정한 적합성판단 기준에 비추어 보아 투자자에게 적합하지 아니하다고 인정되는 투자권유를 하여서는 아니 된다.

② 임직원 등은 회사가 이미 투자자정보를 알고 있는 투자자에 대하여는 기존 투자자성향을 알리고 투자권유를 하여야 한다.

③ 임직원 등은 투자자에게 적합하지 아니한 것으로 판단되는 금융투자상품에 투자자가 투자하고자 하는 경우 해당 투자가 투자자에게 적합하지 아니할 수 있다는 사실 및 해당 금융투자상품에 대한 투자의 위험성을 알리고 해당 투자자로부터 서명 등의 방법으로 이를 고지 받았다는 사실을 확인받아야 한다.

④ 임직원은 개인인 투자자에게 파생상품등에 대한 투자권유를 하는 경우 투자자의 연령과 파생상품 등에 대한 투자경험 등을 추가로 고려한 기준에 따라 적합하지 아니하다고 인정되는 투자권유를 하여서는 아니 된다.

⑤ 임직원 등은 투자권유시 거짓, 불확실한 사항에 대해 확실하다고 오인하게 할 소지가

84 표준투자권유준칙은 금융투자협회가 금융투자회사가 공통으로 사용할 수 있도록 만든 모범규준이며, 각 금융투자회사는 표준투자권유준칙을 참조하거나 독자적으로 제정한 투자권유준칙을 마련(자본시장법 제50조에 의한 의무사항)하고 있으므로 각 회사별 투자권유준칙과는 다소 차이가 있을 수 있다.

있는 내용 설명, 투자권유의 요청을 받지 아니하고 방문·전화 등 실시간 대화의 방법을 이용하는 행위, 투자권유를 받은 투자자가 이를 거부하는 취지의 의사를 표시하였음에도 불구하고 투자권유를 계속하는 행위를 하여서는 아니 된다.

〈설명의무〉

① 임직원 등은 투자자에게 투자권유를 하는 경우 금융투자상품의 내용, 투자에 따르는 위험, 금융투자상품의 투자성에 관한 구조와 성격, 투자자가 부담하는 수수료에 관한 사항, 조기상환조건이 있는 경우 그에 관한 사항, 계약의 해제·해지에 관한 사항 등 투자설명사항을 투자자가 이해할 수 있도록 설명하고, 설명한 내용을 투자자가 이해하였음을 서명 등의 방법으로 확인받아야 한다.

② 임직원 등은 설명하였음에도 불구하고 투자자가 주요 손익구조 및 손실위험을 이해하지 못하는 경우에는 투자권유를 계속하여서는 아니 된다.

③ 임직원 등은 투자자가 서명 또는 기명날인으로 설명서의 수령을 거부하는 경우를 제외하고는 투자자에게 투자설명서를 교부하여야 한다.

④ 임직원 등은 설명을 함에 있어서 투자자의 합리적인 투자판단 또는 해당 금융투자상품의 가치에 중대한 영향을 미칠 수 있는 중요사항을 거짓 또는 왜곡하여 설명하거나 누락하여서는 아니 된다.

⑤ 임직원 등은 투자자가 추후에도 금융투자상품에 대하여 문의할 수 있도록 자신의 성명, 직책, 연락처 및 콜센터 또는 상담센터 등의 이용방법을 알려야 한다.

(3) 투자설명서의 교부

자본시장법에서는 투자설명서의 교부를 의무화[85]하였다. 따라서 공모ELS의 청약을 권유하기 위해서는 투자설명서를 사용하여야 한다. 그러나 투자설명서의 내용과 분량이 방대(보통 공모ELS의 경우 투자설명서는 40페이지 안팎의 분량)하므로 투자설명서의 내용 중 중요한 사항만을 발췌하여 기재한 간이투자설명서[86]를 청약권유시 설명자료로 사용하고 투자설명서와 함께 교부해야 한다.

85 자본시장법 제124조 1항.

86 2012년 3월 이전까지는 금융투자회사의 영업 및 업무에 관한 규정 제2-5조 3항에 따라 핵심상품설명서를 사용하였으나 자본시장법에서 규정한 간이투자설명서를 사용하여 법적 정합성을 높이기 위해 동 규정을 개정하여 핵심상품설명서 대신 간이투자설명서를 사용하도록 했다.

공모ELS 청약시 교부서류[87]

1. 청약서
2. 투자설명서
3. 간이투자설명서
4. 투자설명서 수령 거부 신청에 관한 서류(고객이 투자설명서 수령 거부 요청시)
5. 설명사실 확인 서류

4-5. ELS 발행관련 업무절차

(1) 청약결과 배정

공모ELS는 매주 수십개의 상품이 발행되기 때문에 대부분 공모예정금액 이하로 모집이 되어 모집된 금액만큼만 발행이 되고 투자자는 청약한 금액만큼 모두 배정을 하게 된다. 그러나 간혹 매력적인 상품을 공모하는 경우 공모예정금액을 초과하여 청약을 하는 경우가 있다. 이러한 경우 발행사는 신고서 및 투자설명서에 사전에 정한 방법대로 배정해야 한다. 대부분의 발행사는 청약금액에 따라 안분배정하는 방법을 사용하고 있으며, 안분배정하고 남는 수량에 대해서는 청약금액이 큰 순서, 청약접수순, 청약계좌개설일이 빠른 순서 및 청약계좌번호순 등의 방법으로 분배하여 배정한다.

(2) 거래입력(booking) 및 표준코드신청

청약이 완료된 ELS는 평가 및 손익관리 등을 위해 전산시스템에 입력해야 한다. 또한 ELS는 실물을 발행하는 증권이므로 국제증권식별번호(International Securities Identification Numbering System: ISIN)를 부여하고 예탁원에 증권발행을 의뢰하여야 한다. ISIN코드는 한국거래소 표준코드시스템 사이트[88]에 접속하여 신청한다.

87 투자설명서의 경우 분량이 40~50페이지 가량되므로 실제로는 CD 등에 교부하기도 하며, 필요서류 4~5번의 경우 보통 청약서에 함께 인쇄하여 필요시 사용하기도 한다.

88 http://isin.krx.co.kr

ISIN의 개념 및 ELS의 ISIN체계[89]

ISIN이란 유가증권의 매매와 관리에 있어 특정 유가증권의 동일성을 식별하는데 이용되는 국제적으로 표준화된 번호이며 우리나라에서는 증권표준코드라 불린다. 우리나라의 ISIN 국내등록기관은 한국거래소이며, 한국거래소가 ISO가 정한 국제표준(ISO 6166)과 한국산업규격(KS X ISO 6166)에 따라 증권 및 관련금융상품에 대해 ISIN을 부여한다. ISIN이 중복될 경우 식별번호로서의 역할을 할 수 없기 때문에 하나의 유가증권에는 전 세계적으로 하나의 ISIN이 부여되어야 한다. 따라서 ISIN 국내등록기관인 한국거래소는 ISIN의 유일성이 보장될 수 있도록 코드체계를 설계하여 ISIN을 부여하고 있다. 현재 ISIN의 체계는 접두어 2자리, 기본번호 9자리 및 검사숫자 1자리 등 12자리의 숫자 또는 알파벳 문자로 구성되어 있으며, ELS의 ISIN 구성은 다음과 같다.

접두어	속성 코드	발행체 고유코드				종목구분 코드	검사 숫자
■■	■	■■	■	■	■	■■■	■
KR	6	파생상품 발행기관명 코드	기초자산 분류코드	권리내용 분류코드	월중발생 순위예비 코드	■월중발생순위코드 ■발행연코드 ■발행월코드	

- 접두어: 국가명을 나타내는 2자리의 알파벳으로 표기하며 우리나라는 KR
- 속성코드: 증권의 종류에 따라 부여되며 ELS 및 DLS를 포함한 사채권은 6
- 파생상품 발행기관명 코드: 발생순에 따라 50부터 순차적으로 부여
- 기초자산 분류코드: 주식 1, 주식바스켓 2, 주가지수 3, 상품 4, 금리 5, 통화 6, 기타 9
- 권리내용 분류코드: 콜 1, 풋 2, 기타(콜 & 풋) 3
- 월중발생순위 예비코드 & 월중발생순위코드: 월중발생순으로 01부터 순차적으로 부여하고, 월중발행종목이 99종목을 초과할 경우 A0, A1, A2 …, B0, B2, B3 … 순으로 부여(단 I, O, U 제외)
- 발행연코드: 1980년부터 0, 1, 2 … 9, A, B … V, W(단 I, O, U 제외)순으로 반복부여(2012년 현재코드는 2)
- 발행월코드: 1월부터 12월까지 0, 1, 2 … 9, A, B, C
- 검사숫자코드: 표준코드부여의 정확성을 기하기 위하여 계산되는 숫자로서 "Double Add Double"방식에 의하여 산출

89 증권 및 관련금융상품 표준코드 관리기준: 한국산업규격 및 산업규격에 따라 증권 및 관련 금융상품에 대한 표준코드를 부여하고 관리하고자 거래소가 정한 기준.

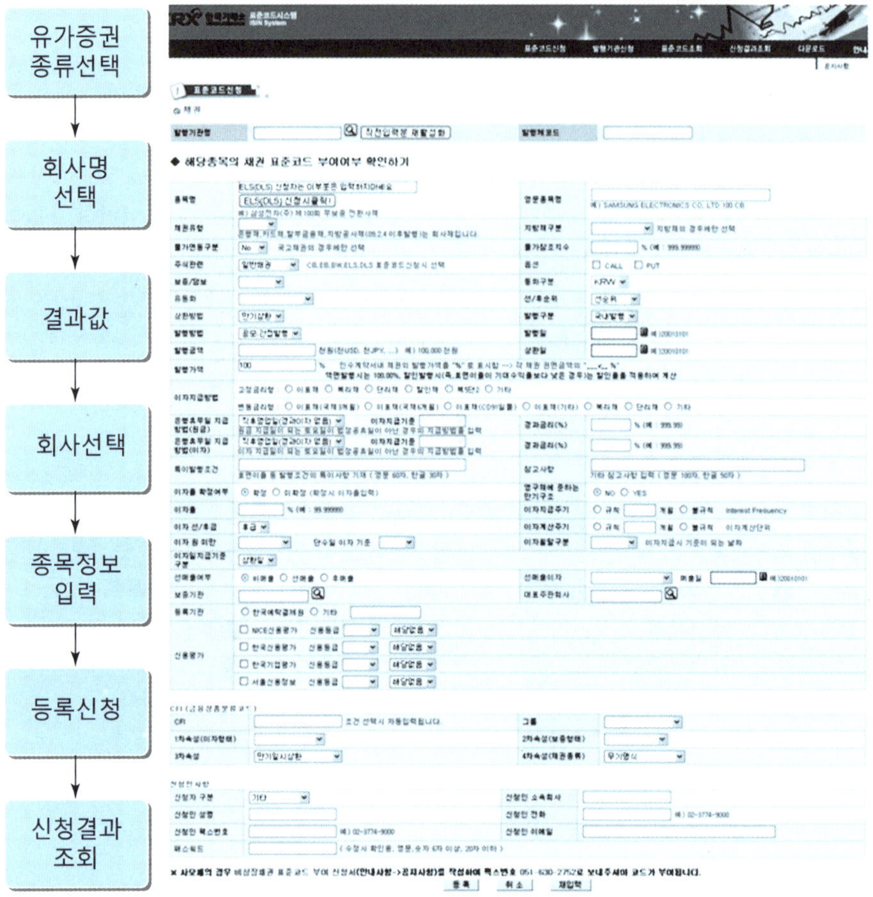

[그림 1-9] ISIN 신청순서 및 신청화면

(3) 한국예탁결제원 증권발행 의뢰 및 납입·입고

ELS는 법적 분류상 증권이므로 실물증권을 발행해야 한다. 한국예탁결제원 명의로 1매의 실물증권을 발행하고, 발행된 증권의 실물은 증권 보유자(ELS 투자자)에게 교부하지 않고, 한국예탁결제원에 일괄예탁한다. 따라서 ELS 투자자는 한국예탁결제원에의 예탁과 예탁자 계좌부 또는 투자자 계좌부에의 기재를 통하여 간접적으로 증권을 보유하게 된다.[90]

90 파생결합증권의 발행 및 유통 등에 관한 준칙 제8조 및 제9조.

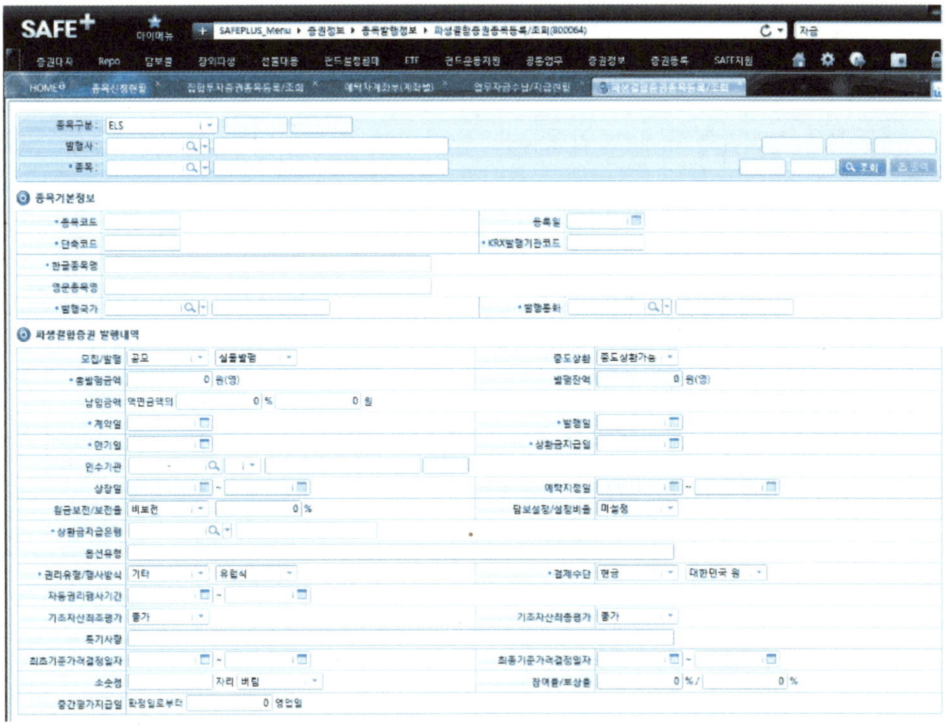

[그림 1-10] SAFE+시스템의 ELS발행 신청 화면

ELS증권 발행신청은 한국예탁결제원에 발행대금납입완료확인서를 보내 납입금이 납입된 사실을 증명한 후 한국예탁결제원의 SAFE+시스템[91]을 통하여 이루어지게 된다. SAFE+시스템에 접속하여 해당 내용을 신청하고, ELS의 구체적인 상품구조 등은 첨부파일을 업로드[92]하여 신청한다.

(4) 백투백거래 입력(booking) 및 결제실행

ELS 발행에 대한 헤지방법을 백투백방식으로 선택한 경우 백투백 거래 관련 계

91 한국예탁결제원이 기존에 상품별로 독립적으로 운영되던 예탁결제업무 관련시스템을 통합하여 2011년 2월 7일 오픈한 업무시스템. 현재 약 70여 개 금융기관이 자사 전산 Host를 직접 연계하고, 약 280여 개 금융기관이 웹방식으로 참가하고 있는 범금융시장 인프라 시스템.

92 실무에서는 보통 공모ELS의 경우 DART에 공시했던 투자설명서를 PDF파일 형태로 업로드하고, 공시서류가 없는 사모ELS의 경우 엑셀파일로 된 양식을 작성하여 업로드한다.

약서류[93]를 수취하여 내용을 확인해야 하며, 동거래에 대한 사항을 전산시스템에 입력하여야 한다.

거래입력작업을 끝낸 후엔 백투백 거래가 국내회사가 발행한 ELS를 매입하는 경우 백투백용 ELS발행사에 매입대금을 송금해야 하며, 이 경우 한국은행 BOK-Wire[94]를 통해 매입대금을 송금해야 한다.

또한 백투백거래의 거래상대방이 외국계 회사인 경우 보통 미국 달러화로 결제가 이루어지므로 달러화 결제를 위해 달러를 매입해야 한다. 결제시 환율은 사전에 정해진 일자의 MAR[95]가 주로 사용되므로, ELS 청약이 완료되어 ELS 발행금액 및 백투백 거래대금이 결정되면 은행에 MAR로 달러 매수주문을 내야 한다.

ELS 백투백거래는 대부분 퀀토(Quanto)방식으로 거래되므로 ELS 발행사는 달러화로 결제를 하여도 환리스크에 노출되지는 않는다. 하지만 MAR로 달러 매수주문을 내는 과정에서 수수료가 발생한다. 예를 들어 ELS 발행금액이 100억원, Fully Funded 백투백 거래 가격이 98%, MAR가 1,100.00원인 경우 98억원에 대한 달러금액, 즉 USD8,909,090를 매수해야 하며, 이 경우 은행은 달러당 0.1원 정도의 수수료를 부과하여 약 89만원 가량을 부담해야 한다. 매수된 달러를 거래상대방인 외국계 회사에 송금하기 위해서는 은행에 외화송금을 의뢰하여야 한다. 이 경우 은행에 거래상대방 계좌의 SWIFT CODE[96] 및 금액 등을 정확히 확인하여야 한다.

결제를 위한 달러 매수주문은 결제금액이 작은 Unfunded Swap보다는 명목금액에 가까운 큰 금액을 결제해야 하는 Fully Funded Swap 거래시 실수나 착오가 발생하지 않도록 유의해야 한다.

93 ELS 형태로 매입하는 경우 사모인수계약서, OTC 형태로 매입하는 경우 term sheet 및 confirmation 등을 거래상대방으로부터 수취하여 내용을 확인하여야 한다.

94 BOK-wire: 한국은행금융결제망시스템(The Bank of Korea Financial Wire Network System)의 약칭으로 한국은행과 금융기관을 전용망으로 온라인 연결하여 금융기관간 거액자금거래를 전자자금이체 방식에 의하여 금융기관들이 한국은행에 개설해 놓은 당좌예금계정을 통해서 건별로 즉시 결제를 종료시키는 실시간 총액결제(Real-Time Gross Settlement, RTGS)시스템.

95 Market Average Rate란 금융결제원의 자금중개실을 통해 당일에 거래된 은행간 환율을 거래량으로 가중평균하여 산출한 것으로서 장이 마감된 후 로이터 KFTC 18페이지에 고시된다. MAR는 다음날 외환거래의 기준환율이 된다.

96 SWIFT Code: SWIFT란 Society for Worldwide Interbank Financial Telecommunication의 약칭으로 국제은행간 자금결제를 신속하고 안전하게 처리하기 위한 금융정보통신망이며, SWIFT Code는 세계의 은행을 구별하기 위한 식별코드로서 BIC(Bank Identifier Code)라고도 한다.

(5) ELS 발행실적 공시

공모ELS를 발행한 후에 발행사는 증권발행실적보고서를 작성하여 DART에 접수하여야 한다.[97] 증권발행실적보고서의 작성은 기업공시서식작성기준[98]을 참조하여 DART편집기로 작성한다. DART편집기에는 파생결합증권의 발행실적보고서 양식파일이 별도로 마련되어 있으며, 주요 내용은 총 5가지로 분류된다.

ELS 발행실적보고서의 주요 내용

Ⅰ. 청약 및 배정에 관한 사항
- 청약 및 납입일정, 인수기관별 인수금액(ELS의 경우 발행사가 직접 모집하므로 대부분의 경우 해당사항이 없다), 청약 및 배정현황 및 배정방법 등을 기재한다.

Ⅱ. 증권교부일 등
- 증권교부(예정)일, 상장(예정)일 등을 기재하여야 하나 ELS의 경우 증권교부 또는 상장을 거의 하지 않으므로 대부분의 경우 해당사항이 없다.

Ⅲ. 공시 이행상황
- 청약 및 배정 공고에 관한 사항, 증권신고서(일괄신고서의 경우는 일괄신고추가서류 포함) 및 투자설명서의 공시 이행상황 등을 기재한다.

Ⅳ. 조달된 자금의 사용내역
- ELS 발행으로 실제 조달된 자금내역, 발행분담금 등의 발행비용 및 향후 조달된 자금의 사용예정내역에 대해 간략하게 기재한다.

Ⅴ. 예상손익구조의 확정내용
- ELS의 예상손익구조에 대해 서술식으로 기재하며 필요시 그림 또는 그래프를 활용하여 기재한다. ELS 투자자의 최대손실액과 그 조건, 최대이익액과 그 조건 등을 명확히 기재하여야 한다.

97 자본시장법 제128조.
98 기업공시서식작성기준 제13장 발행실적보고.

4-6. ELS 사후관리

(1) 손실가능조건 발생 또는 Knock-In 발생시 통보

공모로 발행한 ELS가 최초로 원금손실가능조건에 도달하게 되는 경우[99] ELS 발행사는 설명의무의 일환으로 다음과 같은 내용 및 방법으로 지체 없이 일반투자자에게 통보하여야 한다.

금융투자회사의 영업 및 업무에 관한 규정 제2-5조 4항

제2-5조(설명의무 등) ④ 금융투자회사는 공모로 발행된 파생결합증권(주식워런트증권은 제외한다)이 만기일 또는 최종 환매청구일 이전에 최초로 원금손실조건에 해당되는 경우 다음 각 호의 내용을 지체 없이 일반투자자가 미리 지정한 서신, 전화, 전자우편 및 그 밖에 이와 유사한 전자통신의 방법으로 통지하여야 한다. 다만, 해당 일반투자자가 서명 또는 기명날인의 방법으로 수령을 거부한 경우에는 통지를 하지 아니할 수 있다.

1. 원금손실조건에 해당되었다는 사실
2. 조기상환조건 및 조기상환시 예상수익률
3. 환매청구방법, 환매청구기한 및 환매수수료 등

(2) 중도상환[100]의 처리

ELS는 만기 혹은 자동조기상환 등과 같이 사전에 정해진 시점에 상환되는 것을

99 원금비보장형 상품이 발행 후 기초자산 가격이 하락하여 Knock-In barrier를 히트하는 등 원금손실 가능성이 생기는 경우를 말한다.

100 만기이전에 상환을 하는 경우에는 자동조기상환, 중도상환, 조기종결 등 여러 가지 경우가 있다. 그동안 이러한 용어들이 혼재되어 사용되어 왔으나, 금융투자협회의 「파생결합증권 신고서 작성 가이드라인」에서는 각각의 용어를 통일하여 사용할 것을 권고하고 있다. 따라서 이 책에서는 각각을 동 가이드라인에서와 같이 정의하여 사용하기로 한다.

① 자동조기상환: 일정한 조건 충족시 만기이전에 원금과 수익을 지급하고 거래 종료
② 조기종결: 조기종결 사유가 발생하여 발행사가 기한이익을 상실하여 증권의 만기일 이전이라도 파생결합증권을 종결
③ 중도상환: 투자자의 요청에 의해 만기이전에 파생결합증권을 청산하여 투자자에게 상환

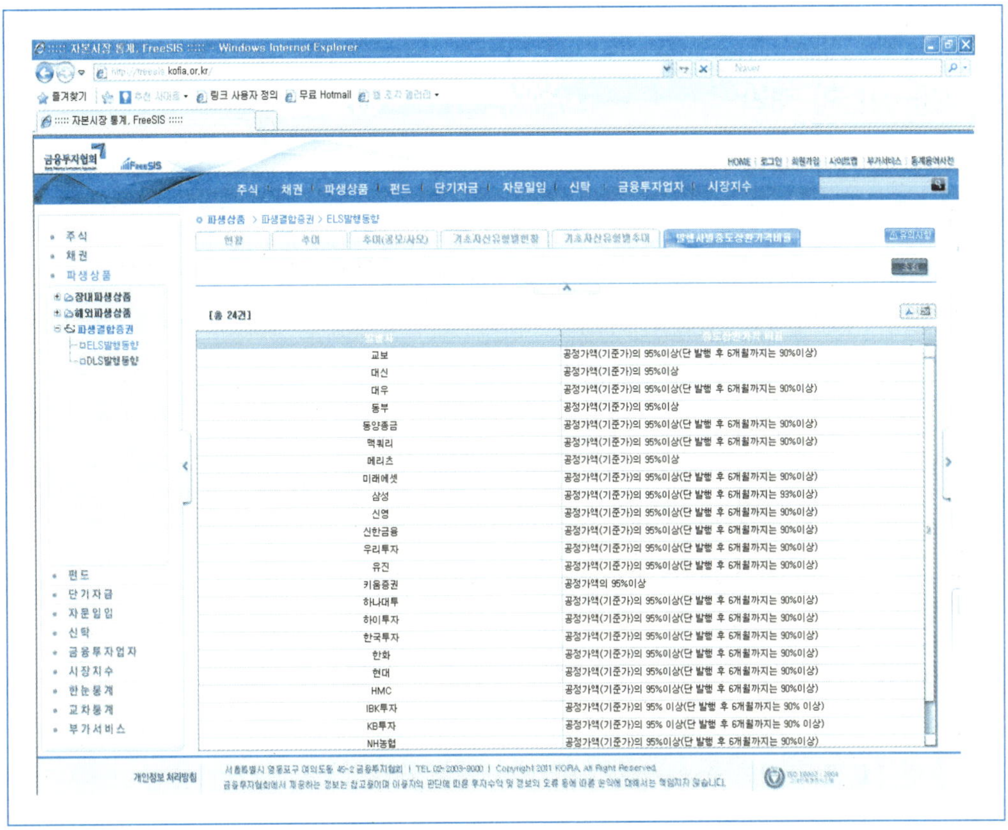

[그림 1-11] 금융투자협회 홈페이지의 발행사별 중도상환가격비율

원칙으로 한다. 하지만 발행사는 투자자의 환금성 및 유동성을 높이기 위해 중도상환청구권을 부여[101]하였다. 투자자가 중도상환을 요청하는 경우 발행사는 ELS 및 헤지자산의 청산에 필요한 비용 등을 포함하여 중도상환가격을 산정하여야 하며, 이때 중도상환가격은 공정가액(기준가)의 95% 이상(단 발행 후 6개월까지는 90% 이상[102]) 이어야 한다. 모든 ELS 발행사는 중도상환가격비율을 금융투자협회 자본시장통계 홈페이지[103]에 게시하여야 한다. 따라서 중도상환가격비율에 대한 내부정책이 변경되

101 중도상환청구권은 시장붕괴 등으로 인하여 ELS 및 헤지자산의 시장청산이 불가능한 경우에는 제한될 수 있다.

102 공정가액(기준가)의 95%(단 발행 후 6개월까지는 90%)은 중도상환가격의 minimum 기준이다. 따라서 실제로 중도상환시 적용되는 중도상환가격 및 금융투자협회 홈페이지의 게시비율은 그 이상이 되어야 한다.

103 FreeSIS, http://freesis.kofia.or.kr/

는 경우 금융투자협회에 알려 홈페이지 내용의 수정을 요청하여야 한다.

(3) 상환의 처리

만기 또는 자동조기상환 등으로 인해 자금을 상환하고 계약을 종료하는 경우 해당 ELS 및 헤지포지션을 정리하고 결제자금을 수수해야 한다. 기초자산의 만기평가금액이 결정되어 ELS의 상환금액이 결정되면 후선업무부서와 정확한 금액을 확인한 후 상환이 이루어지도록 한다.

백투백거래의 경우 거래상대방이 외국계 회사여서 달러로 결제를 하는 경우 거래 초기와 마찬가지로 결제금액에 대해 MAR로 매도주문[104]을 내서 지급받은 달러를 원화로 수취하여야 한다. ELS의 상환금액은 원리금지급대행기관을 거쳐 예탁결제원의 확인 후 ELS의 투자자 계좌로 입금하여야 한다.

자체헤지의 경우 헤지자산을 매도하여 상환자금을 마련하는 것이 일반적이나 헤지자산과 ELS의 현금흐름이 정확히 일치하지 않는 경우 고유자금으로 먼저 ELS의 상환자금을 마련하여야 한다. 백투백 경우도 마찬가지로 일반적으로 외국계 회사와의 백투백 거래와 ELS는 시차 또는 해당 국가의 공휴일 등으로 인해 백투백 거래와 ELS의 현금흐름이 정확히 일치하지 않는 경우가 많다. 따라서 이런 경우 고유자금으로 ELS의 상환자금을 먼저 상환하여야 한다.

4-7. 사모ELS의 발행

(1) 사모ELS의 발행

사모란 새로 발행되는 증권의 취득의 청약을 권유하는 것으로서 공모가 아닌 것[105]을 의미한다. 공모ELS가 증권신고서 등을 제출하여 공시하는 과정을 거치는 반면, 사모ELS는 공시절차를 거치지 않고 계약당사자간에 사모계약서를 작성하여 계약이 성사되므로 공모ELS에 비해 거래절차가 간단하다. 공모란 50인 이상의 투자자에게 새로 발행되는 증권의 취득의 청약을 권유하는 것을 말한다. 50인이란 투자자의

104 백투백 거래가 Unfunded Swap인 경우 ELS가 손실상환인 경우 손실금액만큼 백투백 거래상대방에게 지급해야하므로 달러도 매수주문을 내야한다.

105 자본시장법 제9조 8항.

수 산정의 대상기간은 청약의 권유를 하는 날로부터 과거 6개월 이내에 동일한 종류의 증권에 대하여 공모에 의하지 아니하고 청약권유를 받은 투자자의 수(동일인은 1인으로 산정)를 합산[106]한다. 또한 동일한 종류란 자본시장법 제4조 제2항의 증권분류에 따른 채무증권 · 지분증권 · 수익증권 · 투자계약증권 · 파생결합증권 · 증권예탁증권의 구분을 의미하며, 파생결합증권의 경우 ELS · ELW · DLS를 다른 종류의 증권으로 구분[107]한다. 따라서 지난 6개월간 사모ELS를 49인에게 청약의 권유를 하였으면 다음번 사모ELS를 발행할 시에는 공모ELS로 발행하여야 한다. 그러므로 6개월간의 사모ELS[108]의 청약권유에 관한 현황을 관리하여 공모로 발행해야 함에도 불구하고 사모ELS로 발행하지 않도록 주의하여야 한다.

투자자의 수 산정사례[109]

ELS 발행일	XX년 1월 1일	XX년 2월 1일	XX년 3월 1일	XX년 4월 1일
청약권유대상자	甲+15명	甲+15명	甲+15명	甲+3명
개별건 공모여부 판단	16명	16명	16명	16명
합산 시 공모여부 판단	16명	31명	46명	49명

(2) ELF에 사모ELS 발행시 유의점

ELS와 손익구조 및 경제적 실질 등은 비슷하지만 증권의 형태가 아닌 집합투자기구 형태로 운용되는 상품을 ELF라고 한다. ELF는 주로 증권사가 발행하는 사모ELS를 편입하여 운용을 한다. 하지만 자본시장법에서는 동일종목 또는 증권에 집합투자재산을 집중 투자하는 경우 안정적 운용을 해할 수 있다는 점을 감안하여 집합투자기구의 운용에 제한[110]을 두고 있다. 따라서 사모ELS를 편입하는 ELF도 이러한

106 자본시장법 시행령 제11조 1항.

107 기업공시실무안내 2012, 금융감독원, p. 160~161.

108 신탁업자와 거래의 경우 ELS의 인수자는 신탁업자이지만 특정 금전신탁의 특성상 위탁자의 지시에 의해 운용되는 점을 감안하여 공모ELS로 발행하는 ELS 발행사도 있다. 이에 대한 자세한 내용은 4장에서 후술하기로 한다.

109 기업공시실무안내, 금융감독원, p. 151.

제한사항에 포함되므로 실무시 고려해야 한다. 현재 자본시장법 시행령[111]에서는 파생결합증권의 경우 집합투자기구의 자산총액의 30%까지만 투자할 수 있도록 제한[112]하고 있다. 따라서 ELF에 편입시에는 최소한 4군데 발행사[113]가 사모ELS를 발행하여야 한다.

5. 기타 참고사항

5-1. 평가회사 통보

발행사는 ELS를 발행한 이후 일별 공정가액(기준가)을 홈페이지 등에 게시하여야 한다. 발행사는 ELS 공정가액의 객관성을 위해 외부평가회사(KIS평가, 나이스채권평가, 한국자산평가 및 에프엔자산평가)가 산정한 공정가액을 사용하며, 신뢰도를 높이기 위해 복수의 외부평가회사에서 산정한 가격을 산술평균하여 사용하기도 한다. 실무에서 대부분의 발행사는 4곳의 외부평가회사 중 두 곳과 계약을 맺어 두 곳에서 산정한 가격을 받아 산술평균하여 공정가액으로 제공하고 있다. 따라서 발행이 완료된 이후에는 새로운 상품이 발행되었음을 외부평가회사에 통보하고 상품내역에 관한 관련 자료를 송부[114]하여야 한다.

---

110 자본시장법 제81조.

111 자본시장법 시행령 제80조.

112 자본시장법 및 시행령 제정안에서는 파생결합증권에 대한 투자한도를 10%로 제한하고 있었다. 그러나 ELS에 집합투자재산의 100%를 투자하는 ELF가 자산운용업법 하에서 이미 설정되어 운용되고 있었다는 점과 동일종목 투자제한을 10%로 할 경우 한 펀드에서 10개의 ELS를 편입해야 하지만 현실적으로 어렵다는 의견이 제시됨에 따라 금융채와 동일한 수준인 30%로 상향조정되어 현재 시행되고 있다. 변제호 · 홍성기 · 김종훈 · 엄세용 · 김유석, 「자본시장법」, 지원출판사, p. 255.

113 실무에서는 보통 4군데 발행사가 25%씩 발행한다.

114 그러나 실무에서는 외부평가회사가 항상 새로운 공모 상품 발행을 모니터링하여 공시자료로부터 상품에 대한 정보를 습득하여 평가가격을 제공하고 있으므로 별도의 자료 제공 없이 신상품 발행에 대한 통보만 하면 된다. 그러나 사모ELS의 경우 상품의 세부사항이 외부에 노출되지 않으므로 계약서 등을 외부평가회사에 제공하여야 한다.

5-2. 발행분담금의 납부

금융위원회에 증권신고서를 제출하는 발행인은 금융감독원의 운영경비의 일부를 분담[115]하기 위해 발행분담금을 납부하여야 한다.[116] 분담금의 분담요율 및 징수방법[117] 등에 관한 사항은 「금융기관 분담금 징수 등에 관한 규정」에서 정하고 있다. 동 규정에 따르면 파생결합증권의 발행분담금은 발행가액 총액의 1만분의 0.5(주식워런트증권의 경우 1만분의 0.9)[118]이며, 발행인은 증권신고서를 감독원에 제출할 때 증권신고서에 기재된 발행가액의 총액을 기준으로 발행분담금을 납부하여야 한다고 규정[119]하고 있다. 하지만 「금융위원회의 설치 등에 관한 법률」 제38조에 따라 금융감독원의 검사를 받는 기관은 일괄신고추가서류를 제출한 날이 속하는 달의 다음 달 3영업일까지 발행분담금을 일괄하여 납부[120]할 수 있도록 하고 있다. 따라서 ELS의 경우 매월 지속적·반복적으로 발행되고, 신고서를 내는 시점에서 발행가액이 확정되지 않은 상황이므로 건건이 납부하지 않고 한 달간의 발행분에 대해 일괄 납부하고 있다. 그러나 일괄 발행분담금의 납부기한을 준수하지 않고, 납부기한 만료일로부터 1년 이내에 재차 일괄 발행분담금의 납부의무를 해태하는 경우 최종 납부기한 종료일로부터 1년 동안은 발행분담금을 일괄하여 납부할 수 없다. 따라서 발행분담금 납부 담당자는 납부기한을 넘기지 않도록 주의하여야 한다.

115 분담금에는 금융위원회의 설치 등에 관한 법률에 따라 금융감독원의 검사를 받는 금융기관이 납부해야 하는 감독분담금 및 자본시장법에 따라 증권신고서를 제출하는 발행인이 납부해야 하는 발행분담금 두 종류가 있으며, 두 가지 분담금에 관한 상세한 사항은 금융기관 분담금 징수 등에 관한 규정에서 정하고 있다. 본 서에서는 파생결합증권과 직접적인 관련이 있는 발행분담금에 관한 사항만 서술하기로 한다.

116 자본시장법 제442조.

117 자본시장법 시행령 제388조에서 분담금의 분담요율은 주권의 경우 발행가액 총액의 1만분의 2 이내, 주권 외의 증권을 발행하는 경우에는 발행가액 총액의 1천분의 1(일괄신고서를 통하여 증권을 발행하는 경우에는 발행가액 총액의 1만분의 4) 이내로만 정하고 있으며, 세부사항은 금융위원회에 위임하여 금융기관 분담금 징수 등에 관한 규정에서 정하도록 하고 있다.

118 금융기관 분담금 징수 등에 관한 규정 제5조.

119 금융기관 분담금 징수 등에 관한 규정 제7조 1항.

120 금융기관 분담금 징수 등에 관한 규정 제7조 2항.

5-3. 업무보고서의 제출

금융투자회사는 업무 내용을 적은 보고서(월별 업무보고서)를 매월 금융위원회에 보고[121]하여야 한다. 업무보고서는 12개의 목차로 구성되어 있으며, 파생상품의 거래현황은 XI. 파생상품 거래현황(파생상품업무보고서)에 기재하여야 한다.

업무보고서 주요 내용[122]

Ⅰ. 금융투자업자의 개황
Ⅱ. 영업에 관한 사항
Ⅲ. 재무에 관한 사항
Ⅳ. 부문별 영업 및 재무현황
Ⅴ. 주주, 경영지배구조 및 관계회사 등에 관한 사항
Ⅵ. 특수관계인과의 거래에 관한 사항
Ⅶ. 지점, 그 밖의 영업소 및 임직원 등에 관한 사항
Ⅷ. 투자자예탁재산의 현황 및 그 보호에 관한 사항
Ⅸ. 내부통제정책 및 위험관리정책 등에 관한 사항
Ⅹ. 집합투자재산, 투자자문일임재산 및 신탁재산에 관한 사항
XI. 파생상품 거래현황
XII. 해외점포 업무현황

XI. 파생상품 거래현황(파생상품업무보고서)은 파생결합증권 관련 사항을 포함하여 월별 장외파생상품의 매매, 그 중개·주선 또는 대리의 거래내역을 주내용으로 한다. 보고서 작성을 위한 상세서식은 가. 파생상품 거래현황, 나. 장외파생상품 거래현황, 다. 파생상품(파생결합증권 포함), 라. 기초자산별·상품별 잔액현황 및 마. 기타부속명세 등 5개의 대항목에 각각 파생결합증권의 잔액현황, 상환현황, 기초자산별 잔액현황 등에 관한 사항을 기재하도록 하고 있다. 매월 전월의 거래내역 및

121 자본시장법 제33조 4항.

122 자본시장법 시행령 제36조 3항 및 금융투자업규정 제3-66조에서 업무보고서의 기재사항에 대해 규정하고 있으며, 이에 대한 상세서식은 금융투자업규정 시행세칙 별책서식1 제17호에 정해져 있다.

현황을 다음 달 말일까지 금융위원회에 보고[123]하여야 하므로 현업부서 또는 결제업무부서 등의 후선업무부서는 익월에 업무보고서의 해당 내용을 작성[124]하여 제출[125]하여야 한다.

업무보고서 중 XI. 파생상품 거래현황(파생상품업무보고서)

〈구 양식〉	〈신 양식, 2013. 1. 1. 시행 예정〉
가. 파생상품 거래현황	가. 파생상품 거래현황
나. 장외파생상품 거래현황	나. 장외파생상품 거래현황
다. 파생상품(파생결합증권 포함) 거래현황	다. 신용파생상품 거래현황
라. 기초자산별 · 상품별 잔액현황	라. 파생결합증권 거래현황
마. 기타부속명세	마. 손익현황

현재의 파생상품 업무보고서 서식은 '13년 1월부터 일부 내용이 개선 및 추가된 새 양식으로 변경될 예정이다. 특히 파생결합증권 관련 내용으로 라-4. 파생결합증권 발행자금 운용현황(월별)이 새로 추가된다. 따라서 장외파생상품 투자매매업 인가를 받아 ELS/DLS를 발행하는 회사는 발행한 ELS(DLS는 별도로 구분하여)의 월말 평가잔액 및 헤지자산(주식, 채권, 장내파생, 장외파생, 예금, 현금, 부서간 대여, 기타 등)의 현황에 대해 제출해야 한다. 파생결합증권 발행자금 운용현황 총괄표는 업무보고서의 일부로서 다른 업무보고서와 마찬가지로 FINES를 이용하여 제출하고, 헤지자산별 세부명세표는 CPC[126]를 통해 별도로 제출하여야 한다.

---

123 소관부서는 금융감독원 복합금융감독국 파생상품분석팀이다.

124 실무에서는 일반적으로 결제업무부서 등 후선업무부서에서 업무를 처리한다.

125 업무보고서의 제출은 FINES(Financial INformation Exchange System: 금융감독원이 구축 및 운영하는 자료입수시스템으로서 금융회사는 업무보고서 및 상시감시보고서 등 각종 보고서를 전자문서서식에 따라 인터넷을 이용하여 보고서 작성에서 제출까지 일련의 과정을 One Stop으로 처리할 수 있는 시스템이다. 현재 은행, 증권, 보험 등 약 400여 개 금융회사가 FINES를 이용하여 보고서를 제출하고 있다)을 통해 제출한다.

126 CPC: Central Point of Contact, 2007년 12월 금융감독원이 금융회사에 대한 접촉창구를 일원화하기 위해 도입한 제도로서 금융감독원 검사각국의 금융회사별 전담자 가운데 1명을 자료징구 담당자(CPC)로 지정한 후 CPC를 통해서만 해당 금융회사에 자료를 요구할 수 있도록 하고, CPC에게 징구자료의 공유 및 사후관리 등의 기능을 부여하는 것을 주요 내용으로 한다. 자료제출창구를 일원화함

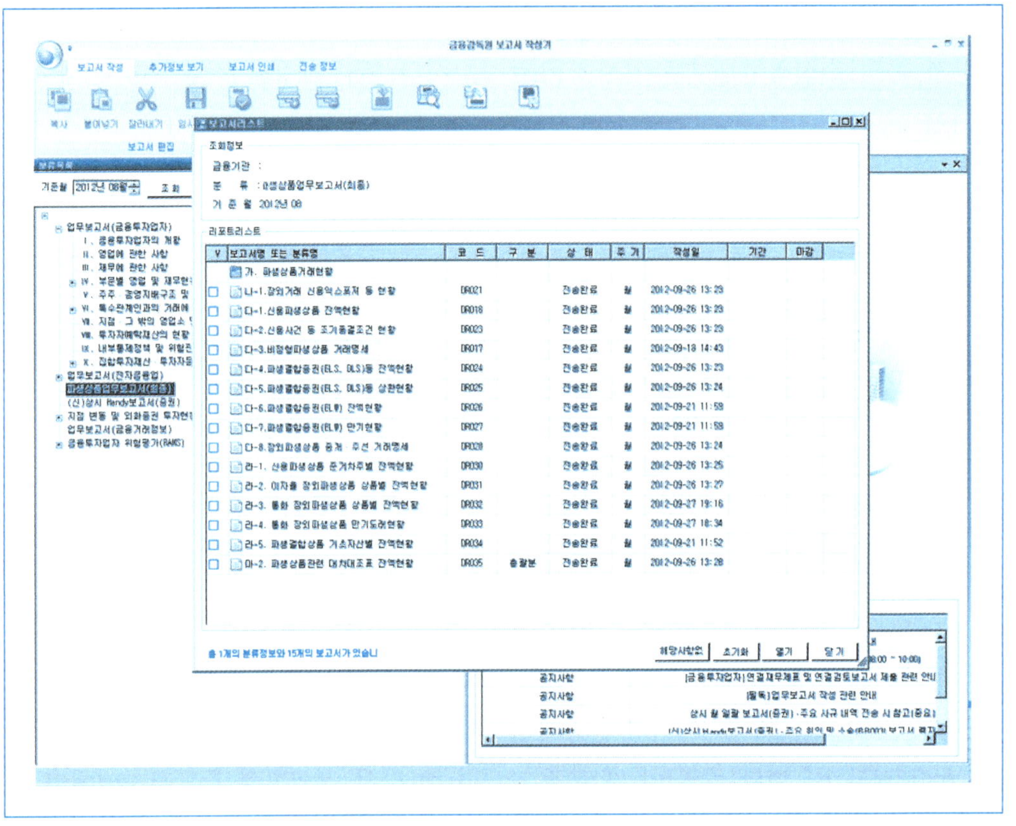

[그림 1-12] FINES 시스템 내 업무보고서 작업화면

5-4. 파생결합증권 발행현황의 제출

금융투자협회는 금융투자회사의 영업행위의 건전성 감독 등을 위하여 금융투자회사에게 규정[127]에 정해진 몇 가지 자료의 제출을 요구하고 있으며, 제출요구자료 중에는 파생결합증권 발행현황에 관한 자료도 있다. 따라서 금융투자회사는 정해진 서식[128]에 맞춰 파생결합증권 발행현황을 매월 10일까지 금융투자협회에 제출[129]하여야 한다. 동 자료는 ELS 및 DLS에 대해 원금보장유무 및 기초자산별로 월간발행실

으로써 유사자료 중복 제출 등을 방지하여 금융회사의 자료작성 업무부담을 경감할 수 있다. 실무에서 CPC는 주로 금융회사의 감사실로 지정하여 운영하고 있다.

127 금융투자회사의 영업 및 업무에 관한 규정 제8-3조 및 시행세칙 제56조.

128 금융투자회사의 영업 및 업무에 관한 규정 시행세칙 별지 제37호.

129 현재 해당 업무는 금융투자협회 부산지회 파생상품지원실에서 담당하고 있다.

적, 미상환잔고, 상환현황 등의 내용을 포함하고 있다. 금융투자협회는 각 금융투자회사에서 동 자료를 제출 받아 취합하여 그 취합한 결과를 금융투자협회 자본시장통계 사이트[130]에 공시하고 있다.

5-5. 파생결합증권 발행 및 운용에 관한 모범규준

2012년 9월 6일 금융당국은 브리핑을 통해 파생결합증권에 대한 관한 관리 · 감독을 강화하기 위해 ELS 및 DLS의 헤지자산과 고유재산 구분을 구분, 모니터링 전산시스템 구축, 매월 업무보고서를 통한 ELS 및 DLS의 발행현황 및 헤지자산의 운용현황 금융감독원에 정기보고 및 자율규제방안 마련 등을 주요 내용으로 하는 파생결합증권(ELS 및 DLS) 제도개선안을 발표하였다. 따라서 금융투자협회는 금융감독원 및 파생결합증권 발행사와 Task Force를 구성하여 「파생결합증권 발행 및 운용에 관한 모범규준」을 마련하여 2012년 10월 30일자로 시행하고 있다. 동 모범규준은 3개월 미만의 단기 ELS · DLS의 발행제한, 헤지자산의 구분관리 및 모니터링 시스템 구축, 헤지자산의 건전성 확보 및 내부통제와 위험관리를 주요 내용으로 하고 있다.

파생결합증권 발행 및 운용에 관한 모범규준 주요 내용

■ 단기 ELS · DLS의 발행제한

- 발행사의 수익은 거의 없으나 시장점유율 경쟁[131]등을 위해 발행되는 단기물의 발행을 제한하여 발행사의 수익성을 제고하고 시장과열을 방지하기 위해 만기가 3개월 미만인 단기 ELS · DLS의 발행을 제한

■ 헤지자산의 구분관리 및 모니터링 시스템 구축

- ELS · DLS의 발행대금으로 운용하는 헤지자산은 고유자산과 구분 · 관리하고 헤지자산현황을 모니터링 시스템을 구축할 것

---

130 http://freesis.kofia.or.kr

131 2012년 상반기 발행된 약 35조원의 파생결합증권(ELS 24조원, DLS 11조원)중 20%에 해당하는 약 9조원이 3개월 미만의 상품이었다. 특히 DLS는 3개월 미만 상품이 상반기 발행량 11조원 중 5.2조원에 달해 50% 가까이 발행되었다. 이러한 단기물 상품의 대부분이 양방향 digital 옵션을 이용해 기초자산의 가격(주로 CD금리를 사용함)의 움직임에 상관없이 확정금리를 주는 형태로 발행되었으며, 이러한 상품들은 발행사의 단기자금 수신기능 및 자금조달역할을 한다는 오해와 비판을 받아왔다.

■ 헤지자산의 건전성 확보
  – 내부규정에 헤지자산 운용에 관한 사항을 반영하고, 계열회사 관련 자산의 편입을 제한

■ 내부통제와 위험관리
  – ELS · DLS 및 헤지자산에 대한 정기점검 및 헤지 관련 운용지침을 마련하여 운영할 것

따라서 ELS 발행사는 동 모범규준의 내용을 내부규정에 반영하고 모니터링 전산시스템을 구축하여 운영하여야 하며, 이러한 모니터링 전산시스템에서 산출된 값을 바탕으로 업무보고서를 작성하여 제출하여야 한다.

5-6. 신상품 배타적 사용권 신청여부 결정

발행하고자 하는 ELS가 신상품이라면 신상품 배타적사용권 신청을 고려할 수 있다. 배타적 사용권이란 금융투자회사의 신상품 개발에 따른 선발이익을 보호하고, 금융투자회사 간 신상품의 개발을 촉진시키고자 도입한 제도로써, 신상품을 개발한 금융투자회사는 일정기간 동안 독점적으로 신상품을 판매할 수 있는 권리를 갖는다. 동 제도는 ELS에도 적용되어 금융투자협회로부터 ELS에 대한 배타적 사용권을 부여받은 금융투자회사는 일정기간 동안 그 ELS를 독점적으로 발행할 수 있으므로 새로 발행하고자 하는 ELS가 다음[132]에 해당되면 신청하여 배타적 사용권을 받을 수 있다.

가. 새로운 비즈니스 모델을 적용한 상품 또는 서비스
나. 금융공학 등 신금융기법을 이용하여 개발한 상품 또는 서비스
다. 기존의 상품 또는 서비스와 구별되는 독창성이 있는 상품 또는 서비스

배타적 사용권의 부여여부는 금융투자협회 내의 신상품심의위원회에서 결정한다. 위원회는 위원장 1인 및 6인 이내의 위원으로 구성되며, 필요시 신청상품에 대한

132 금융투자회사의 영업 및 업무에 관한 규정 제2-85조.

외부전문가 3인 이내의 조언을 받을 수 있다. 위원회는 재적위원 3분의 2 이상 출석, 출석위원 과반수의 찬성에 의해 다음의 사항[133]을 고려하여 배타적 사용권을 부여받을 수 있는 신상품인지 여부 및 배타적 사용권 부여기간을 결정한다.

배타적 사용권 부여시 심의항목

- 기존 국내외 상품 또는 서비스와 비교할 때 독창성 정도 (40%)
- 금융시장의 발전 등 국민경제 기여 정도 (30%)
- 금융거래에 있어서 고객의 편익제고 정도 (15%)
- 상품 또는 서비스 개발에 투입된 인적·물적자원 투입 정도 (15%)

심의배점표

항목(배점)	평점			
	탁월	우수	보통	미흡
기존 국내외 상품 또는 서비스와 비교할 때 독창성 정도	40~35	34~29	28~23	22
금융시장의 발전 등 국민경제 기여 정도	30~26	25~21	20~16	15
금융거래에 있어서 고객의 편익제고 정도	15~13	12~10	9~7	6
상품 또는 서비스 개발에 투입된 인적·물적자원 투입 정도	15~13	12~10	9~7	6
총점				

133 신상품 배타적 사용권 심의기준 별지 제1호.

배타적 사용권 부여기간

구 분	부 여 기 간
95점 이상	6개월
90점 이상 95점 미만	5개월
80점 이상 90점 미만	4개월
70점 이상 80점 미만	3개월
60점 이상 70점 미만	2개월
60점 미만	1개월

ELS에 대한 배타적 사용권을 신청하고자 하는 금융투자회사는 신청서류[134]를 작성하여 금융투자협회에 제출하여야 하며, 서류가 제출되면 협회는 15영업일 이내에 위원회를 소집하여 배타적 사용권 부여여부를 심의하고, 그 결과를 신청회사에 서면으로 통지하고 협회 인터넷 홈페이지 등에 결과를 공시한다.

ELS의 배타적 사용권이 인정되는 기간 중에는 배타적 사용권을 부여받은 금융투자회사 외의 금융투자회사는 배타적 사용권이 부여된 ELS와 동일하거나 유사한 ELS를 판매하지 못하며, 배타적 사용권이 부여된 ELS를 판매하기 위해서는 배타적 사용권을 부여받은 금융투자회사로부터 서면에 의한 동의를 받아야 하며, 동의를 받은 금융투자회사는 동의서를 협회에 제출하여야 한다.

134 금융투자회사의 영업 및 업무에 관한 규정 제2-91조에 따라, 신상품 배타적 사용권 신청서, 신상품설명서, 준법감시인의 법률의견서 및 기타 위원회에서 요청한 자료 등으로 구성된다.

파생결합증권 관련 배타적 사용권 취득 사례

No	신청일자	신청회사	상품명	부여기간
1	2011. 5. 16	대우증권	• CD-Equity Duet DLS	3개월
2	2011. 6. 7	한국투자증권	• K.O 조기종료 ELS	3개월
3	2012. 2. 8	삼성증권	• 에어백 베스트관찰형 ELS	3개월
4	2012. 2. 8	우리투자증권	• 조기분할상환 ELS	2개월
5	2012. 4. 23	한화증권	• Life Jacket ELS	3개월
6	2012. 4. 23	신영증권	• 조건부 약정수익 월지급식 ELS	3개월
7	2012. 9. 4	한국투자증권	• Safe-Zone Step-down ELS	4개월
8	2012. 10. 26	신한금융투자	• 더블세이프 ELS	3개월

5-7. 파생결합증권 발행현황에 관한 통계자료의 이용[135]

ELS를 포함한 파생결합증권의 발행 및 잔고현황 등에 관한 통계자료는 금융감독원, 금융투자협회, 한국예탁결제원, 평가회사 등이 보유하고 있다. ELS 발행사의 실무자는 사업계획수립 및 시장현황점검 등의 작업이 필요할 시 참고자료로 활용이 가능하다.

① 금융감독원: ELS 발행사들로부터 매월 월별 장외파생상품 거래내역(업무보고서)을 보고 받아 이를 취합한 통계 데이터를 보유

② 금융투자협회: ELS 발행사들로부터 매월 파생결합증권 발행내역을 보고 받아 이를 취합한 통계 데이터를 보유

③ 한국예탁결제원: ELS 발행사들이 ELS 발행시 증권 발행 의뢰시 제출하는 발행명세 정보를 바탕으로 통계 데이터 보유

④ 평가회사: ELS 발행사들과 ELS의 공정가액산출 계약을 맺음으로써 발행된 ELS에 대한 정보 보유

135 ELS · DLS 시장 공시현황 및 개선 과제, 자본시장연구원, 남길남 참조.

⑤ 전자공시사이트(DART): ELS 발행사들이 공모ELS를 발행할 때마다 증권발행실적보고서를 제출하므로 해당 내역에 대한 조회 가능

위와 같이 ELS 발행시장정보에 관한 사항은 여러 경로를 통해 접할 수 있다.

금융감독원과 한국예탁결제원의 통계자료는 감독기관 및 금융유관기관이 ELS 발행사들로부터 공식적으로 제출 및 보고를 받아 보유한 자료이므로 신뢰성과 대표성을 가지는 자료이다. 특히 금융감독원의 통계자료는 업무보고서를 통해 제출 받은 자료로서 그 내용과 깊이가 상대적으로 다른 자료보다 상세하고 우수하다. 하지만 금융감독원과 한국예탁결제원의 통계자료는 항시적으로 공개되는 자료가 아니므로 정기적 혹은 비정기적으로 금융감독원 혹은 한국예탁결제원이 통계에 대한 자료를 발표자료로 공표하는 경우에만 확인이 가능하다.

금융투자협회의 통계자료 역시 관련규정[136]에 의거하여 ELS 발행사들로부터 매월 파생결합증권 발행내역을 제출 받은 것을 기초로 하고 있다. 동 자료 역시 금융유관기관이 공식적으로 공시하는 자료이므로 신뢰성과 대표성을 가지며, 금융투자협회는 자본시장통계라는 종합통계포털사이트에 매월 업데이트하고 있으므로 누구나 쉽게 접근하여 사용이 가능하며, 다운로드 등을 통해 개별적인 상황에 맞게 활용 가능하다는 장점이 있다. 하지만 발행현황 등 발행시장의 양적인 자료에 한정되어 있고, DLS의 경우 2005년부터 발행되었지만 통계자료의 집계가 2011년 3월부터 시작되어 그 이전의 자료가 누락되었다는 단점이 있다.

4개 평가회사(한국자산평가, KIS채권평가, 나이스채권평가, 에프엔자산평가)는 ELS 발행사와 계약을 맺어 공정가액 산출업무를 수행하므로 질적으로 가장 우수한 내부자료를 보유하고 있다. ELS의 발행정보는 물론이고, 개별 ELS의 상품구조 및 분석과 관련한 평가자료도 보유하고 있다. 이러한 자료를 바탕으로 각 평가회사는 비정기적 혹은 정기적으로 리포트를 발표한다. 하지만 개별평가회사가 모든 ELS 발행사와 계약을 맺고 평가를 하고 있지 않기 때문에 개별평가회사가 보유한 자료는 전체 ELS에 대한 자료가 아니므로 대표성을 갖지 못한다는 단점이 있다. 또한 평가회사가 발표하는 리포트로만 정보를 취득할 수 있을 뿐 개별적 접근에 의한 자료를 구할 수 없다는 단점도 있다.

136 금융투자회사의 영업 및 업무에 관한 규정 제8-3조 및 시행세칙 제56조.

DART의 자료는 누구에게나 개방되어 있어 접근하기 편리하지만, 시장 전체의 데이터를 구하기 위해서는 개별증권사의 정보를 수작업으로 취합해야 하고, DART에 공시된 신고서에 따라 집계기준 및 시점이 다르므로 활용에 다소 한계가 있다.

이상에서 살펴본 바와 같이 각각의 자료는 각기 다른 장단점이 있으므로 실무자는 필요한 자료의 성격에 따라 취사선택하여 활용하여야 한다.

6. ELS 상품의 발전 과정[137]

6-1. Closed-Form 상품을 통한 ELS의 도입

ELS 상품이 국내에 도입된 것은 2003년 초이다. 도입 초기에는 원금보장형 상품이 주류를 이루었다. 원금부분보장, 원금보장, 원금이상보장 등 원금보장수준을 달리할 수는 있었지만 상품의 주요 원리는 원금보장부분+추가수익부분, 즉 채권+옵션의 조합 형태로 상품을 설계하는 것이다. 이러한 ELS의 큰 특징 중의 하나는 pricing을 위한 Closed-Form이 존재한다는 것이다. 따라서 ELS별로 원금보장부분과 옵션부분을 분해하여 각각의 가격을 더하면 ELS의 가격을 구할 수 있다.

따라서 이러한 종류의 ELS를 발행한 ELS 발행사는 ELS 발행자금으로 채권을 사거나 은행예금에 가입해 원금보장부분을 운용하고, 옵션부분에 대해 자체헤지 또는 Back-to-Back으로 별도로 하거나, 상품 전체를 통째로 Back-to-Back으로 매입하여 운용하는 등 다양한 방법으로 헤지가 가능하다.

(1) Knock Out with Rebate ELS

Knock Out with Rebate ELS는 ELS의 초창기부터 10여년이 지난 지금까지도 꾸준히 발행되고 있는 상품이다. 기초자산 가격의 움직임에 따라 일정수준까지는 기초

137 예제로 사용된 ELS의 대부분은 실제로 발행하였거나 투자자에게 제안하였던 실제 상품들을 위주로 구성하였다.

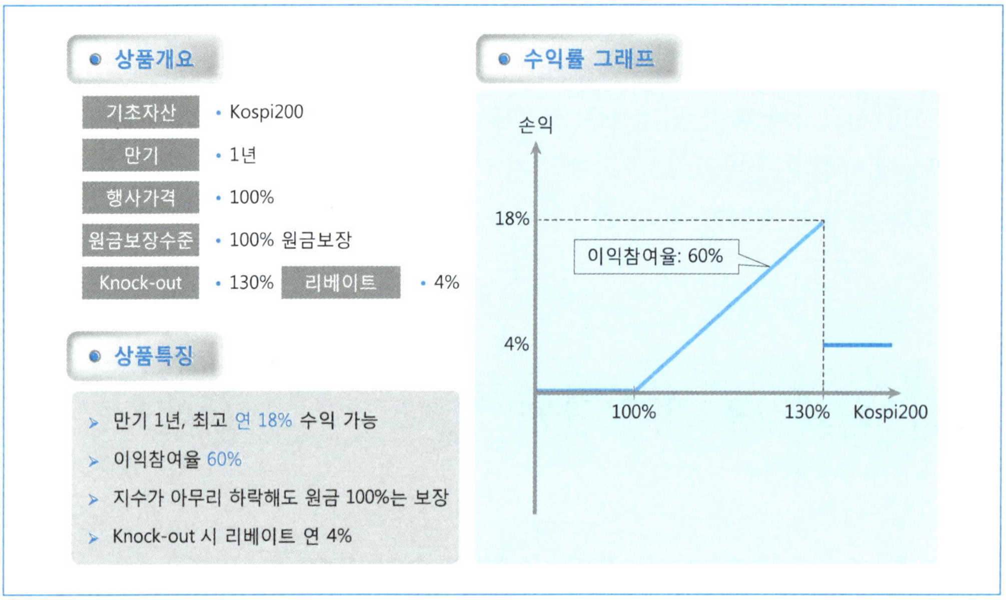

[그림 1-13] Knock Out with Rebate ELS

자산의 수익률에 비례하여 수익을 지급하지만 일정수준(barrier)을 넘어서게 되면 옵션의 가치는 소멸하고 만기에 rebate만큼의 수익을 지급하는 상품이다. 원금보장의 정도를 조정하여 원금이상보장 혹은 원금부분보장을 설계도 가능하며, Knock-Out 옵션의 이익참여율과 rebate를 서로 조정하거나, Knock-out put옵션을 추가하여 양방향 구조로 설계하는 등 다양한 수익구조의 형태로 발행이 가능하다.

| 표 1-6 | 예상손익구조

구분	만기상환금액
① 만기평가가격 < 최초기준가격	원금
② 만기평가가격 > 최초기준가격이면서 만기까지 한 번이라도 최초기준가격의 130%를 초과하여 상승한 적이 없는 경우	원금 × $[1+\frac{(만기평가가격-최초기준가격)}{최초기준가격}\times 이익참여율]$
③ 만기까지 한 번이라도 최초기준가격의 130%를 초과하여 상승한 적이 있는 경우	원금 × 104%

(2) Call Spread ELS

상품개요

기초자산	• Kospi200
만기	• 1년
행사가격	• 100%, 130%
원금보장수준	• 100% 원금보장
이익참여율	• 40%

상품특징

- 만기 1년, 최고 연 12% 수익 가능
- 이익참여율 40%
- 지수가 아무리 하락해도 원금 100%는 보장

수익률 그래프

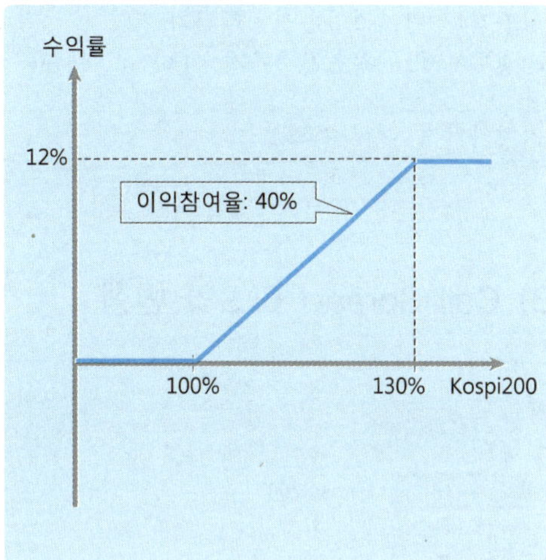

[그림 1-14] Call Spread ELS

Call Spread ELS는 다른 조건은 동일하고 행사가격이 다른 call옵션 두 개를 조합한 Call Spread 전략을 ELS에 접목시킨 상품이다. 즉, 행사가격이 낮은 call옵션을 매수하고, 행사가격이 높은 call옵션을 매도(투자자 입장)함으로써 기초자산이 일정 수준까지 오를 때는 그 수익을 함께 향유하고, 이 이상에서는 고정된 수익을 취하는 구조이다. Knock-Out with Rebate와 비슷한 형태[138]이나 손익구조가 만기까지의 기초자산의 움직임과는 무관하고 오직 만기시점의 기초자산의 가격에만 연동된다는 점이 다르다.

138 Knock-Out with Full Rebate 상품과 그래프의 모양은 동일하지만 손익구조는 다르다. 즉, Knock-Out with Full Rebate 상품은 barrier 도달 후 기초자산의 가격이 하락하여 만기가격이 행사가격 이하여도 rebate에 해당하는 수익을 지급하지만, Call Spread 상품의 수익은 만기까지 기초자산의 가격의 경로와는 무관하고 오로지 만기시점의 기초자산의 가격이 얼마인가에 따라 수익이 결정된다.

｜표 1-7｜ 예상손익구조

구분	만기상환금액
① 만기평가가격 < 행사가격1 (단 행사가격1 = 최초기준가격)	원금
② 행사가격1 < 만기평가가격 < 행사가격2 (단 행사가격2 = 최초기준가격 × 130%)	원금 × $\left[1+\frac{(\text{만기평가가격}-\text{최초기준가격})}{\text{최초기준가격}}\times\text{이익참여율}\right]$
③ 만기평가가격 > 행사가격2	원금 × 112%

(3) Call Spread ELS의 변형

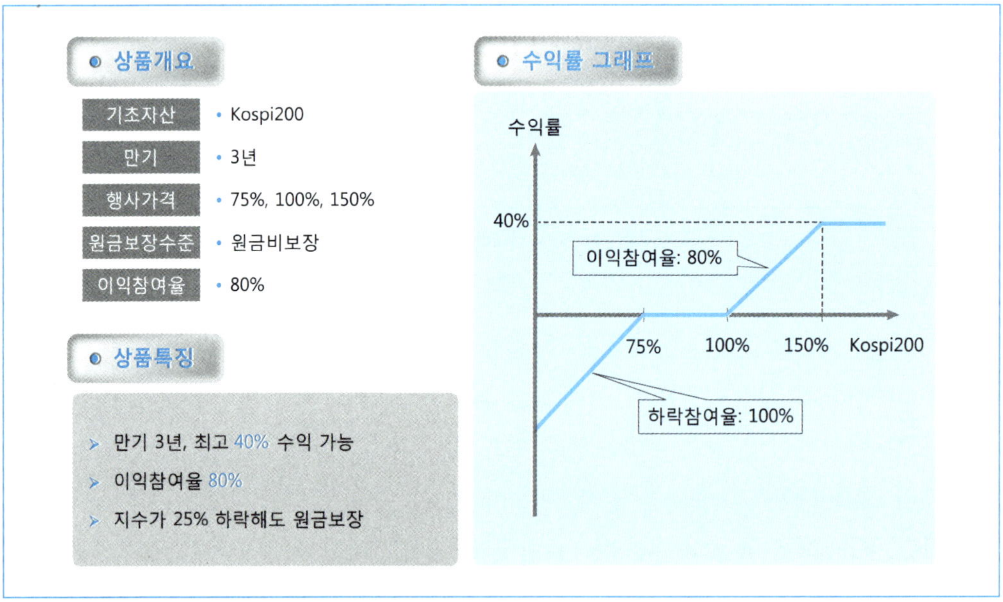

[그림 1-15] Call Spread ELS의 변형

2003년 ELS가 처음 도입되고 나서 대부분의 ELS가 만기 1년 이내의 상품이었으나, 2003~2004년 당시 주가수준이 높지 않아 장기적으로 주가가 상승할 것이라는 기대감에 어필하고, 3년 만기의 장기 상품이고, 원금비보장 상품이므로 1년 이내의 원금보장 상품에 비해 영업점 직원들에게 보다 많은 판매수익을 제공하는 방식[139]으

139 노상규 · 임원규, 장외파생상품을 활용한 신금융상품 설계, 도서출판 구상, p. 61.

| 표 1-8 | 예상손익구조

구분	만기상환금액
① 만기평가가격<행사가격1 (단 행사가격1=최초기준가격×75%)	$\text{원금} \times [1 + \frac{(\text{만기평가가격} - \text{최초기준가격})}{\text{최초기준가격}} \times \text{하락참여율}]$
② 행사가격1<만기평가가격<행사가격2 (단 행사가격2=최초기준가격)	원금
③ 행사가격2<만기평가가격<행사가격3 (단 행사가격3=최초기준가격×150%)	$\text{원금} \times [1 + \frac{(\text{만기평가가격} - \text{최초기준가격})}{\text{최초기준가격}} \times \text{이익참여율}]$
④ 만기평가가격〉행사가격3	원금×140%

로 접근하여 한 때 인기를 끌며 많이 발행되었던 ELS이다. 이후 주가가 장기간 상승하는 시기였으므로 대부분 큰 수익으로 상환되었다. 하지만 3년간 자금이 묶여있어야 한다는 점이 증권사나 고객 모두에게 불리한 점으로 작용하였으며, 현재는 거의 발행되지 않고 있다.

(4) Digital ELS

Digital ELS는 가장 심플하고 단순한 구조의 ELS 중 하나이다. 만기까지의 기초자산의 움직임과 무관하게 오직 만기시점의 기초자산의 가격이 행사가격보다 높고 낮음에 따라 수익지급 여부가 결정된다. 이런 구조의 상품을 All or Nothing 상품이라고도 부른다. 단순한 구조이긴 하지만 Digital 옵션을 여러개 조합하면 다양한 수익구조로 설계할 수 있다. 특히 다른 조건은 모두 동일하나 수익만 약간 차이가 나는 Digital Call과 Digital Put을 결합[140]하면 기초자산의 가격움직임과 무관하게 확정수익이 보장되고 추가적으로 α의 수익을 얻을 수 있는 상품이 가능하다. 이런 상품은 퇴직연금 편입용 상품으로 현재까지 많이 발행되고 있다.

140 Digital Call과 Digital Put의 결합이 아닌 원금+확정수익+Digital옵션 1개로도 볼 수도 있다.

상품개요

기초자산	• Kospi200
만기	• 1년
행사가격	• 100%
원금보장수준	• 100% 원금보장
수익	• 5%

상품특징

- 만기 1년, 연 5% 수익 가능
- All or Nothing 구조
- 지수가 아무리 하락해도 원금 100%는 보장

수익률 그래프

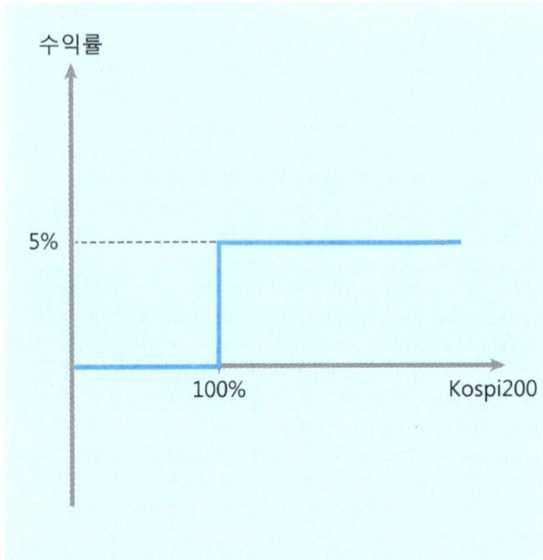

[그림 1-16] Digital ELS

| 표 1-9 | 예상손익구조

구분	만기상환금액
① 만기평가가격 > 행사가격 (단 행사가격 = 최초기준가격)	원금 × 105%
② 만기평가가격 < 행사가격	원금

(5) Reverse Convertible ELS

초기엔 원금보장형 상품이 주류를 이루었지만 증권사 고객들의 위험선호도는 은행고객과는 다를 것이라 판단한 증권사들은 원금비보장 상품을 출시하기 시작했다. 따라서 2003년 4월경 Reverse Convertible ELS를 출시하였다. 일명 RC형이라고도 불리는 이 ELS는 만기의 기초자산 가격이 일정수준(전환가격)까지 하락하더라도 일정수준의 수익을 보장한다. 하지만 만기의 기초자산 가격이 전환가격 이하이면 수익이 점점 줄어들고, 일정수준 이하이면 원금손실이 발생하게 된다. put옵션을 매도(투자자 입장)한 것과 비슷한 형태의 손익구조를 가진 이 ELS는 원금보장형 상품에 비

● 상품개요

기초자산	• Kospi200
만기	• 1년
전환가격	• 85%
승수	• 만기평가가격/전환가격
수익	• 만기에 전환가격 이상이면 9% 수익

● 상품특징

- 만기 1년, 최고 연 9% 수익 가능
- 만기평가가격이 전환가격보다 크면 연 9% 수익
- 만기평가가격이 전환가격보다 작으면 만기 수취금액이 점진적으로 감소

● 수익률 그래프

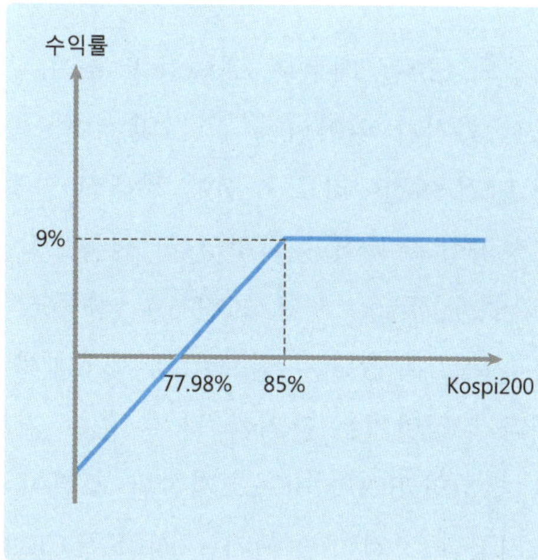

[그림 1-17] Reverse Convertible ELS

해 놓은 수익을 제공하고, 만기에 기초자산의 가격이 일정수준까지 하락해도 수익을 얻을 수 있다는 장점을 들어 투자자에게 어필하였으나 크게 인기를 끌지 못한 채 현재는 거의 발행되지 않고 있다.

| 표 1-10 | 예상손익구조

구분	만기상환금액
① 만기평가가격 > 전환가격 (단 전환가격 = 최초기준가격 × 85%)	원금 × 109%
② 만기평가가격 < 전환가격	원금 × 109% × 승수 (단 승수 = 만기평가가격/전환가격)

6-2. 자동조기상환[141]형 상품의 등장

이전의 ELS는 대부분 Closed-Form이 존재하는 이색옵션을 조합하여 설계한 상품으로서 만기가 되어서야 원금 및 수익이 지급되는 구조였다. 이후 일정조건을 충족하면 만기 이전이라도 사전에 정해진 일정시점마다 상환기회[142]를 부여하는, 즉 자동조기상환형 상품이 등장하였다. 원금보장 또는 비보장형 모두 가능하며, 자동조기상환 횟수를 chance라고 표현하고 자동조기상환이 되지 않더라도 다음 번에 다시 기회를 가질 수 있다는 점으로 투자자에게 안정감을 줄 수 있고, 명목상의 만기는 장기이나 실질만기는 단기가 될 수 있는 기회가 있어 크게 인기를 끌었으며, 현재까지도 대부분의 ELS가 자동조기상환 조건이 부여된 방식으로 발행되고 있다. 이러한 자동조기상환 조건이 들어가는 상품은 Closed-Form이 존재하지 않아 Monte-Carlo를 이용한 시뮬레이션 방식이나 유한차분법 등을 이용한 방법으로 pricing[143]이 가능하다. 따라서 2000년대 중반 증권사에서 금융공학 및 수학을 전공한 인력에 대해 폭발적인 수요를 갖게 한 주요 원인이 되었다. 자동조기상환형 상품은 명목만기와 자동조기상환 횟수를 뜻하는 ○년-○chance의 형태로 표시되었으며, 초기에는 3년-6chance 형태로 시작되었으나 2년-4chance, 1년-3chance, 5년-10chance 등 투자자 니즈와 시장상황에 따라 다양한 형태로 변형되어 발행되었다.

(1) 자동조기상환형 ELS

초기의 자동조기상환형 상품은 원금보장형 혹은 원금비보장형으로 발행되었다. 사전에 정해진 일정시점의 기초자산의 가격(자동조기상환평가가격)이 행사가격보다 높으면 원금과 수익을 상환하고 상품이 종결되며, 그렇지 않으면 다음번 기회에 다시 상환여부를 결정하는 구조이다. 자동조기상환되지 않아 다음 기회로 이연될 때에는 수익이 $c \times i$(c는 수익의 크기, i는 자동조기상환, 즉 chance 회차)의 형태로 커진

141 발행사의 의지(callable)나 투자자의 의지(puttable)와 상관없이 사전에 정해진 일정조건이 충족되면 자동으로 만기이전의 정해진 시점에 상환되는 구조(autocallable)를 의미한다.

142 초기엔 상환기회의 횟수 및 시점이 사전에 정해진 상품이 주류를 이루었으나 최근 들어 조건 성취시 즉시 지급하는 상품도 등장하여 인기를 끌고 있다.

143 이러한 ELS pricing 및 헤징전략에 대해서는 2장에서 자세하게 서술하기로 한다.

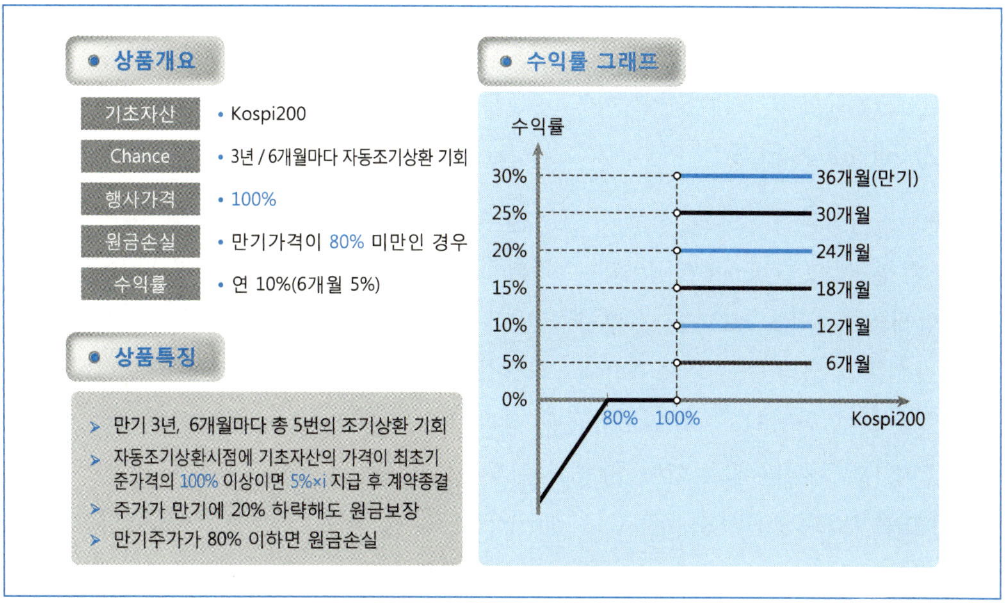

[그림 1-18] **자동조기상환형 ELS**

다. 자동조기상환 기회에 모두 기초자산의 가격이 행사가격보다 낮아 만기까지 상환되지 않으면 만기에 수익여부를 결정하였는데 원금보장 ELS의 경우엔 기초자산의 가격과 행사가격을 비교하여 원금+c×i(i는 chance의 총횟수)가 상환되거나 원금만

| 표 1-11 | 예상손익구조

구분	내용	투자수익률
자동조기상환	① 1차 자동조기상환평가가격 > 행사가격1 (단 행사가격1은 최초기준가격의 110%)	연 8%
	② 2차 자동조기상환평가가격 > 행사가격1	
	③ 3차 자동조기상환평가가격 > 행사가격1	
	④ 4차 자동조기상환평가가격 > 행사가격1	
	⑤ 5차 자동조기상환평가가격 > 행사가격1	
만기상환	⑥ 만기평가가격〉행사가격1	연 8%
	⑦ 행사가격2 < 만기평가가격 < 행사가격1 (단 행사가격2는 최초기준가격의 80%)	0%(원금지급)
	⑧ 만기평가가격 < 행사가격2	$\left(\frac{\text{만기평가가격}}{\text{최초기준가격}}-1\right)\times 100\%$

상환되고, 원금비보장의 경우는 원금+c×i(i는 chance의 총횟수)가 상환되거나 만기 기초자산의 가격에 연동하여 원금손실의 크기가 결정된다.

(2) Hi-Five ELS

자동조기상환형 ELS의 진화와 발전은 매우 빠르게 진행되어 왔다. 초기의 자동조기상환형 ELS는 chance시점에만 수익확정기회를 부여했지만, 그 이후에 나온 Hi-Five 형태의 상품은 chance시점뿐만 아니라 chance시점 사이의 모든 기간에 수익확정의 기회를 주었다. 즉, 기초자산의 가격이 Knock-Out Barrier 이상에 도달한 적이 있으면 수익이 확정되어 chance시점에 상환되었다. 이러한 Hi-Five 형태의 ELS 중에는 발행 후 하루만에 수익이 확정되는 상품도 종종 등장했다. 증권사들이 경쟁적으로 ELS를 발행하면서 Knock-Out Barrier를 104%, 심지어 103%까지 낮춘 상품들이 발행되었고, 다음 날 기초자산의 가격이 큰 폭으로 상승한 경우 발행 다음 날 바로 수익이 확정되어 첫 번째 자동조기상환 시점에 상환되곤 했다.

2004~2005년 무렵 ELS는 기초자산이 다양화되고 복수의 기초자산을 이용한 correlation 상품으로 발전되어 하나의 기초자산 ELS보다 행사가격은 낮추고, 수익은

● 상품개요

기초자산	• POSCO, 삼성중공업
Chance	• 3년 / 6개월마다 자동조기상환 기회
행사가격/KO	• 두 종목 모두 85%/110%
Knock-in	• 60%
수익률	• 연 12%(6개월 6%)

● 상품특징

- 만기 3년, 6개월마다 총 5번의 자동조기상환 기회
- 자동조기상환시점에 두 종목 모두 85% 이상이면 6%×i 지급 후 계약종결
- 자동조기상환시점까지 언제라도 두 종목 모두 110% 이상이면 6.25%×i 지급 후 계약종결
- 40%를 초과하락하지 않으면 원금보장

● 수익률 그래프

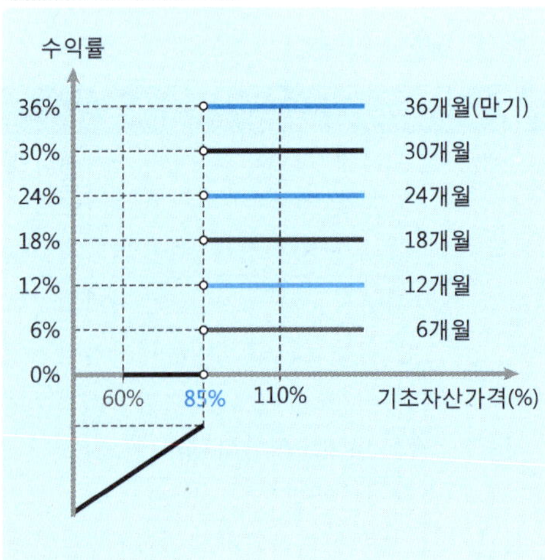

[그림 1-19] 자동조기상환형 ELS

| 표 1-12 | 예상손익구조

구분	내용	투자수익률
자동조기상환	① 모든 기초자산의 i차 자동조기상환평가가격이 각각의 최초기준가격의 85% 이상이거나 i차 자동조기상환평가일까지 모든 기초자산이 동시에 각각의 최초기준가격의 110% 이상(종가기준)인 적이 있었던 경우	연 12%
만기상환	② 모든 기초자산의 만기평가가격이 각각의 최초기준가격의 85% 이상이거나 만기평가일까지 모든 기초자산이 동시에 각각의 최초기준가격의 110% 이상(종가기준)인 적이 있었던 경우	연 12%
	③ ②에 해당하지 않고 만기평가일까지 모든 기초자산이 각각의 최초기준가격의 40% 이하(장중기준)로 하락한 적이 없는 경우	0%(원금지급)
	④ ②에 해당하지 않고 만기평가일까지 기초자산 중 하나라도 각각의 최초기준가격의 60% 이하(장중기준)로 하락한 적이 있는 경우 (단 기준종목은 [만기평가가격/최초기준가격]의 비율이 낮은 기초자산)	기준종목의 $\left(\frac{\text{만기평가가격}}{\text{최초기준가격}}-1\right)\times 100\%$

큰 상품이 발행되었으며, 기초자산의 가격을 만기까지 모니터링하여 원금손실여부를 결정하는 Knock-In 조건이 추가된 형태로 점점 발전해 나갔다.

(3) Step-Down ELS, ELS 시장의 절대강자

Step-Down ELS는 ELS 역사상 최고의 인기를 한 몸에 받으며 가장 많이 발행된 형태의 ELS이며 현재까지도 발행되고 있는 ELS의 절대강자이다. 현재까지도 신상품으로 나오는 상품들 대부분이 Step-Down ELS의 구조를 조금씩 변경하거나 새로운 조건을 부가한 정도이며, 지금도 매주 수십개의 Step-Down ELS가 발행되고 있다. 매번 자동조기상환시점에 행사가격이 낮아져 자동조기상환이 안 되어 다음번 chance로 이연되더라도 안도감을 줄 수 있다는 점이 가장 큰 매력으로 작용한 것이 Step-Down ELS의 최고 장점이자 장수 비결이다. POSCO와 LG를 기초자산으로 하는 아래의 예시 상품은 만기까지 수익상환이 안되고, Knock-In되지도 않아 원금만 지급하는 구조로 설계되었지만, 점차 Dummy Coupon[144]을 주는 형태로 발전하였으며,

144 만기에 행사가격보다 낮아 수익상환되지 않고, knock-in 되지 않아 원금만 지급하게 되는 경우에도

상품개요

기초자산	• POSCO, LG
Chance	• 2년 / 6개월마다 자동조기상환 기회
행사가격	• 두 종목 모두 85%, 80%, 75%, 70%
Knock-in	• 60%
수익률	• 연 11%(6개월 5.5%)

상품특징

- 만기 2년, 6개월마다 총 3번의 자동조기상환 기회
- 매 자동조기상환시점에 행사가격이 단계적으로 낮아져 자동조기상환이 쉬워지는 구조
- 40%를 초과하락하지 않으면 원금보장

수익률 그래프

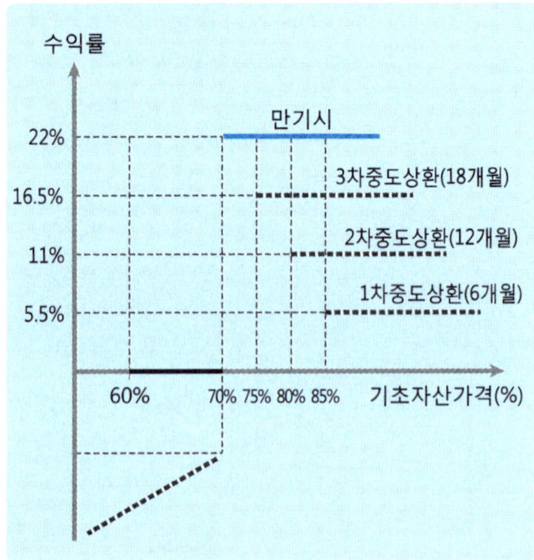

[그림 1-20] Step-Down ELS

이후 Dummy-Coupon은 만기에 기초자산의 가격이 행사가격이 되어 수익상환되는 것과 동일한 크기까지 커진 Fully Dummy-Coupon을 주는 형태로 발행되고 있다. 만기와 chance의 크기 또한 초창기 예제와 같은 2년-4chance에서 3년-6chance, 1년-4chance[145], 1년-6chance 등 다양한 만기와 chance의 형태로 발전하여 발행되고 있다.

보너스형식으로 주는 형태의 수익을 dummy coupon이라고 부르곤 한다.

145 「파생결합증권의 발행 및 운용에 관한 모범규준」의 시행(2012. 10. 30)으로 1년-4chance 및 1년-6chance처럼 자동조기상환주기가 3개월 미만인 상품은 발행이 불가능하며 발행이 가능하기 위해서는 최초로 도래하는 자동조기상환결재일까지의 기간이 3개월 이상(발행가능예시: 발행일 2013년 1월 2일, 결제일 2013년 4월 2일)이어야 한다.

┃표 1-13┃ 예상손익구조

구분	내용	투자수익률
자동조기상환	① 모든 기초자산의 1차 자동조기상환평가가격이 각각의 최초기준가격의 85% 이상인 경우	연 11%
	② 모든 기초자산의 2차 자동조기상환평가가격이 각각의 최초기준가격의 80% 이상인 경우	
	③ 모든 기초자산의 3차 자동조기상환평가가격이 각각의 최초기준가격의 75% 이상인 경우	
만기상환	④ 모든 기초자산의 만기평가가격이 각각의 최초기준가격의 70% 이상인 경우	연 11%
	⑤ ④에 해당하지 않고 만기평가일까지 모든 기초자산이 각각의 최초기준가격의 60% 이하(장중기준)로 하락한 적이 없는 경우	0%(원금지급)
	⑥ ④에 해당하지 않고 만기평가일까지 기초자산 중 하나라도 각각의 최초기준가격의 40% 이하(장중기준)로 하락한 적이 있는 경우 (단 기준종목은 [만기평가가격/최초기준가격]의 비율이 낮은 기초자산)	기준종목의 $\left(\frac{\text{만기평가가격}}{\text{최초기준가격}}-1\right)\times 100\%$

(4) Super Step Down ELS

Super Step Down ELS는 기존 Step Down ELS에서 Knock-In 조건을 제거한 상품으로서 No Knock-In 상품으로도 불린다. 기존의 Step Down ELS는 기초자산의 Knock-In여부를 만기까지 연속적(continuously)하게 모니터링하여 원금손실여부를 결정하지만, Super Step Down ELS는 만기가격평가일에만 기초자산의 가격이 최종 행사가격보다 위에 있으면 원금손실이 발생하지 않는다. 즉, Knock-In 조건을 제거하고, 최종 행사가격을 Knock-In 레벨까지 낮춘 것과 동일한 구조이다. 기존의 Step Down ELS에 비해 안정성이 강화되었으므로 수익률은 다소 낮은 것이 특징이다.

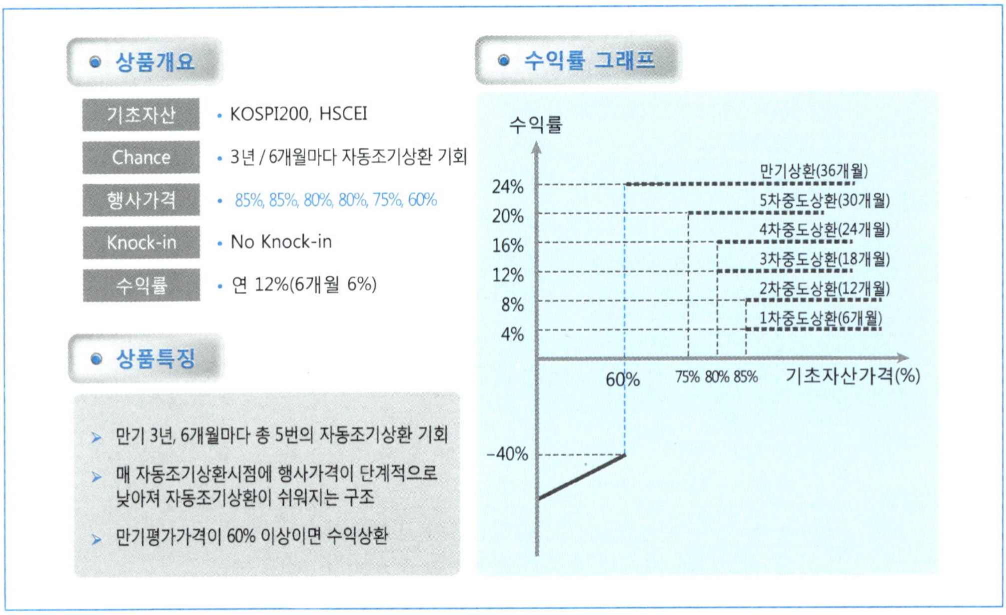

[그림 1-21] Super Step Down ELS

| 표 1-14 | 예상손익구조

구분	내용	투자수익률
자동조기상환	① 모든 기초자산의 1차 자동조기상환평가가격이 각각의 최초기준가격의 85% 이상인 경우	연 8%
	② 모든 기초자산의 2차 자동조기상환평가가격이 각각의 최초기준가격의 85% 이상인 경우	
	③ 모든 기초자산의 3차 자동조기상환평가가격이 각각의 최초기준가격의 80% 이상인 경우	
	④ 모든 기초자산의 4차 자동조기상환평가가격이 각각의 최초기준가격의 80% 이상인 경우	
	⑤ 모든 기초자산의 5차 자동조기상환평가가격이 각각의 최초기준가격의 75% 이상인 경우	
만기상환	⑥ 모든 기초자산의 만기평가가격이 각각의 최초기준가격의 60% 이상인 경우	연 8%
	⑦ ⑥에 해당하지 않는 경우 (단 기준종목은 [만기평가가격/최초기준가격]의 비율이 낮은 기초자산)	기준종목의 $\left(\frac{\text{만기평가가격}}{\text{최초기준가격}}-1\right)\times 100\%$

(5) 월지급식 ELS

기존에 발행되었던 자동조기상환형 ELS는 자동조기상환 조건이 달성되어 자동조기상환이 되는 경우 혹은 만기시에만 현금흐름이 발생하였다. 하지만 월지급식 ELS는 매월 수익지급평가일마다 기초자산의 가격이 월지급기준가격[146]보다 위에 있으면 매월 일정한 수익을 투자자에게 지급하고, 자동조기상환시점에 자동조기상환 여부[147]를 결정한다. 이후 만기까지 자동조기상환이 발생하지 않으면, Knock-In여부

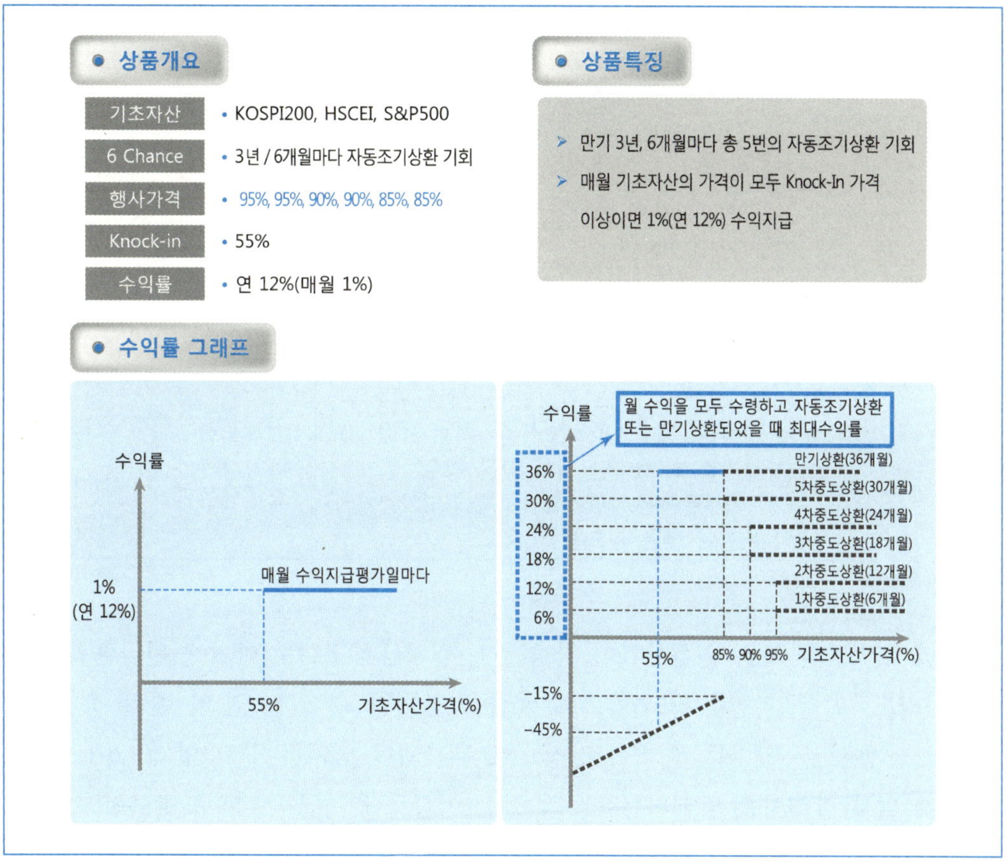

[그림 1-22] **월지급식 ELS**

146 대부분의 월지급식 ELS가 월지급기준 가격과 Knock-In barrier가 동일하다

147 매월 지급된 월수익 이외에 자동조기상환시점에 추가적으로 보너스 수익을 지급하는 형태로 발행되기도 한다.

표 1-15 예상손익구조

구분	내용	투자수익률
월수익	매월 월 수익지급평가일에 모든 기초자산의 종가가 각각의 최초기준가격의 55% 이상인 경우	1%(연 12%)
자동조기상환	① 모든 기초자산의 1차 자동조기상환평가가격이 각각의 최초기준가격의 95% 이상인 경우	원금지급
	② 모든 기초자산의 2차 자동조기상환평가가격이 각각의 최초기준가격의 95% 이상인 경우	
	③ 모든 기초자산의 3차 자동조기상환평가가격이 각각의 최초기준가격의 90% 이상인 경우	
	④ 모든 기초자산의 4차 자동조기상환평가가격이 각각의 최초기준가격의 90% 이상인 경우	
	⑤ 모든 기초자산의 5차 자동조기상환평가가격이 각각의 최초기준가격의 85% 이상인 경우	
만기상환	⑥ 모든 기초자산의 만기평가가격이 각각의 최초기준가격의 85%이상인 경우	원금지급
	⑦ ⑥에 해당하지 않고 만기평가일까지 모든 기초자산이 각각의 최초기준가격의 55% 이하 (장중기준)로 하락한 적이 없는 경우	원금지급
	⑧ ⑥에 해당하지 않고 만기평가일까지 기초자산 중 하나라도 각각의 최초기준가격의 55% 이하(장중기준)로 하락한 적이 있는 경우 (단 기준종목은 [만기평가가격/최초기준가격]의 비율이 낮은 기초자산)	기준종목의 $\left(\frac{\text{만기평가가격}}{\text{최초기준가격}}-1\right)\times 100\%$

에 따라 수익상환 또는 손실상환이 결정된다. 월지급식 ELS는 만기에 원금손실이 발생하더라도 그 동안 받은 월수익으로 손실을 만회할 수 있는 점과, 매월 정기적인 수익이 발생할 수 있다는 점[148]이 장점으로 부각되어 인기를 끌고 있다. 2012년 10월 현재 일부 발행사는 발행하는 ELS의 절반 이상을 월지급식 ELS로 발행하고 있다.

148 일부 월지급식 ELS의 경우 월수익 지급시점의 기초자산의 가격에 상관없이 무조건적으로 월수익을 지급하는 형태로 발행되고 있다.

6-3. 기타형태의 ELS

(1) Booster ELS

Booster ELS의 가장 큰 특징은 만기에 상환되는 경우 손실뿐만 아니라 수익도 기초자산과 비례하여 연동한다는 점이다. Booster ELS도 기존의 자동조기상환 상품처럼 자동조기상환시에는 사전에 약정된 고정수익이 지급되고 상품이 종료된다. 하지만 기존 상품이 자동조기상환이 되지 않고 만기에 상환되는 경우에는 기존 상품들은 만기수익은 자동조기상환시처럼 고정수익이고, Knock-In 등이 발생하여 손실상환되지 못하는 경우 기초자산의 하락률과 비례하여 손실률이 결정되는 반면, Booster ELS는 만기에 상환되는 경우 수익상환 및 손실상환 모두 기초자산가격의 상승률 또는 하락률에 비례[149]하여 상환금액이 결정된다.

● 상품개요

기초자산	• KOSPI200
Chance	• 6, 8, 12개월에 자동조기상환 기회
행사가격	• 100%
참여율	• 115%
수익률	• 연 12%(4개월 4%)

● 상품특징

- 만기 2년, 4, 8, 12개월에 자동조기상환 기회
- 자동조기상환시점이 되지 않고 만기상환되는 경우 참여율 115%로 손익여부 결정
- 만기에 기초자산의 가격이 높을수록 수익도 비례적으로 많아짐

● 수익률 그래프

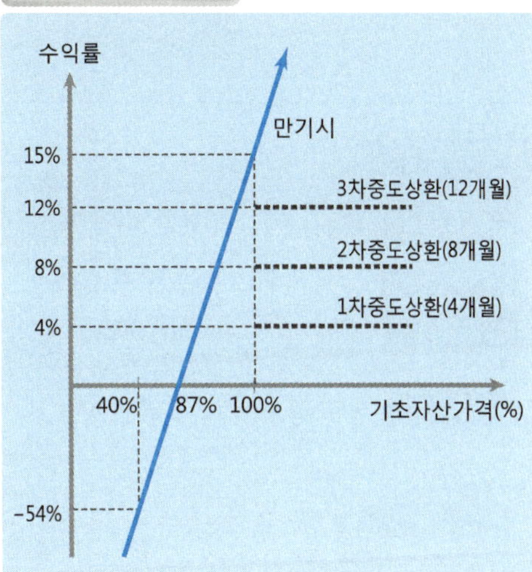

[그림 1-23] Booster ELS

149 대부분 출시된 Booster ELS의 경우 만기상환시 참여율이 100%보다 큰 경우가 대부분이어서 만기에 기초자산의 가격이 많이 상승한 경우 이와 비례적으로 많은 수익을 낼 수 있지만, 만기에 기초자산의 가격이 많이 하락한 경우 손실이 더 커질 수 있다.

| 표 1-16 | 예상손익구조

구분	내용	투자수익률
자동조기상환	① 기초자산의 i차 자동조기상환평가가격이 최초기준가격의 100% 이상인 경우	연 12%
만기상환	② ①에 해당하지 않은 경우	상환금액 = 원금 $\times \frac{\text{만기평가가격}}{\text{최초기준가격}} \times 115\%$

(2) Callable ELS

Callable ELS는 미리 정해진 일정시점에 발행사가 임의로 상환하는 것이 가능하다. 자동조기상환과 다른 점은 자동조기상환은 사전에 정해진 특정 조건이 달성될 경우 발행사 또는 투자자의 의지와 상관없이 자동으로 만기이전에 상환되는 것을 의미하지만, Callable ELS의 임의상환은 발생사의 의지에 의해 작용한다는 점이다. Callable ELS는 사전에 정해진 coupon 지급시점이 되면 기초자산의 가격에 상관없이 무조건 coupon을 지급하고, 시장 상황에 따라 임의상환을 할 것인지를 결정한다.

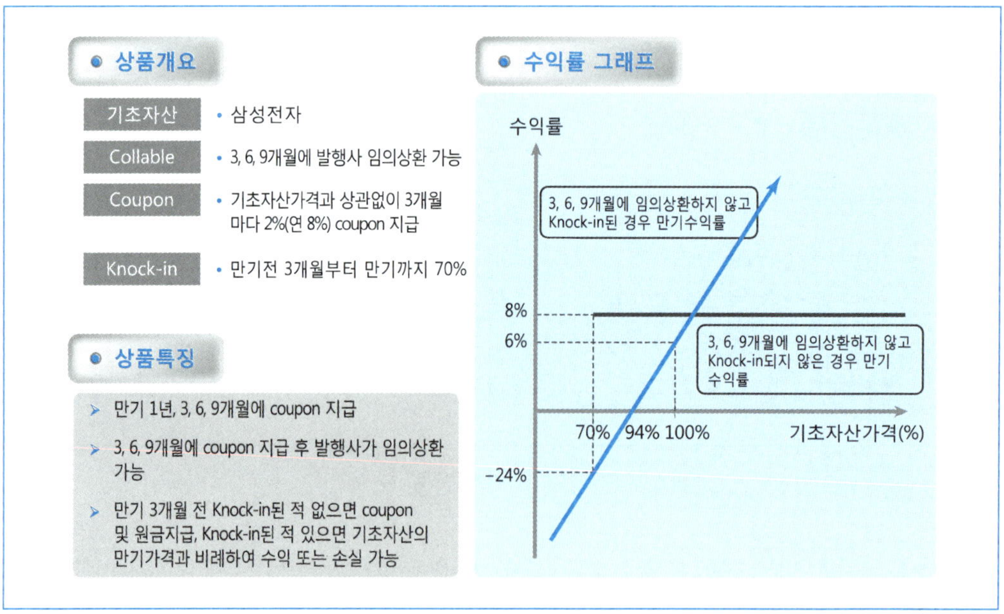

[그림 1-24] Callable ELS

| 표 1-17 | 예상손익구조

구분	내용	투자수익률
임의상환	① 3개월마다 쿠폰지급하고 발행사가 임의상환하는 경우	연 8%
만기상환	② ①에 해당하지 않고 만기 전 3개월부터 만기가격평가일까지 한번이라도 기초자산의 가격이 최초기준가격의 70% 이하로 하락한 적이 없는 경우	연 8%
	③ ①에 해당하지 않고 만기 전 3개월부터 만기가격평가일까지 한번이라도 기초자산의 가격이 최초기준가격의 70% 이하로 하락한 적이 있는 경우	상환금액 = 원금 $\times \frac{\text{만기평가가격}}{\text{최초기준가격}}$

coupon은 보통 시장금리의 두 배 정도를 지급하므로 임의상환 및 Knock-In이 발생하지 않는다면 고수익채권과 같은 손익구조를 갖게 되는 상품인 점이 매력으로 부각되기도 했다. 하지만 발행자가 언제 임의상환할지 모른다는 불확실성 및 Knock-In에 대한 불확실성 등 여러 가지 불확실성이 존재하는 상품이므로 기관투자자들에게 외면 받아 크게 인기를 끌지는 못했고, 현재는 거의 발행되지 않고 있다.

(3) Cliquet ELS

Cliquet ELS는 분기별 혹은 월별 수익률을 누적[150]하여 누적수익을 주는 상품으로서, 주로 누적수익이 (−)음수인 경우에는 원금만 상환하는 원금보장형으로 발행되어 왔다. 초기에는 자동조기상환 조건없이 만기에만 누적수익을 계산하여 원금과 누적수익을 한꺼번에 상환하는 형태로 발행이 되었지만, 만기(1~3년)까지 자금이 계속적으로 한 상품에만 묶여있다는 점은 발행사나 투자자 모두에게 불리하게 작용하였다. 따라서 이러한 단점을 보완하고자 이후에 나온 상품들은 자동조기상환 조건을 추가하여 누적수익이 일정수준 이상이 되면 원금과 누적수익을 지급하고 자동조기상환하고, 누적수익이 일정수준 이하이면 그 시점까지의 누적수익만 지급하고, 다음 번 누적수익률을 다시 관찰하는 형태로 발행되었다. 꾸준하게 발행이 되어왔지만 분기수익률, 누적수익, 행사가격 재조정 등 조건이 비교적 복잡한 점이 단점으로 지적되어 왔다.

150 기초자산이 여러 개인 경우엔 수익률이 낮은 종목의 수익률을 적용한다.

상품개요

기초자산	• POSCO, 삼성전자
만기	• 2년
분기별수익률	• 직전분기대비 상승이면 5%, 하락이면 MAX[-5%, 하락률]
자동조기상환	• 1년 후 분기수익률합계가 10% 이상이면 자동조기상환
만기상환	• 원금+MAX[0, 분기수익률 합] 지급

상품특징

- 만기 2년, 원금보장
- 1년 후 분기수익률 합이 10% 이상이면 누적분기수익 지급 후 자동조기상환, 미만이면 누적분기수익 지급
- 만기 시 누적분기수익 지급(누적분기수익률이 –이면 원금지급)

수익률 그래프

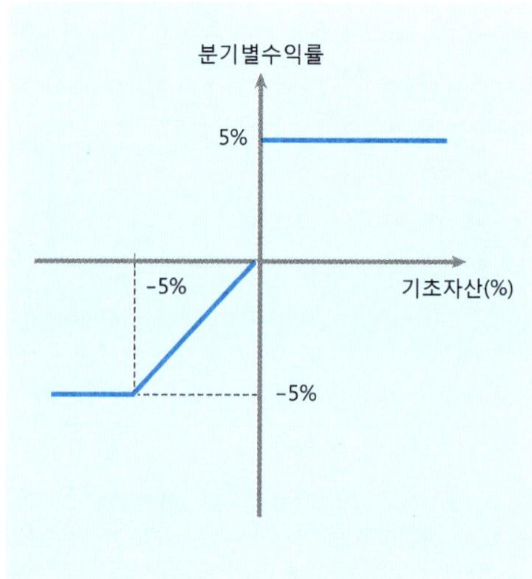

[그림 1-25] Cliquet ELS

| 표 1-18 | 예상손익구조

구분	내용	투자수익률
자동조기상환	① 기초자산 중 성과가 낮은 종목을 기준으로 매3개월마다(전분기대비) 주가수익률 관찰 • 주가수익률≥0이면 해당 분기수익률은 5% • 주가수익률<0이면 해당 분기수익률은 max[－5%,주가수익률] • Σ 분기수익률≥10%이면 누적수익 지급 후 자동조기상환 • Σ 분기수익률<10%이면 누적수익 지급 후 상품지속 • Σ 분기수익률<0%이면 0% 지급 후 상품지속	원금지급
만기상환	⑥ ①에서 자동조기상환 되지 않은 경우 만기에 5분기~8분기까지의 매 분기별 수익률 및 원금지급 • Σ 분기수익률<0%이면 원금지급	원금지급

6-4. 하락형 ELS의 등장과 쇠락

현재 발행되고 있는 ELS는 기초자산의 가격이 상승할수록 혹은 스텝다운처럼 사전에 정해진 조건 내에서 일정부분만 하락할 때 수익을 얻고, 기초자산의 가격이

● 상품개요

기초자산	• KOSPI200
Chance	• 3년 / 6개월마다 조기상환 기회
행사가격	• 100%
원금손실	• 만기가격이 140% 이상인 경우
수익률	• 연 10%(6개월 5%)

● 상품특징

- 만기 3년 , 6개월마다 총 5번의 조기상환 기회
- 자동조기상환시점에 100% 이하이면 5%×i 지급 후 계약종결
- 주가가 만기에 40% 상승해도 원금보장
- 만기주가가 140% 이상이면 원금손실

● 수익률 그래프

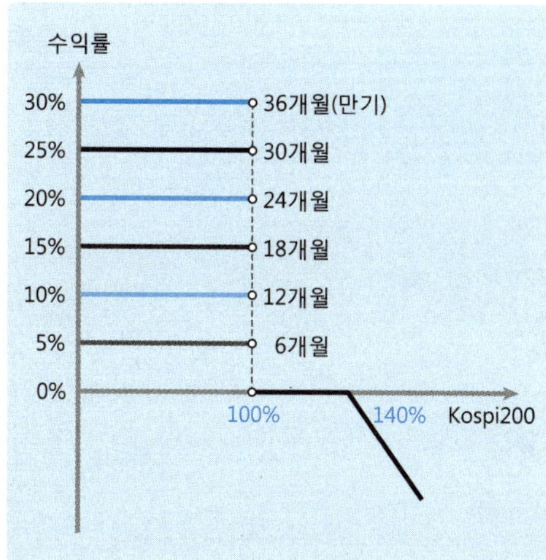

[그림 1-26] **하락형 ELS의 등장과 쇠락**

너무 많이 하락하면 손실을 보는 구조가 대부분이다. 하지만 ELS는 투자자가 원한다면 반대방향의 수익구조도 충분히 가능하다. 즉, 기초자산의 가격이 하락할수록 수익이 커지거나, 정해진 조건내에서 일정부분만 상승할 때 수익을 얻고, 기초자산의 가격이 너무 많이 상승하면 손실을 보는 구조가 그것이다. 마치 기존의 ELS를 Y축에 대칭시켜 놓은 듯한 구조이다. 이러한 구조는 ELS시장 초기에 종종 발행되었지만 지금은 자취를 감추었다. 이러한 하락형 ELS는 대부분 ELS 초기시장인 2003~2004년에 주로 발행되었으나, 이후 주가가 지속적으로 상승하여 큰 손실을 보고 상환되었고, 그 이후로는 거의 발행되지 않고 있다.

ELS의 평가 및 운용

CHAPTER 02

CHAPTER 2

ELS의 평가 및 운용

1. ELS 상품 평가

1-1. 입력변수

(1) 변동성

1) 역사적 변동성(Simple Moving Average Method: SMA)

① 정의

역사적 변동성은 과거 특정 기간 주가수익률의 표준편차로 정의한다.

② 특성

단순이동평균 계산법에 의한 역사적 변동성은 계산방법이 간단하다는 장점이 있다. 역사적 변동성은 과거 $n-$기간 동안의 데이터를 사용하여 계산한 표준편차이므로 이 값이 추정하는 것은 전구간에 걸쳐 하나의 모수를 추정하는 것으로 볼 수 있다. 따라서, 측정시점에 따라 가변적인 것처럼 보이는 것은 sampling error를 반영하는 것이다. 또한 측정기간 n이 길어질수록 역사적 변동성의 변화가 작아지게 된다. 왜냐하면 시장에서 일시적인 충격이 생긴 경우 이 효과가 역사적 변동성을 계산하는 구간에서 사라지기까지는 $n-$기간이 소요되기 때문이다.

역사적 변동성을 계산할 때, 단순이동평균법을 사용하므로 과거 모든 데이터에 대해 동일한 가중치를 부여한다. 측정기간이 길어질수록 표준오차를 줄일 수 있지만, 측정시점의 주가 움직임을 설명하는데 관련성이 떨어지는 오래된 과거 데이터에 많은 가중치가 부여되는 문제가 있다. 일반적으로 일별 종가를 사용하여 계산한 1, 3, 6, 12개월 변동성 사용한다.

③ 산출방법

역사적 변동성을 계산하기 위해 일정한 간격으로 관측된 주가를 사용한다. 주로 매일, 매주, 매월로 관측한다.

먼저 다음과 같이 정의하자.

$n+1$: 관측 자료의 수

S_i : i번째 시점의 주가($i=0, 1, \cdots, n$)

τ : 연 단위로 표현한 기간의 길이

주가의 로그수익률을 다음과 같이 정의한다.

$$u_i = \ln\left(\frac{S_i}{S_{i-1}}\right)$$

위의 u_i의 표준편차의 추정치 s는 다음과 같이 구한다.

$$s = \sqrt{\frac{1}{(n-1)}\sum_{i=1}^{n}\left(u_i - \bar{u}\right)^2}$$

이때, $\bar{u}$는 u_i의 평균을 나타낸다.

$$\bar{u} = \frac{1}{n}\sum_{i=1}^{n} u_i$$

주가수익률 u_i의 표준편차를 σ라고 하면, 위의 s는 σ의 추정치가 되며 일반적으로 τ기간 동안의 변동성은 $\sigma\sqrt{\tau}$를 계산하여 추정한다.

일반적으로 역사적 변동성을 계산할 때, 거래일(trading days)을 기준으로 사용한다. 특히 일별 종가를 사용할 경우 위의 식에서 주가수익률의 평균 $\bar{u}$값을 0으로 고정시켜 사용할 수 있다. 평균을 0으로 고정함으로써 변동성 값을 트레이딩 관점에서 보다 직관적으로 이해할 수 있는 장점이 있다.

④ 관련 코드

다음은 주가수익률 데이터 및 데이터 개수를 파라미터로 받아 역사적 변동성을 계산하는 VBA함수이다. 역사적 변동성을 계산할 때, 주가수익률의 평균은 0을 사용하였다.

```
Public Function GetHisVol_Rtn(ByVal vReturn As Variant, ByVal intLength As Long) As Double
        Dim intExt, intTemp As Integer
        Dim dbVolSquare As Double
        Dim dbVol As Double
        Dim dbSumSquare As Double
        For intTemp=0 To intLength-1
        dbSumSquare=dbSumSquare+vReturn(intTemp)^2
    Next intTemp
        dbVolSquare=dbSumSquare/(intLength-1)
        dbVol=Sqr(dbVolSquare)
        GetHisVol_Rtn=dbVol
End Function
```

2) 지수가중평균변동성(Exponentially Weighted Moving Average: EWMA)

① 정의

과거 데이터를 사용하여 변동성을 계산한다는 점에서는 단순이동평균법과 같지만 모든 데이터에 동일한 가중치를 부여하는 SMA와는 달리 최근 데이터에 많은 가중치를 부여하여 계산하는 방법이다. 특히, 과거로 갈수록 가중치가 지수적으로 감소하는 것이 특징이다.

② 특성

SMA를 사용할 경우 데이터 수를 늘릴수록 표준오차는 줄어들지만 측정시점과 연관성이 떨어지는 과거 데이터에도 동일한 가중치가 부여되는 문제가 있었다. 하지만 EWMA는 최근 데이터에 많은 가중치를 부여함으로써 많은 수의 데이터를 사용할 수 있는 장점이 있다.

그리고 EWMA는 아래의 산출방법에서 알 수 있듯이 현재 분산추정치과 시장변수(일별종가)의 최근 관찰자료만 있으면 새로운 변동성을 추정할 수 있는 장점이 있다.

③ 산출방법

$n-1$일 말에 추정한 n일의 변동성 추정치 σ_n은 $n-2$일 말에 구한 변동성 추정치 σ_{n-1}과 최근 주가수익률 u_{n-1}을 이용하여 다음과 같이 구할 수 있다.

$$\sigma_n^2 = \lambda\sigma_{n-1}^2 + (1-\lambda)u_{n-1}^2$$

여기서 λ는 0과 1 사이의 값을 갖는 상수이다.

위의 식에서 σ_{n-1}^2을 대체하여 전개하면 다음과 같은 식을 얻을 수 있다.

$$\sigma_n^2 = (1-\lambda)\sum_{i=1}^{m}\lambda^{i-1}u_{n-i}^2 + \lambda^m\sigma_{n-m}^2$$

위의 식에서 u_{n-i}의 가중치는 과거로 갈수록 λ의 비율로 감소함을 알 수 있다.

λ값은 변동성의 추정치가 최근 주가수익률의 변화에 반응하는 정도를 결정한다. 낮은 λ값은 u_{n-i}^2에 큰 가중치를 부여하므로 변동성 추정치는 크게 변하게 되며, λ값이 1에 가까워질수록 최근 주가수익률이 변동성 추정치에 미치는 영향이 작아진다.

최우추정법(maximum likelihood method) 등의 방법으로 모수를 추정할 수 있다.

④ 관련 코드

```
Public Function GetEwVol_Rtn(ByVal vReturn As Variant, ByVal dbLambda As Double, ByVal intLength As Long) As Double

    Dim intTemp As Integer
    Dim dbVolSquare As Double
    Dim dbVol As Double
```

```
    Dim dbStVol As Double
    Dim intExt As Integer
    dbStVol=0.35/Sqr(250)
    'EWMA Vol의 초기값을 최근 1년간의 Historical Vol(0.35)로 구함
    dbVolSquare=dbStVol^2
    intExt=intLength
    For intTemp=0 To intLength-1
        dbVolSquare=dbLambda*dbVolSquare+(1-dbLambda)*vReturn(intExt-
        intLength+intTemp)^2
    Next intTemp
    dbVol=Sqr(dbVolSquare)
    GetEwVol_Rtn=dbVol
End Function
```

3) GARCH(Generalized AutoRegressive Conditional Heteroscedasticity) 변동성

① 정의

변동성 집중 또는 fat-tail 특성을 갖는 시계열을 조건부분산의 관점에서 모형화하기 위해 Engle(1982)은 다음과 같은 p-차 자기회귀조건부분산(autoregressive conditional heteroscedasticity)모형, ARCH(p)모형을 제안하였다.

$$y_t = X_t\beta + \sigma_t \xi_t,\ \xi_t \sim N(0,\ 1)$$

$$\varepsilon_t \equiv \sigma_t \xi_t,\ \varepsilon_t | \psi_{t-1} \sim N\left(0,\ \sigma_t^2\right)$$

$$\sigma_t^2 = \alpha_0 + \alpha_1 \varepsilon_{t-1}^2 + \cdots + \alpha_p \varepsilon_{t-p}^2$$

이때, $\alpha_0 > 0,\ \alpha_1,\ \cdots,\ \alpha_p \geq 0$이다.

위 식을 다시 쓰면 아래와 같다.

$$\varepsilon_t^2 = \sigma_t^2 - \left(\varepsilon_t^2 - \sigma_t^2\right) = \alpha_0 + \alpha_1 \varepsilon_{t-1}^2 + \cdots + \alpha_p \varepsilon_{t-p}^2 + v_t$$

$$v_t = \sigma_t^2\left(\xi_t^2 - 1\right)$$

잔차항의 제곱이 AR(p)과정을 따른다. 그리고 $\sigma_t^2 \equiv Var(y_t | \psi_{t-1}) = Var(\varepsilon_t | \psi_{t-1})$

$=E(\varepsilon_t^2|\psi_{t-1})$이므로 위 식의 양변에 $(t-1)-$시점의 기대값을 취하면 $\sigma_t^2=\alpha_0+\alpha_1\sigma_{t-1}^2+\cdots+\alpha_o\sigma_{t-p}^2$가 되어 보통의 p-차 자기회귀모형을 따르는 것을 알 수 있다.

Bollerslev(1986)는 ARCH모형을 일반화하는 다음과 같은 GARCH(p, q)(generalized ARCH)모형을 제안하였다.

$$y_t=X_t\beta+\sigma_t\xi_t,\ \xi_t \sim N(0,\ 1)$$

$$\epsilon_t\equiv \sigma_t\xi_t,\ \epsilon_t|\psi_{t-1}\sim N(0,\ \sigma_t^2)$$

$$\sigma_t^2=\alpha_0+\alpha_1\varepsilon_{t-1}^2+\cdots+\alpha_p\varepsilon_{t-p}^2+\beta_1\sigma_{t-1}^2+\cdots+\beta_q\sigma_{t-q}^2$$

이때, $\alpha_0>0$, α_p, $\cdots$, α_p, β_1, $\cdots$, $\beta_q\geq 0$이다.

② **특성**

가장 간단하면서 널리 사용되는 GARCH(1, 1)모형을 예로 들어보자.

$$\sigma_t^2=\alpha_0+\alpha_1\varepsilon_{t-1}^2+\beta_1\sigma_{t-1}^2$$

위의 식의 양변에 $(t-1)-$시점 조건부 기대값을 취하면 $\sigma_t^2=\alpha_0+\alpha_1\sigma_{t-1}^2+\beta_1\sigma_{t-1}^2$이 되므로 이를 $(1-\alpha_1L-\beta_1L)\sigma_t^2=\alpha_0$로 다시 쓰면 GARCH(1, 1)모형이 의미하는 비조건부분산은 다음과 같아진다.

$$\sigma_t^2=\frac{\alpha_0}{(1-\alpha_1-\beta_1)},\ (\alpha_1+\beta_1)<1\text{인 경우}$$

또한, 반복 대입을 통해 다음과 같이 GARCH(1, 1)모형을 ARCH(∞) 모형으로 다시 쓸 수 있다.

$$\sigma_t^2=\frac{\alpha_0}{(1-\beta_1)}+\alpha_1\sum_{j=1}^{\infty}\beta_1^{j-1}\varepsilon_{t-j}^2$$

위의 관찰을 통해 GARCH(1, 1)모형은 적은 수의 파라미터를 사용하여 긴 래그의 ARCH모형을 추정하는 것과 유사한 효과를 가져올 수 있다. 일반적으로 접하는 금융시계열들의 변동성은 이와 같은 단순한 GARCH(1, 1)모형으로 대부분 잘 모형화할 수 있는 것으로 알려져 있다.

GARCH(1, 1)모형은 다음과 같이 다시 쓸 수 있다.

$$\begin{aligned}\sigma_t^2 &= \alpha_0 + \alpha_1 \varepsilon_{t-1}^2 + \beta_1 \sigma_{t-1}^2 \\ &= \alpha_0 + (\alpha_1 + \beta_1)\sigma_{t-1}^2 + \alpha_1(\varepsilon_{t-1}^2 - \sigma_{t-1}^2) \\ &= \alpha_0 + (\alpha_1 + \beta_1)\sigma_{t-1}^2 + \alpha_1 \sigma_{t-1}^2(\xi_{t-1}^2 - 1)\end{aligned}$$

위의 두 번째 등호에서 $(\varepsilon_{t-1}^2 - \sigma_{t-1}^2)$항의 평균은 0이므로 변동성에 대한 충격으로 생각할 수 있다. 따라서 α_1은 현재의 변동성 충격이 다음 기의 변동성에 미치는 영향을 측정한다. 즉, 이 값이 크다는 것은 변동성이 시장의 움직임에 매우 민감하게 반응함을 의미한다.

그리고 $\lambda \equiv (\alpha_1 + \beta_1)$는 변동성이 얼마나 지속적인가를 측정한다. λ값이 1에 가까울수록 현재의 변동성이 유사한 수준에서 미래에도 지속될 가능성이 높다는 의미이다. 일반적으로 β_1의 추정값은 α_1보다 큰 경우가 많고 1에 가까운 경향이 있다. 따라서 많은 경우 조건부분산에 대한 충격의 효과가 사라지는 데 소요되는 시간이 긴 경향이 있다.

③ 산출방법

최우추정법에 의한 모수 추정을 위해 먼저 GARCH(1, 1)모형을 다음과 같이 정리하자.

$$\sigma_t^2 = \omega + \alpha u_{n-1}^2 + \beta \sigma_{n-1}^2$$

i일에 추정한 분산을 $v_i = \sigma_i^2$이라고 하고, 분산에 대해 조건적인 u_i의 확률분포가 정규분포라고 하면 최선의 모수는 다음을 최대화시키는 것이다.

$$\prod_{i=1}^{m}\left[\frac{1}{\sqrt{2\pi v_i}}\exp\left(\frac{-u_i^2}{2v_i}\right)\right]$$

위의 값에 로그를 취하면 다음을 최대화하는 것과 동일함을 알 수 있다.

$$\sum_{i=1}^{m}\left(-\ln(v_i) - \frac{u_i^2}{v_i}\right)$$

이제 위의 값을 최대화하는 모형의 모수를 순환적으로 찾으면 된다. GARCH(1, 1) 모형의 모수를 추정하는 다른 방법으로는 분산표적법(variance targeting)이 있다.

다음은 최우추정법에 의해 KOSPI200지수의 변동성에 대한 GARCH(1, 1)모형의 모수를 추정하는 예제이다. 먼저 GARCH(1, 1)모형을 다음과 같이 정의하자.

$$\sigma_t^2 = \omega + \alpha u_{n-1}^2 + \beta \sigma_{n-1}^2$$

〈표 2-1〉과 같이 일자별 지수종가, 수익률 데이터로부터 위 식의 $\sigma_t^2 = \omega + \alpha u_{n-1}^2 + \beta \sigma_{n-1}^2$ 분산을 계산할 수 있다. 그러면 $\sum_{i=1}^{m}\left(-\ln(v_i) - \frac{u_i^2}{v_i}\right)$을 최대화하는 ω, α 그리

| 표 2-1 |

ω	0.000010337
α	0.102317598
β	0.841453562

Vl	1.36%
annualize	21.52%

sum	1918.094125

일자	지수	수익률	분산	likelihood
20111011	234.8			
20111012	236.66	0.007890424		
20111013	238.09	0.006024241	6.22588E−05	9.101297379
20111014	239.67	0.006614224	6.64379E−05	8.960763961
20111017	243.49	0.015812897	7.07174E−05	6.020945117
20111018	239.89	−0.014895389	9.54264E−05	6.932090268
20111019	242.11	0.009211683	0.000113335	8.336451657
20111020	235.57	−0.027384059	0.000114385	2.520136772
20111021	240.02	0.018714144	0.000183313	6.69381811
20111024	248.21	0.033552909	0.00020042	2.897900603
20111025	247.2	−0.004077436	0.00029417	8.074837043
20111026	247.56	0.001455251	0.000259568	8.248333079
20111027	251.2	0.014596458	0.000228968	7.451420245
20111028	252.47	0.005042995	0.000224802	8.287160652
20111031	249.88	−0.010311627	0.000202099	7.980625479
20111101	249.92	0.000160064	0.000191273	8.561672893

고 β의 값을 엑셀의 해 찾기 기능을 이용하여 간단히 추정할 수 있다.

장기평균분산은(long-term variance rate)은 $\frac{\omega}{1-\alpha-\beta}$이므로, 〈표 2-1〉에서 하루 변동성은 $\sqrt{\frac{0.000010337}{1-0.102317598-0.841453562}}=1.36\%$ 가 된다. 연간 변동성으로의 환산은 일간 변동성 1.36%에 영업일수 252일의 제곱근 $\sqrt{252}$를 곱해 21.56%가 나온다.

4) 내재변동성 (Implied Volatility)

① 정의

시장에서 관찰되는 옵션가격으로부터 도출한 기초자산의 변동성을 의미한다.

② 특성

내재변동성은 기초자산의 변동성에 대한 시장의 의견을 파악하는 데 사용될 수 있다. 하지만 내재변동성은 시장 참여자들에 의해 결정 되기 때문에 시장의 수급에 영향을 받는다는 점을 주의할 필요가 있다.

특정 주식의 옵션이 시장에서 거래될 때, 활발히 거래되는 만기와 행사가로부터 선형보간법 등의 방법을 이용해 비교적 거래가 활발하지 않은 옵션의 적정한 변동성을 계산하기도 한다.

시장의 충격으로 실현변동성이 급등할 경우 put옵션의 수급 불균형으로 인해 일반적으로 내재변동성은 평균실현변동성보다 높은 값을 가진다.

③ 산출방법

내재변동성은 시장에서 거래된 옵션가격으로부터 Black−Scholes모형의 변동성 파라미터를 역산하는 방법으로 구할 수 있다. 이때 시행착오법을 사용해 적절한 변동성을 계산한다.

④ 관련 코드

다음은 옵션가격으로부터 내재변동성을 구하는 다양한 방법 중 효율적인 seed 값을 사용하여 Newton-Raphson method로 내재변동성을 계산하는 VBA함수이다.

이외에도 내재변동성을 구하는 다양한 알고리즘들이 알려져 있다.

```
Public Function GImpliedVolatilityNR(CallPutFlag As String, s As Double, x _ As Double, t As Double, r As Double, b As Double, cm As Double, epsilon As Double)

   Dim vi As Double, ci As Double
   Dim vegai As Double
   Dim minDiff As Double

   Manaster and Koehler seed value (vi)
   vi=Sqr(Abs(Log(s/x)+r*t)*2/t)
   ci=GBlackScholes(CallPutFlag, s, x, t, r, b, vi)
   vegai=GVega(s, x, t, r, b, vi)
   minDiff=Abs(cm-ci)
   While Abs(cm-ci) >= epsilon And Abs(cm-ci) <= minDiff
      vi=vi-(ci-cm)/vegai
      ci=GBlackScholes(CallPutFlag, s, x, t, r, b, vi) BlackScholes함수
      vegai=GVega(s, x, t, r, b, vi) BlackScholes모형으로부터 Vega를 계산하
            는 함수
      minDiff=Abs(cm-ci)
   Wend
   If Abs(cm-ci)<epsilon Then GImpliedVolatilityNR=vi Else GImpliedVolatilityNR
   ="NA"

End Function
```

5) 변동성 기간구조

① 정의

변동성 기간구조(volatility term structure)는 옵션의 내재변동성과 만기간의 관계이다. 변동성 기간구조가 flat하지 않다는 것은 동일 행사가의 옵션이라도 만기에 따라 변동성이 다르다는 것을 의미한다.

② 특성

만기가 짧은 옵션의 변동성(short dated volatility)이 과거 평균(historically)보다 작을 때에는 변동성이 증가할 것이라는 기대가 작용하기 때문에 변동성이 만기의 증

가함수가 되는 경향이 있다. 시장의 충격이 발생한 경우, 이 충격이 짧은 시간 동안은 유지될 것으로 기대되기 때문에 짧은 만기의 옵션 내재변동성은 민감하게 반응하는 경향이 있다. 그리고 변동성의 평균회귀를 기대하기 때문에 만기가 긴 옵션 내재변동성은 비교적 그 영향을 적게 받는다.

③ 산출방법

시장에서 관찰 가능한 옵션의 내재변동성은 시장가격으로부터 직접 계산하고 나머지 옵션의 내재변동성은 선형보간법(linear interpolation)으로 추정할 수 있다.

또한, GARCH(1, 1)모형에 기초하여 다음과 같이 변동성 기간구조를 추정할 수 있다.

n일부터 $n+N$일 사이에 존속하는 옵션을 고려하면 옵션 존속기간 동안의 기대분산을 다음과 같이 계산할 수 있다.

$$\frac{1}{N}\sum_{k=0}^{N-1}E\left(\sigma_{n+k}^{2}\right)$$

위의 값은 옵션의 만기가 길수록 장기평균분산에 근접하게 된다.

추정 변동성 기간구조는 일반적으로 실제 변동성 기간구조와 동일하지는 않지만 추정 변동성 기간구조는 실제 변동성 기간구조가 변동성 변화에 반응하는 방식을 예측하는데 종종 사용된다.

④ 관련 코드

다음은 선형 보간을 구현한 간단한 VBA함수로 변동성 기간구조뿐만 아니라 추정치를 구해야 하는 유사한 상황에서 사용이 가능하다.

```
Public Function Linear_Spline(xVal As Double, X As Range, Y As Range) As Double
On Error GoTo ERR:
    Dim h() As Double, S() As Double, A() As Double, B() As Double
    Dim n As Integer:n=X.Count
    ReDim h(1 To n) As Double
    ReDim S(1 To n) As Double
    ReDim A(1 To n) As Double
```

```
    ReDim B(1 To n) As Double
    For i%=1 To n-1
h(i%)=X(i%+1)-X(i%)
A(i%)=Y(i%)
B(i%)=(Y(i%+1)-Y(i%))/(X(i%+1)-X(i%))
    Next I%
    If xVal < X(1) Then
        Linear_Spline=A(1)+B(1)*(xVal-X(1))
        Exit Function
    ElseIf xVal > X(n-1) Then
        Linear_Spline=A(n-1)+B(n-1)*(xVal-X(n-1))
        Exit Function
    End If
    For i%=1 To n-1
        If (xVal >= X(i%) And xVal <= X(i%+1)) Then
            Linear_Spline=A(i%)+B(i%)*(xVal-X(i%))
            Exit Function
        End If
    Next i%
Exit Function
ERR:
    Linear_Spline=0
End Function
```

6) Volatility Surface

① 정의

동일한 기초자산의 옵션 내재변동성은 행사가에 따라 그 값이 달라진다. 주식옵션의 경우 일반적으로 행사가와 내재변동성이 반비례함을 알 수 있다. 이를 volatility skew(or volatility smile)이라고 한다.

옵션의 내재변동성은 행사가뿐만 아니라 위에서 살펴보았듯이 만기에 따른 기간 구조를 가짐으로 이 두 변수에 대한 옵션의 내재변동성을 3차원 그래프로 나타낼 수 있다.

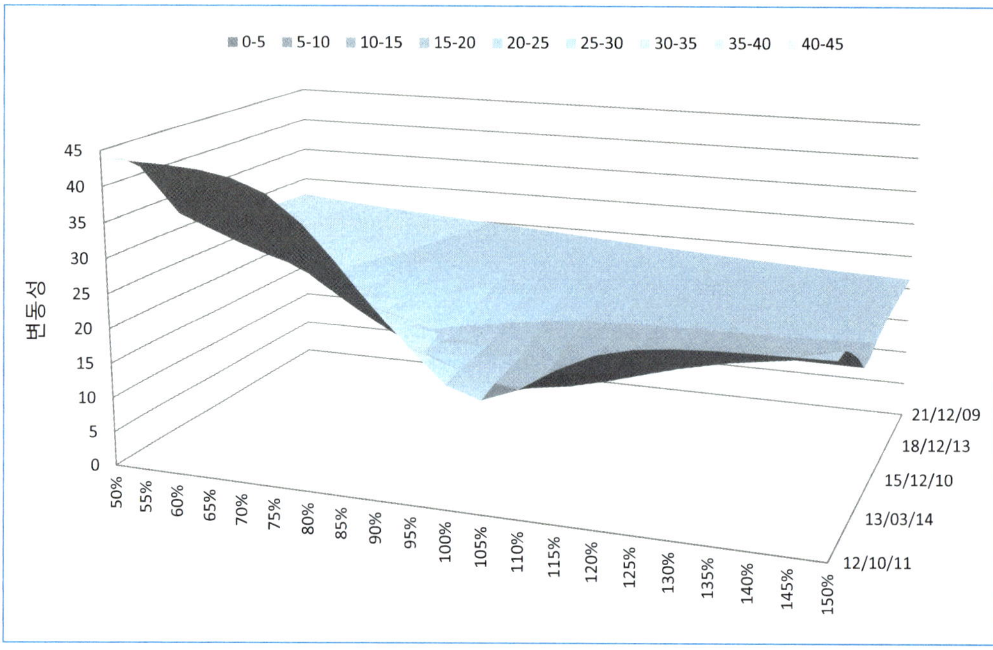

[그림 2-1] Volatility Surface

다음은 2012년 9월 중 하루의 KOSPI200지수 volatility surface의 3차원 그래프이다. 그래프 앞쪽의 가로축은 옵션의 행사가를 나타내고, 세로축은 만기일자를 나타낸다. 이때, 각 좌표에서의 변동성 수준을 곡면의 형태로 보여주고 있다.

② 특성

volatility surface는 시장에서 거래되는 다양한 만기와 행사가의 옵션 내재변동성을 구하여 구성한다. 따라서, 해당 기초자산에 대한 만기별, 행사가별 시장의 기대변동성을 한눈에 볼 수 있는 장점이 있다. 일반적으로 행사가에 대한 skew는 OTM put옵션의 내재변동성이 OTM call옵션의 내재변동성보다 크므로, negative skew형태를 가진다.

주가의 급락으로 인해 실현변동성이 급등하면 짧은 만기의 내재변동성도 함께 급등하는 현상이 일반적이다. 이는 높아진 실현변동성이 짧은 기간 동안 유지될 것이라는 기대가 반영된 것으로 이해할 수 있다. 하지만 실현변동성의 급등이 장기적으로 평균회귀한다고 기대하기 때문에 만기가 긴 내재변동성은 만기가 짧은 내재변동성에 비해 그 증가 폭이 작다. 즉, 짧은 만기의 내재변동성이 긴 만기의 내재변동성에 비해 변동성이 크다고 할 수 있다.

위의 사실을 종합해보면, volatility surface에서 만기가 짧은 부분에서의 행사가에 대한 skew 정도가 더 크게 나타나며 낮은 행사가에서는 만기가 길어질수록 변동성이 줄어들고, 반대로 높은 행사가에서는 만기가 길어질수록 변동성이 증가하는 형태의 term structure를 가진다.

③ 산출방법

시장에서 모든 행사가와 만기에 대해 유동성이 존재하지 않으므로 현실적으로 원하는 범위의 만기별, 행사가별 내재변동성을 시장에서 모두 구할 수는 없다. 따라서, 시장에서 거래되는 만기, 행사가에 대한 내재변동성을 구한 뒤, 나머지 점들에 대해서는 적절히 보간을 하여 곡면을 완성한다. 이때, 만들어진 변동성 곡면에서 butterfly 또는 calendar spread로 인한 arbitrage가 생기지 않도록 해야 한다.

7) 변동성 비교

① 기초자산 변화에 따른 변동성 변화

(가) 주가 하락시: 2011년 8월 유럽재정위기로 인한 지수 급락

[그림 2-2]는 2011년 8월 1일 이후 KOSPI200지수가 급락할 당시의 120일간 일

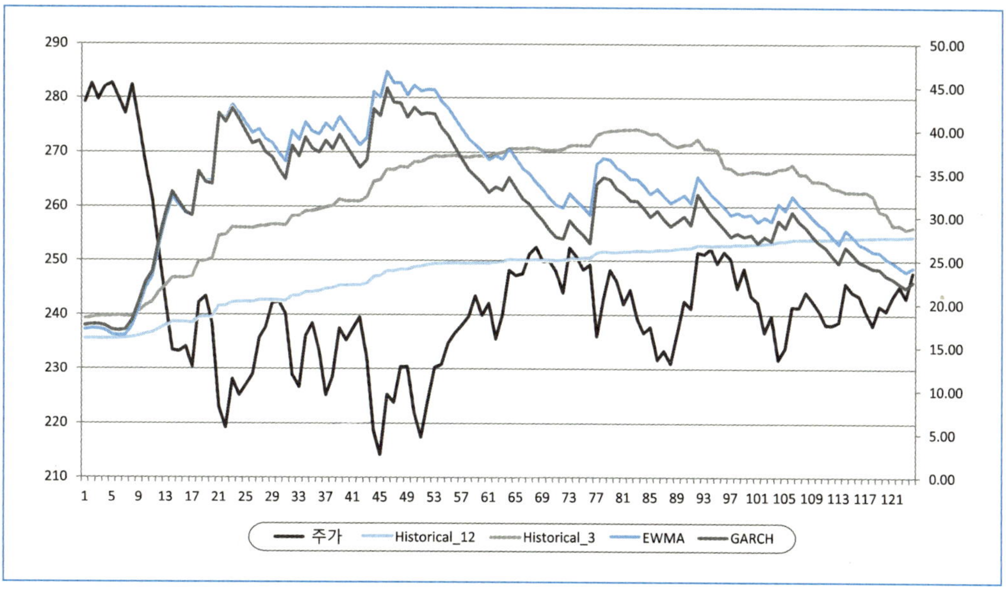

[그림 2-2] **변동성 비교(주가 하락시)**

별 변동성의 추이를 보여준다.

그림에서 보듯이 EWMA와 GARCH(1, 1)모형으로 추정한 변동성이 가장 민감하게 반응하여 40% 이상으로 급등함을 볼 수 있다. 반면, 12개월 역사적 변동성은 지수 급락 이후 완만하게 상승은 하지만 상승 정도가 미미함을 알 수 있다. 하지만 이와 같이 12개월 변동성이 비교적 늦게 시장에 반응하여 상승하기 때문에 시간이 지난 뒤 지수가 안정을 찾은 뒤에도 변동성이 정상화될 때까지 기간이 오래 걸린다는 점에 유의해야 한다.

(나) 주가 상승 시: 2011년 10월 이후

[그림 2-3]은 앞의 그림에서 본 2011년 8월 지수 급락 진정되는 기간인 2011년 10월 1일 이후 KOSPI200지수가 서서히 회복하는 기간의 160일간 일별 변동성의 추이를 보여준다.

[그림 2-3]에서 알 수 있듯이 지수가 상승함에 따라 모든 변동성 추정치들은 하락하여 지수 급락 시기에 급등하기 전의 수준으로 회복하는 모습을 볼 수 있다. 특이하게 12개월 역사적 변동성은 28% 정도의 변동성을 유지하며 지수 상승에 따른 영향을 거의 받고 있지 않다. 지수 하락으로 인해 상승한 12개월 역사적 변동성은

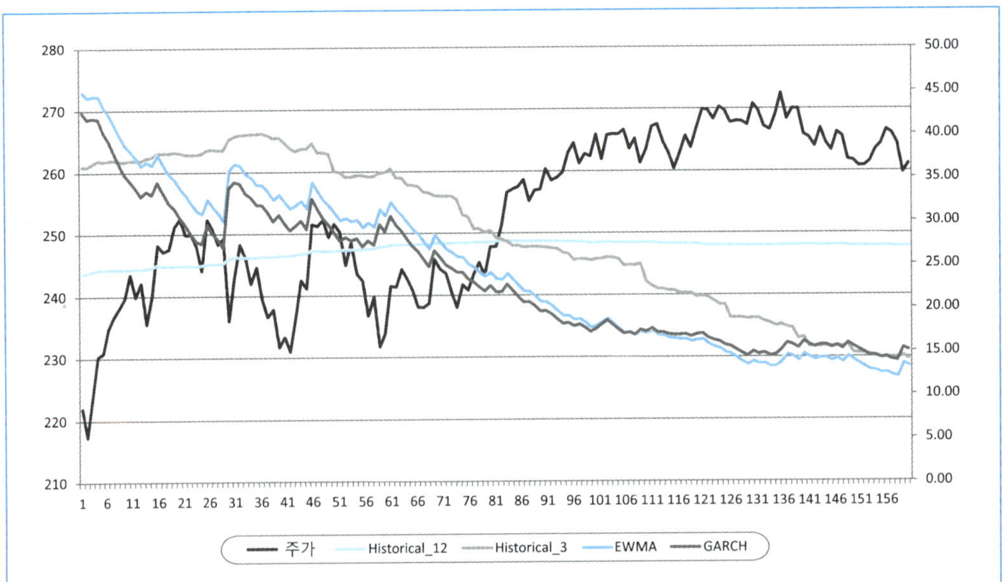

[그림 2-3] **변동성 비교(주가 상승시)**

향후 12개월이 지나야지만 변동성이 상승하기 전의 수준으로 회복할 수 있을 것이다.

만약 비보장 스텝다운 ELS와 같이 Vega값이 음수(변동성 상승 시 ELS 이론가 하락)인 상품을 12개월 변동성으로 평가한다면, 지수 하락에 따른 평가변동성 상승으로 인해 낮아진 ELS 이론가가 정상 수준으로 회복하는데 12개월이 걸린다는 것을 알 수 있다.

② KOSPI200주가지수 및 개별주식 변동성 비교

주가지수는 여러 개의 개별 주식을 더해서 만들어지므로 그 변동성이 개별주식의 변동성보다 낮은 것이 일반적이다. 왜냐하면, 각 개별주식들이 서로 반대방향으

표 2-2 코스피200 및 주식 변동성

종목명	Historical_12	Historical_3	EWMA	GarchVol
코스피200	20.86	18.4	16.83	16.14
KB금융	30.71	28.58	27.11	25.73
KT	20.36	23.27	19.99	17.43
LG디스플레이	40.7	35.11	34.58	36.27
LG전자	40.9	30.34	31.29	34.18
LG화학	42.32	31.19	30.77	34.32
POSCO	22.77	18.37	17.64	18.92
SK이노베이션	40.56	32.73	31.12	32.16
SK하이닉스	42.16	35.15	34.98	34.69
기아차	26.9	24.66	25.04	25.65
기업은행	29.53	19.37	19.43	22.72
대우증권	39.5	37.18	41.84	41.84
대한항공	36.14	22.06	23.97	28.75
두산인프라코어	42.72	34.5	36.08	37.71
삼성SDI	34.51	24.01	25.42	29.97
삼성전자	32.92	34.83	31.04	26.25
신한지주	31.24	28.46	25.88	24.97
하나금융지주	36.03	32.8	32.68	31.59
한국전력	23.81	21.55	22.93	25.72
현대중공업	38.06	34.42	32.62	32.19
현대차	29.73	27.38	26.54	26.3
개별주식평균	34.08	28.80	28.55	29.37

로 움직일 경우 각 개별주식들의 움직임에 비해 주가지수의 움직임은 상대적으로 적을 것이기 때문이다.

〈표 2-2〉는 KOSPI200지수의 변동성과 개별주식 20종목의 변동성을 비교한 수치를 보여준다.

③ 주식가격과 변동성 비교

일반적으로 주식가격과 변동성은 역의 상관관계를 가지고 있다고 알려져 있다. 먼저 역사적 변동성의 관점에서 그 이유를 설명하면 다음과 같다. 역사적 변동성은 주가수익률의 표준편차로 계산을 한다. 따라서 주가가 동일하게 상승을 하더라도 주가수준이 높아질수록 수익률은 낮아진다. 이로 인해 표준편차는 줄어들게 된다. 반대로 주가가 하락하는 경우 주가수준이 낮아지면 그 하락폭이 상대적으로 커져 표준편차는 커지게 된다. 또한, 주식의 가격은 일반적으로 하락할 때 속도가 상승할 때의 속도보다 빠르다. 따라서 주가의 변화 속도를 나타내는 변동성도 빠르게 확대되고 느리게 축소되는 경향을 가지게 된다.

내재변동성 관점에서는 시장에서 작용하는 심리적인 요인으로 주가와 변동성의 역의 상관관계를 설명할 수 있다. 지수가 상승할 경우, 이익 실현의 욕구가 커져 옵

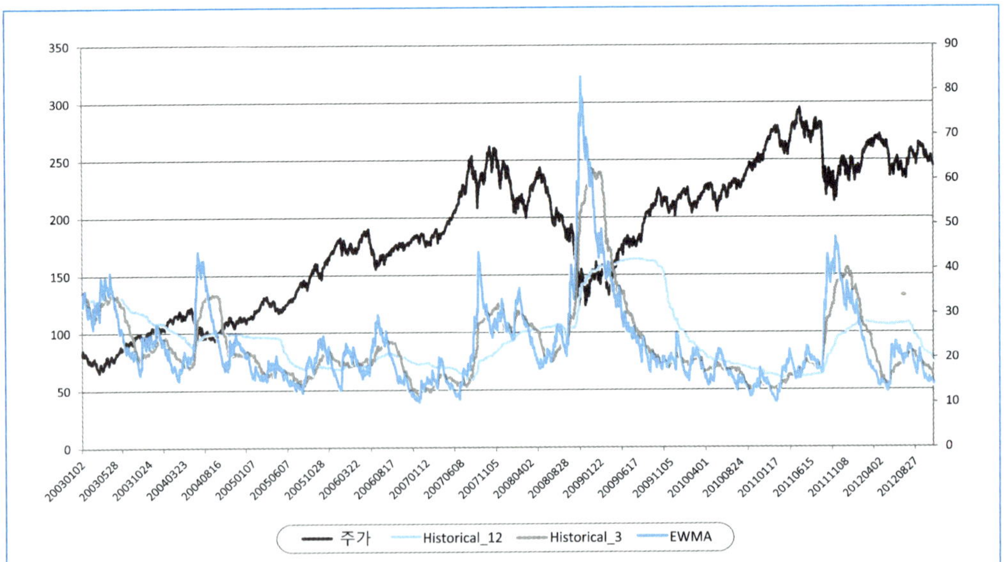

[그림 2-4] KOSPI200 및 변동성

션 매도가 우위를 보인다. 반대로 지수가 하락할 경우, 추가 하락에 대한 기대로 복권 심리가 시장에 형성되어 풋옵션의 매수가 늘어나 내재변동성을 상승시킨다. 지수가 하락할 때의 발생하는 이러한 풋옵션 매수의 증가는 내재변동성의 저점이 역사적 변동성의 저점보다 항상 높게 형성되는 원인을 설명하기도 한다.

[그림 2-4]에서는 2003년부터 2012년 6월까지의 코스피200지수와 변동성의 역의 상관관계를 보여주고 있다.

8) 변동성 선택시 고려 사항

① 변동성 종류: 평가 변동성, 헤지 변동성, 리스크관리 변동성

변동성은 옵션의 가치를 평가하는데 사용되는 변수이다. 옵션의 정확한 가치를 평가하기 위해서는 해당 옵션의 잔존 만기 동안의 변동성을 알아야 한다. 시장에서 호가되는 옵션 가격으로부터 내재변동성을 구할 수 있으므로 어떤 트레이더가 미래의 변동성을 정확하게 예측할 수 있다면 해당 옵션의 가격의 높고 낮음을 정확하게 판단할 수 있을 것이다. 따라서 옵션 시장 참여자들은 수익을 얻기 위해 기초자산의 변동성을 예측하기 위한 노력을 게을리 할 수 없을 것이다.

ELS를 포함한 옵션의 평가 변동성, 헤지 변동성 그리고 리스크관리 변동성은 기본적으로 하나로 일치될 필요가 있다. 왜냐하면, 각각의 목적에 따라 상이한 변동성을 사용하게 되면 일치성이 결여돼 예상치 못한 문제를 야기할 수 있기 때문이다. 예를 들어, 1년 역사적 변동성을 ELS 평가 변동성으로 사용하면서 헤지 변동성은 EWMA를 사용한다면 이론가격뿐만 아니라 민감도가 서로 일치하지 않아 손익 또는 각 민감도별로 관리하는 한도 등의 부분에서 문제가 발생할 수 있다.

② 변동성 종류별 선택시 고려 사항

옵션을 평가하는 변동성을 선택하는데 있어서 가장 이상적인 값은 미래의 변동성의 정확한 예측값일 것이다. 하지만 현실적으로 미래의 변동성을 정확하게 예측해 낼 수 없다. 옵션의 기초자산으로 델타헤징을 하는 상황에서 기초자산의 미래 변동성의 정확한 예측치의 대안으로 시장변동성을 사용하게 되면 다음과 같은 장점이 있다. 먼저 시장에서 변동성 관측이 용이하다. 그리고 주가의 변동(fluctuation)을 mark-to-market하므로 델타헤징 포트폴리오의 손익 변동이 작아져 risk management 관점에서 유용하다. 결론적으로 시장변동성을 기반으로 미래 변동성의 예측을 가미한다면 트레이딩 및 리스크관리 관점에서 보다 효과적일 것으로 기대된다.

9) VIX, V-KOSPI

VIX, V-KOSPI 등과 같은 변동성 지수는 옵션 시장에서 다양한 행사가와 만기의 옵션 변동성으로부터 일종의 대표 변동성의 역할을 한다. 이러한 대표 변동성은 주가지수 전망의 보조 수단으로 사용될 수 있다. 그리고 시장에서 인지하는 위험 수준에 대한 수치를 제공하며 최근에는 변동성 관련 파생상품의 기초자산 역할을 한다.

VIX는 콜옵션과 풋옵션의 등가격 및 외가격을 모두 사용하여 옵션 포트폴리오를 구성한 뒤 Black Scholes와 같은 옵션모형을 사용하지 않고 옵션가격(최우선 매수-매도 호가 중간값)을 그대로 사용하여 각 옵션들의 행사가 수준과 행사가 간의 차이 등을 이용하여 가중치를 부여하는 방법으로 지수를 산출한다.

VKOSPI는 VIX의 산출방법과 동일하며 한국 시장의 특성을 반영하여 지수를 산출하였다. 다음은 최근 360영업일 동안의 VKOSPI와 KOSPI200의 차트를 보여준다.

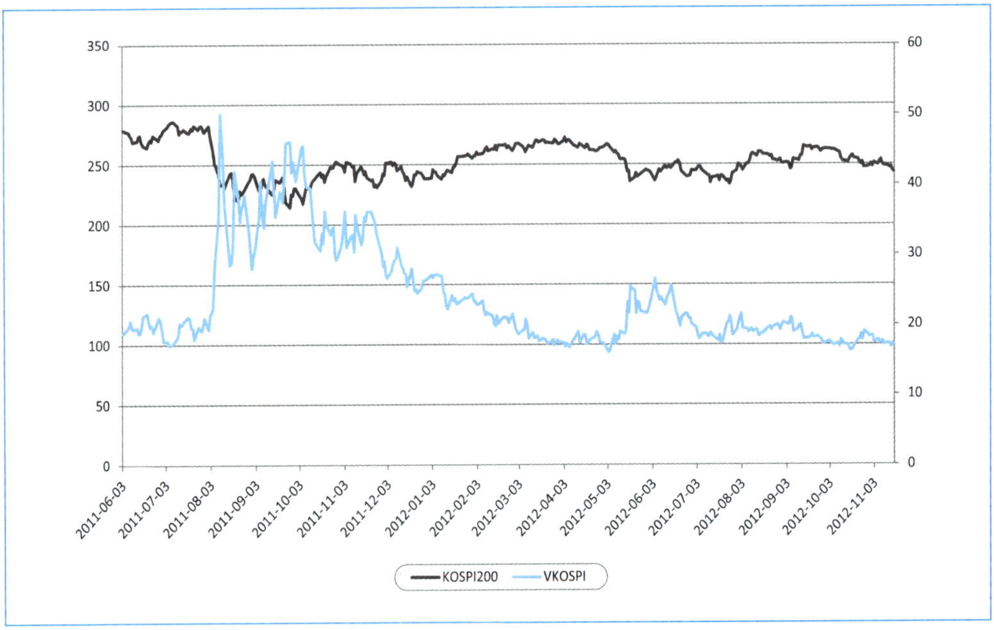

[그림 2-5] KOSPI200 vs VKOSPI

(2) 상관계수

1) 정의

상관계수는 두 변수의 관계가 얼마나 강한지를 측정하는 지표로서 그 값은 −1에서 +1사이의 값을 갖는다. 상관계수가 0에 가까울수록 두 변수의 상관관계는 낮아지며, 값이 1에 가까워지면 두 변수의 상관관계는 높아지고 −1에 가까워지면 두 변수의 음의 상관관계가 높아진다.

우리나라에서 주로 발행되는 2-Stock Stepdown ELS와 같이 기초자산이 둘 이상일 경우, 기초자산간의 상관계수는 ELS의 이론가에 큰 영향을 미친다.

일반적으로 기초자산이 두 개인 스텝다운형 원금비보장 ELS의 경우 대부분 Worst Performer(두 개 중 수익률이 낮은 기초자산)를 기준으로 한다. 상관관계가 낮은 경우 하한베리어를 칠 확률이 상관관계가 높은 경우보다 높아지기 때문에 ELS 이론가는 더 낮아지게 된다. 따라서 해당 기초자산들의 수익률이 반대 방향으로 움직이는 경우에 ELS 헤지 수익이 더 커지며 발행 시 가정한 상관관계보다 발행기간 중 상관관계가 더 높아지면 헤지 성과가 좋지 않게 된다.

두 변수 X, Y의 상관계수(correlation)은 다음과 같이 정의한다.

$$\frac{cov(X, Y)}{\sigma_X \sigma_Y}$$

이때, σ_X, σ_Y는 두 변수 X, Y의 표준편차이고, $cov(X, Y)$는 두 변수의 공분산이다.

두 변수 X, Y의 공분산은 다음과 같이 정의된다.

$$E[(X-\mu_X)(Y-\mu_Y)]$$

이때, μ_X, μ_Y는 두 변수 X, Y의 평균이다.

2) 특성

위의 정의에서 알 수 있듯이 두 변수의 상관계수는 두 변수의 공분산으로부터 얻어지며 그 값이 양수이면 양의 상관관계를 가지고, 음수이면 음의 상관관계를 가진다고 볼 수 있다. 특히, 기초자산이 둘 이상이면서 worst performer 기초자산을 기준으로 하는 ELS 상품인 경우 상관계수가 작을수록 이론가는 낮아진다.

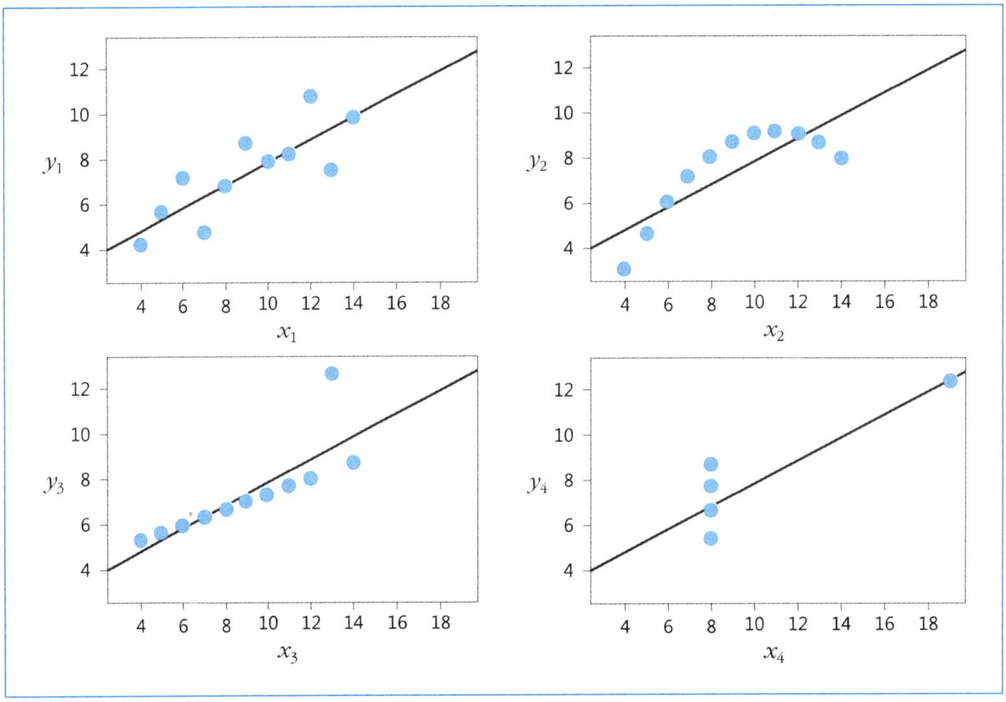

[그림 2-6] **동일 상관관계를 가지는 분포 예**

상관계수를 사용할 때 주의할 점은 두 변수간의 관계가 선형관계가 아닌 비선형 관계인 경우 이러한 관계를 상관계수로 파악할 수 없는 문제점이 있다. [그림 2-6]은 두 변수의 관계가 모두 다르지만 모두 동일하게 상관계수 0.816을 가진다.

3) 산출방법

주가수익률로부터 상관계수 ρ를 구하는 방법은 다음과 같다.

먼저, i번째 관찰일의 주가수익률을 x_i, y_i라고 하면, 두 주가수익률의 상관계수는 다음과 같이 구할 수 있다.

$$\rho = \frac{\frac{1}{n-1}\left(\sum_{i=1}^{n}(x_i-\bar{x})(y_i-\bar{y})\right)}{\sqrt{\sum_{i=1}^{n}(x_i-\bar{x})^2/(n-1)}\ \sqrt{\sum_{i=1}^{n}(y_i-\bar{y})^2/(n-1)}}$$

4) 관련 코드

다음은 주가수익률로부터 상관계수를 구하는 VBA코드이다. 이때, 두 주가수익률의 평균은 0을 사용하였다.

```
Public Function GetCorr(ByVal vData As Variant, ByVal intLength As Integer)
    Dim dbCorr, dbCov As Double
    Dim vReturn1, vReturn2 As Variant
    Dim intExt, intTemp As Integer
    Dim vArray1, vArray2 As Variant
    Dim dbVol1, dbVol2 As Double
    Dim dbSumSquare, dbVolSquare As Double
    intExt=UBound(vData, 1)
    ReDim vReturn1(intExt), vReturn2(intExt) As Double
    For intTemp=0 To intExt-1
        vReturn1(intTemp)=Log(vData(intTemp+1, 0)/vData(intTemp, 0))
        vReturn2(intTemp)=Log(vData(intTemp+1, 1)/vData(intTemp, 1))
    Next intTemp
    If intLength>intExt+1 Then
        dbSumSquare=0
        For intTemp=0 To intExt-1
            dbSumSquare=dbSumSquare+vReturn1(intTemp)^2
        Next intTemp
        dbVolSquare=dbSumSquare/(intExt-1)
        dbVol1=Sqr(dbVolSquare)
        dbSumSquare=0
        For intTemp=0 To intExt-1
            dbSumSquare=dbSumSquare+vReturn2(intTemp)^2
        Next intTemp
        dbVolSquare=dbSumSquare/(intExt-1)
        dbVol2=Sqr(dbVolSquare)
        dbSumSquare=0
        For intTemp=0 To intExt-1
```

```
            dbSumSquare=dbSumSquare+vReturn1(intTemp)*vReturn2(intTemp)
        Next intTemp
        dbVolSquare=dbSumSquare/(intExt-1)
        dbCorr=dbVolSquare/dbVol1/dbVol2
    Else
        dbSumSquare=0
        For intTemp=0 To intLength-1
            dbSumSquare=dbSumSquare+vReturn1(intExt-intLength+intTemp)^2
        Next intTemp
        dbVolSquare=dbSumSquare/(intLength-1)
        dbVol1=Sqr(dbVolSquare)
        dbSumSquare=0
        For intTemp=0 To intLength-1
            dbSumSquare=dbSumSquare+vReturn2(intExt-intLength+intTemp)^2
        Next intTemp
        dbVolSquare=dbSumSquare/(intLength-1)
        dbVol2=Sqr(dbVolSquare)
        dbSumSquare=0
        For intTemp=0 To intLength-1
            dbSumSquare=dbSumSquare+vReturn1(intExt-intLength+intTemp)*
vReturn2(intExt-intLength+intTemp)
        Next intTemp
        dbVolSquare=dbSumSquare/(intLength-1)
        dbCorr=dbVolSquare/dbVol1/dbVol2
    End If
    GetCorr=dbCorr
End Function
```

(3) 금리

옵션을 평가할 때, 금리는 다른 입력변수에 비해 큰 영향을 미치지는 않는다. 하지만 원금보장형 ELS와 같이 옵션의 성격이 거의 없고, 채권과 유사한 형태의 상품인 경우 금리가 ELS 이론가에 미치는 영향은 매우 크다.

(4) 배당

만기가 짧은 옵션에 대한 기초자산의 배당 예측은 비교적 정확할 수 있다. 하지만 만기가 1년 이상인 긴 옵션의 경우 배당 예측을 정확히 하기가 쉽지 않다. 이는 옵션의 가치 평가를 어렵게 만드는 요인 중의 하나이다.

옵션의 가치 평가를 하는데 있어서 배당을 고려하는 쉬운 방법은 주가에서 배당금의 비율을 연율화 한 배당률을 사용하는 것이다. 하지만 이러한 연속 배당의 개념은 배당이 주가의 변화에 따라 배당률이 변화하고 연속적으로 배당이 지급된다는 가정이 들어가 있어서 주식옵션을 평가할 때 현실과 동떨어진다는 단점이 있다.

다음으로 실제 이산적으로 발생하는 배당을 고려하여 옵션의 가치를 평가할 수 있다. 이산 배당의 경우, 배당은 배당락일에 배당만큼 주가가 하락하므로 옵션의 가치 평가를 하는데 있어서 배당락일에 배당이 주어진다고 가정한다. 이산 배당을 고려한 옵션 가치 평가는 Black-Scholes모형을 바로 적용하기에 어려움이 있어 이러한 문제를 해결하기 위한 다양한 연구가 진행되고 있다.

1-2. 평가이론

파생상품의 가치는 계약기간 내 기초자산의 움직임에 따라서 결정되며, 가치를 산정할 시점을 기준으로 미래 움직임에 대한 예측이 필요하다. ELS의 가치를 평가하기 위해서는 그 기초자산인 주가 및 지수의 예상치를 반영해야 할 필요가 있다. 일반적으로 ELS를 평가할 때, 주가의 수익률이 정규분포를 따른다는 가정을 하며 정규분포의 분산을 통하여 개별주식의 변동성을 반영하게 된다.

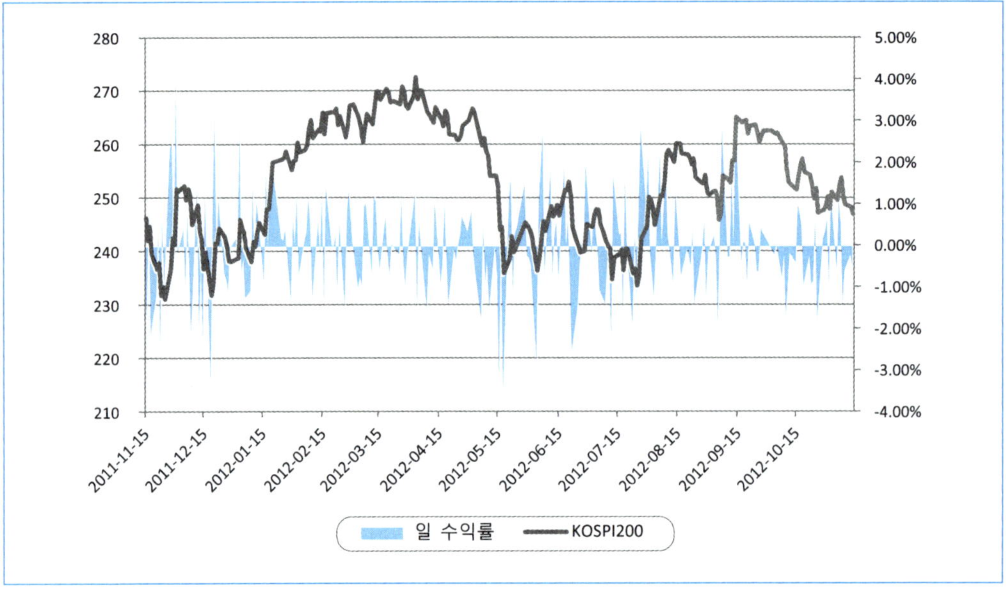

[그림 2-7] **1년간 KOSPI200지수와 일 수익률**

식1 **주가수익률과 정규분포**

$$\text{주가의 수익률} \sim N(\mu, \sigma^2)$$

일반적으로 개별주식의 수익률(μ)과 변동성(σ^2)이 모두 다르며 위험(변동성)이 클수록 높은 수익을 기대하며 위험이 낮을수록 낮은 수익에도 만족할 수 있게 된다. 이런 측면에서 위험이 0인 자산인 무위험자산에 대한 정의가 필요하게 되며 파생상품을 포함한 모든 위험자산의 기대수익률을 무위험자산의 수익률을 기준으로 평가함으로써 파생상품의 가치를 평가할 수 있게 된다.

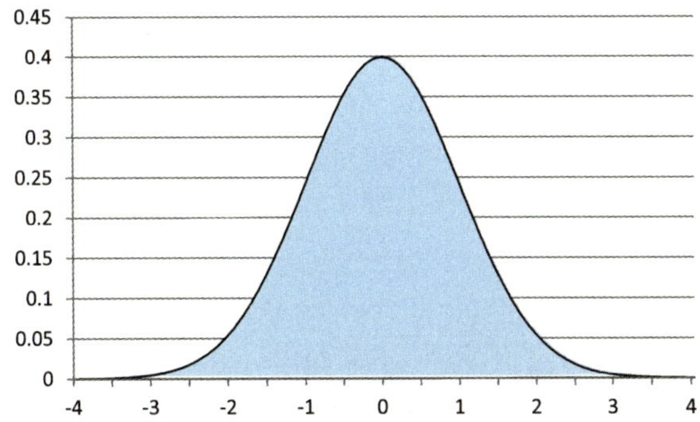

[그림 2-8] **표준정규분포**

(1) 주가모형

1) 무위험자산의 수익률

무위험자산의 수익률을 정규분포(식1)를 이용하여 설명할 때, 위험(σ^2)을 0이라고 한다면, 수익률 μ을 보장하게 된다. 이때, 무위험자산의 수익률을 r이라고 한다면 무위험자산 $B(t)$는 다음과 같은 관계를 만족하게 된다.

식2 무위험자산의 수익률

$$B(t+\Delta t) = (1 + r\Delta t)B(t)$$

이를 정리하면 다음과 같이 표현할 수 있다.

$$dB(t) = rB(t)dt$$

일반적으로 고정수익을 제공하는 자산은 예금, 국채 등의 자산이 있으며 평가하는 파생상품의 성격 및 시장상황에 맞게 무위험자산을 설정하여 사용할 수 있다. 무위험자산은 수익률이 사전적으로 결정되었기 때문에 미래시점의 가치를 알 수 있으며 다음과 같은 연속복리의 형태로 나타낼 수 있다.

식3 무위험자산과 연속복리

$$B(t) = B(0)e^{rt}$$

$B(0)$: 현재시점의 가치

2) 기하 브라운 운동(Geometric Brownian Motion)

개별주식의 수익률을 설명하기 위해서 정규분포를 이용할 수 있지만 특정 기간 동안의 수익률을 움직임을 설명하기 위해서는 이러한 분포의 나열(path)이 필요하게 되며 이는 정규분포의 집합(series)을 사용하여 설명할 수 있다. 평가시점에서 미래 주식의 수익률의 분포를 예측할 경우, 예측시점이 뒤에 있을수록 얻을 수 있는 수익률의 범위가 넓어지게 되며 이에 따라서 정규분포의 분산도 커지게 된다.

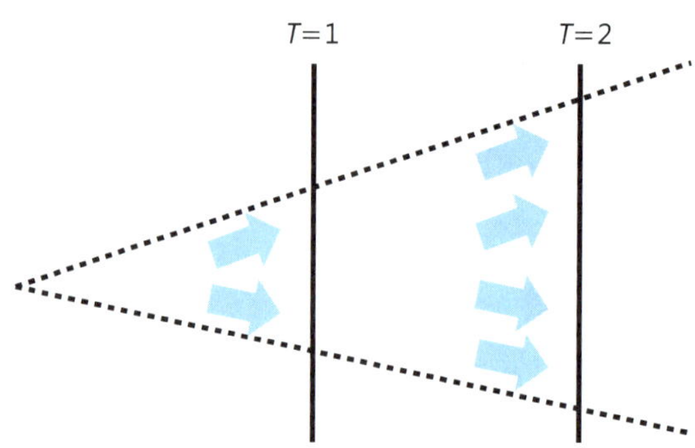

[그림 2-9] **시점에 따른 가능수익률의 범위**

이러한 성격을 설명하기 위해 다음과 같은 확률과정(stochastic process) $W(t)$을 정의할 수 있다.

브라운 운동

A. $W(0) = 0$

B. $0 = t_0 < t_1 < \cdots < t_n$에 대하여 각 구간 $W(t_i) - W(t_{i-1})$가 서로 독립

C. $W(t_i)-W(t_{i-1})$가 평균 0, 분산 t_i-t_{i-1}인 정규분포를 따름

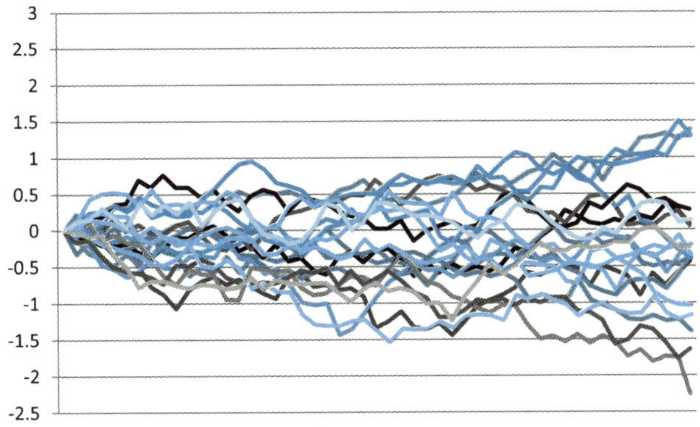

[그림 2-10] **개별시행에서의 브라운 운동의 움직임**

위와 같은 확률과정을 브라운 운동(Brownian Motion)이라고 한다. 브라운 운동을 주식수익률모형에 적용하기 적합한 이유는 다음과 같다. 먼저 시작시점의 값을 0으로 정의함으로써 시작시점의 확률적인 요소가 없다는 것을 반영할 수 있고, 브라운 운동의 각 구간간 서로 독립인 특징은 주식의 수익률이 과거 수익률과 독립적으로 발생한다는 가정을 잘 반영할 수 있다. 또한 브라운 운동의 구간이 정규분포를 따른다는 점은 주식수익률의 분포를 많이 알려진 다루기 용이한 분포로 가정할 수 있다. 실제로 주식수익률의 분포가 정규분포임을 이용하여 복잡한 파생상품의 가치를 보다 단순화할 수 있게 된다.

앞서 주식의 수익률을 정규분포로 가정하였는데 이에 따라서 주식의 분포에 대한 성격이 결정되어야 한다. 주식의 수익률은 전일 주가대비 주가 변동분이라고 정의한다면 다음과 같은 관계식이 성립한다.

식4 주식수익률과 로그-정규분포

$$\frac{S(t_i)-S(t_{i-1})}{S(t_{i-1})}\approx \ln\left(\frac{S(t_i)}{S(t_{i-1})}\right)\sim N(\mu,\sigma^2)$$

개별주식의 수익률은 정규분포를 따른다고 가정하였으므로, 주식은 로그-정규분포(Log-Normal) 분포를 따른다고 할 수 있다. 또한 주식의 수익률의 움직임을 정규분포를 이용한 브라운 운동을 통해 설명하였듯이 주식의 움직임 또한 로그-정규분포 형태의 기하 브라운 운동(Geometric Brownian Motion)을 통해 설명할 수 있으며 다음과 같은 식을 만족한다.

식5 기하 브라운 운동(Geometric Brownian Motion)

$$\frac{dX(t)}{X(t)} = dW(t)$$

$$X(t) = X(0)e^{W(t) - \frac{1}{2}t}$$

기하 브라운 운동은 지수함수의 성질을 가지고 있으며 항상 0보다 큰 값을 가지게 되므로 주가를 모형화하기에 적합한 측면이 있으며, 브라운 모형과 같이 시간에 따라서 분산이 커지는 성질을 가지고 있다.

기하 브라운 운동은 시점의 값에 따라서 그 폭의 크기가 결정되는데 기하 브라운 운동의 값이 큰 경우 변동 폭이 크게 나타나며 작은 경우 변동 폭이 작은 모습을 보이게 된다. 이에 따라서 전체적으로 작은 쪽의 밀도가 매우 크게 나타나게 된다.

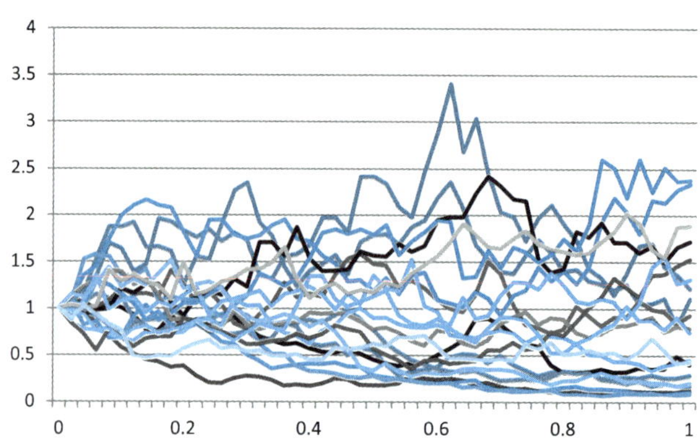

[그림 2-11] 개별시행에서의 기하 브라운 운동의 움직임

3) 위험자산의 수익률

위험자산인 주식의 수익률은 정규분포를 따르며 무위험자산과는 다른 기대수익률을 가지고 있다. 이를 반영하여 주식을 (식2) 및 (식5)를 이용하여 모형화 한다면 다음과 같이 표현할 수 있다.

식6 위험자산의 수익률

$$dS(t) = \mu S(t)dt + \sigma S(t)dW(t)$$

또한 확률변수 $S(t)$의 해는 다음과 같다.

$$S(t) = S(0)e^{\left(\mu - \frac{1}{2}\sigma^2\right)t + \sigma W(t)}$$

(식6)에 따르면 주식의 움직임은 기대수익률(μ)과 변동성(σ)에 따라서 결정되며 기대수익률이 클수록 주가는 상승하는 방향으로 움직이며, 변동성이 커질수록 주식의 변동폭이 커지게 된다. (식6)의 모형은 주식수익률의 분포가 정규분포를 따르고, 구간수익률이 서로 독립임을 가정한 단순한 형태의 모형이다. 파생상품을 평가함에 있어 모형의 설정이 매우 중요한 요소로 작용하는데 기하 브라운 운동에 의한 모형은 주식의 모형을 단순화 하면서 특징적인 요건들을 만족시키는 모형이다. 또한 기하 브라운 운동에 대한 성질은 많이 알려져 있는 편이므로 복잡한 구조의 상품을 평가할 경우에도 모형을 적용하여 평가하는데 많은 편의를 제공한다.

위험자산은 무위험자산과 비교할 때, 불확실성인 $W(t)$의 존재로 인해 사전적으로 수익률을 예측할 수 없으며 $W(t)$ 및 변동성에 따른 분포의 형태로 수익률을 가늠해 볼 수 있다. 또한 기초자산의 분포가 파생상품 가치의 분포에 절대적으로 영향을 미치기 때문에 기초자산의 분포는 파생상품의 가격 결정에 가장 핵심적 요소가 된다.

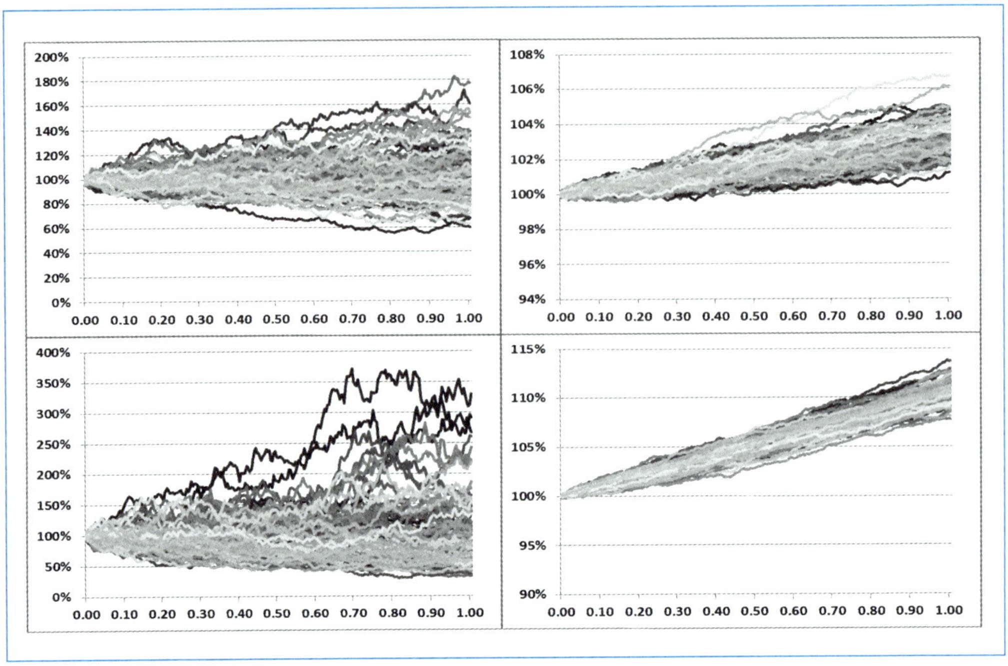

[그림 2-12] **기대수익률 및 변동성에 따른 주식의 움직임**

(2) 마코프 성질과 마팅게일(Markov Property & Martingale)

미래를 예측해야 하는 경우, 과거로부터 현재까지의 모든 정보가 필요한 경우가 대부분이며 미래주식의 움직임을 예상할 때에도 현재시점까지의 움직임을 바탕으로 미래의 움직임을 예측하는 것이 유의미한 경우가 많다.

하지만 확률모형에 의해 자산가치를 평가하는 입장에서 과거주가의 모든 움직임을 평가에 반영하는 것은 평가모형을 매우 복잡하게 만드는 현상이 나타나게 되며 복잡한 구조의 상품을 평가하는 데 있어서 평가자가 모형을 다루기 매우 힘든 상황들을 만들 수 있다.

그러므로 파생상품의 기초가 되는 자산은 모형적으로 단순화할 필요가 있으며 여러 가정들을 통해서 이를 시행할 수 있다.

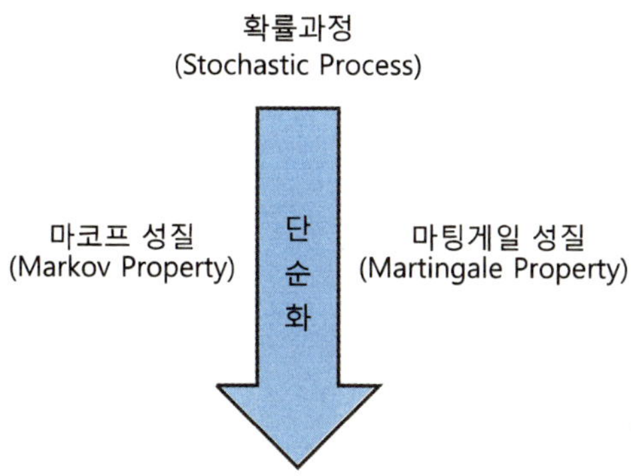

[그림 2-13] **마코프 성질 및 마팅게일 성질의 역할**

1) 마코프 성질(Markov Property)

F_t을 t시점까지의 모든 정보들이라고 한다면 모든 정보를 고려할 때 $X(T)$의 기대값과 t시점의 $X(t)$가 주어졌을 때의 $X(T)$의 기대값이 같다면 확률과정 $X(t)$가 마코프 성질을 만족한다고 한다.

식7 마코프 성질(Markov Property)

$$E(X(T)|F_t) = E(X(T)|X(t))$$

마코프 성질은 과거 정보를 종합하여 파생상품을 평가하는 방법과 현재시점의 정보만을 이용하여 파생상품을 평가하는 방법의 차이를 두지 않는 개념이며 이를 통해 평가의 기초가 되는 주식의 모형을 단순화 할 수 있다.

실제적으로 주식을 브라운 운동을 통해 모형화 한다면, 브라운 운동의 성질인 구간독립성에 의해 마코프 성질을 보장받게 되며 이를 이용하여 현재주가만을 통해 파생상품을 평가할 수 있게 된다.

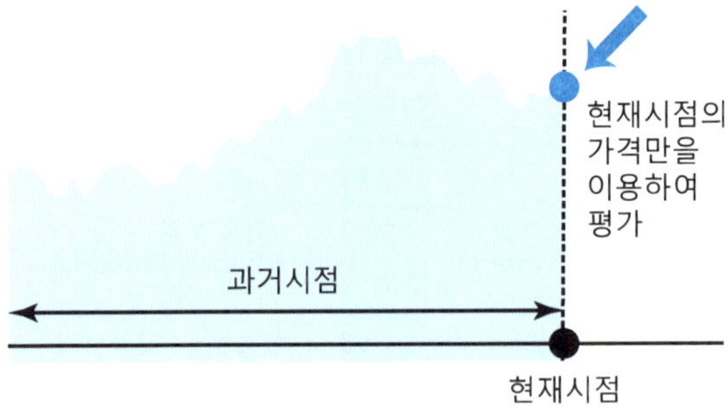

[그림 2-14] **마코프 성질과 파생상품 평가**

2) 마팅게일 (Martingale)

F_t을 t시점까지의 모든 정보들이라고 한다면 확률과정 $X(T)$의 기대값이 t시점의 $X(t)$와 같다면 확률과정 $X(t)$을 마팅게일(Martingale)이라고 한다.

식8 마팅게일(Martingale)

$$X(t) = E(X(T) \mid F_t)$$

마팅게일 성질을 만족한다는 것은 확률과정의 특정한 분포 하에서 시간에 따른 움직임에 일정한 방향성을 가지고 있지 않다는 것을 의미하며 마팅게일 성질을 만족하는 확률과정은 아무리 많은 시간이 고려되더라도 같은 기대값을 가지고, 더욱이 그 값이 현재값이기 때문에 실제의 적용에 매우 편리한 도구가 될 수 있다.

파생상품을 평가함에 있어서 브라운 운동 및 기하 브라운 운동을 사용하게 됨으로 두 확률과정이 마팅게일 과정임을 보이는 것이 필요하다.

① 브라운 운동

브라운 운동은 마팅게일 과정이다.

식9 브라운 운동과 마팅게일

$$E(W(T)|F_t) = E((W(T) - W(t)) + W(t)|F_t)$$
$$= E(W(T) - W(t)|F_t) + E(W(t)|F_t)$$
$$= W(t)$$

브라운 운동의 구간독립성 성질을 이용하면 브라운 운동은 마팅게일 과정임을 증명할 수 있다. 브라운 운동이 마팅게일 과정이라는 것은 브라운 운동의 기대값이 특정한 방향성을 가지지 않는다는 것으로 이해할 수 있다.

② 기하 브라운 운동

기하 브라운 운동은 마팅게일 과정이다.

식10 기하 브라운 운동과 마팅게일

$$E\left(e^{W(T) - \frac{1}{2}\sigma^2 T}\middle|F_t\right) = E\left(e^{(W(T) - W(t)) + W(t) - \frac{1}{2}\sigma^2(T-t) - \frac{1}{2}\sigma^2 t}\middle|F_t\right)$$
$$= e^{W(t) - \frac{1}{2}\sigma^2 t} + E\left(e^{(W(T) - W(t)) - \frac{1}{2}\sigma^2(T-t)}\middle|F_t\right)$$
$$= e^{W(t) - \frac{1}{2}\sigma^2 t}$$

로그-정규분포의 성질을 활용하면 기하 브라운 운동이 마팅게일 과정임을 증명할 수 있다. 기하 브라운 운동은 주가의 움직임을 직접적으로 모형화 하였기 때문에 마팅게일 성질을 만족하는 것은 이론을 전개하는 데 큰 도움을 주게 된다.

(3) 위험중립가격결정(Risk-Neutral Valuation)

일반적으로 자산을 평가함에 있어 자산의 미래가치를 고려하지 않을 수 없다. 자산의 미래가치는 평가하는 주체에 따라서 모두 다를 수밖에 없는데 평가하려는 자산의 가치가 상승할 것이라고 기대할 경우 자산의 기대수익률을 높게 평가할 것이고, 반대의 경우에는 기대수익률을 낮게 평가할 것이다. 파생상품 또한 기초자산의 가격에 따라서 그 가치가 결정되기 때문에 이러한 기대수익률이 가치평가에 매우 중요한 요소가 될 수 있다.

그렇기 때문에 자산을 평가함에 있어서 주관적인 기대감이 반영되지 않는 수익률이 필요하게 되는데 앞서 언급한 무위험자산이 그 도구가 될 수 있다. 또한 미래의 현금흐름에 대한 현재가치를 산정함에 있어서 무위험자산인 예금, 국고채 등이 그 대조지표로 사용될 수 있다.

1) 자산의 현재가치

미래에 발생하게 되는 현금흐름의 현재가치를 고려하기 위해서 할인계수 $D(t)$을 다음과 같이 정의할 수 있다.

식11 할인계수와 무위험자산

$$D(t) = B^{-1}(t)$$

할인계수는 미래시점에 발생할 현금흐름의 현재시점의 가치로 환산한 것이며 특정 시점에 발생하는 모든 현금흐름을 각 시점의 할인계수로 할인함으로써 시점을 감안하여 현금흐름을 평가할 수 있게 되며 자산의 가치를 미래 현금흐름의 합으로 나타낸다고 할 때, 자산의 가치를 결정하는 데 중요한 역할을 하게 된다.

t시점의 주가 $S(t)$의 할인 된 가치를 $D(t)S(t)$라고 한다면 다음과 같은 식을 만족한다.

식12 할인된 주가과정

$$d(D(t)S(t)) = D(t)S(t)((\mu - r)dt + \sigma dW(t))$$

또한 $D(t)S(t)$의 해는 다음과 같다.

$$D(t)S(t) = S(0)e^{\left(\mu - r - \frac{1}{2}\sigma^2\right)t + \sigma W(t)}$$

할인된 주가인 $D(t)S(t)$는 주식의 기대수익률에서 무위험자산의 수익률을 차감함으로써 무위험자산에 대한 상대가치 개념의 자산으로 표현되고 있다.

2) 마팅게일과 현재가치

할인된 주가과정 $D(t)S(t)$가 기하 브라운 운동이고, 마팅게일 과정이라고 한다면 $D(t)S(t)$의 기대값이 특정한 방향성을 갖지 않아야 하기 때문에 다음과 같은 식을 만족해야 한다.

식13 할인된 주식과정과 마팅게일

$$d(D(t)S(t)) = \sigma D(t)S(t)\,dW^Q(t)$$

또는 다음과 같이 표현할 수 있다.

$$D(t)S(t) = S(0)e^{-\frac{1}{2}\sigma^2 t + \sigma W^Q(t)}$$

하지만 (식12)의 상황에서 $D(t)S(t)$는 마팅게일 조건을 만족할 수 없으므로 마팅게일 조건을 만족시키기 위해 다음과 같이 분포의 변화를 생각할 수 있다.

식14 적용 브라운 운동의 변경

$$dW^Q(t) = \left(\frac{\mu - r}{\sigma}\right)dt + dW(t)$$

$W(t)$에서 $W^Q(t)$의 변화는 같은 확률변수의 기대값을 측정하는 방법이 유일하지 않고, 적용분포 및 그에 따른 확률변수의 변환에 따라서 다르게 나타날 수 있다는 데서 착안할 수 있다. (식14)와 같이 확률변수를 변경함과 동시에 분포를 변경하게 됨으로 인해서 (식12)가 (식13)과 같이 마팅게일 성질을 만족하게 할 수 있게 만들 수 있게 되며 (식8)과 같이 마팅게일 성질을 만족할 경우 얻게 되는 편리성을 사용할 수 있게 된다.

$D(t)S(t)$가 마팅게일 성질을 만족하게 된다면, (식8)에 의해 다음과 같이 나타낼

수 있다.

식15 **할인된 주식과정과 마팅게일**

$$D(t)S(t)=E^{Q}(D(T)S(T)\,|\,F_t)$$

그러므로 주식의 미래 기대가치는 다음과 같이 평가할 수 있다.

식16 **주식의 위험중립 기대가치**

$$E^{Q}(S(T)\,|\,F_t)=\frac{D(t)}{D(T)}S(t)=S(t)e^{r(T-t)}$$

(식16)의 경우 (식14)에 의해 변경된 확률 변수 및 분포에 의해서 계산된 가치이며 계산된 기대가치는 현재주가에 무위험자산의 수익률을 적용한 값을 가지게 된다. 여기에 주목할 부분은 (식16)의 방법으로 미래가치를 평가할 경우, 어떠한 기대수익률(μ)의 영향도 받지 않는다는 점이다. 개별주체의 기대수익이 반영되지 않고 미래가치를 평가하기 때문에 이 방법을 위험중립(risk-neutral)이라고 한다.

식17 **개별주체의 기대가 반영된 주식의 기대가치**

$$E(S(T)\,|\,F_t)=E\left(S(t)e^{(\mu-\frac{1}{2}\sigma^2)(T-t)+\sigma W(T-t)}\,\middle|\,F_t\right)=S(t)e^{\mu(T-t)}$$

(식16)과 (식17)의 차이점은 개별주체의 기대수익률을 나타내는 μ의 고려여부다. 개별주체의 기대수익률을 고려할 경우, (식17)을 사용하는 모든 상품의 가치는 개별기대수익률에 영향을 받게 된다.

(4) 파생상품의 가격결정

파생상품의 가치 $V(t)$는 기초자산의 가치 및 시간에 따라서 결정된다고 한다면 다음과 같은 관계식을 설정할 수 있다.

식18 파생상품과 기초자산간의 관계

$$V(S(t),\ t) = f(S(t),\ t)$$

일반적으로 파생상품의 가치는 기초자산의 가치에 따라 결정되게 되므로 (식18)과 같은 함수의 형태로 나타낼 수 있다. 그러므로 파생상품의 가치와 기초자산의 가치간의 관계는 여러 가지 함수의 성질을 활용하여 나타낼 수 있다.

파생상품의 가치변동은 기초자산 및 시간에 변동에 의해 Ito의 공식의 결과에 따라 다음과 같이 나타낼 수 있다.

식19 Ito의 공식을 활용한 파생상품 가치변화

$$\begin{aligned}
d(V(S(t),\ t)) &= d(f(S(t), t)) \\
&= \frac{\partial f}{\partial t}dt + \frac{\partial f}{\partial S}dS(t) + \frac{1}{2}\frac{\partial^2 f}{\partial S^2}d[S,\ S](t) \\
&= \left(\frac{\partial f}{\partial t} + \frac{1}{2}\sigma^2 S^2(t)\frac{\partial^2 f}{\partial S^2}\right)dt + \frac{\partial f}{\partial S}dS(t) \\
&= \left(\frac{\partial V}{\partial t} + \frac{1}{2}\sigma^2 S^2(t)\frac{\partial^2 V}{\partial S^2}\right)dt + \frac{\partial V}{\partial S}dS(t)
\end{aligned}$$

(식19)의 결과 의해 파생상품의 가치변동은 기초자산($dS(t)$) 및 시간(dt)의 변동에 따라 결정될 수 있다. 또한 할인된 파생상품의 가치 $D(t)V(t)$는 다음과 같이 나타낼 수 있다.

식20 할인된 파생상품 가치변화

$$d(D(t)V(S(t),\ t)) = D(t)d(V(S(t),\ t)) + V(S(t),\ t)dD(t)$$

$$= D(t)\left(\frac{\partial V}{\partial t} + \frac{1}{2}\sigma^2 S^2(t)\frac{\partial^2 V}{\partial S^2} - rV\right)dt + \frac{\partial V}{\partial S}D(t)dS(t)$$

$$= D(t)\left(\frac{\partial V}{\partial t} + rS(t)\frac{\partial V}{\partial S} + \frac{1}{2}\sigma^2 S^2(t)\frac{\partial^2 V}{\partial S^2} - rV\right)dt + \frac{\partial V}{\partial S}d(D(t)S(t))$$

(식15)과 같이 $D(t)S(t)$는 위험중립분포에서 마팅게일 과정이므로 아래의 (식21)이 만족할 경우 $D(t)V(S(t),\ t)$ 또한 (식22)와 같이 위험중립분포 하에서 마팅게일 과정이 된다.

식21 블랙-숄즈 방정식(Black-Scholes Equation)

$$\frac{\partial V}{\partial t} + rS\frac{\partial V}{\partial S} + \frac{1}{2}\sigma^2 S^2\frac{\partial^2 V}{\partial S^2} - rV = 0$$

식22 할인된 파생상품의 가치와 마팅게일

$$D(t)V(S(t),\ t) = E^Q(D(T)V(S(T),\ T)\,|\,F_t)$$

또한 이때 $P(t,\ T)$을 다음과 같이 정의할 경우, 위험중립 하에서 현재시점의 파생상품 $V(t)$의 가치는 다음과 같이 결정된다.

식23 파생상품의 위험중립 현재가치

$$V(S(t),\ t) = \frac{D(T)}{D(t)}E^Q(V(S(T),\ T)\,|\,F_t) = P(t,\ T)E^Q(V(S(T),\ T)\,|\,F_t)$$

여기서 $P(t,\ T)$는 다음과 같다.

$$P(t,\ T)=\frac{D(T)}{D(t)}=e^{-r(T-t)}$$

(식23)의 결과를 따르면 파생상품의 현재가치를 평가하기 위해서는 미래의 위험중립 기대가치를 단순히 무위험 금리로 할인하는 방법만으로 가능하다는 것을 알 수 있으며 (식20)~(식22)에서와 같이 기초자산 평가에 사용하였던 위험중립분포를 그대로 적용하여 평가할 수 있다는 것을 알 수 있게 되었다.

1-3. ELS 평가방법론

(1) 공식에 의한 방법론(Closed Formula)

일반적으로 단순한 구조의 유럽형 옵션의 가치는 기초자산인 주식의 수익률이 정규분포를 따른다는 성질을 이용하여 매우 단순한 형태의 방정식으로 계산할 수 있다. 그렇지만 파생상품의 구조가 복잡해지거나(Exotic), 조기에 종료될 경우(American/Bermudan) 등 하나 이상의 시점에서의 기초자산분포가 고려되어야 할 경우, 파생상품의 가치가 방정식의 형태로 나타날 수 없게 된다.

1) 유럽형 옵션의 평가

유럽형 콜옵션은 만기에 기초자산의 가격에 따라서 다음과 같은 현금흐름을 발생시킨다.

식24　유럽형 콜옵션의 만기 시 가치

$$V_{Call}(S(T),\ T)=Max(0,\ S(T)-X)$$

유럽형 콜옵션은 만기에 기초자산의 가격($S(T)$)에 따라서 그 가치가 결정되므로 만기시 기초자산의 분포만을 사용하여 그 가치를 평가할 수 있다.

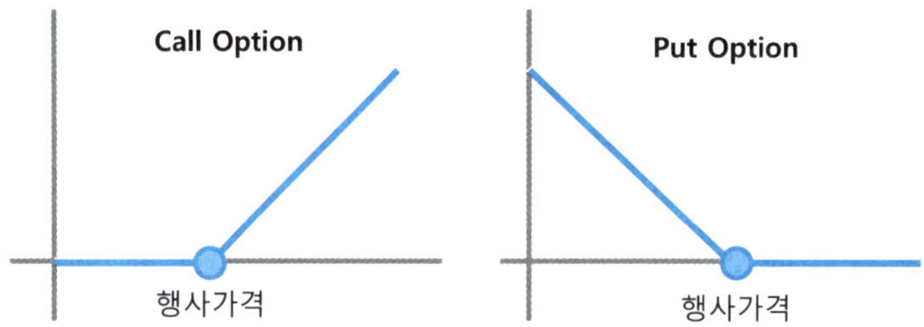

[그림 2-15] **유럽형 콜옵션 및 풋옵션**

위험중립가치를 평가하기 위해 (식23)을 이용하면 다음과 같은 식을 생각할 수 있다.

식25 유럽형 콜옵션의 위험중립 기대가치

$$V_{Call}(S(t),\ t) = P(t,\ T)E^Q(C(S(T),\ T)\,|\,F_t)$$
$$= P(t,\ T)E^Q(Max(0,\ S(T)-X)\,|\,F_t)$$

(식25)를 확률분포의 성질을 이용하여 전개하면 다음과 같이 표현할 수 있다.

식26 유럽형 콜옵션의 위험중립 기대가치

$$P(t,\ T)E^Q(Max(0,\ S(T)-X)\,|\,F_t)$$
$$= P(t,\ T)E^Q((S(T)-X)I_{\{S(T)>X\}}\,|\,F_t)$$
$$= P(t,\ T)\left(E^Q(S(T)I_{\{S(T)>X\}}\,|\,F_t) - XE^Q(I_{\{S(T)>X\}}\,|\,F_t)\right)$$
$$= P(t,\ T)\left(E^Q(S(T)I_{\{S(T)>X\}}\,|\,F_t) - XProb^Q(S(T)>X|F_t)\right)$$
$$= S(t)E^Q\left(\frac{P(t,\ T)S(T)}{P(T,\ T)S(t)}I_{\{S(T)>X\}}\,\middle|\,F_t\right) - P(t,\ T)XProb^Q(S(T)>X|F_t)$$
$$= S(t)E^S(I_{\{S(T)>X\}}\,|\,F_t) - P(t,\ T)XProb^Q(S(T)>X|F_t)$$
$$= S(t)Prob^S(S(T)>X|F_t) - P(t,\ T)XProb^Q(S(T)>X|F_t)$$

이때, 확률 $Prob^Q(S(T)>X|F_t)$, $Prob^S(S(T)>X|F_t)$을 정규분포의 성질을 이용하여 계산하면, 다음과 같이 계산될 수 있다.

식27 행사확률의 계산

$$Prob^Q(S(T)>X|F_t)=Prob^Q\left(S(t)e^{\left(r-\frac{1}{2}\sigma^2\right)(T-t)+\sigma W^Q(T-t)}>X\middle|F_t\right)$$

$$=Prob\left(Z<\frac{\ln\left(\frac{S(t)}{X}\right)+\left(r-\frac{1}{2}\sigma^2\right)(T-t)}{\sigma\sqrt{T-t}}\middle|F_t\right)=N(d_1)$$

$$Prob^S(S(T)>X|F_t)=Prob^S\left(S(t)e^{\left(r-\frac{1}{2}\sigma^2\right)(T-t)+\sigma W^Q(T-t)}>X\middle|F_t\right)$$

$$=Prob^S\left(S(t)e^{\left(r+\frac{1}{2}\sigma^2\right)(T-t)+\sigma W^Q(T-t)}>X\middle|F_t\right)$$

$$=Prob\left(Z<\frac{\ln\left(\frac{S(t)}{X}\right)+\left(r+\frac{1}{2}\sigma^2\right)(T-t)}{\sigma\sqrt{T-t}}\middle|F_t\right)=N(d_2)$$

그러므로 콜옵션의 가치는 다음과 같다.

식28 유럽형 콜옵션의 가치

$$V_{Call}(S(t),\ t)=S(t)N(d_1)-P(t,\ T)XN(d_2)$$

같은 방법으로 풋옵션 및 디지털 옵션의 가치를 계산하면 다음과 같다.

식29 유럽형 풋옵션의 가치

$$\begin{aligned} V_{Put}(S(t),\ t) &= P(t,\ T)E^Q(V_{Put}(S(T),\ T)\,|F_t) \\ &= P(t,\ T)E^Q(Max(0,\ X-S(T))\,|F_t) \\ &= P(t,\ T)E^Q((X-S(T))I_{\{S(T)<X\}}\,|F_t) \\ &= P(t,\ T)XProb^Q(S(T)<X|F_t) - S(t)Prob^S(S(T)<X|F_t)\} \\ &= P(t,\ T)X(1-N(d_2)) - S(t)(1-N(d_1)) \\ &= P(t,\ T)XN(-d_2) - S(t)N(-d_1) \end{aligned}$$

식30 유럽형 디지털 옵션의 가치

$$\begin{aligned} V_{DC}(S(t),\ t) &= P(t,\ T)E^Q(V_{DC}(S(T),\ T)\,|F_t) \\ &= P(t,\ T)E^Q(I_{\{S(T)>X\}}\,|F_t) \\ &= P(t,\ T)Prob^Q(S(T)>X|F_t) \\ &= P(t,\ T)N(d_2) \end{aligned}$$

$$\begin{aligned} V_{DP}(S(t),\ t) &= P(t,\ T)E^Q(V_{DP}(S(T),\ T)\,|F_t) \\ &= P(t,\ T)E^Q(I_{\{S(T)<X\}}\,|F_t) \\ &= P(t,\ T)Prob^Q(S(T)<X|F_t)\} \\ &= P(t,\ T)N(-d_2) \end{aligned}$$

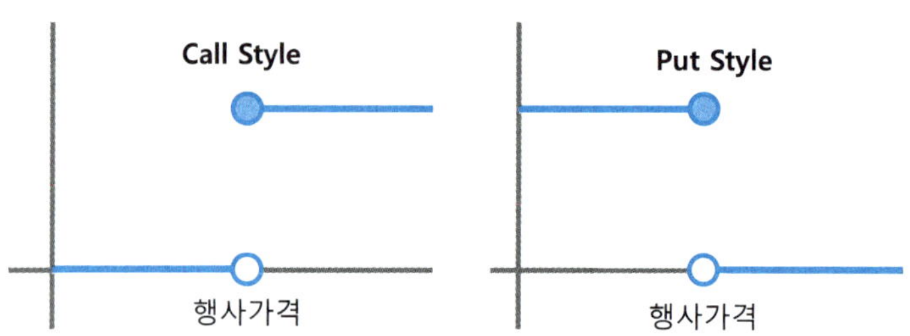

[그림 2-16] **디지털 옵션**

2) 배리어(Barrier) 옵션의 평가

배리어 옵션은 이색옵션(Exotic Option)의 한 종류로 옵션의 만기 중 기초자산의 가격이 특정 가격에 도달했을 경우 옵션의 효력이 생성 혹은 소멸되는 것이 특징이며 옵션의 효력에 영향을 미치는 기준이 되는 가격을 옵션의 배리어 라고 한다. 배리어 옵션은 매수/매도 권리에 따라서 콜/풋으로 구분될 수 있으며 배리어의 위치가 기준가격보다 높이 있을 경우 상승형(up), 낮은 경우 하락형(down)으로 구분될 수 있다. 또한 배리어 도달 시 옵션이 생성/소멸될 경우를 In/Out으로 구분할 수 있다.

배리어 옵션은 이색옵션 중에서는 단순한 구조를 가지고 있으며 이에 따라서 옵션의 가치를 계산하는 공식이 널리 알려져 있다. 하지만 배리어 옵션의 가치를 평가하기 위해서는 기초자산의 최대값 혹은 최소값이라는 확률과정을 정의해야 하며 이 확률과정의 만기까지의 움직임이 옵션가치에 중요한 영향을 끼치게 된다.

식31 최대값 및 최소값의 확률과정

$$S_{Max}(T) = \underset{0<t<T}{Max}\, S(t)$$

$$S_{Min}(T) = \underset{0<t<T}{Min}\, S(t)$$

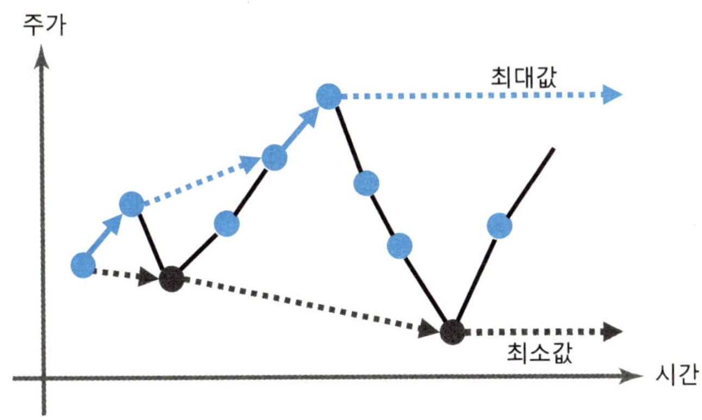

[그림 2-17] **최대값 및 최소값 확률과정**

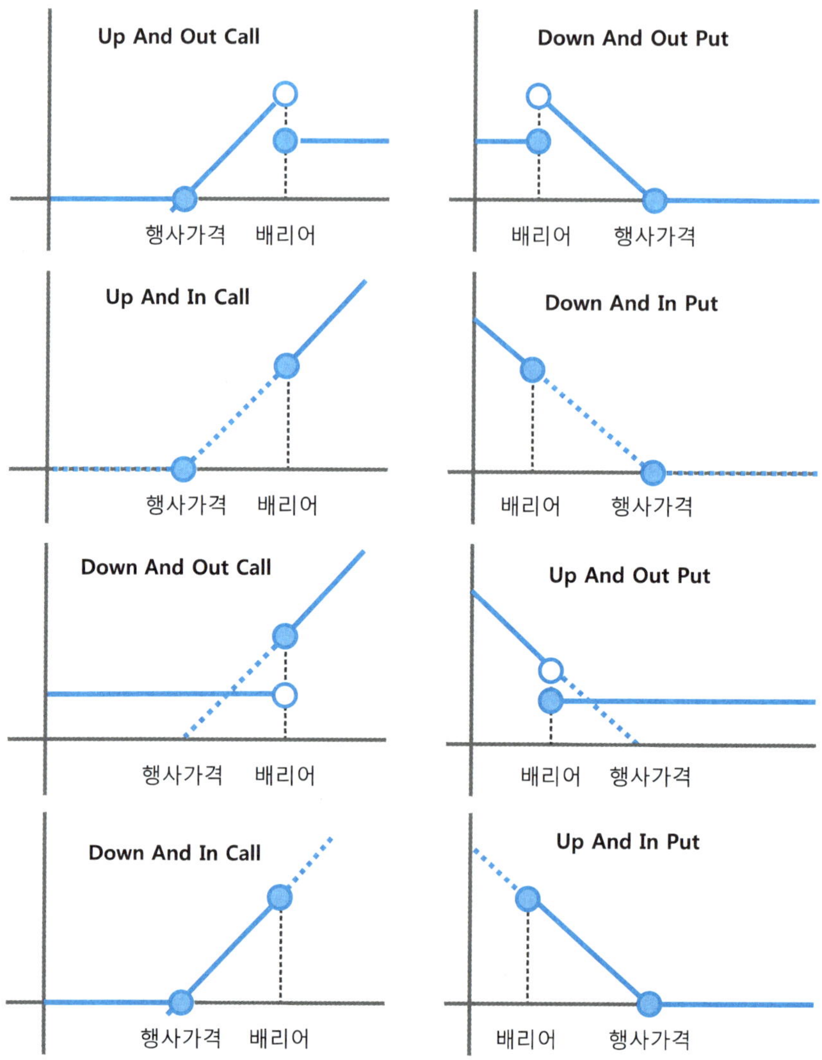

[그림 2-18] **베리어 옵션**

배리어 옵션 중 Up-and-Out 콜옵션의 기대가치는 (식23)에 따라서 다음과 같다.

식32 Up-And-Out 콜옵션의 기대가치

$$V_{UOC}(S(t),\ t) = P(t,\ T)E^{Q}\left(V_{Call}(S(T),\ T)I_{\{S_{Max}(T)<B\}}\middle|F_t\right)$$

기초자산의 최대값인 $S_{Max}(T)$가 배리어 B보다 클 경우 옵션이 취소되므로 배리어 B보다 작은 경우만을 평균하여야 한다. 또한 콜옵션은 기초자산의 만기가격이 행사가격 보다 클 경우에만 가치가 존재하게 되므로 기초자산 $S(t)$와 $S_{Max}(T)$을 동시에 고려하면 다음과 같이 나타낼 수 있다.

식33 주가와 최대값 확률과정을 고려한 기대값

$$P(t,\ T)E^Q\left(V_{Call}(S(T),\ T)I_{\{S_{Max}(T)<B\}}\,\middle|\,F_t\right)=P(t,\ T)E^Q\left((S(T)-X)I_{\{S_{Max}(T)<B,\ S(T)>X\}}\,\middle|\,F_t\right)$$

(식6)에 따르면 $S(t)=S(0)e^{\left(r-\frac{1}{2}\sigma^2\right)t+\sigma W^Q(t)}$이므로 $S(t)$는 $W^Q(t)$에 대한 증가함수라는 성질을 고려할 때 $M^Q(T)=Max_{0\leq t\leq T}W^Q(t)$라고 한다면 $S_{Max}(T)$은 다음과 같다.

식34 브라운 운동의 최대값과 주가의 최대값과정의 해

$$S_{Max}(T)=S(0)e^{\left(r-\frac{1}{2}\sigma^2\right)T+\sigma M^Q(T)}$$

그러므로 $S_{Max}(T)$, $S(T)$의 분포는 $M^Q(t)$, $W^Q(t)$에 의해 결정되며 이는 다음과 같다.

식35 $M^Q(t)$, $W^Q(t)$의 누적확률

$$\mathrm{Prob}^Q\left(M^Q(T)<m,\ W^Q(T)<w\right)$$

$$=\int_{-\infty}^{W}\int_{-\infty}^{m}\frac{2(2x-y)}{T\sqrt{2\pi T}}e^{\frac{1}{\sigma}\left(r-\frac{1}{2}\sigma^2\right)y-\frac{1}{2\sigma^2}\left(r-\frac{1}{2}\sigma^2\right)^2T-\frac{(2x-y)^2}{2T}}dxdy$$

그러므로 UOC옵션의 가치는 (식33), (식35)를 이용하여 다음과 같이 평가할 수 있다.

식36 Up And Out 콜옵션의 기대가치

$$P(t,\ T)E^{Q}\left((S(T)-X)I_{\{S_{Max}(T)<B,\ S(T)>X\}}\middle|F_t\right)$$

$$=P(t,\ T)\int_{\frac{1}{\sigma}ln\left(\frac{X}{S(t)}\right)}^{\frac{1}{\sigma}\ln\left(\frac{B}{S(t)}\right)}\int_{W}^{\frac{1}{\sigma}\ln\left(\frac{B}{S(t)}\right)}(S(T)-X)$$

$$\frac{2(2m-w)}{(T-t)\sqrt{2\pi(T-t)}}e^{\frac{1}{\sigma}\left(r-\frac{1}{2}\sigma^2\right)w-\frac{1}{2\sigma^2}\left(r-\frac{1}{2}\sigma^2\right)^2(T-t)-\frac{(zm-w)^2}{z(T-t)}}dxdy$$

계산 결과 UOC의 평가가치는 다음과 같다.

식37 Up And Out 콜옵션의 평가식

$$V_{UOC}(S(t),\ t)=S(t)\left[N\left(d_1\left(\frac{S(t)}{X}\right)\right)-N\left(d_1\left(\frac{S(t)}{B}\right)\right)\right]$$

$$-P(t,\ T)X\left[N\left(d_2\left(\frac{S(t)}{X}\right)\right)-N\left(d_2\left(\frac{S(t)}{B}\right)\right)\right]$$

$$-B\left(\frac{S(t)}{B}\right)^{-\frac{2r}{\sigma^2}}\left[N\left(d_1\left(\frac{B^2}{XS(t)}\right)\right)-N\left(d_1\left(\frac{B}{S(t)}\right)\right)\right]$$

$$+P(t,\ T)X\left(\frac{S(t)}{B}\right)^{1-\frac{2r}{\sigma^2}}\left[N\left(d_2\left(\frac{B^2}{XS(t)}\right)\right)-N\left(d_2\left(\frac{B}{S(t)}\right)\right)\right]$$

$$d_1(x)=\frac{\ln(x)+\left(r+\frac{1}{2}\sigma^2\right)(T-t)}{\sigma\sqrt{T-t}}$$

$$d_2(x)=\frac{\ln(x)+\left(r-\frac{1}{2}\sigma^2\right)(T-t)}{\sigma\sqrt{T-t}}$$

배리어 옵션의 평가공식을 유도하는 작업은 매우 복잡하고 반복적인 부분이 많으나 다행히 유도된 공식들이 많이 알려져 있다.

식38 배리어 옵션의 평가요소식

$$A_+ = S(t)N\left(d_1\left(\frac{S(t)}{X}\right)\right) - P(t,\ T)XN\left(d_2\left(\frac{S(t)}{X}\right)\right)$$

$$A_- = S(t)N\left(-d_1\left(\frac{S(t)}{X}\right)\right) - P(t,\ T)XN\left(-d_2\left(\frac{S(t)}{X}\right)\right)$$

$$B_+ = S(t)N\left(d_1\left(\frac{S(t)}{B}\right)\right) - P(t,\ T)XN\left(d_2\left(\frac{S(t)}{B}\right)\right)$$

$$B_- = S(t)N\left(-d_1\left(\frac{S(t)}{B}\right)\right) - P(t,\ T)XN\left(-d_2\left(\frac{S(t)}{B}\right)\right)$$

$$C_+ = B\left(\frac{S(t)}{B}\right)^{-\frac{2r}{\sigma^2}} N\left(d_1\left(\frac{B^2}{S(t)X}\right)\right) - P(t,\ T)X\left(\frac{S(t)}{B}\right)^{1-\frac{2r}{\sigma^2}} N\left(d_2\left(\frac{B^2}{S(t)X}\right)\right)$$

$$C_- = B\left(\frac{S(t)}{B}\right)^{-\frac{2r}{\sigma^2}} N\left(-d_1\left(\frac{B^2}{S(t)X}\right)\right) - P(t,\ T)X\left(\frac{S(t)}{B}\right)^{1-\frac{2r}{\sigma^2}} N\left(-d_2\left(\frac{B^2}{S(t)X}\right)\right)$$

$$D_+ = B\left(\frac{S(t)}{B}\right)^{-\frac{2r}{\sigma^2}} N\left(d_1\left(\frac{B}{S(t)}\right)\right) - P(t,\ T)X\left(\frac{S(t)}{B}\right)^{1-\frac{2r}{\sigma^2}} N\left(d_2\left(\frac{B}{S(t)}\right)\right)$$

$$D_- = B\left(\frac{S(t)}{B}\right)^{-\frac{2r}{\sigma^2}} N\left(-d_1\left(\frac{B}{S(t)}\right)\right) - P(t,\ T)X\left(\frac{S(t)}{B}\right)^{1-\frac{2r}{\sigma^2}} N\left(-d_2\left(\frac{B}{S(t)}\right)\right)$$

	$X>B$	$X<B$
Down and In Call	C_+	$A_+-B_++D_+$
Up and In Call	A_+	$B_+-C_-+D_-$
Down and In Put	$-B_-+C_+-D_+$	$-A_-$
Up and In Put	$-A_-+B_--D_-$	$-C_-$
Down and Out Call	A_+-C_+	B_+-D_+
Up and Out Call	0	$A_+-B_++C_--D_-$
Down and Out Put	$-A_-+B_--C_++D_+$	0
Up and Out Put	$-B_-+D_-$	$-A+C_-$

(식38)에서 A_+와 $-A_-$는 (식28), (식29)와 같은 유럽형 콜옵션, 풋옵션의 평가

공식이다. 이때 In 배리어 옵션과 Out 배리어 옵션의 합은 유럽형 옵션과 같으므로 이를 이용하며 평가공식을 보다 쉽게 유도할 수 있다.

식39 배리어 옵션과 유럽형 옵션

$$\text{유럽형 옵션} = [\text{In 배리어옵션}] + [\text{Out 배리어 옵션}]$$

3) 예시

① 거래구조

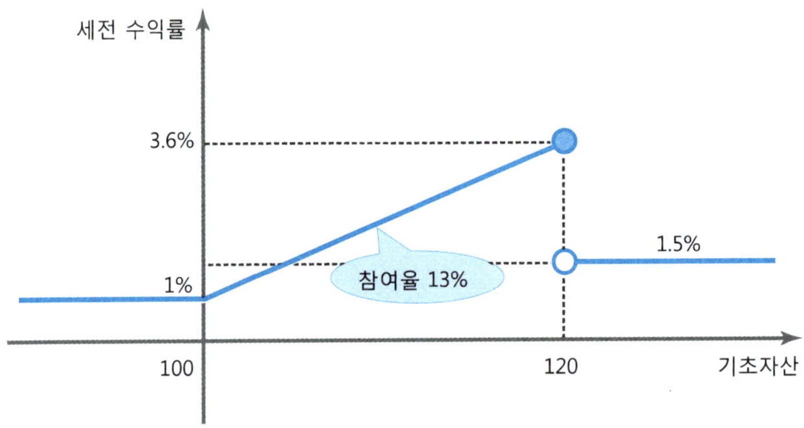

[그림 2-19] **거래구조**

〈거래구조〉

만기: 6개월
기초자산: KOSPI200지수
행사가격: 최초 기준가격의 100%
Knock-Out Barrier Level: 최초기준가의 120%
참여율: 13%
Rebate Rate: 1.5%
Coupon: 최고 3.6%

〈만기시점 지급액〉

(CASE1) 최초기준가격결정일(불포함) 이후부터 만기상환평가일(포함)까지 기초자산의 가격이 장중 또는 종가에 최초기준가격의 120%를 초과하여 상승한 적이 한번도 없는 경우

(1) 만기평가가격이 최초기준가격의 100% 미만인 경우: 1%

(2) 만기평가가격이 최초기준가격의 100% 이상 ~ 최초기준가격의 120% 이하인 경우: 1~3.6%(6개월)

(CASE2) 최초기준가격결정일(불포함) 이후부터 만기상환평가일(포함)까지 기초자산의 가격이 장중 또는 종가에 최초기준가격의 120%를 초과하여 상승한 적이 한번이라도 있는 경우: 1.5%

② 계산과정 및 결과

원금보장형 상품으로 기초자산의 가격에 관계없이 최초 1%의 수익이 보장되며 만기에 기초자산의 가격이 최초기준가 대비 120%에 위치할 경우 3.6%까지 수익이 확대될 수 있다.

$$1\% + 20\% \times 13\% = 3.6\%$$

이때, 만기일까지 기초자산 가격이 최초기준가 대비 120%를 초과한 적이 있는 경우, 기초자산의 가격에 상관없이 1.5%의 수익을 제공하고 상환된다.

이 상품은 만기에 1%의 금리를 제공하는 채권과 참여율 13%인 Up-And-Out 콜옵션, 그리고 배리어 터치 시 리베이트를 제공하는 옵션으로 분해하여 평가할 수 있다.

현재 할인 금리가 3%일 때, 만기가 6개월이고 1%의 금리를 제공하는 채권의 가치는 다음과 같이 계산할 수 있다.

식40 1% 금리를 제공하는 무이표채권의 현재가치

$$V_B = (100\% + 1\%) \times e^{-3\% \times 0.5} = 99.5\%$$

참여율이 13%인 리베이트가 없는 Up-And-Out 콜옵션은 앞선 (식37)을 활용하면 다음과 같이 계산할 수 있다.

식41 Up and Out 콜옵션의 현재가치

$$V_{UOC} = 2.47\% \times 13\% = 0.32\%$$

또한 배리어(120%) 터치시 지급되는 리베이트 금액은 다음과 같이 계산할 수 있다.

식42 Up and Out Rebate의 현재가치

$$\begin{aligned} V_{Rebate} &= 0.5\% \times e^{-3\% \times 0.5} \times Prob(S_{Max}(T) > B) \\ &= 0.5\% \times e^{-3\% \times 0.5} \times \left(N\left(\frac{\ln\left(\frac{S(0)}{B}\right) + \left(r - \frac{1}{2}\sigma^2\right)T}{\sigma\sqrt{T}} \right) \right. \\ &\quad \left. + \left(\frac{B}{S(0)}\right)^{\frac{2r}{\sigma^2}-1} N\left(\frac{\ln\left(\frac{S(0)}{B}\right) - \left(r - \frac{1}{2}\sigma^2\right)T}{\sigma\sqrt{T}} \right) \right) \\ &= 0.5\% \times e^{-3\% \times 0.5} \times 16.4\% = 0.081\% \end{aligned}$$

그러므로 (식40), (식41), (식42)의 결과에 따라서 ELS의 가치는 99.9%가 된다

| 표 2-3 | 원금보장현 UOC의 평가가치

구분	평가방법	평가가치
원금보장 부분	1% 쿠폰을 주는 채권	99.5%
UOC옵션 부분	Up-And-Out Call Option	0.32%
Rebate 부분	Up－And－In Cash	0.08%
합계		99.9%

③ 관련 코드

```
Public Function UOC(S As Double, X As Double, B As Double, T As Double,_
r As Double, v As Double) As Double
    'S: 기초자산의 현재가격
    'X: 행사가격
    'B: Up-And-Out 배리어 Level
    'T: 잔존만기
    'r: 무위험 금리
    'v: 변동성

    If S >= B Then
        UOC=0
        Exit Function
    End If

    Dim d1 As Double: d1=(Log(S/X)+(r+0.5*v*v)*T)/(v*Sqr(T))
    Dim d2 As Double: d2=(Log(S/B)+(r+0.5*v*v)*T)/(v*Sqr(T))
    Dim d3 As Double: d3=(Log(S/X)+(r-0.5*v*v)*T)/(v*Sqr(T))
    Dim d4 As Double: d4=(Log(S/B)+(r-0.5*v*v)*T)/(v*Sqr(T))
    Dim d5 As Double: d5=(Log(B*B/X/S)+(r+0.5*v*v)*T)/(v*Sqr(T))
    Dim d6 As Double: d6=(Log(B/S)+(r+0.5*v*v)*T)/(v*Sqr(T))
    Dim d7 As Double: d7=(Log(B*B/X/S)+(r-0.5*v*v)*T)/(v*Sqr(T))
    Dim d8 As Double: d8=(Log(B/S)+(r-0.5*v*v)*T)/(v*Sqr(T))

    Dim N1 As Double: N1=WorksheetFunction.NormSDist(d1)
    Dim N2 As Double: N2=WorksheetFunction.NormSDist(d2)
    Dim N3 As Double: N3=WorksheetFunction.NormSDist(d3)
    Dim N4 As Double: N4=WorksheetFunction.NormSDist(d4)
    Dim N5 As Double: N5=WorksheetFunction.NormSDist(d5)
    Dim N6 As Double: N6=WorksheetFunction.NormSDist(d6)
    Dim N7 As Double: N7=WorksheetFunction.NormSDist(d7)
    Dim N8 As Double: N8=WorksheetFunction.NormSDist(d8)

    UOC=S*(N1-N2)-Exp(-r*T)*X*(N3-N4)_
```

```
        -B*(S/B)^(-2*r/v/v)*(N5-N6)_
        +Exp(-r*T)*X*(S/B)^(1-2*r/v/v)*(N7-N8)
End Function

Public Function Rebate(S As Double, B As Double, T As Double, r As Double,
_ v As Double) As Double
    'S: 기초자산의 현재가격
    'B: Up-And-Out 배리어 Level
    'T: 잔존만기
    'r: 무위험 금리
    'v: 변동성

    Dim d1 As Double: d1=(Log(S/B)+(r-0.5*v*v)*T)/(v*Sqr(T))
    Dim d2 As Double: d2=(Log(S/B)-(r-0.5*v*v)*T)/(v*Sqr(T))
    Dim N1 As Double: N1=WorksheetFunction.NormSDist(d1)
    Dim N2 As Double: N2=WorksheetFunction.NormSDist(d2)

    Rebate=Exp(-r*T)*(N1+(B/S)^(2*r/v/v-1)*N2)

End Function
```

(2) 시뮬레이션 방법론(Simulation Approach)

단순한 구조의 상품 또는 특정 시점의 기초자산의 가격으로만 상품의 가치가 결정되는 경우에는 그 분포가 단순히 브라운 운동의 형태로 표현되지 않을 수 있다. 이런 경우에는 한 시점이 아닌 여러 시점에서의 기초자산의 분포가 필요하게 되는데 이를 단순한 공식의 형태로 나타내는 것은 쉽지 않다.

식43 조기상환형 ELS의 가치산정 경우의 수

$$V_{ELS}=\begin{cases} C_1 & S(t_1)\geq X_1 \\ C_2 & S(t_1)<X_1,\ S(t_2)\geq X_2 \\ C_3 & S(t_1)<X_1,\ S(t_2)<X_2,\ S(t_3)\geq X_3 \\ \vdots & \\ C_N & S(t_1)<X_1,\ S(t_2)<X_2,\ \cdots,\ S(t_{N-1})<X_{N-1},\ S(T_N)\geq X_N \\ Loss(S(t_N)) & S_{Min}<B,\ S(t_1)<X_1,\ S(t_2)<X_2,\ \cdots,\ S(t_{N-1})<X_{N-1},\ S(t_N)<X_N \end{cases}$$

혹은

$$\begin{aligned} V_{ELS}= & C_1 I_{\{S(t_1)>X_1\}}+C_2 I_{\{S(t_2)>X_2|S(t_1)<X_1\}}+C_3 I_{\{S(t_3)>X_3|S(t_2)<X_2|S(t_1)<X_1\}} \\ & +\cdots+C_N I_{\{S(t_N)>X_N|S(t_{N-1})<X_{N-1}|\cdots|S(t_1)<X_1\}} \\ & +L(S(t_N))I_{\{S(t_N)<X_N,\ S_{Min}(t_N)<B|S(t_{N-1})<X_{N-1}|\cdots|S(t_1)<X_1\}} \end{aligned}$$

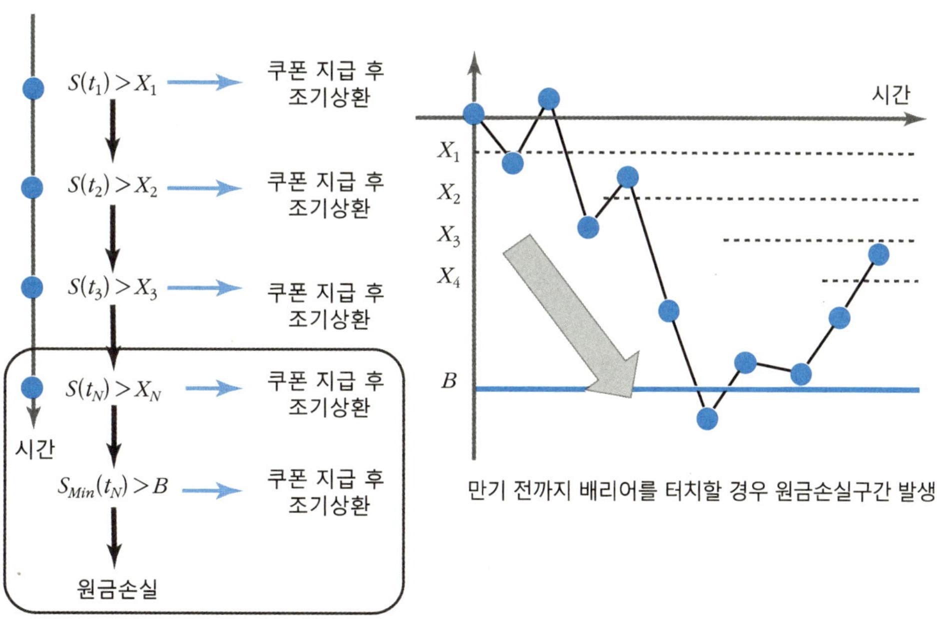

[그림 2-20] **조기상환형 ELS**

조기상환형 ELS는 기초자산의 수익률이 조기에 달성될 경우 ELS의 수익이 조기에 확정되는 구조로 조기상환되는 시점의 확률을 추정하기 위해 각 조기상환시점별 조건부 확률을 고려해야 한다.

(식43)과 같이 가치에 대한 분포를 계산하기 쉽지 않을 경우, 기초자산인 주식의 움직임을 시뮬레이션 하는 방법으로 분포를 추정할 수 있다. 조기상환형 ELS는 만기 전에 가치를 결정하는 요소가 존재하므로 (식23)을 이에 맞게 수정하면 다음과 같이 나타낼 수 있다.

식44 조기상환형 ELS의 기대가치

$$V(S(t),\ t)=E^{Q}(P(t,\ \tau)\,V(S(t_1),\ S(t_2),\ \cdots,\ S(t_N),\ \tau)\,|\,F_t)$$

조기상환형 ELS는 조기상환 평가일 주가에 따라서 가치가 결정되므로 이를 반영하기 위해서는 기초자산인 주가를 시뮬레이션 할 필요가 있다.

주가를 시뮬레이션 하기 위해서는 위험중립 가치평가에 가정되는 (식45)를이용해야 한다.

식45 주가 모형

$$dS(t)=rS(t)\,dt+\sigma S(t)\,dW^{Q}(t)$$

또는

$$S(t)=S(0)\,e^{\left(\mu-\frac{1}{2}\sigma^2\right)t+\sigma W(t)}$$

1) 난수발생

가상의 주가를 생성하여 시뮬레이션 하기 위해서는 사전에 정의된 주가모형의 분포를 따르는 난수를 발생시켜야 한다. 난수를 발생시킬 때 유의할 점은 임의로 발생되는 숫자가 특정한 구간에 집중되지 않도록 하는 것이다. 난수를 발생시키는 방

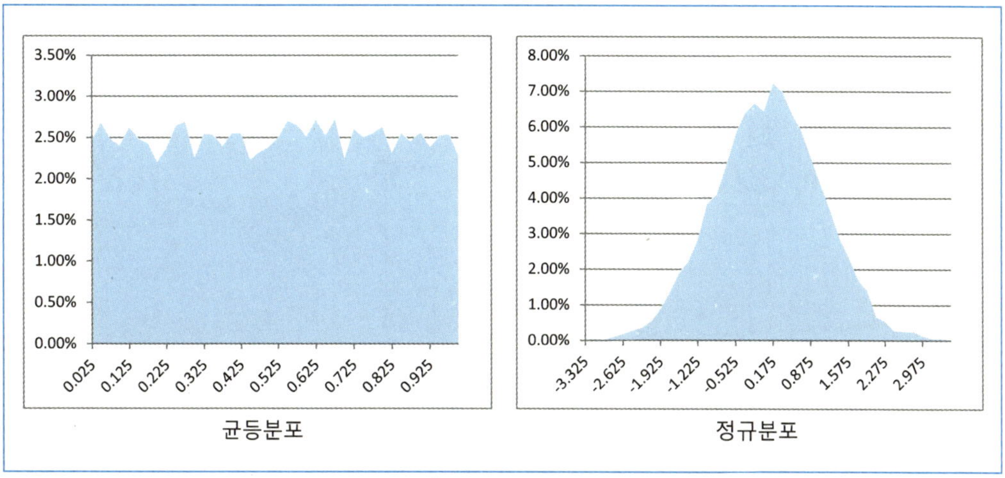

[그림 2-21] **균등분포와 정규분포**

법에는 여러 가지가 있으며 평가하려는 상품의 구조에 따라서 효율적인 난수발생방법론이 존재한다. 4) 예시에서는 ELS를 엑셀을 통해 간단히 구현하는데 목적을 두었으므로 엑셀에 포함된 함수를 사용하기로 한다.

2) 정규분포를 이용한 브라운 운동 구현

브라운 운동($W^Q(t)$)은 분포적으로 평균 0, 분산 $\sigma^2 t$을 가지는 정규분포로 표현될 수 있기 때문에 정규분포를 이용하여 브라운 운동을 따르는 난수를 생성할 수 있다.

식46 정규분포를 이용한 브라운 운동을 따르는 난수생성

$$W^Q(t+\Delta t) - W^Q(t) \sim \sigma\sqrt{\Delta t}\,Z$$

여기서 Z는 아래와 같이 정규분포를 따르는 난수이다.

$$Z \sim N(0,\ 1)$$

정규분포의 누적확률은 0과 1사이의 값을 가지고 있기 때문에 0과 1사이의 값을 임의로 생성한 후, 생성된 값을 누적확률로 갖는 임계값을 찾는 방법으로 정규분포를 따르는 난수를 생성할 수 있다.

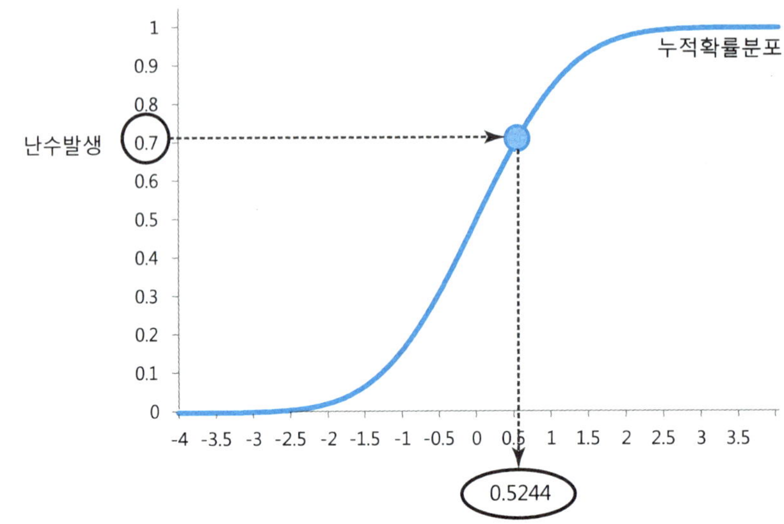

[그림 2-22] **누적확률분포를 이용한 난수생성**

일반적으로 임계값을 통해서 정규분포의 누적확률을 계산하는 방법은 잘 알려져 있지만 누적확률을 통해서 거꾸로 임계값을 찾는 방법은 생각만큼 간단하지가 않다.

식47 정규분포의 누적확률

$$u = N(x) = P(Z < x) = \int_{-\infty}^{x} \frac{1}{\sqrt{2\pi}} e^{-\frac{1}{2}z^2} dz$$

누적확률분포의 역함수를 계산하는 것이 쉽지 않기 때문에 Box-Muller 등의 방법을 사용하여 정규분포를 따르는 난수를 생성할 수 있다. 4) 예시에는 엑셀이 포함된 누적정규분포의 역함수를 사용하여 정규분포를 따르는 난수를 사용하기로 한다.

3) 방법론

① 이산화

기초자산 $S(t)$가 다음과 같이 (식45)를 따른다고 할 경우 다음과 같이 이산화할 수 있다.

식48 주가모형의 이산화

$$dS(t) = rS(t)\,dt + \sigma S(t)\,dW^{Q}(t)$$

위의 (식6)의 연속모형을 다음과 같이 이산화 하면 아래와 같이 표현할 수 있다.

$$S(t+\Delta t) = S(t)\left(1 + r\Delta t + \sigma\sqrt{\Delta t}\,Z(i)\right)$$
$$Z(i) = N^{-1}(u_i)$$

주가모형을 시뮬레이션 할 때, 기초적인 유럽형 옵션의 경우 옵션 만기에서의 기초자산만이 영향을 미치므로 구간을 나누는 것이 불필요하지만, 여러 구간의 주가가 가격에 영향을 미치는 ELS의 경우 영향을 미칠 수 있는 모든 지점의 주가를 생성해야 한다. 특히 원금손실이 발생할 수 있는 Knock-In형 상품의 경우, 모든 거래일의 주가가 관찰대상이 될 수 있으므로 만기까지의 전 거래일의 주가를 생성해야 할 필요가 있다. 그러므로 주가모형의 이산화간격(Δt)은 이를 고려하여 결정되어야 한다. 4) 예시에서는 영업일간의 간격이 모두 동일하다고 가정하고 주가를 생성하기로 한다.

② 기대값 계산

(식23)의 위험중립 가격평가방법과 만기까지의 주가(식48)에 의해 생성된 $S(t)$을 이용하여 계산된 개별 $V(S(t), t)$을 평균하면 다음과 같이 ELS의 가격을 계산할 수 있다.

식49 생성된 주가에 의한 ELS 가치의 기대값

$$V(S(t),\,t) = E^{Q}\left(P(t,\,\tau)\,V(S(\tau),\,\tau)\,|\,F_t\right) = \frac{1}{N}\sum_{i=1}^{N} P(t,\,\tau)\,V(S_i(\tau),\,\tau)$$

개별적으로 생성된 주가를 통해 ELS의 현금흐름이 결정되는데 N개의 현금흐름을 단순하게 평균하는 것은 주가를 생성하는데 이미 브라운 운동을 따르는 확률구조가 반영되었기 때문이다. 이 방법의 장점 중 하나는 실제 조기상환 조건 및 원금손실 조건 등을 만족하는 확률구조를 기초자산인 주가의 시뮬레이션을 통해 생성해낼

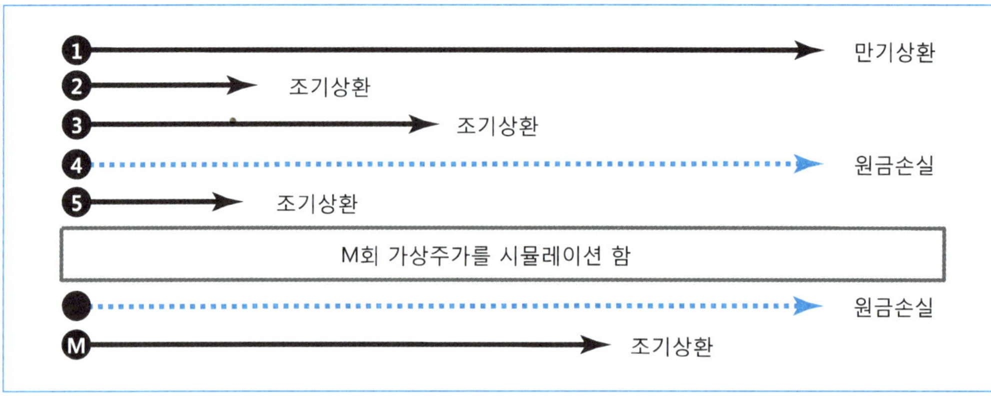

[그림 2-23] **가상 주가 생성에 따른 ELS 현금흐름**

수 있다는 것인데 이러한 장점 때문에 복잡한 구조의 상품을 평가할 때 시뮬레이션 방법을 많이 사용하게 된다.

또한, 주가를 생성하면서 상품의 조기상환 및 원금손실 경우의 수를 가늠할 수 있으므로 자연스럽게 위험중립 조기상환확률 및 원금손실확률을 계산할 수 있게 된다.

4) 예시

① 거래구조

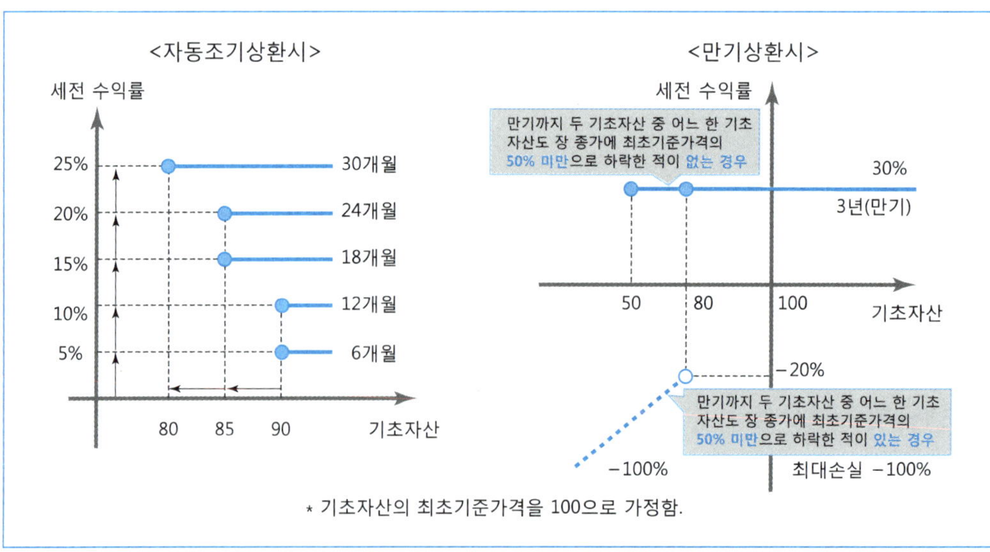

[그림 2-24] **2 Stock Step Down 원금비보장형 ELS**

〈거래구조〉

만기: 3년
조기상환: 6개월 마다 조기상환여부 평가
기초자산: 삼성전자, SK텔레콤
Knock-In Barrier Level: 최초기준가의 50%
행사가격: 90% → 90% → 85% → 85% → 80% → 80%
Coupon: 자동조기상환평가일에 두 기초자산 모두 행사가격 이상이면 연 10.0% 수익 제공

〈만기시점 지급액〉

(CASE1) 만기평가가격이 두 기초자산 모두 80% 이상일 경우 연 10.0%(총 30.0%) 수익제공
(CASE2) 기간(3년) 중 한번이라도 장 종가에 최초기준가격의 50% 미만으로 하락한 적이 있고, 두 기초자산 중 낮은 만기평가가격이 80% 미만인 경우 만기평가가격에 따라 손실률 [(만기평가가격−최초기준가격)/최초기준가격]이 결정(기준: Worse 기초자산)
(CASE3) 기간(3년) 중 두 기초자산 중 어느 하나도 장 종가에 최초기준가격의 50% 미만으로 하락한 적이 없는 경우 50% 이상~80% 미만 구간에서 연 10.0%(총 30.0%) 수익제공으로 종료

② 계산과정

상품구조상 기초자산인 삼성전자, SK텔레콤 중 낮은 수익률을 기준으로 상품의 쿠폰을 지급하므로 $S_{MIN(t)} = Min(S_1(t),\ S_2(t))$에 대한 모형화가 필요하지만 브라운 운동을 따르는 개별기초자산들의 $S_{MIN}(t)$에 대한 분포를 가정하기 쉽지 않으므로 다음과 같이 $S_1(t)$, $S_2(t)$을 각각 모형화하여 $S_{MIN}(t)$의 움직임 및 분포를 계산하여야 한다.

식50 개별주식의 모형과 두 주식 중 낮은 수익률을 제공하는 자산

$$dS_1(t) = rS_1(t)\,dt + \sigma_1 S_1(t)\,dB_1(t)$$
$$dS_2(t) = rS_2(t)\,dt + \sigma_2 S_2(t)\,dB_2(t)$$
$$S_{MIN}(t) = Min(S_1(t),\ S_2(t))$$

서로 다른 두 주식의 가격 $S_1(t)$, $S_2(t)$은 일반적으로 서로 독립적으로 움직이지 않으므로 두 주식의 수익률간의 상관관계가 있다고 할 경우 $dB_1(t)$, $dB_2(t)$을 다음과 같이 가정하여야 한다.

식51 서로 다른 브라운 모형의 상관계수

$$E(dB_1(t)dB_2(t)) = \rho dt$$

이 경우 두 주식의 수익률간 상관계수는 다음과 같다.

$$E(dS_1(t)dS_2(t)) = \sigma_1\sigma_2 S_1(t)S_2(t)E(dB_1(t)dB_2(t)) = \rho\sigma_1\sigma_2 S_1(t)S_2(t)dt$$

위와 같이 상관계수 ρ을 고려한 분포를 적용하기 위해서는 서로 독립인 $dW_1(t)$, $dW_2(t)$을 사용하여 다음과 같이 생각할 수 있다.

식52 서로 독립인 브라운 운동과 상관관계가 반영된 브라운 운동

$$\begin{pmatrix} dB_1(t) \\ dB_2(t) \end{pmatrix} = \begin{pmatrix} 1 & 0 \\ \rho & \sqrt{1-\rho^2} \end{pmatrix} \begin{pmatrix} dW_1(t) \\ dW_2(t) \end{pmatrix}$$

그러므로 이산화를 하게 되는 주식모형은 다음과 같이 설정할 수 있다.

식53 상관계수가 반영된 두 주식의 이산화

$$S_1(t+\Delta t) = S_1(t)\left(1 + r\Delta t + \sigma_1\sqrt{\Delta t}\, Z_1(i)\right)$$

$$S_2(t+\Delta t) = S_2(t)\left(1 + r\Delta t + \sigma_2\sqrt{\Delta t}\left(\rho Z_1(i) + \sqrt{1-\rho^2}\, Z_2(i)\right)\right)$$

($Z_1(i)$와 $Z_2(i)$는 서로 독립)

Step Down형 ELS의 경우 주기적으로 조기상환 평가일이 도래하며 조기상환 평가일에 기준가격 $S_{MIN}(t)$가 행사가격 위에서 형성될 경우 약속된 수익률을 제공하고 계약이 종료되게 되는데 조기상환 예제의 상품에서 조기상환 평가일의 개수가 5개이며 만기시 기준가격 $S_{MIN}(t)$에 따라 세 가지의 경우의 수가 있으므로 ELS의 수익률은 총 여덟 가지 경우의 수가 존재하게 된다.

ELS가 조기상환 되지 않고 만기까지 진행될 경우 계약 중 배리어를 터치했는지 여부가 만기시 상환될 금액에 영향을 주게 되므로 $S_{MIN}(t)$가 배리어를 터치하는지를 매 시점 확인해야 한다.

| 표 2-4 | 경우의 수에 따른 수익률

경우의 수		수익률	확률
1번째 조기상환일에 상환		5%	p_1
2번째 조기상환일에 상환		10%	p_2
3번째 조기상환일에 상환		15%	p_3
4번째 조기상환일에 상환		20%	p_4
5번째 조기상환일에 상환		25%	p_5
만기	기준가격이 행사가보다 높은 경우	30%	p_6
	기준가격이 행사가보다 낮지만 배리어를 터치하지 않은 경우	30%	p_7
	기준가격이 행사가보다 낮고 배리어를 터치한 경우	원금손실	p_8

③ 결과

평가 결과 98.21%이 계산[1]되며 각 경우의 수에 대한 확률도 〈표 2-5〉와 같이 나타났다.

1 시뮬레이션 횟수: 20,000번

| 표 2-5 | 경우의 수에 따른 평가 확률

경우의 수		확률
1번째 조기상환일에 상환		55.1%
2번째 조기상환일에 상환		9.9%
3번째 조기상환일에 상환		7.5%
4번째 조기상환일에 상환		3.5%
5번째 조기상환일에 상환		3.1%
만기	기준가격이 행사가보다 높은 경우	1.8%
	기준가격이 행사가보다 낮지만 배리어를 터치하지 않은 경우	5.8%
	기준가격이 행사가보다 낮고 배리어를 터치한 경우	13.3%

5) 관련 코드

```
Public Function StepDown2D_MC (CalcDate As Date, IsKnocked As Boolean, _
        S1_Spot As Double, S2_Spot As Double, S1_Div As Double, _
        S2_Div As Double, S1_Vol As Double, S2_Vol As Double, p As Double, _
        r As Double, S1_Ref As Double, S2_Ref As Double, M As Integer, _
        ByRef J_Dates As Range, ByRef P_Dates As Range, _
        ByRef EXs As Range, ByRef Cps As Range, B_Level As Double, _
        CpInBX As Double, N As Integer As Double
        'CalcDate: 평가일
        'IsKnocked: Knock-In 여부
        'S1_Spot: 평가일 기초자산1 가격
        'S2_Spot: 평가일 기초자산2 가격
        'S1_Div: 기초자산1 배당률
        'S2_Div: 기초자산2 배당률
        'S1_Vol: 기초자산1 변동성
        'S2_Vol: 기초자산2 변동성
        'p: 기초자산1, 2간 상관계수
        'r: 무위험 금리
        'S1_Ref: 기초자산1 기준가격
        'S2_Ref: 기초자산2 기준가격
```

```
'M: 평가일 개수
'J_Dates: 평가일
'P_Dates: 지급일
'Exs: 행사가격
'Cps: 쿠폰
'B_Level: 배리어 수준
'CpInBX: 만기시 배리어와 행사가격 사이의 쿠폰
'N: 시뮬레이션 횟수

Dim i As Integer
Dim j As Integer
Dim J_Date() As Date
Dim P_Date() As Date
Dim EX() As Double
Dim Cp() As Double
ReDim J_Date(1 To M) As Date
ReDim P_Date(1 To M) As Date
ReDim EX(1 To M) As Double
ReDim Cp(1 To M) As Double

For i=1 To M
    J_Date(i)=J_Dates(i)
    P_Date(i)=P_Dates(i)
    EX(i)=EXs(i)
    Cp(i)=Cps(i)
Next i

Dim Value As Double
ReDim prob(1 To M+2) As Double
Dim St1 As Double
Dim St2 As Double
Dim MinS As Double
Dim isKD As Boolean
Dim isEy As Boolean
```

```
Dim z1 As Double
Dim z2 As Double
Dim SUM As Double
Dim k As Integer
Dim dt As Double: dt=1#/365#
Dim T_J() As Integer
Dim T_P() As Integer
ReDim T_J(1 To M) As Integer
ReDim T_P(1 To M) As Integer

For i=1 To M
    T_J(i)=J_Date(i)-CalcDate
    T_P(i)=P_Date(i)-CalcDate
Next i

Dim Mv As Integer
For i=1 To M
    If J_Date(i)-CalcDate > 0 Then
        Mv=i
        Exit For
    End If
Next i

Rnd (-38)
For i=1 To N
    k=Mv
    St1=S1_Spot/S1_Ref
    St2=S2_Spot/S2_Ref
    isKD=IsKnocked
    isEy=False
    For j=1 To T_J(M)
        z1=WorksheetFunction.NormSInv(Rnd())
        z2=WorksheetFunction.NormSInv(Rnd())
        St1=St1*(1+(r-S1_Div)*dt+S1_Vol*Sqr(dt)*z1)
```

```
            St2=St2*(1+(r-S2_Div)*dt+S2_Vol*Sqr(dt)*_
                        (p*z1+Sqr(1-p*p)*z2))
            If St1 > St2 Then
                MinS=St2
            Else
                MinS=St1
            End If
            If MinS <= B_Level Then
                isKD=True
            End If
            If j=T_J(k) Then
                If MinS > EX(k) Then
                SUM=SUM+(1+Cp(k))*Exp(-r*T_P(k)*dt)
                isEy=True
                Exit For
            Else
                k=k+1
            End If
        End If
    Next j
    If isEy=False Then
        If MinS <= B_Level Then
            SUM=SUM+MinS*Exp(-r*T_P(M)*dt)
        Else
            If isKD=True Then
                SUM=SUM+MinS*Exp(-r*T_P(M)*dt)
            Else
                SUM=SUM+(1+CpInBX)*Exp(-r*T_P(M)*dt)
            End If
        End If
    End If
  Next i
  StepDown2D_MC=SUM/N
End Function
```

(3) 편미분방정식을 이용한 방법론(PDE Approach)

파생상품의 평가에 시뮬레이션을 사용하는 경우, 기초자산의 분포만으로 상품을 평가할 수 있다는 편의성을 갖게 되지만 계산되는 가치가 해가 아닌 기대값이라는 통계량으로 표현된다는 단점이 존재한다. 기대값을 통해 가치를 평가할 때는 그 값의 분산을 반드시 고려해야 하는데 기대값에 영향을 주는 시뮬레이션 횟수가 증가할수록 그 분산이 낮아지게 된다. 통계적으로 분산은 일정수준 이하로 낮아질 수 없으므로 시뮬레이션에 의한 값은 정확도 측면에서 한계를 가지게 된다. 여기에 파생상품의 주요 민감도를 시뮬레이션을 통해 계산할 경우, 민감도의 기대값에 대한 분산이 더 커지게 되는데 이는 계산된 민감도의 안정도를 떨어뜨리는 영향을 주게 된다.

시뮬레이션 방법의 단점을 보완하는 방법 중 하나로 편미분방정식(Partial Differential Equation, PDE)을 이용할 수 있다. 파생상품의 위험중립평가와 편미분방정식은 (식20)~(식23)의 결과에서 나타난 것처럼 서로를 만족시키기 위한 조건의 역할을 하게 된다. 이는 (식21)을 만족하는 해가 (식23)을 만족시킨다는 의미를 나타내기 때문에 (식21)의 편미분방정식의 해를 찾는 방법으로 파생상품의 위험중립평가 가치를 계산할 수 있게 된다.

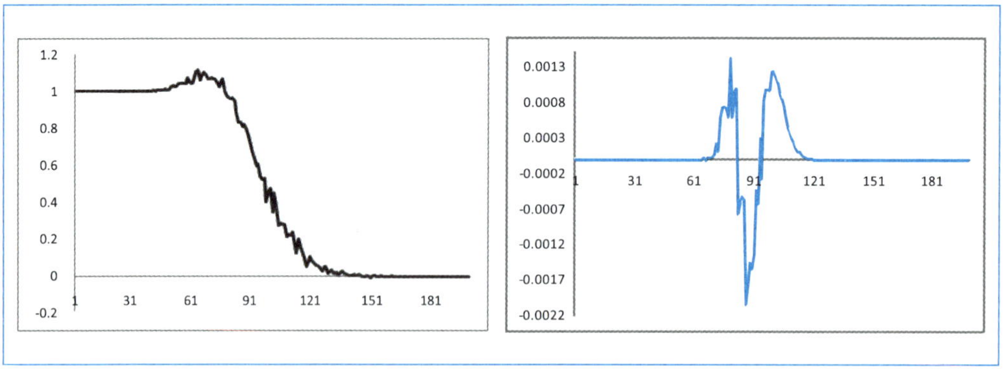

[그림 2-25] 시뮬레이션에 의한 민감도(델타 및 감마)

식54 위험중립기대가치와 편미분방정식(PDE)

파생상품의 위험중립가치는 (식23)의 결과를 이용할 때 다음과 같다.

$$V(S(t),\ t)=P(t,\ T)E^{Q}(V(S(T),\ T)\,|\,F_t)$$

위 식을 만족하기 위해서는 다음과 같은 편미분방정식(PDE)을 만족해야 한다.

$$\frac{\partial V}{\partial t}+rS\frac{\partial V}{\partial S}+\frac{1}{2}\sigma^2S^2\frac{\partial^2 V}{\partial S^2}-rV=0$$

편미분방정식을 이용하여 파생상품의 가치를 평가할 경우, 파생상품의 가치 $V(S(t),\ t)$의 계산을 위해 난수를 생성할 필요가 없게 되며 가치의 분산에 대해서 고려하지 않아도 되는 장점이 있다.

1) 블랙-숄즈 방정식과 초기-경계값문제(Initial-Boundary Value Problem)

식55 미분방정식과 해

$$\frac{dX}{dt}(t)=aX(t)$$

위 미분방정식의 해는 다음과 같다.

$$X(t)=X(0)e^{at}$$

미분방정식의 해는 (식55)와 같이 일반적으로 유일하지 않고 초기값인 $X(0)$에 따라서 결정된다.

미분방정식과 같이 블랙-숄즈 방정식의 해도 유일하지 않으며 그 초기값에 따라서 해가 결정되게 된다. 하지만 블랙-숄즈 방정식이 일반적인 미분방정식과 달리 만기시점의 가치가 사전에 결정되고 초기값은 계산해야 되는 현재가치를 나타내기 때문에 이를 고려하여 평가하여야 한다.

또한 블랙-숄즈 방정식은 편미분방정식이므로 다른 하나의 변수(기초자산)에 의

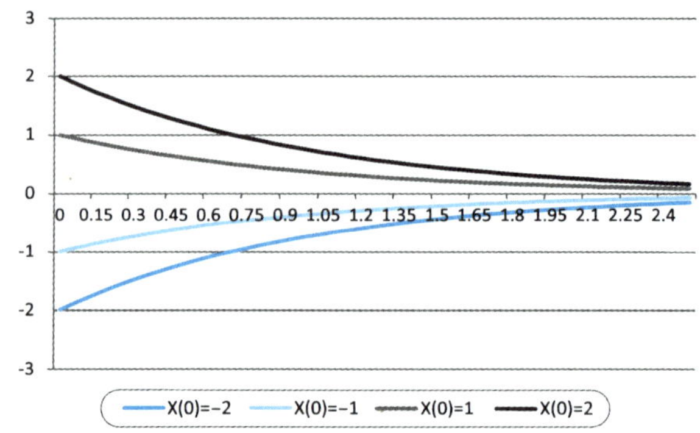

[그림 2-26] **초기값에 따른 미분방정식의 해**

한 가치까지 사전에 결정될 때 그 해가 유일하게 결정될 수 있다. 블랙-숄즈 방정식에서는 기초자산의 최대/최소가격에 대한 파생상품의 가치가 사전적으로 정의되어 있어야 한다.

따라서 (식21)에 만기조건과 경계조건을 고려하면 다음과 같이 나타낼 수 있다.

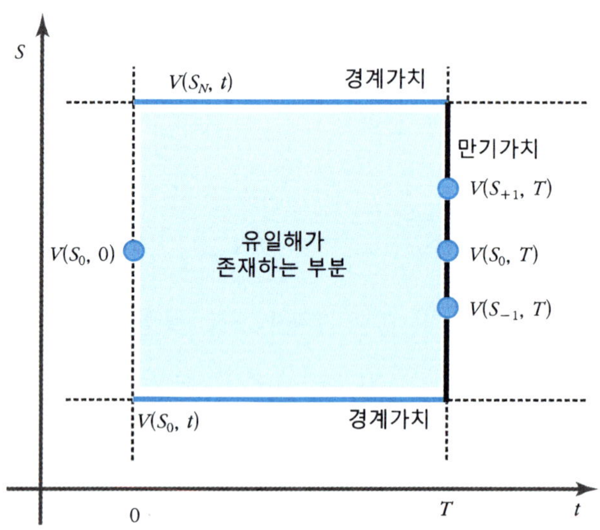

[그림 2-27] **만기 및 경계가치에 따라서 결정되는 현재가치**

식56 블랙-숄즈 방정식(Black-Scholes Equation)과 만기조건 및 경계조건

$$\frac{\partial V}{\partial t}+rS\frac{\partial V}{\partial S}+\frac{1}{2}\sigma^2 S^2\frac{\partial^2 V}{\partial S^2}-rV=0$$

만기 시 가치는 다음과 같다.

$$V(S,\ T)=f(S)$$

그리고 각 경계에서의 가치는 다음과 같다.

$$V(S_0,\ t)=g_0(t)$$

$$V(S_N,\ t)=g_N(t)$$

일반적으로 블랙-숄즈 방정식은 잘 알려진 열방정식(Heat Equation)의 일종으로 그 해를 Heat Kernel을 통해 표현할 수 있으며 유일해를 계산하는 조건이 단순할 경우 유럽형 콜옵션을 계산하는 것과 같이 해를 계산할 수 있다. 하지만 ELS와 같은 복잡한 구조의 상품의 경우 그러한 방법으로 해를 계산할 수 없으므로 근사적으로 계산할 수밖에 없다. 편미분방정식의 해를 근사적으로 접근하는 방법으로는 유한요소법(Finite Element Method, FEM), 유한차분법(Finite Difference Method) 등이 있으며 3) 예시에서는 유한차분법을 이용하여 해를 계산해 본다.

2) 유한차분법(Finite Difference Methods)

유한차분법은 편미분방정식을 차분방정식으로 이산화하는 방법이다. 편미분방정식을 이산화하는 과정에서 미분계수들에 직접적으로 접근하기 때문에 적용이 용이하지만 변분법(Variational method)에 기반한 유한요소법과 달리 만기조건의 미분가능성에 따라서 이상값이 나오게 되며 차분하는 과정에서의 차분간격에 따라서 값의 안정성이 크게 좌우되는 등의 단점을 가지고 있다. 하지만 이런 단점에도 불구하고 적용방법이 비교적 간단하고, 계산과정에서 여러 민감도를 동시에 계산할 수 있는 장점이 있으므로 널리 사용되고 있다.

유한차분법을 적용하기 위해 먼저 (식55)를 차분방정식으로 전환해야 한다. 이를 위해 각 미분계수를 다음과 같이 차분화할 경우 다음과 같이 나타낼 수 있다.

식57 미분계수의 차분화

$$\frac{\partial V}{\partial t} \approx \frac{V_i^{n+1} - V_i^n}{\Delta t}$$

$$\frac{\partial V}{\partial S} \approx \theta\left(\frac{V_{i+1}^n - V_{i-1}^n}{2\Delta S}\right) + (1-\theta)\left(\frac{V_{i+1}^{n+1} - V_{i-1}^{n+1}}{2\Delta S}\right)$$

$$\frac{\partial^2 V}{\partial S^2} \approx \theta\left(\frac{V_{i+1}^n - 2V_i^n + V_{i-1}^n}{(\Delta S)^2}\right) + (1-\theta)\left(\frac{V_{i+1}^{n+1} - 2V_i^{n+1} + V_{i-1}^{n+1}}{(\Delta S)^2}\right)$$

이때, $\theta=0$이면 Explicit, $\theta=1$이면 Implicit, $\theta=\frac{1}{2}$이면 Crank-Nicolson 방법이라고 한다. 하지만 일반적인 편미분방정식의 초기-경계값문제와 달리 파생상품의 평가에서는 만기의 정보가 미리 정해져 있으므로 $\theta=1$이면 Explicit, $\theta=0$이면 Implicit라고 생각할 수 있다.

편미분방정식을 이산화하면 다음과 같다.

식58 블랙-숄즈 방정식의 이산화

$$\theta(-A_i+B_i)V_{i-1}^{n+1} + (1-\theta r\Delta t - 2\theta B_i)V_i^{n+1} + \theta(A_i+B_i)V_{i+1}^{n+1}$$
$$= (1-\theta)(A_i-B_i)V_{i-1}^n + (1+(1-\theta)r\Delta t + 2(1-\theta)B_i)V_i^n + (1-\theta)(-A_i-B_i)V_i^n$$

$$A_i = \frac{r\Delta t S_i}{2\Delta S}, \quad B_i = \frac{\sigma^2 \Delta t S_i^2}{2(\Delta S)^2}$$

편미분방정식의 정의역을 N개로 이산화할 경우 $N+1$개의 점이 생기기 때문에 $(N+1)$차 방정식을 통해 해에 접근할 수 있게 된다.

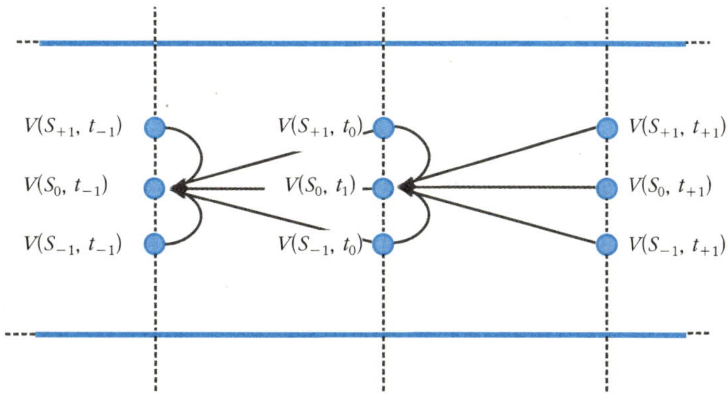

[그림 2-28] **만기가치의 역산을 통한 방정식 풀이**

식59 행렬을 이용한 방정식풀이

$$\begin{pmatrix} (1-\theta r\Delta t-2\theta B_1) & \theta(A_1+B_1) & 0 \\ \theta(-A_2+B_2) & (1-\theta r\Delta t-2\theta B_2) & \theta(A_2+B_2) \\ 0 & \theta(-A_3+B_3) & (1-\theta r\Delta t-2\theta B_3) \end{pmatrix} \begin{pmatrix} V_1^{n+1} \\ V_2^{n+1} \\ V_3^{n+1} \end{pmatrix}$$

$$= \begin{pmatrix} (1+(1-\theta)r\Delta t+2(1-\theta)B_1) & (1-\theta)(-A_1-B_1) & 0 \\ (1-\theta)(A_2-B_2) & (1+(1-\theta)r\Delta t+2(1-\theta)B_2) & (1-\theta)(-A_2-B_2) \\ 0 & (1-\theta)(A_3-B_3) & (1+(1-\theta)r\Delta t+2(1-\theta)B_3) \end{pmatrix} \begin{pmatrix} V_1^n \\ V_2^n \\ V_3^n \end{pmatrix}$$

Explicit($\theta=1$)일 경우 바로 다음 시점의 3점의 선형결합으로 계산할 수 있지만 Implicit($\theta=0$)일 경우 연립방정식의 풀이과정을 통한 계산이 필요하게 된다. 하지만 Explicit 방법은 편미분방정식의 정의역을 이산화하는 각 구간간의 간격에 따라서 이상값이 나올 수 있는 반면, Implicit방법과 Crank-Nicolson방법은 항상 안정적인 값을 산출해낼 수 있다. 또한 Crank-Nicolson방법은 같은 크기의 이산화구간에서 오차가 다른 방법보다 작기 때문에 사용에 선호될 수 있다.

(식59)의 삼중대각행렬(Tridiagonal Matrix)을 이용하여 만기시점부터 가치를 역산하여 계산하면 다음과 같이 계산시점의 가치를 계산할 수 있다.

식60 역산을 통한 가치계산

$$V^n = A^{-1} B V^{n+1}$$

$$A = \begin{pmatrix} (1-\theta r\Delta t - 2\theta B_1) & \theta(A_1+B_1) & 0 \\ \theta(-A_2+B_2) & (1-\theta r\Delta t - 2\theta B_2) & \theta(A_2+B_2) \\ 0 & \theta(-A_3+B_3) & (1-\theta r\Delta t - 2\theta B_3) \end{pmatrix}$$

$$B = \begin{pmatrix} (1+(1-\theta) r\Delta t + 2(1-\theta) B_1) & (1-\theta)(-A_1-B_1) & 0 \\ (1-\theta)(A_2-B_2) & (1+(1-\theta) r\Delta t + 2(1-\theta) B_2) & (1-\theta)(-A_2-B_2) \\ 0 & (1-\theta)(A_3-B_3) & (1+(1-\theta) r\Delta t + 2(1-\theta) B_3) \end{pmatrix}$$

3) 예시

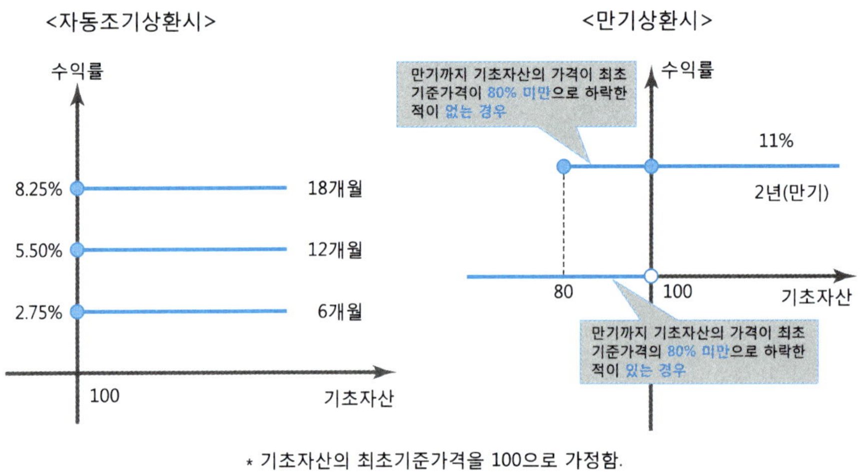

[그림 2-29] 1-Index Hi-Five **원금보장형** ELS

〈거래구조〉

만기: 2년

조기상환: 6개월 마다 조기상환여부 평가

기초자산: KOSPI200지수

Knock-In Barrier Level: 최초기준가의 80%

행사가격: 100%

Coupon: 자동조기상환평가일에 두 기초자산 모두 행사가격 이상이면 연 5.5% 수익제공

〈만기시점 지급액〉

(CASE1) 만기평가일에 기초자산이 행사가격 이상일 경우 → 연 5.5%(총 11.0%) 수익제공
(CASE2) CASE1 이외의 경우

① 만기평가일까지 기초자산가격이 최초기준가격의 80% 미만으로 하락한 적이 한 번도 없는 경우 → 연 5.5%(총 11.0%) 수익제공

② 만기평가일까지 기초자산가격이 최초기준가격의 80% 미만으로 하락한 적이 있는 경우 → 원금보장

역산방식으로 옵션가치를 평가할 경우 기초자산 가격에 따라서 ELS의 가치가 결정된다. 이때, Knock-In 옵션이 있는 경우, 만기시 ELS의 가치가 변경되기 때문에 이를 평가에 반영해야 한다.

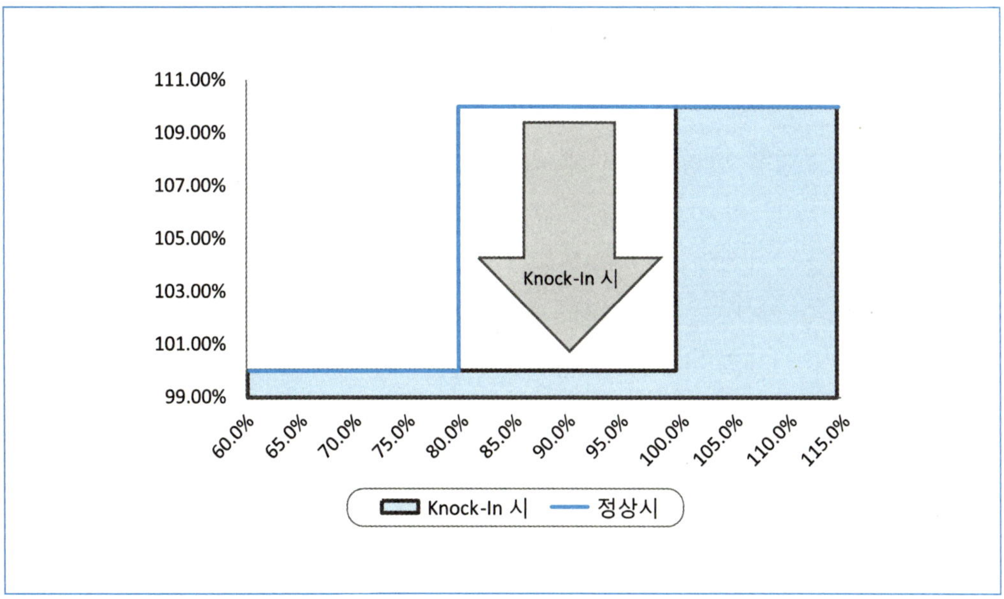

[그림 2-30] **Knock-In이 발생했을 시 만기가치 변화**

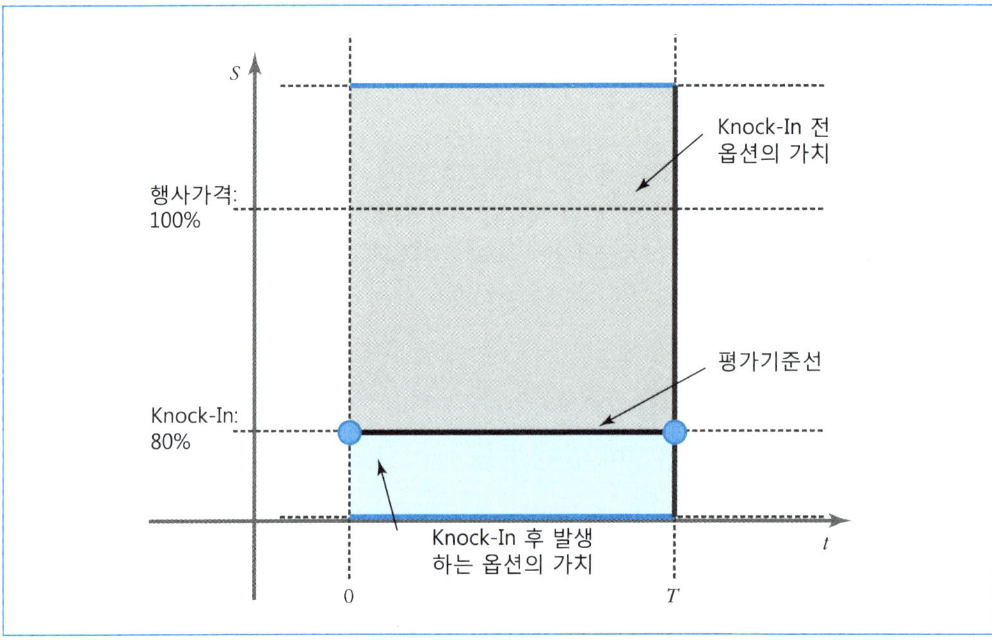

[그림 2-31] Knock-In 조항이 있을 경우의 ELS 평가

Knock-In 조항을 반영하기 위해 Knock-In이 발동된 경우와 그렇지 않은 경우를 구분하여 ELS의 가치를 계산한 후 위 그림과 같이 Knock-In선을 기준으로 Knock-In이 발동되지 않은 경우의 가치를 발동된 경우의 가치로 대체하여 계산하는 방법을 사용할 수 있다. 이는 ELS의 가치를 역산할 때, 기초자산을 기준으로 주변의 가치를 사용한다는 것을 이용한 것으로 평가기준선의 가치를 Knock-In된 가치로 평가함으로써 Knock-In 조항을 고려할 수 있음을 보여준다.

FDM을 사용하여 계산된 가치는 94.85%이며 델타는 0.5146이다. 편미분방정식을 통해 ELS의 가치를 계산할 경우, [그림 2-32]와 같이 안정적인 값을 산출해낼 수 있다.

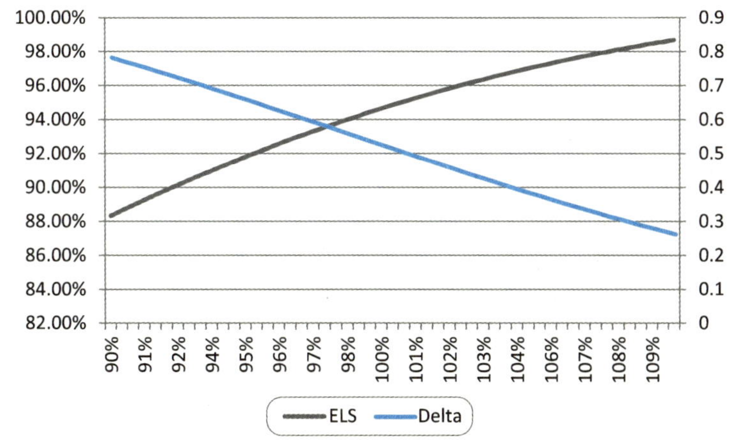

[그림 2-32] FDM을 통한 ELS가격 및 델타

4) 관련 코드

```
Public Function StepDown1D_FDM(Spot As Double, Ref_S As Double, r As Double, _ v As Double, B As Double, CpInBX As Double, IsHitted As Boolean, _
T As Range, X As Range, C As Range, N As Integer, th As Double)

        'Spot: 기초자산 현재가격
        'Ref_S: 기초자산 기준가격
        'r: 무위험 금리
        'v: 기초자산 변동성
        'B: Knock-In Barrier
        'CpInBX: 만기 시 Barrier와 행사가격 사이에서의 쿠폰
        'IsHitted: Knock-In Barrier 터치여부
        'T: 조기상황 지급일(날짜 수)
        'X: 행사가격
        'C: 쿠폰
        'N: FDM Grid 개수
        'th: 방법론(0: Implicit, 1: Explicit, 0.5: Crank-Nicolson)

        Dim S As Double: S=Spot/Ref_S
        Dim M As Integer: M=T.Count
        Dim i As Integer
```

```
Dim j As Integer
Dim dt As Double
Dim dS As Double
Dim Sp() As Double
Dim Vp() As Double
Dim Vb() As Double
Dim Sf_A() As Double
Dim Sf_B() As Double
Dim Sf_C() As Double
Dim zf() As Double
Dim zf2() As Double
Dim Ap() As Double
Dim Bt() As Double
Dim K As Integer

ReDim Sp(1 To N+1) As Double
ReDim Vp(1 To N+1) As Double
ReDim Vb(1 To N+1) As Double
ReDim Sf_A(1 To N+1) As Double
ReDim Sf_B(1 To N+1) As Double
ReDim Sf_C(1 To N+1) As Double
ReDim zf(1 To N+1) As Double
ReDim zf2(1 To N+1) As Double
ReDim Ap(1 To N+1) As Double
ReDim Bt(1 To N+1) As Double

dt=1/365
dS=S/N*2

For i=1 To N+1
    Sp(i)=(i-1)*dS
    If Sp(i) >= X(M) Then
    Vp(i)=1+C(M)
    Vb(i)=Vp(i)
```

```
    ElseIf Sp(i) > B Then
        If IsHitted=False Then
            Vp(i)=1+CpInBX
        Else
            Vp(i)=Sp(i)
        End If
        Vb(i)=Sp(i)
    Else
        Vp(i)=Sp(i)
        Vb(i)=Sp(i)
    End If
    Ap(i)=r*dt*Sp(i)/2/dS
    Bt(i)=v*v*dt*Sp(i)*Sp(i)/2/dS/dS
    Sf_A(i)=(1-th)*(Ap(i)-Bt(i))
    Sf_B(i)=1+(1-th)*r*dt+2*(1-th)*Bt(i)
    Sf_C(i)=(1-th)*(-Ap(i)-Bt(i))
Next i

Sf_A(1)=0
Sf_B(1)=1
Sf_C(1)=0
Sf_A(N+1)=0
Sf_B(N+1)=1
Sf_C(N+1)=0

K=M
For j=T(M) To 1 Step -1
    If j >= T(1) Then
        If j=T(K-1) Then
            K=K-1
        End If
    End If
    For i=2 To N
        zf(i)=th*(-Ap(i)+Bt(i))*Vp(i-1)+(1-th*r*dt-2*th*Bt(i))_
```

```
                *Vp(i)+th*(Ap(i)+Bt(i))*Vp(i+1)
            zf2(i)=th*(-Ap(i)+Bt(i))*Vb(i-1)+(1-th*r*dt-2*th*Bt(i))_
                *Vb(i)+th*(Ap(i)+Bt(i))*Vb(i+1)
        Next i
        zf(1)=0
        zf(N+1)=1+C(K)
        zf2(1)=0
        zf2(N+1)=1+C(K)

        Vp=Tri_Solver(N+1, Sf_A, Sf_B, Sf_C, zf)
        Vb=Tri_Solver(N+1, Sf_A, Sf_B, Sf_C, zf2)

        For i=1 To N+1
            If Sp(i) <= B Then
                Vp(i)=Vb(i)
            End If
        Next i

        If j >= T(1) Then
            If j=T(K) Then
                For i=1 To N
                    If Sp(i) > X(K) Then
                        Vp(i)=1+C(K)
                        Vb(i)=1+C(K)
                    End If
                Next i
            End If
        End If
    Next j

    StepDown1D_FDM=Vp(N/2+1)

End Function
```

5) ADI(Alternating Direction Implicit)

기초자산이 2개인 ELS인 경우 다음과 같은 편미분방정식을 생각할 수 있다.

식61 두 개의 기초자산에 대한 편미분방정식

$$\frac{\partial V}{\partial t}+rS_1\frac{\partial V}{\partial S_1}+rS_2\frac{\partial V}{\partial S_2}+\frac{1}{2}\sigma_1^2S_1^2\frac{\partial^2 V}{\partial S_1^2}+\frac{1}{2}\sigma_2^2S_2^2\frac{\partial^2 V}{\partial S_2^2}+\rho\sigma_1\sigma_2S_1S_2\frac{\partial^2 V}{\partial S_1\partial S_2}-rV=0$$

기초자산이 2개인 경우 편미분방정식의 정의역이 2차원 평면이므로 앞서 사용한 1차원 FDM을 그대로 적용하기에는 어려움이 있다. 2차원 평면에서 FDM을 사용하기 위해서는 2차원 정의역을 1차원 정의역으로 전환하는 작업이 필요하지만 전환하는 작업이 간단하지 않고, 전환할 경우, (식59)와 같이 삼중대각행렬(Tridiagonal Matrix)의 형태로 나타낼 수 없게 되며 초기값, 경계값의 설정도 어려움을 나타내게 된다.

이런 문제를 대안으로 각 변수의 축을 나누어서 각각 FDM을 두 번 시행하는 방법을 사용할 수 있는데 이런 방법으로 ADI(Alternating Direction Implicit) 혹은 OSM(Operator Splitting Method) 등이 사용될 수 있다. 이번 장에서는 이 중 ADI를 사용하여 평가하는 방법을 소개하려고 한다.

ADI방법은 앞서 설명한 FDM의 Explicit방법과 Implicit방법을 정의역인 2차원 평면의 각 축에 교대로 적용하여 계산하는 방법이다. Explicit방법과 Implicit방법을 교대로 사용하기 때문에 적용상의 장점이 있지만 교차항의 적용이 쉽지 않다는 단점이 있다. 그 이유는 교차항은 정의역의 양 축 모두에 영향을 받지만 ADI는 양 축을 교대로 적용시켜야 하기 때문이다. 그렇기 때문에 (식61)의 교차항$\left(\rho\sigma_1\sigma_2S_1S_2\frac{\partial^2 V}{\partial S_1\partial S_2}\right)$을 변수변환을 통해 제거하는 과정이 필요하다.

식62 변수변환 1

$x_1=\ln S_1$, $x_2=\ln S_2$라고 가정한다면

$$\frac{\partial}{\partial x_1} = \frac{\partial}{\partial S_1}\frac{dS_1}{dx_1} = S_1\frac{\partial}{\partial S_1}$$

$$\frac{\partial^2}{\partial x_1^2} = S_1\frac{\partial}{\partial S_1}\left(S_1\frac{\partial}{\partial S_1}\right) = S_1\frac{\partial}{\partial S_1} + S_1^2\frac{\partial^2}{\partial S_1^2} = \frac{\partial}{\partial x_1} + S_1^2\frac{\partial^2}{\partial S_1^2}$$

$$\frac{\partial^2}{\partial x_1 \partial x_2} = S_1\frac{\partial}{\partial S_1}\left(S_2\frac{\partial}{\partial S_2}\right) = S_1 S_2\frac{\partial^2}{\partial S_1 \partial S_2}$$

(식62)는 주가를 로그변환함으로써 미분항의 계수를 상수화시키는 역할을 하며 계수를 상수화시킬 경우, 추후 계산이 단순해지는 장점이 있다. 변수변환에 따라서 (식59)는 다음의 (식63)과 같이 변환될 수 있다.

식63 (식62)의 변수변환에 따른 (식61)의 변화

$$\frac{\partial V}{\partial t} + r\frac{\partial V}{\partial x_1} + r\frac{\partial V}{\partial x_2} + \frac{1}{2}\sigma_1^2\left(\frac{\partial^2 V}{\partial x_1^2} - \frac{\partial V}{\partial x_1}\right) + \frac{1}{2}\sigma_2^2\left(\frac{\partial^2 V}{\partial x_2^2} - \frac{\partial V}{\partial x_2}\right) + \rho\sigma_1\sigma_2\left(\frac{\partial^2 V}{\partial x_1 \partial x_2}\right) - rV$$

$$= \frac{\partial V}{\partial t} + \left(r - \frac{1}{2}\sigma_1^2\right)\frac{\partial V}{\partial x_1} + \left(r - \frac{1}{2}\sigma_2^2\right)\frac{\partial V}{\partial x_2} + \frac{1}{2}\sigma_1^2\frac{\partial^2 V}{\partial x_1^2} + \frac{1}{2}\sigma_2^2\frac{\partial^2 V}{\partial x_2^2} + \rho\sigma_1\sigma_2\left(\frac{\partial^2 V}{\partial x_1 \partial x_2}\right) - rV$$

이때, 교차항인 $\rho\sigma_1\sigma_2\left(\frac{\partial^2 V}{\partial x_1 \partial x_2}\right)$을 제거하기 위해서 다음과 같은 방법을 고려할 수 있다. 먼저, (식64)와 같이 2차미분항들을 행렬의 곱으로 표현할 수 있다.

식64 (식61)의 이차항의 행렬표현

$$\partial X = \begin{pmatrix} \frac{\partial}{\partial x_1} \\ \frac{\partial}{\partial x_2} \end{pmatrix}, \quad \partial Y = \begin{pmatrix} \frac{\partial}{\partial y_1} \\ \frac{\partial}{\partial y_2} \end{pmatrix}, \quad \Sigma = \begin{pmatrix} \sigma_1^2 & \rho\sigma_1\sigma_2 \\ \rho\sigma_1\sigma_2 & \sigma_2^2 \end{pmatrix}$$

이를 이용하여 (식61)을 표현할 경우, 다음과 같이 나타낼 수 있다.

$$\frac{1}{2}\sigma_1^2\frac{\partial^2 V}{\partial x_1^2}+\frac{1}{2}\sigma_2^2\frac{\partial^2 V}{\partial x_2^2}+\rho\sigma_1\sigma_2\left(\frac{\partial^2 V}{\partial x_1 \partial x_2}\right)=\frac{1}{2}\begin{pmatrix}\frac{\partial}{\partial x_1} & \frac{\partial}{\partial x_2}\end{pmatrix}\begin{pmatrix}\sigma_1^2 & \rho\sigma_1\sigma_2\\ \rho\sigma_1\sigma_2 & \sigma_2^2\end{pmatrix}\begin{pmatrix}\frac{\partial}{\partial x_1}\\ \frac{\partial}{\partial x_2}\end{pmatrix}V$$

$$=\frac{1}{2}\left((\partial X)^T\Sigma\partial X\right)V$$

이때, 공분산 행렬 Σ을 (식65)와 같이 대각화하여 행렬 D로 변환할 수 있다.

식65 행렬의 대각화를 이용한 변수변환 2

$$(\partial X)^T\Sigma\partial X=(\partial X)^T PDP^T(\partial X)=(\partial Y)^T D(\partial Y)$$

$$D=\begin{pmatrix}\lambda_1 & 0\\ 0 & \lambda_2\end{pmatrix},\quad P=\begin{pmatrix}p_{11} & p_{12}\\ p_{21} & p_{22}\end{pmatrix}$$

행렬 D는 대각행렬이기 때문에 변수변환을 통해 교차항인 $\rho\sigma_1\sigma_2\left(\frac{\partial^2 V}{\partial x_1\partial x_2}\right)$가 제거될 수 있으며 이때 $\partial X=P\partial Y$으로 변환하여 (식63)에 적용하면 (식66)과 같이 나타낼 수 있다.

식66 교차항이 제거된 편미분방정식

$$\frac{\partial V}{\partial t}+\left(r-\frac{1}{2}\sigma_1^2\right)\frac{\partial V}{\partial x_1}+\left(r-\frac{1}{2}\sigma_2^2\right)\frac{\partial V}{\partial x_2}+\frac{1}{2}\sigma_1^2\frac{\partial^2 V}{\partial x_1^2}+\frac{1}{2}\sigma_2^2\frac{\partial^2 V}{\partial x_2^2}+\rho\sigma_1\sigma_2\left(\frac{\partial^2 V}{\partial x_1\partial x_2}\right)-rV$$

$$=\frac{\partial V}{\partial t}+\alpha_1\frac{\partial V}{\partial y_1}+\alpha_2\frac{\partial V}{\partial y_2}+\frac{1}{2}\lambda_1\frac{\partial^2 V}{\partial y_1^2}+\frac{1}{2}\lambda_2\frac{\partial^2 V}{\partial y_2^2}-rV$$

$$\alpha_1=p_{11}\left(r-\frac{1}{2}\sigma_1^2\right)+p_{21}\left(r-\frac{1}{2}\sigma_2^2\right)$$

$$\alpha_2=p_{12}\left(r-\frac{1}{2}\sigma_1^2\right)+p_{22}\left(r-\frac{1}{2}\sigma_2^2\right)$$

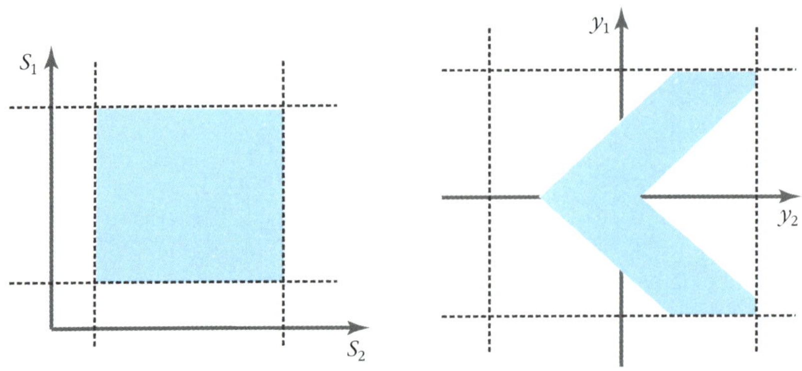

[그림 2-33] **변수변환에 따른 정의역의 변화의 예**

변환된 (식66)에 ADI를 적용하기 위해 변환된 변수 y_1, y_2에 대하여 Explicit방법과 Implicit방법을 교대로 적용하는 작업이 필요하다. 역산을 하게 되는 두 시점에 각 축에 대해서 역산이 두 번 필요하게 되므로 (식67)과 같이 이산화하는 방법을 생각해 볼 수 있다.

식67 (식64)의 이산화

(Step1) y_1축: Implicit, y_2축: Explicit

$$(-A_2+B_2)V_{i,j-1}^{n+1}+\left(1-\frac{r\Delta t}{4}-2B_2\right)V_{i,j}^{n+1}+(A_2+B_2)V_{i,j+1}^{n+1}$$

$$=(A_1-B_1)V_{i-1,j}^{n+\frac{1}{2}}+\left(1+\frac{r\Delta t}{4}+2B_1\right)V_{i,j}^{n+\frac{1}{2}}+(-A_1-B_1)V_{i+1,j}^{n+\frac{1}{2}}$$

(Step2) y_1축: Explicit, y_2축: Implicit

$$(-A_1+B_1)V_{i-1,j}^{n+\frac{1}{2}}+\left(1-\frac{r\Delta t}{4}-2B_1\right)V_{i,j}^{n+\frac{1}{2}}+(A_1+B_1)V_{i+1,j}^{n+\frac{1}{2}}$$

$$=(A_2-B_2)V_{i,j-1}^{n}+\left(1+\frac{r\Delta t}{4}+2B_2\right)V_{i,j}^{n}+(-A_2-B_2)V_{i,j+1}^{n}$$

$$A_1 = \frac{\alpha_1 \Delta t}{4\Delta y_1}, \quad A_2 = \frac{\alpha_2 \Delta t}{4\Delta y_2}$$

$$B_1 = \frac{\lambda_1 \Delta t}{4(\Delta y_1)^2}, \quad B_2 = \frac{\lambda_2 \Delta t}{4(\Delta y_2)^2}$$

이때, 각각의 변수에 대해 (식60)을 사용하여 역산하면 ELS의 가치를 계산할 수 있다.

6) 예제

앞서 시뮬레이션으로 계산했던 〈2 Stock Step Down 원금 비보장형 ELS〉을 ADI를 사용하면 98.6%가 계산된다.

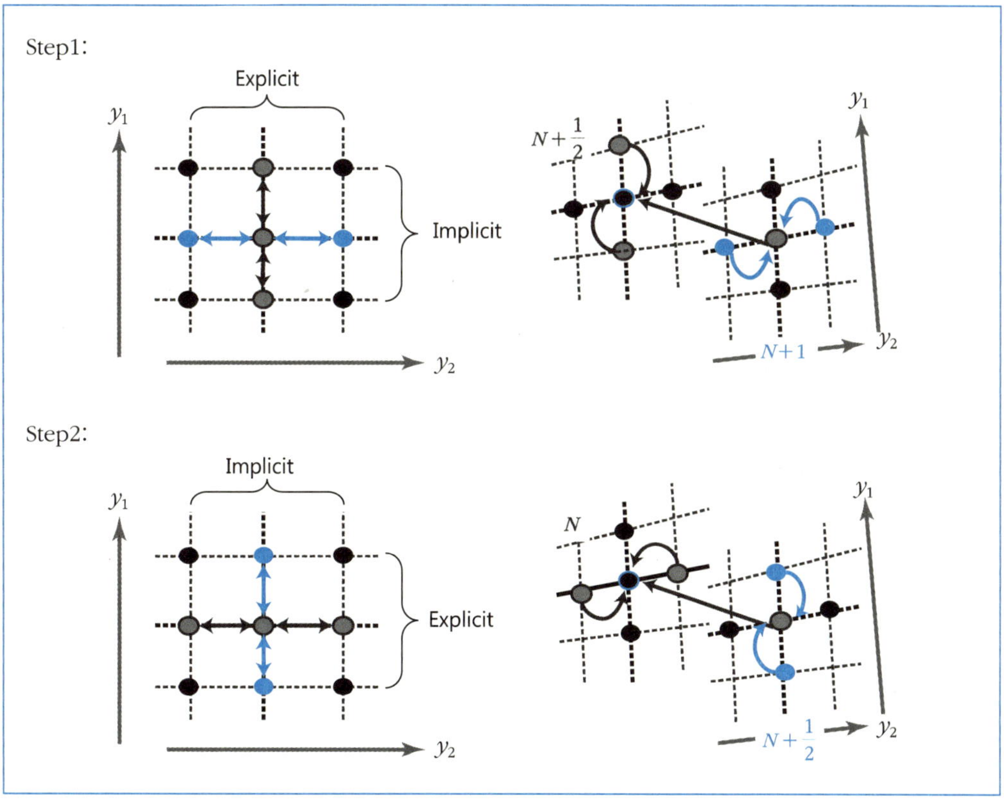

[그림 2-34] ADI의 2가지 단계

7) 관련 코드

```
Public Function StepDown2D_ADI(Spot1 As Double, Spot2 As Double, _
  Ref_S1 As Double, Ref_S2 As Double, R As Double, v1 As Double, _
  v2 As Double, rho As Double, b As Double, CpInBx As Double, _
  IsHitted As Boolean, T As Range, X As Range, C As Range, N As Integer)

     'Spot1: 기초자산1 가격
     'Spot2: 기초자산2 가격
     'Ref_S1: 기초자산1 기준가
     'Ref_S2: 기초자산2 기준가
     'R: 무위험 금리
     'v1: 기초자산1 변동성
     'v2: 기초자산2 변동성
     'rho: 상관계수
     'b: Knock-In 배리어
     'CpInBX: 배리어와 마지막 행사가격 사이에서의 쿠폰
     'IsHitted: 배리어 밑까지 하락한지 여부
     'T: 조기상환일 및 만기일
     'X: 행사가격
     'C: 쿠폰
     'N: 구간갯수

     Dim S1 As Double
     Dim S2 As Double
     Dim M As Integer
     Dim i As Integer
     Dim j As Integer
     Dim k As Integer
     Dim h As Integer
     Dim I_y As Integer
     Dim J_y As Integer
     Dim x_max As Double
     Dim x_min As Double
     Dim dt As Double
```

```
Dim dx1 As Double
Dim dx2 As Double
Dim x1 As Double
Dim x2 As Double
Dim y1val As Double
Dim y2val As Double
Dim y1 As Double
Dim y2 As Double
Dim Sp() As Double
Dim Vp() As Double
Dim Vb() As Double
Dim TVp() As Double
Dim TVb() As Double
Dim Vpc() As Double
Dim Vbc() As Double
Dim Sf1_A() As Double
Dim Sf1_B() As Double
Dim Sf1_C() As Double
Dim Sf2_A() As Double
Dim Sf2_B() As Double
Dim Sf2_C() As Double
Dim zf() As Double
Dim zf2() As Double
ReDim Sp(1 To N+1, 1 To N+1) As Double
ReDim Vp(1 To N+1, 1 To N+1) As Double
ReDim Vb(1 To N+1, 1 To N+1) As Double
ReDim TVp(1 To N+1, 1 To N+1) As Double
ReDim TVb(1 To N+1, 1 To N+1) As Double
ReDim Vpc(1 To N+1) As Double
ReDim Vdc(1 To N+1) As Double
ReDim Sf1_A(1 To N+1) As Double
ReDim Sf1_B(1 To N+1) As Double
ReDim Sf1_C(1 To N+1) As Double
```

```
ReDim Sf2_A(1 To N+1) As Double
ReDim Sf2_B(1 To N+1) As Double
ReDim Sf2_C(1 To N+1) As Double
ReDim zf(1 To N+1) As Double
ReDim zf2(1 To N+1) As Double
Dim ap1 As Double
Dim ap2 As Double
Dim A1 As Double
Dim A2 As Double
Dim B1 As Double
Dim B2 As Double
Dim l1 As Double
Dim l2 As Double
Dim p11 As Double
Dim p12 As Double
Dim p21 As Double
Dim p22 As Double
Dim Gbg As Double

S1=Spot1/Ref_S1
S2=Spot2/Ref_S2
M=T.Count
x_max=10
x_min=-10
dt=1/365
dx1=(x_max-x_min)/N
dx2=(x_max-x_min)/N

Gbg=Diagonalization(v1*v1, rho*v1*v2, v2*v2, l1, l2, p11, p12, p21,
     p22)

ap1=p11*(R-0.5*v1*v1)+p21*(R-0.5*v2*v2)
ap2=p12*(R-0.5*v1*v1)+p22*(R-0.5*v2*v2)
A1=ap1*dt/dx1/4
```

```
A2=ap2*dt/dx2/4
B1=l1*dt/dx1/dx1/4
B2=l2*dt/dx2/dx2/4

Gbg=Transform_S2Y(S1, S2, x_min, dx1, dx2, p11, p12, p21, p22, y1val, _
                y2val, I_y, J_y, y1, y2)

For i=1 To N+1
    For j=1 To N+1
        x1=p11*(x_min+dx1*(i-1))+p12*(x_min+dx2*(j-1))
        x2=p21*(x_min+dx1*(i-1))+p22*(x_min+dx2*(j-1))
        Sp(i, j)=Exp(WorksheetFunction.Min(x1, x2))
        If Sp(i, j) >= X(M) Then
            Vp(i, j)=1+C(M)
            Vb(i, j)=Vp(i, j)
        ElseIf Sp(i, j) > b Then
            if IsHitted=False Then
                Vp(i, j)=1+CpInBx
            Else
                Vp(i, j)=Sp(i, j)
            End If
                Vb(i, j)=Sp(i, j)
        Else
            Vp(i, j)=Sp(i, j)
            Vb(i, j)=Sp(i, j)
        End If
    Next j
    Sf1_A(i)=A1-B1
    Sf1_B(i)=1+0.25*R*dt+2*B1
    Sf1_C(i)=-A1-B1
    Sf2_A(i)=A2-B2
    Sf2_B(i)=1+0.25*R*dt+2*B2
    Sf2_C(i)=-A2-B2
Next i
```

```
Sf1_A(1)=0
Sf1_B(1)=Sf1_B(1)+2*(A1-B1)
Sf1_C(1)=Sf1_C(1)-(A1-B1)
Sf1_A(N+1)=Sf1_A(N+1)-(A1+B1)
Sf1_B(N+1)=Sf1_B(N+1)-2*(A1+B1)
Sf1_C(N+1)=0
Sf2_A(1)=0
Sf2_B(1)=Sf2_B(1)+2*(A2-B2)
Sf2_C(1)=Sf2_C(1)-(A2-B2)
Sf2_A(N+1)=Sf2_A(N+1)-(A2+B2)
Sf2_B(N+1)=Sf2_B(N+1)-2*(A2+B2)
Sf2_C(N+1)=0

k=M
For j=T(M) To 1 Step -1
    If j >= T(1) Then
        If j=T(k-1) Then
            k=k-1
        End If
    End If
    For h=2 To N
        For i=1 To N+1
            zf(i)=(-A2+B2)*Vp(i, h-1)+(1-0.25*R*dt-2*B2)*_
                Vp(i, h)+(A2+B2)*Vp(i, h+1)
            zf2(i)=(-A2+B2)*Vb(i, h-1)+(1-0.25*R*dt-2*B2)*_
                Vb(i, h)+(A2+B2)*Vb(i, h+1)
        Next i
        Vpc=Tri_Solver(N+1, Sf1_A, Sf1_B, Sf1_C, zf)
        Vbc=Tri_Solver(N+1, Sf1_A, Sf1_B, Sf1_C, zf2)

        For i=2 To N
            TVp(i, h)=Vpc(i)
            TVb(i, h)=Vbc(i)
        Next i
```

```
        TVp(1, h)=2*TVp(2, h)-TVp(3, h)
        TVp(N+1, h)=2*TVp(N, h)-TVp(N-1, h)
        TVb(1, h)=2*TVb(2, h)-TVb(3, h)
        TVb(N+1, h)=2*TVb(N, h)-TVb(N-1, h)
    Next h

    For i=1 To N+1
        TVp(i, 1)=2*TVp(i, 2)-TVp(i, 3)
        TVp(i, N+1)=2*TVp(i, N)-TVp(i, N-1)
        TVb(i, 1)=2*TVb(i, 2)-TVb(i, 3)
        TVb(i, N+1)=2*TVb(i, N)-TVb(i, N-1)
    Next i

    For i=2 To N
        For h=1 To N+1
            zf(h)=(-A1+B1)*TVp(i-1, h)+(1-0.25*R*dt-2*B1)*_
                  TVp(i, h)+(A1+B1)*TVp(i+1, h)
            zf2(h)=(-A1+B1)*TVb(i-1, h)+(1-0.25*R*dt-2*B1)*_
                   TVb(i, h)+(A1+B1)*TVb(i+1, h)
        Next h
        Vpc=Tri_Solver(N+1, Sf2_A, Sf2_B, Sf2_C, zf)
        Vbc=Tri_Solver(N+1, Sf2_A, Sf2_B, Sf2_C, zf2)

        For h=2 To N
            Vp(i, h)=Vpc(h)
            Vb(i, h)=Vbc(h)
        Next h

        Vp(i, 1)=2*Vp(i, 2)-Vp(i, 3)
        Vp(i, N+1)=2*Vp(i, N)-Vp(i, N-1)
        Vb(i, 1)=2*Vb(i, 2)-Vb(i, 3)
        Vb(i, N+1)=2*Vb(i, N)-Vb(i, N-1)
    Next i

    For h=1 To N+1
        Vp(1, h)=2*Vp(2, h)-Vp(3, h)
```

```
            Vp(N+1, h)=2*Vp(N, h)-Vp(N-1, h)
            Vb(1, h)=2*Vb(2, h)-Vb(3, h)
            Vb(N+1, h)=2*Vb(N, h)-Vb(N-1, h)
        Next h

        For i=1 To N+1
            `For h=1 To N+1
                If Sp(i, h) <= b Then
                    Vp(i, h)=Vb(i, h)
                End If
            Next h
        Next i

        If j >= T(1) Then
            If j=T(k) Then
                For i=1 To N+1
                    For h=1 To N+1
                        If Sp(i, h) > X(k) Then
                            Vp(i, h)=1+C(k)
                            Vb(i, h)=1+C(k)
                        End If
                    Next h
                Next i
            End If
        End If
    Next j

    StepDown2D_ADI=Spline2D(y1val, y2val, y1, y2, dx1, dx2, vp, I_y, J_y )

End Function
```

2. ELS 상품의 설계와 운용

2-1. ELS 상품 구조 및 설계

현재 시중에서 발행되는 ELS 상품의 구조는 상품을 설계하는 입장에서 크게 두 가지 형태로 분류할 수 있는데 채권과 옵션이 결합된 원금보장형 ELS와 옵션만 존재하는 조기상환형 ELS가 그 대표적인 유형이다.

원금보장형 ELS는 Knock out with Rebate(베리어 옵션) ELS로 대표되는 상품으로 원금의 대부분을 채권에 투자해 ELS 만기에 투자자에게 원금을 보장하고 기초자산의 움직임에 따라 추가적인 수익을 추구할 수 있는 상품이며 원금비보장형 ELS의 경우 스텝다운형 원금비보장 ELS로 대표되는 상품으로 원금에 대한 손실 가능성이 있는 반면 높은 수익을 제공하는 상품으로 100% 옵션형태로 평가되는 상품이다.

(1) 원금보장형 ELS

1) 개요 및 상품 구조

만기에 원금을 보장하는 할인채권과 만기에 주가수익률에 따라 추가적인 수익을

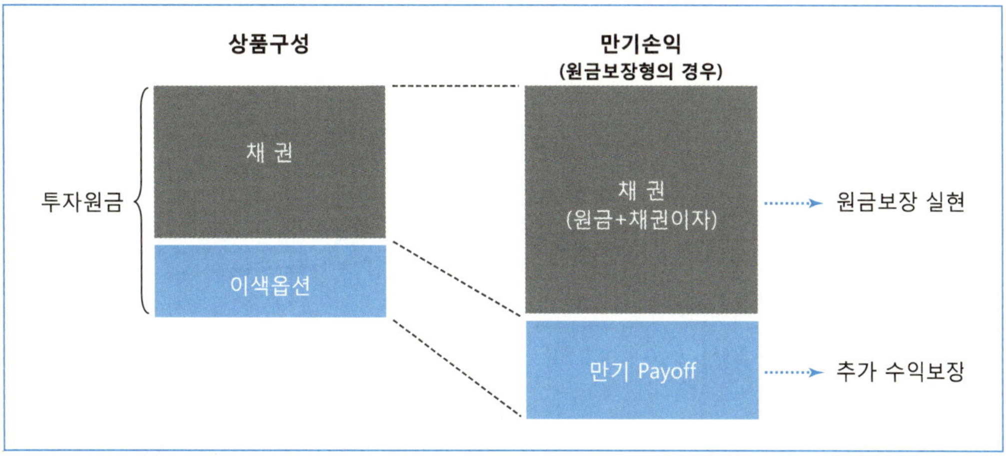

[그림 2-35] **원금보장형 ELS 구조**

얻을 수 있는 옵션이 결합된 형태로 채권과 옵션으로 분해해서 평가한다.

원금보장형 ELS 평가 = 내재채권 + 내재된 옵션

만기에 원금을 보장하는 채권의 경우 할인채에 해당하며 할인채의 현재가치는 명목원금에 할인율을 곱하여 계산하고 그 가치에 해당하는 금액을 채권에 투자하고 명목원금에서 채권에 투자한 금액을 제외한 금액에 해당하는 옵션을 설계하여 원금보장형 ELS를 구성한다.

ELS 설계자는 투자자의 다양한 요구와 현재 시장상황에 맞추어 기존에 알려진 바닐라 옵션을 포함한 특이옵션을 조합하거나 기존형태와는 다른 새로운 구조의 옵션을 설계한다. 옵션의 설계 시 고려사항은 옵션의 프리미엄이 투자원금에서 채권에 투자하는 금액을 뺀 금액에 해당하는 값이 나오도록 구조와 수익률을 조절하여야 한다.

2) 활용예시

올해 국내 주식시장은 완만한 상승장이 예상되고 있는 상황에서 고령화로 인한 노후자금을 투자하려는 고객의 요구사항을 받아 들여 주가가 하락하더라도 투자원금이 보장되도록 상품을 구성하고자 한다. 그 대표적인 예가 베리어옵션을 포함한 ELS 상품으로 가격평가를 실제 예를 통해서 살펴보자.

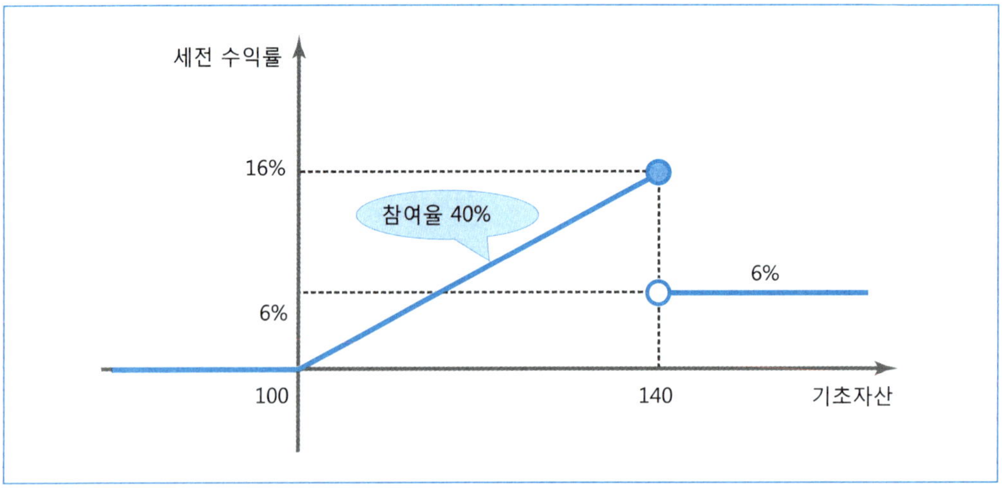

[그림 2-36] **원금보장형 ELS 예시**

〈발행조건〉

거래상대방: 공모ELS
액면금액: 100억
만기: 1년

〈거래구조〉

기초자산: KOSPI200지수
상승참여율: 연 40%
리베이트(Rebate): 6%
경계지수(Barrier): 최초기준가격의 140%
최고수익률: 연 16%

〈수익구조〉

최초기준가격결정일 이후부터 만기상환평가일까지 기초자산 가격이 최초기준가격의 140%를 초과하여 상승한 적이 한번도 없는 경우

1. 만기평가지수결정일에 기초자산 가격이 최초기준가격의 100% 미만인 경우: 원금보장
   만기평가지수결정일에 기초자산 가격이 최초기준가격의 100% 이상 ~ 최초기준가격의 140% 이하인 경우: 원금 ~ 연 16%
2. 최초기준가격결정일 이후부터 만기상환평가일까지 기조자산이 최초기준가격의 140%를 초과하여 상승한 적이 한번이라도 있는 경우: 연 6%

〈시장정보〉

기초자산: KOSPI200지수
최초기준가격: 250
변동성: 27.07%
적용금리: 3.37%

위에서 언급했듯이 옵션이 내재된 원금보장 ELS는 채권과 옵션으로 나누어 평가하여야 하며 내재된 옵션의 가치는 투자원금에서 내재된 채권의 현재를 뺀 나머지

에서 구성하여야 한다.

투자원금을 100억원으로 하였을 때 만기에 100억원을 제공하는 할인채의 현재 가치는 100억원을 적용금리로 할인하면 된다

$$원금 \times e^{-적용금리 \times 만기} = 100억 \times e^{-3.37\% \times 1년} = 96.686$$

만기에 원금을 보장하는 ELS에 내재되어있는 채권의 현재가는 96.686억원이다.

바닐라 옵션과 특이옵션(Exotic option)의 경우 주가상승시 주가 상승분 만큼을 100% 수익으로 제공하는 기본형이므로 주가상승시 상승률의 일정부분을 참여하는 참여율이 있는 ELS를 평가하기 위해서는 내재된 옵션의 수량과 리베이트를 역산하여 계산하여 산출하여 베리어 옵션의 가격을 평가하고 수량과 승수를 곱하여 ELS의 옵션부분을 평가한다.

$$명목원금 \times ELS참여율 \times \frac{(S_T - K)}{S_0} = 내재옵션수량 \times (S_T - K)$$
$$명목원금 \times ELS리베이트율 = 내재옵션수량 \times 옵션리베이트$$

S_T: 만기 시 기초자산

K: 행사가격

S_0: 최초기준가격

Knock out with Rebate ELS의 만기 수익금액은 명목원금에 ELS 상승 참여율과 기초자산의 상승률을 곱하여 산출되며 베리어 옵션 기준의 수익은 콜옵션의 수익구조처럼 만기시 기초자산 가격에서 행사가격을 차감하여 수익을 계산하므로 내재옵션 수량에다 만기시 기초자산에서 행사가를 뺀 값을 곱한 값이 같아야 한다. 또 상한 베리어 위로 간 경우 명목원금에 ELS 리베이트율을 곱한 값은 베리어 옵션의 리베이트에 수량을 곱한 금액과 같아야 한다.

두 식을 이용하여 명목원금은 100억원, 참여율은 40%, ELS 리베이트율은 6% 값을 대입하여 기초가 되는 내재 베리어옵션의 수량과 리베이트를 역산해서 구해보면 수량은 16,000,000, 리베이트는 37.5가 나온다. 리베이트가 37.5인 베리어 옵션의 가격은 공식을 이용하면 17.0636이며 여기에 수량을 곱하면 273,017,600원이 되고 이것이 ELS에 내재되어 있는 옵션의 가격이 된다.

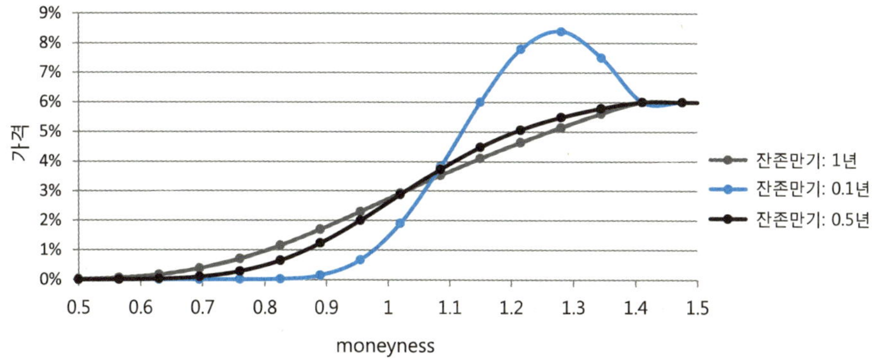

[그림 2-37] **원금보장형 ELS 가격분포**

따라서 위 ELS 상품의 현재 이론적인 가치는 내재채권가치와 내재된 옵션의 가치의 합으로 99.41억원(96.686억원+2.73억원)이 된다. ELS 투자자의 2.73%로 옵션을 설계하여 최고 16%의 추가 수익을 제공하는 ELS를 설계하고 ELS 발행자는 ELS 발행기간 동안 헤지운용을 통하여 만기 수익구조를 보장하게 된다.

일반적인 원금보장형 ELS가 베리어 옵션의 형태로 발행되고 있으므로 예시의 Knock out with Rebate ELS 이론가의 구조를 좀더 살펴 보자.

Knock out with Rebate ELS의 경우 상한 베리어(기준가 대비 140%) 근방에서 수익구조의 점프가 발생하므로 발행초기에는 그 영향이 가격에 크게 나타나지 않으나 만기에 가까워 올수록 상한 베리어 이상이 되면 6%를 보장하고 그 이하에서는 최고 16% 수익률을 제공하는 만기 수익구조를 반영하여 급격한 가격 변화를 나타낸다. 급격한 가격의 변화는 헤지운용자 입장에는 위험 요인으로 헤지에 주의를 기울여야 한다. 또 기준가격 이하에서는 옵션의 만기 수익은 제로가 되며 발행초기에는 올라갈 가능성을 반영하여 기준가격 이하에서 이론가격이 존재하나 만기가 가까워 올수록 제로에 수렴함을 알 수 있다. 위와 같이 원금보장형 ELS는 원금보장을 하는 채권투자부분을 제외한 금액으로 옵션을 구조화하여 투자자에게 원금보장에다 추가적인 수익을 제공하게 된다.

(2) 원금비보장형 ELS

1) 개요 및 상품 구조

현재 시장에서 유통되고 있는 대부분의 상품은 스텝다운형 원금비보장형으로 대표되는 상품으로 채권부분과 옵션부분이 결합하여 하나의 평가모형으로 평가한다. 스텝다운형 원금비보장형은 위에서 해석적 해가 존재하지 않으므로 시뮬레이션방법이나 FDM을 이용하여 평가한다.

2) 활용 예시

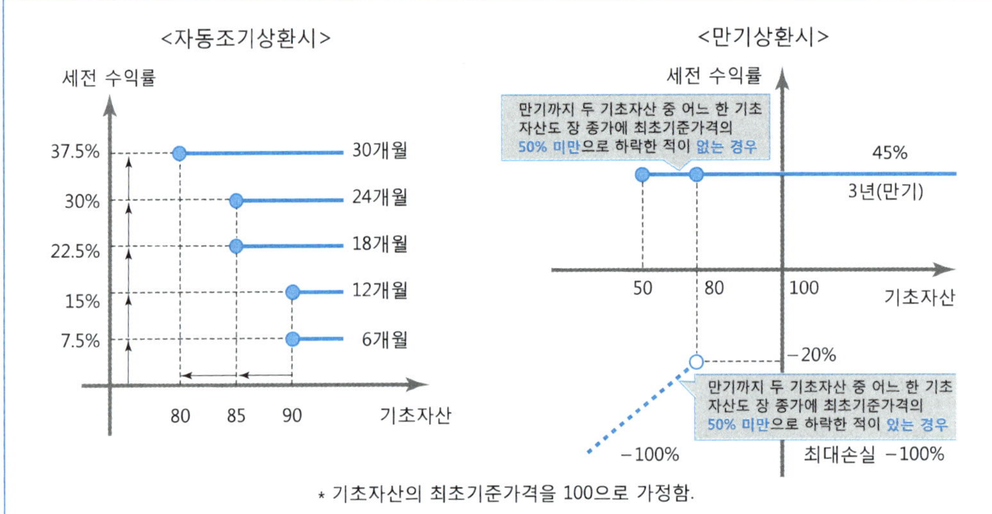

[그림 2-38] **원금비보장형 ELS 예시**

〈발행조건〉

거래상대방: 공모ELS

액면금액: 100억원

만기: 3년

〈거래구조〉

기초자산: S전자, A통신
만기3년, Knock-In Barrier Level: 최초기준가의 50%
행사가격: 90% → 90% → 85% → 85% → 80% → 80%
Coupon: 자동조기상환평가일에 두 기초자산 모두 행사가격 이상이면 연 15.0% 수익제공

〈수익구조〉

-자동조기상환: 자동조기상환평가일에 두 기초자산 모두 행사가격 이상이면 연 15.0% 수익제공
-만기상환(3년):
CASE1) 만기평가가격이 두 기초자산 모두 80% 이상일 경우 연 15.0%(총 45.0%) 수익제공
CASE2) 기간(3년) 중 한번이라도 장 종가에 최초기준가격의 50% 미만으로 하락한 적이 있고, 두 기초자산 중 Worst 기초자산의 만기평가가격이 80% 미만인 경우 만기평가가격에 따라 손실률[(만기평가가격-최초기준가격) / 최초기준가격]이 결정(기준: Worst 기초자산)
CASE3) 기간(3년) 중 두 기초자산 중 어느 하나도 장 종가에 최초기준가격의 50% 미만으로 하락한 적이 없는 경우 50% 이상~80% 미만 구간에서 연 15.0%(총 45.0%)수익제공으로 종료

〈시장정보〉

기초자산: S전자, A통신
변동성: 36.8%, 31.0%
적용금리: 2.8%
상관관계: 0.3

위 예시 ELS는 발행되는 ELS의 대부분을 차지하는 상품으로 두 개의 기초자산 가격이 한종목이라도 발행기간 동안 기준가 대비 50% 이상 하지 않으면 원금을 보장하고 상환기준일 기초자산 가격이 행사가격 50% 이상에 있을 경우 연 15%의 높은 쿠폰을 제공하는 상품으로 기초자산이 50% 하락하는 극단적인 하락만 아니면 높은 수익을 올릴 수 있는 매력적인 ELS 상품이다. 이와 같은 상품이 설계 될 수 있는 이유는 낮은 확률이지만 기초자산 가격이 기준가격의 50% 이상 하락시 하락분만큼

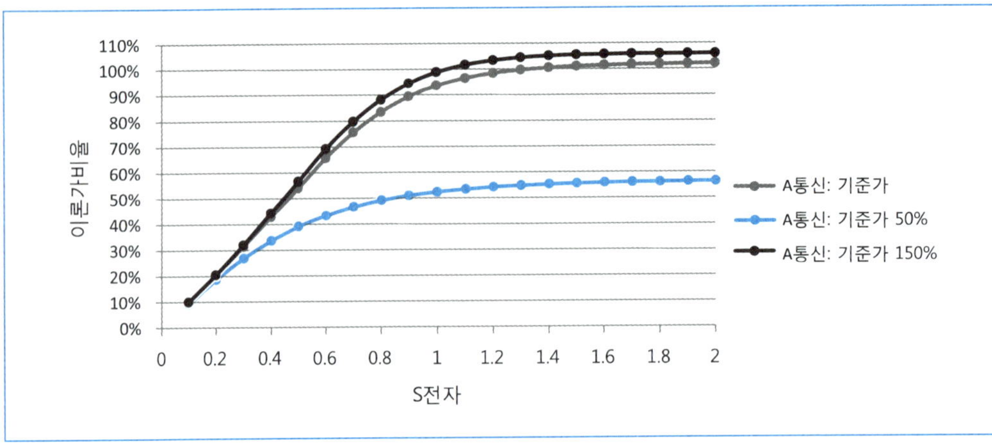

[그림 2-39] **스텝다운형 ELS 가격분포**

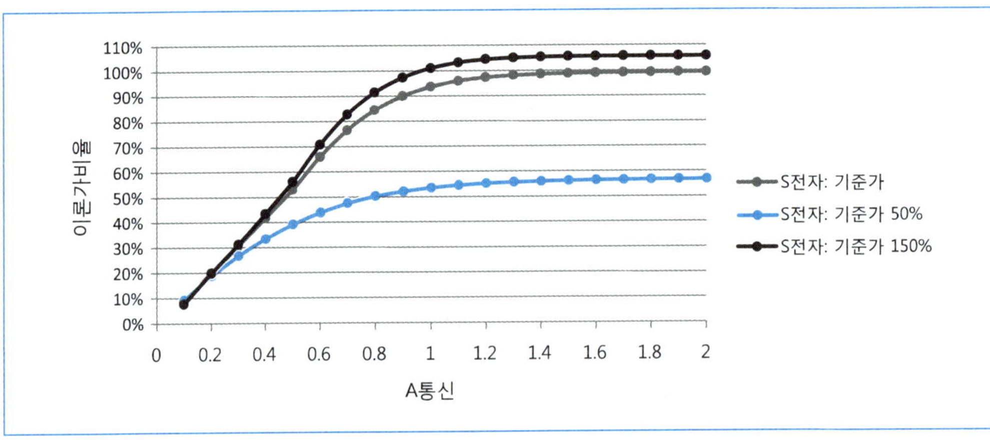

[그림 2-40] **스텝다운형 ELS 가격분포**

의 큰 손실이 발생하기 때문에 상대적으로 높은 쿠폰을 제공할 수 있다. 몬테카를로 시뮬레이션을 통한 스텝다운형 ELS의 가격을 계산해보면 93.65%이다.

스텝다운형 원금비보장 ELS 상품의 기초자산의 변화에 따른 가격 변화를 살펴보자.

발행시점에서의 스텝다운형 원금비보장 ELS의 경우 기초자산의 가격이 어느 수준 이상에서는 높은 이론가격을 유지하지만 기초자산 가격 하락이 하한 베리어 밑으로 하락하면 큰 폭의 가격 하락하는 것을 볼 수 있다. 기초자산의 두 종목 중 한 종목이라도 낮은 가격이라면 원금 손실이 발생할 수 있으므로 A통신 가격이 기준가

50%인 경우 S전자가 기준가보다 높은 가격을 유지하더라도 ELS의 이론가는 낮게 형성되는 것을 볼 수 있다.

2-2. 민감도(Greeks)

ELS 상품 구조가 결정되었을 경우 ELS의 가격(V) 결정은 입력변수에 따라 결정되므로 ELS의 가격은 입력변수의 함수로 표현할 수 있다

$$V = F(\text{주가, 금리, 변동성, 상관관계, 잔존만기}) = F(S_t, r, \sigma, \rho, t)$$

ELS의 민감도는 입력변수가 변화하였을 경우 ELS의 가격이 얼마나 변화하는지를 나타낸다. 입력변수에 대한 ELS의 민감도는 ELS의 위험을 측정하는 중요한 값이 되며 매 시점마다의 ELS의 변화는 각종 민감도의 합으로 근사할 수 있다.

수리적으로 각 변수에 대한 ELS의 민감도는 각 입력변수에 대한 다차원 미분으로 표현할 수 있으며 매 순간마다 ELS의 가치의 변화는 각종 입력변수에 대한 미분의 합으로 근사할 수 있다.

$$dV = \sum_i \frac{\partial V}{\partial S_i} dS_i + \frac{1}{2}\sum_i \frac{\partial^2 V}{\partial S_i^2} dS_i^2 + \frac{1}{2}\sum_i \sum_{j(i \neq j)} \frac{\partial^2 V}{\partial S_i \partial S_j} dS_i dS_j + \sum_i \frac{\partial V}{\partial \sigma_i} d\sigma_i$$

$$+ \frac{1}{2}\sum_i \frac{\partial^2 V}{\partial \sigma_i^2} d\sigma_i^2 + \frac{\partial V}{\partial t} + \frac{\partial V}{\partial r} + \sum_i \frac{\partial^2 V}{\partial S_i \partial \sigma_i} dS_i d\sigma_i$$

입력변수에 대한 ELS의 민감도를 계산하고 각각의 입력변수에 해당하는 기초자산, 또는 파생상품을 헤지 거래하여 ELS 가치 변화를 복제 할 수 있다. 각 입력변수에 대한 ELS의 미분을 다음과 같이 표시 한다.

$$dV = \sum_i \Delta(S)_i \times dS_i + \frac{1}{2}\sum_i \Gamma(S)_i \times dS_i^2 + \frac{1}{2}\sum_i \sum_{j(i \neq j)} C\Gamma(S)_{ij} \times dS_i dS_j$$

$$+ \sum_i v(\sigma)_i \times d\sigma_i + \frac{1}{2}\sum_i Vom(\sigma)_i \times d\sigma_i^2 + \theta + \rho$$

$$+ \sum_i Vanna(S, \sigma)_i \times dS_i d\sigma_i$$

$$\frac{\partial V}{\partial S_i} = \Delta(S)_i: \textit{Delta}, \qquad \frac{\partial^2 V}{\partial S_i^2} = \Gamma(S)_i: \textit{Gamma},$$

$$\frac{\partial^2 V}{\partial S_i \partial S_j} = \Gamma(S)_{ij}(i \neq j): \textit{Cross Gamma}$$

$$\frac{\partial V}{\partial \sigma_i} = \nu(\sigma)_i: \textit{Vega}, \qquad \frac{\partial V}{\partial t} = \textit{Theta}: \Theta, \quad \frac{\partial V}{\partial \tau} = \rho: \textit{Rho}$$

$$\frac{\partial^2 V}{\partial \sigma_i^2} = Vom(\sigma)_i: \textit{Vomma}, \qquad \frac{\partial^2 V}{\partial s_i \partial \sigma_i^2} = Vanna(S, \sigma)_i: \textit{Vanna}$$

ELS의 헤지는 매 순간마다 입력변수의 변화에 따라 변하는 ELS의 가치 변화만큼 변하는 헤지포트폴리오를 구성하여 ELS 가치 변동분을 복제하는 것이다. 헤지포트폴리오를 이용하여 매 순간마다 ELS의 가치 변화를 추적한다면 만기시 투자자가 원하는 수익률을 제공할 수 있게 된다. 따라서 ELS의 헤지운용시 가장 기초가 되는 값이 ELS의 입력변수에 대한 민감도이다. 또한 이러한 민감도를 최소화하여 위험을 축소시키고 ELS 만기시 만기수익률을 제공하는 것이 헤지 트레이더의 업무이다.

(1) 델타(Delta)

1) 개요

ELS의 델타는 기초자산의 변동시 ELS 가치 변화를 나타내며 ELS의 기초자산에 대한 미분으로 나타낼 수 있다. ELS의 기초자산은 여러 개 일 수 있으므로 ELS의 델타값은 기초자산의 수만큼 존재하게 된다.

$$Delta = \Delta(s_i) = \frac{\partial V}{\partial S_i}$$

델타는 그 사용되는 개념에 따라서 세 가지 개념으로 나누어 설명할 수 있는데 첫 번째 수량델타, 두 번째 퍼센트델타, 세 번째 금액델타이다. 수량델타는 이론적인 델타 개념으로 기초자산이 한 단위 변화시 ELS의 가치변화를 나타내고 그 값은 ELS와 동일한 델타값에 해당하는 기초자산의 수량을 의미한다. 퍼센트델타는 기초자산이 1% 변동시 ELS 가치 변화를 나타낸다.

마지막으로 금액델타는 수량델타에 기초자산 가격을 곱한것으로 ELS 델타를 헤지하기 위한 기초자산의 금액을 나타낸다.

2) 산출방법

ELS의 델타는 해석적인 방법을 통해서 구할 수도 있지만 실무적으로는 수치해석적 방법을 통하여 근사하여 계산한다. 원금비보장 상품의 경우 주가수익률의 시뮬레이션을 통하여 구현하므로 평가함수 구현시 기초자산 현재가와 기준가의 비율을 입력변수로 사용하므로 실제 수량델타를 구현하기 위해서는 현재가 비율을 변수로 한 평가함수의 델타를 구현하고 기초자산의 기준가를 나누어서 델타를 구한다.

$$\Delta(S)=\frac{\partial}{\partial S_t}V(S_t)=\frac{\partial}{\partial Z_t}V(Z_t)\frac{dZ_t}{dS_t}\approx\frac{V(Z_t\times 101\%)-V(Z_t\times 99\%)}{Z_t\times 2\%}\times\frac{1}{S_0}$$

- $Z_t=\frac{S_t}{S_0}$ 기초자산 현재가와 기준가의 비

Knock out With Rebate ELS의 경우 현재가를 입력변수로 사용할 수 있으며 이 경우 기초자산 가격 변동을 통하여 미분을 근사하여 산출한다.

$$\Delta(S)=\frac{\partial}{\partial S_t}V(S_t)\approx\frac{V(S_t\ \times 101\%)-V(S_t\ \times 99\%)}{S_t\times 2\%}$$

3) 활용예시

[그림 2-41]의 델타차트는 위 ELS 예시의 Knock out With Rebate ELS의 잔존만기별 주가변동에 따른 델타그래프이다. 델타값은 ELS 명목원금 기준으로 델타값이 차지하는 비율을 나타내었다. 예를 들어 ELS 델타가 100%인 경우 델타헤지를 하기 위해 기초자산을 ELS 명목금액 100%에 해당하는 만큼 매수해야 한다. Knock out With Rebate ELS를 발행할 경우 ELS 매도포지션이므로 ELS 발행자 입장에서 델타가 상한 베리어 근방까지 상승하지 않으면 음의 델타값을 가지게 되고 이를 헤지하기 위해 운용자는 ELS의 델타값에 해당하는 기초자산 수량을 매수하여 델타값을 0으로 헤지하게 된다.

하지만 만기근방(잔존만기: 0.1년)에서 상한 베리어(기준가 140%)근방에서는 ELS는 음의 델타값을 가지게 되고 ELS 발행포지션은 양의 델타값이고 ELS 헤지운용

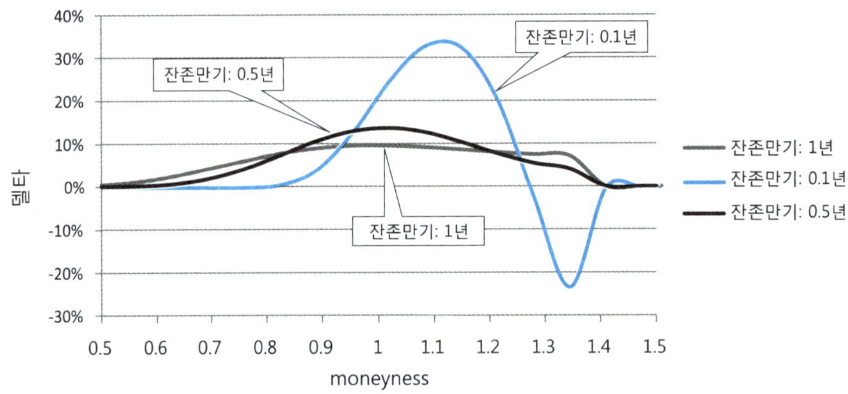

[그림 2-41] 원금보장형 ELS 델타 분포

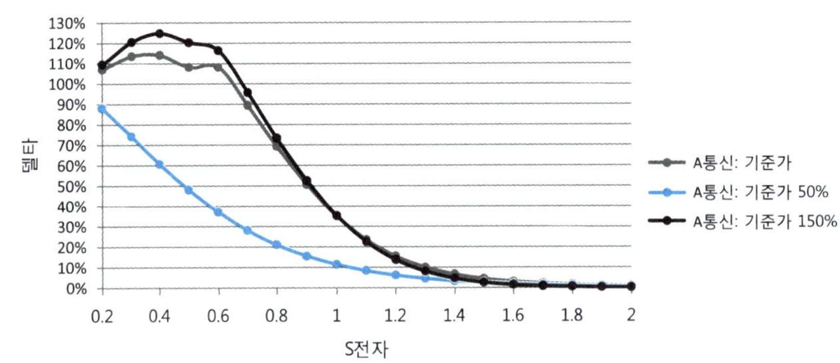

[그림 2-42] S전자 델타 분포

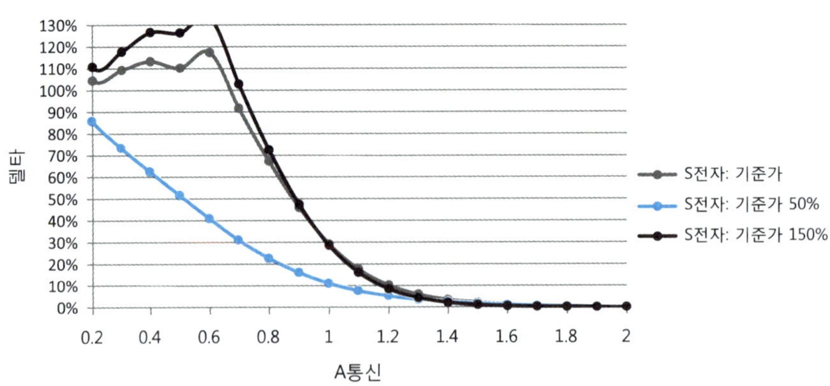

[그림 2-43] A통신 델타 분포

자는 이를 헤지하기 위해 기초자산을 매도하여 양의 델타값을 상쇄시킨다.

스텝다운형 원금비보장 ELS 발행시점에서의 델타값은 [그림 2-42], [그림 2-43]과 같이 양의 값을 나타내고 있으며 기초자산의 하락시 델타값이 점점 상승하여 100%에 가깝게 된다. ELS 발행자는 반대로 ELS 매도포지션이므로 기초자산 하락시 음의 값으로 커지게 되며 이를 헤지하기 위하여 기초자산 매수포지션을 늘려 ELS 명목금액만큼 매수(델타 100%)를 늘리는 경우도 발생한다.

(2) 감마(Gamma)

1) 개요

ELS의 감마는 기초자산의 변동시 ELS 델타값의 변화를 나타내며 ELS의 기초자산에 대한 2차미분값으로 계산할 수 있다.

$$Gamma = \Gamma(S_i) = \frac{\partial^2 V}{\partial S_i^2}$$

헤지개념으로는 기초자산의 변동시 헤지 델타 수량의 변동으로 나타낼 수 있으며 감마 값이 음수인 경우를 숏감마, 감마값이 양수인 경우 롱감마라고 한다.

ELS 발행포지션이 롱감마인 경우 델타 수량만 헤지한 상태라고 하면 기초자산이 상승시 헤지델타 수량이 감소하게 되어 감마만큼의 수익을 보게 되고 ELS 발행포지션이 숏감마인 경우 기초자산 상승시 헤지델타 수량이 증가하므로 감마만큼의 손실을 보게 되어 감마헤지의 필요성이 증가 된다.

2) 산출방법

감마는 ELS 평가함수를 기초자산에 대하여 두 번 미분한 것으로 델타 산출방법을 이용하여 두 개의 델타를 계산하고 그 변화율을 다시 계산하여 산정한다.

$$\frac{\partial^2}{\partial S_t^2} V(S_t) \approx \frac{V(S_t \times 101\%) - 2 \times V(S_t) + V(S_t \times 99\%)}{(S_t \times 1\%)^2}$$

감마값도 델타와 마찬가지로 기준가 대비 비율로 가격계산 결과가 나오는 함수를 이용할 경우 실제 감마를 계산하기 위해서 다음과 같은 수식을 이용하여 변환할 수 있다.

$$\frac{\partial^2}{\partial S_t^2}V(S_t)=\frac{\partial^2}{\partial Z_t^2}V(Z_t)\left(\frac{dZ_t}{dS_t}\right)^2 \approx \frac{V(Z_t\times 101\%)-2\times V(Z_t)+V(Z_t\times 99\%)}{(Z_t\times 1\%)^2}\times\frac{1}{S_0^2}$$

- $Z_t=\dfrac{S_t}{S_0}$ 기초자산 현재가와 기준가의 비

3) 활용예시

[그림 2-44]는 위의 평가예시의 Knock out With Rebate ELS의 발행시점의 감마 그래프를 나타낸 것이다.

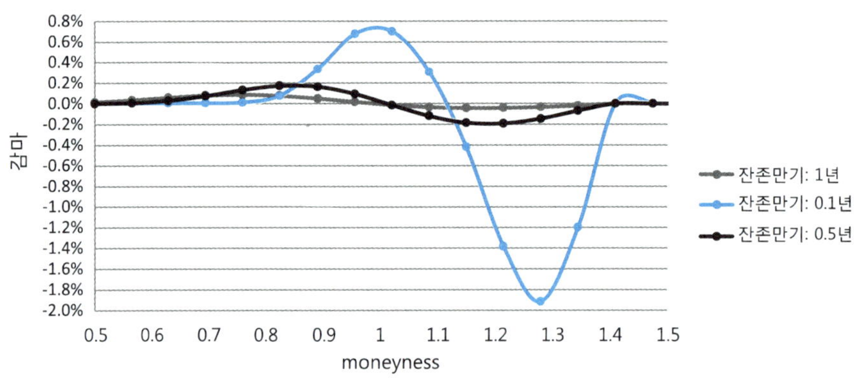

[그림 2-44] **원금보장형 ELS 감마 분포**

위는 가격예시에서 제시한 Knock out With Rebate ELS의 발행시점의 감마차트를 보여주고 있는데 잔존만기가 가까워지면 행사가 위에서 양의 감마값을 가지다가 상한 베리어가 가까워 오면 음의 감마값으로 바뀌게 된다. 이를 헤지하기 위해서 ELS가 양의 감마값을 가질 때는 ELS 발행자는 ELS 발행포지션이므로 음의 감마값을 가지게 되고 양의 감마값을 가지는 옵션을 헤지운용하여야 한다. 기초자산 수량의 개념으로는 기준가에서 주가 상승 시 헤지해야 할 기초자산의 수가 증가함을 나타내고 기초자산이 더 상승하여 상한 베리어에 가까워 올때는 헤지해야 할 기초자산의

수가 감소함을 나타낸다.

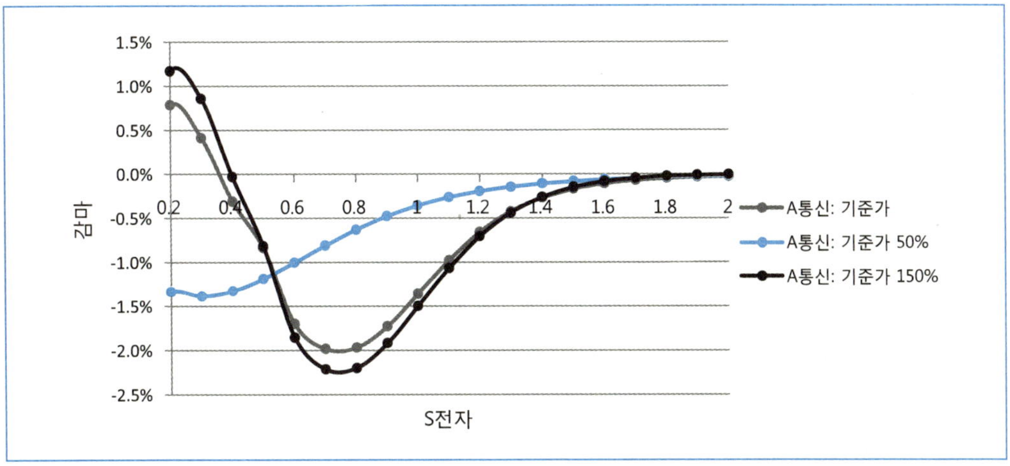

[그림 2-45] **S전자 감마 분포**

스텝다운형 원금비보장 ELS의 감마값은 음의 값을 가지고 ELS 발행자는 양의 감마, 즉 롱감마포지션을 가지게 된다. 이를 헤지하기 위해서 헤지운용자는 숏감마 포지션으로 헤지를 해야 한다. 감마는 이차미분으로 옵션 같은 비선형 파생상품으로 헤지해야 한다.

4) 크로스 감마(Cross Gamma)

기초자산이 두 개인 스텝다운형 원금비보장 ELS의 경우 ELS 평가시 두 종목의 상관관계가 입력변수가 되며 같은 비율이더라도 기초자산 두 종목이 동시에 상승하는 경우와 같은 비율로 한 종목은 상승하고 다른 한 종목이 하락한 경우 상승한 종목의 델타의 변화가 다른 종목의 상승과 하락여부에 따라 상이하게 되는데 이를 Cross Gamma라고 한다.

(3) 베가(Vega)

1) 개요

ELS의 베가는 기초자산의 변동성이 1% 변동시 ELS 가격의 변화로서 변동성에 대한 민감도를 나타낸다. 수리적으로는 ELS의 변동성에 대한 미분으로 계산할 수 있다.

$$Vega = \nu = \frac{\partial V}{\partial \sigma}$$

2) 산출방법

변동성에 대한 ELS의 민감도는 변동성 1% 변동시 ELS의 가치 변화를 주로 계산하며 변동성 상승시, 변동성 하락시의 ELS 가치 변화의 비선형성을 감안해주기 위해 변동성을 ±1% 변화시켜 민감도를 계산한다.

$$\frac{\partial}{\partial \sigma_t} V(\sigma_t) \approx \frac{V(\sigma_t + 1\%) - V(\sigma_t - 1\%)}{2\%}$$

3) 활용예시

잔존만기별 기초자산 변화에 따른 Knock out With Rebate ELS의 베가그래프를 보면 기준가 근방에서는 베가가 양의 값이고 상한 베리어로 기초자산 가격이 상승하면 음의 베가값을 갖는 것을 알 수 있다. 기준가 근방에서 변동성 상승시 주가 하락에 따른 손실은 없고 상승에 따른 수익을 얻을 확률이 커지게 되므로 ELS 가치가 상승하고 상한 베리어 근접시 상한 베리어 위의 리베이트로 제한되는 수익으로 ELS 가치는 하락하게 된다.

스텝다운형 원금비보장 ELS는 대표적인 변동성 상품으로 기초자산의 변동성 변화에 따라 ELS 가치 변화가 민감하게 나타난다. 그래프에서 볼 수 있듯이 변동성 상승 시 스텝다운형 원금비보장 ELS 가치는 하락하게 되어 ELS 발행자 입장에서는 발행시점의 변동성보다 변동성이 하락하면 ELS 가치가 상승하여 손실을 보게 된다. 장내 옵션, 장외 변동성 스왑, 장외 주식옵션 거래를 통해 베가 위험을 헤지할 필요성

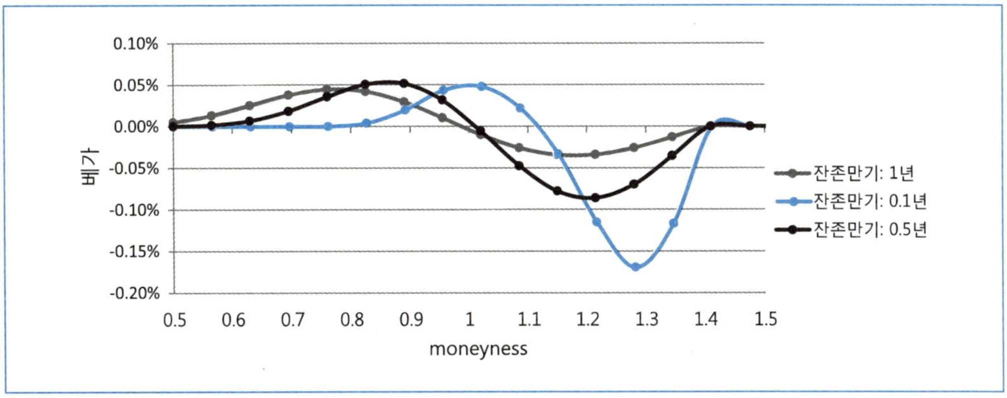

[그림 2-46] **원금보장형 ELS 베가 분포**

이 있다. 변동성은 무한히 증가하는 것이 아니라 변동성의 평균으로 수렴하는 경향이 있으므로 변동성이 확대되었을 때와 변동성이 축소되었을 때 ELS 발행을 고르게 하여 변동성 변화에 따른 위험을 축소할 수 있으며 원금보장형 상품 같이 롱베가상품(변동성 상승시 이론가 상승) 발행을 통해서도 포트폴리오의 변동성 민감도를 축소할 수 있다.

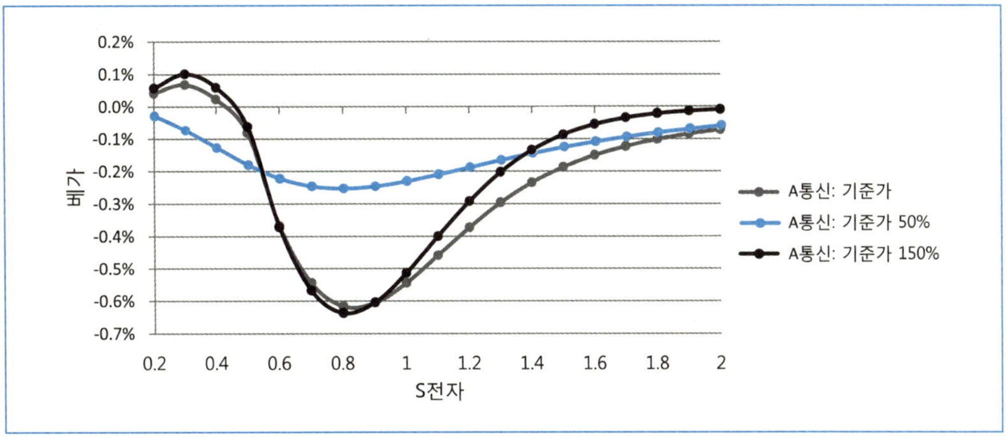

[그림 2-47] **S전자 베가 분포**

(4) 세타(Theta)

1) 개요

ELS 세타는 잔존만기의 변동시 ELS 값의 변화를 나타내며 ELS의 잔존만기에 대한 미분으로 나타낼 수 있다. 세타를 계산할 경우 보통 1일을 기준으로 계산한다.

$$Theta = \theta = \frac{\partial V}{\partial t}$$

2) 산출방법

ELS의 연율화된 잔존만기를 t라고 하면 세타는 보통 1일이 지났을 때 ELS이론가의 변동분으로 계산한다.

$$\frac{\partial}{\partial t}V(t) \approx V(t-1/365) - V(t)$$

ELS 이론가의 시간에 따른 변화는 선형이 아니고 잔존만기별로 큰 편차를 나타내므로 세타를 정확하게 산출하기 위해서는 실제 경과일수를 빼서 계산하는 것이 더 정확할 것이다.

3) 활용예시

Knock out With Rebate ELS의 세타그래프를 보면 기준가 근방에서는 음의 값을 가지게 되어 ELS 발행자 입장에서는 롱세타포지션이 되어 만기가 가까워 올수록 ELS 가치 하락으로 이익을 보게 되며 베리어 근방인 경우 오히려 세타포지션이 음수가 되어 시간이 갈수록 ELS 가치 상승으로 손실을 보게 된다.

발행시점의 주가 변동에 따른 스텝다운형 원금비보장 ELS 세타그래프를 보면 양의 세타값이다. ELS 발행자는 시간이 갈수록 ELS 가격의 상승으로 세타에 의한 손실을 보게 된다. 따라서 스텝다운형 원금비보장 ELS의 경우 세타 민감도 역시 주의깊게 관리하여야 하는 값이다. 옵션의 매도 등을 통해 롱세타포지션을 취해 세타헤지를 할 수 있고 세타가 음수인 상품 발행 등을 통해 전체 포트폴리오의 세타값을 확대되거나 집중되지 않도록 관리하여야 한다.

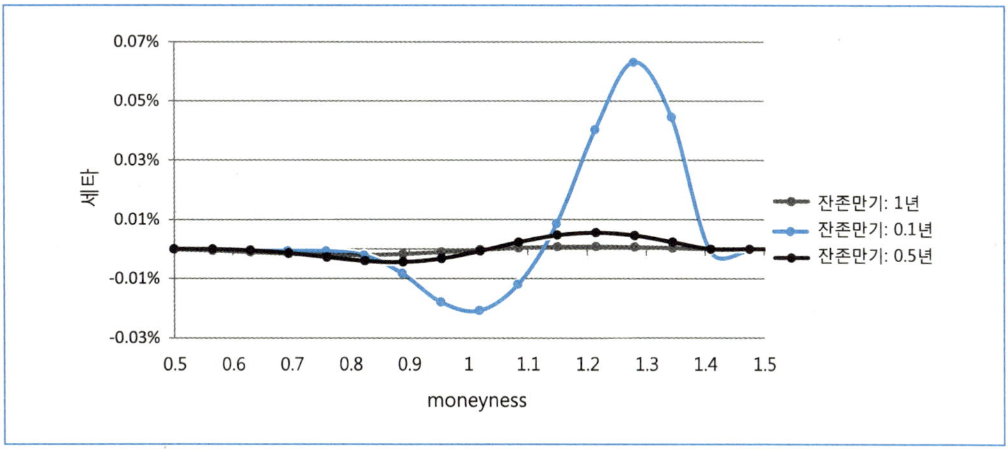

[그림 2-48] **원금보장형 ELS 세타 분포**

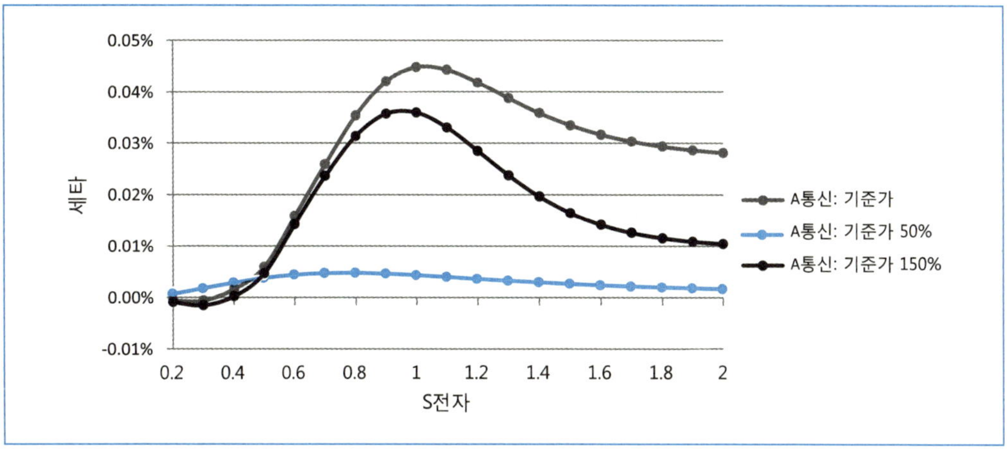

[그림 2-49] **S전자 세타 분포**

ELS 발행자는 현재이론가 기준으로 조기상환이 되는 6개월 후 시점까지 원금에 제공수익률을 제공하여야 하므로 입력변수의 변동이 없을 시 시간에 따라 ELS 이론가가 점차적으로 상승하게 되어 손실이 발생하게 된다. 따라서 헤지운용자는 기초자산의 변동성을 통해서 수익을 창출하여야 한다. 그러나 시장 움직임이 거의 없는 경우 ELS 시간 가치에 해당하는 감마 수익(시장변동에 의한 수익)을 얻지 못하는 경우 헤지운용시 손실이 발생하게 된다.

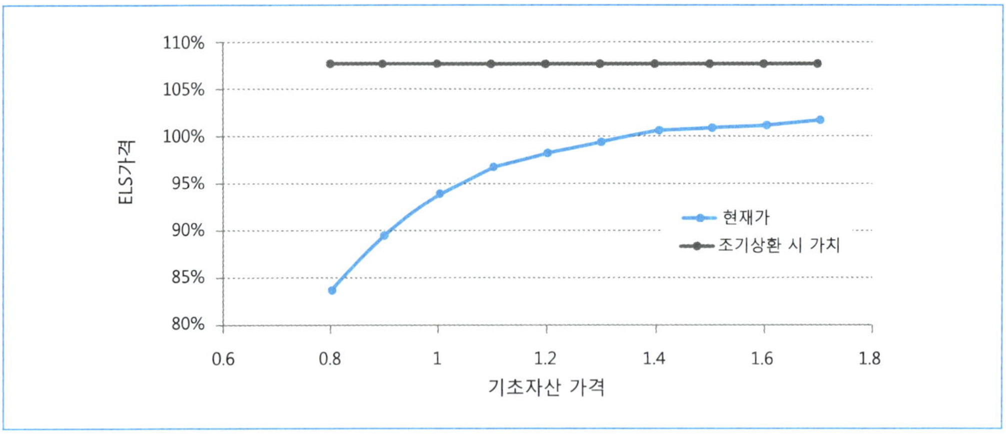

[그림 2-50] **조기상환형 ELS 세타효과**

(5) 로(Rho)

1) 개요

ELS의 로(rho)는 금리 변동시 ELS 이론가의 변화를 나타내며 ELS의 금리에 대한 미분으로 나타낼 수 있다. 주식파생상품에서 금리 민감도는 큰 고려 사항이 아니지만 ELS를 설계할 때는 금리에 따른 할인율이 달라지므로 상품의 쿠폰결정에 큰 영향을 미친다.

$$Rho = \rho = \frac{\partial V}{\partial r}$$

2) 산출방법

로값의 산출은 금리 변동시 ELS 가치 변화이므로 금리를 ±1bp 변화에 따른 ELS 가치 변화율을 계산한다. 산출된 로값은 금리가 1% 변동시 ELS 가치 변화를 나타낸다.

$$\frac{\partial}{\partial r}V(r) \approx \frac{V(r+1bp)-V(r-1bp)}{2bp}$$

3) 활용예시

예시의 Knock out With Rebate ELS의 로그래프를 그려보면 금리 변화에 따라

ELS 가격의 변화가 크게 나타나진 않으며 보합근방에서 금리 상승시 주가수익률 모델에서 상승 확률이 높아지므로 ELS 가치가 상승하는 것을 볼 수 있다.

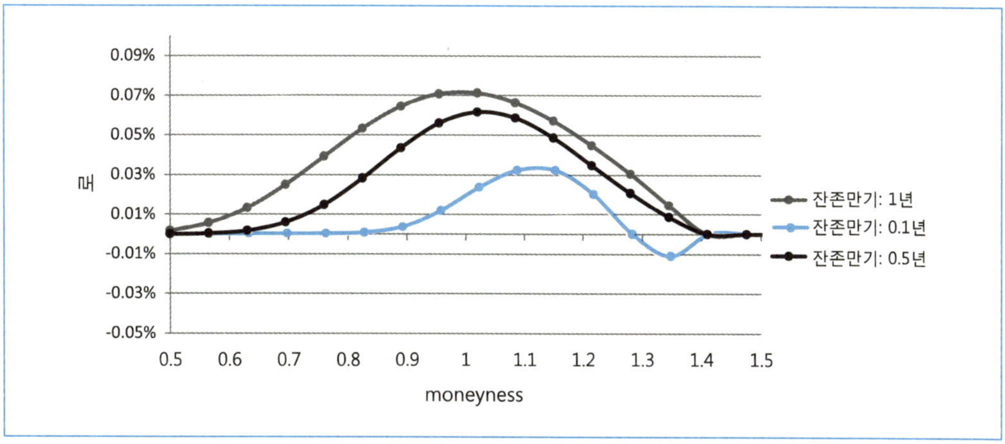

[그림 2-51] **원금보장형 ELS 로 분포**

발행시점의 주가 변동에 따른 스텝다운형 원금비보장 ELS의 금리 1% 변동시 ELS 가치변화인 로그래프를 보면 기초자산이 기준가보다 상승시 헤지 수량은 감소하여 금리 상승시 할인율의 상승으로 ELS 가치가 하락하게 된다. 기초자산이 하한 베리어 근방으로 하락시 헤지포지션이 명목금액으로 상승하게 되고 금리의 상승은 주가의 상승 확률을 높여 주므로 금리 상승시 ELS 가치가 상승하게 된다.

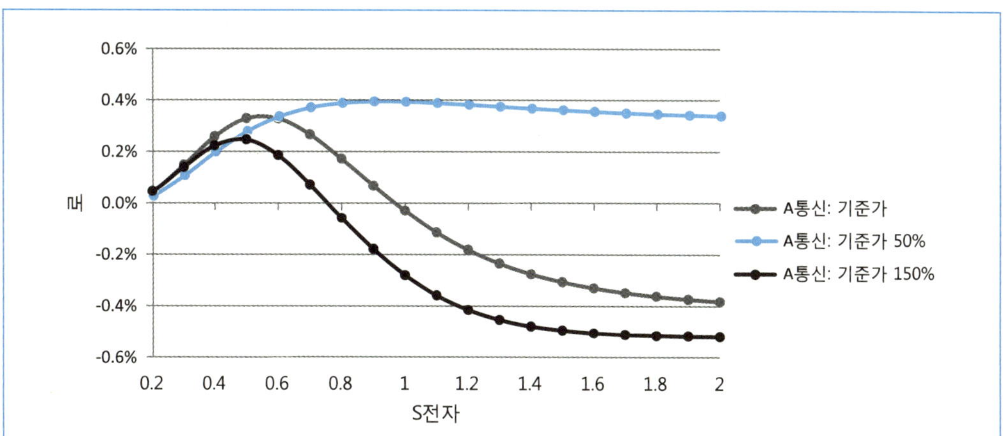

[그림 2-52] **S전자 로 분포**

2-3. ELS 헤지운용

(1) 효율적인 헤지운용 전략

ELS 발행자 입장에서는 다양한 만기와 다양한 구조의 ELS 포트폴리오를 구성하고 있으므로 종목 기준의 민감도관리보다는 전체 포트폴리오 입장에서 민감도를 관리하여야 하며 포트폴리오로 관리되는 ELS 및 헤지 포트폴리오 내에서 실무적으로는 완벽한 헤지는 있을 수 없으므로 전체 민감도를 효율적으로 관리할 필요가 있다.

ELS 및 헤지 포트폴리오의 당일 입력변수 흐름에 따른 헤지 수량의 변화를 미리 계산하여 테이블화하여 구성해 놓을 필요가 있다. 시장에서 발행되는 ELS는 대부분 시뮬레이션이나 FDM으로 평가하므로 전체 포트폴리오의 민감도를 실시간으로 계산하기가 쉽지 않다. 따라서 전일자 기준으로 주가 변동에 따른 민감도 값을 미리 계산하여 테이블로 관리하면 장중 민감도를 모니터링하여 관리할 수 있을 것이다.

과거 역사적 시뮬레이션을 통하여 ELS 상품의 특성을 파악해 놓는 것도 필요하다. 비보장 ELS의 경우 일별 델타헤지 시뮬레이션을 통하여 헤지가 어려운 기준가격 움직임을 파악하고 실제 운용 시 참고한다.

일반적으로 포트폴리오 델타는 실시간으로 모니터링하면서 재조정하며 감마와 베가의 경우 변동성이나 감마가 크게 확대되거나 확대될 위험이 있을 경우 헤지를 한다. 감마헤지를 하기 위해서는 감마 민감도가 있는 장외주식옵션을 통한 헤지가 필요하므로 다이나믹한 헤지가 쉽지 않은 상황이다. ELS 포트폴리오 관리에 있어서 또한 중요하게 고려해야 할 사항은 ELS 발행물량의 관리다. 장외주식옵션이나 변동성 스왑(Variance Swap)의 경우 개별 ELS 건별로 헤지하기가 쉽지 않다. 따라서 포트폴리오 감마나 베가를 계산하고 그에 따른 포트폴리오 차원의 헤지를 수행한다. 이런 경우 ELS의 만기가 집중되어 있거나 감마나 베가값이 큰 ELS의 만기 시 포트폴리오 민감도가 확대되므로 추가적인 ELS 발행이나 기타 헤지 수단을 이용하여 포트폴리오 민감도를 축소시켜야 한다.

(2) 장외 헤지수단

ELS를 헤지운용할 때 장내에서 거래되는 주식, 지수선물, 지수옵션뿐만 아니라 거래상대방과 장외파생상품 계약을 거래할 수 있다. 변동성을 헤지할 수 있는 Variance Swap과 주식파생상품 등이 장외에서 헤지 수단으로 주로 이용된다.

1) 변동성 스왑

스텝다운형 원금비보장 ELS 는 변동성 하락시 ELS 가치 상승으로 ELS 발행자 입장에서는 손실 위험이 있으므로 베가 위험을 헤지하기 위하여 고정된 변동성과 실제 실현된 변동성을 교환하는 변동성 스왑 계약을 거래할 수 있다.

스텝다운형 원금비보장 ELS 발행자는 변동성 하락시 ELS 가격 상승으로 손실을 보는 베가롱포지션을 가지고 있으므로 변동성 스왑 매도를 통해 스왑 만기 시 고정된 변동성과 실현된 변동성 차이에 해당하는 금액을 수취하여 변동성 하락에 따른 손실을 헤지하게 된다.

2) 장외주식옵션 거래

코스피 종목의 경우 장내에서 옵션거래가 활발하지 않으므로 ELS 발행자는 감마와 베가와 같은 비선형 민감도에 대한 리스크를 축소하기 위하여 장외 시장에서 옵션을 매수하거나 매도할 수 있다.

예를 들어 스텝다운형 ELS 발행자는 조기상환일 부근에서 기초자산이 행사가격 근방일 경우 발행금액에 해당하는 대량의 기초자산을 헤지물량을 보유하게 되는데 조기상환일 헤지물량의 대량 보유에 따른 위험을 회피하기 위해 조기상환일 종가가 행사가 위에 있으면 일정부분의 수익을 보장하는 장외옵션 거래를 하여 ELS 발행자가 가지고 있는 헤지물량을 축소할 수 있고 물량부담을 회피할 수 있을 것이다.

VARIANCE SWAP ON S&P500

SPX INDICATIVE TERMS AND CONDITIONS

Instrument:	Swap
Trade Date:	TBD
Observation Start Date:	TBD
Observation End Date:	TBD
Variance Buyer:	TBD
Variance Seller:	TBD (e.g. Investor)
Denominated Currency:	USD ("USD")
Vega Amount:	100,000
Variance Amount:	3,125 (determined as Vega Amount/(Strike*2))
Underlying:	S&P500 (Bloomberg Ticker: SPX Index)
Strike Price:	**16**
Currency:	USD
Equity Amount:	<u>T+3</u> after the Observation End Date, the Equity Amount will be calculated and paid in accordance with the following formula:

*Final Equity payment = Variance Amount * (Final Realized Volatility^2 – Strike Price^2)*

If the Equity Amount is positive the Variance Seller will pay the Variance Buyer the Equity Amount.
If the Equity Amount is negative the Variance Buyer will pay the Variance Seller an amount equal to the absolute value of the Equity Amount.

where

$$\textbf{\textit{Final Realised Volatility}} = \sqrt{\frac{252 \times \sum_{t=1}^{t=N}\left(\ln\frac{P_t}{P_{t-1}}\right)^2}{\text{Expected\_N}}} \times 100$$

Expected_N = [number of days], being the number of days which, as of the Trade Date, are expected to be Scheduled Trading Days in the Observation Period

P_0 = The Official Closing of the underlying at the Observation Start Date

P_t = Either the Official Closing of the underlying in any observation date t or, at Observation End Date, the Official Settlement Price of the Exchange-Traded Contract

Calculation Agent:	
Documentation:	ISDA

[그림 2-53] **변동성스왑 계약서**

(3) 헤지운용시 유의사항

1) 핀리스크

[그림 2-54]는 두 기초자산 중 하나라도 하한 베리어를 하회한 경우 A통신이 기준가 대비 90%일 때 5번째 조기상환일 부근에서 S전자 변화에 따른 ELS 가격의 변화를 보여준다. S전자가 조기상환 행사가인 80%에 있을 경우 S전자 1% 상승시 ELS 변화는 8% 변화하며 이론상 ELS 명목금액 이상의 기초자산을 보유하여야 헤지가 되는 상황에 놓이게 된다. 행사가 부근일 경우 기초자산의 보유수량의 변화의 변동폭도 커지게 되어 헤지 운용자 입장에서는 헤지 손실 가능성이 높아지게 된다.

실무적으로 헤지 운용자는 수익구조의 불연속에서 생길 수 있는 리스크를 축소하기 위하여 불연속인 부분을 연속적인 수익구조로 변경하여 헤지한다. 예를 들어 디지털 옵션의 경우 디지털 옵션의 행사가에서의 불연속인 부분을 불스프레드 형태로 구조를 변환하여 특정 시점의 핀 리스크를 분산하여 운용한다.

2) 불공정거래 방지

ELS 상품의 구조 중 Step down 원금비보장형 상품의 경우 수익구조의 점프에 의해 만기근방이나 조기상환일 근방일 부근에서 헤지 수량의 큰 변동이 생길 수 있다.

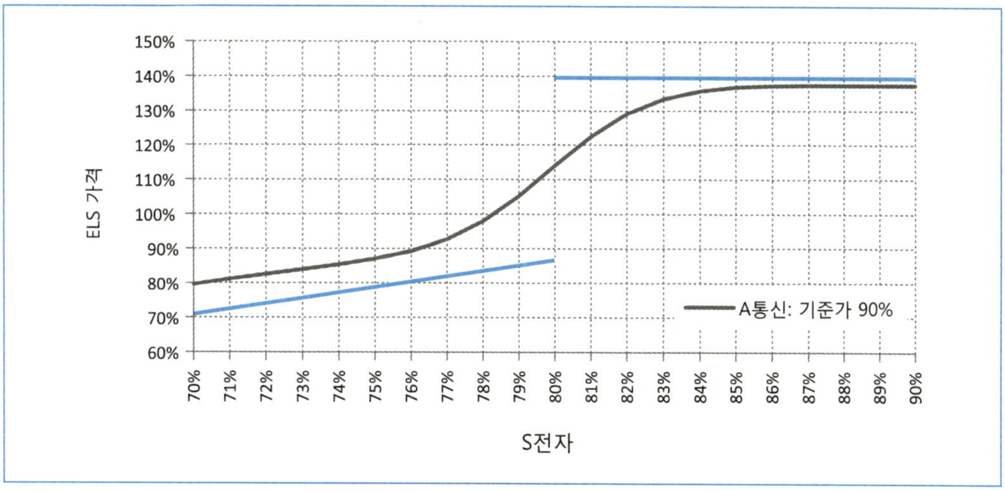

[그림 2-54] 조기상환 2일전 ELS 가격

예를 들어 Step down 원금비보장형 상품의 경우 기초자산이 원금 손실이 발생하는 하한 베리어 이하로 하락한 경우가 있는 경우 만기지수 결정일에 행사가 이상일 경우 투자자에게 원금과 누적된 수익을 제공하고 행사가 미만인 경우 투자자에게 원금 손실이 되는 구조이므로 수익의 점프가 발생하여 헤지해야 할 기초자산의 수량이 크고 변동도 심하게 된다. 이론적으로 수익구조의 점프가 발생하는 행사가 부근에서 조기상환일이 되면 두 기초자산 모두 행사가 위에 있으면 조기상환이 되고 두 종목 중 한 종목이라도 행사가 미만이면 조기상환이 되지 않으므로 조기상환이 되었을 경우 기초자산 헤지 수량을 전량매도 하여야 하고 조기상환이 되지 않았을 경우 차기 조기상환으로 이월되어 ELS 델타값이 축소되어 헤지물량을 축소하게 된다. 극단적으로 조기상환일 동시호가에 ELS 명목금액 이상의 기초자산 헤지물량 전량을 처분해야 하는 상황에 놓이게 된다.

이러한 ELS 조기상환일 또는 만기지수 결정일의 기초자산 헤지 수량의 심한 변동으로 인한 기초자산의 시장가격 변동 영향력을 축소하기 위해 한국거래소는 "헤지거래 가이드라인"을 제시하고 금융투자협회에서는 "파생결합증권의 발행 및 운용에 관한 모범규준"을 제시하고 있다.

ELW 실무 및 LP트레이딩

CHAPTER 03

CHAPTER 3

ELW 실무 및 LP트레이딩

1. ELW의 이해

1-1. ELW 개요

(1) ELW 상품의 종류

1) 옵션에 대하여

ELW에 대한 본격적인 소개를 시작하기에 앞서 ELW의 원형(原形)인 옵션에 대하여 간략히 언급하고자 한다. 인터넷 백과사전인 위키피디아의 옵션에 대한 설명[1]에 따르면, 역사상 최초로 옵션을 거래한 사람은 기원전 6세기의 인물인 고대 그리스의 철학자 탈레스(Thales of Miletus)로 어느 해인가 그는 평년보다 많은 올리브의 생산을 예견하고서 올리브 재배가 시작되기 전에 미리 올리브유 압착기를 사용할 수 있는 권리를 사두었다가 실제로 올리브의 생산이 많아져 올리브유 압착기에 대한 수요가 높아졌을 때 미리 사 둔 올리브유 압착기의 사용권리를 더 높은 가격에 판매하여 이익을 거두었다고 한다.[2][3]

1 http://en.wikipedia.org/wiki/Option_(finance)#Historical_uses_of_options

이 사례에서 보듯 옵션은 기본적으로 옵션의 매도자와 매수자 사이에 이루어지는 미래에 일어날 특정한 형태의 거래에 대한 계약으로서, 그 계약의 구성 요건은 기초자산과 행사가격, 만기, 그리고 만기 도래시 그 옵션의 정산가격을 결정하는 방법 등으로 구성됨을 볼 수 있는데 위의 사례에서 탈레스는 올리브유 압착기를 특정한 날짜에 특정한 가격에 사용할 수 있는 권리를 매수하였다가 실제 그 날짜가 도래하자 다른 이들에게 높은 가격에 그 사용권리를 판매함으로써 차익을 남길 수 있었다는 점에서 옵션의 구성 요건을 모두 갖춘 최초의 옵션 거래라고 부르는데 무리가 없다.

인류의 역사 속에서 옵션이 거래된 기록은 다양하게 발견되는데 예컨대 17세기 네델란드의 튤립 버블 시기에 튤립을 기초자산으로 한 옵션의 거래가 이루어졌다는 기록[4]이나, 1733년 당시 런던에서는 옵션 거래를 불법화할 정도였다는 사실, 미국의 전설적인 금융인 러셀 세이지(Russell Sage)가 19세기 말에 옵션을 지금의 장외옵션(OTC option, Over-the-counter option)과 같은 형태로 거래하였다는 이야기 등은 그 예가 될 것이다.

20세기에 들어 옵션의 발전은 더욱 가속화되어, 1973년 미국 내에서는 최초로 옵션이 시카고 옵션 거래소(CBOE: Chicago Board Options Exchange)에 상장되어 거래되었는데 당시 첫 거래일인 1973년 4월 26일 하루 동안 16개 주식을 대상으로 911계약의 옵션 거래가 이루어졌다고 한다.[5] 또한, 1997년에는 하버드의 로버트 머튼(Robert C. Merton)과 스탠포드의 마이런 숄즈(Myron Samuel Scholes)가 옵션의 가격 계산을 가능하게 한 공로를 인정받아 노벨상을 수상[6]함으로써 금융공학의 전성시대를 예견하기도 하였다.

한국의 금융시장에서는 지난 1996년 5월 KOSPI200 주가지수 선물시장이 개장한 데 이어 1997년 7월 주가지수 옵션시장이 개장하였으며, 1999년에는 국채선물시장, 2002년에는 개별주식 옵션시장이 연이어 개장하였고, 마침내 2005년 12월에는

2 Mattias Sander, Bondesson's Representation of the Variance Gamma Model and Monte Carlo Option Pricing, Lunds Tekniska Högskola, 2008.

3 Aristotle, Politics.

4 http://en.wikipedia.org/wiki/Tulip_mania

5 http://www.cboe.com/aboutcboe/History.aspx

6 http://www.nobelprize.org/nobel_prizes/economics/laureates/1997/press.html

한국의 상장주식 및 KOSPI200 등의 지수를 기초자산으로 하는 ELW시장이 개장되었다. 현재 한국의 파생상품시장은 세계에서 손꼽히는 규모의 선진화된 시장으로 일평균거래량 1,700만 계약, 일평균거래대금은 64조원에 달하는 규모를 기록하여 2011년 기준 세계에서 가장 많은 파생상품 거래량을 기록하는 시장으로 한국의 KRX가 선정되기도 하였다.[7] 이러한 파생상품시장의 위상과는 달리 ELW 시장은 연이은 규제의 여파로 2011년 최대 일평균거래대금 2조원에 달하던 시장규모가 2012년 현재 일평균거래대금 700억원 수준으로 격감한 상황이다.

2) ELW의 정의 및 상품 소개

① ELW의 정의

ELW란 Equity Linked Warrant의 첫 글자에서 온 이름으로 단어 그대로의 뜻은 '주식에 연계된 워런트'라는 것이다. 여기서 워런트란 만기일에 미리 정해진 가격으로 그 워런트를 발행한 회사의 주식을 사전에 정해진 수량만큼 살 수 있는 권리가 부여된 증권을 의미한다. 결국 워런트는 그 내용적인 측면에서 콜옵션과 유사한 성격을 지니고 있는 셈으로 통상 우리 증시에서 워런트란 신주인수권부 사채(BW: Bond with warrant)에서 채권과 함께 발행되는 신주인수권을 의미해왔는데, ELW 시장이 개장되면서 용어상 구분이 필요하게 되었다.

좀 더 정확히 따진다면 발행사가 자기 회사의 주식에 대하여 BW나 우선주 등에 부여하는 워런트는 주식을 발행한 회사에 의해서 발행된 것이므로 Company Warrant라고 부르며, ELW와 같이 제3자에 의해 발행된 워런트를 Covered Warrant라고 부르는데, 여기에서 covered란 워런트의 발행사가 기초자산의 가격 변동에 의한 위험을 책임진다는 의미에 그 유래가 있다. 한편, 세계 제1의 워런트 시장을 보유한 홍콩에서는 Derivatives Warrants라는 명칭을 사용하고 있으며, 한국의 경우 주식 파생상품으로 먼저 도입된 ELS(Equity Linked Securities)와의 통일성을 유지한다는 차원에서 ELW라는 이름을 초창기부터 사용하고 있다.

한편, ELW 투자자를 위한 인터넷 교육 과정에서 ELW는 "주식 또는 주가지수를 기초자산으로 사전에 정해진 행사가격에 그 기초자산을 사거나(Call 옵션), 팔 수 있는(Put 옵션) 권리를 증권화한 파생결합증권이다."라는 표현을 볼 수 있는데 여기서

7 2011년도 글로벌 파생상품시장 거래 현황(금융투자협회, 2012-03) 및 KRX 홈페이지.

말하는 '파생결합증권'이란 '자본시장과 금융투자업에 관한 법률' 제4조 제2항 제5호에 있는 '파생결합증권'으로 동일 법률 제4조 제7항에서 "기초자산의 가격 · 이자율 · 지표 · 단위 또는 이를 기초로 하는 지수 등의 변동과 연계하여 미리 정하여진 방법에 따라 지급금액 또는 회수금액이 결정되는 권리가 표시된 것을 말한다."라고 정의하고 있다.

② ELW 상품 소개

앞에서 옵션의 구성 요건은 기초자산과 행사가격, 만기, 그리고 만기 도래시 그 옵션의 정산가격을 결정하는 방법 등으로 구성됨을 이야기하였는데 이는 ELW도 옵션의 성질을 그대로 보유한다는 점에서 그 구성 요건은 마찬가지라 하겠다.

(가) ELW의 발행 요건

ELW의 기초자산에는 제한이 있으므로 발행사는 이를 항상 고려해야 하는데, 지수형의 경우 KOSPI200 주가지수, KOSDAQ 스타지수, 일본의 NIKKEI225 주가지수 및 홍콩의 항셍 주가지수가 그 대상이며, 주식형의 경우 지난 2010년 10월 ELW 시장 건전화 방안의 도입에 의거 'KOSPI200 지수 구성 종목 중 시가총액 및 거래대금을 감안하여 매분기마다 거래소에서 선정한 종목과 KOSDAQ 구성 시가총액 상위 5개 종목'으로 정해져 있으므로 이 범위 내에서 ELW를 발행하여야 한다. 자세한 발행 가능 기초자산은 KRX 홈페이지의 ELW 섹션 아래의 상장 현황에서 ELW 발행 가능 기초자산 페이지에서 확인할 수 있다.

ELW의 행사가는 행사 가능성이 낮은 극외가 ELW에 대한 투자자들의 진입을 예방하고자 패리티(기초자산 가격과 행사가격 간의 비율) 85% 이상의 범위에서 발행되도록 지난 2011년 5월 ELW 시장 추가 건전화 방안에서 규정된 바 있다. 그리고, 주식형 ELW의 경우 ELW 1주가 기초자산 몇 주에 대응하는지, 지수형 ELW의 경우 기초자산 1포인트에 해당하는 금액이 얼마인지 알려주는 전환비율에 대한 제한이 존재하는데 지수형의 경우 100으로만 발행이 가능하며, 주식형의 경우 전환비율의 제약이 없다.

ELW의 만기는 상장신청일 현재 3개월 이상 3년 이내로 제한되고 있으며, 지수형 ELW는 최종거래일의 기초자산 종가를 기준으로 만기평가가격을 산정하는 반면, 주식형 ELW는 최종거래일 포함 5거래일 동안의 기초자산 종가의 평균을 만기평가가격으로 산정한다는 차이가 있다.

그리고, ELW의 만기 정산방법은 콜ELW의 경우 만기의 평가가격에서 행사가격을 뺀 금액, 풋ELW의 경우 행사가격에서 만기평가가격을 뺀 금액으로 정하되 두 경우 모두 결과값이 마이너스인 경우는 0으로 옵션을 정산하는데, 이를 수식으로 표현한다면 '콜ELW = (만기평가가격 − 행사가격) × 전환비율', '풋ELW = (행사가격 − 만기평가가격) × 전환비율'이며 계산한 값이 0 이하일 때는 그 값을 0으로 한다는 조건이다. 또한, ELW는 만기일에 권리행사가 이루어지는 유러피안(European) 옵션으로, 정산은 만기일 2거래일 후에 현금정산방식으로 이루어진다.

(나) ELW의 발행 절차

ELW는 주식, 채권 등과 같은 증권이므로 다른 증권의 발행과 동일한 방법으로 발행되는데, 일반적인 증권의 공모발행과 차이는 유동성공급자(LP: Liquidity Provider)가 발행물량 전부를 인수하여 ELW가 상장된 이후에 LP 의무 개시와 동시에 시장을 통해 투자자에게 매출한다는 점이다.

ELW의 발행사는 장외파생상품 인가를 받은 증권회사로써 ELW의 발행과 상장, 만기 도래시 결제 의무 등을 이행할 책임을 지는데, 영업용순자본비율(자기자본 − 고정자산을 시장위험액 + 기초위험액으로 나눈 값, 이하 NCR)이 250% 이상인 종합증권업 영위회사로, 파생금융상품 전문인력 확보 및 내부위험관리, 내부통제 등의 기준을 충족한 회사라야 한다. 한편 ELW 발행시 지정하는 LP는 장외파생상품 인가를 받은 투자매매업자로서 역시 NCR이 250% 이상이라야 하는 조건이 있다.

ELW의 대략적인 상장절차는 주식의 신규상장 절차와 동일하게 KRX의 예비상장심사를 거치지만 일괄신고서를 통해 간소화된 발행 절차를 따를 수 있으며, ELW 발행은 주식의 경우와는 다르게 기초자산의 기준가와 행사가, 권리유형, 기준 변동성, 금리와 배당, 권리행사기간, 전환비율 등의 정보 등을 발행 과정에서 투자자에게 알리도록 되어 있다. ELW 상장에 수반되는 자세한 절차는 이후 ELW 상장 업무를 다룬 부분에서 좀 더 세부적으로 살펴보게 될 것이다.

(다) ELW 시장의 거래 제도

ELW가 상장되면 일반 주식과 같은 방식으로 매매가 가능하지만 투자자가 ELW를 거래하기 위한 절차가 존재하므로 유의할 필요가 있다. 우선 투자자는 ELW 투자자교육센터에서 약 1시간의 온라인 교육(혹은 오프라인 교육)을 수료하여야 하고, 그 이수증을 거래 증권사에 제출, 등록하여야 한다. 또한, ELW를 매매하기 위해 기본예탁금 1,500만원을 예치하여야 한다.

전반적인 거래방법은 일반 주식시장과 유사하여 매매거래시간은 오전 9시부터 오후 3시까지, 호가접수는 오전 8시부터 오후 3시까지이며, 최소 매매수량은 10증권이고 호가가격단위는 5원이다. 단, 시장가주문과 상한가, 하한가가 존재하지 않으며, 신용거래, 대량매매, 바스켓매매, 시간외거래 등이 없고, 대용증권으로 인정되지 않는다. 그리고, 주식시장의 서킷 브레이크 발생 및 재개와 함께 ELW 시장도 거래가 중단·재개되며, 기초자산이 매매거래정지·재개되면 해당 주식을 기초자산으로 하는 ELW도 거래가 함께 정지·재개된다.

또한, ELW 발행사의 부도발생, 파산, 회사정리절차 개시신청 및 개시, NCR 등 재무요건 미달 사유 등으로 해당 회사가 발행한 ELW의 가격이나 거래량이 급변하는 경우에도 ELW 매매는 중단되며, ELW 종목이 상장폐지 조건에 해당할 경우에도 ELW 매매거래는 중단된다.

ELW의 상장폐지 조건은 다음의 다섯 가지 경우인데, 첫째는 발행사의 부실로 발행사가 장외파생상품 거래 인가요건 유지에 실패(NCR 200% 미만 또는 자기자본요건 1,000억 미만)하거나 감사의견 부적정/의견거절, 영업활동 정지, 부도 발생, 해산 등에 해당하거나 혹은 중과실 또는 상습적인 신고의무 위반 등을 범하는 경우이다. 둘째는 기초자산의 부실로 기초자산이 되는 주식이 상장폐지되는 경우나 기초자산이 되는 지수의 산출이 상당기간 중단되는 경우에 해당한다. 셋째는 유동성공급자가 부재한 경우로 LP가 없어진 날로부터 또는 LP 교체기준 해당시 1개월 이내에 다른 LP를 지정하지 않은 경우가 그것이다. 넷째는 발행사 또는 LP가 해당 ELW를 1개월간 전부 보유한 경우, 마지막으로 다섯째 조건은 ELW의 만기가 도래한 경우이다.

(라) ELW LP 제도

LP란 유동성공급자 즉, Liquidity Provider의 약자로 ELW의 발행사가 스스로 혹은 유동성공급계약을 맺은 증권사를 해당 ELW의 LP로 지정하여 지속적으로 ELW 매도/매수호가를 제시하게 하는 제도를 의미한다. 모든 ELW 종목에는 반드시 LP가 지정되어 있으며 해당 ELW 종목의 LP는 장중에 항상 담당하고 있는 ELW의 호가가 적정한 호가스프레드 상태를 지속적으로 유지하도록 호가를 제출하는 의무를 지니고 있다. 즉, LP가 모든 ELW의 거래체결에 간여하지는 못하더라도 항상 일정수준 이내에서 스프레드를 좁게 유지하고 있으므로 투자자는 LP의 호가를 통해 ELW 가격의 적정 범위에 대한 정보를 얻을 수 있으며, 상시 일정한 스프레드 이내에서 ELW를 사거나 팔 수 있다는 확신을 얻을 수 있다.

한편, ELW LP의 자격요건은 증권 및 장외파생상품에 대하여 투자매매업 인가를 받은 거래소 회원증권사여야 하며 영업용순자본비율(NCR)이 250% 이상이어야 한다. 한때 30개사였던 LP사는 현재 20개사 미만으로 줄어든 상태이다.

기타 세부적인 LP의 의무나 업무, LP호가 제출 의무가 면제되는 조건, 거래소의 LP 평가 등 세부적인 LP 제도는 이후 별도의 항목을 통해 자세히 살펴볼 것이다.

(마) KOBA 워런트(조기종료 ELW) 및 기타 ELW

가) KOBA 워런트

2010년 9월 ELW 시장에 새롭게 도입된 KOBA 워런트는 Knock Out Barrier 형태의 ELW라는 의미로 기존의 ELW에 대한 논란, 특히 LP가 주도하는 ELW의 내재변동성의 일관성 및 공정성에 대한 지적과 전액 손실로 귀결되기 쉬운 옵션 매수 전략에 대한 고민의 결과물로써 시장에 등장했다. 특히, 한국 ELW 시장의 원류인 홍콩 워런트 시장에서 기존 Derivatives Warrants와 대등한 거래대금을 기록할 정도로 큰 인기를 얻고 있는 CBBC(Callable Bull/Bear Contract)의 성공이 KOBA 워런트의 탄생에 지대한 영향을 미쳤음은 분명하다. 하지만, KOBA 워런트 고유의 매력들도 무시할 수 없다.

기존의 ELW는 높은 레버리지를 추구하는 고객들의 수요에 맞추어 외가격 위주, 근월물 위주의 발행과 거래가 중심을 이루게 되는데 이는 결과적으로 고객에게 극단적으로 높은 수익 추구의 기회를 제공하는 반면, ELW 자체의 만기 결제 가능성이 낮아 고객의 전액 손실 가능성이 높고, 시간가치의 하락이 급격하며, LP 변동성의 변화에 따른 ELW 가격의 진폭이 커 투자자-LP간 공정성 논란의 여지가 높다는 문제를 야기하게 된다. 이는 결과적으로 ELW 시장 자체에 대한 불신으로 이어지게 되는데 사실 이러한 불신은 '근월물 외가격 옵션 매수'라는 투자전략이 태생적으로 지니는 한계에서 오는 문제이다.

반면 KOBA는 이러한 문제를 원천적으로 해결한 기존 ELW의 대안 상품이다. 처음부터 깊은 내가격 옵션의 상태로 발행되어 만기 결제 확률이 높고, 최소 리베이트를 정의해 둠으로써 고객의 전액 손실 가능성이 없으며, 시간가치의 하락 문제나 LP 변동성에 따른 가격 변화가 거의 일어나지 않는다. 대신 조기종료 이벤트 발생시

LP의 헤지 활동이 조기종료 이벤트의 발생에 영향을 줄 가능성, 조기종료 기준가 근처에서 나타나는 KOBA 워런트의 불안정한 가격 움직임 등의 이슈가 새롭게 제기될 수는 있으나 기존 ELW에 대한 비판의 목소리들을 감안할 때 충분히 시도해 볼만한 대안으로써 도입 당시 여겨졌었다. 그러나, 현재의 KOBA 워런트는 높은 투기성에 대한 우려를 감안하여 행사가격과 조기종료 기준가격 간의 최소 간격에 대한 조건(발행 당시 기초자산 가격의 5%)을 부여한 상태로 발행하게 되어 있고, 그 결과 KOBA 워런트는 기존의 ELW 대비 낮은 레버리지를 지니게 되므로 KOBA 워런트를 발행할 때에는 이러한 측면에 유의하여 발행 전략을 수립할 필요가 있다.

KOBA 워런트의 상품구조는 내가격의 콜 또는 풋옵션에 낙아웃(knock-out) 옵션을 부여한 것으로 이러한 형태의 옵션을 down-and-out call option 혹은 up-and-out put option이라고 한다. 즉, 내가격인 상태를 유지하던 기초자산의 가격이 행사가에 근접하다가 사전에 정의된 수준에 도달하면 해당 옵션은 낙아웃이 된다는 것이다. 여기서 낙아웃이란, 옵션의 만기일에 기초자산의 만기평가가격과 행사가격에 따라 옵션을 정산하지 않는 통상적인 방법 대신 사전에 정해진 레벨에 기초자산 가격이 도달하면 그 시점에 해당 옵션의 거래를 종료하고 정산하는 상황을 의미한다. 그러므로, 발행시에 정해진 ELW의 만기일이 도래하기 전에 특정 조건을 충족하게 되면 즉시 거래가 종료되고 결제일에 앞서서 정산되는 '조기종료'의 성격을 지닌 것이 KOBA의 특성이며 KOBA 워런트가 조기종료 ELW라고도 불리는 이유이다.

조기종료 이벤트가 발생한 KOBA 워런트는 이벤트가 발생한 시점부터 일정기간 동안의 관찰기간(발생시점이 오전인 경우는 당일 장종료시까지, 오후인 경우는 그 다음 거래일 정오까지) 중에 기록된 기초자산 가격 중 콜 워런트의 경우 가장 낮은 가격, 풋 워런트의 경우 가장 높은 가격으로 정산한 금액과 사전에 정의된 최소잔존가치 중에서 높은 값으로 잔존가치금액을 계산하여 정산하게 되는데, 이처럼 사전에 관측기간을 정해두고 그 기간 중에서 옵션의 정산가격을 정하는 옵션을 lookback 옵션이라고 한다.

KOBA 워런트는 블랙-숄즈 공식에 따라 이론가를 정할 수 있는 기존의 ELW에 비해 상대적으로 이론가격의 계산이 복잡한데, 요컨대 콜 KOBA 워런트의 경우에는 down-and-out call option(with zero rebate)의 가격에 이 콜옵션의 행사가에 최소잔존가치를 더한 값을 행사가로 하는 floating-strike lookback call option의 이론가격과 조기종료 이벤트 발생 기준가를 행사가로 하는 floating-strike lookback call option의 차이를 뺀 값을 조기종료 이벤트 발생시 down-and-in rebate option의 이론가격을 곱하는 방식으로 그 이론가격을 계산할 수 있다.[8]

좀 더 직관적으로 말하자면 기본적으로 KOBA 워런트는 콜옵션 혹은 풋옵션의 가격을 근간으로, 조기종료 이벤트의 발생시 기대되는 정산가격에 조기종료 이벤트 발생 가능성을 감안한 값을 더하여 계산한다는 의미이다. 자세한 수학적 설명은 부록에 첨부된 자료로 갈음한다. 이는 2010년 KOBA 워런트 시장 도입 당시 여러 회원사와 KRX, KIS 채권평가 등이 참여한 KOBA 워런트 이론가격개발 TF에서 논의한 결과이다.

나) 기타 ELW

ELW와 KOBA 워런트 이외에도 ELW 시장에는 바스켓 ELW와 디지털 ELW가 있다. 2006년 7월 소개된 바스켓 ELW는 2종목 이상의 기초자산을 각각의 가중치에 따라 계산한 값을 기초자산으로 한 ELW를 의미하는데, 바스켓 ELW는 발행시부터 여러 주식을 임의로 묶어 구성한 바스켓을 기초자산으로 한 ELW보다 2011년 초 있었던 신세계의 경우처럼 상장 중이던 ELW의 기초자산 주식이 분할 상장됨으로 인해 바스켓 ELW의 형태를 띄게 된 경우(예컨대, 우리0B48신세계콜 등)가 더 친숙한 편이다. 이는 분산투자나 섹터투자에 대한 수요보다 단기 고수익을 추구하는 공격적인 성향을 지닌 투자자가 대다수인 ELW 시장의 성격에 기인한 것으로 보인다.

한편, 2007년 7월 소개된 디지털 ELW는 말 그대로 디지털 옵션을 ELW화한 것을 이르는 말로 행사가를 상회하거나 하회하는 경우 사전에 정의된 프리미엄만큼을 정산하는 ELW를 의미하는데 통상의 ELW는 행사가에서 얼마나 멀어지는지에 비례하여 만기에 정산되므로 경우에 따라서는 큰 수익을 기대할 수 있는 반면, 디지털 ELW는 정해진 금액을 받을 수 있는지의 여부만이 중요시된다. 투자자의 성향에 따라 디지털 ELW에 대한 수요가 있을 것이라는 기대와는 달리 현재는 시장에서 발행되지 않고 있다.

8 KIS 채권평가, 조기종료 ELW 투자지표 산출 기준.

(2) ELW 시장

1) 시장 현황 및 의의

지난 2005년 12월 한국에 처음 도입된 ELW(Equity-linked Warrants)는 이 책이 씌어지고 있는 2012년 현재까지 8년 동안 많은 투자자들의 관심을 받아온 상품으로, 한국의 ELW 시장은 꾸준한 제도 개선과 다양한 시장 참가자의 노력 등에 힘입어 2011년 기준 일평균거래대금 1.3조원, 거래량 49억 워런트, 상장 종목수 1만개를 상회하며 빠른 시간 내에 홍콩에 이어 세계 2위 규모의 시장으로 성장한 바 있으나, 2012년 현재는 시장 과열에 대응한 3차례의 시장 선진화 방안의 도입 등의 제도적 조치와 연이은 발행사, LP사의 시장 이탈, 기존 발행사의 발행 축소 등의 영향으로 인해 과거 대비 외형이 90% 이상 축소된 일평균거래대금 600억원 수준에서 횡보 상태를 유지하고 있다. 그럼에도 불구하고 여전히 ELW 시장의 많은 참가자들이 ELW를 활발하게 거래하고 있다는 측면을 감안하면, 향후 정책적 요소의 변화나 기타 조건들의 변화가 수반된다면 단기간 내에 시장의 규모가 커질 수 있는 잠재력을 지닌 시장이라 할 수 있다.

이러한 ELW 시장의 성공과 발전 잠재력의 근원으로써 크게 세 가지 요소를 지적할 수 있는데 첫 번째는 ELW라는 상품 자체의 레버리지를 들 수 있으며, 두 번째는 편리한 매매 접근성, 마지막으로 LP 제도로 인해 담보되는 풍부한 유동성일 것이다.

우선 레버리지 측면에서 한국거래소에서 거래되는 많은 상품들, 즉 주식, 채권으로부터 선물, 옵션 등의 장내파생상품 등에 이르기까지 다양한 상품들 중에서 ELW는 옵션으로서의 특징을 보유한 레버리지를 제공하는 상품에 해당된다 할 수 있다. 또한 ELW는 보통의 상장주식을 거래하는 것과 같은 수준의 편리한 매매 접근성을 지니고 있어, 레버리지 측면에서 대등한 KOSPI200 선물옵션이나 KRX 외부에서 거래되는 FX 마진이나 해외 선물에 비해 폭넓은 투자자들의 선택을 받아왔다. 예컨대 ELW는 이해하기 쉽고 친숙한 기초자산인 KOSPI200 지수나 삼성전자, 현대차 등의 우량주를 대상으로 발행되고 있기 때문에, 대다수의 투자자들은 자신이 친숙한 투자 대상을 선정하고, "상향 베팅은 콜, 하향 베팅은 풋"이라는 직관적인 접근으로 시장에 참여하여 평소 익숙한 HTS로 주식을 거래하듯 ELW를 거래할 수 있는 것이다. 또한, 장중에 연속적으로 사자 · 팔자호가를 제시하고 있는 유동성공급자(LP:

Liquidity Provider 이하 LP)의 존재로 인해 옵션의 복잡한 계산 방법에 친숙하지 않은 사람들도 LP의 호가를 근거로 자신들이 원하는 시점에 ELW를 사거나 팔 수 있다는 믿음을 가지고 시장에 참여할 수 있다.

2) 시장의 변화

2005년 12월 개장된 ELW 시장이 지금의 모습을 갖출 때까지 수 차례의 크고 작은 제도 변화를 겪어왔으며 그때마다 시장의 거래 양상과 고객의 매매방식에 영향을 주어왔는데 이러한 변화의 기록들을 연대기적으로 정리하면 다음과 같다.

① 2005년: ELW 시장의 태동과 개장

2004년 말부터 부동자금의 자본시장 유인을 위한 신종증권금융상품의 보급 확대에 대한 논의가 금융감독위원회를 통해 공개적으로 언급되기 시작하였고, 그 다음해인 2005년 1월에 자본시장 육성을 위한 증권사 업무 영역의 확대의 일환으로 ELW 시장 개설, 코스닥 스타지수 활용 상품, 매출담보채권 등의 방안이 제시된 바 있다. 또한 같은 해 4월에는 ELW 권리행사로 인한 유가증권 취득거래 때도 외국인의 장외거래를 가능하게 하는 금감위의 제도 개선이 있었다. 7월에는 증권선물거래소가 ELW 시장을 4/4분기 중 개설할 것을 밝히며 그에 따른 상장 공시 및 업무규정 등의 개정을 추진하기로 하였는데, 발표 당시 장외파생 인가를 받은 국내 증권사 9개사(굿모닝신한증권, 삼성증권, 대우증권, 우리투자증권, 한국투자증권, 현대증권, 대신증권, 신영증권, 하나증권)가 발행 가능 회원사였으며, 발행총액은 10억원 이상으로 정해졌다. 9월 중순에는 ELW 시장의 개장일이 12월 1일로 결정되었고, 거래소 및 회원사들이 구성한 TF에서 ELW 발행 표준화 방안을 마련하였다. 당시에 정해진 ELW의 기본형태는 현재도 대동소이하게 유지되고 있다. 정부도 시장효율화 위원회를 통해 LP 제도의 빠른 정착을 위해 수수료를 면제(일반 투자자 0.00585%)키로 결정하는 등 지원방안을 결정하였고, 11월 중순에는 드디어 최초의 ELW 29개 종목의 상장 예비심사가 통과되었으며, 일반 투자자 대상의 ELW 세미나도 성황리에 개최되었다.

2005년 12월 1일 ELW 시장은 여의도 증권거래소에서의 개장식과 더불어 최초의 거래일을 맞이했다. 개장일의 거래량은 8,525,360워런트, 거래대금은 121억원이었으며, 개장일 당시 총 ELW 상장 수량은 1억 5천만개 수준이었다. 그 다음날인 12월

[그림 3-1] 2005년 ELW 시장 개장식

2일에는 거래대금이 204억원을 기록하였고, 때마침 현대차가 빠르게 상승한 까닭(12월 1일 시가 85,300원, 12월 6일 종가 97,400원, 4거래일 수익률 14.19%)에 개장 4일만에 수익률 100%를 상회하는 현대차 콜워런트들이 연이어 나타나면서 투자자들의 관심을 고조시키는 촉매 역할을 했다. 한편, 금감원에서는 ELW 시장의 안정적인 발전을 위하여 'ELW 관련 투자위험'의 고지를 강화하도록 하여, 투자설명서, 투자위험 고지 내용 녹취 등의 절차를 준수하도록 하였다. 개장 초기 시장에 익숙치 못한 투자자들의 주문 실수도 있었는데 자전거래를 시도하던 투자자가 실수로 주문 체결에 실패하여 4,000%가 넘는 수익률을 타인에게 안겨준 것으로 의심되는 거래가 나타난 경우나 단순 주문 입력 실수로 인해 가격을 크게 왜곡시킨 사례 등의 소동이 일어나기도 하였다. 2005년 12월말에는 개장 당시의 29개 종목이 총 72개 종목, 발행총액 4,348억원, 기초자산 22개 수준으로 빠르게 증가하였다. 일거래대금도 성장을 계속하여 29일에는 일거래대금 419억원을 기록하며 1개월만에 싱가포르를 능가하고, 대만 시장과 유사한 수준에 도달한 가운데 ELW 개장 첫 해가 희망적으로 마무리되었다.

② 2006년: 폭발적인 성장의 2년차

개장 2년째를 맞이한 ELW 시장은 더욱 무서운 속도의 외형 성장을 기록했다. 발행사들의 공격적인 발행도 이어져 2월중에 ELW 발행총액이 1조원을 돌파하였으며 거래대금도 지속적으로 증가하여 2월 28일에는 거래대금이 최초로 1,000억원을 기록하며 거래대금 기준 세계 5위 시장이 되었다. 3월에는 개장 이후 첫 ELW 만기가 도래하였는데 만기 전 1개월 동안 LP의 호가 공급이 중단되는 당시의 규정으로 인해 해당 종목의 거래량 급감에 따른 투자자의 불만이 제기되었고, 첫 ELW 만기에서 매도 프리미엄 기준으로 100억원 이상의 금액이 만기일에 0원으로 정산되면서 투자자 손실에 대한 우려가 제기되었는데, 이러한 여론에 부응하여 금융감독원에서는 LP의 운용 실태 점검에 나서기도 했다.

빠른 ELW 시장의 성장에 부응하여 거래소에서는 시장정보 제공을 더욱 원활하게 함으로써 투자자를 보호하고자 하는 노력을 지속하였다. 5월 1일부터 ELW 이론가, 내재변동성, 델타, 감마 등 객관적인 투자지표를 공시하고, 6월 5일부터는 LP호가와 일반호가를 구분하고 LP 보유물량을 공개하는 등 투자자의 혼선을 방지하도록 조치하였다. 또한, LP가 LP호가의 내재변동성을 과도하게 높게 제시하거나 혹은 지나치게 큰 폭으로 내재변동성을 하향 조절함으로써 피해를 입힌다는 주장이 제기되는 상황에서 거래소가 알려주는 이론가격이 공정한 기준가격으로 투자자들에게 인식됨으로써 ELW 시장에 존재했던 정보비대칭 해소에 기여한 측면도 있다. 한편, 거래소는 7월부터 바스켓 ELW를 도입하여 상품의 외연을 exotic 옵션으로 넓히고자 시도하였다.

개장 8개월째인 7월에는 ELW 시장의 상장 종목이 1,000개를 돌파하고, 월간 일평균거래대금도 1,776억원을 기록한데 이어, 9월에는 상장 종목 1,268개, 일평균거래대금이 3,082억을 기록하며 빠른 성장세를 지속하였는데, 다른 한편으로는 지나치게 콜ELW 위주의 발행에 대한 우려가 제기되기도 하였고 과도하게 높은 내재변동성에 대한 지적이나 종가 가격의 불안정성으로 인한 투자자 혼동, ELW 시장 급성장에 비해 부족한 인프라 투자로 인한 거래지연 등에 대한 문제가 지적되기도 하였다.

지금까지 살펴본 바와 같이 2006년도의 ELW 시장은 폭발적인 외형 성장 속에 마무리 되었으며, 숫자로 살펴보면 개장 1년 전인 2005년 12월에 비하여 월간 일평균거래대금은 210억원에서 3,406억원으로 16배, 상장 종목수는 34개에서 1,387개로 40배 가량 증가하여 거래대금 기준 독일, 홍콩, 이탈리아에 이은 세계 4위 시장이라는 기록을 남겼다. 또한 2007년도에 새롭게 적용될 변화로 코스닥 스타지수 30종목과 니케이225 지수 등 해외지수로의 기초자산 확대, 만기 30일 전부터 LP호가 제출 금지하는 조항을 만기 5일 전까지 확대하는 등의 제도 개선 등이 예고되고 있었다.

③ 2007년: 서브프라임 모기지 위기와 외국계 LP들의 약진

2007년 초 낮아진 시장변동성 탓에 2월의 월간 일평균거래대금이 전월 고점 대비 50% 수준인 2,387억원 수준으로 후퇴하는 등 빠르게 성장해 온 ELW 시장이 첫 성장통을 겪는 듯 하였으나, 2월부터 7월까지 지속된 강세장(KOSPI 종합지수 기준 2월 시가 1,367.07, 7월 종가 1,933.27, 6개월 상승률 41.4%)과 함께 ELW 시장도 빠르게 되살아나 5월 14일 일평균거래대금이 처음으로 5천억원을 돌파하고 7월에는 상장 종목이 2,000개를 상회하는 등 성장세를 이어갔다. 한편, 7월말에는 거래소에서 새로운 상품으로 디지털 ELW를 도입하여 다양한 투자자 수요에 부응하고자 노력

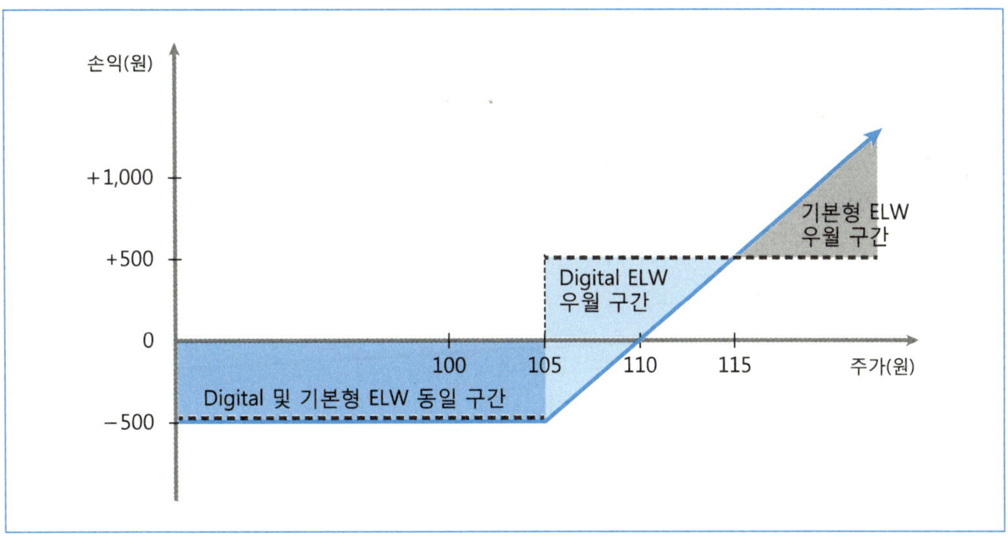

[그림 3-2] **기초자산 구간대별 기본형 ELW 대비 디지털 ELW 손익구조**

하였으나 좋은 성과를 얻지는 못하였다. 디지털 ELW의 경우 행사가 근처에서 극단적인 가격 불안정성이 나타나는 상품 특성과 일반 투자자들이 직관적으로 해당 디지털 ELW의 가치를 이해하기에 어렵다는 점 등이 복합적으로 작용하였다고 여겨진다.

위의 그림에서 보는 바와 같이 디지털 ELW는 기본형 ELW에 비하여 일종의 트레이드 오프가 발생하는데, 요컨대 디지털 ELW의 투자자는 극단적인 기초자산의 변동을 맞이하였을 경우 얻을 수 있는 큰 수익의 기회 대신, 내가격 옵션인 상태로 만기에 도달하기만 하면 일정 금액의 수익을 확보할 수 있는 기회를 얻는다는 것이다. 그러나, 디지털 ELW는 단기 매매를 통해 차익을 실현할 기회를 얻기를 희망하는 투자자에게는 가격 계산상의 어려움을, 저점 매수와 고점 매도 방식의 매매를 통해 수십 퍼센트 이상의 높은 수익을 거두고자 희망하는 투자자에게는 구조적인 한계를 지닌 상품으로 인식되었다는 한계가 디지털 ELW의 성공에 어려움을 가져왔다.

한편, 2007년 7월말부터 시작된 서브프라임 모기지 사태의 영향으로 국제금융시장 전반에 위기가 시작되면서 주가가 급락하고, 변동성이 급등하는 위기상황이 시장에 도래하였다. ELW 시장 개설 이후 처음 맞이하는 변동성 급등 국면에서 많은 LP사들이 전전긍긍하는 사이에 새롭게 ELW 시장에 진입한 리먼 브라더스가 시장점유율 수위를 기록하기도 하였고, ELW 거래대금도 고점 대비 25% 수준인 1,300억원 수준으로 급감하였다. 또한, 주식시세의 급변이 연일 지속됨에 따라 ELW 헤지 트레이딩에 어려움을 겪는 증권사도 속출하였다. 이러한 상황 속에서 금융감독당국은 ELW 개선안 마련에 착수하여 ELW LP 평가제도를 신설하고, 만기 1개월 이상 80% 이상 매도된 ELW의 추가 발행을 허용하는 한편, 해외지수 ELW의 발행을 허용하는 등의 변화를 결정하였다. ELW 시장도 연말로 다가갈수록 서서히 충격에서 벗어나면서 ELW 발행이 다시 증가하고, LP들이 적극적으로 유동성 공급에 나서면서 12월에는 월간 일평균거래대금 2,243억원, 상장 종목수 1,900종목을 기록하는 가운데 세계 4위 워런트 시장의 위상을 구축하며 다사다난했던 개장 세 번째 해를 마무리하게 되었다.

④ 2008년: 리먼 브라더스(Lehman Brothers) LP 파산

2008년은 연초부터 크고 작은 제도 변화가 많았던 해였다. 1월말 거래소는 다양한 내용의 ELW 시장 제도개선안을 공개하며 ELW 시장 질서 구축에 나섰는데 그 대략의 내용과 일정은 다음과 같다. 우선, ELW LP 평가제도를 분기별로 실시하여 F

| 표 3-1 | 시행일자별 제도개선 사항

시행일자	제도개선 사항
2008. 1. 2	LP 자격요건 강화 유동성공급업무 책임자 등록
2008. 2. 4	추가상장 허용 LP의 만기 전 유동성 공급 제한폐지(지수ELW)
2008. 4. 1	LP 평가제도 시행 전부보유 또는 전량매출 종목의 LP호가 제출방법 개선 LP 내재변동성 변경 내역 공표
2008. 5. 6	ELW 기초자산 확대
2008. 하반기	투자자 교육, 홍보(전국 순회교육 실시)

등급 1회시 주의, 2회시 자격정지 예고, 3회시 1년간 LP 자격을 정지하는 것을 골자로 하는 ELW LP 제도 개선안을 실시하여 LP의 무책임한 행동을 제어할 수 있는 최소한의 기준을 마련하였다. 또한, 내재변동성의 변경내역을 추적하여 전일 대비 변동, 장중 변동폭이 큰 종목을 산출하여 LP별로 공표하여 투자자들로 하여금 내재변동성을 과도하게 하향 조절하는 LP를 인지할 수 있게 하였고, LP 자격요건을 강화하여 자기매매 증권거래 회원사이기만 하면 LP가 가능하던 것에서 장외파생상품 겸영인가 증권회사만이 가능하도록 하였다. 한편, ELW 발행 가능 기초자산을 추가하여 코스닥 시가총액 상위 5개 종목과 코스닥 스타지수, 니케이225와 홍콩 항셍지수 등의 해외 지수를 추가하여 ELW의 외연을 넓히기 위한 시도에 나섰다.

그리고, 전량 매도된 ELW는 LP의 이탈로 인해 가격불균형에 대한 투자자 불만이 많았는데 추가상장 제도를 도입하여 잔존만기 1개월 이상, 상장 수량 80% 이상 매도된 ELW는 기존 발행총액 한도 내에서 추가상장이 가능하게 되었다. 또, 지수 ELW를 대상으로 만기 1개월전 LP호가 제출 금지 조항을 폐지하여 LP가 최종거래일까지 유동성 공급의무를 수행하게 함으로써 ELW 가격의 불연속성으로 인한 투자자의 피해를 방지하도록 조치하였다. 그 외에 전부 LP 보유 상태인 ELW의 경우 매수호가를, 전량 매도 상태에서의 ELW의 경우 매도호가를 제출할 수 없게 하였는데, 이 제도의 도입 전에는 LP는 판매된 물량이 없더라도 이후에 제시할 스프레드를 미리 보여줄 수 있다는 긍정적 측면이 있었으나 반면에 과도하게 높은 내재변동성을 지닌 ELW 호가에 매수가 붙어있는 것과 같은 착시효과를 주는 측면도 있어 꾸준하게 개선의 필요성이 제기되었던 것에 기인한 변화였다. 또한, 거래소와 ELW LP사들이 중심이 되어 ELW 투자자 교육을 실시하기로 하고 이를 위한 TF 설립과 교육 컨텐츠 개발에 착수하였고, 기업분할, 합병, 주식배당 등이 발생한 주식의 ELW에 대한 조정 방법이 회사마다 상이하여 문제가 되었는데 이에 대한 통일된 기준을 마련하였다.

2007년의 서브프라임 모기지 사태의 영향으로 금융시장 전반의 위험은 점차 높아지고 있는 상황이었으나 3월 17일에는 ELW 시장의 일평균거래대금이 5,000억원을 기록하였고, 장외파생상품 겸영인가를 획득한 증권사가 국내사 17개, 외국계 8개사로 늘어나면서 연간 장외파생상품 발행 규모가 26조원을 상회하는 등 시장의 성장은 호조를 보였다. 뿐만 아니라 ELW 시장에서 LP가 차지하는 거래대금이 점차 줄어들고 개인투자자의 거래대금 비중이 높아짐으로써 시장의 구조가 LP가 팔고, 투자자가 이를 사는 것으로 끝나는 것이 아닌, 투자자간의 거래도 활발하게 이루어지는 시장으로의 구조 변화를 보여주고 있었다. 시장의 외형이 회복세를 보이면서 LP간의 경쟁 구도도 다양화되었다. 한편, 7월에는 거래소로부터 최초의 LP 평가 결과가 공표되어 부실하게 LP 의무를 수행하는 LP사들에게 경종을 울리게 되었으며, 거래소 시장감시위원회에서는 2008년 상반기 동안 ELW 시장에 대한 종가관여, 통정 및 가장 매매 등 불공정거래 예방조치가 증가하였지만 이러한 조치를 통해 이상 거래를 사전에 차단함으로써 전년 동기 대비 불공정거래 심리 및 감리의뢰 건수가 크게 감소하였다고 발표하였다. 또한, 많은 ELW 투자자들의 관심 속에 8월부터 연말까지 전국 순회 ELW 교육이 실시되었다.

이 무렵의 ELW 시장 성장의 이면에는 미국발 금융위기의 영향으로 인한 주식시장의 변동성의 증가라는 거시적 위험요인이 자리하고 있었는데, 이와 관련하여 외국계 발행사 및 LP사가 파산하는 경우 그에 연계된 ELW 종목의 안정성을 담보할 수 있는지에 대한 우려가 서서히 제기되고 있었다. LP가 파산하는 경우 발행사가 시장조성 업무를 즉시 승계하도록 준비하고, ELW마다 담보를 설정하여 LP사의 ELW 포지션에 대한 신용을 보강하는 방법 등의 대안을 생각할 수는 있지만 만기가 짧은 ELW의 특성을 감안할 때 부도 발생 후 LP 교체 과정에서 시간을 과도하게 소모하거나, LP 재개 후 LP호가를 과도하게 넓게 제시하는 경우 발생하는 투자자 손실에 대한 대책이 미흡하다는 평가가 시장 일각에서 제기되기 시작하였다. 이에 거래소는 긴급하게 1개월간 3자 LP를 통한 발행을 중단하고, 관련 규정을 강화하여 발행사가

신청물량의 20%를 추가로 발행하여 보유하다가 LP의 부도가 발생한 즉시 발행사 자체 보유 물량과 기존 LP 물량을 더하여 발행사가 LP를 지속하게 하는 등의 조치를 준비하였으나 결국 9월 중순에 리먼 브라더스의 파산이 알려지며 LP 부도상황을 맞이하게 된다. LP 파산이라는 초유의 사태가 발생함에 따라 해당 종목의 유동성 공급이 어려워지고 투자자의 피해가 유발되었다. 당시 리먼 브라더스가 LP를 담당하던 종목들의 투자자 보유 시가총액은 총 132억원 수준이었으며 발행사인 국내 증권사들이 LP를 지속하므로 만기 결제나 ELW 매도가 불가능한 상황은 피할 수 있는 것으로 알려지면서 ELW 시장의 불안감은 일부 진정되었다.

한편, 시장의 불안 속에 금융위원회가 공매도 규제를 실시함에 따라 풋ELW의 수요는 높아졌으나 LP들의 헤지에는 더욱 어려움이 가중되게 되었다. 리먼 브라더스 파산, 공매도 제한 등의 여건 변화에도 불구하고 높아진 주식시장의 변동성을 수익의 기회로 삼으려는 공격적인 투자자들의 등장과 풋ELW의 활발한 거래 등에 힘입어 ELW 시장의 10월 월간 거래대금이 10조원을 상회하고, 10월 27일에는 거래대금이 6,500억원을 상회하는 등 파생시장 전반에서 거래량, 거래대금이 사상 최대치를 기록하는 가운데 연말에는 ELW 거래대금이 홍콩, 독일에 이은 세계 3위 수준에 도달하게 되었다. 거래소는 높아진 ELW 시장의 위상만큼 LP의 호가제시 의무규정 준수에 대한 실시간 모니터링을 도입하고, 저가종목에 대한 관리를 강화하는 것을 골자로 하는 시장감시 강화 대책을 발표하며 ELW 시장의 지속적인 효율화를 위한 노력을 계속하였다.

⑤ 2009년: 하루 거래대금 1조원 돌파

2009년은 자본시장법의 도입과 관련된 시장 변화와 함께 출발했다. 연초 증권업협회와 자산운용협회에서는 표준투자권유준칙 설명회를 개최하였다. 과거와는 달리 앞으로는 금융회사가 투자자에 대한 정보를 바탕으로 권유하는 금융투자상품에 제한을 두는 것이 그 내용으로 ELW는 선물옵션 등과 같은 상품과 함께 초고위험 등급 상품에 포함되어 이에 대한 투자 요건을 갖춘 고객들만이 ELW를 매매할 수 있게 되었다. 또한, 2월부터는 거래소의 불공정거래 예방조치 요구제도가 강화되면서 ELW 시장에서 시세유인 등을 통한 통정 및 가장성 매매에 대한 예방활동을 적극적으로 전개하여 중요 공시 전후 집중 거래자 및 만기일까지 대량 보유자 등을 중점 감시하고, 주식과 ELW 동시거래자에 대한 연계분석을 하는 것이 주요 내용이었다.

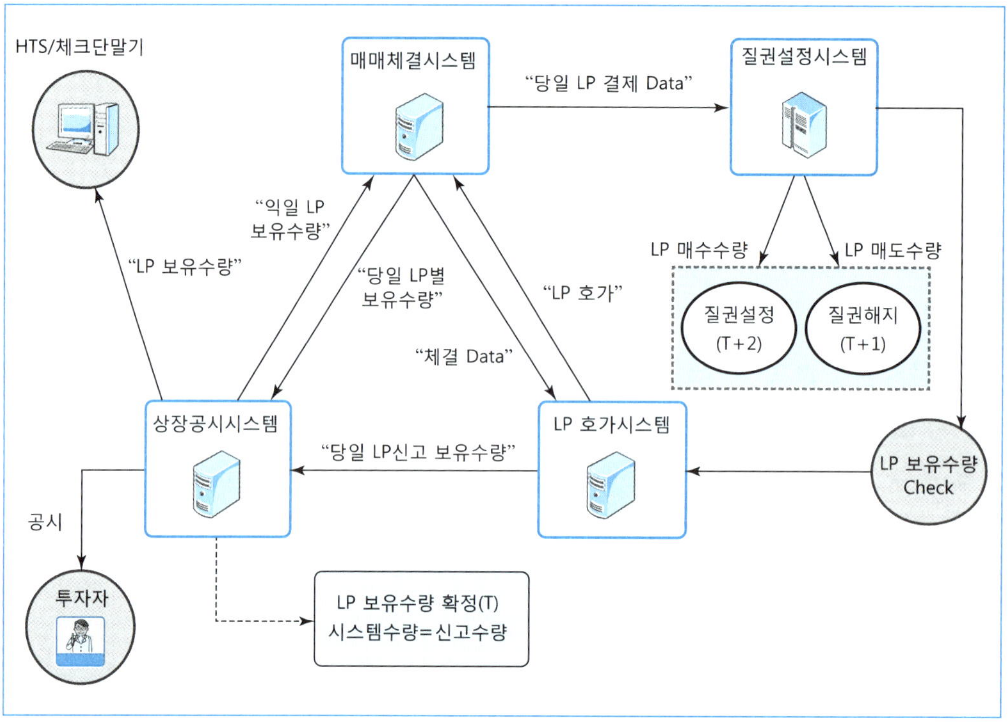

[그림 3-3] **질권 설정 업무 흐름도**

한편, 거래소는 전년도의 리먼 브라더스 파산으로 인한 3자 LP 부도시 시장 대응 능력을 향상시키기 위해 상장규정 및 업무규정, 시행세칙 개정안을 4월 20일에 발표하고 시행하였다. 위탁 LP를 이용한 ELW 발행사는 LP 부도시 자동적으로 유동성 공급의무를 수행함과 동시에 3자 LP에 대한 관리책임을 지게 되었고, 3자 LP는 유동성 공급 중인 ELW에 대한 질권 설정 의무를 지게 되었다. 향후 리먼 사태처럼 LP가 파산하더라도 발행사가 즉시 질권을 행사하여 LP가 보유한 ELW를 신속하게 이전함으로써 유동성 공급에 단절이 없도록 제도를 손질한 것이다.

또한, NCR 300% 이상으로 규정된 ELW LP 영업 요건을 완화하여 LP 업무 수행 중 일시적으로 300%에 미달하더라도 장외파생상품 인가요건인 NCR 200% 이상을 충족하면 이미 LP 중인 ELW에 대해서는 만기시까지 유동성 공급을 허용하였다. 즉, LP의 NCR이 300% 미만인 경우 신규 LP를 제한하고, 200% 미만인 경우 LP 자격을 제한하는 것인데, 이는 ELW 발행시 신규상장은 NCR 300% 이상, 200% 미만시 상장폐지하는 발행사 NCR 요건에 대응되는 것이다(현재는 신규발행 및 LP시 NCR 요건이 250% 이상으로 완화되었고, NCR 200% 미만시 상장폐지 등은 동일하게 유지되고 있다).

뿐만 아니라 발행사와 LP의 재무상황 공시를 강화하여 매월 NCR 공시를 통해 ELW 투자자가 발행사, LP사의 재무적 부실 위험을 사전에 인지할 수 있도록 하였고, LP의 최소매수호가 수량을 100증권 또는 5,000원에 해당하는 수량 중 큰 수량으로 변경하게 하여 ELW LP가 일단 매도한 후 매수호가 제출에 소극적이어서 차익 실현에 장애가 있다는 투자자들의 불만에 대응하도록 하였다.

ELW 시장제도의 개선과 거래소 인프라 업그레이드, LP간 경쟁 심화 등의 ELW 시장 내재적인 요인들에 더하여 2009년 상반기 주식시장의 급등락(2009년 시가 1,180.98, 상반기 저가 992.69, 고가 1,723.17, 종가 1,682.77로 연중 저가 대비 연중 최고가까지 73.5% 상승, 연초 시가 대비 연말 종가는 42.5% 상승)은 7월 6일 ELW 시장 일거래대금 1조원 돌파라는 기록으로 이어졌다. 시장의 호조 속에 LP사들의 운용능력도 향상되어 2분기 LP 평가에서는 1억 3,300만건의 LP호가 중 의무호가 위반 종목이 하나도 적출되지 않았고, 22개 LP 중 13개사가 A등급을 받는 등의 결과가 나왔다.

시장의 활발함에 대비하여 2009년 한 해 동안의 불공정거래 예방 요구가 전년 동기 대비 25% 증가한 837건으로 급증한 모습을 보였는데, 이는 2월 발표된 예방조치 요구 제도개선과 시장감시프로세스 간 연계 강화의 효과로 분석되었다. 특히 ELW 시장에서는 자본시장법 시행으로 새롭게 불공정거래행위로 지정된 '대상주식-ELW 연계 시세조정 행위'에 대한 47건의 예방조치 요구가 적출되어 LP 및 개인투자자들의 주의를 끌었다. 또한, 12월말 증권수수료 체계 개편방안이 발표되어 ELW의 경우 거래수수료율로 거래대금의 0.0028454%가 2010년부터 적용되게 되었으며, 12월말에는 한국투자증권과 맥쿼리증권이 각각 2009년 기준 1,000번째의 ELW를 상장시키면서 종목코드에 알파벳 A를 부여받게 되었는데 이는 2009년 한 해 동안 활발했던 ELW 시장의 모습을 단적으로 보여주는 예로 기록되었다.

⑥ 2010년: 일거래대금 2조원 시대와 1차 ELW 시장 건전화 방안의 도입

2010년은 전년의 ELW 시장의 성장세를 지속하는 가운데 2월 16일에는 ELW 거래대금(1조 3,859억원)이 유가증권시장 거래대금(2조 7,298억원)의 절반 이상을 차지하는 일이 발생하기도 하였는데 이는 2010년 초의 전반적인 주식시장의 거래량이

떨어진 것에 기인한 현상이었다. 한편, 전년도의 ELS 기준일 종가급변동으로 금융감독당국의 투자자 보호에 대한 관심이 높아진 분위기 속에서 ELW 시장에서는 조기종료 워런트의 도입과 만기 1개월전 LP호가 제출 제한 규정의 완화라는 두 가지 변화가 추진되었다. 투자자의 신뢰성 확보에 더욱 초점을 맞춘 LP 평가제도의 도입이 결정됨에 따라 2/4분기부터 ELW LP들은 더욱 일관성 있게 내재변동성을 유지하는 한편, 누적 의무위반 회수, 시간 등을 감안하여 호가의 공백이 없도록 적극적으로 호가를 제출해야 하는 의무를 부여받았다.

5월 12일에는 개장 후 처음으로 ELW 시장 거래대금이 2조원을 기록하였으며, 거래소는 증권사들과 공동으로 ELW 투자자 전국 순회 교육을 지속적으로 실시하면서 시장 건전화를 위한 노력을 경주하였다. 또한, 2분기부터 실시되는 LP 평가제도의 개정이 시장의 공정성을 향상시킬 것이라는 평가와 함께 거래소 시장감시위원회의 ELS, ELW 등 파생상품시장의 불공정거래 적출건수가 전년 대비 동일한 12건을 유지하여 빠르게 증가한 외형에 대비하여 안정적으로 시장의 공정성이 지켜지고 있다는 긍정적 평가도 있었다.

한편, 2009년말에 있었던 감사원 감사 중 제기된 ELW LP의 호가제시 의무위반에 대한 제재 조치가 미흡하다는 지적에 따라 10월 29일 금융위원회는 〈ELW 시장 건전화 방안〉을 발표하였다. 특히, 과도한 스캘퍼들의 거래 행태와 LP가 주도권을 쥔 상황에서 ELW 가격이 왜곡될 가능성이 가장 중요한 문제점으로 지적되었다. 개선방안별 시행 주체와 시기는 다음 〈표 3-2〉와 같았다.

대책의 개략적인 내용은 다음과 같다. ELW 투자시 거래신청서와 교육의수를 의

| 표 3-2 | ELW 시장 건전화 방안 시행 일정

개선방안	추진주체	시행시기
거래신청서 작성 및 교육이수 의무화	금투협, 거래소, 투교협	2011. 2. 1부터(신규) 2011. 5. 31까지(기존)
기초자산 조정	금융위, 거래소	2011. 1월
LP호가제출 의무 강화	거래소	2010. 12월
LP 평가 강화	거래소	2011. 1월
LP의 내재변동성 공개	거래소	2011. 1월
불공정거래 등에 대한 모니터링 강화	금감원, 거래소	상시

무화하여 일반 투자자들이 ELW 시장에 무분별하게 진입하는 일이 없도록 하고, 불공정거래 가능성을 차단하기 위해 ELW 발행 가능 기초자산 선정시 시가총액뿐만 아니라 거래규모도 함께 감안하여 선정하며, 스캘퍼에 대한 차별대우 및 불공정거래에 대한 시장감시 및 심리를 강화하는 등 제도적 변화를 꾀하였다. LP의 의무도 강화되어서 주식형 ELW의 LP는 최종 5거래일 전까지 호가제출을 의무화하여 스캘퍼의 시장교란 가능성을 줄이며, LP 평가제도의 강제성을 강화하고, LP의 내재변동성 변동내역을 실시간으로 확인할 수 있도록 하였다.

한편, 11월 옵션 만기일인 11월 11일에 종가 동시호가에 도이치증권 창구로부터 2조원이 넘는 프로그램 매도가 동시호가에 쏟아져 KOSPI200 지수가 7포인트 이상 급락하는 일이 일어났는데, 이 사건과 함께 ELW 시장을 대상으로 하는 금융감독원의 한국거래소 종합검사가 시작되었다. 또한, 9월초 도입되어 일평균거래대금이 4,000~5,000억원 수준까지 성장하며 기대를 모았던 KOBA 워런트가 1,000억원 수준으로 거래가 위축되어 상품의 지속성에 대한 우려를 샀다. 12월에는 금융위원회가 발표한 'ELW 시장 건전화 방안'의 후속 조치가 발표되었다. ELW LP 평가에서 1개월 F등급을 받는 경우 1개월간 운용종목 수를 제한하고, 2회 연속 F등급을 받는 경우 1개월간 신규 LP 업무를 제한하는 LP 평가의 강제력을 높이는 조치가 발표되었고, 호가제출 금지기간이 만기 1개월 전에서 마지막 5거래일 전으로 줄어들었다. 이러한 조치를 통해 LP가 호가를 공급할 수 없는 만기 전 1개월 동안 ELW 가격조작의 가능성을 차단할 수 있게 된 것이다.

2011년 초 거래소가 발표한 2010년 ELW 시장동향에 따르면 상장 종목은 9,063종목, 일평균거래대금은 1조 6,374억원으로 전년 대비 100%의 성장을 기록하였으며, 시가총액은 전년 대비 227% 증가한 23조 7,888억원을 기록하였다. ELW 시장 참여사는 총 29개까지 증가하고 이로 인한 LP간 경쟁심화로 ELW 가격 장내옵션 대비 할증률은 1분기의 17%에서 8% 수준으로 낮아져 시장이 점차 대형화, 효율화되어 가는 모습을 보였다. 또한, ELW 시장 건전화 방안의 시행으로 인해 일평균거래대금이 11월 이후 감소하는 모습을 보이며 시장 과열에 대한 우려가 어느 정도 진정 기미를 보였다. 거래대금의 88%가 지수ELW가 차지하고 콜ELW가 거래비중의 65%를 차지하여 시장 편중화에 대한 우려가 있었고, 주식 ELW 중에는 삼성전자, 하이닉스, LG디스플레이 등 IT 대형주와 기아차, 현대차를 중심으로 거래가 형성된 모습을 보였다.

⑦ 2011년: ELW 시장 추가 건전화 방안의 도입

2011년 1월 20일부터 ELW를 처음으로 거래하려는 투자자는 전국투자자교육협의회가 개설하는 ELW 투자자 교육과정을 이수한 후 이수증을 거래 증권사에 제출하게 되어 무분별한 투자자 유입에 제동이 걸렸다. 또한, 거래소 시장감시위원회의 발표에 따르면 파생상품시장 대상 예방조치 요구건수가 578건으로 33% 감소하였는데 ELW 시장의 성숙화가 그 원인의 하나로 꼽혔다. 한편, LP의 의무이행정도, 평균 매수호가 수량, 직전 5거래일 매도호가 평균 등을 거래소 홈페이지에 게시하게 되어 LP의 활동정보가 더욱 다양하게 투자자에게 공개되게 되었다. 또한, 2월 도이치증권이 지난해 11월 일으킨 옵션만기 사고로 인한 처벌로 6개월간 회사의 일부 영업이 정지되어 도이치증권의 자기매매업의 증권거래, 장내파생상품거래, 위탁매매업의 DMA 거래, ELW 신규발행 등이 불가능해졌는데 예외적으로 도이치증권이 LP중인 ELW의 운용을 허용함에 따라 고객에게 피해가 전이되지는 않았다.

6월부터는 ELW 거래신청서를 작성하지 않거나 의무교육을 받지 않은 투자자는 ELW를 살 수 없게 제도가 강화되면서 상품의 이해가 부족한 투자자의 시장 진입에 장벽이 높아졌다. 5월 19일 금융위원회는 ELW 시장 추가 건전화 방안을 발표하였는데 주요 내용은 다음과 같다. ELW 최초 투자시 기본예탁금 1,500만원을 부과하고 옵션매수 전용계좌는 폐지하여 ELW와 장내옵션 간 시장 접근성의 차이를 기본적으로 해소하고, 패러티 85% 미만인 극외가격 ELW의 발행을 제한하여 시장의 투기성

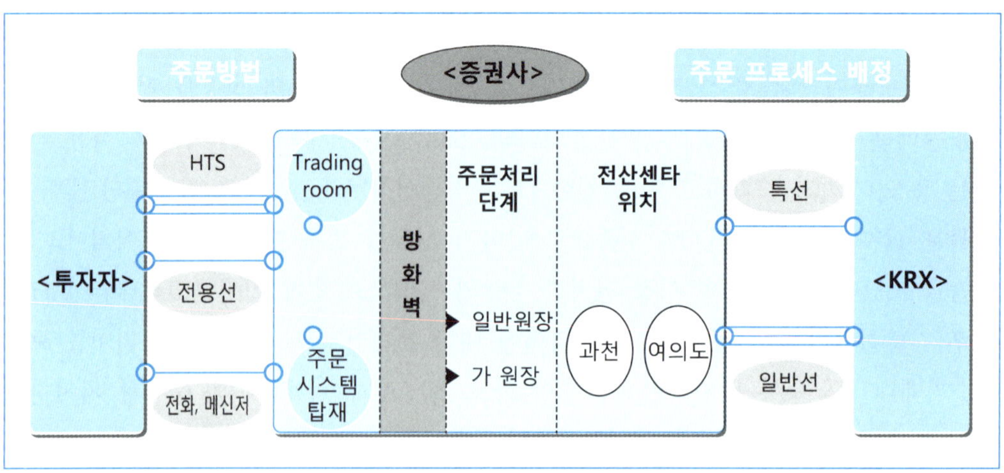

[그림 3-4] 증권사 주문시스템 구조

을 제약하며, 지수 ELW는 LP별 할증률 상위 현황을 공표하고 LP 평가시 내재변동성 항목의 비중을 확대하여 LP의 과도한 수익 추구를 제약하는 한편, 지수 ELW 발행시 만기, 행사가, 전환비율을 통일하여 장내옵션과 가격비교를 용이하게 하는 것을 핵심으로 한다.

또한, 증권사의 수탁과정에서 스캘퍼와 일반 투자자 사이의 차이가 없도록 제도를 개선하는데 그 대략의 내용은 다음과 같다. 전용선 제공, 주문시스템 탑재, 투자자별 별도 프로세스 배정 등의 편의를 제공하는 것은 허용하되 증권사의 방화벽을 거치지 않고 스캘퍼의 주문처리시스템을 FEP에 탑재하는 행위를 금지하고, 일반투자자도 증권사와 계약을 통해 전용선 또는 접수 위치를 선택할 수 있게 하여 스캘퍼와의 차별을 두지 못하게 한다. 또한, 주문접수 순서대로 주문을 처리하여 스캘퍼 주문의 우선 처리를 방지하고, 주문의 처리시에도 중요 유효성 항목은 반드시 체크하여 이를 무시하는 특정 투자자가 유리한 주문 속도를 확보하지 못하게 한다. 그리고, 일반투자자도 가원장을 선택할 수 있게 하며 주문 속도에 유리한 증권사 전산센터에 주문을 낼 수 없거나, 별도 프로세스를 배정받지 못하더라도 주문 속도상의 차이가 없어야 한다.

이처럼 ELW 시장 추가 건전화 대책은 제도적 변화를 통해 ELW 시장의 구조적 측면에 꾸준히 가해져 온 비판에 대한 해결을 모색했다는 점에서 그 의미가 크다. 세부적으로 살펴보면 우선 ELW 발행시 상품 구조를 제한하여 시장 전반의 투기적 성향을 낮추면서, 증거금 제도, 교육 이행 등의 진입장벽을 만들어 무분별한 투자자의 유입을 방지하고, ELW 시장을 장내옵션 시장과 동일한 조건에서 경쟁하게 하여 장내옵션 대비 과도한 ELW의 마진 문제를 해결하고, 스캘퍼와 일반 고객 간 불공평성 문제에 대해 증권 주문시스템의 속도에 대한 기준을 신설하여 이후로는 모든 고객의 주문을 동등하게 처리하도록 조치하는 등 ELW 시장에 대해 가해져 온 다양한 비판에 대한 종합 대책으로서 손색이 없다. 한편, ELW 시장의 제도 변화와 함께 그동안 ELW와 경쟁하던 옵션매수 전용계좌 제도가 폐지되면서 개인투자자들이 일정 금액 이상의 증거금 없이 소액으로 옵션을 매수할 수 있는 방법이 완전히 차단되었다.

한편, ELW 시장 추가 건전화 방안의 내용과 적용 시기를 정리하면 〈표 3-3〉과 같다.

| 표 3-3 | ELW 시장 추가 건전화 방안 내용 및 시행 시기

개선방안		조치내용	일정
투자자 보호 강화	기본예탁금 도입	거래소 규정 개정	2011. 6월
	극외가 ELW 발행제한	ELW 상장가이드라인 개정	2011. 7월
공정한 시장가격 형성 유도	지수ELW LP별 할증률 상위 현황 공표	매월 홈페이지 등에 공표	2011. 7월
	지수ELW 발행조건 강화	ELW 상장가이드라인 개정	2011. 7월
	내재변동성 평가 강화	LP 평가기준 개정	2011. 10월
주문속도 관련 개선방안	주문접수 개념 명확화	ELW 상장가이드라인 개정	2011. 6월
	증권사 내부 주문처리 관련	ELW 상장가이드라인 개정	2011. 6월
	주문프로세스별 속도차이 해소	회원사 네트워크 연결기준 개정	2011. 7월
	증권사 전산센터 위치	회원사 네트워크 연결기준 개정	2011. 7월
	주문처리시스템 위치	회원사 네트워크 연결기준 개정	2011. 7월

10월부터 ELW 기본예탁금 제도가 전면 시행됨에 따라 기존 투자자들도 ELW 보유잔고가 없는 상태에서 ELW 매수주문을 낼 경우 기본예탁금 1,500만원 이상의 예탁총액을 보유한 경우에만 주문이 가능하게 되었다. 이러한 제도 변화에 대응하여 주요 증권사들은 기존투자자들이 특정 요건을 만족하면 기본예탁금보다 작은 500만원 정도의 금액으로도 ELW를 매매할 수 있도록 기준 요건을 낮추었다.

12월 1일 발표된 금융위원회의 장내옵션 시장, ELW 시장 및 FX 마진시장 건전화 방안에서는 LP가 독점적 공급자로서 매매에 참여하는 ELW 시장구조가 투자자에게 불공정한 측면이 있다며 향후 시장스프레드비율이 15%를 초과하는 경우에만 8~15%로 LP호가를 제출할 수 있게 하고, LP호가 부재시 시세조정을 방지하기 위해 최우선매도호가 미만의 LP 매도호가 제출을 가능하게 했고, 증권사의 ELW 발행을 월 1회로 제한하는 등의 시장 과열 방지 대책이 제시되었다.

2011년은 국내 파생상품 거래 규모가 3경원을 넘고, 한국거래소의 파생상품 거래량이 압도적인 세계 1위를 차지하는 등의 업계에 긍정적인 소식도 있었지만, 상장 1년을 맞이한 조기종료 ELW가 거래 위축으로 투자자의 외면을 받는 등 부정적인 소식도 있었다. ELW 시장제도 개선과 2차례에 이은 ELW 시장 추가 건전화 방안의 도입과 같은 시장의 질적 변화가 2005년 이래 성장 일변도로 숨가쁘게 달려온 ELW 시장의 대격변을 예고하는 가운데 ELW 시장은 개장 이래 일곱번째 해를 마무리 하였다.

⑧ 2012년: ELW 시장 추가 건전화 방안의 시행

ELW 시장에 대한 추가 건전화 방안의 시행이 예고된 가운데 2012년 첫 주의 ELW 시장의 일평균거래대금은 8,273억원을 기록하여 전년 12월 대비 20%, 전년 동월 대비 40% 이상 급감한 수치를 기록했다. 한편 제도 변화를 앞두고 이루어진 4분기 LP 평가에서는 강화된 LP 평가기준에 LP사들이 충분한 적응을 하지 못함에 따라 전반적인 성적의 하향 현상이 나타났다.

3월 12일 ELW 시장 추가 건전화 방안이 시행되었다. 시행 첫날 ELW 거래대금이 400억원을 기록하며 연중 고점인 1조 2천억원에 비하여 시장의 거래대금이 크게 축소됨에 따라 시장 과열 및 스캘퍼에 대한 우려도 함께 해소되었다. 또한, 1분기 LP 평가에서 21개 LP사가 A등급을 부여 받으며 변화된 제도 하에서 LP 수행도 용이하게 이루어지고 있음을 확인할 수 있었다. 한편, 한국거래소 시장감시위원회의 2012년 상반기 이상거래에 대한 심리 결과 발표에서도 ELW 및 선물, 옵션 시장의 불공정거래로 금융위원회에 통보된 건수가 38건에서 14건으로 크게 감소하여 시장 건전화 조치의 효과가 나타나고 있음을 다시 확인할 수 있었다. 시장의 외형이 하향 안정 추세를 유지하고 있는 가운데 10월초 거래소는 현물 시장에서처럼 ELW 시장에도 투자주의 종목 지정 제도를 도입하겠다고 밝혔다. 3일간 LP를 제외한 특정 지점, 혹은 특정 계좌의 매매 관여율이 일정 비율을 상회하는 경우 해당 ELW 종목을 투자주의 종목으로 지정하고 이를 거래소 홈페이지와 HTS상에 공표하는 것을 주요 내용으로 한다.

앞에서 살펴본 바와 같이 2012년은 3월에 실시된 ELW 시장 추가 건전화 방안이라는 시장 제도 변화와 그 여파로 인한 급격한 시장 외형의 축소, 전통적인 의미의 스캘퍼가 사라지고 LP의 호가 제출이 제한된 상태에서 시장 참가자들이 새로운 시장의 균형을 모색하는 변화의 해로 기록될 것으로 예상된다. 현재 주식형 ELW의 경우 LP가 1틱 단위로 호가를 낼 수 있는 낮은 가격대의 ELW가 투자자의 선호를 얻고 있으며 지수형 ELW의 경우 장내옵션과 거의 대등한 가격대에서 ELW의 가격이 형성되고 있는데 이러한 상황은 시장감시위원회가 10월에 도입하기로 한 투자주의 종목 지정 제도의 시행을 비롯한 추가적인 ELW 시장 제도의 도입에 대해 투자자들이 어떻게 적응할 것인가에 따라 변화할 가능성이 있는 것으로 여겨진다.

1-2. ELW 가격결정

(1) ELW 투자와 가격결정 이해의 중요성

단기간 내에 ELW가 시장의 인기를 얻을 수 있었던 비결 중의 하나로 직관적이면서 이해하기 쉬운 상품구조와 높은 레버리지의 결합을 꼽는 의견이 많다. 구조의 복잡성 측면에서는 선형적인 손익구조를 가지는 주식이나 선물, ETF 등에 비해서 ELW의 손익구조가 복잡하지만, 대신 옵션의 손익구조가 지니는 볼록성(convexity)을 적극 활용하여 외가격 ELW를 소액의 프리미엄으로 매수하고 원하는 방향으로 시장이 움직였을 경우 극단적으로 높은 수익을 거두는 공격적인 투자전략을 구사하여 레버리지를 얻어내는 트레이딩이 가능한 것이 ELW의 장점이다. 특히, KOSPI200 지수옵션의 매매와 비교할 때 선물옵션 전용계좌를 열고, 증거금을 별도로 관리하는 등의 복잡한 절차 없이 투자자가 보유하고 있는 위탁계좌를 통하여 HTS로 바로 매매를 시작할 수 있는 점, 기초자산이 일반투자자들에게 친숙한 우량 대형주였던 점 등은 "상승 베팅에는 콜ELW, 하락 베팅에는 풋ELW"라는 단순한 개념으로 무장한 많은 투자자를 ELW 시장으로 불러들인 주된 요인이 되었다.

그러나, ELW의 가격결정이 단순히 기초자산의 등락만으로 결정되지는 않기 때문에 ELW의 가격과 관련하여 발생할 수 있는 투자자의 오해를 불식시키는데 ELW 발행사와 LP는 노력해야 한다. 특히, 시장에서 거래되는 ELW는 수식의 형태로 정형화된 이론가 산정 방법이 확정되어 있으므로 이러한 가격결정 방법을 객관적 기준으로 하여 투자자를 합리적으로 설득해야 한다. 또한, ELW를 거래한다는 것은 사실상 ELW 가격에 내포되어 있는 파라미터 특히 방향성과 변동성을 거래하는 것과 같은 것인데 기초자산의 가격정보에 비해 상대적으로 정보가 부족한 ELW의 내재변동성에 관련한 정보(절대적인 변동성 수준과 역사적 변동성과 내재변동성의 추이 등)에 대한 정보 공개를 더욱 강화하고, 투자자가 ELW 가격결정에 대한 메커니즘을 이해하는데 최대한의 도움을 줄 수 있는 장치, 예컨대 기초자산 가격 및 시간 경과, 변동성 등의 파라미터 변경시 ELW 가격 시뮬레이션을 지원하는 등의 노력이 필수적이다.

(2) ELW 가격구조와 관련 지표

1) ELW 가격구조

현재 우리 ELW 시장에서 상장되어 거래되는 ELW는 일반형 ELW와 조기종료 ELW, 바스켓 ELW 등이다. 일반형 ELW는 다시 plain vanilla option의 형태와 동일한 지수형 ELW와 최종거래일 5일간의 종가를 산술평균한 가격을 옵션의 정산 기준 가격으로 하는 주식형 ELW가 있는데 이처럼 만기가격에 평균가격을 사용하는 형태의 옵션을 asian option이라고 한다. 이렇게 만기가 분산된 구조의 옵션은 만기일 마감 동시호가때 주가 관여를 통해 ELW 결제 가격에 영향을 줄 가능성이 크게 낮아진다. 그 외 조기종료 ELW와 바스켓 ELW에 대해서는 이전의 ELW 상품 소개에서 살펴보았다. 이처럼 모든 ELW는 앞에서 살펴본 바와 같이 여러 옵션들의 분류 중 하나에 속하거나 둘 이상의 옵션이 조합된 형태로 구성되어 있으며 각각의 옵션에 대해서는 그 가격을 계산할 수 있는 방법들이 정의되어 있고, ELW의 상장 과정에서 이러한 사항들을 공시하게 되어 있어 투자자들이 상시 확인이 가능하다. 실제 상장 사례와 상장 절차에 대해서는 이어지는 관련 영역에서 다루게 될 것이다.

[그림 3-5]에서 보듯 ELW의 가격을 나누어보면 크게는 내재가치(intrinsic value)와 시간가치(time value)로 나누어볼 수 있는데 내재가치란 특정한 옵션이 지금 당장 행사되었을 때 정산될 수 있는 금액을 의미하며 항상 0보다 같거나 크다고 정의

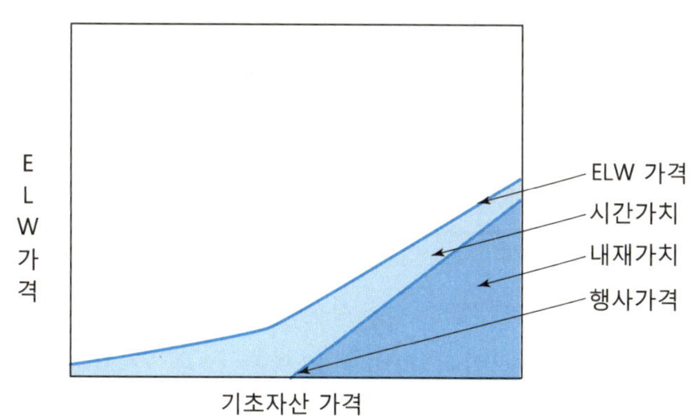

[그림 3-5] **옵션의 가격 구분**

된다. 콜옵션의 경우 내재가치는 기초자산 가격(underlier value)과 행사가격(strike price 또는 exercise price)의 차이, 풋옵션의 경우는 반대로 계산할 수 있다. 그리고 옵션의 가격에서 이 내재가치를 차감한 금액을 시간가치라고 부른다. 예컨대 외가격이나 등가격 옵션의 경우는 내재가치가 0이므로 옵션의 가격은 곧 시간가치인 셈이다. 동일한 조건(만기, 행사가, 콜/풋, 전환비율 등)의 여러 ELW가 각기 다른 가격으로 시장에서 동시에 거래되는 ELW 시장에서는 결국 모두 같은 내재가치를 지니지만 각기 다른 시간가치를 가진 ELW가 존재하는 셈인데 이러한 현상이 가능한 것은 ELW에 대한 매도 포지션은 오직 LP만이 취할 수 있기 때문이며 만약 어떠한 LP가 자신이 유동성을 공급하는 ELW의 가격이 타사에서 운용하는 ELW보다 높은 가격으로 거래가 되고 있는 것을 발견한다면 차익거래를 실행하여 이익을 확보할 수 있다.

한편 앞에서 언급한 바와 같이 옵션의 가격 계산 공식을 통하여 ELW의 이론가격을 산출할 수 있는데, 이러한 계산적인 방법으로 ELW의 가격을 계산할 때 필요한 요소로는 기초자산 가격과 행사가격, 기초자산의 변동성, 금리, 배당, 잔존만기, 그리고 ELW의 전환비율 등을 함께 고려하여야 한다. 앞에서 살펴본 바와 같이 기초자산 가격과 행사가격 간의 관계에서 ELW의 내재가치를 알 수 있는데 특히 등가격과 내가격 상태의 ELW에서는 기초자산 가격의 변동이 ELW의 가격 변동에 미치는 영향력이 크며 이러한 경향은 깊은 내가격이 될수록 높아진다.

한편, 기초자산의 가격변동성도 ELW의 가격 계산에 큰 영향을 주며, 특히 같은 조건에서 만기가 길고, 등가격에 근접할수록 이러한 영향은 더 크게 나타난다. 다만, 시장에서 정확한 값을 얻을 수 있는 기초자산 가격과 행사가격과는 달리 ELW의 변동성은 현재의 ELW 가격에서 역산해서 얻을 수 있는데 그러한 까닭에 ELW의 변동성이 ELW 가격에 내포되어 있다고 해서 내재변동성(implied volatility)이라고 부른다.

또한, 이렇게 계산된 내재변동성은 현재의 시점에서 만기까지 기초자산이 얼마나 크게 움직일 것인가에 대한 지표로써의 의미가 있다. 예컨대 동일한 전환비율에 1개월 만기를 남기고, 행사가격까지 기초자산 가격이 10%만큼 멀어져 있는 외가격 ELW라고 해도 기초자산의 움직임이 가벼운 ELW는 높은 가격에 거래되는 반면, 기초자산의 움직임이 크게 나타나지 않는 ELW는 상대적으로 낮은 가격에 거래된다. 예컨대 삼성전자나 현대차 같은 개별주식이 하루에 5% 움직이는 날보다는 KOSPI200 주가지수가 5% 움직이는 날을 만나기 더 어려운 것처럼 기초자산의 변동성이 높고, 또한 미래에 더 많이 움직일 것으로 기대되는 기초자산의 ELW가 더 높은 내재변동성을 기록하는 것을 쉽게 발견할 수 있다. 그리고, 만기까지 남아있는 시간도 ELW의 가격에 영향을 준다. 어떤 ELW의 기초자산 가격이 전일과 동일하다면 그 ELW의 오늘의 이론가격은 전일보다 낮은데 이렇게 시간가치의 하락(time decay)은 매일 일어나며 하락의 속도는 만기에 근접할수록 더욱 빨라진다. 또한, LP에 따라서는 실시간으로 시간가치의 하락을 ELW LP호가에 반영시키는 경우도 있기 때문에 ELW 투자자와 운용 관련자는 이를 파악하고 있어야 한다.

ELW의 만기가 비교적 길게 남아있는 경우에는 금리와 배당도 ELW의 가격에 영향을 주게 된다. 예컨대 주식을 매수하려면 매수 금액만큼의 자본 비용이 발생하는데 콜ELW를 매수한다면 ELW의 레버리지 효과로 인해 더 적은 금액으로 주식을 매수하는 것과 유사한 효과를 기록하게 된다. 이러한 상태에서 금리가 상승하게 되면 주식 매수에 들어가는 자본 비용이 상승할 것이므로 콜ELW 매수의 매력이 높아지게 되어 결과적으로 콜ELW의 가격은 금리의 상승, 하락과 같은 방향으로 움직이며 풋ELW의 경우에는 반대이다. 한편, LP의 자금 조달 금리의 변화가 ELW의 가격에도 역시 반영될 수 있기 때문에 이러한 변화가 있을 경우 투자자에게 해당 내용에 대한 설명을 준비해두는 것이 권장된다. 또한, 주식을 매수하면 받을 수 있는 배당을 콜ELW를 매수하는 경우에는 받을 수 없고, 배당락을 예상하여 풋ELW를 사둔다고 해도 수익을 기대할 수는 없는데 이는 역시 ELW의 가격에 배당의 효과를 반영시키기 때문이다. 주식 매수의 경우에 자본 비용이 발생하는 한편, 배당 수입이 발생하여 비용을 상쇄하는 것처럼 배당의 상승과 하락은 ELW의 가격에도 영향을 주며 배당의 상승은 콜ELW 가격의 하락, 풋ELW 가격의 상승으로 이어지고 배당의 하락은 반대로 콜ELW 가격의 상승, 풋ELW 가격의 하락으로 나타난다. LP는 분기배당, 연말배당을 전후한 시점에 배당과 배당락에 따른 투자자 혼선에 대응을 준비하여야 하며 기업 환경의 변화로 배당 예상 금액의 변동이 예상되어 이를 ELW 가격에 반영하는 경우에도 ELW 가격의 급등락이 일어날 수 있으므로 유의하여야 한다.

2) 위험 관련 지표

옵션 혹은 옵션으로 구성된 포트폴리오의 위험 관리를 위해 델타, 감마, 베가 등의 그리스 문자를 이름으로 지닌 위험 지표를 사용하는데 이러한 지표들을 그릭스(Greeks)라고 부르며 절대 다수의 옵션 투자자는 이 그릭스 지표를 이용하여 포트폴리오의 위험을 계량화하여 관리한다. 앞에서 살펴본 ELW 가격에 영향을 주는 각종 요소들(예컨대 기초자산의 가격, 변동성의 변화, 금리와 배당의 변화 등)이 계량적으로 포트폴리오에 미친 영향을 직관적으로 알 수 있게 하므로 그릭스는 ELW의 운용에 중요하다. 일반형 ELW를 기준으로 주요 그릭스의 내용을 살펴보면 다음과 같다.

우선, 델타(delta)는 기초자산 가격의 변화가 ELW 가격의 변화에 영향을 주는 정도에 대한 지표이다. 극외가 ELW의 경우에는 약간의 기초자산 변화로는 ELW의 가격에 큰 영향력을 느낄 수 없는 반면, 내가격 ELW의 경우에는 기초자산의 변화가 곧장 ELW의 가격에 그대로 영향력을 준다. 한편, 매수를 기준으로 콜옵션의 델타는 0보다 크며 1보다 작고, 풋옵션의 델타는 0보다 작거나 −1보다 큰데 그 값은 기초자산의 변화율이 델타만큼 ELW의 가격 변화에 기여한다고 이해할 수 있다. 예컨대 기초자산이 1% 상승하였을때 델타가 0.3인 콜ELW는 약 0.3% 가량 상승할 것이고, −0.6인 풋ELW는 0.6%만큼 하락할 것임을 대략 예상할 수 있으며 결과적으로 이러한 비율만큼 기초자산을 사거나 팔면 기초자산의 변동으로 인한 ELW 가격의 변동을 기초자산에서 얻어낼 수 있음을 짐작할 수 있는데 바로 이렇게 ELW의 델타만큼의 주식을 반대로 매매하여 델타 중립(delta neutral)을 계속 만드는 일이 동적 헤지다.

감마(gamma)는 기초자산 가격의 변화가 ELW 델타의 변화로 이어지는 정도에 대한 지표이다. ELW의 손익 구조는 비선형적이기 때문에 델타의 크기도 꾸준히 변화하며 결과적으로 주식의 매매를 통해 ELW 가격의 변화를 완벽하게 따라잡을 수는 없다. 다만 델타와는 다르게 ELW 매수 포지션의 경우 감마는 0보다 크며, LP 처럼 ELW 매도 포지션을 보유하고 있을 경우 감마는 0보다 작다. 즉, 극외가 콜ELW을 매수한 경우에는 델타가 0에 가깝고 감마도 0에 가까운 상태였다가 기초자산 가격이 점차 상승하여 등가격과 내가격 ELW가 될수록 델타는 지속적으로 상승하는 모습을 보이며 감마는 등가격 근처가 가장 높았다가 외가격과 내가격으로 갈수록 감마가 줄어든다는 것을 알 수 있다.

한편, 베가(vega)는 기초자산의 변동성의 변화가 ELW 가격의 변화로 연결되는 정도에 대한 지표이다. 동일한 기초자산의 ELW에서도 그 행사가와 만기, 콜/풋 등에 따라 내재변동성의 수준은 제각각일 수 있고 다른 조건이 모두 동일한 상태에서도 내재변동성은 각각의 LP가 다르게 유지할 수 있다는 점을 이야기한 바 있는데 이는 각 ELW를 담당하는 LP와 해당 종목을 거래하는 이들의 미래에 대한 전망, 특히 해당 기초자산의 미래 변동성에 대한 전망이 모두 다르기 때문이며 미래에 급격한 변동성의 하락이나 상승이 예상되는 경우 ELW의 내재변동성에도 영향을 미칠 수 있다. 앞에서 언급하였듯 ELW의 내재변동성은 변동성을 제외한 다른 모든 요소(기초자산 가격, 행사가, 금리, 배당 등)가 정해진 상태에서 ELW의 가격에서 역산하여 추출된 변동성을 의미하고, 결국 이는 어떠한 ELW의 다른 조건이 변화하지 않더라도 내재변동성이 변화하게 되면 그 ELW의 가격이 변화할 수 있음을 의미하며 내재변동성의 상승은 ELW 가격의 상승을, 내재변동성의 하락은 ELW 가격의 하락을 의미한다고 할 수 있다. 이처럼 내재변동성이 변화하였을 때 ELW의 가격이 얼마만큼 변화하는지를 보여주는 지표가 베가이며, 베가는 같은 조건에서 만기가 길수록 크게 관측된다.

쎄타(theta)는 시간의 흐름에 대한 ELW 가격 변화의 지표이다. 앞에서 살펴보았듯 옵션의 시간가치는 만기로 접근할수록 점점 줄어들며 그 줄어드는 속도는 만기로 접근할수록 빨라진다. 이러한 ELW 가격의 변화, 특히 시간가치 감소와 관련한 지표가 쎄타이며 통상 다른 조건이 모두 동일한 상태에서 1일이 경과하였을 때 ELW의 가격 감소를 의미한다. ELW를 매수한 경우에 쎄타는 마이너스이며 동일한 조건에서 내재변동성이 높은 ELW는 쎄타와 시간가치 하락도 크게 나타나므로 유의할 필요가 있다. 마지막으로 로(rho)는 금리의 변동에 따른 ELW 가격 변화의 폭을 의미하는 것이다.

앞에서 살펴본 것과 같이 그릭스로 인한 ELW 가격의 변화를 이해할 수 있는 투자자의 경우에는 쎄타가 너무 커서 고객이 방향을 맞추었지만 보유 중인 ELW가 마이너스를 기록하는 상황이나 고객이 방향을 맞추었음에도 급격한 변동성의 하락으로 베가만큼의 하락을 이겨낼 수 없어서 마이너스가 나는 경우 등에 대한 적절한 설명이 가능하며 그렇지 못한 경우에는 각 HTS에서 제공하는 ELW 이론가 계산기나 ELW 가격 시뮬레이션 등을 통하여 해당 파라미터의 변화가 ELW 가격에 미치는 영향을 투자자가 충분히 이해할 수 있도록 설명할 필요가 있다.

3) 투자 관련 지표

HTS마다의 차이는 있으나 이를 통해 제공되는 다양한 ELW 관련 투자 지표들은 투자자의 ELW 가격평가와 매매전략 수립에 영향을 주고 있는 것으로 보인다. 특히 KIS 채권평가에서 제공하는 ELW 이론가의 경우 도입 초기에 LP호가와의 불일치로 인한 투자자의 질문이 많았었는데 이론가 계산에 대한 사용된 파라미터의 산출 방법이나 변동성 곡면(volatility surface) 관련 정보들에 대한 정보가 공개되어 있지는 않기 때문에 하나의 참고 가격으로 투자자들이 받아들이기를 권하는 LP사가 많은 상황이다.

이론가 이상으로 선호되는 ELW 투자 지표의 하나로 레버리지(leverage)를 빼놓을 수 없다. 유효 기어링(effective gearing)이라고도 불리는 이 지표는 기초자산 가격 변동의 몇 배만큼의 ELW 가격 변동을 기대할 수 있는가에 대한 지표로써 투자자들이 이해하기 쉽다는 장점이 있다. 이를 수식으로 간략히 살펴보면 다음과 같다.

$$\frac{\text{ELW 가격변화율}}{\text{기초자산 가격변화율}} = \frac{\Delta C/C}{\Delta S/S} \times \text{전환비율}$$

$$= [\frac{S}{C} \times \text{전환비율}] \times \frac{\Delta C}{\Delta S} = \text{기어링} \times \text{델타}$$

S: 기초자산 가격, C: ELW 가격,

ΔS: 기초자산 가격 변화량, ΔC: ELW 가격 변화량

한편 위에서 본 것과 같이 기어링은 "기초자산 가격/ELW 가격" 에 전환비율을 곱한 것을 의미하는데 말하자면 ELW 가격 대비 기초자산 가격에 전환비율을 곱한 것의 비율을 의미하며 위에서 본 유효 기어링과 같이 기초자산을 직접 투자하는 비용으로 ELW를 투자하였을 때 투자자가 얻을 수 있는 레버리지의 정도를 보여주는 지표이다. 예컨대 120만원으로 삼성전자 1주를 사는 대신에 120원에 전환비율 0.001의 ELW를 하나 매수하였을 때 기어링이 10배가 되면서 주식 대신 이 ELW를 매수하면 대략 10배 정도의 레버리지 효과를 볼 수 있다고 간단하게 계산해볼 수 있는 지표가 된다.

또한, ELW 시장 건전화 방안에서 ELW의 발행 요건 중 하나로 쓰이기도 하는 패리티가 있다. 이는 기초자산 가격과 행사가격 사이의 비례를 나타내어 해당 ELW가 얼마만큼 내가격 또는 외가격인지를 보여주는 지표로써 콜ELW의 패리티는 발행 당시 기준이 되는 기초자산 가격(발행기준가격)을 행사가격으로 나눈 것이고, 풋ELW의 패리티는 권리행사가격을 발행기준가격으로 나눈 것이다. 예컨대 ELW 발행시 패리티 85% 이상으로 발행 요건을 결정한다면 콜의 경우에는 발행기준가격/행사가격이 85% 보다는 높게 하는 수준에서 행사가격이 정해져야 하며 풋의 경우에는 행사가격/발행기준가격이 85% 보다는 높은 수준이 되도록 행사가격이 정해져야 한다. 즉, 패리티는 외가격일수록 작아지는 것이며 ELW 발행시 패리티의 하한이 존재함으로써 ELW 발행사는 과도한 외가격 ELW의 발행에 제약을 받게 되며 이는 결과적으로 ELW 시장의 전체적인 투기성을 감소시키는 역할을 하게 된다.

손익분기점(Break-even point)도 가끔 사용되는 지표인데 현재 ELW의 가격만큼 만기 정산금액을 받으려면 기초자산의 가격이 얼마가 되어야 하는지를 계산해보는 방법으로 투자수익률을 따져보는 것이다. 예컨대 어떤 콜ELW의 가격이 100원이고 기초자산의 현재 가격이 100,000원, 행사가는 110,000원, 전환비율은 0.01이라면 적어도 만기시에 기초자산 가격이 120,000원을 상회하여야 투자자에게 비용을 차감한 후 수익이 발생한다는 것이다. 그 외에 ELW 투자가 이익을 내기 시작하는 기초자산 가격대인 손익분기점 개념을 이익을 내기 시작하는 수익률이라는 개념으로 풀어낸 자본지지점(Capital Fulcrum Point)이라는 지표 등도 HTS에 따라 서비스되는 경우가 있다.

별첨 I. 일반형 콜ELW의 이론가 계산 공식

일반형 ELW의 경우 블랙-숄즈의 옵션 프라이싱 모델을 이용하고 있으며 dart상에 공시된 여러 ELW 발행사들의 투자설명서 등으로부터 해당 수식의 사용을 확인할 수 있다.

일반형 콜ELW를 위한 블랙-숄즈 모델의 구체적인 식은 다음과 같다.

$$C = S \times \exp(-q \times T) \times N(d1) - K \times \exp(-r \times T) \times N(d2)$$

$$d1 = \{\ln(S/K) + (r - q + \sigma \times \sigma / 2)T\} / \{\sigma \times sqr(T)\}$$

$$d2 = d1 - \sigma \times sqr(T)$$

C: 콜옵션의 가격
S: 현재가
N: 표준정규분포의 누적확률분포 함수
K: 행사가
exp: e(자연로그의 밑)의 거듭제곱함수
r: 무위험이자율
q: 배당율
T: 잔존만기(연단위)
ln: 자연로그
σ: 변동성
sqr: 제곱근

별첨 2. 일반형 풋ELW의 이론가 계산 공식

일반형 콜ELW와 마찬가지로 풋ELW의 경우에도 블랙-숄즈 모델을 사용한다. 구체적인 식은 다음과 같다.

$$P = -S \times \exp(-q \times T) \times N(-d1) + K \times \exp(-r \times T) \times N(-d2)$$
$$d1 = \{\ln(S/K) + (r - q + \sigma \times \sigma/2)T\} / \{\sigma \times sqr(T)\}$$
$$d2 = d1 - \sigma \times sqr(T)$$

P: 풋옵션의 가격
S: 현재가
N: 표준정규분포의 누적확률분포 함수
K: 행사가
exp: e(자연로그의 밑)의 거듭제곱함수
r: 무위험이자율
q: 배당률
T: 잔존만기(연단위)
ln: 자연로그
σ: 변동성
sqr: 제곱근

별첨 3. 조기종료 콜ELW의 이론가 계산 공식

■ 2010년 6월 KIS 채권평가와 여러 증권사가 참여한 KOBA ELW 이론가 표준화 TF에서 아래와 같은 결론을 도출해낸 바 있어 첨부한다. 해당 결과는 무위험이자율, 기초자산 변동성을 모두 상수로 가정한 표준 Black-Scholes 모델을 적용한 것이며 해당 조건에서 closed-formula가 존재한다. 자세한 자료는 KIS 채권평가의 〈조기종료 ELW 투자지표 산출 기준〉을 통해 확인할 수 있다.

■ 참조 자료

- "Wong, H.Y., Chan, C.M., Turbo Warrants under Stochastic Volatility, 2006."
- "Haug, E.G., The Complete Guide to Option Pricing Formulas, Second Edition."

■ 입력 변수

- S: 기초자산 현재 가격
- K: 행사가격
- B: 조기종료 발생 기준가격(Knock-Out Barrier)
- R: 조기종료 이벤트 발생시 최소 고정지급액
- T: 잔존만기
- T_0: 조기종료 이벤트 발생 후 평가기간(Valuation Period)
- ρ: 전환비율
- δ: 기초자산 연속 배당률
- r: 무위험이자율
- σ: 기초자산 변동성

■ 조기종료 콜ELW 이론가격 C(연속 배당률 기준)

$$C=\rho\times\left[DOC+\left\{FLLC(B,\ K+R,\ T_0)-FLLC(B,\ B,\ T_0)+Re^{-rT_0}\right\}\times DIR\right]$$

• DOC: 기초자산의 현재 가격이 S인 상태에서 K, B, T 조건이 동일한 down-and-out call option(with zero rebate)의 (Black-Scholes) 이론가격

$$DOC=Se^{-\delta T}N\left(\frac{\ln\left(\frac{S}{B}\right)+\left(r-\delta+\frac{1}{2}\sigma^2\right)T}{\sigma\sqrt{T}}\right)-Ke^{-rT}N\left(\frac{\ln\left(\frac{S}{B}\right)+\left(r-\delta-\frac{1}{2}\sigma^2\right)T}{\sigma\sqrt{T}}\right)$$

$$-Be^{-\delta T}\left(\frac{B}{S}\right)^{\frac{2(r-\delta)}{\sigma^2}}N\left(\frac{\ln\left(\frac{B}{S}\right)+\left(r-\delta+\frac{1}{2}\sigma^2\right)T}{\sigma\sqrt{T}}\right)$$

$$+Ke^{-rT}\left(\frac{B}{S}\right)^{\frac{2\left(r-\delta-\frac{1}{2}\sigma^2\right)}{\sigma^2}}N\left(\frac{\ln\left(\frac{B}{S}\right)+\left(r-\delta-\frac{1}{2}\sigma^2\right)T}{\sigma\sqrt{T}}\right)$$

• $FLLC(S,\ m,\ T_0)$: 기초자산의 현재 가격이 S, 현재까지의 최저 가격이 m인 상태에서 잔존만기가 T_0인 floating-strike lookback call option의 (Black-Scholes) 이론가격

(i) $\delta\neq r$일 경우;

$$FLLC(S,\ m,\ T_0)=Se^{-\delta T_0}N\left(\frac{\ln\left(\frac{S}{m}\right)+\left(r-\delta+\frac{1}{2}\sigma^2\right)T_0}{\sigma\sqrt{T_0}}\right)$$

$$-me^{-rT_0}N\left(\frac{\ln\left(\frac{S}{m}\right)+\left(r-\delta-\frac{1}{2}\sigma^2\right)T_0}{\sigma\sqrt{T_0}}\right)$$

$$+\frac{\sigma^2}{2(r-\delta)}Se^{-rT_0}\left(\frac{S}{m}\right)^{-\frac{2(r-\delta)}{\sigma^2}}N\left(\frac{\ln\left(\frac{m}{S}\right)+\left(r-\delta-\frac{1}{2}\sigma^2\right)T_0}{\sigma\sqrt{T_0}}\right)$$

$$-\frac{\sigma^2}{2(r-\delta)}Se^{-\delta T_0}N\left(\frac{\ln\left(\frac{m}{S}\right)-\left(r-\delta+\frac{1}{2}\sigma^2\right)T_0}{\sigma\sqrt{T_0}}\right)$$

(ii) $\delta = r$ 일 경우;

$$FLLC(S,\ m,\ T_0)=Se^{-rT_0}N\left(\frac{\ln\left(\frac{S}{m}\right)+\frac{1}{2}\sigma^2T_0}{\sigma\sqrt{T_0}}\right)-me^{-rT_0}N\left(\frac{\ln\left(\frac{S}{m}\right)-\frac{1}{2}\sigma^2T_0}{\sigma\sqrt{T_0}}\right)$$

$$+Se^{-rT_0}\sigma\sqrt{T_0}\left(N'\left(\frac{\ln\left(\frac{S}{m}\right)+\frac{1}{2}\sigma^2T_0}{\sigma\sqrt{T_0}}\right)+\frac{\ln\left(\frac{S}{m}\right)+\frac{1}{2}\sigma^2T_0}{\sigma\sqrt{T_0}}\left(N\left(\frac{\ln\left(\frac{S}{m}\right)+\frac{1}{2}\sigma^2T_0}{\sigma\sqrt{T_0}}\right)-1\right)\right)$$

- *DIR*: 기초자산의 현재 가격이 *S*인 상태에서 *B*, *T* 조건이 동일하고 hitting시 unit amount를 지급하는 down-and-in rebate option (at hit)의 (Black-Scholes) 이론가격

$$DIR=\left(\frac{B}{S}\right)^{\frac{\left(r-\delta-\frac{1}{2}\sigma^2\right)+\sqrt{\left(r-\delta-\frac{1}{2}\sigma^2\right)^2+2r\sigma^2}}{\sigma^2}}N\left(\frac{\ln\left(\frac{B}{S}\right)+\sqrt{\left(r-\delta-\frac{1}{2}\sigma^2\right)^2+2r\sigma^2}\,T}{\sigma\sqrt{T}}\right)$$

$$+\left(\frac{B}{S}\right)^{\frac{\left(r-\delta-\frac{1}{2}\sigma^2\right)-\sqrt{\left(r-\delta-\frac{1}{2}\sigma^2\right)^2+2r\sigma^2}}{\sigma^2}}N\left(\frac{\ln\left(\frac{B}{S}\right)-\sqrt{\left(r-\delta-\frac{1}{2}\sigma^2\right)^2+2r\sigma^2}\,T}{\sigma\sqrt{T}}\right)$$

별첨 4. 조기종료 풋ELW의 이론가 계산 공식

■ 조기종료 풋ELW 이론가격 P(연속 배당률 기준)

$$P=\rho\times\left[UOP+\left\{FLLP(B,\ K-R,\ T_0)-FLLP(B,\ B,\ T_0)+Re^{-rT_0}\right\}\times UIR\right]$$

• UOP: 기초자산의 현재 가격이 S인 상태에서 K, B, T 조건이 동일한 up-and-out put option (with zero rebate)의 (Black-Scholes) 이론가격

$$UOP=Ke^{-rT}N\left(\frac{\ln\left(\frac{B}{S}\right)-\left(r-\delta-\frac{1}{2}\sigma^2\right)T}{\sigma\sqrt{T}}\right)-Se^{-\delta T}N\left(\frac{\ln\left(\frac{B}{S}\right)-\left(r-\delta+\frac{1}{2}\sigma^2\right)T}{\sigma\sqrt{T}}\right)$$
$$-Ke^{-rT}\left(\frac{B}{S}\right)^{\frac{2\left(r-\delta-\frac{1}{2}\sigma^2\right)}{\sigma^2}}N\left(\frac{\ln\left(\frac{S}{B}\right)-\left(r-\delta-\frac{1}{2}\sigma^2\right)T}{\sigma\sqrt{T}}\right)$$
$$+Be^{-\delta T}\left(\frac{B}{S}\right)^{\frac{2(r-\delta)}{\sigma^2}}N\left(\frac{\ln\left(\frac{S}{B}\right)-\left(r-\delta+\frac{1}{2}\sigma^2\right)T}{\sigma\sqrt{T}}\right)$$

• $FLLP(S,\ M,\ T_0)$: 기초자산의 현재 가격이 S, 현재까지의 최대 가격이 M인 상태에서 잔존만기가 T_0인 floating-strike lookback put option의 (Black-Scholes) 이론가격

(ⅰ) $\delta\neq r$일 경우;

$$FLLP(S,\ M,\ T_0)=Me^{-rT_0}N\left(\frac{\ln\left(\frac{M}{S}\right)-\left(r-\delta-\frac{1}{2}\sigma^2\right)T_0}{\sigma\sqrt{T_0}}\right)$$
$$-Se^{-\delta T_0}N\left(\frac{\ln\left(\frac{M}{S}\right)-\left(r-\delta+\frac{1}{2}\sigma^2\right)T_0}{\sigma\sqrt{T_0}}\right)$$
$$-\frac{\sigma^2}{2(r-\delta)}Se^{-rT_0}\left(\frac{S}{M}\right)^{-\frac{2(r-\delta)}{\sigma^2}}N\left(\frac{\ln\left(\frac{S}{M}\right)-\left(r-\delta-\frac{1}{2}\sigma^2\right)T_0}{\sigma\sqrt{T_0}}\right)$$

$$+\frac{\sigma^2}{2(r-\delta)}Se^{-\delta T_0}N\left(\frac{\ln\left(\frac{S}{M}\right)+\left(r-\delta+\frac{1}{2}\sigma^2\right)T_0}{\sigma\sqrt{T_0}}\right)$$

(ii) $\delta=r$일 경우;

$$FLLP(S,\ M,\ T_0)=Me^{-rT_0}N\left(\frac{\ln\left(\frac{M}{S}\right)+\frac{1}{2}\sigma^2T_0}{\sigma\sqrt{T_0}}\right)-Se^{-rT_0}N\left(\frac{\ln\left(\frac{M}{S}\right)-\frac{1}{2}\sigma^2T_0}{\sigma\sqrt{T_0}}\right)$$

$$+Se^{-rT_0}\sigma\sqrt{T_0}\left(N'\left(\frac{\ln\left(\frac{S}{M}\right)+\frac{1}{2}\sigma^2T_0}{\sigma\sqrt{T_0}}\right)\right.$$

$$\left.+\frac{\ln\left(\frac{S}{M}\right)+\frac{1}{2}\sigma^2T_0}{\sigma\sqrt{T_0}}N\left(\frac{\ln\left(\frac{S}{M}\right)+\frac{1}{2}\sigma^2T_0}{\sigma\sqrt{T_0}}\right)\right)$$

- UIR: 기초자산의 현재 가격이 S인 상태에서 B, T 조건이 동일하고 hitting시 unit amount를 지급하는 up-and-in rebate option(at hit)의 (Black-Scholes) 이론가격

$$UIR=\left(\frac{B}{S}\right)^{\frac{\left(r-\delta-\frac{1}{2}\sigma^2\right)+\sqrt{\left(r-\delta-\frac{1}{2}\sigma^2\right)^2+2r\sigma^2}}{\sigma^2}}N\left(\frac{\ln\left(\frac{S}{B}\right)-\sqrt{\left(r-\delta-\frac{1}{2}\sigma^2\right)^2+2r\sigma^2}\ T}{\sigma\sqrt{T}}\right)$$

$$+\left(\frac{B}{S}\right)^{\frac{\left(r-\delta-\frac{1}{2}\sigma^2\right)-\sqrt{\left(r-\delta-\frac{1}{2}\sigma^2\right)^2+2r\sigma^2}}{\sigma^2}}N\left(\frac{\ln\left(\frac{S}{B}\right)+\sqrt{\left(r-\delta-\frac{1}{2}\sigma^2\right)^2+2r\sigma^2}\ T}{\sigma\sqrt{T}}\right)$$

■ 평가기간 T_0 처리

- 실제로는 조기종료 이벤트가 발생하는 시점에 따라 유동적인 값이지만, 조기종료 이벤트가 발생하기 전에는 최소 보장 거래 시간(예를 들면, 3시간 or 6시간)과 동일한 상수로 근사 처리함.

별첨 5. 바스켓 콜ELW의 이론가 계산 공식

앞에서 살펴본 바와 같이 기초자산의 분할 상장 등에 대한 사유로 일반 ELW가 바스켓 ELW로 전환되는 사례가 발생한다. 또한, 시장 초기인 2006년 6월에 한국투자증권과 현대증권에서 바스켓 ELW를 발행한 사례도 있으므로 향후 바스켓 ELW를 발행하고자 하는 경우 참조가 될 수 있다.

상장 공시 과정에서 블랙숄즈 모델을 이용한 바스켓 ELW의 이론가 공식을 투자설명서 등에 제시한 사례가 발견되는데 구체적인 식은 다음과 같다.

$$C = S \times N(d1) - K \times \exp(-r \times T) \times N(d2)$$

$$d1 = \{\ln(S/K) + (r + \sigma \times \sigma / 2)T\} / \{\sigma \times sqr(T)\}$$

$$d2 = d1 - \sigma \times sqr(T)$$

C: 콜옵션의 가격
S: 바스켓의 현재 가격
N: 표준정규분포의 누적확률분포 함수
K: 행사가격
exp: e(자연로그의 밑)의 거듭제곱함수
r: 무위험이자율
T: 잔존만기(연단위)
ln: 자연로그
σ: 변동성
sqr: 제곱근

다만, 일반 ELW와 다르게 바스켓 ELW의 정확한 프라이싱과 헷지에 대해서 제시되는 방법들은 조건부로 존재하는데 이에 대한 자세한 논의는 본 실무서의 범위를 벗어난다. 일반적인 closed-form의 바스켓 옵션 프라이싱에 관한 논문은 아래의 자료를 참조하길 권장한다.

- **참조 자료:** Closed Form Approach to the Valuation and Hedging of Basket Options, S. Borovkova, F. Permana and H. v.d.Weide, The Journal of Derivatives, 2007.

별첨 6. 디지털 ELW의 이론가 계산 공식

디지털 ELW의 경우에도 블랙-숄즈 모델을 사용할 수 있다. 디지털 ELW의 발행 사례는 희귀하지만 2007년 7월에 우리투자증권에 의해 발행된 적이 있으므로 향후 디지털 ELW를 발행하고자 하는 경우 참조가 될 수 있다.

디지털 콜ELW의 이론가 계산 공식은 다음과 같다.

$$DC = K \times \exp(-r \times T) \times N(d2)$$

$$d1 = \{\ln(S/X) + (r - q + \sigma \times \sigma / 2)T\} / \{\sigma \times sqr(T)\}$$

$$d2 = d1 - \sigma \times sqr(T)$$

DC: 디지털콜옵션의 가격
S: 현재가
N: 표준정규분포의 누적확률분포 함수
X: 행사가
K: 확정지급액
exp: e(자연로그의 밑)의 거듭제곱함수
r: 무위험이자율
q: 배당율
T: 잔존만기(연단위)
ln: 자연로그
σ: 변동성
sqr: 제곱근

디지털 풋ELW의 이론가 계산 공식은 다음과 같다.

$$DP = K \times \exp(-r \times T) \times N(-d2)$$

$$d1 = \{\ln(S/X) + (r - q + \sigma \times \sigma / 2)T\} / \{\sigma \times sqr(T)\}$$

$$d2 = d1 - \sigma \times sqr(T)$$

DP: 디지털풋옵션의 가격
S: 현재가

N: 표준정규분포의 누적확률분포 함수

X: 행사가

K: 확정지급액

exp: e(자연로그의 밑)의 거듭제곱함수

r: 무위험 이자율

q: 배당률

T: 잔존만기(연단위)

ln: 자연로그

σ: 변동성

sqr: 제곱근

2. ELW 업무

2-1. 발행 및 상장 업무

(1) 발행 및 상장

1) ELW 발행 요건 점검

ELW의 발행을 위한 첫 번째 단계는 기초자산의 선정과 기준가격의 결정, 발행 관련 파라미터의 수집 등의 작업을 거쳐 발행안을 만드는 것이다. ELW의 발행 요건은 앞에서 언급한 바와 같이 기초자산과 행사가와 기준가의 패리티, 전환비율, 만기 등에 대한 여러 조건을 준수해야 한다. 또한 주식 ELW의 경우 매분기 말 거래소에서 발표하는 다음 분기의 기초자산 선정결과를 참조하여 이 리스트 내에 포함되는 종목에 대하여 발행을 진행해야 하며, 전월 말 기준 코스닥 시가총액 상위 5개사의 명단은 시장상황에 따라 변할 수 있으므로 발행 전에 확인해야 한다. ELW의 발행 가능 기초자산의 구성이 변화한 경우 예비 상장심사 청구일을 기준으로 발행 심사에 적용하므로 유의해야 한다. 지수 ELW의 경우 KOSPI200 지수 이외에 KOSDAQ 스타지수 등의 발행이 가능하다.

발행안 작성시 기준이 되는 발행 기준일을 정할 때에는 전체 업무 일정을 감안하여 발행일과 상장일을 정해서 준비하여야 한다. 한편, 발행안 작성시 지수형 ELW의 경우 1증권의 단가를 500원 이상, 주식형 ELW의 경우 850원 이상으로 맞추고, 종목당 발행 금액은 지수형의 경우 50억원, 주식형의 경우 30억원 이상이 되도록 발행 수량을 조절하여 맞춰야 한다. 또한, 만기일과 만기평가일, 최종거래일, 발행일, 상장일 등의 일정이 공휴일과 겹치지 않는지 점검해야 하며, 발행시 기준변동성은 역사적 변동성과의 일관성을 유지하여야 한다. 예컨대 동일 기초자산의 ELW 사이에서 지나치게 큰 변동성의 차이를 보이거나, 동일 만기의 동일 기초자산의 외가격 ELW가 더 높은 발행단가를 갖는 등의 경우가 없도록 체계적으로 발행변동성을 관리해야 한다. 단, 2013년부터 ELW 발행시 발행단가와 발행금액, 발행시 기준변동성에 대한 변경이 논의되고 있으므로 유의해야 한다.

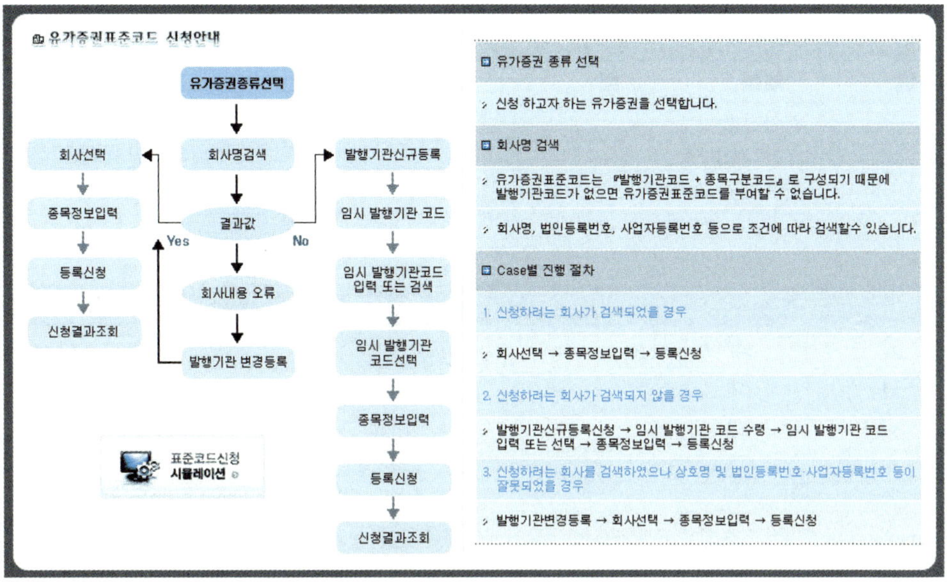

[그림 3-6] **유가증권표준코드 신청순서**

이처럼 발행안이 취합되고 나면 결제 관련 부서와 협업하여 발행할 ELW 종목들의 증권표준코드를 얻어야 하며 이 작업은 예비심사 전 영업일까지 완료되어야 한다. 표준코드란 국가 간 증권거래의 증대에 따라 해당 과정의 전산처리를 용이하게 하기 위해 부여되는 국제증권식별번호(ISIN: International Securities Identification Numbering System:)를 이르는 것으로 ELW 발행의 경우 한국거래소 표준코드시스템 ISIN System(http://isin.krx.co.kr)에 로그인하여 표준코드신청의 ELW를 선택하고 발행사명을 검색하여 결과값을 점검한 후 이상이 없으면 회사를 선택하고, 종목정보를 입력한 후 등록신청을 마치고 이후 신청결과를 조회하면 된다. [그림 3-6]은 거래소 ISIN 시스템의 유가증권표준코드 신청안내에 대한 업무흐름도이다.

한편, 표준코드의 기본구성은 국가코드 2자리(우리나라의 경우 KR), 기본코드 9자리, 검사코드 1자리로 구성된다. 기본코드 9자리의 구성은 〈표 3-4〉와 같다.

| 표 3-4 | 신주인수권증권 중 주식워런트증권(ELW)의 코드체계

속성 코드	발행체 고유코드				종목구분코드
■	■■	■	■	■	■■■
A	파생상품 발행기관명 코드	기초자산 분류코드	권리내용 분류코드	월중발생 순위예비코드	■월중발생순위코드 ■발행연코드 ■발행월코드

코드	회사명	코드	회사명	코드	회사명
50	신한	57	한국	70	하나
51	대신	58	현대	73	HMC
52	대우	59	미래	75	노무라
53	삼성	60	맥쿼리	76	키움
54	신영	66	동양	77	KB
55	우리	67	동부	78	비엔피

발행기관명은 발생순서에 따라 50부터 순차적으로 부여되고, 기초자산분류코드는 주식이 1, 주가지수가 3, 권리내용분류코드는 콜이 1, 풋이 2, 월중발생순위는 01부터 순차적으로 부여하고 월중발행종목이 99종목을 초과하면 A0, A1, 등의 순으로 부여된다. 발행연도코드는 1980년부터 30년을 기준으로 0~W까지 반복되는데 2010년의 경우는 해당 코드가 0이었고 2013년은 3, 2020년은 A가 되는 식이다. 발행월코드는 1월에서 12월까지 1~9, A~C까지로 부여된다. 한편, ISIN코드를 단축한 단축속성코드도 부여되는데 HTS상에서 ELW를 조회할 때 ELW의 6자리 종목코드가 바로 이 단축코드이다. ELW의 경우 첫 자리는 J, 발행기관명코드 2자리와 증권일련번호 4자리(발행연도 1자리, 발행회차 3자리)의 총 7자리이며 여기에서 J를 제외한 여섯자리가 흔히 보는 ELW의 종목코드이다. 발행회차는 발생순서에 따라 001부터 순차부여하고 연간 발행종목이 1천 종목을 초과하는 경우 A00, A01, B00, B01 식으로 부여하되 숫자와 혼동을 막기 위해 I, O, U는 제외한다.

표준코드가 부여된 결과는 KRX 표준코드시스템에서 조회 가능하며 등록신청이 완료된 결과를 조회하면 [그림 3-7]과 같은 방식으로 입력된 것을 확인할 수 있다.

발행기관코드	00594[투자증권(주)]	활성구분	활성
표준코드	KRA5511172A0	단축코드	J552320
종목명	투자증권(주) 주식워런트증권 제2320호	종목약명	2320LG화학콜
종목영문명	ELW 2320	종목영문약명	320LG CHEM-C
발행형태	공모	발행회차	320
발행일	2012-10-08	만기일	2013-01-22
발행단가(원)	850	발행증권수(워런트)	3,600,000
전환비율(워런트당)	0.0042	•표준/비표준 워런트	표준
발행구분	국내발행	발행통화	KRW
기타특이발행조건		•권리형태	표준형
기초자산종류	주식	주가지수	
금융기초자산기타		상장여부	비상장
주권발행기관_1	(주)LG화학	구성주식수1 / 기타1	1/
주권발행기관_2		구성주식수2 / 기타2	/
주권발행기관_3		구성주식수3 / 기타3	/
주권발행기관_4		구성주식수4 / 기타4	/
주권발행기관_5		구성주식수5 / 기타5	/
결제방법	현금결제	•확정금액	0
권리유형	콜	권리행사방식	유럽식
기준지수/가격(P/원)	337,000	행사지수/가격(P/원)	380,000
조기종료발생기준가격/지수(원/P)			
행사개시일	2013-01-22	행사종료일	2013-01-22
CFI	RWSCCR	금융상품구분	주식워런트

[그림 3-7] **유가증권 표준코드 사례**

2) 상장예비심사

발행요건을 확정하고 표준코드 취득을 완료한 다음 상장예비심사(이하 예심)를 진행한다. ELW의 예심과 관련된 사항은 유가증권시장 상장규정 제14조의3과 상장규정 시행세칙 제5조의3에 자세히 언급되어 있으며 상장예비심사청구서는 시행세칙의 별지 제28호 서식을 통해 볼 수 있다.

거래소는 상장예비심사청구서를 접수한 날부터 1주 이내에 예심 결과를 발행사와 금융위에 문서로 통지하되 청구서와 첨부서류의 미비 사항이나 기타 사유가 발생하였을 경우 결과 통지를 연기할 수 있으며, 발행사의 경영상황에 중대한 영향을 미칠 사항이 발생하거나 청구서상의 허위 기재나 누락이 발견된 경우, 상장예심통보 3개월 이내 상장신청을 하지 않았을 경우 등에는 예심결과를 무효화할 수도 있다.

발행사는 예심부터 상장일 전일까지 투자설명서(예비투자설명서 및 간이투자설명서 포함), 분기(반기) 종료 후 45일 경과시 분기(반기)재무제표 및 이에 대한 감사보고서, 자본시장법 제33조 상의 업무보고서, 자본시장법 제166조의2의 5에 규정된 월별 장외파생상품(파생결합증권 포함)의 매매, 중개, 주선 등 거래내역보고서(해당

사항은 통상 월간 업무보고서의 최근월 장외파생상품 거래내력 관련 서류로 갈음함) 등의 서류를 제출해야 하며 자본시장법 시행령 제36조 2항의1에 해당하는 사유(거액의 금융사고, 부실채권 발생, 적기시정조치를 받은 경우 등)가 발생한 경우에는 이 사유와 관련된 보고서도 첨부해야 한다.

또한 발행사는 상장규정 시행세칙에 따라 발행사는 증권 및 장외파생상품을 대상으로 하는 투자매매업 인가서 사본, 일괄신고서를 제출하여 수리된 경우 해당 일괄신고서와 정정신고서, ELW 발행에 관한 이사회 의사록 사본 혹은 결정에 관한 문서 사본, 지수ELW의 경우 주가지수 이용계약서 사본, 3자 LP의 경우 유동성공급계약서, 발행사 자체 LP의 경우 유동성공급계획서 등을 제출하여야 한다. 이들 서류 중 이미 거래소에 제출한 서류로 변경사항이 없는 경우에는 해당 첨부서류의 제출을 생략할 수 있다.

한편, 첨부서류 중에 있는 일괄신고서 제도에 대해 간략히 설명하면 자본시장법 제119조에 의거 증권의 모집 매출시 발행인은 신고서를 금융위에 제출하여야 하는데, 특정 요건을 갖춘 발행사는 금융위에 일괄신고서를 제출한 다음 발행 때마다 일괄신고추가서류를 제출하는 것으로 이러한 과정을 간소화할 수 있다. 즉, 매번 ELW 발행 때마다 증권신고서를 제출하지 않고, 공모예정인 증권을 미리 일괄로 신고한 다음 발행 때마다 일괄신고추가서류를 제출하는 것이다. ELW의 경우 일괄신고서를 제출할 수 있는 자격 요건은 최근 1년내 사업보고서와 반기보고서를 제출하고, 분기별, 월별 업무보고서를 제출한 금융투자업자로 1년내 해당 증권을 모집 또는 매출한 실적이 1회라도 있으면 일괄신고서를 이용하여 ELW를 발행할 수 있다. 한편, 일괄신고서를 이용하는 발행사는 자본시장법 시행령 제121조에 의거 2개월에서 1년 이내의 기간 중에 3회 이상 해당 증권을 발행하여야 한다.

ELW의 상장예심을 위한 청구서는 유가증권시장 상장규정 시행세칙의 별지 제28호 서식으로 있으므로 이를 참조하여 관련 내용을 작성하면 되고 주요 내용은 발행사와 관련된 것으로 발행사의 개요, 재무사항, 영업용순자본비율, OTC 거래 총위험액 등의 내용과 발행할 종목별 ELW에 대한 발행조건, 발행가 결정방법과 예상 손익구조 및 계산, 결제불이행이나 상장폐지시의 사항 등의 내용이 포함되며, 마지막으로 일괄신고서에 관한 사항과 ELW 발행실적, LP에 대한 사항이 들어가며 여기에 3자 LP의 경우 유동성 공급계약 관련 사항을 기입하며, 발행사 LP의 경우 유동성공급계획을 기재하는데 발행종목명, LP명, 스프레드비율은 15%, 최소호가수량은 100 이상 등을 기입하고, 유동성 공급계획으로 LP 의무상의 기본 사항을 입력하면 되는데 아래는 발행사 LP의 유동성 공급계획의 사례이다.

> **2. 유동성 공급계획**
>
> "유가증권시장 업무규정 제20조의5(유동성 공급호가의 제출방법)" 및 "유가증권시장 업무규정 시행세칙 제31조의8(유동성 공급호가 제출의 제한)"에 따라 상기 각 증권의 상장일로부터 기초자산이 주식인 경우 최종거래일 포함 5일 전까지, 지수인 경우는 최종거래일까지 유동성 공급을 할 것입니다.
>
> 그리고, 최대 호가스프레드비율(매수호가가격에 대한 호가스프레드의 비율) 15% 이내의 호가스프레드비율과 최소호가수량 100주(매수호가의 경우 100주 및 5,000원에 해당하는 수량. 다만, LP의 매출잔고가 5,000원에 해당하는 수량 미만인 경우에는 100주)를 유지하면서 본 증권에 대한 매도호가나 매수호가를 제출할 것입니다.
>
> 위 최대 호가스프레드비율은 기초자산의 호가스프레드와 호가별 잔량수준, 과거 변동성, 유통거래량 등을 종합적으로 고려하여 호가스프레드를 산출하였고, 시장상황이 급변하거나 시장 수급상황이 좋지 않더라도 투자자에게 항상 제공할 수 있는 범위로 호가스프레드를 설정하였습니다.

3자 LP를 활용하는 ELW 발행의 경우에는 유동성공급계약과 관련된 사항을 기재해야 하는데 관련 사항은 유가증권시장 상장규정 시행세칙 제24조의5에 포함되어 있으며 여기에는 발행인을 질권자로 하는 LP의 질권설정 관련 내용 및 잔고증명서, 파생상품계약에 대한 LP 회원사 본점의 승인증명서류 등이 상장신청시에 첨부되어야 한다. 3자 LP의 의무 및 자격 요건 등에 대한 사항은 본 실무서의 LP의 자격 관련 부분에서 찾아볼 수 있다.

한편, KRX의 상장공시제출시스템(http://filing.krx.co.kr) 홈페이지에서는 각종 공시제출과 ELW 상장신청 및 신고 등의 업무를 처리할 수 있는데 앞에서 준비한 예심 관련 서류들과 함께 상장예심청구도 가능하다. 홈페이지의 구성과 ELW 신규상장 절차 안내는 [그림 3-8]과 같다.

[그림 3-8] ELW 상장심사/신청 안내

KRX 상장공시제출시스템 홈페이지상에서의 상장예심신청을 마친 다음 [그림 3-9]에 준하는 상장예심청구 공문에 대표이사 직인을 날인하여 거래소에 발송하는 것으로 상장예심청구의 과정은 일단락되며 예심결과의 통보는 KRX에서 이메일로 통보되므로 이 예심결과통보서를 확인, 보관하는 것으로 거래소에 대한 ELW 발행예심은 일단락된다.

문서번호: 예증EQ운용 2012-003 2012.01.16
수 신: ㈜한국거래소 이사장
참 조: 증권상품총괄팀장
제 목: 주식워런트증권 상장예비심사청구 및 첨부서류 제출의 건
담 당: Equity파생운용팀 홍길동(☎02-768-5555, FAX:02-768-7777)

1. 귀사의 무궁한 발전을 기원합니다.

2. 당사는 32개 주식워런트증권을 공모/발행/상장하고자 합니다.

3. 유가증권시장 상장규정 제14조의3에 의거, 상기 주식워런트증권에 대한 상장예비심사청구서 및 첨부서류를 아래와 같이 제출하오니 심사 후 통지하여 주시기 바랍니다.

- 아 래 -

○ 주식워런트증권 상장예비심사청구서 – 인터넷(http://filing.krx.co.kr/) 신청
- 상장예비종목의 유동성공급계획서
- 2011년 11월 파생상품 업무보고서

※ 기 제출 서류 및 제출일자
- 증권 및 장외파생상품을 대상으로 하는 투자매매업 인가서 사본 (2009.03.23)
- 거래소와 체결한 주가지수 이용계약서 사본(2009.03.23)
- 주식워런트증권 발행에 관한 금융감독원에 제출한 일괄신고서 (2011.06.07)
- 주식워런트증권 발행에 관한 이사회의사록 사본 (2011.06.07)
- 2010년도 사업보고서 (2011.06.27)
- 주식워런트증권 관련 일괄신고서 정정 신고서 (2011.12.01)
- 제2011년도 반기검토 보고서 (2011.12.01)

예제투자증권 주식회사
대표이사 사장 홍 상 직

[그림 3-9] ELW 상장예비신청 공문 예제

한편, 이러한 대외적 절차 이외에 회사 내에서의 발행 품의도 함께 진행되어야 하는데 회사마다의 차이가 있지만 대략의 내용은 ELW 발행안에 대한 요약과 발행목록 일람, 발행 관련 제반 비용 등의 지출 보고 등이 주된 내용으로 ELW 운용, 발행부서뿐만 아니라 사내의 리스크관리부서와 컴플라이언스부서, 결제업무부서 등이 해당 내용을 공유하게 된다.

3) 발행신고

거래소로부터 상장예비심사에 대한 승인을 통보받으면 발행사는 파생결합증권의 발행을 위한 증권신고서(일괄신고서를 제출한 발행사는 일괄신고서추가서류) 및 투자설명서를 금융감독원에 제출한다. 이러한 발행신고 과정과 관련하여 유가증권시장 상장규정 제41조의2와 시행세칙 제24조의4와 5에서는 발행사의 요건과 기초자산 요건 등 신규상장의 심사요건(발행사, 기초자산, 발행총액, 만기, LP 등)이 열거되어 있으며 해당 내용은 이전의 ELW 개요에서 살펴본 바 있다. 한편, 유가증권시장 상장규정 시행세칙의 별지 제29호 서식에는 주식워런트 신규상장신청서가 게시되어 있으며, 세칙 제13조의2에서는 해당 서식의 제출시 함께 첨부할 서류로 당해 ELW의 견양 또는 발행증명서, 예탁자계좌부 기재확인서, ELW의 납입을 증명할 수 있는 서류 등을 명시하고 있다.

앞에서도 언급한 바와 같이 자본시장법 시행령 제121조 4항에 의거하여 일정 요건을 충족하는 금융투자업자는 일괄신고서를 금융위원회에 제출하여 이후의 파생결합증권 발행시 신고서를 따로 제출하지 않고 일괄신고추가서류를 제출함으로써 이를 갈음할 수 있다. 또, 시행령 제122조에는 일괄신고추가서류에 대하여 정의되어 있는데 그 내용은 모집 또는 매출의 개요, 일괄신고서상의 발행예정기간 및 발행예정금액, 발행예정기간 중에 이미 모집 또는 매출한 실적 등이며, 금융위원회는 제출된 발행신고서 혹은 일괄신고서 추가서류가 형식을 제대로 갖추지 못하거나 중요사항에 대한 내용이 잘못되거나 불분명한 기재가 있는 경우 정정신고서의 제출을 요구할 수 있고 제출 시한은 증권신고서의 경우 청약일 전일, 일괄신고서의 경우 발행예정기간 종료 전까지이다.

일괄신고서추가서류를 제출하는 날 혹은 증권신고서가 접수되어 효력이 발생하는 날에 발행사는 투자설명서를 금융위원회에 제출하고 공시하여야 한다. 시행령 제

131조에는 투자설명서의 작성과 공시에 대한 설명이 제시되어 있으며 이에 따라 표제부에는 증권신고의 효력발생일, 모집가액, 청약기간, 납부기간, 시장조성 여부 등이 포함되어야 하며, 본문에는 발행신고서에 의한 제출의 경우 시행령 제125조 제1항의 사항, 일괄신고추가서류를 제출하는 경우 시행령 제122조 제2항 및 제126조 제1항 제4호의 사항 등의 내용이 들어가는데 이는 관련 시행령과 기존 상장된 ELW의 투자설명서를 참조할 것을 권하며, 기업공시서식 작성기준이 Dart편집기 내에 탑재되어 있으므로 이를 함께 활용하는 것이 편리하다. 특히 규정의 변경이 있을 Dart 접수 시스템 홈페이지(http://filer.fss.or.kr)의 공지사항에서 관련 사항이 안내되므로 이를 확인해야 한다.

실제 금융감독원으로의 ELW 발행신고 업무는 다음과 같은 흐름으로 진행된다. 관련 문서를 준비한 다음 발행신고일 당일 오전 중에 금융감독원 측에 연락하여 일괄신고추가서류 제출을 미리 고지하고 증권신고서 혹은 일괄신고추가서류, ELW 발행 목록, ELW 발행 및 상장비용 목록 등을 송부한다. 그 다음 당일 오후에 발행분담금을 송금한 후 영수증을 첨부하여 발송하고 유선상으로 이를 확인하고, 서류접수를 확인하면 발행신고의 절차는 일단락 된다. 이러한 작업과 별도로 발행분담금을 지급하기 전에 Dart 접수 시스템 홈페이지에 접속하여 금융감독원 서식에 맞게 작성된 증권신고서 혹은 일괄신고추가서류와 투자설명서(파일 확장자: *.dsd)를 제출해야 한다. 해당 서식의 작성은 홈페이지에서 내려받을 수 있는 Dart 제출 소프트웨어를 통해 프로그램 내에 내장된 문서별 서식에 맞추어 작성되어야 하며 해당 문서를 작성한 다음 전송파일 생성 및 제출 과정을 거친 후 접수 홈페이지에서 제출하면 작업이 완료된다. 제출 전에 Dart편집기에서 제공하는 전자공시화면 미리보기(단축키: Ctrl+W) 등으로 제출될 문서의 모습을 미리 볼 수도 있으며, 제출 후에는 Dart 접수 시스템에서 제출 결과가 조회 가능하고 해당 공시가 제대로 제출되었는지 여부는 공시 홈페이지(http://dart.fss.or.kr)에서 확인이 가능하다. [그림 3-10]과 [그림 3-11]은 Dart편집기상에서 작성된 일괄신고추가서류와 투자설명서의 작성 예이다.

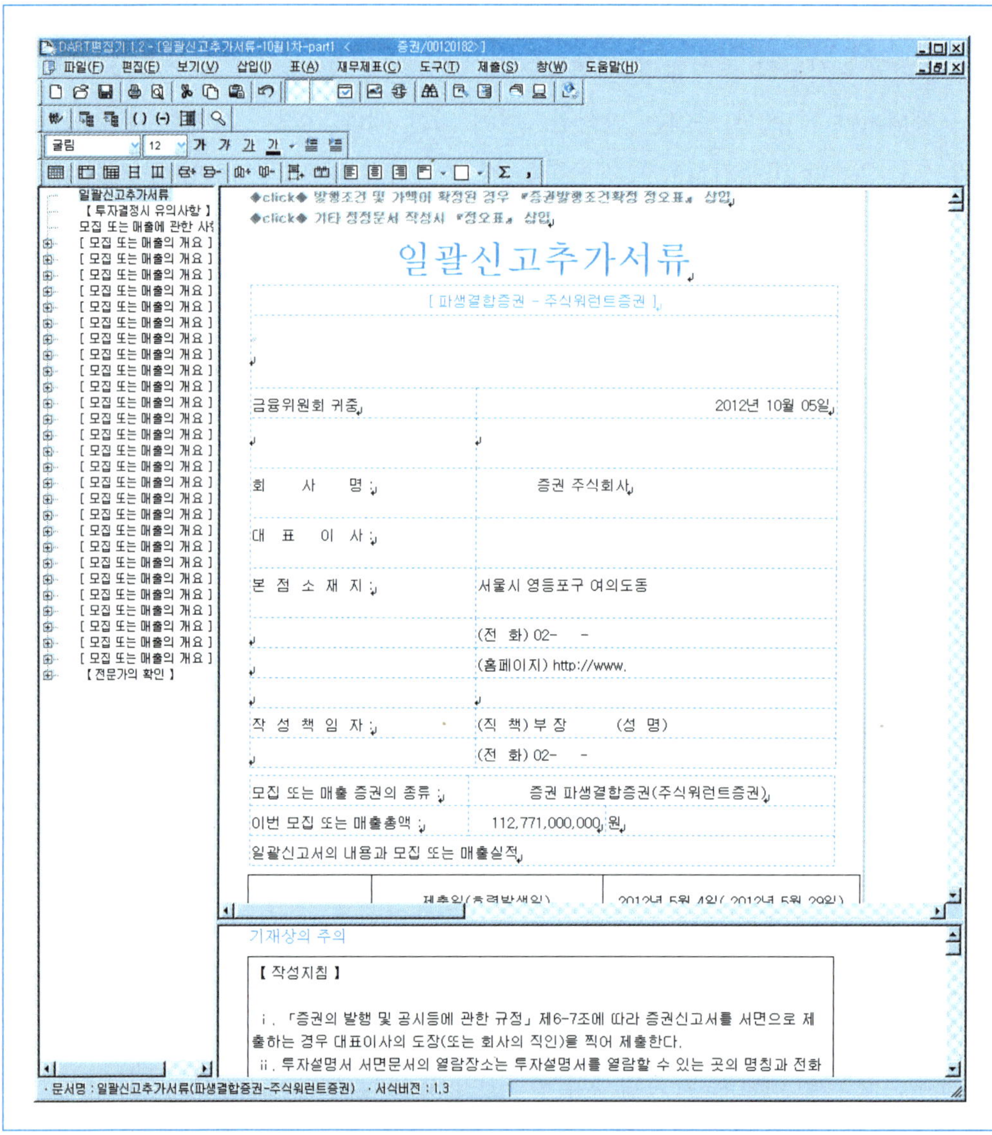

[그림 3-10] ELW 일괄신고추가서류 예제

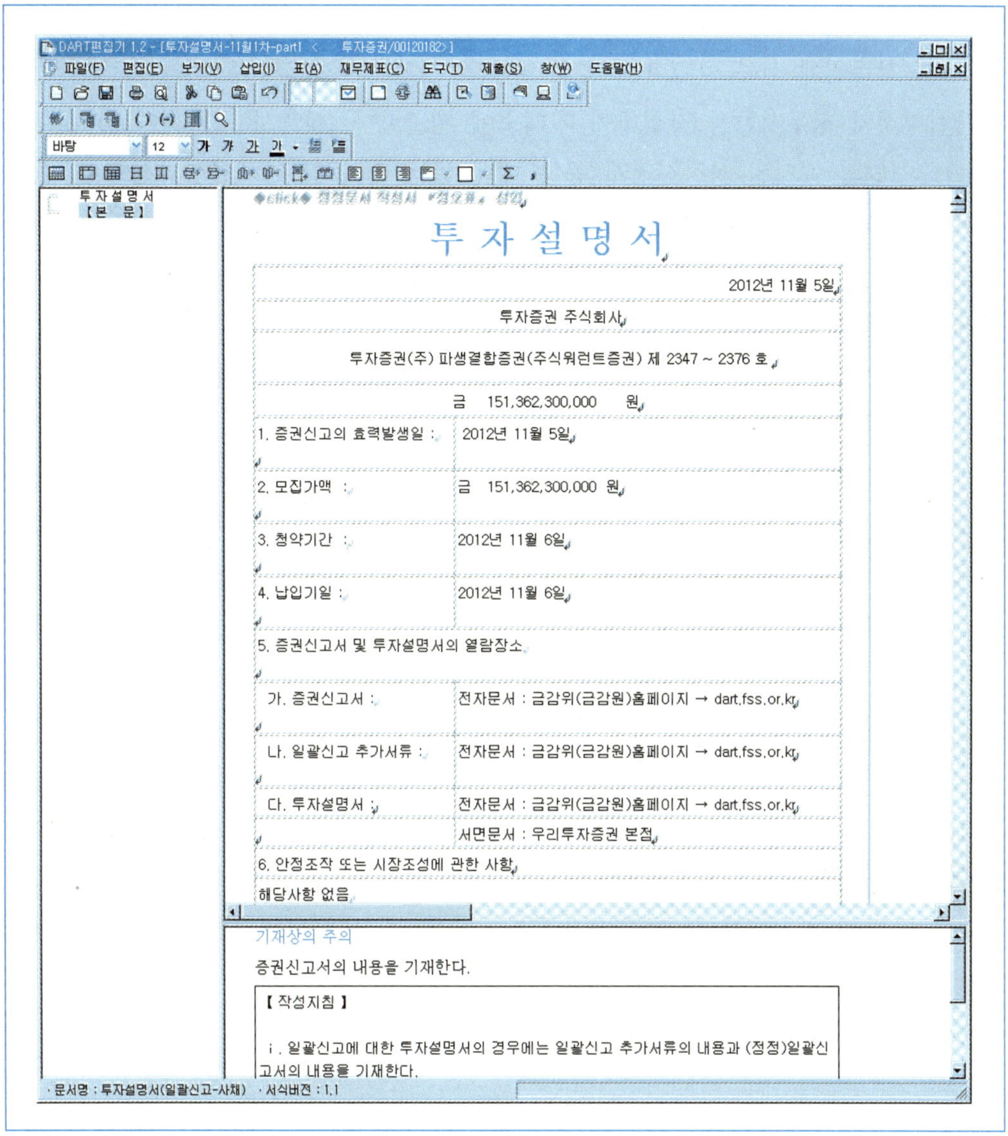

[그림 3-11] ELW 투자설명서 예제

4) 신규상장신청 및 신규상장심사

금융감독원에 신규 발행할 ELW의 발행의 신고를 마친 후 주식워런트증권 신규상장신청서와 첨부서류를 작성하여 거래소에 제출한다. 제출시 구비해야 할 서류는 [그림 3-12]의 예시된 상장신청서 공문 내에 있는 것과 같이 신규상장신청서, 파생증권발행증명서, 예탁자계좌부 기재확인서, 납입증명서, 투자설명서 등이다. 신규상장신청서는 상장규정 시행세칙 별지 제29호 서식으로 있으므로 이를 참조하면 되며 기타 서류는 금융감독원에 신고한 발행 관련 신고서류와 해당 과정 중에 얻게 되는 서류 등이므로 이를 함께 구비하여 상장수수료 송금과 함께 거래소 측에 제출하면 해당 작업이 완료된다.

한편, 결제업무부서와 협업하여 한국예탁결제원(이하 예탁원)에 신규 발행된 ELW에 대한 예탁 작업을 진행하여야 한다. 이 과정에서 수수료가 발생하므로 지급해야 한다. 또한, 예탁원에 발행될 ELW의 정보가 전달되어야 하는데, 이 정보가 거래소, 감독원에 기 제출된 정보들과 모두 일치해야 하므로 이에 대한 확인 작업이 필요하다.

회사 내부적으로는 신규 발행된 ELW에 대한 정보 입력 작업이 진행되어야 한다. 재무 관련 업무부서와 IT, 리스크관리부서 등과의 협업을 통해 해당 ELW의 입고 및 LP 호가 제출을 위한 작업 등이 이루어져야 하는데 이 작업은 회사마다의 프로세스 차이가 있으므로 미리 확인해서 상장 당일에 혼선이 없도록 해야 한다. 그 외에 지금까지 발행 과정에서 발생한 상장수수료(거래소), 발행분담금(감독원), 예탁수수료(예탁원) 등에 대한 내부 경비의뢰서 품의 및 납입 여부, 해당 기관에 통보 절차 등도 함께 살펴봐야 하는 부분이다.

문서번호: 예증EQ운용 2012-004호 2012.01.19
수 신: ㈜한국거래소 이사장
참 조: 증권상품총괄팀장
제 목: 주식워런트증권 신규상장신청서 및 첨부서류 제출의 건
담 당: Equity파생운용팀 홍길동 (☎02-768-5555, FAX:02-768-7777)

1. 귀 사의 무궁한 발전을 기원합니다.

2. 당사는 총 32개 주식워런트증권을 상장하고자 합니다.

※ 상장 신청 종목은 귀사의 상장예비심사에서 유가증권상장규정 제41조2의 신규상장심사요건중 제41조의2 제1항 3호(분산요건), 4호(발행총액) 및 5호(잔존권리행사기간)을 제외하고 모두 충족하고 있음을 2012년 1월 17일 통지 받았습니다.

3. 유가증권시장 상장규정 제24조의2에 의거, 상기 주식워런트증권에 대한 상장신청청구서 및 첨부서류를 아래와 같이 제출하오니 심사 후 통지하여 주시기 바랍니다.

- 아 래 -

○ 주식워런트증권 신규상장신청서 – 인터넷(http://filing.krx.co.kr/) 신청으로 대체
○ 파생증권 발행증명서
○ 예탁자계좌부 기재확인서 1부
○ 납입증명서 1부
○ 투자설명서

- 끝 -

예제투자증권 주식회사
대표이사 사장 홍 상 직

[그림 3-12] ELW 상장신청 공문 예제

5) 상장

상장 당일에는 개장 전 테스트를 통해 신규로 발행된 ELW들의 파라미터 설정 및 주문제출을 미리 점검해두는 것이 좋다. 이와는 별도로 증권발행실적보고서를 제출하도록 한다. 해당 작업 또한 Dart 접수 시스템 홈페이지에 접속하여 발행실적보

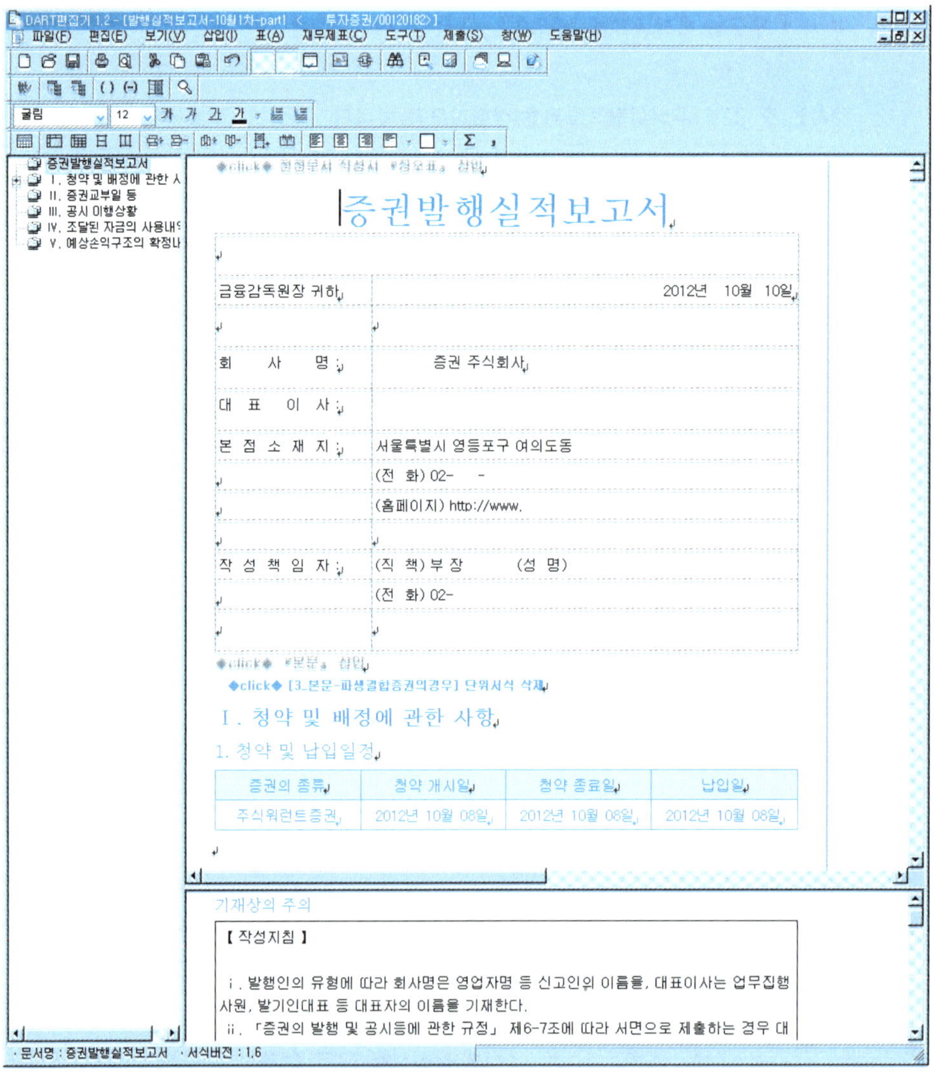

[그림 3-13] ELW 증권발행실적보고서 예제

고서 파일을 업로드하는 것으로 진행하며 증권발행실적보고서의 작업 사례는 아래에 첨부한 것과 같다.

(2) 추가상장 및 변경상장, 상장폐지

1) 추가상장

이전의 ELW 상품 소개 부분에서는 ELW 추가상장에 대해 간략히 살펴보았는데 해당 업무에 대해 간단히 살펴보면 다음과 같다. 유가증권시장 상장규정 제47조의2와 시행세칙 제27조의3에서는 주식워런트증권의 추가상장신청에 대한 절차가 명시되어 있다. 신청서식은 신규상장신청서의 서식을 준용하고, 종목명 및 종목코드의 변화는 없으며 상장과 관련한 각종 첨부서류는 신규상장신청 때와 동일하며 변경사항이 없는 서류는 제출의 생략이 가능하다. 추가상장의 조건은 앞에서 살펴본 바와 같이 LP가 상장 수량의 20% 미만을 보유하고, 권리행사기간이 1월 이상이며 발행수량은 신규상장 수량 이내여야 한다.

2) 변경상장

기초자산의 변동에 의해 ELW의 발행조건에 변경이 생겼을 때 이에 대한 작업은 유가증권 상장규정 시행세칙 별표 3을 참조하면 되는데, 대략의 내용을 요약하면 다음과 같다.

① 배당락 또는 권리락: 행사가격, 조기종료발생기준가격, 전환비율 변경

$$\text{행사가격} = \text{변경전 행사가격} \times \frac{\text{주권의 기준가격}}{\text{직전일의 주권 종가}}$$

$$\text{조기종료발생기준가격} = \text{변경전 조기종료발생기준가격} \times \frac{\text{주권의 기준가격}}{\text{직전일의 주권 종가}}$$

$$\text{전환비율} = \text{변경 전 전환비율} \times \frac{\text{직전일의 주권} - \text{변경 전 권리행사가격}}{\text{주권의 기준가격} - \text{변경 후 권리행사가격}}$$

단, 행사가격, 조기종료발생기준가격은 소수점 첫째자리에서 반올림, 전환비율은 소수점 다섯째자리에서 절상, 주권의 기준가격은 업무규정시행세칙 제30조의 규정에 의한 주권의 기준가격이다.

한편, 만기평가일(만기평가일의 초일은 제외)이 권리락 등의 조치일을 포함하는 경우 만기평가가격 산출시 아래의 식을 이용한다.

$$\text{만기평가가격} = \text{조치일 전 주권 종가} \times \frac{\text{주권의 기준가격}}{\text{직전일의 주권 종가}}$$

② 주식분할, 액면분할 또는 액면병합, 자본감소: 행사가격, 전환비율, 만기평가일 변경

행사가격, 조기종료발생기준가격, 전환비율을 구하는 산식은 ①과 동일하며, 만기평가일은 그 초일부터 소급하여 15일 이전에 휴장일 또는 거래정지일로 확정되는 종목의 경우에는 휴장일 또는 거래정지일에 해당하는 만기평가일을 그 이전의 매매거래일로 순차적으로 앞당기고, 만기평가일이 그 초일부터 소급하여 15일 후에 휴장일 또는 거래정지일로 확정되는 종목의 경우 휴장일 또는 거래정지일에 해당하는 만기평가일을 그 이후의 매매거래일로 순연한다.

또한, 최종거래일은 변경되는 만기평가일의 말일로, 만기일(권리행사기간 만료일을 말한다. 이하 같다)은 변경되는 최종거래일부터 기산하여 3일째의 날(일수의 계산시 휴장일은 산입하지 아니한다)로, 지급일은 변경되는 최종거래일부터 기산하여 5일째의 날(일수의 계산시 휴장일은 산입하지 아니한다)로 각각 변경한다. 그리고, 만기평가일(만기평가일의 초일은 제외)이 권리락 등의 조치일을 포함하는 경우 만기평가가격 산출시 ①의 만기평가가격 산식을 이용한다

③ 합병 후 재상장 혹은 상장폐지

만기평가일을 순차적으로 앞당기고, 만기일과 지급일은 ②를 참조한다.

④ 상장폐지

만기평가일을 순차적으로 앞당기고, 만기일과 지급일은 ②를 참조한다.

⑤ 분할 후 변경상장: 바스켓 ELW로 변경 혹은 최종거래일 변경

기초자산이 되는 주권의 분할로 변경상장되는 경우 분할 후 존속하는 법인과 분할에 의하여 설립되는 법인이 같은 날 유가증권시장에 변경상장 및 재상장되는 경우에는 기초자산을 바스켓으로 변경한다. 그 이외의 경우에는 ELW의 최종거래일을 주권의 매매거래정지일 직전 거래일로 변경한다. 이때 만기일과 지급일은 ②를 참조한다.

기초자산이 바스켓으로 변경되는 경우 기초자산의 산식은 다음과 같다.

기초자산의 가격 = (존속법인 주가×존속법인의 순자산비율[9])
+ (신규법인 주가×신규법인의 순자산비율)

⑥ 만기평가일이 휴장일 혹은 매매거래 정지일인 경우: 만기평가일 변경

만기평가일을 ②를 참조하여 변경한다

⑦ 기타

만기평가일을 순차적으로 앞당긴 경우 만기평가가격을 기준으로 산출한 지급액이 발행인 또는 유동성공급자가 산출하는 최종거래일의 이론가격보다 작은 때에는 그 이론가격에 해당하는 금액을 만기지급액으로 할 수 있으며, 코스닥시장에 상장된 주식의 경우에도 적용하는 방법은 동일하다.

3) 상장폐지

ELW는 상장규정 제86조의2에 제시된 사유가 발생할 경우 상장 폐지될 수 있으며 해당 사유는 〈표 3-5〉와 같다.

표 3-5 ELW 상장폐지 사유

발행인	NCR 200% 미달, 감사의견 부적정, 의견거절, 최종부도발생 또는 은행거래정지, 회생절차개시, 해산 등의 경우
기초자산	기초자산이 주식인 경우 상장폐지, 지수인 경우 주가지수 산출 불가능한 경우
권리행사	만기 도래 및 조기종료 등으로 권리가 행사된 경우
유동성 공급	LP 부도, LP 교체사유 발생 등으로 LP가 사라진 경우 1개월내 새로운 LP를 구해서 유동성 공급을 재개하지 못할 경우
주식워런트증권의 전부 보유	발행사(또는 LP)가 전량 보유한 상태에서 상장폐지를 신청하거나, 전부 보유한 날로부터 1개월간 거래가 없을 때
신고의무 위반	고의, 중과실 또는 상습적으로 신고의무를 위반할 경우
기타	거래소가 필요하다고 인정하는 경우

9 업무규정시행세칙 별표1의 제2호 나목의 규정에 의한 순자산분할비율.

(3) 상장관련 비용

ELW의 상장에 수반되는 비용은 거래소에 지불하는 상장수수료, 금융감독원의 감독분담금, 예탁원의 예탁수수료 등이 있는데 그 대략의 내용은 다음과 같다.

1) 거래소 상장수수료

신규상장은 종목별로 상장할 금액(발행총액)을 기준으로 다음의 수수료율에 따라 산정한 금액이 소요되며, 변경상장은 1건당 10만원의 비용이 발생한다. 또한, 같은 날 여러건의 변경상장을 신청하면 이를 1건으로 본다. 해당 기준은 유가증권 상장규정 시행세칙의 별표 2의 상장수수료 및 연부과금에 명시되어 있다. 상장수수료는 〈표 3-6〉과 같이 구간별 정액요율을 적용하고 있다.

| 표 3-6 | ELW 상장수수료 체계

구분	상장수수료		
신규상장	종목별로 상장할 금액(발행총액)을 기준으로 다음의 수수료율에 따라 산정한 금액		
	상장할 금액		수수료율
	10억원 이상	20억원 미만	30만원+10억원 초과금액의 0.025%
	20억원 이상	50억원 미만	55만원+20억원 초과금액의 0.0183%
	50억원 이상	100억원 미만	110만원+50억원 초과금액의 0.016%
	100억원 이상	500억원 미만	190만원+100억원 초과금액의 0.015%
	500억원 이상	1,000억원 미만	790만원+500억원 초과금액의 0.004%
	1,000억원 이상	5,000억원 미만	990만원+1,000억원 초과금액의 0.003%
	5,000억원 이상	1조원 미만	2,190만원+5,000억원 초과금액의 0.002%
	1조원 이상		3,190만원+1조원 초과금액의 0.001%
변경상장	1건당 10만원		

2) 한국예탁결제원 예탁수수료

한국예탁결제원에 지불하는 수수료는 발행시에 지불하는 수수료(관례상 예탁원에 지불하는 수수료이므로 예탁수수료라고 부르나 정확히는 예탁원의 증권등예탁업무규정시행세칙 제70조 제3항에 의거하여 기타수수료에 포함된다)는 총납입금액의 0.005%(원 이하 절사)로 이에 대한 사항은 ELW 수수료 약정서에 명시되어 있으며 2012년 5월 1일부터 해당 요율이 적용 중에 있다. 해당 수수료는 ELW의 발행일에 납부해야 한다.

| 표 3-7 | ELW 발행대행 수수료 체계

조건	증권종류 발행건수	주식워런트 증권	주식워런트 이외의 증권
대행계약 유지 중	400건 이하	만원	만원
	400건 초과~1000건 이하	만원	만원
	1000건 초과	만원	만원
대행계약 해지 이후	400건 이하	만원	만원
	400건 초과~1000건 이하	만원	만원
	1000건 초과	만원	만원

주 1) 발행건수는 매년 1월 1일부터 누적하여 발행종목수를 기준으로 산정함.
2) 대행계약이란 위탁회사와 예탁결재원간에 체결된 증권대행업무 수탁계약을 말함.

한편 발행사는 한국예탁결제원과 체결한 파생결합증권 발행대행계약서에 의거하여 파생결합증권 발행대행업무 수행에 따른 수수료를 지불하고 있으며 발행일이 속하는 분기의 익월말까지 수수료를 지급하여야 한다. 2011년 8월부터 수수료 체계가 변화하였는데 주요 내용은 해마다 1월 1일부터의 발행건수를 누적하여 발행건수가 많아질수록 구간별로 수수료율이 낮아지도록 하는 것이며 ELW의 경우에는 ELS/DLS 등과는 별도의 체계를 따른다. 〈표 3-7〉은 해당 계약에 별도로 포함되는 수수료 체계의 예시이다.

3) 금융감독원 발행분담금

자본시장법 제442조 분담금 조항에 의거하여 발행사는 증권신고서 제출시 발행금액에 따라 발행분담금을 납부하여야 하며 파생결합증권의 경우 금융기관 분담금 징수 등에 관한 규정에 따라 결정되는데 ELW의 경우 해당 금액은 발행가액총액의 1만분의 0.9이다.

2-2. 공시 관련 업무

ELW 발행사는 정기적인 공시를 통해 투자자들에게 상장 중인 ELW 종목에 대한 정보를 적시에 알려야 할 의무를 지고 있는데 해당 공시는 이전의 ELW 상장신청에서 살펴본 바 있는 KRX 상장공시제출시스템에서 이루어진다. 공시의무에 대해서는 유가증권시장 상장규정 시행세칙 제35조의2에 정의되어 있으며 [그림 3-14]는

ELW 발행사로써 해당 사이트에 접속하였을 때 가능한 공시의 목록을 보여주는 홈페이지 내의 메뉴 화면이다.

[그림 3-14] ELW 공시제출 화면

간략히 살펴보면 가장 먼저 나오는 〈발행인에 대한 사항〉은 앞에서 역시 살펴본 ELW 상장폐지 사유 중 발행인과 관련된 사유에 대한 것으로 발행인 부도 등으로 인해 ELW의 결제가 불가능해진 경우 즉시 공시되어야 하는 종류의 공시이다. 또한 마지막의 조회요구에 대한 답변도 발행사와 관련한 문제에 대하여 거래소의 조회요구에 대한 답변을 위해 마련된 메뉴이다.

통상 발행사가 주로 공시하는 사항들은 가운데의 〈개별주식워런트증권 관련 사항〉인데 이를 크게 나누어서 살펴보면 다음과 같다.

(1) 정기보고

1) 일간 공시 보고서

매일 공시되어야 하는 보고서가 바로 유동성 공급보고서이다. 정확한 명칭은 '주식워런트증권 유동성 공급 및 취득/처분보고서(일별)'이며 당일 거래된 전체 ELW에 대한 종목별 매수/매도 단가와 수량, 보유현황 등을 보여주는 자료이다

2) 월간 공시 보고서

'주식워런트증권 유동성 공급자의 영업용 순자본비율'은 매월 LP의 영업용 순자본비율을 공시하여 LP사가 자본적정성 요건을 충족하는지를 투자자가 살펴볼 수 있게 하는 공시로써 매월 말일에 이루어진다. 또한, 월간 단위로 결제된 ELW를 대상으로 보고하는 '주식워런트증권 권리행사보고서' 등의 공시도 있으므로 이에 대한 보고도 준비해야 한다.

(2) 비정기보고

보고서명 자체에 해당 공시의 내용이 명확하게 표시되어 있어 해당 공시사유가 발생하였을 경우 대응하기 어렵지 않다. 비교적 흔하게 볼 수 있는 공시를 위주로 살펴보면 상장폐지의 경우에 대한 '상장폐지 기준 해당 사유 발생'이나 '주식워런트증권 전부 보유 후 1월간 보유현황 불변', 변경상장의 경우인 '주식워런트증권의 발행조건에 관한 변경', 추가상장의 경우에 해당하는 '주식워런트증권 추가상장 예정종목 안내' 등이 있다. 조기종료 ELW를 운용하는 경우 조기종료 이벤트의 발생에 대하여 '주식워런트증권 조기종료 보고서'와 '주식워런트증권 조기종료 결제보고서' 등

도 있으므로 관련 규정과 공시 방법 등을 숙지해두어야 한다.

그리고, 전산장애 발생으로 인하여 긴급하게 공시해야 할 경우에는 '주식워런트증권 유동성공급자 전산장애 발생' 및 '주식워런트증권 유동성공급자 전산장애 해소' 등은 투자자 보호와 LP 평가에 직결되므로 빨리 처리할 수 있도록 평소에 공시 절차에 숙달해두어야 한다. 또한, 금융감독원의 전자금융거래법 감독규정 제73조에 의거하여 전산장애 발생 후 10분 이상 장애가 지속되는 경우 등에는 금융감독원의 전자금융사고대응시스템(EFARS)을 통하여 사고보고를 하도록 되어 있으므로 보고의 누락이 없도록 유념해야 한다.

2-3. 만기 정산 업무

ELW 최종거래일이 도래하고 평가기간을 거쳐 ELW의 결제가격이 결정되면 해당 종목의 워런트 당 정산가격과 정산금액을 결정하여 통보하고 해당 금액을 증권예탁원을 통해 투자자에게 지급함으로써 투자자에 대한 지급이 완료된다. 관련 과정의 업무처리에는 회사마다의 차이가 있기 때문에 일반적인 업무 프로세스가 존재하지는 않으며, 예탁원과의 자금 관련 처리는 본 실무서 내 관련 항목에서 다뤄진 바와 같다. 통상 최종거래일로부터 2영업일 후가 만기일이며, 다시 2영업일 후에 지급이 이루어진다. 일부 투자자의 경우 지급일 당일의 입금시각을 문의하는 경우가 있으므로 유관부서와의 연락을 통해 정산된 금액의 입금시각을 확인해두는 것을 권장한다.

2-4. 투자자 커뮤니케이션

(1) 인터넷 홈페이지

ELW 비즈니스의 근간이라고 부를 수 있을 만큼 고객과의 커뮤니케이션의 중요성은 핵심적인 부분이며 회사마다 HTS, 홈페이지, 블로그나 인터넷 카페, 오프라인상의 투자설명회나 교육 세미나 등 다양한 경로를 통하여 투자자와의 연결이 이루어지고 있다. 해당 사항은 발행사나 LP의 의무 사항은 아니지만 고객으로서의 투자자와 접점을 넓히고 커뮤니케이션을 상시 유지함으로써 ELW 투자 과정 중에 발생할

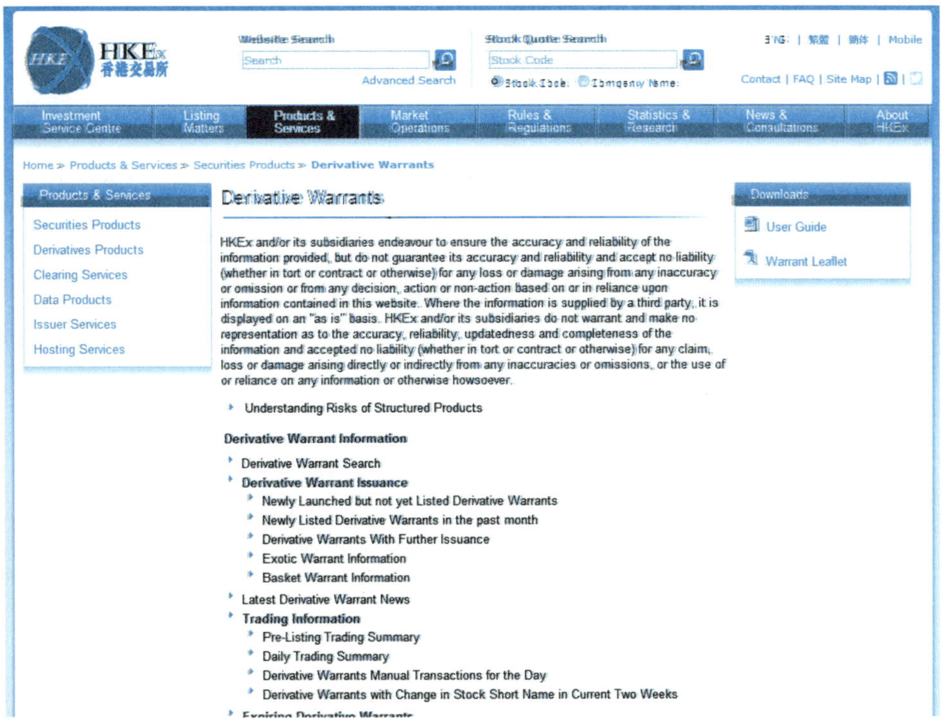

[그림 3-15] **홍콩증권거래소 Derivative Warrants 포털**

수 있는 오해를 줄이며 ELW 시장 참가자의 전반적인 지식과 인식 수준을 향상하는데 기여함으로써 장기적이고 안정적인 대 고객 관계 구축과 ELW 시장 건전화에 도움을 준다. 특히, ELW가 가장 발달한 홍콩 시장은 한국과는 다른 투자문화(HTS 사용 미비, 투자정보 확산 채널의 부족 등)로 인해 오프라인을 통한 마케팅 커뮤니케이션의 비중이 높은 편이며 이는 유선, 무선 인터넷 인프라가 세계 최고 수준으로 발달한 국내의 사정과는 차이를 보이는 점이다. 하지만 온라인을 통한 마케팅 활동의 비중이 점차 높아지는 추세이며 각 발행사의 홈페이지와 함께 홍콩 거래소의 Derivative Warrants 포털 사이트(http://www.hkex.com.hk/eng/prod/secprod/dwrc/dw.htm)는 홍콩의 워런트 투자자들이 많이 찾는 인터넷 홈페이지로 아래의 그림에서 보듯 워런트 검색 기능과 발행 및 거래정보를 다양하게 제공하고 있다.

SECURITIES AND FUTURES COMMISSION 證券及期貨事務監察委員會 SFC 證監會

-A A +A | Eng 繁 简 | Sitemap | Lodge a complaint | Contact us

GO

all contents codes & guidelines Advanced search

Media Corner | Subscribe | Forms | FAQs

About the SFC | Regulatory functions | Rule book | Published resources | News & announcements | Career

Search Results 1 - 10 of about 958 for "derivatives warrant"

Sort by date / Sort by relevance

Hong Kong's **Derivative Warrants** Market - the Way Forward ...
... Page 16. 15 (4) allowing users to download historical data about **derivative warrants**; (5) providing **derivative warrant** related information in both ...
http://www.sfc.hk/edistributionWeb/gateway/EN/consultation/conclusion?refNo=05CP10- 27k

Placement of **Derivative Warrants** to be Listed on the Stock ...
... and investors involved in the initial placement of **derivative warrants**, to monitor ... particularly prior to the listing of the **derivative warrant**, to ensure ...
http://www.sfc.hk/edistributionWeb/gateway/EN/news-and-announcements/news/doc?refNo=01PR62- 2k

Dr Wise on **Derivative Warrants** | Securities & Futures ...
... Everyone, Dr Wise talked about some pitfalls in choosing **derivative warrants**. 3. Two articles, "How **Warrants** Work" and "**Warrant** Jargons", which ...
http://www.sfc.hk/edistributionWeb/gateway/EN/news-and-announcements/news/doc?refNo=05PR218- 3k

Hong Kong's **Derivative Warrants** Market - the Way Forward ...
... Page 16. 15 (4) allowing users to download historical data about **derivative warrants**; (5) providing **derivative warrant** related information in both ...
http://www.sfc.hk/.../gateway/EN/consultation/market-infrastructure-and-trading/conclusion?refNo=05CP10- 27k

A Healthy Market for Informed Investors - A Report on the ...
... on the participation of **derivative warrant** issuers ... day price movements of **derivative warrants**, and also ... is concentrated in **derivatives warrants** over a ...
http://www.sfc.hk/edistributionWeb/gateway/EN/consultation/openFile?refNo=05CP10- 96k

Hong Kong's **Derivative Warrants** Market - the Way Forward ...
... Page 16. 15 (4) allowing users to download historical data about **derivative warrants**; (5) providing **derivative warrant** related information in both ...
http://www.sfc.hk/edistributionWeb/gateway/EN/consultation/listing-and-takeovers/conclusion?refNo=05CP10- 27k

[그림 3-16] **홍콩SFC 홈페이지 내 Derivatives Warrants 자료**

또한, 우리의 금융감독원에 해당하는 홍콩의 SFC(Securities and Futures Commision)에서도 워런트에 대한 다양한 자료를 제공하고 있어 참조할 수 있다. (영문 홈페이지 http://www.sfc.hk/web/EN) 특히 일반 투자 대중을 대상으로 제공되는 Dr. Wise on Derivative Warrants 컬럼은 투자자들의 워런트 투자 과정에 수반되는 여러 궁금증에 대한 대답과 다양한 투자 지식을 담고 있어서 읽어볼 가치가 있다. 해당 컬럼은 SFC 홈페이지 내에서도 검색이 가능하며, SFC가 운영하는 투자자교육 홈페이지인 Invested(http://www.invested.hk/invested/en/html/section/index.html)에서도 검색이 가능하다.

(2) 금융감독원 및 거래소

꾸준한 투자자교육과 ELW 투자자들의 투자 경험 증가, ELW 시장 건전화 방안의 도입 등 다양한 노력으로 인하여 ELW 관련 민원은 크게 감소한 상황이지만 LP의 불공정행위 등에 대하여 항의하고자 하는 투자자의 경우 금융감독원과 거래소를 통하여 불만을 제기할 수 있으며 해당 불만은 기관 내 심사를 거쳐 각 회사의 컴플라이언스부서를 통해 ELW 담당부서에서 관련 사항을 해명하도록 이첩되어 온다.

금융감독원에서는 소비자를 대상으로 제공하는 서비스의 일환으로 인터넷상에 e-금융민원센터를 운용 중이며, 이 홈페이지를 통하여 투자자 불만을 접수하여 금융소비자와 금융회사간의 분쟁조정 또는 금융위원회 또는 금융감독원에 대한 민원을 신청할 수 있게 하고 있다. 해당 민원은 금융감독원 해당 부서(소비자보호센터, 금융

[그림 3-17] 금융위원회/금융감독원 e-금융민원센터 홈페이지

[그림 3-18] KRX 민원센터 홈페이지

분쟁조정위원회 등)에 이송되며 처리된다. [그림 3-17]은 e-금융민원센터 홈페이지이다. 분쟁조정 사례에서는 각종 금융 관련 분쟁조정 사례를 볼 수 있으며, 국민제안에는 다양한 금융정책 관련한 국민들의 제안을 볼 수 있는데 ELW에 대한 국민들의 제안도 찾아볼 수 있다. 또한, 금융감독원 참여마당 내 자유게시판에서도 ELW와 관련한 개인투자자의 다양한 목소리를 청취할 수 있는데 ELW 시장 초기에는 LP의 불공정행위에 대한 불만이 집중되다가 ELW 시장 건전화 방안의 도입 이후에는 증거금 완화에 대한 요청이 많은 편이다. 한편, 국민신문고에 대한 신청도 가능한데 일반적인 ELW 관련 사항은 금융감독원으로 이첩되어 처리된다.

거래소 홈페이지의 민원센터에서도 이의신청, 진정, 건의 등의 접수가 가능하므로 이를 이용한 투자자들의 진정이나 질의가 접수될 수 있다. 통상 7일의 처리기한으로 해당 불만 및 질의를 처리하게 된다. [그림 3-18]은 KRX의 고객서비스 메뉴 내에 있는 민원센터이다.

(3) 발행사 및 LP

투자자의 불만이나 질문이 가장 직접적으로 전달되는 창구는 역시 발행사와 LP사의 콜센터와 ELW 마케팅용 핫라인 등일 것이다. ELW 관련 제도와 기본적인 사항의 질문은 국내 증권사의 경우 콜센터를 통해 상당 부분 응대 가능하므로 정기적인 교육과 ELW 운용부서와 콜센터 운영부서간 커뮤니케이션을 통하여 적절한 고객 응대가 이루어지도록 해야 한다. 한편, 운용과 관련된 질문이나 기타 기술적인 사항들은 ELW 핫라인이나 ELW 관련 홈페이지, 블로그, 인터넷 게시판, 이메일 등으로 질문이 접수될 수 있는데 특히 전화를 통해 ELW 투자자와 통화하는 경우 감정적으로 격앙된 투자자의 폭언 등이 있을 수 있으나 오해를 명확히 해결할 수 있도록 통화 중에 예의를 지키는 것은 기본적인 에티켓이며 정보의 부재 및 ELW에 대한 투자자의 이해 수준 차이 등을 감안하여 적절히 응대하는 것이 필수적이다.

2-5. 관련부서와의 업무 협조

LP 운용 담당부서에서는 한도를 준수하는 부분과 회사 내에 정의된 컴플라이언스 규정을 준수하는 것은 트레이딩부서의 기본이라 할 것이다. 한편, ELW 관련 업무 중 발행 및 공시업무를 운용부서 내에서 처리하지 않고 해당 업무를 분리하여 운용 외의 부서에서 맡게 하는 경우가 있는데 이러한 경우 실수가 발생할 가능성을 최소화하기 위하여 관련 업무를 프로세스화하는 것이 필수적이며 이 과정 중에 전산장애 등 긴급상황이 발생한 경우, 기초자산의 변화 등으로 인한 변경상장 등의 비정규적인 업무의 처리 등에 대한 방안도 함께 마련되어야 한다.

한편 자금의 출납이 연계된 결제업무 부서와는 상호 업무 처리 내용에 대한 이중 점검이 이루어져야 한다. 특히 ELW 만기 결제금을 지급하는 경우 결제금액의 처리 등에서 발생할 수 있는 실수와 ELW 발행시 발행조건 입력 실수 등에 유의해야 한다. 또한 유사한 오류가 전산부서의 ELW 종목 정보 입력 과정 중에서도 발생할 수 있는데 전혀 엉뚱한 발행 조건이 LP 시스템에 입력된 경우 치명적인 오류가 발생될 수 있어 이에 대한 점검 과정이 필수적이다. 또한, 리스크관리부서와의 협업을 통해 리스크 파라미터 설정과 손익 산출 방법론상의 불일치 해소 등에 대한 노력을 기울여야 하며 준법감시부서 및 컴플라이언스부서와의 커뮤니케이션을 통해 담당 업무부서에서 ELW 비즈니스에서 흔하게 발생할 수 있는 상황이나 문제 발생시 이후 해결상황 등에 대해 정확히 이해할 수 있도록 충분히 안내해야 한다. 또한, ELW 비즈니스 과정 중에 일어나는 마케팅 및 홍보 활동에 있어 관련 부서와의 협업체계를 갖추는 것도 중요한 일이다.

3. ELW LP트레이딩

3-1. ELW LP트레이딩 개요

(1) ELW LP트레이딩

ELW의 발행사는 규정된 기간 중 해당 ELW에 유동성을 공급하는 의무를 수행할 LP를 지정하고, LP는 해당 ELW가 활발하게 거래될 수 있도록 사전에 정의된 스프레드비율 범위 내에서 양방향 호가를 지속적으로 제출하는 의무를 수행하도록 제도적으로 규정되어 있다. 이러한 유동성 공급 의무를 지는 대신 LP는 담당하는 ELW의 시장 조성자(market maker)로서의 지위를 지니며 LP호가의 내재변동성 수준에 대한 결정권을 인정받을 수 있다. 이러한 기본적인 틀 위에서 LP는 담당하는 ELW 종목의 수급을 조절하면서 투기적 (Speculation) 포지션을 통해 수익을 추구할 수도 있으며, 일종의 변동성 차익거래(Volatility Arbitrage) 포지션을 구축하여 수익을 만들어 낼 수도 있고, 혹은 주식파생 운용부서 내의 ELS 포지션 등과 반대 포지션을 구축하여 서로를 헤지(Hedge)하는 포지션을 구성할 수도 있다.

거래소는 ELW의 발행을 조절하여 시장에 발행되는 ELW의 전반적인 공급을 조절하는 한편, 실시간으로 LP를 평가하고 이 결과를 분기마다 발표함으로써 ELW 시장의 전체적인 관리 감독을 시행하고 있다. ELW 종목 간의 차이는 크지 않은 편인데 이는 거래소에서 상장을 허용하는 범위(기초자산, 만기, 행사가 등)를 조절하고 있기 때문이며 결국 유사한 종목을 보유한 다수의 LP가 투자자 유치를 위한 경쟁을

벌이면서 ELW 시장 전체의 효율성이 높아지는 일종의 자유 시장 경쟁의 논리가 ELW 시장에 적용되고 있는 셈이다. 또한, 거래소는 LP의 유동성 공급 의무 관련 규정의 준수와 그 과정에서의 적극성에 대한 평가 등을 종합하여 등급을 부여함으로써 LP의 부적절한 행동을 통제하여 투자자를 보호하는 동시에 LP들 사이의 경쟁과 투자자 보호를 지향하고 있다.

(2) 유동성 공급 의무

1) 자본시장과 금융투자업에 관한 법률

알려진 바와 같이 ELW는 우리 금융시장에 도입될 당시 증권거래법과 해당 시행령에서 주식과 동일한 유가증권으로 분류되어 매매제도와 결제방식 등이 주식매매와 동일하게 이루어졌는데, 2009년 2월 자본시장과 금융투자업에 관한 법률(이하 자본시장법)이 시행되면서 증권거래법을 대체하였고 기존의 ELW, ELS, DLS 등 열거주의에 의하여 유가증권으로 일일이 지정되어 있던 여러 상품들이 자본시장법에서는 파생결합증권이라는 용어로 불려지게 되었다.

한편, 자본시장법 제4편 불공정거래의 규제에서는 내부자 거래, 시세조정, 부정거래행위 등을 규제 대상으로 꼽고 있는데, 시세조종행위의 범위는 통정, 가장매매와 수탁뿐만 아니라 매매를 유인할 목적으로 매매가 성황을 이루고 있는 것처럼 다른 투자자를 오도하거나 시세를 조작하는 행위와 ELW의 경우 LP로 지정되지 않은 자가 시세를 고정, 안정시킬 목적으로 매매하거나 이를 수탁하는 행위, 그 외에 기초자산의 시세를 변동, 고정하여 연동된 장내파생상품에서 이득을 취하려 하거나, 반대로 장내파생상품을 조작하여 기초자산에서 이득을 취하는 행위, 증권과 연계된 증권의 매매로 이득을 취하려는 경우 등이 모두 포함된다. 여기서 연계된 증권의 범위는 시행령 제207조(연계증권의 범위)에 기술되어 있는데 전환사채와 신주인수권부사채, 교환사채, 지분증권, 증권예탁증권, 파생결합증권 등으로 광범위하며, ELW도 파생결합증권의 범주에 포함되므로 유의해야 한다. 그리고, 부정거래행위도 기술되어 있는데 2011년 검찰의 ELW 스캘퍼 수사에서 해석상의 논란을 일으켰던 조항인 자본시장법 제178조 1항에 있는 '부정한 수단, 계획 또는 기교를 사용하는 행위'이다. 이상에서 살펴본 내부자 거래, 시세조정, 불공정거래에 해당되면 그로 인해 유발된 손해에 대하여 손해배상의 책임을 지게 되므로 운용 중에 이러한 행위를 범하지 않도록 특별히 유의해야 한다.

2) 유가증권시장 업무규정과 시행 세칙

거래소 유가증권시장 업무규정에서 ELW는 주식워런트증권이라는 명칭으로 관련 업무가 정리되어 있다. 특히 제3장 주권 등의 매매거래에서 제2절의2 유동성공급호가 부분이 LP와 관련된 부분으로 LP 제도가 적용되고 있는 주식, 상장지수집합투자기구 집합투자증권(ETF를 의미함) 등과 함께 ELW에 대한 규정이 서술되어 있으므로 해당 운용부서에서는 관련 내용을 숙지하여야 한다. 해당 규정의 내용의 요지는 다음과 같다.

유동성공급회원은 주권, ETF, ELW를 대상으로 지정 가능한데, ELW의 경우 증권 및 장외파생상품에 대하여 투자매매업 인가를 받은 결제회원으로 영업용순자본비율 250% 이상, LP 평가에서 2분기 이상 F를 받은 경우 1개월 경과 이후에 LP로 지정가능하며, LP 평가에서 3회 연속 F를 받거나 LP 업무와 관련 증권관계법규나 거래소 업무관련규정 위반으로 인해 형사제재를 받거나 영업정지 또는 거래정지 이상의 조치를 받은 사실이 있는 경우에는 그로부터 1년 이상 경과된 사실이 확인되어야 한다. LP로 지정된 경우 유동성공급업무를 담당하는 직원을 정하여야 하며, 특히 LP 도중에 위의 조건을 지키지 못하는 상황이 발생하면 그 전에 체결한 유동성공급계약의 계약기간이 종료된 때부터 유동성공급호가를 제출할 수 없다. 한편 유동성공급계약은 발행사와 발행 전에 호가 가격 및 호가 수량 등 세칙이 정하는 내용을 포함하는 유동성공급계약을 체결하여야 하며, 유동성공급계약을 체결 또는 해지하거나 계약내용의 중요한 변경이 있는 때에는 세칙이 정하는 바에 따라 당해 사실을 거래소에 통보하여야 한다.

업무규정에서 정의된 LP의 유동성공급호가 제출의무는 실제 시장에서 LP가 준수하여야 하는 의무와 약간의 차이가 있는데 참고로 살펴보면 다음과 같이 요약되며, 자세한 LP의 호가 제출의무는 시행세칙 부분과 LP 평가 부분에서 자세히 살펴볼 것이다. 원칙적으로 LP는 호가스프레드비율이 발행 당시에 거래소에 신고한 비율을 상회할 경우 5분 이내 제출하는 의무를 지는 것으로 되어 있으며, 매도호가는 최우선매수호가를 하한으로, 최우선매수호가 기준으로 신고한 스프레드비율을 지킬 수 있는 가장 높은 호가를 상한으로, 매수호가는 그 반대의 방법으로 제출해야 한다. 또한 LP호가가 일방으로 제시된 경우 즉시 타방에 호가를 제시하게 되어 있다. 그리고, LP 평가는 세칙에 준하여 LP의 호가 제출의무 준수 여부 등을 평가하며 세칙에서 정한 기준에 미달하는 경우 LP의 교체를 요구할 수 있고, LP 평가에서 F를 받게 되면 1개월간 LP를 담당하는 종목수를 늘릴 수 없다.

한편, 세부적인 ELW LP의 업무는 유가증권시장 업무규정 시행세칙에 자세하게 정해져 있으며 업무규정과 같은 제3장 주권 등의 매매거래에서 제2절의2 유동성공급호가 부분이 LP와 관련된 부분으로 내용은 다음과 같다.

LP는 거래소가 인정하는 경우를 제외하고는 임의로 LP 업무를 중단하여서는 안되는데, 만약 LP가 업무 중단을 하고 싶다면 사전에 거래소와 협의한 이후, 유동성공급계약서상의 정당한 사유로 인한 계약 해지 여부의 입증 관련 서류, 발행사의 자체 유동성 공급계획서, LP가 계약 해지 시점부터 최소 3년 이상 ELW LP 업무를 재개하지 않겠다는 확약서 및 기타 거래소가 필요하다고 인정하는 서류 등을 제출하고 난 뒤에야 LP 업무를 중단할 수 있다. 그리고, 시행세칙에서는 유동성공급계약에 포함되어야 할 세부적인 사항도 정의되어 있는데 그 중 ELW와 관련된 것으로는 LP와 발행사의 명칭, 호가스프레드비율, 호가 수량, 유동성 공급계약기간, 관련 수수료, 관련 법규 및 거래소 규정 준수 확약 등이 있다.

시행세칙에서는 ELW LP의 호가 제출의무가 면제되는 경우에 대해서도 정의하고 있는데 해당 내용을 그대로 옮기면 다음과 같다.

- 기초자산인 주권의 직전의 가격이 상한가 또는 하한가인 경우
- 규정에 의한 단일가격에 의한 개별경쟁매매의 방법에 의하여 기초자산의 가격이 결정되는 경우 호가접수시간 및 당해 가격이 결정된 후 5분 이내
- 행사가격(권리행사로 성립되는 거래에 있어서 미리 정하여진 가격 또는 주가지수의 수치를 말한다)과 기초자산의 가격 차이가 현저하여 호가 가격단위 중 가장 낮은 가격 이상의 가격으로 유동성공급호가를 제출하는 것이 곤란하다고 인정되는 경우
- 호가상황 또는 거래상황(주식워런트증권의 경우 기초자산의 호가상황 또는 거래상황을 포함한다)의 급격한 변동 그 밖의 사유로 거래소가 시장관리상 필요하다고 인정하는 경우

첫 번째 사항은 주식형 ELW나 주식형 KOBA 워런트에 해당하는 것으로 기초자산이 상한가 혹은 하한가인 경우 LP가 면제된다는 의미이며, 두 번째 사항은 개장 전의 동시호가와 개장 후 5분, 만기 동시호가, 그리고 서킷 브레이커의 발생 후 거래 재개 후 5분이나 그 외 거래소가 기초자산의 거래를 중단하였다가 거래가 재개된 후 5분 등을 의미하며, 세 번째 사항은 ELW가 지나치게 외가격이 되어버린 경우인데 현재는 매도호가에 5원만 제시하는 것이 금지되어 있기 때문에 현실적으로는 KIS 이론가상으로 5원 미만의 종목에 대하여 LP호가 제출의무를 면제하는 등의 조치로 갈음한다. 마지막 사항은 거래소가 자체적인 판단으로 시장의 운영을 중단하였을 경우로 이해하면 된다.

LP호가의 제출시 최우선호가를 기준으로 호가를 제출하되 동시호가 때에는 예상최우선호가를 참조하고, 매도호가 및 매수호가 양방에 호가가 없는 경우 직전가격을 없는 쪽 호가의 가격으로 가정한다. 그리고, 기존에 제출된 LP호가가 없는 상태에서 어느 한 방향에 ELW LP호가를 제출하는 경우에는 LP가 자체적으로 가격을 결정하여 제출할 수 있고, 어느 한 방향에 LP호가가 있는 상태에서 호가를 제출하는 경우에는 스프레드비율을 준수하여 호가를 제출하되 1틱의 크기가 규정된 스프레드 비율을 초과하는 경우에는 1틱에 해당하는 가격으로 제출한다. 또한 호가 수량은 매도는 매매수량단위의 10배, 매수는 10배 및 5,000원에 해당하는 수량으로 정해져 있는데 ELW의 매매수량단위는 10이므로 100개 혹은 5,000원이다. 그리고 내재변동성 산출 및 변경에 관한 기준을 거래소에 LP 개시 5거래일 이내에 통보하여야 하며 거래소는 LP의 내재변동성을 일별로 산출하여 공표할 수 있다.

한편 시행세칙에는 양방향 호가 제출의 예외 규정도 정의되어 있는데 간략히 살펴보면, ELW LP는 어느 일방에 LP호가를 제출함으로써 기존에 제출된 타방의 호가와 호가스프레드를 규정된 비율 이하로 맞춘 경우 타방 호가를 추가로 제출할 필요가 없으며, 최소 호가 수량인 100개 미만을 보유하였을 때의 매도호가나 100개 미만이 매도된 경우에 매수호가는 양방향 호가 제출의무가 면제된다. 또한, 2012년 3월 새롭게 적용된 경우로 시장스프레드비율이 규정 이내인 경우 LP는 최우선매도호가 미만의 매도호가를 낼 수 있는데 이때는 매수호가 제출의무가 없다.

마지막으로 LP호가 제출이 제한되는 경우가 있는데 다음과 같다. ELW 보유잔고가 100개 미만 보유시 매도호가, ELW 매출 수량이 100개 미만일 때 매수호가, 주식형 ELW의 경우 최종 5거래일 동안의 경우, 호가스프레드비율이 15% 이내인 경우(단, 최우선매도호가 미만의 매도호가 단방향 제출은 허용), 매도나 매수 어느 일방에 LP호가를 제출함으로써 기존의 제출된 타방의 LP호가와 스프레드비율이 8% 이내가 되는 경우에는 호가 제출이 금지된다.

LP가 호가 제출과 관련한 의무와 함께 반드시 준수해야 할 규정은 담당하는 종목이 LP 교체 기준에 들지 않게 하는 것인데, 월간 단위로 계산(상장일이 해당 월에 속하는 ELW는 제외)하여 호가 제출의무를 1시간 이상 수행하지 않은 매매거래일이 5일 이상인 ELW의 경우는 LP 교체 대상이 된다. 단, 시스템 장애가 발생한 경우, 기초자산의 급격한 가격 변동이 있는 경우, 정치 · 경제상황의 급변 등으로 유동성공급호가의 제출이 사실상 어려운 경우 등에 속한다고 거래소가 인정하는 경우는 예외를 인정받을 수 있다.

3) ELW LP 호가제한제도 관련 사항

앞에서 살펴본 법률 및 거래소 업무규정과 시행세칙에 정의된 ELW LP의 호가 제출의무에 더하여 거래소는 2012년 3월 12일 시행된 ELW LP 호가제한제도와 관련하여 예외적인 사항에 대해 각 회원사에게 안내한 바가 있는데 관련 내용을 정리하면 다음과 같다.

LP는 거래시간 중 최우선호가를 기준으로 스프레드비율이 신고비율(15%)를 초과하는 때에는 업무규정 제20조 4항에 의거 5분 이내에 LP호가를 양방향으로 제출하며, 이때 LP호가간 호가스프레드비율은 최저비율 8% 이상 신고비율 15% 이내여야 하며 이는 시행세칙 제31조 8항 5호, 제31조 6항 3호에서 규정한 내용과 같다. 한편, 거래소는 LP호가 및 비LP호가 모두를 포함한 최우선호가를 기준으로 호가스프레드비율을 계산할 것이다.

LP호가 8% 스프레드의 예외 구간을 인정하는데 75원 매도와 70원 매수, 70원 매도와 65원 매수는 그 스프레드비율이 8% 미만이지만 LP가 그 가격으로 호가를 제출할 수 있도록 예외로서 허용한다. 그리고 LP호가 15% 스프레드의 예외 구간도 인정하는데 이는 35원 매도 30원 매수, 30원 매도 25원 매수, 25원 매도 20원 매수, 20원 매도 15원 매수, 15원 매도 10원 매수, 10원 매도 5원 매수의 가격으로 의무호가를 양방향으로 제출하는 경우이다.

그리고, 시행세칙 제31조 8항 4호에 의거하여 시장스프레드비율이 15% 이내인 경우 LP호가 제출이 금지되며 이 경우 LP는 신규주문뿐만 아니라 기존주문의 정정도 금지이며 오직 취소만 가능하지만 의무사항은 아니다. 즉, 이미 제출된 LP호가는 이후에 스프레드비율이 15% 이내로 좁아졌다고 해서 강제로 해당 호가를 취소할 의무는 없지만, 정정을 할 수는 없고, 신규주문을 추가로 제출할 수도 없다. 다만, 호가스프레드비율이 15% 이내인 상태라 하더라도 최우선매도호가 미만의 LP 매도호가 제출은 허용하고, 이 경우에도 기 제출된 호가는 먼저 취소한 후 매도호가만 제출하여야 한다.

4) ELW LP 평가제도

한편, 유가증권시장 업무규정 제20조 6항, 업무규정 시행세칙 제31조 9항 등에 의거하여 거래소는 분기별로 LP를 평가하고 있는데, 현재의 LP 평가기준은 2011년 12월에 개정되어 시행중인 것으로 그 대략의 내용은 다음과 같다.

LP 평가의 주기는 분기별이며 다섯 가지 항목에서 각기 20점씩 총점 100점으로 평가하는데, 평가 항목은 LP호가 제출의무 누적위반건수와 누적위반시간, 적극성 평가, 호가스프레드 제한 평가, 호가 수량 평가이다. 여기에 감점제도가 있는데 규정 위반이나 거래소 시장감시위원회의 주의, 경고 등의 사유가 발생할 시 감점이 있고 그 내용은 〈표 3-8〉과 같다.

표 3-8 ELW LP 평가 감점 배분표

사유	벌점 등
규정 위반	1
신고의무 3일 초과 위반	2
시장감시위원회 주의	5
시장감시위원회 경고	10
시장감시위원회 회원제재금	F

이렇게 항목별 평가 점수의 합계와 감점 항목을 반영하여 계산된 총점을 기준으로 〈표 3-9〉와 같이 등급을 부여한다.

| 표 3-9 | ELW LP 평가 점수별 평가등급

평가등급	합산점수구간
A	80점 이상
B	70점 이상~80점 미만
C	60점 이상~70점 미만
F	60점 미만

한편, 점수 미달이나 시장감시위원회 회원제재금의 사유 이외에 위반시간 30분 이상의 종목이 한 종목이라도 발생하거나 월별 교체기준에 해당하는 종목이 발생하는 등의 사유가 발생하면 자동으로 F등급을 부여받게 되므로 LP는 이를 반드시 유념하여야 한다. F등급이 처음일 때에는 통보일 다음날부터 1개월간 종목수 증가에 제한이 생기며, 2회 연속 F인 경우 1개월간 신규 LP가 제한되고, 3회 연속 F인 경우 1년간 신규 LP에 제한을 받는데, 이 경우에도 기존의 운용 중인 종목은 만기까지 유동성 공급이 가능하지만 사실상 ELW 시장에서 한시적 퇴출이나 다름없이 강력한 제재를 받는 것이므로 LP는 평가등급 유지에 유념해야 한다.

LP 평가의 기초가 되는 LP 평가 데이터는 다음의 다섯 단계를 통해 처리되는데 순서는 (1) 호가스프레드비율 계산 (2) 일방호가 부재시 처리 (3) 체결호가의 처리 (4) 10초 이내 취소, 정정시 처리 (5) 유동성 공급의무 면제시간 처리 등이다. 단계 (1)의 호가스프레드비율은 해당 ELW 종목의 최우선매수, 매도호가간의 스프레드비율이며 공식은 (최우선매도호가－최우선매수호가)/최우선매수호가 백분율(%)로, 소수 둘째 자리에서 반올림하여 구한다. 단계 (2)의 경우에서처럼 만약 어느 매수, 매도 어느 한쪽의 호가가 없는 경우에는 호가스프레드비율은 100%로 처리한다. 그리고, 단계 (3)에서처럼 제출되어 있는 LP호가를 투자자가 호가를 제출하여 체결시키거나, LP의 호가가 고객이 이미 제출해둔 호가와 체결이 된 경우에는 스프레드비율 평가에 제외하며 스프레드비율을 임의의 코드 숫자인 555로 처리한다. 이 두 경우에 체결호가와 기존제출호가의 수량의 대소 비교는 무시한다. 이는 체결로 인해 최우선매수, 매도호가가 일시적으로 동일한 상황이 발생하는 상황을 감안한 것이다. (4)의 경우처럼 10초 이내에 LP호가의 취소, 정정주문이 발생하는 상황은 LP가 호가를 이동할 때 정정주문으로 이동하거나 기존주문 취소 후 신규주문으로 이동이 가능한데,

만약 이러한 이동의 간격이 10초 이내에 이뤄지는 경우 정정주문의 경우에는 해당 정정호가 스프레드비율을 인정하지만 취소주문은 원호가의 직전호가 스프레드비율로 스프레드를 산정하게 된다. 이는 LP호가 제출의 연속성을 담보하기 위한 방안으로 호가의 연속성이 담보되는 정정주문과는 달리 짧은 순간 호가를 보여주고 곧장 호가를 취소하여 스프레드비율 준수의무를 사실상 위반하려는 시도를 차단하기 위한 것이므로 LP는 이를 유의할 필요가 있다. 한편 정정의 경우에는 스프레드율이 높아지는 방향으로만 정정주문이 가능하므로 유의할 필요가 있다. 마지막으로 (5)의 경우는 단일가매매 호가접수시간(9시 5분 이전 및 14시 50분 이후, 매매거래정지기간과 종료 후 5분까지)에 호가를 제출한 경우를 의미하는데 이 사례에 해당하는 호가는 스프레드 평가에서 제외하고 역시 임의의 스프레드비율 555를 부여하고 있다.

거래소는 LP의 유동성 공급의무가 적절히 수행되는지 항상 평가하고 있으며 만약 LP가 5분 내 호가 제출의무를 지키지 못하는 경우 그 시간과 횟수를 기록하여 적절한 수준을 벗어난 경우 각 증권사의 컴플라이언스부서를 통해 ELW 운용부서가 해당 문제를 사전에 인지하고 분기별 ELW LP 평가에서 문제가 되지 않도록 자발적인 해결을 유도하고 있다. 하지만 위에서 구성된 LP 평가의 기초 데이터를 분석한 결과 LP가 의무수행에 실패한 것으로 판단되는 경우 ELW 평가시 등급 하락으로 이어지며, LP 교체 사유에 해당될 수도 있다.

LP 의무이행도 점수는 누적위반건수 점수와 누적위반시간 점수를 합산하여 계산되는데 LP는 시장스프레드가 신고스프레드를 초과한 호가 집계시각부터 길어도 5분 내에 호가를 제출해야 할 의무를 지고 있는데, 시장스프레드란 LP의 호가까지 모두 포함한 전체호가를 대상으로 한 것이며 유동성 공급규정에서 5분 내 호가 제출의무가 면제되는 경우는 평가에 산정되지 않는다. 거래소에서 5분 내 호가 제출의무 위반을 집계하는 시간의 계산 방법은 [그림 3-19]와 같다.

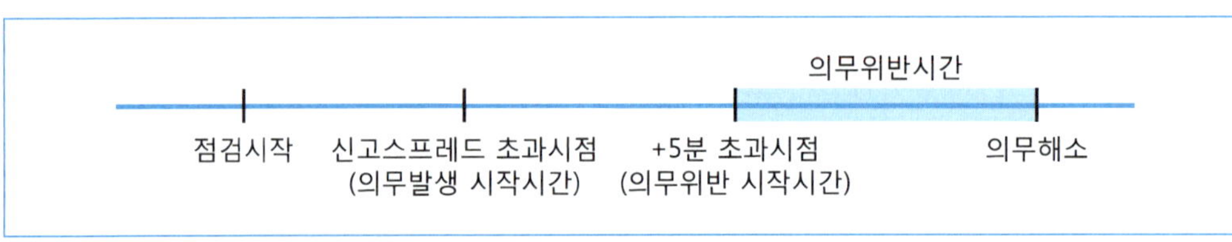

[그림 3-19] **ELW LP호가 제출의무 발생시점 및 의무위반시간**

이처럼 시장스프레드를 신고 비율 내로 유지해주는 호가가 사라진 시점부터 호가 제출 의무가 발생되며 그로부터 5분 이내에 LP가 호가를 제출하지 않으면 바로 그 시점부터 의무위반상황으로 계산되어 횟수를 계산하는데 20점 만점을 기준으로 30건당 0.5점씩의 감점이 발생한다. 예컨대 0건일때는 20점 만점, 30건 미만에서는 19.5점이며 870건을 상회하면 최하 점수인 5점을 받게 된다. 단, 전산장애로 인하여 동시다발적으로 5분내 LP호가 제출에 실패한 경우 발생사실을 1시간 이내에 신고하면 할인계수를 적용받을 수 있으므로 ELW 관련 공시 담당자는 전산장애 발생시 1시간 이내에 공시를 할 수 있도록 항시 대비하고 있는 것이 좋다. 종목수별 할인계수는 〈표 3-10〉과 같다.

| 표 3-10 | ELW 종목수별 할인계수

그룹	평균종목수	할인계수
1	400 이상	1/5
2	400~300	1/4
3	300~200	1/3
4	200~100	1/2
5	100 미만	1

사례) ELW 500종목, 분기 일반위반건수 20건, 전산장애(신고 1시간 이내) 100건
⇒ 해당 LP의 분기위반건수: 20건+(100건×1/5)=40건

위반시간에 대하여서도 20점 만점의 평가가 이루어지는데 기간 중 누적된 위반시간이 없는 경우 만점을 부여 받으며 300분마다 0.5점씩의 감점이 있고 누적시간이 8,700분을 넘어가면 최저 점수인 5점을 부여 받게 된다. 여기서 300분이란 LP 교체사유인 일 1시간 이상 5거래일 위반에서 계산된 수치로 인지하여두는 것이 좋으며, 전산장애 발생시 1시간 이내 신고하면 역시 〈표 3-10〉에서 보았던 것과 동일한 경감률로 할인 받을 수 있으므로 다수의 종목에서 문제가 발생한 경우 반드시 정해진 시한 내에 공시를 제출하여 투자자에게 전산장애 사실을 알리는 것이 필요하다.

사례) ELW 500종목, 분기 일반위반건수 300분, 전산장애(1시간 이내 신고) 500분
⇒ 해당 LP의 분기위반시간: 300분+(500분×1/5)=400분

이렇게 의무이행도 점수는 누적위반건수 관련 점수 20점과 누적위반시간 점수 20점을 합산하여 계산된다. 그 외에 적극성 평가 항목의 배점이 20점이며 호가스프레드 제한 평가가 20점, 호가 수량 평가가 20점으로 그 내용은 다음과 같다. 적극성 평가는 LP가 보유한 수량 전체를 매도한 다음 LP가 해당 종목의 이후 상황을 관망하지 않고 추가상장이나 재매입 등의 방법으로 보유 수량을 확보하여 매도호가를 제출하는 행위에 대한 것에 대한 평가로 전체 종목의 매도호가 공급일수를 누적한 값을 전체 종목의 유동성 공급의무 일수로 나눈 비율에 20을 곱한 값으로 계산하며 이 항목의 최저 점수는 5점이다.

$$\mathrm{MAX}\left(5,\ \frac{\sum_{\text{종목}} \text{매도호가공급일수}}{\sum_{\text{종목}} \text{유동성공급의무일수}} \times 20\text{점}\right)$$

호가스프레드는 ELW 시장 추가 건전화 조치의 시행으로 LP의 호가스프레드가 8% 이상 15% 미만의 수준을 유지하게 되어 있고, 시장스프레드가 15% 이내인 경우에는 최우선매도호가보다 낮은 매도호가만 제출이 가능한데 이에 대한 위반건수를 누적하여 점수를 부여하는 것이다. 위반건수가 한 건도 없는 경우 20점 만점이며 이후 위반건수 30건마다 0.5점씩의 감점이 있으며 최대 870건을 넘어가면 최하점수인 5점이 부여된다.

마지막 항목인 호가 수량은 LP가 얼마나 많은 수량으로 LP호가를 제출하여 유동성 공급에 적극적으로 참여하였는지에 대한 평가지표로써 20점 만점이며, LP는 주식형 ELW의 경우 3만, 지수형 ELW의 경우 10만 이상의 호가 수량을 유지하여야 유형별 호가 수량의 기준비중에서 감점이 없으며 KOBA 워런트의 경우에는 추가로 보너스 점수가 부여된다. 계산방법은 아래의 그림에서 보는 바와 같다.

$$\text{Min}\left[20,\ \text{Max}\left(5,\ \sum_{\text{그룹}} \text{그룹별 점수} + \text{KOBA 가산점}\right)\right]$$

단,

그룹별 점수 = 호가수량상대비중 × 거래량비중 × 20점

호가수량상대비중: $\text{Min}\left[1,\ \dfrac{\text{해당LP평균호가수량}}{\text{기준호가수량}}\right]$

기준호가수량: 주식ELW 3만 증권, 지수ELW 10만 증권

$\text{거래량비중} = \dfrac{\text{해당그룹LP거래량}}{\text{총LP거래량}}$

$\text{평균호가수량} = \dfrac{\text{신규호가수량} + \text{정정호가수량}}{\text{신규호가건수} + \text{정정호가건수}}$

그룹: 일반(지수)ELW, 일반(주식)ELW, 조기종료ELW

예컨대, 거래량 비중이 일반(지수)ELW와 일반(주식)ELW가 50: 50인 상황에서 기준호가 수량인 10만, 3만 이상의 평균호가 LP 수량을 유지하면 이 항목에서 만점을 받을 수 있는데, 해당 기초자산의 유동성 부족이나 과도한 장중 변동성에 대한 우려 등으로 주식형 ELW 중에 기준호가 수량 3만 증권, 지수형 ELW 중에서 10만 증권 이상의 호가 수량을 채우지 못한 경우에는 KOBA를 상장하여 운용하면 감점을 만회할 수 있다.

3-2. 평가 파라미터 결정

(1) 일반적 사항

ELW LP의 수익은 매도된 ELW 포지션을 기본 전제로 하여 전체 포트폴리오를 어떻게 구축하고 이를 운용하는가에 의해 결정된다. 다만 문제는 매도 ELW 포지션과 헤지 포지션으로 구성된 옵션 포트폴리오에 대한 평가 체계가 회사마다 크고 작은 차이를 보이고 있으므로 이에 대한 운용부서와 리스크관리부서, 회계부서 등의 평가 파라미터에 대한 의견 일치 없이 비즈니스가 시작될 경우 어려움이 따를 것이

라는 점이다. 또한, ELW의 경우 LP가 종가 형성에 관여하지 않거나, 전량 매도된 ELW의 경우 작은 수량만으로도 종가에서 가격 변동이 크게 일어날 수 있으므로 이에 따른 mark-to-market 손익을 회계적으로 어떻게 처리할 것인가의 이슈도 빼놓을 수 없는 부분이다.

기초자산의 가격이나 금리와 배당, ELW의 가격결정 방법 등은 데이터가 명확하고, 주요 ELW의 포지션이 만기가 짧으며, 구조가 정형화되어 모델 리스크의 여지가 없기 때문에 논쟁의 여지가 크지 않다. 하지만, 평가 변동성의 결정은 ELW와 관련 옵션 포지션에 대한 평가와 손익에 직결될 뿐만 아니라 트레이더의 헤지 포지션 구축과 이후 운용 과정 중의 헤지 효율성, 트레이더의 심리적 측면 등 다양한 요소에 직간접적인 영향을 줄 수 있으므로 세심하게 다루어져야 한다.

예컨대 간단한 예를 들어보면, 외가격 콜ELW 매도 포지션이 있고 담당 LP가 20%의 변동성으로 헤지하여 델타 중립을 만든 간단한 포트폴리오가 있을 때 트레이더와 운용부서가 인식하고 보고할 그릭스와 손익은, 리스크관리부서가 해당 포트폴리오를 30%의 변동성으로 계산한 그릭스나 손익과는 다른 결과를 보일 것이다. 즉, 서로 다른 파라미터로 LP의 포지션을 계산하는 상태가 지속되면 손익과 리스크 익스포저(risk exposure)의 불일치 문제가 항상 발생할 것이며 이러한 불안정한 상황은 해당 비즈니스가 창출한 수익 전반에 대한 신뢰 문제로 직결될 가능성이 크다. 반면, ELW의 평가를 전적으로 시장에서 형성된 가격에 의존하는 경우에는 mark-to-market 손익을 관리회계적으로 어떻게 인식할 것인가의 문제가 제기된다. 알려진 바와 같이 전량 매도된 ELW나 내가격 ELW는 약간의 수량만으로 큰 폭의 손익 변동이 유발될 수 있고 이는 운용부서의 성과 측정과 보상 문제와 연계되어 중요한 이슈이므로 이에 대한 관리 방안도 충분히 강구되어야 한다.

(2) 평가변동성의 관리

앞에서 살펴본 것과 같이 ELW의 가격 평가 및 관련 파라미터의 결정 방법은 ELW 비즈니스를 시작하는 데 있어 가장 먼저 다루어져야 할 과제이며 그중 가장 중요한 이슈는 역시 평가변동성에 대한 것이다. 변동성에 대한 풍부한 정보를 얻을 수 있는 장내옵션 시장을 이용할 수 있는 지수형 ELW와 개별주식을 기초자산으로 하는 주식형 ELW는 그 평가방법상의 차이가 있으므로 이를 각각 살펴보면 다음과 같다.

1) 지수형 ELW

지수형 ELW는 발행 규정상 KOSPI200 지수 장내옵션과 동일한 만기, 동일한 행사가 체계, 정해진 전환비율(현재 100)만을 사용하도록 규정되어 있어 동일한 조건의 장내옵션 가격과 직접적인 가격 비교가 가능하다. 즉, 장내옵션 호가에 전환비율 100을 곱한 수치가 동일 조건의 ELW에 해당되는 가격이며 ELW 추가 건전화 방안 도입 이후 많은 지수형 ELW 투자자들의 투자 결정에 참조가 되고 있다. 동일한 증거금을 요구하는 장내옵션과 비교하여 지수형 ELW는 상품의 구조나 가격상의 차이가 거의 없는 까닭에 경제적으로 장내옵션 매수와 동일한 역할을 하고 있지만 장내옵션 매수와 ELW 매수 사이의 차이도 있다.

우선 지수옵션의 승수 상승(1포인트 당 10만원에서 50만원)으로 인해 장내옵션 1계약이 전환비율 100인 ELW 5,000개에 해당되므로 장내옵션 1계약 이하의 수량을 투자하고 싶은 투자자는 ELW를 통해 매수할 수 있다는 것, 그리고 장내옵션은 4개 월물만 존재하지만 ELW는 발행시점에서 최대 3년 만기의 ELW가 발행 가능하므로 만기가 다양하며, 장내옵션의 행사가는 최초 상장 이후 KOSPI200의 가격범위에 연동되어 유지[10]되도록 정해져 있지만, ELW의 행사가는 발행시점의 패리티와 기준가격에 따라 정해지므로 장내옵션에 없는 행사가가 ELW에 있을 수 있다는 점, ELW 투자자는 별도의 선물옵션 계좌를 유지하지 않아도 매수가 가능하다는 차이 등이 그것이다.

살펴본 바와 같이 지수형 ELW와 장내옵션 사이에 존재하는 높은 상관성에 의거하여 ELW 평가에 장내옵션 가격을 원용하는 것이 상당히 효과적인 방법일 수는 있지만 완벽한 평가 방법은 아니다. 우선 상당수 ELW가 장내옵션에 대응되고 있으므로 기준이 되는 장내옵션 가격을 시장에서 쉽게 구할 수 있는 반면 ELW의 종가와 장내옵션의 거래 마감 시간의 차이가 존재하며, 두 시장 각각에 존재하는 mark-to-market 효과는 평가시에 감안해야 할 요소이다. 그 외에 깊은 내가격 옵션이나 차근월물 이후의 장내옵션은 거래가 빈번하지 않은 편이므로 장내옵션 가격의 신뢰도가 떨어지며, ELW와 장내옵션 간 상장규정의 차이로 인해 장내옵션에 존재하지 않는 만기와 행사가의 ELW에 대해서 별도의 평가방법을 갖추어야 한다.

---

10 파생상품시장 업무규정 시행세칙 제6조에 의거, 외가격 행사가가 2.5포인트 간격으로 6개(최원월물의 경우는 5포인트 기준 3개)를 유지하고 있음.

결국 장내옵션에서 가격을 구할 수 없는 ELW들에 대해서 혹은 전체 ELW에 대해서 독립적인 평가방법을 갖추어야 할 필요성이 제기되는데 가능한 평가방법으로는 크게 나누면 역사적 변동성(historical volatility)을 사용하는 방법과 내재변동성(implied volatility)을 사용하는 방법으로 생각해 볼 수 있으며 각각의 방법에는 일장일단이 있다.

우선 역사적 변동성을 사용하는 방안은 크게 단순 역사적 변동성(simple historical volatility), 지수 가중 이동평균(EWMA: exponentially weighted moving average) 모델을 적용한 방법, GARCH(Generalized Autoregressive Conditional Heteroscedasticity) 모델을 적용한 방법 등이 있다. 이들 방법들은 과거에 시장에서 관측된 역사적 변동성을 특정한 모델을 통해 가공하여 포트폴리오의 평가에 사용할 변동성을 추출한다는 것을 공통점으로 하고 있다. 역사적 변동성을 사용하여 변동성을 추정하는 여러 모델들에 대한 자세한 논의는 실무서의 범위를 넘어가는 것이며 기존의 파생상품 평가 방법들을 다룬 여러 책들과 중복되는 내용이므로 여기서는 짧게 아이디어만 살펴보면 다음과 같다. 단순 역사적 변동성에 대한 대표적인 비판은 현재 시장에서 거래되고 있는 옵션들의 가격(혹은 내재변동성)은 미래 시장에 대한 시장 참가자들의 전망을 반영한 것인데 역사적 변동성은 단지 과거의 자료의 평균에 불과한 것이라는 것이며, 실제 시장에서 관측되는 성향(예컨대, 변동성의 군집 현상, 변동성 분포상의 fat tail, 레버리지 효과 등)에 대한 충분한 설명을 내어놓지 못한다는 것이다. 이러한 비판을 감안하여 다양한 아이디어가 보완되었는데 예컨대 가까운 시기에 일어난 데이터에 더 많은 가중치를 부여하는 방법을 사용하거나, 장기 이동평균 분산을 모델에 추가하는 등의 아이디어를 끊임없이 추가하면서 더욱 합리적이고 신뢰성 높은 미래 변동성에 대한 추정을 시도하는 모델을 금융수학자들이 개발하고 있으며 여러 모델 중에서 어떠한 모델을 자사의 옵션 포트폴리오의 평가에 도입할 것인지에 대해서는 회사마다의 각기 다른 결론을 내리고 있다.

반면 내재변동성을 사용하는 방법은 시장에서 거래되는 여러 만기와 행사가에 걸친 옵션들의 가격에서 내재변동성을 역산하여 사용하는 방법으로 국소변동성 곡면(Local Volatility Surface)을 평가에 사용하는 방법을 유력한 대안으로 생각할 수 있다. 국소변동성이란 금융수학에서 변동성을 기초자산의 가격과 시간의 함수로써 표현하는 것을 의미하는데, 실무적으로 다양한 만기와 행사가의 옵션들의 가격을 취합한 다음 이 데이터들을 대상으로 통계적 추정기법을 적용하면 시장에서 거래되는 옵션들의 내재변동성의 만기별, 행사가별 변동성 곡면을 얻을 수 있고 이 곡면에서 얻어진 변동성으로 포트폴리오의 옵션들을 평가하는 것을 의미한다. 이러한 국소 변동성 국면의 장점은 실제로 해당 옵션이 거래되고 있는 가격과 연결되어 있다는 측면에서 포지션의 평가가 시장 친화적으로 이루어진다는 것과 해당 만기와 기초자산 레벨을 근거로 한 평균적인 미래의 변동성 추정치가 반영되어 있으므로 역사적 변동성을 사용한 일체의 방법들이 과거의 자료를 미래의 예측에 투영하는 비판으로부터 자유롭다는 점 등을 들 수 있다. 반면, 단점으로는 옵션 시장 전체에서 만기별, 행사가별 거래가 충분하지 않을 경우 점점 통계적 추정에 의존하는 비중이 높아져 데이터의 신뢰성이 떨어지며, 단기적인 수급상의 이유 등으로 포트폴리오의 평가가 크게 달라질 수 있다는 점을 들 수 있다.

국소변동성 곡면을 구축함에 있어 장내옵션에 더하여 장외시장에서 거래되는 옵션도 평가에 포함하여 장내옵션에서 얻을 수 없는 만기와 행사가를 지닌 옵션들의 정보를 얻을 수 있다. 2000년대 초 장외파생 비즈니스가 탄생하면서 장외시장을 통해 거래되는 한국물 주식 파생상품의 거래가 함께 증가하였고 외국계 IB를 중심으로 거래가 이뤄지던 이 시장에 국내 금융회사들의 참여가 점차 늘어나면서 현재는 장외시장을 통한 금융회사 간의 장외파생상품 거래가 매우 활발하게 이루어지고 있다.

2) 주식형 ELW

KOSPI200 인덱스에 비하여 장내옵션 시장의 거래가 미진한 개별주식 옵션의 거래정보는 전적으로 장외시장에 의존하게 되는데 발행되는 주식형 ELS의 기초자산에 포함된 대형주를 중심으로 장외시장에서의 옵션거래가 형성되는 편이다. 주식형 ELS의 발행 규모나 포지션이 주식형 ELW에 비해 크기 때문에 ELW 시장 건전화 방안이 도입되기 전에도 전체적인 주식형 옵션 장외시장의 분위기는 매도자가 주도하는 시장이었던 측면이 컸었으며, 몇몇 트레이더들의 경우 KOSPI200 지수 옵션과 KOSPI200 지수 구성종목을 대상으로 한 분산 트레이딩(dispersion trading)을 위해 장외시장을 사용하는 사례가 있었다. 한편, ELS의 발행 대상이 아닌 중소형주의 경우 장외시장에서도 거래가 매우 드물기 때문에 ELW의 LP 변동성 결정시 충분한 고려를 통해 위험에 대비하여야 한다.

장외시장에는 ELS와 ELW를 운용하는 헤지 트레이더들과 Prop 트레이더, 헤지펀드 등 다양한 참가자들이 참여하고 있으므로 ELW와 ELS를 운용하는 트레이더들은 항상 장외시장의 변동성 수준을 주시하며 각자가 운용하는 ELW와 ELS의 가격에 이러한 변화를 반영하고 있으며, 일부 회사의 경우에는 리스크관리부서에서도 장외시장의 거래 추이를 모니터링하며 평가 변동성의 결정에 참조하고 있다. 도매가격의 등락이 소매시장에서의 가격에 영향을 주는 것처럼 장외시장의 변동성 추이가 ELW의 호가와 손익 평가에 영향을 주는 것이다.

(3) 기타 파라미터의 관리

ELW 시장의 주류를 이루는 일반형 ELW는 만기가 비교적 짧은 외가격 ELW이기 때문에 변동성에 의한 영향이 크지만, 만기가 긴 ELW나 시가배당률이 높은 주식의 ELW는 금리와 배당에 의한 영향도 무시할 수 없게 높아진다. 특히 배당기산일을 앞두고 KT나 SK텔레콤 등의 고배당주의 ELW 중에 HTS상의 내재변동성이 0이 나온다던가 하는 이유는 바로 변동성 때문이기 보다는 배당에 대한 가정을 다르게 하기 때문이라고 보면 무리가 없다. 또한, KOBA 워런트의 경우에도 변동성보다는 금리와 배당에 의한 민감도가 높으므로 이러한 유형의 ELW를 평가할 시에는 금리의 기간구조와 배당에 대한 전망 등을 명확하게 평가에 반영하여야 한다.

3-3. 위험관리

(1) 운영 리스크(operation risk)

2011년 3월 31일 골드만삭스 아시아의 구조화상품 유니트는 홍콩에서 니케이 225 지수에 연동되어 발행된 4개의 인덱스 워런트가 발행신고서상의 오류로 인해 거래가 중단되었다고 밝혔다.[11] 워런트 당 현금정산가격을 계산하는 수식상의 오류로 인해 해당 워런트들은 목요일 거래중단 전까지 각각 130%에서 1,077%까지 급등하는 등 소동을 겪었다. 여기서 말하는 수식상의 오류는

---

11 Goldman says 4 warrants suspended in HK on document errors, Reuters, 2011-03-31.

$$\frac{(\text{Closing Level} - \text{Strike Level}) \times \text{Index Currency Amount}}{\text{Exchange Rate}}$$

와 같은 형태의 콜옵션 정산 수식에서 나누었어야 했을 환율을 실제로는 곱해버리도록 했던 것을 의미한다. 즉, 일본 엔화로 계산된 니케이225 지수의 콜워런트 정산금액을 홍콩달러로 환전하여 정산받도록 수식이 구성되었어야 했는데 발행사의 실수로 이를 잘못 신고한 것이다. 뒤늦게 오류를 발견한 발행사가 홍콩증권거래소 측에 해당 워런트들의 LP 중단을 통보하고 거래 정지를 요청하는 한편 발행신고서상의 오류를 수정하였지만, 거래소가 해당 워런트의 거래 중단 여부를 논의하는 1시간여 사이에 워런트의 가격은 엄청나게 급등하고 말았고 투자자들의 항의가 빗발쳤다. 발행문서상의 수식대로 계산한다면 발행사는 1천만 홍콩달러(15억원) 가량 팔려나간 워런트에 3억 5천만 홍콩달러(525억원)로 정산해 주어야할지도 모르는 상황에 처하게 된 셈이다.[12] 결국 이 사건과 관련하여 골드만삭스는 홍콩증권거래소로부터 공식 견책을 받게 되었다.[13]

국내에서도 유가증권 발행시 코스닥 기업뿐만 아니라 대기업이나 금융회사에서도 크고 작은 공시오류를 일으켜 수시로 문제가 되곤 하는데 이처럼 ELW 발행 과정에서 수반되는 신고서류의 작성과정에서 실수가 발생할 가능성이 항상 있기 때문에 발행사는 유의해야 한다. 또한, 정기보고와 비정기보고 등 ELW 발행사의 거래소 신고 의무사항을 제대로 이행하지 않거나 공시를 번복, 변경하는 등 불성실공시에 해당되는 경우 공시규정 제35조에 의거 불성실공시법인으로 지정되어 제재를 받을 수도 있고, 고의, 중과실 또는 상습적으로 신고의무를 위반한 경우 상장규정 제86조 2항에 의거 상장폐지를 당할 수도 있으므로 관련 업무 수행시 유의하여야 한다.

또한, ELW의 특성상 ELW의 이론가격 계산과 호가 제출 및 LP 의무 수행 여부 모니터링 등 현업부서의 운용업무는 전산 시스템에 의존하는 바가 크다. 이 과정에서 가장 빈발하는 문제는 전산 시스템 오류로 인한 LP호가 중단 사례이며 그 외에 기초자산 시세오류 등으로 인한 ELW 가격 계산 실수, LP 시스템의 논리적 오류에 의한 오작동 등은 큰 금액의 손실로 이어질 수 있어 유념해야 한다. 그 외에 호가스

12 A $45m typo, The Economist, 2011-05-26.

13 HKEx News Release, Hong Kong Stock Exchange, 2012-04-27.

프레드 위반이나 5분내 호가 제출의무 미이행 등 LP 의무 준수 여부를 감독하는 자체 시스템이 미비한 경우나 시스템에 종목정보를 입력하는 과정에서의 실수나 누락 등 매우 다양한 운영상의 실수와 그로 인한 피해 가능성이 있으므로 ELW LP 시스템 설계자는 충분한 시스템 테스트를 통해 다양한 경우의 오류에 대비해야 하며, ELW LP 트레이더는 운용 과정 중에 발생할 수 있는 실수의 방지를 위한 장치(업무의 프로세스화, 오퍼레이션 리스크 통제 시스템 개발 등)를 개발해두어야 한다.

(2) 신용 리스크(credit risk)

거래소가 직접 상장하는 장내옵션에 비해 ELW는 발행사가 상장한 상품이므로 ELW는 발행사의 신용 리스크가 결부된 상품이다. 또한 3자 LP를 통해 발행된 ELW의 경우 2008년 리먼 브라더스 파산에서 보듯 LP의 부도 리스크도 함께 고려되어야 한다. 발행사와 LP의 신용 리스크는 기본적으로 자본시장법 제30조 재무건전성 유지조항에 의거하여 NCR을 일정수준 이상으로 유지하도록 하여 통제되고 있으며, 유가증권시장 상장규정 제86조의2에서 발행인의 NCR이 200%에 미달하거나 발행인의 주권상장폐지기준에 해당하는 사유가 발생하였을 경우 상장폐지된다. 또한, LP도 업무규정 시행세칙 제31조의10에 있는 유동성공급자회원의 교체기준에 해당하거나 LP의 부도 발생시 발행사가 즉시 유동성 공급을 재개하는데 이 경우 발행사가 LP만큼의 적극적인 호가 제출을 할 것으로 확신할 수 없으므로 투자자는 발행사와 LP의 부도 가능성을 염두에 둘 필요가 있다.

또한, LP의 경우 장외옵션 거래시 상대방의 부도 리스크를 감안하여 자체적으로 설정한 신용위험 노출한도(Credit Exposure)를 감안하여 위험을 분산하여야 하고, 거래상대방의 부도가 발생하였을 경우 거래 상대방과 체결한 ISDA(International Swap and Derivatives Association) Master Agreement상의 Event of default에 해당하면 회사 간에 기체결된 전체 OTC 계약에 대한 Close out 및 Netting 처리에 들어가게 된다. 이에 대한 자세한 설명은 실무서의 법무 부분에서 찾아볼 수 있을 것이다.

(3) 시장 리스크(market risk)

앞에서 살펴본 ELW의 가격구조와 위험 관련 지표 등에서 살펴본 것처럼 ELW LP가 노출된 위험들 그 중에서도 시장 리스크는 LP의 포트폴리오가 시장에 노출됨

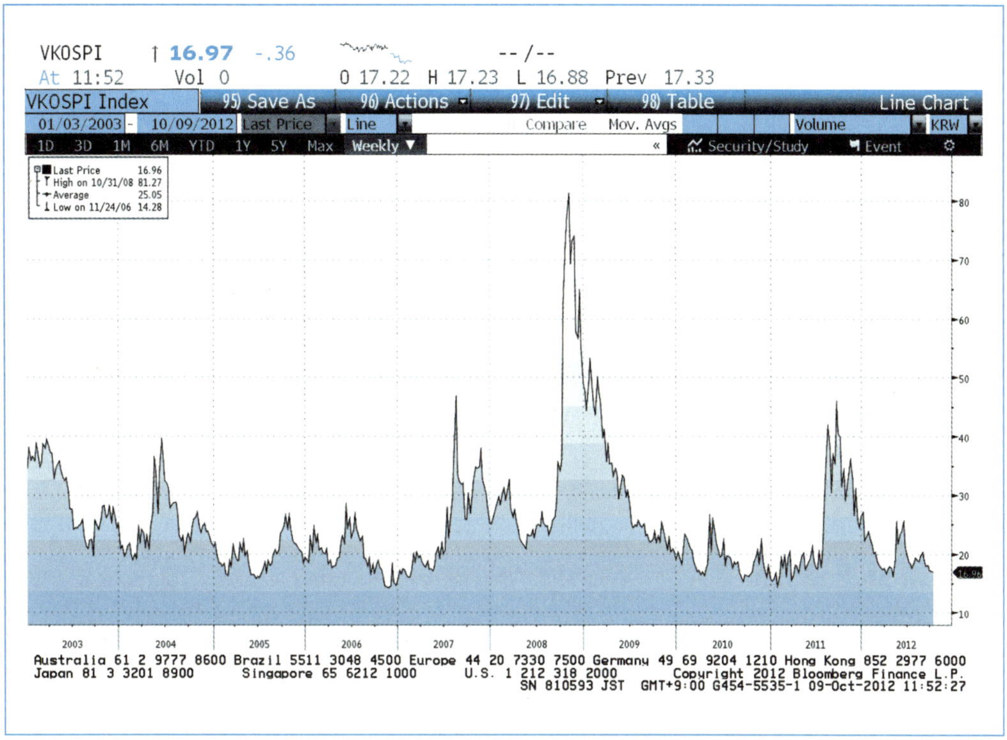

[그림 3-20] VKOSPI 지수 장기 추이(자료: Bloomberg)

으로써 발생하는 모든 종류의 위험을 포괄하는데, 기초자산의 가격 변화와 변동성의 변화에 수반된 위험이 가장 큰 비중을 차지하며, 그 외에 금리와 배당의 변화도 북의 상황에 따라 영향을 줄 수 있다.

ELW의 손익 구조의 비선형적 측면과 일반적으로 ELW 매도 포지션을 취하고 있는 LP의 특징이 결부되어 LP가 델타 중립을 유지하더라도 급격한 가격 변동으로 인한 손실의 위험과 변동성 상승에 따른 손실 가능성은 항상 수반된다. 이러한 위험은 실제로 2007년과 2008년 금융위기 국면에서 현실화되었는데, 당시 급격한 변동성 상승에 따라 ELW LP들의 손실이 급증하고 다수의 LP들이 적극적인 유동성 공급을 포기하면서 ELW의 거래량이 급감하고 시장 전체의 효율성이 저하했었던 사실은 리스크 관리의 중요성을 보여주는 사례라 할 것이다. ([그림 3-20]의 VKOSPI 인덱스의 차트를 보면 당시 시장 참가자들이 얼마나 극심한 변동성을 경험하였는지 알 수 있다.) ELW 운용부서와 리스크 관리부서는 이러한 경험을 바탕으로 널리 알려진 시장 리스크의 통제 방법, 예컨대 손실한도와 그릭스한도 등의 리스크한도, VaR(Value at Risk)한도, 스트레스 테스트 한도 등을 적용하여 ELW 운용에 수반되는 리스크를 통제해야 한다.

시장 리스크의 또 다른 유형으로서 유동성 리스크를 별도로 언급하는 것은 ELW 비즈니스의 특성이 기초자산의 수급과 연관된 측면이 크기 때문인데 이를 몇 가지 사례로 나누어 살펴보면 다음과 같다. 우선 유동성이 부족한 주식의 ELW를 운용하는 경우이다. ELW 시장 건전화 방안의 도입으로 ELW 발행 가능 기초자산의 선정시 주식의 거래대금이 감안되기 시작하면서 이러한 위험은 현저하게 줄어들었지만 기초자산의 호가 수량에 비해 과도한 ELW 호가 수량을 제시하면 일종의 wag-the-dog 현상에 LP가 노출된다. 두번째로 주식형 풋ELW의 운용에 있어서 유의할 부분으로 풋ELW 매도 포지션이 과도하게 많아지면 기초자산 주식의 차입매도를 실행하거나 장외거래 등을 통하여 델타를 커버해야 하는데 이것이 여의치 않은 경우 LP는 원하지 않는 주가 변동 위험에 노출될 수 있다. 마지막으로 기초자산이 되는 기업에 이벤트의 발생으로 인한 주가 급변이 나타날 경우 기초자산의 변동성이 급등하고 LP가 보유한 숏감마의 헤지에 나서면서 주가의 변동성을 더 높이는 상황도 LP가 유의해야 될 위험 중 하나이다.

별첨 7. OTC 거래 사례

장외옵션 시장을 통해 금융회사 간의 OTC 옵션 거래가 활발하게 일어나고 있다. 통상 OTC 브로커를 통해 호가정보가 알려지고 중개된다. Plain vanilla option뿐만 아니라 다양한 형태의 조합된 전략(Straddle, Strangle, Risk Reversal, Call/Put Ratio, Forward 등)이 거래되며 Volatility swap, Variance swap, Vol/Var swap 등의 거래도 일어난다. ELW 북운용에서는 plain vanilla option 거래를 많이 활용하므로 해당 거래의 termsheet을 예시로 첨부한다.

1) 국내 회사간 거래 사례: 국내 금융회사간의 거래로 FX가 개입되지 않은 거래

Trade executed by Securities Hong Kong Ltd.
Suite , 29/F, The Center, 99 Queen's Road Central, Hong Kong
T: +852 31 95
F: +852 21 69

Trade confirm KE022523 on trade date 08 Oct 2012

We are pleased to confirm the details of your equity derivatives transaction

Trade details

Market	Kospi	**Underlying**	Kospi 200 Index	**Strategy**	Put	**OTC/ Exchange**	OTC
Currency	South Korean Won (KRW)						
Buyer of Strategy	Investment & Securities Co Ltd	**Their trader**					
Seller of Strategy	Investment & Securities	**Your trader**					
Option premium payment date	2 business days						
Delta hedge	Synthetic forward combo	**Hedge cross level**	263.5				

You	No. Units	Multiplier	Maturity	Settlement	Str/Ctct Price	Style	Instrument	% Premium	Prem/Ins (KRW)	Total Prem	Spot X Size
Sold	22,770,398	1	12 Dec 2013	SQ	220	European	Put	N/A	6.85	155,977,226	6,000,000,000

Total net premium per strategy / on whole strategy due **KRW6.85** **155,977,226**

Other terms

Trading KS DEC13 220 P @6.85. REF 263.5. 20% DELTA AGREED. Synthetic Hedge: buys 4,554,080 KS DEC12 SQ 263.5 call @1KRW from sells 4,554,080 KS DEC12 SQ 263.5 put @1KRW to . Cash settlement in KRW on the expiry. Premium Payment Date: 10 Oct 2012. Option Settlement Date: 16 Dec 2013.

Brokerage

Calculated by	Special brokerage rate	**Our broker**		**Brokerage**	USD 750

Query on details? Please call your Link broker. Securities Hong Kong Ltd. (LINK) shall have no liability if either counterparty is, for any reason, prohibited or restricted from entering into this transaction. is not the counterparty in this transaction but is acting as an introductory broker or name-give up broker. receives a commission for its role. As it is not the counterparty, accepts no liability for the accuracy of this confirmation. Terms and conditions of business available on request.

2) 해외 회사와의 거래 사례

프리미엄 정산 과정에서 FX가 개입되며, 거래 후 swapswire를 통해 두 회사의 trader와 middle/back office에서 해당 거래의 확인 과정을 별도로 거치게 된다.

Suite , 10/F, Citic Tower, 1 Tim Mei Avenue, Central, HK
Tel (852) 2861 1844 (852) 2823 8202 Fax (852) 2528 2638 (852) 2520 6126

TRADE CONFIRMATION

To	: **Investment and Securities**
Attn	: **Mr.**
Deal Number	: OTC29328 (swapswire)
Trade Date	: 08-Oct-2012
Buyer (Futures seller)	: Trader: — **Seller:** (Futures buyer) **Trader: Mr.**
Underlying & Option Type	: KOSPI 200 Jun14 265.00 European Style Straddle & Dec12 Synthetic Futures. Local Currency Terms
Traded Price	: 52.60 KRW
Delta	: 11.50% 2,430,632 options x KOSPI 200 Dec12 synthetic futures @ 263.00 (buyer x seller)
Size	: 5,000,000.00 USD
Future Reference	: 263.00 Dec12
FX Rate	: Bloomberg KRW page = 1,111.75

Option Component

Strike Price	: 265.00
Notional in USD	: 5,000,000.00 USD
Notional in KRW	: 5,558,750,000.00 KRW
	You sell 21,135,932 OTC Contracts KOSPI 200 Jun14 265 Call **You sell** 21,135,932 OTC Contracts KOSPI 200 Jun14 265 Put
Expiration	: 12-Jun-2014
Premium	: Spread= 52.60 KRW 1,111,750,023 USD 1,000,000.02 Jun14 265 Call 26.30 KRW 555,875,012 USD 500,000.01 Jun14 265 Put 26.30 KRW 555,875,011 USD 500,000.01
Total Premium	: Total KRW 1,111,750,023 Settle in USD 1,000,000.02
Option Settlement	: 2 settlement days after expiration date. Cash settlement against the SQ of the KOSPI 200. Cash settlement in USD based on the FX rate on expiration HK time 1:45 pm Bloomberg KRW page= (mid-spot)

Synthetic Future Component

Future Reference	: 263.00 Dec12
Strike Price	: 263.00
Contracts	: 2,430,632 (Equivalent to 11.50% delta)
	You buy 2,430,632 OTC Contracts KOSPI 200 Dec12 263 Call **You sell** 2,430,632 OTC Contracts KOSPI 200 Dec12 263 Put
Premium	: USD$0.01 per put and USD$0.01 per call (Equally offsetting)
Expiration	: 13-Dec-2012
Option Settlement	: 2 settlement days after expiration date. Cash settlement against the SQ of the KOSPI 200. Cash settlement in USD based on the FX rate on expiration HK time 1:45 pm Bloomberg KRW page= (mid-spot)

Premium Payment Date	: 2 settlement days after trade date.
Documentation	: Additional Document By Mutual Agreement
Brokerage	: USD 1,000.00

Disclaimer: If the details set forth in this confirmation of the above transaction (the 'trade') do not accord with your understanding of the trade as confirmed verbally, please contact (Hong Kong) Ltd( ) or immediately. In the event that you do not advise to the contrary within one (1) business day of the date of this confirmation, you shall be deemed to have waived any right to dispute the accuracy of this confirmation the existence of the trade evidence by it. You acknowledge that is acting as the broker of, and not as principal to, the trade. The above terms of the trade, including the settlement and clearance thereof, were determined and agreed solely by you, the above named principals. Any dispute arising from the trade must be resolved by you, the principals thereto, and you shall hold harmless from any claim, action or liability that may arise from or in relation to the trade.

파생결합증권의 법적 실무

CHAPTER 04

CHAPTER 4

파생결합증권의 법적 실무[1]

본 장에서는 (i) 파생결합증권 관련 법령상 규제의 쟁점을 개괄하고, (ii) 파생결합증권의 발행에서 작성되는 계약서 및 발행 절차상의 법적 쟁점 및 (iii) 파생결합증권의 위험회피거래를 위하여 체결하는 주요 계약서의 내용 및 유의할 점을 살펴본다.

2003년 경부터 국내에서 발행되기 시작한 파생결합증권은 비약적으로 발행량이 증가하여 현재 연 발행규모가 약 40조원에 이르고 있고, 전문투자자들은 물론 일반투자자들도 적극적으로 투자하는 저금리 시대의 대안적 투자상품으로 자리잡고 있다. 그러나 우리나라 금융시장에서의 파생결합증권의 눈부신 질적·양적 발전에 비하여 파생결합증권 관련 실무상 발생하는 법률적 쟁점에 관한 연구는 여전히 부족한 실정이다. 따라서 본 장에서는 실무적으로 다루어질 가치가 있는가를 기재하는 내용의 가장 중요한 기준으로 삼았다. 즉, 법 이론적 논의는 실무상 발생할 수 있는 쟁점의 해결을 위하여 알고 있어야 하는 내용으로 한정하고, 나아가 공식적으로 발표되지 않은 유권해석이나 법규화되지 않은 시장관행이라 하더라도 실무상 알아둘 필요가 있는 경우에는 이를 인용하였다. 학술 목적 저술이라면 허용되지 않는 일일 것이나 어디까지나 실무적인 관점에서 필요한 내용을 누락하지 않는 것을 최우선적인 목표로 삼았기 때문이다. 가능한 방법으로 수차례 검증을 거쳐 그러한 내용을 기재하였으나, 실무상 이 책을 참조하는 경우 비공식적인 유권해석이나 시장참여자들이 형

1 본 장의 내용은 저자의 개인 의견으로 저자가 속한 기관의 공식적인 견해를 나타내는 것이 아님.

성하고 있는 시장관행은 언제든 변경될 수 있다는 점에 유의하여야 한다는 점을 미리 밝혀둔다.

1. 파생결합증권의 법률적 규제

파생결합증권은 파생상품을 증권화 한 금융투자상품으로, 그 형식은 증권에 해당하나 그 본질적 성격은 파생상품과 동일하다. 그 법적 형식은 증권이므로 다른 증권들처럼 투자자의 손실이 납입금, 즉 투자원금의 한도로 제한되나, 이 점을 제외하면 다른 모든 특징은 파생상품의 본질과 궤를 같이 한다. 파생결합증권의 특징 및 법적 지위에 관하여 실무상 유의하여야 할 점을 중심으로 살펴보면 아래와 같다.

1-1. 파생결합증권의 정의

(1) 파생결합증권의 법률적 정의

1) 현행 자본시장법상 파생결합증권

파생결합증권의 법적 정의는 자본시장과 금융투자업에 관한 법률(이하 "자본시장법")에서 명시적으로 찾아볼 수 있다. 자본시장법에 의하면 파생결합증권은 "기초자산의 가격, 이자율, 지표, 단위 또는 이를 기초로 하는 지수 등의 변동과 연계하여 미리 정하여진 방법에 따라 지급금액 또는 회수금액이 결정되는 권리가 표시된 것"으로 정의되는데(자본시장법 제4조 제7항), 이는 실무상 간단히 기초자산의 가격 움직임에 의하여 현금흐름(pay-off 또는 cash flow)이 결정되는 증권으로 이해할 수 있다.[2]

2) 다른 증권과의 구별

자본시장에서 발행되는 증권 중 법 적용에 있어 파생결합증권과의 구별이 문제

2 아울러 2012년 4월 15일 시행된 개정 상법(법률 제10600호, 2011년 4월 14일 공포)(이하 "개정 상법")에 새로 파생결합사채의 정의가 추가되었는데(개정 상법 제469조 제1항 제3호) 그 내용은 자본시장법상 파생결합증권의 정의와 거의 동일하다. 자본시장법상 파생결합증권과 상법상 파생결합사채의 관계는 뒤에서 다루기로 한다.

되는 몇 가지 증권과 파생결합증권의 차이점을 살펴볼 필요가 있다. 발행하는 증권이 자본시장법상 어느 증권에 해당하는가[3]에 따라 적용되는 규제가 달라지므로 신종증권을 발행하게 되는 경우 그 증권의 자본시장법상 분류가 가장 먼저 해결되어야 하는 법률적 쟁점이다. 아래에서 살펴보는 특징들은 그러한 작업에 도움이 될 것이다.

① 채무증권과 파생결합증권의 차이

자본시장법상 채무증권은 국채증권, 지방채증권, 특수채증권(법률에 의하여 직접 설립된 법인이 발행한 채권), 사채권, 기업어음증권(기업이 사업에 필요한 자금을 조달하기 위하여 발행한 약속어음으로서 대통령령으로 정하는 요건을 갖춘 것), 그 밖에 이와 유사(類似)한 것으로서 지급청구권이 표시된 것을 말한다(자본시장법 제4조 제3항).

자본시장법상 채무증권과 파생결합증권은 〈표 4-1〉과 같은 점을 기준으로 구별할 수 있는데, 가장 중요한 차이점은 파생상품적 요소에 의한 증권 가치 평가 문제가 있는가로 볼 수 있다.[4]

---

3 자본시장법상 증권의 유형은 증권상에 표시되는 권리의 종류를 기준으로 구분되는데, (i) 채무증권은 지급청구권, (ii)지분증권은 출자지분, (iii) 수익증권은 신탁수익권, (iv) 증권예탁증권은 예탁 받은 증권에 관련된 권리, (v) 파생결합증권은 파생상품적 요소가 가미된 권리, (vi) 투자계약증권은 공동사업에 대한 투자에서 손익을 귀속 받는 계약상의 권리를 내용으로 한다(자본시장법 제4조 제2항 참조).

4 채무증권과 파생결합증권의 구별은 원금보장형 파생결합증권을 파생결합증권에서 제외하여 채무증권으로 분류하는 자본시장법 개정안 및 개정 상법에서 도입된 파생결합사채를 자본시장법상 어떤 증권으로 분류하여 규제하여야 하는가의 문제와 관련하여 주로 논의된 바 있다.
즉, 정부가 2012년 6월 25일 제출한 현행 자본시장법의 일부 개정 법률안(의안번호 1900298, 이하 "자본시장법 개정안")은 파생결합증권 중 원금보장형 상품을 파생결합증권에서 제외시켜 채무증권으로 분류하고 있는데(자본시장법 개정안 제4조 제7항 제1호 참조) 원금보장형 파생결합증권은 원금의 손실이 발생하지 않으므로 전통적 사채의 개념요소인 '원본, 만기, 이자'를 모두 갖추고 있고 원금의 지급은 보장되므로 일반적인 사채와 투자자가 노출되는 위험이 다르다고 볼 수 없다는 점에 근거한 것이다. 이에 관하여 원금보장형 파생결합증권이라 하더라도 본질은 파생상품이고 증권의 평가가 발생하여 중도상환의 경우는 원금 손실이 가능하므로 사채와 다르고 파생결합증권으로 분류하여 투자자보호절차를 이행하도록 하여야 한다는 반론이 제기된 바 있다. 또한 (ii) 개정 상법에서 파생결합사채에 관한 조항이 추가되기 전에는 파생결합증권을 자본시장법에 근거하여 발행되는 신종증권으로 보는 것이 일반적 견해였으나, 개정 상법에서 파생결합사채 규정을 도입함에 따라 파생결합증권이 상법상 사채에 해당하게 되었으므로 사채권 중 하나로 채무증권에 해당하는 것은 아닌지 의문이 제기되고 있다. 이와 같은 문제를 검토함에 있어 채무증권과 파생결합증권의 차이점을 무엇으로 볼 것인가가 문제된다.

| 표 4-1 | 채무증권과 파생결합증권의 차이점

	채무증권	파생결합증권
발행목적	기업의 자금조달	투자자의 투자목적
성격	소비대차	파생상품
상품구조의 특징	▪ 원칙적 만기상환 ▪ 타인자본사용으로 원칙적 이자지급 ▪ 원본 이상의 상환의무	▪ 자유로운 중도상환 ▪ 이자지급을 요건으로 하지 않음 ▪ 상환시점에 따라 원본 손실 가능
유통구조의 특징	▪ 유통시장에서 시가로 매매 ▪ 객관적 평가가격 고시 및 유통시장에서의 시가(market price) 형성	▪ 유통시장이 없고 예외적 장외 양도 ▪ 발행자의 평가로 결정된 공정가액(fair value)을 기준으로 매매 또는 중도상환
발행자위험	▪ 별도의 위험회피거래 불요	▪ 위험회피거래가 필요

② 은행의 ELD(Equity Linked Deposit)과 파생결합증권의 구별

은행의 ELD는 자본시장법에 따라 발행되는 파생결합증권 중 원금보장형과 사실상 차이가 없다는 견해가 있다. 그러나 ELD는 원금 부분은 어떤 경우에도 기초자산의 시장위험에 노출되지 않아 투자성(원금손실가능성, 자본시장법 제3조 제1항)이 없으므로 자본시장법상 금융투자상품이 아니라는 점에서 원금보장형이더라도 중도환매의 경우 원금 부분이 시장위험에 노출되어 투자성이 인정되고 자본시장법상 금융투자상품에 해당하는 파생결합증권과 다르다.[5]

| 표 4-2 | ELD와 원금보장형 ELS의 차이점

	ELD	원금보장형 ELS
법적 성격	예금	현행 자본시장법상 파생결합증권 자본시장법 개정안에 의하면 채무증권
중도환매시 지급금액의 결정	사전에 정해짐 ▪ 원금에서 약정수수료 제외(원금기준, 통상 2~4%)	해당 시점 증권의 평가가격 따라 차이 ▪ 기초자산 가치 등을 고려하여 결정되는 증권의 평가가격(증권의 공정가액 기준)
구조적 특징	만기가 짧고 단순한 구조 ▪ 약정 수수료 이상의 비용으로 위험회피 거래가 청산되어서는 안되므로	다양한 구조 ▪ 만기와 구조가 다양함
투자자 위험	원금 부분은 시장리스크에 노출되지 않고 신용리스크를 부담하지 않음 ▪ 예금자보호법 적용대상 ▪ 중도해지시 정기예금인출과 동일	원금 부분도 중도해지시 시장리스크에 노출되고 발행자의 신용리스크도 부담

5 자본시장법상 '금융투자상품'에 해당하려면 '투자성'이 있어야 한다. '투자성'이란 어떤 권리를 취득하

③ 한국토지공사 발행 토지수익연계채권과 원금보장형 파생결합증권의 구별

한편, 한국토지공사가 발행하는 토지수익연계채권[6]과 같이 사업이익에 따라 상환금이 달라지는 채권에 관하여, 사업이익에 따라 이자가 달라지므로 사업이익을 기초자산으로 하는 원금보장형 파생결합증권과 같다고 보는 견해가 있다. 그러나 토지수익연계채권의 추가이자를 결정하는 '사업에서 발생한 수익'은 합리적이고 적정한 방법에 의하여 산출 및 평가가 가능하지 않다는 점에서 자본시장법상 기초자산(자본시장법 제4조 제10항 제5호 참조)으로 볼 수 없는 점, 발행사는 사업수익이 발생한 경우 이를 이용하여 이자를 지급하면 되고 달리 상환의무를 다하기 위하여 별도의

| 표 4-3 | 한국토지공사의 토지수익연계채권과 파생결합증권의 차이점

	토지수익연계채권	파생결합증권
법적 성격	이익참가부사채 또는 특수채로서 채무증권에 포섭될 수 있음	파생결합증권
중도환매 지급금액	■ 약정 중도상환시점에 기회 부여 ■ 보장수익률에 의한 이자·원본상환	■ 수시로 중도상환청구 가능 ■ 증권의 평가가격에 따라 상환
이자의 결정	■ 추가이자의 경우 사업이익을 기준으로 결정하고 연계 토지의 매각여부를 매각위워회에서 결정	■ 합리적으로 산출되는 지표 기준 결정
발행자 위험	■ 사업수익 발생시에만 추가 지급하므로 시장위험에 노출되지 않음	■ 상환금의 예측이 불가능하므로 위험관리 필요

기 위하여 지급하였거나 지급하여야 할 금전 등의 총액(판매수수료 등 대통령령으로 정하는 금액을 제외한다)이 그 권리로부터 회수하였거나 회수할 수 있는 금전 등의 총액(해지수수료 등 대통령령으로 정하는 금액을 제외한다)을 초과하게 될 위험으로 정의하는데(자본시장법 제3조 제1항 참조), 이는 '수수료를 제외한 투자원금의 손실 가능성'으로 이해할 수 있다.

ELD 상품은 이자가 발생하지 않은 상황에서 중도상환하면서 사전에 약정한 수수료를 제할 때에만 원금의 손실이 발생할 수 있는데, 이러한 해지수수료는 투자자가 회수할 수 있는 금전 총액에 포함되므로 수수료 발생으로 인하여 경제적으로 원금 손실이 있더라도 법적 의미에서는 원금이 보장되는 것이다.

6 이 채권은 표면금리를 보장하고 추가로 한국토지공사가 보유한 토지의 매각수익이 발생하면 그 배당을 실시하는 채권으로, 한국토지공사가 2010년 8월 27일 발행한 토지주택채권을 예로 들면 그 구조가 다음과 같다. 발행자는 투자자에게 (i) 발행 후 3개월마다 표면금리(3.50%)를 지급하고 (ii) 발행 후 5년부터 연 1회씩 추가이자를 정산기간별로 산정하여 후급한다. 추가이자는 추가이자 정산기간별로 연계토지 매각이익을 잔존 채권권면총액으로 나눈 비율을 백분율로 산출하여 정하는데, 연계토지 매각이익은 연계토지의 매각대금에서 해당 연계토지의 기준가격과 관리 및 매각에 소요된 제 비용(제세공과금, 감정평가수수료, 판매비, 관리비 등 포함)을 공제한 금액이다. (iii) 이 채권의 만기는 10년이나, 발행 후 5년이 경과한 때부터 매년 1회씩 중도상환을 청구할 수 있고 일정한 수익률이 중도상환수익률(4.72%)로 보장되어, 중도상환일까지 지급된 총이자가 중도상환보장수익률을 상회하면 그대로 인정되고, 하회하면 미달하는 금액을 중도상환일에 지급해준다.

위험회피거래가 필요하지 않다는 점, 파생상품적 요소에 의해 채권의 가치가 결정되지 않는 점 및 중도상환시 거래의 평가를 요하지 않는 점에서 파생결합증권과 본질적으로 다르다.

3) 자본시장법 개정안에 의한 파생결합증권

한편 정부가 2012년 6월 25일 제출한 현행 자본시장법의 일부 개정 법률안(의안번호 1900298)이 국회에 계류 중이다(2012년 12월 현재). 자본시장법 개정안은 2012년 5월 11일 최종 입법예고 되었는데, 특별한 사정이 없는 한 파생결합증권과 관련된 부분은 큰 변경 없이 입법될 것으로 예상되고, 2011. 4. 14. 개정되고 2012. 4. 5. 시행된 상법(이하 "개정 상법")을 비롯한 일부 법령은 이미 자본시장법의 개정안을 전제로 시행되고 있으므로 자본시장법 개정안 중 해당 부분을 살펴볼 필요가 있다.

파생결합증권 관련하여 자본시장법 개정안 중 유의할 부분은 자본시장법 개정안이 현행 파생결합증권의 정의 조항에 예외를 신설(이하 "개정안 신설 단서")하였다는 점이다. 즉, 현행 자본시장법에 의하면 파생결합증권으로 분류되는 증권 중 일부가 개정안 신설 단서에 의해 파생결합증권에서 제외되므로 자본시장법 개정안에 의하여 파생결합증권에서 제외되는 증권의 범위에 유의하여야 한다.

| 표 4-4 | 자본시장법과 자본시장법 개정안의 파생결합증권 관련 규정

현행 자본시장법 제4조	자본시장법 개정안 제4조
⑦ 이 법에서 "파생결합증권"이란 기초자산의 가격 · 이자율 · 지표 · 단위 또는 이를 기초로 하는 지수 등의 변동과 연계하여 미리 정하여진 방법에 따라 지급금액 또는 회수금액이 결정되는 권리가 표시된 것을 말한다. <단서 신설>	⑦ -- 지급하거나 회수하는 금전 등------------------------------. 다만, 다음 각 호의 어느 하나에 해당하는 것은 제외한다.
<신 설>	1. 발행과 동시에 투자자가 지급한 금전 등에 대한 이자, 그 밖의 과실(果實)에 대해서만 해당 기초자산의 가격 · 이자율 · 지표 · 단위 또는 이를 기초로 하는 지수 등의 변동과 연계된 증권
<신 설>	2. 제5조 제1항 제2호에 따른 계약상의 권리(제5조 제1항 각 호 외의 부분 단서에서 정하는 금융투자상품은 제외한다)
<신 설>	3. 해당 사채의 발행 당시 객관적이고 합리적인

	기준에 따라 미리 정하는 사유가 발생하는 경우 주식으로 전환되거나 그 사채의 상환과 이자지급 의무가 감면된다는 조건이 붙은 것으로서 제165조의6 제1항에 따라 주권상장법인이 발행하는 사채
<신 설>	4. 제165조의7 제1항에 따라 주권상장법인이 발행하는 신주인수선택권증권
<신 설>	5. 「상법」 제469조 제2항 제2호, 제513조 및 제516조의2에 따른 사채
<신 설>	6. 그 밖에 제1호부터 제5호까지의 규정에 따른 증권과 유사한 것으로서 금융위원회가 정하여 고시하는 증권

① 원금보장 파생결합증권의 제외(자본시장법 개정안 제4조 제7항 제1호)

무엇보다 가장 큰 변화는 발행과 동시에 투자자가 지급한 금전 등에 대한 이자, 그 밖의 과실(果實)에 대해서만 해당 기초자산의 가격 · 이자율 · 지표 · 단위 또는 이를 기초로 하는 지수 등의 변동과 연계된 증권은 파생결합증권에서 제외된다는 점이다. 즉, 투자 원금의 반환이 보장되는 원금보장형 파생결합증권은 자본시장법 개정안에 의하면 파생결합증권에 해당하지 않고 채무증권에 해당하게 된다.[7]

| 표 4-5 | 원금보장형 파생결합증권의 제외

현행 자본시장법 제4조	자본시장법 개정안 제4조
⑦ 이 법에서 "파생결합증권"이란 기초자산의 가격 · 이자율 · 지표 · 단위 또는 이를 기초로 하는 지수 등의 변동과 연계하여 미리 정하여진	⑦ ------------------------------------ -- --

7 자본시장법 개정안 제4조 제7항 각 호 신설의 취지는 현행 제도의 미비점 보완의 일환으로 금융투자상품의 규제목적에 맞게 법 개념이 적용될 수 있도록 이자연계 파생결합증권 등은 BW, CB 등과 마찬가지로 채무증권으로 규제하는 등 포괄주의에 따라 과도하게 확대 적용되고 있는 파생결합증권의 개념의 적용범위를 재조정하기 위한 것으로 발표된 바 있다(2011. 7. 금융위원회 발표 우리나라 금융의 미래를 위한 자본시장법 개정 추진방안 제19면 6. 기타 제도적 미비점 보완, 자본시장법 개정안 입법예고문 2. 주요골자 중 바항 참조). 나아가, 개정 상법에 의하면 회사가 교환사채, 이익참가부사채 기타 사채에 파생상품적 요소가 결합된 파생결합증권을 발행할 수 있는 근거가 명시되었으므로(개정 상법 제469조) 자본시장법에서 이에 해당하는 증권을 채무증권으로 분류함으로써 상법과 자본시장법 사이의 일관성 있는 규정을 도모한다는 점, 특히 ELD와 별다른 차이가 없음에도 원금보장형 파생결합증권이 과도하게 규제되고 있고, 현재의 자본시장법상 파생결합증권의 정의에 의하면 한국토지공사가 발행하는 토지수익연계채권 등이 파생결합증권에 포섭됨으로써 발행의 법적 근거가 없어진다는 점이 유관기관을 통하여 언급되었다.

방법에 따라 지급금액 또는 회수금액이 결정되는 권리가 표시된 것을 말한다. <단서 신설>	-- 지급하거나 회수하는 금전 등-- ------------------------------. 다만, 다음 각 호의 어느 하나에 해당하는 것은 제외한다. 1. 발행과 동시에 투자자가 지급한 금전 등에 대한 이자, 그 밖의 과실(果實)에 대해서만 해당 기초자산의 가격 · 이자율 · 지표 · 단위 또는 이를 기초로 하는 지수 등의 변동과 연계된 증권

파생결합증권에서 채무증권으로 자본시장법상 분류가 변경되더라도 실무상 특별히 달라지는 점은 없다. 채무증권도 이사회 결의에 근거하여 일괄신고서 제출 후 일괄신고추가서류에 의한 공시가 가능하고 다른 발행사가 발행하는 증권을 제3자가 취득하게 할 목적으로 취득하여 모집 또는 매출하는 경우(즉, 자본시장법상 '인수'에 해당하는 경우)가 아닌 이상 증권 등 인수업무에 관한 규정이 적용되지 않으므로 신용등급을 부여 받는 등 사채의 인수발행과 같은 절차 및 요건을 갖출 필요는 없다.

다만 첫째, 한국결제예탁원(이하 "예탁원")을 통하여 처리하는 파생결합증권의 발행 및 예탁과 상환금 지급업무는 예탁원 관련 규정 외에 파생결합증권 발행 및 유통 등에 관한 준칙과 파생결합증권 발행대행계약서를 근거로 하는데, 원금보장형 파생결합증권의 자본시장법상 분류가 달라지면 그 적용대상에서 제외되게 되므로 종전의 발행절차와 동일하게 처리하기 위해서는 위 준칙과 발행대행계약서의 적용범위에 채무증권으로 분류되는 원금보장형 파생결합증권도 포함되도록 할 필요가 있다. 발행절차의 자세한 내용은 뒤에서 살펴본다.

둘째, 파생결합증권과 채무증권은 금융감독원의 공시 담당 부서와 공시서류 양식이 다르다. 파생결합증권의 발행 공시는 금융감독원의 복합금융감독국, 채무증권의 발행 공시는 금융감독원의 공시감독국에서 감독한다. 또한 공시서류는 금융감독원이 정한 전자문서 양식에 따라 작성되는데, 채무증권의 공시서류 양식은 기초자산에 관하여 기재할 수 있는 란이 없고 자금의 용도 등을 기재하게 되어 있는 등 금융투자업자가 발행하는 파생결합증권에 그대로 사용할 수 없는 부분들이 있다. 법 개정 전에 원금보장형 파생결합증권과 관련하여 어느 부서에서 공시 감독을 담당할 것인지를 확정하고 채무증권의 공시서류 양식을 개정하거나 또는 파생결합증권 공시서류 양식을 그대로 사용할 수 있도록 하는 등 공시서류 양식을 조정하는 조치가 필요하다.

셋째, 파생결합증권에서 발생한 소득은 배당소득으로 과세되나 채무증권의 경우 이자소득으로 과세되는 차이가 있다. 자본시장법상 분류가 달라지더라도 증권의 실질은 변하지 않으므로 원금보장형 파생결합증권의 과세와 관련하여 종전 파생결합증권과 달리 볼 이유는 없는 것으로 생각된다. 현재는 이자소득과 배당소득의 세율이 동일하나 세율의 변경이 있을 수 있고, 과세 분류가 달라지는 경우 발행사에 따라 전산상 수정 등 업무가 필요할 수도 있으므로 자본시장법 개정으로 인하여 채무증권으로 분류될 원금보장형 파생결합증권과 관련하여 기획재정부의 과세근거에 관한 유권해석이 요구된다.

② 워런트의 파생결합증권 해당여부(자본시장법 개정안 제4조 제7항 제2호)

주식워런트증권(ELW, Equity Linked Warrant)[8]은 주식 등 자산을 미리 정한 만기에 미리 정해진 가격에 사거나 팔 수 있는 권리를 나타내는 증권으로, 파생상품 중 옵션의 실질을 가진다. 그런데 개정안 신설단서 제2호는 자본시장법 제5조 제1항 제2호에 따른 계약상의 권리, 즉 옵션에 해당하는 것은 파생결합증권에서 제외하고 있으므로 이 조항에 근거하여 주식워런트증권이 파생결합증권에서 제외되는 것은 아닌가 하는 의문이 있다.

| 표 4-6 | 옵션에 해당하는 권리의 제외

현행 자본시장법 제4조	자본시장법 개정안 제4조
⑦ 이 법에서 "파생결합증권"이란 기초자산의 가격·이자율·지표·단위 또는 이를 기초로 하는 지수 등의 변동과 연계하여 미리 정하여진 방법에 따라 지급금액 또는 회수금액이 결정되는 권리가 표시된 것을 말한다. <단서 신설>	⑦ --- 지급하거나 회수하는 금전 등-------------------------------. 다만, 다음 각 호의 어느 하나에 해당하는 것은 제외한다. 2. 제5조 제1항 제2호에 따른 계약상의 권리(제5조 제1항 각 호 외의 부분 단서에서 정하는 금융투자상품은 제외한다)

8 워런트도 주식 외의 상품 등 기타 다른 기초자산으로 발행될 수 있다. 그러나 실무상 주로 주식워런트증권이 가장 활발히 발행되고 있으므로 편의상 주식워런트증권에 준하여 기술한다. 여기서의 주식워런트증권에 관한 논의는 다른 종류의 워런트 증권에도 동일하게 적용될 수 있다.

주식워런트증권은 옵션의 프리미엄에 해당하는 금액만 납입하고 증권을 취득한 후 만기에 정해진 가격의 금원을 납입하고 증권을 취득하거나 그 가격과 기초자산의 가격의 차액을 수수하므로 취득시점에 원본의 납입이 없는 경우에 해당한다. 따라서 취득시점에 금융투자상품의 취득대가로서 금전 등을 전액 지급하지 않는 경우는 증권에 해당하지 않는다고 보는 견해에 의하면[9] 주식워런트증권은 증권에 해당하지 않는다고 볼 여지도 있다.

| 표 4-7 | 자본시장법상 금융투자상품 중 증권과 파생상품의 구분[10]

	전액지급의무	신규 또는 추가지급의무
증권	취득시점에 금융투자상품의 취득대가로서 금전 등을 전액 지급하는 경우	그 만기 또는 처분시까지 추가적으로 지급의무가 발생하지 않는 것(단, 투자자가 기초자산에 대한 매매를 성립시킬 수 있는 권리를 행사하게 됨으로써 부담하게 되는 지급의무 제외[11])
파생상품	취득시점에 금융투자상품의 취득대가로서 금전 등을 전액 지급하지 않는 경우	그 만기 또는 처분시까지 지급의무가 발생하는 것

그러나 금융위원회는 자본시장법 개정안 제5조 제1항의 신설단서에 의하여 주식워런트증권을 다시 파생상품에서 제외하고 파생결합증권의 한 종류로 규제하겠다는 입장을 밝힌 바 있다.[12] 주식워런트증권을 파생결합증권으로 취급하기로 하는 금융위원회의 고시가 없으면 주식워런트증권의 법적 지위는 비상장의 경우에는 장외파생상품, 상장된 경우에는 장내파생상품에 해당하게 되어 관련 규제가 적용되어야 하는 결과에 이르게 된다.

---

9 법무부 역시 워런트가 상법상 파생결합사채에 해당하는가에 관하여, ELS는 상법상 파생결합사채에 포함되나 원본이 없는 ELW의 경우 상법상 파생결합사채에 해당하지 않는다고 유권해석하고 있다(법무부, 상법 회사편 해설, 2012, p. 360).

10 김건식 · 정순섭 공저, 자본시장법(제2판), 두성사, 2010, p. 33 참조.

11 자본시장법 제4조 제1항 참조.

12 현행 금융투자업규정은 주식워런트증권을 '투자매매업자가 발행하는 파생결합증권으로서 당사자일방의 의사표시에 따라 증권시장 또는 외국 증권시장에서 매매거래 되는 특정 주권의 가격이나 주가지수 수치의 변동과 연계하여 미리 정하여진 방법에 따라 주권의 매매나 금전을 수수하는 거래를 성립시킬 수 있는 권리를 표시하는 것'으로 규정하여 파생결합증권에 해당한다는 점을 명시하고 있다(금융투자업규정 제6-1조 제11호).

표 4-8 주식워런트증권 관련 자본시장법 조항

현행 자본시장법	자본시장법 개정안
제5조(파생상품) 이 법에서 "파생상품"이란 다음 각 호의 어느 하나에 해당하는 계약상의 권리를 말한다. <단서 신설>	제5조(파생상품) ① --. 다만, 해당 금융투자상품의 유통가능성, 계약당사자, 발행사유 등을 고려하여 증권으로 규제하는 것이 타당한 것으로서 금융위원회가 정하여 고시하는 금융투자상품은 그러하지 아니하다.

③ 기타(자본시장법 개정안 제4조 제7항 제3호 내지 제6호)

자본시장법 개정안에 의하면 원금보장형 파생결합증권과 주식워런트증권 외 아래 증권들도 파생결합증권에서 제외된다. 뒤에서 살펴보겠지만, 파생결합증권은 자본시장법에 따라 장외파생상품 취급의 인가를 받은 투자매매업자만 발행할 수 있고 그 외 회사들은 자금조달 목적으로도 발행할 수 없는데, 아래 증권들은 파생결합증권에서 제외됨으로써 일반기업이나 해외금융투자업자를 파생결합증권 발행 관련 인가를 취득하지 않은 자로 발행할 수 있다. 금융투자업자의 입장에서는 고객의 필요에 맞는 구조화 거래 설계에 활용하기 위하여 일반기업의 자금조달 목적으로 발행할 수 있는 증권의 종류 및 범위를 파악해 둘 필요가 있다.

(가) 조건부 자본증권(자본시장법 개정안 제4조 제7항 제3호)

자본시장법 개정안은 주권상장법인이 일반공모증자방식으로 발행하는 조건부 자본증권을 파생결합증권에서 제외하고 있다. 조건부 자본증권이란 상장법인이 발행하는 사채로서 발행 당시 객관적이고 합리적인 기준에 따라 미리 정한 사유가 발생하는 경우 주식으로 전환되는 조건이 붙은 증권을 말한다.[13] 개정 상법에는 조건부 자본증권에 해당하는 규정이 없어 상법에 근거하여 조건부 자본증권이 발행될 수 있다고 보기 어렵다. 따라서 자본시장법 개정안이 그대로 시행되는 경우 조건부 자본증권은 자본시장법에 근거하여 발행이 허용된 것으로 보아야 한다.

13 일정한 전환사유가 발생하였을 때 보통주로 전환되면 채권 소지자가 원본 손실을 부담하는 셈이되므로 채권 발행시부터 자본으로 인정할 수 있다고 보는 바젤은행감독위원회의 바젤 Ⅲ에 제시된 조건부 자본(contingent capital)제도를 반영한 것이다(박준, 한국상사판례학회 및 한국기업학회 2011년 8월 하계학술대회 자본시장법 개정의 주요 내용과 과제, 기업금융활성화와 시중증권에 관한 자본시장법의 개정, p. 12).

| 표 4-9 | 조건부 자본증권의 제외

현행 자본시장법 제4조	자본시장법 개정안 제165조의6
⑦ -- 지급하거나 회수하는 금전 등 ---. 다만, 다음 각 호의 어느 하나에 해당하는 것은 제외한다. 3. 해당 사채의 발행 당시 객관적이고 합리적인 기준에 따라 미리 정하는 사유가 발생하는 경우 주식으로 전환되거나 그 사채의 상환과 이자지급 의무가 감면된다는 조건이 붙은 것으로서 제165조의6 제1항에 따라 주권상장법인이 발행하는 사채	제165조의6(조건부 자본증권 등) ① 주권상장법인은 정관으로 정하는 바에 따라 이사회의 결의로 「상법」 제469조 제2항, 제513조 및 제516조의2에 따른 사채와 다른 종류의 사채로서 해당 사채의 발행 당시 객관적이고 합리적인 기준에 따라 미리 정하는 사유가 발생하는 경우 주식으로 전환되거나 그 사채의 상환과 이자지급 의무가 감면된다는 조건이 붙은 사채, 그 밖에 대통령령으로 정하는 사채를 발행할 수 있다.

이때 전환가격을 미리 정하여야 하는지 아니면 자동전환사유가 발생한 시점의 주식의 시가로 할 수 있는지에 관하여 법령상 기준이 없으므로 장래 시행령 기타 법규에서 제한이 생기지 않는다면 일응 두 가지 방법 모두 가능하다고 볼 수 있을 것이나, 추후 조건부 자본증권의 내용, 발행사항 및 유통 등의 방법, 조건의 세부내용 등 필요한 사항을 대통령령으로 정하게 되므로 이에 유의하여야 한다.

(나) 독립신주인수선택권증권(자본시장법 개정안 제4조 제7항 제4호)

신주인수선택권증권은 일정한 기간 내에 미리 정한 가액으로 발행사에 대하여 신주의 발행 또는 자기 주식의 양도를 청구할 수 있는 증권이다. 주권상장법인은 자본시장법 개정안 제165조의7에 따라 주식 등과 함께 발행하거나, 금융기관으로부터 차입하면서 그 기관에 발행하거나, 전략적 업무제휴 · 합작투자의 유치를 위해 다른 기업 · 투자자에 대해 발행하는 등 실물거래와 연계된 경우 만기와 행사가격을 정하여 신주를 발행하거나 보유하고 있던 자사주로 상환하는 워런트(신주인수권 자체 또는 신주인수권이 표창된 증권의 의미로 사용한다)를 발행할 수 있다.

이는 종전의 신주인수권부사채에서 사채 부분 없이 신주인수권만 증권화하여 독립적으로 발행할 수 있도록 한 것으로, 상법상 발행근거가 없는 자본시장법상의 신종증권이다. 자본시장법 개정안은 이처럼 주권상장법인이 일정한 요건 하에 독립신

| 표 4-10 | 독립신주인수선택권증권의 제외

자본시장법 개정안 제4조	자본시장법 개정안 제165조의7
⑦ -- -- -- -- ------------ 지급하거나 회수하는 금전 등 -- -- ----------------. 다만, 다음 각 호의 어느 하나에 해당하는 것은 제외한다. 4. 제165조의7 제1항에 따라 주권상장법인이 발행하는 신주인수선택권증권	제165조의7(신주인수선택권증권) ① 주권상장법인은 다음 각 호의 어느 하나에 해당하는 경우에는 「상법」 제340조의2, 제513조, 제516조의2 및 제542조의3에도 불구하고 정관으로 정하는 바에 따라 이사회의 결의로 일정한 기간 내에 미리 정한 가액으로 해당 법인에 대하여 신주의 발행 또는 자기주식의 양도를 청구할 수 있는 증권(이하 "신주인수선택권증권"이라 한다)을 발행할 수 있다. 1. 주식, 그 밖에 대통령령으로 정하는 증권과 함께 발행하는 경우 2. 대통령령으로 정하는 금융기관으로부터 금전을 차입하면서 그 금융기관에 대하여 발행하는 경우 3. 전략적 제휴, 합작투자의 유치 등을 위하여 다른 기업이나 투자자에 대하여 발행하는 경우 4. 그 밖에 주권상장법인의 자금조달의 효율성, 주주 등의 이익 보호, 공정한 시장질서 유지의 필요성을 종합적으로 고려하여 대통령령으로 정하는 경우

주인수선택권증권, 즉 자사주로 상환할 수 있는 독립형 워런트를 발행하는 것을 허용함과 동시에 상법상 허용에도 불구하고 분리형 신주인수권부사채(신주를 인수할 권리가 부여된 채권으로 신주인수권과 회사채가 결합한 채권인 신주인수권부사채 중 사채와 워런트를 분리하여 양도할 수 있는 사채)의 발행을 제한하고 있다(자본시장법 개정안 제165조의8 제2항).[14]

자본시장법 개정안 신설단서 제4호에 의하여 주권상장법인이 발행한 독립신주인수선택권증권은 파생결합증권에서 제외된다. 그리고 신주의 발행으로 상환하기로 한 경우는 신주인수권이 표시된 증권으로 지분증권에 해당(자본시장법 제4조 제4항)한다고 볼 수 있다.[15]

---

14 금융위원회는 자본시장법 개정안이 독립워런트의 발행사유를 실물거래와 연계된 경우로 한정하고 발행가액을 규제하면서 동시에 분리형 BW의 발행을 제한하는 취지를 건전한 시장관행을 유도하기 위한 것으로 설명하고 있다(금융위원회, 2011. 7, 우리나라 금융의 미래를 위한 자본시장법 개정 추진방안, p. 15 참조).

15 김건식 · 정순섭, 전게서, p. 34 참조.

여기서 워런트 발행회사가 아닌 다른 회사가 발행한 주식 기타 증권을 교부하는 조건의 증권인 커버드 워런트(Covered Warrant)의 발행이 허용되는가를 살펴볼 필요가 있다. 자본시장법 개정안에 의하면 만기와 행사가격을 정하여 신주 발행 또는 자기주식 양도로 상환하는 내용의 워런트를 발행할 수 있다는 점은 앞서 본 바와 같다. 독립형 워런트와 다른 요건은 동일하나 워런트 발행사의 신주 발행 또는 보유하던 자사주의 양도가 아닌 다른 회사의 주식 기타 증권의 양도로써 상환하기로 하는 증권을 커버드 워런트라 한다. 상법의 유권해석기관인 법무부의 해석에 의하면 증권 취득시 원본의 납입이 없는 워런트 증권은 상법상 사채에 해당하지 않고 달리 상법상 워런트 발행에 대한 언급이 없으므로[16] 자본시장법에서 그 발행근거를 찾아야 한다. 커버드 워런트가 파생결합증권에 해당하다고 보는 견해가 있는데[17] 현행 자본시장법의 파생결합증권 정의규정 해석상 파생결합증권의 실물상환이 허용되고 상환대상 증권의 발행주체에 관한 제한이 없으므로 그 외 요건은 일반적인 주식워런트증권과 차이가 없는 커버드 워런트도 파생결합증권에 해당한다고 볼 수 있을 것이다. 따라서 관련 인가를 취득한 투자매매업자는 커버드 워런트를 발행할 수 있으나, 그 외의 자는 발행할 수 없다고 해석된다.[18] 그러나 자본시장법 개정안에 의하면 옵션에 해당하는 권리는 파생결합증권에서 제외되므로(자본시장법 개정안 제4조 제7항 제2호) 금융위원회고시에서 자본시장법 개정안 제5조 제1항 신설 단서에 근거하여 달리 취급을 정하지 않으면 파생상품 중 옵션에 해당하게 되어, 실물 결제를 예정한 옵션으로서 파생상품의 일종으로 거래할 수 있을 것이다. 다른 회사의 주식 기타 증권으로 상환하는 것은 기존 주주의 지분 희석효과가 없고 투자자가 부담하는 위험도 발행사의 자기주식 양도 또는 신주발행에 의한 결제 방식의 워런트와 차이가 없으므로 허용하지 않을 이유가 없을 것으로 보인다. 파생결합증권으로 분류되면 관련 인가를 취득한 투자매매업자만 발행할 수 있을 것이고, 파생상품으로 분류되면 일반투자자도 위험회피 목적으로 거래할 수 있게 되므로 금융위원회의 관련 고시 및 유권해석에 유의하여야 할 필요가 있다.

16 법무부의 입장, 각주 11 참조.

17 박준, 전게논문, p. 11; 김건식 · 정순섭, 전게서, p. 39 참조.

18 뒤에서 살펴보겠지만, 관련 인가를 취득한 투자매매업자가 아니면 자금조달 목적이라 하더라도 파생결합증권 중 지분증권을 기초자산으로 하거나 원금 손실 가능성이 있는 것은 발행할 수 없으므로 프리미엄 전액 손실이 가능하고 기초자산이 지분증권인 커버드 워런트는 발행할 수 없다.

(다) 상법상 상환사채, 전환사채 및 신주인수권부사채(자본시장법 개정안 제4조 제7항 제5호)

자본시장법 개정안은 전통적으로 상법에 근거하여 회사의 자금조달수단으로 활용되어 온 전환사채(상법 제513조) 및 신주인수권부사채(상법 제516조의2)를 파생결합증권에서 제외하고 사채권으로서 채무증권에 해당한다는 점을 명시하였다.

아울러 상법상 주식이나 그 밖의 다른 유가증권으로 교환 또는 상환할 수 있는 사채로 정의되는 상환사채(상법 제469조 제2항 제2호)도 파생결합증권에서 제외된다. 그러나 상환사채는 다른 사채의 정의 규정에 중복하여 해당하는 경우 유가증권으로 교환 또는 상환되더라도 상환사채로 보지 않는 경우가 있으므로 상환사채의 정의에 해당한다고 하더라도 반드시 파생결합증권에서 제외되는 것은 아니다. 이에 관하여는 후술하기로 한다.

표 4-11 상환사채, 전환사채 및 신주인수권부사채의 제외

현행 자본시장법 제4조	자본시장법 개정안 제4조
⑦ 이 법에서 "파생결합증권"이란 기초자산의 가격·이자율·지표·단위 또는 이를 기초로 하는 지수 등의 변동과 연계하여 미리 정하여진 방법에 따라 지급금액 또는 회수금액이 결정되는 권리가 표시된 것을 말한다. <단서 신설>	⑦ -- 지급하거나 회수하는 금전 등-- --. 다만, 다음 각 호의 어느 하나에 해당하는 것은 제외한다.
<신 설>	5. 「상법」 제469조 제2항 제2호, 제513조 및 제516조의2에 따른 사채

(2) 파생결합증권의 정의와 관련된 쟁점

1) 파생결합증권의 기초자산: 가능한 기초자산의 범위

자본시장법은 기초자산에 관한 일반적인 정의 조항을 두고 있는데(제4조 제10항), 기초자산의 범위를 금융투자상품, 통화, 일반상품, 신용위험에서 더 나아가 자연적·환경적·경제적 현상 등에 속하는 위험으로서 합리적이고 적정한 방법에 의하여 가격·이자율·지표·단위의 산출이나 평가가 가능한 것을 포함하도록 매우 포괄적으로 정의함으로써 사실상 합리적으로 가격의 평가가 가능한 것이라면 무엇이든지

| 표 4-12 | 자본시장법과 상법 상 파생결합증권/파생결합사채의 기초자산 관련 규정

자본시장법	상법
제4조(증권) ⑩ 이 법에서 "기초자산"이란 다음 각 호의 어느 하나에 해당하는 것을 말한다. 1. 금융투자상품 2. 통화(외국의 통화를 포함한다) 3. 일반상품(농산물 · 축산물 · 수산물 · 임산물 · 광산물 · 에너지에 속하는 물품 및 이 물품을 원료로 하여 제조하거나 가공한 물품, 그 밖에 이와 유사한 것을 말한다) 4. 신용위험(당사자 또는 제삼자의 신용등급의 변동, 파산 또는 채무재조정 등으로 인한 신용의 변동을 말한다) 5. 그 밖에 자연적 · 환경적 · 경제적 현상 등에 속하는 위험으로서 합리적이고 적정한 방법에 의하여 가격 · 이자율 · 지표 · 단위의 산출이나 평가가 가능한 것	상법 시행령 제20조(사채의 발행) 법 제469조제2항 제3호에서 "대통령령으로 정하는 자산이나 지표"란 「자본시장과 금융투자업에 관한 법률」 제4조제10항에 따른 기초자산의 가격 · 이자율 · 지표 · 단위 또는 이를 기초로 하는 지수를 말한다.

파생결합증권의 기초자산이 될 수 있도록 허용하고 있다.

자본시장법은 제4조 제10항 제5호에서 같은 항 제1호 내지 제4호에 기재된 것 외의 위험에 관해서만 산출이나 평가의 합리성과 적정성을 요구하는 것처럼 규정하고 있지만, 기초자산이 되는 자산이나 위험은 그것이 자본시장법 제4조 제10항 각 호 중 어느 것에 해당하는지를 불문하고 합리적이고 적정한 방법에 의하여 산출 및 평가가 가능하여야 한다. 산출 및 평가의 합리성에 관한 기준은 관련 법규에서 구체적으로 정하고 있지 않다. 그러나 파생결합증권을 발행하는 금융투자업자는 새로운 지수 등을 기초자산으로 할 때 그 산출과 평가 기준의 적정성 및 합리성을 반드시 충분히 검토하여야 한다. 파생결합증권 시장의 발전에 따라 새로운 기초자산에 대한 수요가 증가하는 만큼 이에 관한 주의가 더욱 요구된다.

실무상으로는 지분증권 또는 지분증권을 기초로 하여 산출되는 지수(예: KOSPI200, S&P500 또는 HSCEI 등)를 기초자산으로 하는 파생결합증권을 주가연계증권(ELS, Equity Linked Securities)이라고 하고, 그 외의 이자율, 통화, 상품(commodity), 신용위험 등 또는 이를 기초로 하여 산출되는 지수를 기초자산으로 하는 파생결합증권을 이와 대비하여 파생결합증권(DLS, Derivatives Linked Securities)

이라고 지칭하고 있다.[19]

2) 파생결합증권의 결제방법: 실물결제의 허용여부

현행 자본시장법은 파생결합증권이 기초자산의 가격 변동에 의하여 '지급금액 또는 회수금액'이 결정된다고 규정하므로 파생결합증권의 상환은 현금결제방법, 즉 금전의 지급으로만 한정되고 금전 외 증권 등 실물결제방법은 허용되지 않는 것으로 보는 견해가 있었다.

그러나 금융위원회는 2009년 4월 주가연계증권의 만기시 결제방법이 현금결제로 제한되는지, 실물결제도 가능한지에 관하여 자본시장법에서는 주가연계증권의 만기시 결제방법에 별도의 제한규정이 없으므로 실물결제도 가능하다고 유권해석하여 회신한 바 있고,[20] 자본시장법 시행령 제139조 제1호 바목 등에서는 증권을 기초로 하는 파생결합증권의 권리행사로 그 기초 자산을 취득할 수 있음을 전제로 규정하고 있으므로 현금결제 외 실물결제도 당연히 허용된다고 보는 것이 타당하다. 나아가 자본시장법 개정안은 '지급금액 또는 회수금액'을 '지급하거나 회수하는 금전 등'으로 변경함으로써 금전은 상환방법의 예시라는 점을 법 문언상 명시하였으므로 자본시장법 개정 이후에는 현금결제 외의 방법에 의한 상환이 가능하다는 점에는 더 이상 의문의 여지가 없다.[21]

---

19 단, 금융감독원은 2012. 10. 30. 시행된 파생결합증권의 발행 및 운용에 관한 모범규준 및 금융투자업규정 시행세칙 제8-1조 제17호 업무보고서와 관련하여 파생결합증권주가연계증권(ELS)과 그 외 파생결합증권(DLS)의 구별기준을 발표할 예정에 있다. 기초자산에 지분증권 및 지분증권 외의 상품, 통화 등을 함께 포함하는 결합상품의 분류 등의 문제는 위 기준에 의하여 명확히 해결될 예정이다. 현재는 기초자산 중 하나라도 지분증권 외의 상품 등을 포함하는 경우 DLS로 취급하는 것이 실무상 일반적이나, 간혹 ELS로 취급하여 발행하는 경우도 찾아볼 수 있다. ELS와 DLS 중 어느 것으로 분류되는가에 따라 법률상 취급에 있어 달라지는 것은 없고, 다만 위 업무보고서 등의 작성이나 헤지자산 관리 등에 있어 구분의 필요가 있다.

20 홍영만, 자본시장법 유권해석, 2009, p. 14.

21 실물결제 허용여부에 관한 논의를 인용하면 다음과 같다: 박준, 전게논문, p. 8: "자본시장법상 파생결합증권은 "기초자산의 가격 · 이자율 · 지표 · 단위 또는 이를 기초로 하는 지수 등의 변동과 연계하여 미리 정하여진 방법에 따라 지급금액 또는 회수금액이 결정되는 권리가 표시된 것"으로 정의되어 있고(자본시장법 제4조 제7항), 다른 한편 자본시장법 시행령 제239조는 공개매수의 적용대상인 증권 가운데 "권리의 행사로 그 기초자산을 취득할 수 있는" 파생결합증권을 열거함으로써, 파생결합증권이 실물인도형으로도 발행될 수 있음을 전제로 하는 조항을 두었다. 자본시장법 제4조 제7항에 근거하여 금전으로 지급금액이 결정되는 경우에 한하여 파생결합증권에 해당하는 것으로 보는 견해(한국증권법학회, 「자본시장법 주석서 I」, 박영사, 2009, p. 25, 유혁선, "파생상품의 법적 개념에 관한 소고", 「증권법연구」 제12권 제1호, 증권법학회, 2011, pp. 34~35)와 현금결제형에 한정할 이론적 정책

실무상으로도 준거기업 또는 국가의 신용위험을 기초자산으로 하는 신용파생결합증권의 경우 신용사건이 발생하면 해당 준거기업 등이 발행한 사채로 결제하는 조건을 포함하는 상품이 종종 발행되고 있다. 만기 손실이 발생하는 경우 기초자산 중 최초기준가격 대비 더 많이 가격이 하락한 기초자산을 상환금에 해당하는 수량만큼 투자자에게 인도하는 조건의 실물결제형 주가연계증권도 발행될 수 있고, 예탁원의 결제 업무 시스템상으로 실물결제처리도 가능하나, 기초자산 주식으로 결제하는 경우 과세 내용 및 근거의 문제[22]가 해결되지 않아 실제로 발행된 적은 없다.[23]

1-2. 파생결합증권의 법적 성격

(1) 파생결합증권의 법적 성격에 관한 새로운 논의의 배경

현재의 파생결합증권에 해당하는 상품은 구 증권거래법 시행령의 개정으로 발행 근거가 마련되기 전에도 신종채권, 구조화 상품(Structured Products), 구조화 채권

적 이유가 없다는 견해(임재연, 「자본시장법」, 박영사, 2011, p. 44)가 있다. 현금결제형에 한정된다고 보는 견해는 자본시장법 제4조 제7항의 법문에 충실한 해석으로 일리가 있으나, 이 견해에 따르면, 기초자산에 연계하여 일정한 규모의 실물을 인도하는 내용의 금융투자상품은 증권이 아니거나 증권 중 파생결합증권이 아닌 다른 유형의 증권에 속하게 될 터인데, 그렇게 되면 그러한 금융투자상품은 자본시장법의 규율에서 벗어나게 되거나 파생결합증권과 달리 취급되는 불합리가 발생하게 될 것이다. 입법적으로 보완하는 것이 가장 바람직하겠으나, 현행법의 해석상으로도 파생결합증권의 본질적 속성은 발행자의 의무(투자자의 권리)가 기초자산에 연계하여 결정된다는 점에 있으므로 원리금을 금전으로 지급하는가 아니면 다른 증권이나 기타 실물로 상환하는가는 원리금 상환의 결제방법에 그친다고 보아야 할 것이고 실물로 상환하는 경우에도 파생결합증권에 포함된다고 보는 것이 합리적일 것이다"(박준, 전게논문, p. 8). 한편, 김건식 · 정순섭, 전게서, p. 39도 기발행주식으로 결제되는 워런트를 파생결합증권으로 보고 있다.

22 예탁원, 2011년 11월, 파생서비스팀, 파생결합증권 발행자 간담회 자료, 파생결합증권 주식상환업무 안내.

23 현재까지 발행된 실물결제형 주가연계증권은 해당 증권의 만기 상환을 주식으로 하는 것이 아니라 투자자에게 만기상환금을 지급 처리 한 후 투자자가 그 상환금으로 결제 대상 기초자산 주식을 매수하는 형식을 위한 것으로 만기 상환 결제를 주식 실물로 하는 것과 다르다. 만기에 주식으로 결제하는 경우 이를 현금 상환과 동일하게 처리한다면 투자원금 대비 손실이 발생한 것이어서 투자자에게 이익이 발생한 것이 아니므로 과세하지 않게 되나 장외에서의 주식 양도 자체에 주목한다면 발행사가 증권거래세를 원천징수 하여야 하고 투자자에게 양도소득세가 부과될 수 있으므로 현금 결제의 경우보다 투자자에게 불리해지는 문제가 발생한다. 현재까지 발행된 방식과 같이 상환금 지급 처리 후 상환금으로 주식을 매수하여 투자자에게 인도하는 경우는 주식거래 수수료를 면제하고 거래세를 발행사가 부담하는 것으로 처리되었다.

(Structured Notes), 복합금융상품 또는 파생결합상품 등으로 지칭되어 발행되어 왔다. 구 증권거래법 하에서는 유가증권 법정주의[24]에 따를 때 법상 명문의 규정이 없는 이러한 종류의 증권이 발행될 수 있는 것인지에 관하여 논란이 있었는데, 이는 구 증권거래법 시행령의 개정으로 주식워런트증권,[25] 주가연계증권[26] 및 주식 외의 자산을 기초자산으로 하는 파생결합증권[27]이 순차적으로 도입되면서 해결되었고,[28] 나아가 자본시장법은 파생결합증권의 정의조항(자본시장법 제4조 제7항)을 신설함으로써 파생결합증권의 발행근거를 명시하였다.

따라서 개정 상법 시행 전까지 파생결합증권은 자본시장법(자본시장법 시행 이전에는 구 증권거래법)에 발행 근거를 둔 자본시장법상의 증권으로 상법상 사채로 분류되지 않았다.[29] 이에 따라 발행자는 실무상 자본시장법 및 그 하위 법규에서 정한 발행요건 및 절차만 준수하여 파생결합증권을 발행할 수 있었고, 상법상 사채 발행절차에 관한 규정은 고려할 필요가 없었다.

그런데 개정 상법이 자본시장법의 파생결합증권의 정의와 사실상 동일한 파생결합사채를 상법상 사채의 한 종류로 규정함으로써, 자본시장법상 파생결합증권이 상법상 사채에 해당할 수 있게 되었다. 이에 따라 자본시장법상 파생결합증권과 상법상 사채의 관계가 어떻게 되는지, 금융투자업자가 발행하는 파생결합증권에도 상법상 사채에 관한 규정들이 적용되는 것인지 등의 문제가 실무상 쟁점이 되고 있다.

파생결합증권의 법적 성격을 어떻게 이해하느냐에 따라 발행 등 업무처리에 있어 적용되는 법규를 달리하게 되는데, 결론적으로 개정 상법 시행 이후에는 자본시장법상 파생결합증권도 상법상 파생결합사채에 해당하는 경우 상법상 사채의 일종에

---

24 유가증권 법정주의 원칙은 법상 근거 규정이 있는 사채만 발행이 가능하다는 입장이다. 회사가 법에서 명시적인 발행근거를 두고 있는 사채 이외의 다른 종류의 사채를 발행할 수 있는지에 대해 새로운 종류의 사채 발행도 금지되는 것은 아니라는 견해들도 있었으나, 법무부는 유가증권 법정주의의 입장을 취하고 있었고(법무부 법무심의관실 공청회 자료, 회사법 개정시안 주요 내용(2006. 7. 4.), 대체로 이를 전제로 하여 실무상 사채 발행이 이루어졌다(김영민, 신영재, 유석호, 개정 상법상 사채제도의 변화 BFL 제51호(2012. 1), p. 139 참조).

25 2002년 2월 9일 개정된 구 증권거래법 시행령 제2조의3 제6호로 규정.

26 2003년 2월 24일 개정된 구 증권거래법 시행령 제2조의3 제7호로 규정.

27 2005년 3월 29일 개정된 구 증권거래법 시행령 제2조의3 제1항 제8호로 규정.

28 임정하, 자본시장법상 파생결합증권에 대한 연구, 한양법학 제22권, 2011. 9, pp. 106~107.

29 김영민 · 신영재 · 유석호, 전게 논문, p. 138 참조.

해당하고, 파생결합사채로서 상법상 사채에 해당하면 그 발행 등에 있어 자본시장법상 파생결합증권에 관한 규정과 함께 상법상 파생결합사채에 적용되는 규정이 동시에 적용된다. 이를 관련 쟁점과 함께 살펴보면 다음과 같다.

(2) 자본시장법과 상법상 파생결합증권의 지위

1) 증권

자본시장법은 증권을 투자자가 취득과 동시에 지급한 금전 등 외에 어떠한 명목으로든지 추가로 지급의무를 부담하지 아니하는 금융투자상품으로 정의(자본시장법 제4조 제1항)하면서 6가지 종류로 구분하고 있는데(같은 조 제2항), 파생결합증권은 그 중 하나에 해당한다. 따라서 파생결합증권 투자자의 손실은 투자원금을 한도로 제한되고, 발행, 양도 및 상환 등에 있어 증권에 관한 일반적 법리가 적용된다.

2) 상법상 사채

개정 상법은 제469조 제2항 제3호에서 사채의 한 종류로 '유가증권이나 통화 또는 그 밖에 대통령령으로 정하는 자산이나 지표 등의 변동과 연계하여 미리 정하여진 방법에 따라 상환 또는 지급금액이 결정되는 사채'를 정의하고 아울러 상법 시행령 제24조가 '법 제469조 제2항 제3호에 따라 유가증권이나 통화 또는 그 밖에 제20조에 따른 자산이나 지표 등의 변동과 연계하여 미리 정하여진 방법에 따라 상환 또는 지급금액이 결정되는 사채(이하 "파생결합사채"라 한다)'를 규정하고 있는데, 이는 자본시장법상 파생결합증권의 정의와 사실상 동일하다. 따라서 자본시장법상 파생결합증권은 상법상 파생결합사채에 해당할 수 있다.

이와 관련하여, 상법상 파생결합사채에 관한 조항이 문언상 원금의 상환을 조건으로 하지 않음에도 불구하고, 사채는 근본적으로 만기에 원금 회수될 것을 전제하므로 원금 손실이 가능한 구조를 포함한다고 볼 수 없다는 견해가 있다.[30] 그러나 개정 상법의 파생결합사채 정의 조항 및 관련 시행령 조항의 문언이 명백히 원금의 회수를 조건으로 규정하고 있지 않고, 사채의 본질을 소비대차로 보더라도 상환 조건은 관련 법령이 허용하는 범위 내에서 사적자치원칙에 따라 당사자의 의사 합치로 결정할 수 있는 것이므로, 법령상 달리 규정되지 않는 한, 파생결합사채에서 조건 성

30 김영민 · 신영재 · 유석호 전게 논문, pp. 140-141 참조.

표 4-13 자본시장법과 상법상 파생결합증권/파생결합사채의 관련 규정

자본시장법	상법
제4조(증권) ① 이 법에서 "증권"이란 내국인 또는 외국인이 발행한 금융투자상품으로서 투자자가 취득과 동시에 지급한 금전 등 외에 어떠한 명목으로든지 추가로 지급의무(투자자가 기초자산에 대한 매매를 성립시킬 수 있는 권리를 행사하게 됨으로써 부담하게 되는 지급의무를 제외한다)를 부담하지 아니하는 것을 말한다. ② 제1항의 증권은 다음 각 호와 같이 구분한다. 1. 채무증권 2. 지분증권 3. 수익증권 4. 투자계약증권 5. 파생결합증권 6. 증권예탁증권 ③ 내지 ⑥ (생략) ⑦ 이 법에서 "파생결합증권"이란 기초자산의 가격·이자율·지표·단위 또는 이를 기초로 하는 지수 등의 변동과 연계하여 미리 정하여진 방법에 따라 지급금액 또는 회수금액이 결정되는 권리가 표시된 것을 말한다.	제469조(사채의 발행) ① 회사는 이사회의 결의에 의하여 사채를 발행할 수 있다. ② 제1항의 사채에는 다음 각 호의 사채를 포함한다. 1. 이익배당에 참가할 수 있는 사채 2. 주식이나 그 밖의 다른 유가증권으로 교환 또는 상환할 수 있는 사채 3. 유가증권이나 통화 또는 그 밖에 대통령령으로 정하는 자산이나 지표 등의 변동과 연계하여 미리 정하여진 방법에 따라 상환 또는 지급금액이 결정되는 사채 상법 시행령 제20조(사채의 발행) 법 제469조 제2항 제3호에서 "대통령령으로 정하는 자산이나 지표"란 「자본시장과 금융투자업에 관한 법률」 제4조 제10항에 따른 기초자산의 가격·이자율·지표·단위 또는 이를 기초로 하는 지수를 말한다. 상법 시행령 제24조(파생결합사채의 발행) 법 제469조 제2항 제3호에 따라 유가증권이나 통화 또는 그 밖에 제20조에 따른 자산이나 지표 등의 변동과 연계하여 미리 정하여진 방법에 따라 상환 또는 지급금액이 결정되는 사채(이하 "파생결합사채"라 한다)를 발행하는 경우에는 이사회가 다음 각 호의 사항을 결정한다. 1. 상환 또는 지급금액을 결정하는 데 연계할 유가증권이나 통화 또는 그 밖의 자산이나 지표 2. 제1호의 자산이나 지표와 연계하여 상환 또는 지급금액을 결정하는 방법

취 여부에 따라 원금이 손실될 수 있는 경우를 배제할 근거는 없어 보인다. 법무부 역시 만기에 원금 손실이 발생하는 것을 전제로 하여 파생결합사채에 관한 유권해석을 내리고 있으므로 파생결합사채의 범위를 만기 원금 상환이 보장되는 원금보장형으로 제한하지 않는 것으로 보인다.[31]

31 법무부는 신용사건이 발생하여 만기에 투자자에게 인도가능채권을 인도하는 방법으로 상환하는 신용

3) 파생결합사채의 자본시장법상 지위

어떤 증권이 파생결합사채로서 상법상 사채의 일종에 해당한다고 하여 곧 자본시장법상 채무증권에 해당하는 것은 아니다. 자본시장법은 규제법에 해당하고 상법은 규제법 이전에 증권의 발행 근거가 되는 사법(私法)에 해당하므로, 파생결합증권은 상법상 파생결합사채 조항에 근거하여 발행되어 사채권의 한 종류에 해당하지만 규제법인 자본시장법의 적용에 있어서는 규제의 취지 및 필요성에 따라 자본시장법상 여섯 가지 증권 중 한 종류로 분류하여 규제될 수 있는 것이다.[32] 따라서 자본시장법상 파생결합증권이 상법상 파생결합사채에 해당하는 경우 자본시장법상 파생결합증권에 관한 규정과 상법상 파생결합사채에 관한 규정은 동시에 적용된다.

따라서 금융투자업자가 발행한 파생결합증권이 상법상 사채인 동시에 현행 자본시장법상으로는 파생결합증권에 해당하는 경우 자본시장법상 파생결합증권도 상법상 사채발행절차를 준수하여야 하고, 동시에 파생결합사채에 관하여 상법에서는 달리 발행주체의 자격에 관한 규정이 없더라도 이를 발행하기 위해서는 규제법인 자본시장법이 요구하는 자격을 갖추어야 한다. 파생결합사채의 발행자격에 관해서는 뒤에서 자세히 보기로 한다.

(3) 법무부 유권해석

1) 자본시장법상 파생결합증권과 상법상 파생결합사채의 관계

법무부는 사채의 한 종류로 파생결합사채가 정의된 개정 상법 시행이 예고된 후 자본시장법상 파생결합증권과 상법상 파생결합사채(상법 제429조 제2항 제3호)의 관계에 관한 질의에 대하여 (i) 개정 상법상 파생결합사채는 자본시장법상 파생결합증권을 전제로 하여 회사법상 발행근거 규정을 둔 것으로 두 개념이 유사하기는 하나 완전히 일치한다고 볼 수는 없고, (ii) 증권회사가 발행한 파생결합증권이 상법에 근거를 두고 발행하는 파생결합사채에 해당하는 경우 상법의 적용을 받아야 한다고

파생결합증권과 만기에 만기상환조건이 성취되지 않으면 기초자산인 주식을 인도하는 방법으로 상환하는 실물결제형 주가연계증권이 상법상 상환사채에 해당하는지에 관한 질의에서 이는 파생결합사채에 해당하고 상환사채에 해당하지 않는다는 회신을 한 바 있다(상사법무과-2657(2012. 9. 10.) 질의회신(금융투자협회). 위 두 가지 경우는 모두 파생결합증권 투자자에게 원금 손실이 발생한 경우를 의미한다.

32 자본시장법의 여섯 가지 증권 중 파생결합사채가 해당될 수 있는 것은 사실상 채무증권과 파생결합증권 중 하나일 것이다(각주 3의 각 증권의 내용 참조).

유권해석 한 바 있다.[33]

개정 상법상 파생결합사채와 자본시장법상 파생결합증권의 개념이 유사하나 완전히 일치하지 않는 점과 관련하여, 현행 자본시장법의 파생결합증권과 상법상 파생결합사채의 정의가 사실상 동일하므로 그 범위는 대체로 일치하는 것으로 보이지만, 일례로 파생결합증권 중 원금보장형 상품의 경우 상법의 파생결합사채는 원금보장형과 비보장형을 나누어 규정하지 않으므로 상법상 파생결합사채에 해당한다고 볼 수 있으나 자본시장법 개정안상으로는 채무증권에 해당하게 되는 점, 또한 워런트증권은 원금의 지급이 없어 상법상 사채에 해당하지 않지만[34] 금융위원회 고시에 따라 파생결합증권으로 취급하게 될 수 있다는 점 등에 비추어 자본시장법의 파생결합증권과 상법상 파생결합사채는 완전히 일치하는 개념은 아니라는 것을 알 수 있다.

파생결합증권이 상법상 파생결합사채에 해당하는 경우 상법의 적용을 받는다는 점과 관련하여서는, 상법의 파생결합사채의 도입 취지 자체가 유가증권 법정주의로 인한 증권화의 장애를 제거하기 위한 것으로, 상법상 근거규정 없이 자본시장법 규정에 근거하여 발행되는 일부 신종증권을 제외하면 자본시장법상의 증권도 상법의 사채에 관한 규정에 근거하여 발행되는 것으로 보아야 한다. 따라서 해당 증권에는 상법상 관련 규정과 증권 발행 업무에 관한 규제법인 자본시장법이 동시에 적용된다고 보는 것이 타당한 것으로 보인다.

2) 자본시장법상 파생결합증권과 상법상 상환사채(상법 제469조 제2항 제2호)의 관계

앞서 본 바와 같이 실물인도 조건 신용파생결합증권은 이미 실무상 발행되고 있다. 파생결합증권에 상법상 사채에 관한 규정도 적용될 수 있다면 이러한 실물결제 조건의 파생결합증권은 주식이나 그 밖의 다른 유가증권으로 교환 또는 상환할 수 있는 사채이므로 법 문언상 상법의 상환사채에 해당하게 된다. 그런데 상법은 상환사채 중 일정한 조건의 성취나 기한의 도래에 따라 상환할 수 있는 경우에는 발행시점부터 만기까지 상환대상 증권을 예탁원에 예탁하여야 한다고 정하고 있다. 금융투자업자가 실물결제형 파생결합증권을 발행하는 경우 증권의 발행으로 조달된 자금은

33 법무부, 전게서, p. 360; 법무부 법무실 상사법무과 2012. 2. 6. 질의회신(처리기관 접수번호 2AA-1201-137492).

34 각주 11 참조.

위험회피거래 등에 사용되어야 하고 상품구조에 따라서는 발행시점에 예탁대상증권의 종류 및 수량을 특정할 수 없으므로[35] 상법의 상환대상 증권 예탁의무 조항의 적용을 받는다면 사실상 실물결제형 파생결합증권의 발행이 불가능해지는 문제가 있다.

| 표 4-14 | 상법상 상환사채 규정 및 상환대상 예탁의무의 근거규정

상법상 상환사채	상법 시행령의 예탁의무
제469조(사채의 발행) ① 회사는 이사회의 결의에 의하여 사채를 발행할 수 있다. ② 제1항의 사채에는 다음 각 호의 사채를 포함한다. 1. 이익배당에 참가할 수 있는 사채 2. 주식이나 그 밖의 다른 유가증권으로 교환 또는 상환할 수 있는 사채 3. 유가증권이나 통화 또는 그 밖에 대통령령으로 정하는 자산이나 지표 등의 변동과 연계하여 미리 정하여진 방법에 따라 상환 또는 지급금액이 결정되는 사채	제23조(상환사채의 발행) ① 법 제469조 제2항 제2호에 따라 회사가 그 소유의 주식이나 그 밖의 다른 유가증권으로 상환할 수 있는 사채(이하 "상환사채"라 한다)를 발행하는 경우에는 이사회가 다음 각 호의 사항을 결정한다. 1. 상환할 주식이나 유가증권의 종류 및 내용 2. 상환의 조건 3. 회사의 선택 또는 일정한 조건의 성취나 기한의 도래에 따라 주식이나 그 밖의 다른 유가증권으로 상환한다는 뜻 ② 주주 외의 자에게 발행회사의 자기주식으로 상환할 수 있는 사채를 발행하는 경우에 사채를 발행할 상대방에 관하여 정관에 규정이 없으면 이사회가 이를 결정한다. ③ 일정한 조건의 성취나 기한의 도래에 따라 상환할 수 있는 경우에는 상환사채를 발행하는 회사는 조건이 성취되는 때 또는 기한이 도래하는 때까지 상환에 필요한 주식 또는 유가증권을 예탁원에 예탁하여야 한다. 이 경우 예탁원은 그 주식 또는 유가증권을 신탁재산임을 표시하여 관리하여야 한다.

35 예를 들어, (i) 기초자산이 복수이면서 가격이 최초기준가격 대비 더 많이 하락한 기초자산 주식을 인도하는 조건의 실물결제형 주가연계증권을 발행하는 경우 만기 상환대상 주식이 어느 기초자산인지 미리 특정할 수 없을 뿐 아니라 만기 기초자산 가격에 따라 상환대상수량이 달라지므로 미리 수량을 예상할 수 없으며, (ii) 실물 결제 조건 신용파생결합증권의 경우에는 신용사건 발생 후 신용매수자가 해당 증권에서 정한 요건을 갖춘 채권 중 인도대상채권을 선택하여 투자자에게 인도하게 되므로 발행시점에 인도대상채권을 특정할 수 없다.

법무부는 금융투자회사가 발행한 자본시장법상 파생결합증권이 만기에 실물상환할 수 있는 조건인 경우, 상법 제469조 제2항 제2호에 의한 상환사채에 해당하는지 여부 및 상환사채에 해당한다면 상법 시행령 제23조 제3항에 따른 예탁의무의 이행이 필요한지에 관한 질의에 대하여, 자본시장법상 파생결합증권은 유가증권이나 통화 그 밖에 자산이나 지표 등의 변동과 연계하여 미리 정하여진 방법에 따라 상환 또는 지급금액이 결정되는 것으로, 파생결합증권은 상법 제469조 제2항 제3호에 의한 파생결합사채에 해당하고 따라서 예탁원에 예탁할 의무도 없다고 회신한 바 있다.[36]

위 질의회신에 의하면, 법무부는 상법상 파생결합사채에 해당하는 경우 상환사채 정의에 중복하여 해당하더라도 파생결합사채에만 해당하고 상환사채에는 해당하지 않는 것으로 해석하는 것으로 보인다. 따라서 위와 같은 유권해석의 법 이론적 관점의 타당성과 별개로 실무상으로는 실물결제 조건의 파생결합증권을 발행하는 경우 상법상 파생결합사채에 관한 규정 및 자본시장법상 파생결합증권에 관한 규정만 준수하면 되고 상환사채에 대하여 요구되는 상환대상 증권의 예탁의무는 부담하지 아니한다.

(4) 기타 실무상 문제점

1) 예탁원의 발행업무처리 관련

① 예탁원의 파생결합증권 발행업무처리 관련 의견

파생결합증권은 예탁원 명의의 실물증권으로 발행되어 예탁원에 일괄예탁 된다. 이때 발행 및 예탁처리에 있어 파생결합증권과 채무증권의 발행방식, 발행근거 및 업무처리기관 등이 다른데, 상법상 파생결합사채의 도입으로 파생결합증권도 사채에 해당하게 되었으므로 자본시장법상 금융투자업규정의 적용이 배제될 수 있는 원금보장형 파생결합증권 및 지분증권을 기초자산에 포함하지 않는 파생결합증권의 경우 채무증권의 발행방식 등에 따라 발행 및 예탁되어야 한다는 예탁원의 의견이 있었다.[37] 예탁원 의견에 따라 발행절차를 변경하는 경우 발행사 입장에서 업무상 크게 달라질 점은 없지만 발행근거 및 업무처리기관의 지위가 달라지고 적용되는 수수료가 달라진다.

36 상사법무과-2657(2012. 9. 10.) 질의회신(금융투자협회).

37 예탁원 권리관리부 증권등록팀, 2012년 4월 제공 파생결합사채 등록발행 안내.

| 표 4-15 | 예탁원 제공 파생결합증권과 채무증권의 발행업무처리[38]

	파생결합증권	채무증권
발행방식	실물(대권)발행	등록발행
근거	발행대행계약서	공사채등록법
업무처리기관	명의개서대행기관	공사채등록기관

그러나 예탁원의 위와 같은 의견은 원금보장여부나 기초자산이 무엇인지에 따라 상법상 파생결합사채에 해당하는지가 달라지는 것이 아닐 뿐 아니라, 상법상 사채에 해당하는 경우에도 자본시장법상 반드시 채무증권에 해당하는 것이 아니고 규제취지에 따라 자본시장법의 파생결합증권으로 분류되어 자본시장법이 적용될 수 있다는 점을 간과하였기 때문으로 보인다.

② 파생결합증권과 채무증권의 발행절차

우선 채무증권이라고 하여 반드시 등록발행절차에 따라야 하는 것은 아니다. 공사채등록제도의 취지는 발행절차 및 채권자의 권리보전의 편의를 위한 것으로 발행사의 선택에 의해 적용되는 것이고 채권 발행에 있어 강행적으로 적용되지 않는다. 공사채등록법은 등록발행 한 후에도 언제라도 등록을 말소하고 실물 발행을 청구할 수 있도록 하고 있고(공사채등록법 제4조 제5항 및 제5조 제3항 참조), 나아가 자본시장법 역시 제309조 제5항에서 '증권 등'을 발행 또는 등록할 수 있다고 하여 실물발행과 등록발행 중 선택을 예정하고 있는데 여기서 '증권 등'에는 채무증권과 파생결합증권이 모두 포함되므로 채무증권에 해당하는 사채라 하더라도 등록발행을 선택하지 않을 수 있다. 또한 예탁원을 통하여 발행되고 동 기관에 예탁되는 증권의 발행 및 예탁과 상환금지급에 관한 업무처리는 〈표 4-16〉과 같은 규정에 근거하여 이루어지는데 증권의 명의개서대행 업무규정이나 증권의 예탁 업무규정은 모두 '증권'을 적용대상으로 하고 파생결합증권과 채무증권을 구별하지 않으므로 실물발행절차의 근거 규정은 채무증권에도 적용될 수 있어 채무증권도 파생결합증권과 같이 실물발행의 방법으로 발행될 수 있다.[39]

38 예탁원 권리관리부 증권등록팀, 2012년 4월 제공 파생결합사채 등록발행 안내.

39 반면 파생결합증권에 해당하는 사채라 하더라도 관련 법령상으로는 등록발행을 선택할 수도 있으나 예탁원 규정, 파생결합증권의발행및유통에관한준칙 및 파생결합증권 발행대행계약서에 의해 실물발행 하기로 정한 것 뿐이다.

| 표 4-16 | 발행절차별 적용대상 및 근거규정 등

	실물발행	등록발행
대상	모든 증권	지방채, 특수채, 금융채, 회사채, CD(이상 공사채등록법) 및 국민주택채권 1,2,3종(주택법 시행령)
근거규정 등	■ 증권의 명의개서대행 업무규정 ■ 증권의 예탁 업무규정 ■ 파생결합증권의 발행 및 유통에 관한 준칙 ■ 파생결합증권 발행대행계약서	■ 공사채등록법 ■ 채권등록 업무규정
업무처리기관	명의개서대행기관(KSD)	공사채등록기관(KSD)

따라서 발행사가 등록발행을 선택하지 않는 이상 상법상 파생결합사채이면서 자본시장법상 파생결합증권인 경우는 물론 자본시장법 개정안에 따라 채무증권으로 분류되는 증권이라도 현재의 발행절차에 따라 발행할 수 있다.

③ 예탁원과 협의를 요하는 부분

단, 증권의 명의개서대행 업무규정 및 증권의 예탁 업무규정에 의한 발행업무처리는 증권의 종류와 관계없이 적용되나, 증권의 발행에 관한 업무처리 중 파생결합증권에 특별히 요구되는 내용은 관련 법령이나 이들 규정에 기재되어 있지 않고 파생결합증권의 발행 및 유통에 관한 준칙(이하 "파생결합증권준칙") 및 파생결합증권 발행대행계약서(이하 "발행대행계약서")에서 정하고 있다. 파생결합증권준칙은 외부로 게시되어 공개하는 예탁원의 규정에 해당하지 않으나, 파생결합증권의 발행과 관련하여 발행사들과 감독기관 및 예탁원이 협의하여 마련한 것으로 발행절차 및 조건에 관한 실무는 이를 준수하여 처리되고 있다. 한편 발행대행계약서는 발행사와 예탁원 사이에 체결되는 것으로 발행절차의 첨부서류, 발행사가 지급하여야 하는 발행수수료를 포함한 발행업무의 조건에 관한 계약이다. 파생결합증권의 발행과 예탁 등에 관하여 파생결합증권준칙과 발행대행계약서가 정하고 있는 내용은 〈표 4-17〉과 같은데, 예탁된 파생결합증권은 파생결합증권준칙 및 발행대행계약서에 의해서 (i) 분할 및 병합이 제한되고, (ii) 예탁원을 명의인으로 하여 발행하여 예탁하며, (iii) 양도 기타 처분은 예탁자 계좌부 기재의 방법으로 하고 실물의 교부청구가 금지된다.

앞서 본 바와 같이 상법상 파생결합사채에 해당하더라도 반드시 채무증권에 해당하는 것은 아니고 자본시장법상 증권의 정의에 따라 파생결합증권, 채무증권 등 자본시장법상 증권의 일종으로 분류되어 규제되는 것이어서 자본시장법상으로는 종전과 같이 파생결합증권에 해당할 수 있고, 원금보장형 파생결합증권과 같이 자본시장법 개정으로 자본시장법상 분류가 달라지더라도 해당 증권의 실질이 달라지는 것이 아니므로, 상법상 파생결합사채 조항의 신설이나 자본시장법 개정으로 인하여 파생결합증권의 업무처리가 달라질 이유는 없다. 따라서 위 파생결합준칙과 발행대행계약서가 자본시장법상 분류가 달라질 파생결합증권까지 포함할 수 있도록 협의가 필요할 것으로 생각된다.

| 표 4-17 | 파생결합증권준칙과 발행대행계약서에서 정하는 내용

	파생결합준칙	발행대행계약서
분할 및 병합 제한	예탁된 파생결합증권은 분할 및 병합이 금지됨(제4조)	–
증권의 용지	증권용지의 지질, 규격, 도안, 색상, 인쇄방법 등(제5조 및 별표)	–
증권의 기재사항	증권에 기재되는 사항(제6조)	–
일괄예탁	자본시장법 제309조 제5항에 의하여 예탁원을 명의인으로 하여 발행할 수 있다(제8조)	자본시장법 제309조 제5항에 의하여 예탁원을 명의인으로 하여 발행한다(제7조 제1항)
실물교부금지	예탁자계좌부상 계좌간 대체방법으로만 결제(제9조)	발행사의 실물교부청구금지(제7조 제2항)
반환제한	실물증권으로 반환하지 않고, 그러한 사항을 인수계약서에 기재하여야 함(제10조)	상동
권리행사	상환금의 지급절차 및 방법(제11, 12조)	–
상환불이행시 권리행사	발행사 부도 등으로 상환불이행시 투자자는 계좌부기재확인서의 발급을 신청할 수 있고, 동 확인서를 발행사에 제출하면 발행사는 권리자로 인정하여야 함(제13조)	–
보관 및 폐기	안전한 보관 및 장부관리 상환완료 후 폐기 및 내역 통지	파지, 훼손, 교체발행 기타 폐기 및 소각 사유(제8조)
수수료	–	수수료 조건 및 지급(제5조)

2) 상법상 발행절차의 준수

① 상법에 의한 파생결합증권 발행절차

상법 개정 전에는 파생결합증권이 자본시장법에 근거하여 발행되었고 상법상 사채 발행에 관한 규정이 적용되지 않았으나, 개정 상법의 파생결합사채 조항의 도입으로 인하여 자본시장법상 파생결합증권이 상법상 파생결합사채에 해당하는 경우에는 상법상 사채에 관한 규정이 자본시장법과 함께 적용된다. 따라서 상법상 파생결합사채에 해당하는 파생결합증권은 다른 사채권과 마찬가지로 이사회 결의에 의하는 등 상법상 사채 발행에 관한 규정에 따라 발행되어야 한다.

개정 전 상법에서는 사채의 발행에 관하여 이사회 결의에 의하여 발행한다는 점만 규정하고 있을 뿐 발행에 관한 사항을 대표이사에게 위임할 근거를 정하고 있지 않았다. 그러나 개정 상법은 사채 발행의 기동성을 위하여 사채 발행의 결정을 대표이사에게 위임할 수 있도록 하였으므로 이 조항에 따라 정관에 근거를 두고 이사회에서 대표이사에게 사채의 금액 및 종류를 정하여 1년 미만의 기간 내에서 사채 발행을 위임한 경우에는 발행건별로 이사회의 결의를 받지 않고 사채를 발행할 수 있다(상법 제469조 제4항).

이때 상법 시행령 제24조의 적용이 문제된다. 상법 시행령 제24조는 파생결합사채를 발행하는 경우 이사회가 기초자산 및 상환구조를 결정하도록 하고 있는데 이 조항이 상법 제469조 제1항에 의하여 이사회에서 발행 결의를 하는 경우 외에 위와

| 표 4-18 | 상법상 사채 발행 절차에 관한 규정

상법	상법 시행령
제469조(사채의 발행) ① 회사는 이사회의 결의에 의하여 사채를 발행할 수 있다. ② (생략) ③ 제2항에 따라 발행하는 사채의 내용 및 발행방법 등 발행에 필요한 구체적인 사항은 대통령령으로 정한다. ④ 제1항에도 불구하고 정관으로 정하는 바에 따라 이사회는 대표이사에게 사채의 금액 및 종류를 정하여 1년을 초과하지 아니하는 기간 내에 사채를 발행할 것을 위임할 수 있다.	제24조(파생결합사채의 발행) 법 제469조 제2항 제3호에 따라 유가증권이나 통화 또는 그 밖에 제20조에 따른 자산이나 지표 등의 변동과 연계하여 미리 정하여진 방법에 따라 상환 또는 지급금액이 결정되는 사채(이하 "파생결합사채"라 한다)를 발행하는 경우에는 이사회가 다음 각 호의 사항을 결정한다. 1. 상환 또는 지급금액을 결정하는 데 연계할 유가증권이나 통화 또는 그 밖의 자산이나 지표 2. 제1호의 자산이나 지표와 연계하여 상환 또는 지급금액을 결정하는 방법

같이 상법 제469조 제4항에 근거하여 대표이사에게 발행을 위임하는 경우에도 적용되는지 법 문언상 명확하지 않다. 만약 대표이사에게 발행을 위임하는 경우에도 이사회가 기초자산과 상환구조를 결정하여 위임하여야 한다면, 시장상황이나 고객의 수요에 따라 발행시점에 기초자산과 상환구조가 결정되는 금융투자업자 발행 파생결합증권은 사전에 기초자산과 상환구조를 특정하여 이사회가 결의하여 위임하는 것이 사실상 불가능하므로 결국 발행건별로 이사회 결의를 받아야 하는 결과가 된다. 따라서 상법 시행령 제24조는 상법 제469조 제1항에 따라 이사회 결의로 발행하는 경우에 적용되고 상법 제469조 제4항에 따라 대표이사에 사채의 발행을 위임한 경우에는 기초자산(상법 시행령 제24조 제1호) 및 해당 증권의 경제적 구조(상법 시행령 제24조 제2호)에 관하여 이사회가 결정할 필요가 없다고 보는 것이 타당하다. 이에 관한 법무부의 유권해석에 유의하여야 한다.

② 파생결합증권 발행승인절차 실무

파생결합증권을 발행하는 금융투자업자들은 일반적으로 각 사업연도 초에 파생결합증권의 발행예정기간 및 발행예정금액을 ELS, ELW 및 DLS별로 정하여 일괄신고서 제출의 건과 함께 이사회에 부의하여 승인 받는다. 이때 발행예정기간은 해당 사업연도를 기준으로 하되 직전 사업연도에 승인 받은 발행예정금액의 소진 정도 등을 고려하여 정한 1년 미만의 기간이고[40] 발행예정금액은 직전 사업연도 발행실적 및 예상되는 시장상황 등을 고려하여 발행예정기간 동안 발행할 것으로 예상하여 정한 금액이다. 발행예정기간 내에 발행예정금액을 전부 소진하게 되는 경우에는 발행예정금액 증액의 건으로 이사회 승인을 받아 새로 일괄신고서를 제출한 후 발행한다. 한편, 반대로 발행예정기간 내에 발행예정금액을 소진하지 못하는 경우에 관하여, 자본시장법은 공시된 발행예정금액을 20%의 범위에서 감액하는 정정공시를 할 수 있도록 하고 있다.

40 발행예정금액 중 소진되지 않은 금액이 많이 남아 있는 경우 일괄신고서 제출을 기 신고된 발행예정금액이 소진되는 사업연도 개시 이후의 시점으로 미루기도 하고, 신고한 발행예정금액의 소진이 예상보다 빠른 경우에는 사업연도가 바뀌지 않더라도 미리 일괄신고서를 제출하기도 한다.

| 표 4-19 | 발행예정금액 감액의 정정신고에 관한 규정

자본시장법	자본시장법 시행령
제122조(정정신고서) ④ 일괄신고서를 제출한 자는 제3항에 불구하고 그 발행예정기간 종료 전까지 정정신고서를 제출할 수 있다. 이 경우 집합투자증권 중 대통령령으로 정하는 것을 제외하고는 발행예정금액 및 발행예정기간은 이를 정정하여서는 아니 된다. 다만, 발행예정금액의 100분의 20의 범위에서 대통령령으로 정하는 한도 이하로 감액되는 발행예정금액은 정정할 수 있다. <개정 2009. 2. 3>	제130조(증권신고서 기재사항의 정정 등) ④ 법 제122조 제4항 단서에서 "대통령령으로 정하는 한도"란 발행예정금액의 100분의 20을 말한다. 다만, 투자자 보호 등을 위하여 필요하다고 인정되는 경우에는 금융위원회가 그 한도를 발행예정금액의 100분의 20 이하로 정하여 고시할 수 있다.

그리고 발행예정기간에는 발행예정금액의 한도 내에서 내부 위임전결규정에 따라 대표이사 또는 대표이사로부터 파생결합증권의 발행을 승인할 권한을 위임 받은 자로부터 파생결합증권 발행의 승인을 받아 이를 발행하고, 공모의 경우에는 일괄신고추가서류의 제출로써 공시한다. 이와 같은 파생결합증권 발행 실무는 개정 상법 제469조 제4항의 사채 발행 위임의 요건에 부합하므로 달리 업무상 변경이 필요한 부분은 없다.

③ 정관상 근거의 마련에 주의

개정 상법은 제469조 제4항에서 사채의 발행을 대표이사에 위임할 수 있도록 하였으나 그 요건으로 사채의 금액 및 종류를 정할 것, 1년 미만의 기간으로 할 것과 더불어 정관으로 정하는 바에 따를 것을 정하고 있다. 그런데 앞서 본 바와 같이 상법 개정 전에는 상법에서 사채 발행을 대표이사에 위임하는 것에 관하여 구체적으로 그 요건을 정하고 있지 않았기 때문에 대부분의 상장회사에 사채의 발행을 대표이사에게 위임한다는 내용이 정관에 포함되어 있지 않다. 따라서 종전과 같이 파생결합증권을 발행건별 이사회 승인 없이 발행하려면 정관에 그 근거를 마련하여야 하므로 정관 개정이 선행되어야 한다.[41]

이와 관련하여 정관에 추가될 문언은 상법 제469조 제4항에 준하여 '이사회는 대표이사에게 사채의 금액 및 종류를 정하여 1년을 초과하지 아니하는 기간 내에 사채를 발행할 것을 위임할 수 있다'는 정도로 충분하다.[42]

41 금융투자협회 파생상품종합지원부, 2012. 4. 27 개정 상법상 파생결합사채 발행절차 관련 안내.

42 한국상장회사협의회는 2012년 개정 상법을 반영한 상장회사 표준정관을 발표하였다. 위 사채 발행에

1-3. 파생결합증권의 발행 주체

(1) 상법상 파생결합사채의 발행 주체

상법상 파생결합사채의 발행 주체에는 제한이 없다. 그러나 자본시장법이 규제법이자 상법의 특별법의 성격으로 상법보다 우선 적용되므로 파생결합사채가 자본시장법상 어느 증권으로 분류되느냐에 따라 해당 증권에 관한 자본시장법의 규정이 적용된다. 따라서 상법상 발행 주체의 제한이 없음에도 불구하고 파생결합사채의 발행 가부는 발행하고자 하는 파생결합사채가 자본시장법상 증권 중 어느 것에 해당하는지를 먼저 파악한 후 해당 증권의 발행 자격을 따져 보아야 한다.

(2) 자본시장법상 파생결합증권의 발행 주체

1) 증권의 발행 자격에 관한 규율 체계

파생결합증권을 포함한 증권의 발행은 투자매매업자의 업무범위에 해당한다. 자본시장법에 의하면 파생결합증권 발행을 업으로써 영위할 수 있는 자는 장외파생상품 거래 인가를 받은 투자매매업자[43]이고, 해당 투자매매업자는 인가 받은 장외파생상품 거래의 기초자산에 한하여 파생결합증권을 발행할 수 있다.

그런데 자본시장법은 영업성이 없어 개념적으로 금융투자업에 해당하지 않거나 금융투자업에 해당하지만 정책적인 필요성이 있는 경우 등은 금융투자업에 해당하지 않도록 금융투자업의 적용배제 규정을 두고 있다(자본시장법 제7조 및 동법 시행령 제7조). 이 규정에 해당하는 경우는 금융투자업으로 보지 아니하므로 자본시장법상

관한 내용은 한국상장회사협의회 2012년 1월 16일 개정 상장회사 표준정관 제14조에 반영되었는데 그 내용은 다음과 같다.

제14조(사채의 발행) ① 이 회사는 이사회의 결의에 의하여 사채를 발행할 수 있다.

② 이사회는 대표이사에게 사채의 금액 및 종류를 정하여 1년을 초과하지 아니하는 기간 내에 사채를 발행할 것을 위임할 수 있다.

※ 이사회에서 대표이사에게 사채 발행을 위임하는 경우 제2항에서 정한 사항 이외에도 발행조건, 상환기간 등을 정하여 위임할 수 있음. (본조신설 2012. 1. 16.)

※ 집행임원을 설치한 회사는 "대표이사"를 "대표집행임원"으로 변경하여 규정하여야 함.

43 자본시장법 시행령 별표 1의 비고 1 참조, 파생결합증권은 증권에 대한 투자매매업 인가를 받은 자가 장외파생상품에 대한 투자매매업 인가를 받은 경우 발행할 수 있다. 기초자산별로 인가받거나 조건부 인가를 받는 경우도 있다.

투자매매업자로 인가를 받는 등 관련 자격을 갖추지 아니한 자도 증권을 발행할 수 있게 된다.

2) 파생결합증권(주가연계증권 및 원금비보장형 파생결합증권 제외)의 자기 발행

① 증권의 자기 발행과 금융투자업 적용배제

자본시장법상 금융투자업은 기본적으로 영업성(영리성, 계속성, 반복성, 자본시장법 제6조 제1항 참조)을 요건으로 한다. 따라서 영업성이 없는 행위, 즉 자금 조달을 위하여 증권을 발행하는 것을 의미하는 증권의 자기 발행의 경우는 금융투자업에 해당하지 않으므로 투자매매업 인가가 없는 일반 기업 등도 할 수 있다. 구 증권거래법은 영업성이 없는 경우에 관한 명시적 규정을 두지 않았으므로 해석에 의하여 그러한 경우를 증권업에세 배제하였으나, 자본시장법은 명시적으로 영업성을 금융투자업의 요건으로 규정(자본시장법 제6조 제1항)하는 한편, 영업성이 없어 금융투자업에 해당하지 않는 것으로 보는 경우를 명시하고 있다(자본시장법 제7조).

표 4-20 파생결합증권의 발행 관련 업 적용배제 규정 I

자본시장법	자본시장법 시행령
제7조(금융투자업의 적용배제) ① 자기가 증권(투자신탁의 수익증권, 파생결합증권 중 대통령령으로 정하는 것 및 투자성 있는 예금·보험을 제외한다)을 발행하는 경우에는 투자매매업으로 보지 아니한다.	제7조(금융투자업의 적용배제) ① 법 제7조 제1항에서 "대통령령으로 정하는 것"이란 다음 각 호의 어느 하나에 해당하는 것을 말한다. 1. 지분증권(지분증권과 관련된 증권예탁증권을 포함한다)의 가격이나 이를 기초로 하는 지수의 변동과 연계된 파생결합증권 2. 제1호 외의 파생결합증권으로서 발행과 동시에 투자자가 지급한 금전 등에 대한 이자 등 과실뿐만 아니라 그 금전 등도 해당 기초자산의 가격·이자율·지표·단위 또는 이를 기초로 하는 지수 등의 변동과 연계된 파생결합증권

② 자기 발행이 금지된 파생결합증권: 주가연계증권 및 원금비보장형 파생결합증권

자기가 증권을 발행하는 경우는 투자매매업으로 보지 아니하므로 일반 기업도 상법에서 정한 절차에 따라 증권을 발행할 수 있다. 그러나 자본시장법은 투자신탁의 수익증권 및 투자성 있는 예금·보험과 함께 파생결합증권 중 주가연계증권(시행령 제7조 제1항 제1호) 및 원금비보장형 파생결합증권(시행령 제7조 제1항 제2호)은 자기 발행을 할 수 있는 경우에서 제외한다(자본시장법 제7조 제1항).[44] 따라서 일반 기업, 해외 금융투자업자 등 자본시장법에 따라 파생결합증권 발행 자격을 갖추지 않은 자는 그 발행의 목적이 영업인지 아니면 자금조달인지를 따지지 않고 주가연계증권과 원금비보장형 파생결합증권은 발행할 수 없고, 파생결합증권 중에서는 자금조달 목적인 경우에 한하여 오직 원금보장형의 주가연계증권이 아닌 파생결합증권, 즉 원금보장형 DLS만 발행할 수 있다.

금융위원회 역시 시행령 제7조 제1항의 파생결합증권(주가연계증권 및 원금비보장형 파생결합증권)은 자금조달 목적보다는 영업 목적으로 발행되면서 발행인에게 자본력, 위험관리 능력이 요구되는 점을 감안하여 파생결합증권 발행 관련 금융투자업 인가를 받지 아니한 자(국내 일반 기업 등)는 해당 파생결합증권을 투자자에게 직접 발행하는 경우는 물론 금융투자업자의 인수·중개 등을 통해 발행하는 것도 금지된다는 해석을 명시적으로 밝히고 있다.[45]

개정 상법이 시행 이후에는 영업성이 없는 자기 발행의 경우, 즉 이익을 얻을 목적이 없다고 해석할 수 있는 발행의 경우는 상법상 파생결합사채 조항에 근거하여 일반 기업도 주가연계증권이나 원금비보장형 파생결합증권을 발행할 수 있다고 보는 견해[46]가 있다. 이는 영업성이 인정되지 않는 경우 자본시장법 적용대상에서 원천적으로 제외되므로 자본시장법의 금융투자업 적용배제 조항의 적용을 따질 필요 없이 자본시장법의 규율을 받지 않고 발행이 허용된다는 의견과 궤를 같이 하는 것으로 보인다. 그러나 이러한 견해는 자본시장법의 유권해석기관인 금융위원회의 입장과 명백히 배치되는 의견이므로 주의하여야 한다. 단, 자본시장법 개정안이 시행되면 파생결합증권 중 원금보장형 구조는 파생결합증권에서 제외되고 채무증권에 해당하게 되므로 지분증권 또는 이를 기초로 하는 지수를 기초자산으로 하더라도 원금보장형이라면 일반 기업 등도 자금조달 목적으로는 발행할 수 있을 것이다.[47]

---

44 파생결합증권은 사채와 파생상품이 결합된 것으로 볼 수 있는데, 파생상품의 성격이 크면 투자자 보호의 필요성도 크기 때문에 지분증권과 연계된 파생결합증권과 원본까지 연계된 파생결합증권을 발행하는 경우는 투자매매업으로 보는 것이다(임재연, 자본시장법, p. 80, 박영사, 2012).

45 금융위원회, 2012. 2. 23 배포 보도자료 자본시장과 금융투자업에 관한 법률 시행령 개정안 입법예고 붙임 1 자본시장법 시행령 개정안 상세내용, p. 7.

46 상장사협의회, 2011 개정상법상 사채제도 해설, p. 14.

47 자본시장법 개정안에 의하면 현행법상 파생결합증권 중 원금보장형은 더 이상 파생결합증권에 해당하

3) 역외 금융투자업자가 발행한 파생결합증권

① 역외 금융투자업자가 발행한 파생결합증권의 금융투자업 적용배제 규정 신설

앞서 살펴본 증권의 자기 발행에 대한 금융투자업의 적용배제가 영업성이 없어 개념적으로 금융투자업에 해당하지 않는 행위이기 때문이라면, 아래에서 살펴볼 역외 금융투자업자의 파생결합증권 발행제한은 정책적인 필요성이 있어 일정한 요건 하에 금융투자업에서 제외시키는 경우라 할 것이다.

자본시장법상 파생결합증권은 관련 인가를 받은 자만 발행할 수 있으므로 자본시장법에 따라 해당 인가를 받지 않은 해외 금융투자업자가 발행한 파생결합증권은 자격 없는 자가 발행한 증권으로 자본시장법에 따라 발행된 증권이 아니어서, 이를 자본시장법의 적용을 받는 거래로[48] 인수하거나 매수할 수 없다고 보는 것이 금융위원회의 일관된 입장이었다. 따라서 실무상 간혹 해외 금융투자업자가 발행한 신용연계채권(Credit Linked Note) 등 파생결합증권에 해당하는 증권을 국내 기관투자자나 금융투자업자가 매수하는 경우가 있는데, 이는 아래에서 살펴볼 시행령이 시행되기 전까지는 자본시장법에 따른 거래로 볼 수 없다.

2012년 6월 29일 일부 개정되어 같은 해 9월 30일 효력이 발생한 자본시장법 시행령은 일정한 요건 하에 외국 금융투자업자의 파생결합증권 발행에 대해 금융투자업 적용을 배제하는 조항을 마련하였다(자본시장법 제7조 제6항 제3호 및 동법 시행령 제7조 제3항 제5호의2). 외국 금융투자업자의 파생결합증권 발행에 대해서도 국내 발행의 경우와 마찬가지로 자본시장법을 역외 적용하는 것은 그 발행을 허용함에 있어 발행인의 자본력이나 위험관리 능력을 고려하고자 하는 파생결합증권 발행규제의 취지에 비추어 과잉규제의 소지가 있고, 다른 금융투자상품(주식 · 회사채 · 펀드 · 파생상품 등)의 경우 해외 발행분이라도 적어도 국내 금융투자업자를 통해서는 거래가 가능하다는 점(자본시장법 시행령 제7조 제3항 제5호 가목, 제184조 제1항 등 참조)과 비교할 때 규제의 형평성에도 어긋난다는 점을 감안하여 신설된 조항이다.[49]

지 않고 파생결합증권이라 함은 원금비보장형 구조만 의미하므로 시행령 제7조 제1항 제2호는 더 이상 필요하지 않을 것이나, 자본시장법 개정안에서도 동 조항은 수정이나 삭제 없이 그대로 유지되고 있다(같은 취지로 박준, 전게논문 제5면).

48 자본시장법은 국내에서 이루어지는 행위 및 국외에서 이루어진 행위라도 그 효과가 국내에 미치는 경우에 적용된다(자본시장법 제2조).

| 표 4-21 | 파생결합증권의 발행 관련 업 적용배제 규정 Ⅱ

자본시장법	자본시장법 시행령
제7조(금융투자업의 적용배제) ⑥ 제1항부터 제5항까지 규정된 것 외에 다음 각 호의 어느 하나에 해당하는 경우에는 대통령령으로 정하는 바에 따라 제6조 제1항 각 호의 금융투자업으로 보지 아니한다. 1. 제373조에 따라 설립된 한국거래소(이하 "거래소"라 한다)가 증권시장 및 파생싱품시장을 개설·운영하는 경우 2. 투자매매업자를 상대방으로 하거나 투자중개업자를 통하여 금융투자상품을 매매하는 경우 3. 그 밖에 해당 행위의 성격 및 투자자 보호의 필요성 등을 고려하여 금융투자업의 적용에서 제외할 필요가 있는 것으로서 대통령령으로 정하는 경우	제7조(금융투자업의 적용배제) ③ 법 제7조 제6항 제3호에서 "대통령령으로 정하는 경우"란 다음 각 호인 경우를 말한다. 1~5 (생략) 5의2. 외국 투자매매업자가 국외에서 제7조 제1항 각 호의 어느 하나에 해당하는 파생결합증권을 다음 각 목의 기준을 모두 갖추어 발행하는 경우 ④ 법 제7조 제6항에 따라 다음 각 호의 어느 하나에 해당하는 경우에는 해당 호의 금융투자업으로 보지 아니한다. <개정 2012. 6. 29> 1, 2 (생략) 3. 법 제7조 제6항 제3호의 경우: 다음 각 목의 금융투자업 가. 제3항 제1호부터 제3호까지 및 제5호의2: 투자매매업 나. 제3항 제4호: 투자중개업 다. 제3항 제5호 및 제6호: 투자매매업

② 역외 발행 파생결합증권에 대한 금융투자업 적용배제 요건

외국 투자매매업자(외국 법령에 따라 외국에서 투자매매업에 상당하는 영업을 하는 자를 말한다)가 국외에서[50] 주가연계증권 또는 원금비보장형 파생결합증권을 발행하는 경우 자본시장법 시행령 제5호의2 가 내지 라목에서 정한 요건을 갖추면 금융투자업규정의 적용이 배제되어 투자매매업으로 보지 아니하므로(자본시장법 시행령 제7조 제4항 제3호 가목), 자본시장법상 파생결합증권 관련 인가를 득하지 않은 자가 발행한 것이라 하더라도 자본시장법에 따라 발행된 증권으로 국내에서 취득할 수 있다.[51] 관련 요건을 분설하면 다음과 같다.

49 금융위원회, 2012. 2. 23 배포 보도자료 자본시장과 금융투자업에 관한 법률 시행령 개정안 입법예고 붙임 1 자본시장법 시행령 개정안 상세내용, p. 7.

50 자본시장법상 행위지 판단에 관하여 법문이나 판례, 유권해석 등에서 명확한 기준이 존재하는 것은 아니나, 실무상 국외에서 발행하는 증권이란 해외 법률을 그 발행의 준거법으로 하여 발행되고 거주자의 증권 취득 및 매수대금 또는 인수대금의 납입을 제외한 모든 발행업무의 처리가 해외에서 이루어지는 경우로 이해하는 것이 일반적이다.

51 한편 현행 자본시장법에 의하면 자본시장법 시행령 제7조 제3항 제5호의2에 근거하여 외국 투자매매업자가 국외에서 발행한 주가연계증권 또는 원금비보장형 파생결합증권은 일정한 요건 하에 국내에

(가) 발행자에 대한 요건(자본시장법 시행령 제5호의2 가, 나 및 다목)

자본시장법 시행령의 신설 제5호의2는 역외 발행 파생결합증권 관련 금융투자업 적용을 배제하기 위한 요건으로 발행사의 건전성 및 감독가능성에 관한 기준을 규정하고 있다. 이는 우리나라 자본시장법의 적용을 받지 않는 외국 금융투자업자 중 자본시장법에 의하여 국내 금융투자업자에게 요구되는 정도에 준하는 건전성 및 감독가능성을 갖춘 외국 금융투자업자에 한하여 파생결합증권의 발행을 허용하겠다는 취지이다.

즉, (i) 외국 투자매매업자가 외국금융투자감독기관으로부터 해당 파생결합증권의 발행과 관련하여 경영건전성, 불공정거래 방지, 그 밖에 투자자 보호 등에 관한 감독을 받아야 하고(자본시장법 시행령 제5호의2 가목), (ii) 경영능력, 재무상태 및 사회적 신용에 관하여 금융위원회가 정하여 고시하는 기준에 적합하여야 하며(같은 호 나목), (iii) 금융위원회가 자본시장법 또는 이에 상응하는 외국의 법령을 위반한 외국 투자매매업자의 행위에 대하여 자본시장법 또는 이에 상응하는 외국의 법령에서 정하는 방법에 따라 행하여진 조사 또는 검사자료를 상호주의의 원칙에 따라 외국금융투자감독기관으로부터 제공받을 수 있는 국가의 외국 투자매매업자이어야 한다(같은 호 다목).

그런데 이는 그 기준이 명확하지 않고 외국 금융투자업자가 발행한 파생결합증권을 인수 또는 중개하려고 하는 국내 투자매매업자 또는 투자중개업자가 그 상대방이 각 목의 기준을 충족하는지 확인할 방법이 마땅치 않다는 문제가 있다. 금융투자업규정에서 외국 투자매매업자의 경영능력, 재무상태 및 사회적 신용에 관한 요건을 신설하는 등 관련 규정이 정비되었으나, 여전히 관련 규정에서 요구하는 요건인 외국금융감독기관으로부터 감독을 받는지, 상호주의 원칙에 따라 금융위원회가 외국금

서의 취득이 가능하나, 주가연계증권이 아닌 원금보장형 파생결합증권은 원금비보장형 파생결합증권보다 위험하지 않음에도 불구하고 이 조항에 근거하여 금융투자업의 적용이 배제되지 않으므로 발행자인 외국 투자매매업자가 국내에서 관련 인가를 취득하지 않는 한 여전히 국내에서 이를 취득할 수 없다. 이는 원금보장형 파생결합증권을 파생결합증권에서 제외하여 채무증권으로 포섭하는 자본시장법 개정안의 시행을 전제하여 이 조항이 신설되었기 때문으로 보인다. 원금보장형 파생결합증권의 포섭을 달리하는 자본시장법 개정안이 시행되기 전까지는 위와 같은 규제의 불균형이 해결되지 않는다는 문제가 있다. 예를 들어 자본시장법 개정안의 시행 전까지는 원금의 손실이 발생할 수 있는 외국 투자매매업자가 발행한 신용연계증권(CLN, Credit Linked Note)은 위 자본시장법 시행령에 의하여 국내에서 취득할 수 있으나 외국 투자매매업자가 발행한 원금보장형 DLS는 취득할 수 없다.

융감독기관으로부터 해당 업자에 대한 자료를 제공받을 수 있는지, 외국금융감독기관이 정한 재무건전성 기준을 충족시키고 있는지, 형사처벌 또는 일부 지점에 대한 제재를 받은 적이 있는지 등의 사정은 국내 투자매매업자 또는 투자중개업자가 개별적으로 판단하는 것이 사실상 불가능하다. 또한 금융투자업규정에서 신설하는 자산총액, 영업규모 등이 국제적 영업활동에 적합하고 국제적 신인도가 높을 것이라는 조건은 객관적 기준으로 성립한다고 보기 어렵다.[52]

따라서 파생결합증권 발행이 가능한 외국 금융투자업자에 해당하는지 여부에 관하여 금융감독기관을 통하여 확인할 수 있는 절차 등 방법이 마련될 필요가 있다. 그 전에는 거래상대방이 관련 계약서에서 해당 규정이 요구하는 조건을 갖추었다는 점을 진술하면서 위반시에는 거래를 해지할 수 있도록 해당 진술의 위반을 해지사유로 규정하고, 거래건별로 거래 상대방이 각 기준을 충족하는지 만전을 기하면서 금융감독기관에 확인을 구하는 외에 다른 해결방법이 없어 보인다.

표 4-22 해외 발행 파생결합증권의 금융투자업 배제 요건

자본시장법 시행령	금융투자업규정 개정안[53]
제7조(금융투자업의 적용배제) ③ 법 제7조 제6항 제3호에서 "대통령령으로 정하는 경우"란 다음 각 호인 경우를 말한다. 1~5 (생략) 5의2. 외국 투자매매업자가 국외에서 제7조 제1항 각 호의 어느 하나에 해당하는 파생결합증	제1-5조(금융투자업의 적용배제) ⑥ 영 제7조 제3항 제5호의2 나목에서 "금융위원회가 정하여 고시하는 기준"이란 다음 각 호의 요건을 모두 충족하는 것을 말한다. 다만, 제4호·제5호의 경우 그 위반 등의 정도가 경미하다고 인정되는 경우는 제외한다.

52 외국 금융투자업자에 대하여 유사한 내용의 건전성을 요구하는 입법례는 이미 존재한다. 금융지주회사법은 제9조(외국은행 등에 대한 특례)에서 금융위원회가 외국은행 등을 포함하는 동일인이 비금융주력자에 해당하는지를 판단할 때 (i) 자산총액, 영업규모 등에 비추어 국제적 영업활동에 적합하고 국제적 신인도가 높고 (ii) 해당 외국의 금융감독당국으로부터 해당 외국은행 등의 건전성 등과 관련된 감독을 충분히 받으며 (iii) 금융위원회가 해당 외국의 금융감독당국과 정보교환 등 업무협조 관계에 있는 경우 외국은행 등이 신청하면 해당 외국은행 등이 직접적·간접적으로 주식 또는 출자지분을 보유하는 외국법인으로서 외국법에 따라 설립된 법인을 동일인의 범위에서 제외할 수 있다고 규정하고 있다. 또한 자본시장법 제279조 제2항 및 동법 시행령 제301조 제1항 제1호는 국내에 등록 가능한 외국집합투자기구의 외국집합투자업자의 자격 요건 중 하나로 최근 3년 본국 또는 국내 감독기관의 징계가 없을 것을 규정하고 있다. 그러나 위 입법례는 그 판단을 금융위원회가 하도록 정하고 있다는 점에서 해외 발행 파생결합증권의 금융투자업 배제 요건 중 건전성 규제와 다르다. 즉, 금융지주회사법 해당 조문은 금융위원회를 판단주체로 명시하고 있고, 자본시장법의 해당 조문 역시 금융위원회에 등록하기 위한 자격 조건 중 일부이므로 결국 금융위원회가 등록 결정을 함에 있어 해당 기준의 충족 여부를 결정하게 된다.

권을 다음 각 목의 기준을 모두 갖추어 발행하는 경우 가. 외국 투자매매업자가 법 제437조 제1항에 따른 외국금융투자감독기관(이하 "외국금융투자감독기관"이라 한다)으로부터 해당 파생결합증권의 발행과 관련하여 경영건전성, 불공정거래 방지, 그 밖에 투자자 보호 등에 관한 감독을 받을 것 나. 경영능력, 재무상태 및 사회적 신용에 관하여 금융위원회가 정하여 고시하는 기준에 적합할 것 다. 금융위원회가 법 또는 법에 상응하는 외국의 법령을 위반한 외국 투자매매업자의 행위에 대하여 법 또는 법에 상응하는 외국의 법령에서 정하는 방법에 따라 행하여진 조사 또는 검사자료를 상호주의의 원칙에 따라 가목의 외국금융투자감독기관으로부터 제공받을 수 있는 국가의 외국 투자매매업자일 것 라. 해당 파생결합증권을 국내에서 매매하는 경우 투자매매업자가 그 파생결합증권을 인수하여 전문투자자(제103조 제1호에 따른 특정 금전신탁을 운용하는 신탁업자는 제외한다. 이하 이 목에서 같다)에게 이를 취득하도록 하거나 투자중개업자를 통하여 전문투자자에게 그 파생결합증권을 매도할 것. 이 경우 투자매매업자나 투자중개업자는 증권에 관한 투자매매업이나 투자중개업 인가를 받은 자로서 장외파생상품(해당 파생결합증권의 기초자산이나 그 가격·이자율·지표 등과 동일한 것을 기초자산이나 그 가격·이자율·지표 등으로 하는 장외파생상품을 말한다)에 관한 금융투자업인가를 받은 자로 한정한다	1. 자산총액, 영업규모 등이 국제적 영업활동에 적합하고 국제적 신인도가 높을 것 2. 최근 3년간 계속하여 국제결제은행의 기준에 따른 위험가중자산에 대한 자기자본비율이 100분의 8 이상이거나 또는 다음 각 목의 요건을 모두 충족할 것 가. 당해 외국의 금융감독기관이 정하는 재무건전성에 관한 기준을 충족할 것 나. 국제적으로 인정받는 신용평가기관에 의한 신용평가등급이 투자적격 이상일 것 3. 최근 3년간 법, 영, 금융관련법령(영 제27조 제1항에 따른 금융관련법령을 말한다. 이하 이 항에서 같다), 「독점규제 및 공정거래에 관한 법률」 및 「조세범 처벌법」(이에 상당하는 외국 관련법령을 포함한다)을 위반하여 벌금형 이상에 상당하는 형사처벌을 받은 사실이 없을 것. 다만, 법 제448조, 그 밖에 해당 법률의 양벌 규정에 따라 처벌을 받은 경우는 제외한다. 4. 법, 영, 금융관련법령이나 외국 금융관련법령(법 제24조 제3호에 따른 외국 금융관련법령을 말한다)에 따라 금융위원회, 외국금융투자감독기관 등으로부터 지점, 그 밖의 영업소의 폐쇄 또는 그 업무의 전부나 일부의 정지 이상의 조치(이에 상당하는 행정처분을 포함한다)를 받은 후 다음 각 목에 따른 기간이 지났을 것 가. 업무의 전부정지: 업무정지가 끝난 날부터 3년 나. 업무의 일부정지: 업무정지가 끝난 날부터 2년 다. 지점, 그 밖의 영업소의 폐쇄 또는 그 업무의 전부나 일부의 정지: 해당 조치를 받은 날부터 1년

(나) 판매방법에 관한 요건(자본시장법 시행령 제5호의2 라목)

앞서 본 바와 같은 발행자 요건을 갖춘 외국 투자매매업자가 국외에서 발행한 파생결합증권을 국내에서 매매하는 경우 투자매매업자가 그 파생결합증권을 전문투자자(특정금전신탁의 신탁업자는 제외)에게 취득하게 하거나 투자중개업자를 통하여 전문투자자에게 이를 매도하여야 한다. 이때 투자매매업자나 투자중개업자는 증권에

53 2012년 9월 14일 금융위원회공고 제2012-185호.

관한 투자매매업이나 투자중개업 인가를 받은 자로서 장외파생상품(해당 파생결합증권의 기초자산이나 그 가격 · 이자율 · 지표 등과 동일한 것을 기초자산이나 그 가격 · 이자율 · 지표 등으로 하는 장외파생상품을 말한다)에 관한 금융투자업 인가를 받은 자로 한정한다.

역외 발행 파생결합증권을 인수 또는 중개할 수 있는 투자매매업자 또는 투자중개업자의 자격을 위와 같이 제한하고 전문투자자만 이에 투자할 수 있도록 제한하는 것은 해당 파생결합증권의 구조나 가격의 적정성 등을 평가할 능력이 있는 국내 투자매매업자 또는 투자중개업자의 검증을 거친 후 금융투자상품에 관한 전문성을 구비하고 투자에 따른 위험감수능력이 있는 투자자에게만 판매하게 하고자 하기 위함이다. 이러한 취지에서 일반투자자의 운용지시에 따르는 특정금전신탁의 경우는 해외 발행 파생결합증권을 취득할 수 없도록 하고 있는 것이다.

(다) 해외 발행 파생결합증권의 인수·중개업무의 실무상 문제

가) 주관부서의 결정 문제

새로 허용된 해외 발행 파생결합증권의 인수 · 중개업무와 관련하여, 실무상 주관부서 문제가 발생한다. 전통적으로 증권의 인수 및 중개업무는 기업금융부서의 역할이었으므로 자본시장법 시행령 신설 제7조 제6항 제5호의2에 의하여 새로이 허용된 해외 발행 파생결합증권의 인수 · 중개 역시 기업금융부서에서 주관하여 거래를 실행하려고 하는 경우가 있다.

그러나 앞서본 바와 같이 장외파생상품 취급을 위한 인가를 받은 국내 투자매매업자나 투자중개업자를 통하여서만 거래될 수 있도록 한 취지가 해당 증권의 적정성을 평가하고 위험을 분석하여 투자자가 취득할 수 있도록 하기 위한 것인 이상 파생상품거래의 운용 인력 기타 시스템을 갖춘 파생상품거래 주관부서의 주관으로 하는 것이 타당하다. 파생결합증권의 본질은 장외파생상품과 같으므로 이를 평가하고 분석하기 위해서는 자본시장법상 장외파생상품 거래 인가의 기준에 의한 인적·물적 설비의 이용이 필수 불가결하기 때문이다.

국내 금융투자업자의 투자매매업과 기업금융업 사이에는 정보교류가 차단되어야 하는 등 협업이 신속하고 원활하게 이루어지기 어렵다는 점을 아울러 고려하면 회사 내부 직제규정 기타 사규에서 파생결합증권의 인수 중개의 경우는 장외파생상품 거래부서가 주관부서가 되도록 하는 등 위와 같은 취지에 부합하는 업무분장이 가능하도록 조치할 필요가 있어 보인다.

나) 투자자 보호 문제

한편 같은 맥락에서 역외 발행 파생결합증권의 최종 취득자가 전문투자자로 한정된다 하더라도 이를 인수 또는 중개하는 금융투자업자는 적정한 구조와 가격의 증권인지를 검증한 후 이에 관하여 투자자에게 정확한 정보를 전달하여야 하고 관련 위험고지도 충실히 하여야 할 것이다. 이는 자본시장법에서 설명의무 기타 투자자 보호의무의 준수가 전문투자자에는 적용되지 않는다는 점(자본시장법 제46조 및 제47조)을 고려하더라도 마찬가지이다.

투자매매업자 또는 투자중개업자가 위와 같은 역할을 소홀히 함으로 인하여 투자자에게 손해가 발생하는 경우 해당 투자자에 대한 손해배상책임 등을 추궁 당할 수 있고, 실제로 최근 들어 전문투자자가 투자손실의 책임을 증권사에 묻기 위하여 소송이 진행되는 경우를 볼 수 있는데, 대부분 불성실한 위험고지를 포함한 불완전판매를 그 청구원인으로 삼고 있다.

4) 기타 금융투자업 배제규정

결국 현행 자본시장법상에 의하면 해당 기초자산의 장외파생상품 거래 인가를 받은 투자매매업자만 파생결합증권을 발행할 수 있는 것이 원칙이고, (i) 그 외의 자가 자금조달 목적으로 주가연계증권과 원금비보장형 파생결합증권을 제외한 나머지 파생결합증권, 즉 기초자산이 지분증권이 아니고 동시에 원금보장형인 파생결합증권을 상법상 절차에 따라 발행하거나, (ii) 해외 금융투자업자가 국외에서 발행한 주가연계증권 또는 원금비보장형 파생결합증권을 증권에 관한 투자매매업이나 투자중개업 인가를 받은 자로서 대상 파생결합증권과 같은 기초자산에 관한 장외파생상품 취급 인가를 받은 투자매매업자의 인수 또는 투자중개업자의 중개를 통하여 전문투자자에게 매도하는 두 가지 예외가 있는 셈이다.

그런데 그 외 파생결합증권의 발행 또는 매매의 근거가 될 수 있는 것으로 오해하기 쉬운 일부 금융투자업 배제규정이 있으므로 이에 관하여 간단히 살펴볼 필요가 있다. 결론적으로 이들 조항에 근거하여 파생결합증권의 발행을 금융투자업에서 배제하는 것은 허용되지 않는다는 것이 금융위원회의 해석인데, 이를 이해하기 위해서는 먼저 증권의 발행 및 인수와 금융투자상품의 매매의 구별에 관한 논의가 필요하다.

① 증권의 발행 및 인수와 금융투자상품의 매매

(가) 증권의 발행과 금융투자상품의 매도의 구별

자본시장법상 투자매매업이란 명의와 상관없이 자기의 계산으로[54] 금융투자상품의 매도 · 매수, 증권의 발행 · 인수 또는 그 청약의 권유, 청약, 청약의 승낙을 영업으로 하는 것으로 정의되는데(자본시장법 제6조 제2항), 투자매매업 정의 규정에서도 나누어 열거된 점에서 알 수 있듯이, 법 문언상 증권의 발행 및 인수와 금융투자상품의 매도 및 매수는 별개의 개념이다. 한편, 금융위원회는 증권의 발행을 새로운 증권의 창출 및 창출된 증권의 매도, 두 가지 요소로 구성된 개념으로 보면서,[55] 금융투자상품의 매매를 허용하는 조항은 증권의 발행의 두 가지 요소 중 창출된 증권 매도의 허용 근거가 될 수 있으나 새로운 증권을 창출하는 행위의 허용 근거는 될 수 없으므로 결과적으로 '증권의 발행'의 허용 근거가 될 수 없다는 전제로 관련 유권해석을 내리고 있다.[56] 이를 종합하면 새로운 증권의 창출(발행물) 후 이를 투자자에게 판매하는 것은 증권의 발행으로, 새로운 증권의 창출 없이 이미 존재하는 증권(유통물)을 판매하는 것은 금융투자상품의 매도로 볼 수 있을 것이다.

---

54 '자기의 계산'이라는 것은 거래의 경제적 손익이 자신에게 귀속된다는 것을 의미한다.

55 '증권의 발행'의 의미에 관해서는 자본시장법상 아무런 규정도 없고 관련 유권해석이 있거나 학계에서 활발한 논의가 진행되고 있는 것도 아니다. 그러나 금융위원회가 증권의 발행에 금융투자업 적용배제 규정을 적용함에 있어 취하는 입장을 이해하려면 증권의 발행과 인수를 개념적으로 어떻게 전제하는지를 이해하여야 한다. 다음과 같은 학계의 논의도 찾아볼 수 있다. (1) "'증권의 발행'의 의미에 관해서는 자본시장법상 아무런 규정도 없다. 다만 발행공시와 관련하여 모집, 사모 또는 매출의 개념을 정의하면서 '새로 발행되는'과 '이미 발행된'을 구별하여 사용하고 있을 뿐이다. 여기서 말하는 발행이란 상법과 같은 관련 법령상 절차를 밟아 새로운 증권을 창출하여 특정인에게 취득시키는 행위를 가리킨다. 증권을 새로이 창출하는 행위라는 점에서 이미 창출된 증권을 매매하는 자기매매업무와는 구별된다." (김건식 · 정순섭 공저, 전게서, p. 72 참조) (2) 투자매매업인 증권의 발행은 정확히는 증권의 생산이 아니라 증권의 판매만을 의미한다고 보아야 한다. i) 투자신탁의 수익증권은 집합투자업자, ii) 파생결합증권은 시행령 별표 1의 비고 1에 의하면 증권에 대한 투자매매업 인가를 받은 자가 장외파생상품에 대한 투자매매업 인가를 받은 경우에만 발행할 수 있고, iii) 투자성 있는 예금이나 보험은 은행과 보험회사만 그 생산이 가능한데, 만일 투자매매업인 증권의 발행에 증권의 생산도 포함된다고 보면 "투자매매업자를 상대방으로 하거나 투자중개업자를 통하여 금융투자상품을 매매하는 경우"는 투자매매업에 포함되지 않는다는 규정상(자본시장법 제7조 제6항 제2호.), 위 i), ii), iii)과 같은 자격이 없는 자도 투자매매업자를 상대방으로 하거나 투자중개업자를 통하는 경우에는 증권을 생산할 수 있어 증권 생산을 위한 자격요건이 무의미하게 되기 때문이다(임재연, 전게서, p. 79).

56 발행회사가 증권을 발행하여 이를 인수인에게 판매하는 것은 매매에 해당한다고 보는 견해도 있으나 (임재연, 전게서, p. 80), 이는 금융위원회의 해석과 차이가 있으므로 실무상 유의할 필요가 있다.

(나) 증권의 인수와 금융투자상품의 매수의 구별

한편 자본시장법상 '인수'란 증권을 모집·사모·매출하는 경우 (i) 제삼자에게 그 증권을 취득시킬 목적으로 그 증권의 전부 또는 일부를 취득하거나 (ii) 그 증권의 전부 또는 일부에 대하여 이를 취득하는 자가 없는 때에 그 나머지를 취득하는 것을 내용으로 하는 계약을 체결하는 것으로 정의된다(자본시장법 제9조 제11항). 결국 증권의 인수란 제3자가 취득하게 할 목적으로 증권을 취득하는 것으로 이해할 수 있고, 그렇다면 증권의 취득 목적에 따라 (i) 제3자가 취득하게 할 목적이라면 '증권의 인수'에, (ii) 자기가 취득할 목적이었다면 '금융투자상품의 매수'에 해당하게 된다.

여기서 주의할 점은 증권의 인수와 매수가 취득 대상 증권이 발행물인지 유통물인지를 구별되는 것이 아니라는 점이다. 실무상 발행되는 증권을 취득하는 것을 인수, 이미 발행되어 유통시장에서 유통되고 있는 증권을 취득하는 것을 매수라고 칭하는데, 이는 자본시장법상으로는 틀린 용법이다.[57] 따라서 순수한 투자 목적으로 증권을 취득하는 것은 대상 증권이 발행물이라 하더라도 인수에 해당하지 않고, 인수업무에는 유통물인 증권을 제3자가 취득하게 할 목적으로 인수하여 매출하는 행위도 포함되는 것으로 해석된다. 또한 제3자에게 취득시킬 목적이었는지 여부는 결국 인수계약서의 유무 기타 사후의 현실적인 매출 유무 등에 의하여 판정할 수밖에 없다.[58]

② 투자매매업자를 상대방으로 하거나 투자중개업자를 통한 금융투자상품의 매매 (자본시장법 제7조 제6항 제2호)

자본시장법 제7조 제6항 제2호는 투자매매업자를 상대방으로 하거나 투자중개업자를 통하여 금융투자상품을 매매하는 경우는 투자매매업으로 보지 않는 것으로 규정하고 있다(자본시장법 시행령 제7조 제4항 제2호).

| 표 4-23 | 파생결합증권의 발행 관련 업 적용배제 규정 Ⅲ

자본시장법	자본시장법 시행령
제7조(금융투자업의 적용배제) ⑥ 제1항부터 제5항까지 규정된 것 외에 다음 각 호의 어느 하나에 해당하는 경우에는 대통령	제7조(금융투자업의 적용배제) ④ 법 제7조 제6항에 따라 다음 각 호의 어느 하나에 해당하는 경우에는 해당 호의 금융투자업

57 이러한 오해는 '증권의 인수'가 상법상으로는 자본시장법과 달리 새로이 발행되는 증권을 취득하는 행위를 말하는 점에서 기인한 것으로 보인다.

58 김건식·정순섭, 전게서, p. 71.

령으로 정하는 바에 따라 제6조 제1항 각 호의 금융투자업으로 보지 아니한다. 1. (생략) 2. 투자매매업자를 상대방으로 하거나 투자중개업자를 통하여 금융투자상품을 매매하는 경우 3. (생략)	으로 보지 아니한다. <개정 2012.6.29> 1, 2 (생략) 3. 법 제7조 제6항 제3호의 경우: 다음 각 목의 금융투자업 가. 제3항 제1호부터 제3호까지 및 제5호의2: 투자매매업 나. (생략) 다. (생략)

이 조항에 근거하여 발행자가 투자매매업자를 상대방으로 하거나 투자중개업자를 통하여 파생결합증권을 발행한다면 파생결합증권에 투자하고자 하는 자들을 보호하기 위하여 필요한 행위들이 금융투자업자에 의해 이루어질 수 있기 때문에 금융투자업의 적용이 배제된다는 견해가 있으나,[59] 금융위원회는 이 조항은 은행의 자기 투자 목적 거래 등의 허용근거를 마련하기 위한 것이고 금융투자상품의 매매는 증권의 발행과 구별되는 개념이므로 이 조항이 자본시장법상 발행자격을 갖추지 못한 일반기업 또는 외국 금융투자업자의 파생결합증권 발행이나 자본시장법에 따라 발행되었다고 볼 수 없는 해외 발행 파생결합증권의 매매 근거가 될 수는 없다는 입장이다.[60]

금융위원회의 이러한 해석은 앞서 살펴본 증권의 발행 및 인수와 금융투자상품의 매매에 관한 논의를 전제로 하면 쉽게 이해할 수 있다. 즉, 자본시장법 제7조 제6항 제2호는 투자매매업자를 상대방으로 하거나 투자중개업자를 통한 '금융투자상품의 매매'를 허용하는데, 금융투자상품의 매매를 허용한 규정은 앞서 본 바와 같이 증권의 새로운 창출의 근거가 될 수 없으므로 증권 발행의 근거 규정이 될 수 없고 보유 중인 증권의 매도의 근거 규정이 될 수 있을 뿐이다. 나아가 국내에서 거래되는 증권은 자본시장법에 따라 성립된 증권이어야 하므로 해외 투자매매업자가 발행한 증권 등 이에 해당하지 않는 증권은 그 발행이 금융투자업 적용 배제 규정에 해당하는 경우가 아니라면 금융투자상품의 매매에 관한 규정에 근거하여 성립단계의 자본시장법 위반의 하자가 치유되지 않는다. 만약 위 조항에 근거하여 투자매매업자를 상대로 또는 투자중개업자를 통하여 파생결합증권 등 증권을 발행할 수 있다고 본다

59 상장사협의회, 2011 개정 상법상 사채제도 해설, p. 14; 박준, 전게 논문, p. 6; 정승화, 파생결합증권 발행제도에 관한 법적과제, 증권법연구 제8권 제2호(2011), p. 60.

60 각주 45 참조.

면, (i) 투자매매업자가 인수하거나 투자중개업자를 통하더라도 전문투자자만 취득할 수 있도록 제한한 자본시장법 시행령 제7조 제6항 제5호의2나, (ii) 행위지를 국외로 제한하여 투자매매업자를 상대방으로 하거나 투자중개업자를 통하여 금융투자상품을 매매하는 경우를 금융투자업으로 보지 않도록 정한 자본시장법 시행령 제6호의 가목과 같은 규정의 요건을 지키지 않더라도 발행할 수 있게 되어 각 규정이 존재할 이유가 없어지므로 그러한 해석은 불합리하다.[61]

따라서 위 조항은 자본시장법에 따라 성립된 증권의 자기 투자 목적 매도나 매수의 근거에 해당한다고 보는 것이 타당하고, 실무상 유권해석 및 감독기관인 금융위원회와 금융감독원의 적용기준을 존중하여야 하므로 위 조항에 근거하여 파생결합증권을 발행하거나 자본시장법에 따라 발행된 것이 아닌 파생결합증권을 취득하지 않는 것이 바람직해 보인다.

③ 자발적 거래 등(자본시장법 제7조 제6항 제3호 및 동법 시행령 제7조 제3항 제6호)

자본시장법 제7조 제6항 제3호 및 동법 시행령 제7조 제3항 제6호는 외국 투자매매업자나 외국 투자중개업자가 국외에서 (i) 투자매매업자를 상대방으로 하여 금융투자상품을 매매하거나 투자중개업자를 통하여 금융투자상품의 매매를 중개·주선 또는 대리하는 행위(가목) 및 (ii) 투자매매업자 및 투자중개업자를 제외한 국내 거주자를 상대로 투자권유 또는 투자광고를 하지 아니하고 국내 거주자의 매매에 관한 청약을 받아 그 자를 상대방으로 하여 금융투자상품의 매매하거나 그 자의 매매주문을 받아 금융투자상품의 매매를 중개·주선 또는 대리하는 행위(나목, 보통 자발적 거래 조항 또는 Reversing Inquiry 조항 이라고 한다)는 금융투자업의 적용을 배제한다.

실무상 이 조항에 근거하여 투자매매업자가 해외 금융투자업자가 발행한 신용연계채권 기타 구조화 채권을 취득하거나 그 외 기관투자자 등이 먼저 주문하면 해외 금융투자업자가 이에 응하여 발행 및 매도하는 형식으로 위와 같은 증권을 취득하는

61 자본시장법 제7조 제6항 제2호가 자본시장법상 자격요건 규제를 받지 않고 증권을 발행할 수 있도록 하는 규정이 아니라는 취지의 결론은 동일하나, 그 근거를 증권의 발행이 증권의 생산이 아닌 증권의 판매만을 의미한다고 보는 점에서 찾는 견해도 있으나(각주 55 및 56 참조), 이 조항이 허용하는 것은 '투자매매업' 또는 '증권의 발행'이 아니라 '금융투자상품의 매매'이므로 금융투자상품의 매도에 증권의 발행이 포함되는가의 문제로 보는 것이 타당한 것으로 보인다.

표 4-24 기타 금융투자업 배제 규정 Ⅳ

개정 전 자본시장법	현행 자본시장법 시행령
제7조(금융투자업의 적용배제) ③ 법 제7조 제6항 제3호에서 "대통령령으로 정하는 경우"란 다음 각 호인 경우를 말한다. 6. 외국 투자매매업자나 외국 투자중개업자(외국 법령에 따라 외국에서 투자중개업에 상당하는 영업을 하는 자를 말한다. 이하 같다)가 국외에서 다음 각 목의 어느 하나에 해당하는 행위를 하는 경우 가. 투자매매업자 또는 투자중개업자를 상대로 투자매매업 또는 투자중개업을 하는 행위 나. 국내 거주자(투자매매업자 및 투자중개업자는 제외한다. 이하 이 목에서 같다)를 상대로 투자권유 또는 법 제57조에 따른 투자광고(이하 "투자광고"라 한다)를 하지 아니하고 국내 거주자의 매매주문을 받아 그 자를 상대방으로 투자매매업이나 투자중개업을 하는 행위	제7조(금융투자업의 적용배제) ③ --. 6. -------------------- 외국 투자중개업자 --- 가. 투자매매업자를 상대방으로 하여 금융투자상품을 매매하거나 투자중개업자를 통하여 금융투자상품의 매매를 중개·주선 또는 대리하는 행위 나. -- 매매에 관한 청약 ---- 상대방으로 하여 금융투자상품을 매매하거나 그 자의 매매주문을 받아 금융투자상품의 매매를 중개·주선 또는 대리하는 행위

경우가 있었고, 특히 일부 해외 금융투자업자의 경우 이 조항을 근거로 거래할 수 있다고 주장하면서 사실상 국내에서 해당 증권의 판매 영업을 하는 일도 있었다.

(가) 자본시장법 시행령 개정 전 법 문언과 금융위원회 유권해석의 불일치

2012년 6월 29일 일부 개정되기 전의 자본시장법 시행령 해당 조항은 위 각 경우 '투자매매업이나 투자중개업을 하는 행위'를 할 수 있다고 규정하였는데 투자매매업은 증권의 발행 및 인수를 포함하므로 문언상 위 각 조항에 근거하여 외국 금융투자업자가 국외에서 증권을 발행하고 국내 투자매매업자나 그 외 거주자가 이를 취득할 수 있다고 해석된다. 그러나 금융위원회는 법 문언에도 불구하고 규제취지상 해당 증권이 자본시장법상 다른 금융투자업 적용배제 규정에 근거하여 발행된 것이 아닌한 국내에서 이를 취득하는 것은 허용되지 않는다고 제한적으로 해석하는 입장이었다. 이처럼 법 문언과 유권해석기관의 법 적용 간에 불일치가 있었고 이 조항에 관하여 달리 구체적인 가이드라인 등이 존재하는 것도 아니었기 때문에 이 조항에 근거하여 허용되는 거래의 범위에 대하여 혼란이 계속된 것은 사실이다.

(나) 자발적 거래 등 조항에 의하여 허용되는 거래의 범위

그런데 2012년 6월 29일 일부 개정되어 시행된 자본시장법 시행령은 이 조항 각 목에서 허용하는 행위를 '투자매매업 및 투자중개업'에서 '금융투자상품의 매매'로 수정하여 이러한 법 문언과 적용의 불일치를 일부 해소하였다. 즉, 앞서 살펴본 증권의 발행 및 인수와 금융투자상품 매매의 개념적 차이를 참조하면, 이러한 개정의 취지는 이 조항에 근거하여 할 수 있는 거래의 범위에서 증권의 발행 및 인수가 제외되는 것을 명확히 한 것으로 볼 수 있다. '금융투자상품의 매매'에 근거하여 허용되는 거래는 투자매매업자를 상대방으로 하거나 투자중개업자를 통한 금융투자상품의 매매(자본시장법 제7조 제6항 제2호)에서 살펴 본 바와 동일하다. 따라서 이 조항에 근거하여서는 각 호에서 정한 요건을 준수하여 자본시장법에 따라 성립된 증권의 자기 투자 목적 매도나 매수를 할 수 있을 뿐이고, 이 조항에서 정한 요건에 해당하더라도 자본시장법에 따라 성립되지 않은 증권을 포함한 금융투자상품을 거래할 수 없다.

한편, 이 조항이 적용되려면 외국 투자매매업자가 국외에서 금융투자상품의 매매를 하여야 하는데, '국외에서의 행위'인지 여부를 판단하기 위한 기준이 명확하지 않다. 행위지 판단에 관한 논의는 주로 법률의 섭외적용의 문제(자본시장법 제2조)와 관련하여 논의[62]되고 있는데, 이를 그대로 적용하기는 어려워 보인다. 명확한 기준 마련 전까지는 이 조항이 적용되는 '국외에서의 행위' 판단에 있어 해당 거래 구조를 밝혀 유권해석기관에 문의하는 등 유의할 필요가 있다.

④ 기타: 외국 금융투자업자의 역외 발행 파생결합증권의 거래근거

결과적으로 '금융투자상품의 매매'를 허용하는 조항이 자본시장법에 따라 성립되지 않은 증권의 판매 근거가 될 수 없다고 보는 전제에 의하면, 역외 발행 파생결합증권의 취득은 앞서 살펴본 자본시장법 시행령 제7조 제3항 제5호의2에 의해서만 가능하다. 투자매매업자 및 투자중개업자도 전문투자자에 해당하므로 이 조항에 근거하여 파생결합증권을 취득할 수 있다. 그러나 투자매매업자나 투자중개업자가 자기 투자의 목적으로 취득하는 경우에도 다른 투자매매업자의 인수나 투자중개업자의

62 김건식 · 정순섭 공저, 전게서, p. 597은 '국외에서 이루어진 행위'에 대해서는 행위의 일부라도 국내에서 이루어지는 경우에는 이를 국내에서 행위가 이루어진 것으로 볼 수 있으므로 국내 관련성이 전혀 없는 경우를 원칙적인 적용대상으로 한다고 밝히고 있다. 자본시장법의 역외적용에 관한 논의의 일부이나 이 조항의 해석에 있어 참고할 수 있을 것이다.

중개를 통하여 취득하여야 한다고 보는 것은 불합리하므로 이 점에 관한 보완이 필요할 것으로 보인다.

1-4. 파생결합증권의 투자자

파생결합증권은 전문투자자는 물론 일반투자자도 취득할 수 있다. 단, 해외 투자매매업자가 발행한 일부 파생결합증권(주가연계증권 및 원금비보장형 파생결합증권)은 자본시장법 시행령 제5호의2에서 정한 기준을 충족하는 경우 전문투자자만 취득할 수 있고, 일반투자자는 이를 취득할 수 없다. 한편 일반투자자가 파생결합증권을 취득하는 경우 발행사 또는 판매사는 적합성의 원칙, 적정성의 원칙 및 설명의무 등 자본시장법상 투자자 보호의무를 다하여야 한다(단, 적정성의 원칙은 원금비보장형의 경우 적용). 그 외 파생결합증권에 투자할 수 있는 자에 대해서는 법령상 특별한 규정은 없다.

1-5. 기타 실무상 쟁점

기타 파생결합증권과 관련하여 실무상 쟁점이 되는 점들을 소개하면 아래와 같다.

(1) 이미 발행된 파생결합증권의 만기 연장 가부

1) 투자자 입장에서 만기 연장이 필요한 경우

파생결합증권 투자자가 해당 증권이 만기에 손실 상환될 것으로 예상하는 경우 발행사에 해당 파생결합증권의 만기 연장을 요구하는 경우가 있다. 만기 연장이 허용되지 않으면 투자자가 해당 증권에서 발생한 손실을 정해진 만기에 실현하여야 하고,[63] 손실 실현 후 같은 구조 상품에 재투자하여 원금을 회복하더라도 만기를 연장하는 경우에 비해 추가적인 세금 부담이 발생할 수 있기 때문이다.[64]

63 투자자들은 보통 투자손실의 실현을 가능한 피하고, 시간이 걸리더라도 원금을 회복할 기회를 가지려고 하는 경향이 있다. 이러한 경향은 보수적인 투자자이고 법인투자자인 경우 더 강하게 나타난다.

64 즉, 투자의 최종 결과가 최초 투자원금일 때, (i) 같은 구조의 상품에 재투자한 경우는 최초 투자 증권에서 손실이 나고 손실이 발생한 상환금으로 두 번째 증권에 투자하므로, 최초 투자원금의 회복은 두 번째 증권에서 수익이 발생한 것이어서 두 번째 증권에서 발생한 수익에 대해 소득세가 부과된다. (ii) 그러나 만기 연장의 경우 해당 증권에서 수익이 발생하지 않고 원금으로 상환되는 것이므로 소득이 발생하지 않은 것으로 볼 여지가 있다. 이와 관련하여 법인이 특정금전신탁에 가입하여 취득한 타

2) 금융위원회의 허용여부

그러나 금융위원회는 파생결합증권의 만기 연장에 관하여 허용되지 않는다는 입장을 밝힌 바 있다. 즉, 금융위원회는 공모 발행 주가연계증권의 만기 연장 가부에 관한 질의에서 주가연계증권은 증권거래법에 따라 발행되는 유가증권이므로 해당 증권에 표창된 권리를 당사자 간의 합의로 변경하는 것은 발행에 의해 권리 내용이 확정되는 유가증권의 기본 법리에 배치되는 점,[65] 일반 사채와 달리 주가연계증권은 다른 발행조건을 그대로 둔 채 그 만기만을 연장할 경우 해당 증권에 내장된 파생상품의 가치가 대폭 변경되어 기존 증권의 동일성이 유지될 수 없는 점, 만기 연장으로 인해 발생하는 헤지 비용을 증권회사가 부담할 경우 증권거래법 시행령 제36조의3 제3호에서 금지하는 손실보전 또는 이익제공행위가 될 수 있는 점, 증권거래법 제11조 제3항에 따라 공모 주가연계증권의 경우 청약일 경과 후에는 증권신고서의 정정이 불가하므로 만기 연장 사실을 투자자에게 공시할 방법이 없는 점 등을 고려할 때 이미 발행된 주가연계증권의 만기를 발행 증권회사와 투자자 간의 합의로 변경하는 것은 당시 증권거래법상 허용되지 않는다고 해석하였다. 이는 자본시장법 시행 전 증권거래법 시행 시절의 유권해석이지만 관련 규정은 자본시장법 시행 이후에도 크게 변경되지 않았으므로 지금도 이와 달리 해석할 것으로 기대되는 사정 변경은 없다.

3) 검토

만기 연장을 제한하거나 그러한 취지로 해석될 법규가 존재하지 않음은 물론 한

법인 발행 회사채를 만기일 이후 차환에 의하여 동 발행법인의 신규 사채로 대체 취득하는 경우 차환일이 속하는 사업연도에 기존 채권 평가손익에 대한 세무조정금액을 추인할 수 있는지 여부에 관한 질의에서 기획재정부는 법인이 회사채를 취득 후 만기일에 상환하지 아니하고 당해 채권의 발행법인이 당해 채권과 유사한 조건으로 발행하는 새로운 회사채로 대체 취득하는 경우로서 사실상 만기 연장에 해당하는 경우 당해 채권의 장부가액과 차환으로 취득하는 새로운 채권가액과의 차액은 법인의 각 사업연도 소득금액 계산상 익금 또는 손금에 산입하지 아니하나, 이에 해당하는지는 사실판단이 필요한 것으로 해석한 바 있어 손실 상환 후 같은 상품에 재투자하는 경우 만기 연장의 경우와 같이 처리될 여지가 전혀 없다고 볼 수는 없을 것으로 보인다.

65 그러나 사채의 경우 만기를 연장하는 사례가 있다. 사채의 만기 연장 후 회계처리와 관련하여, 발행자가 외화표시 변동이자율 조건부 사채를 액면 발행 후 분할 상환하던 중(조기상환 발생으로 사채상환손실 계상) 발행 후 3년이 경과한 2004. 7. 9. 사채 만기를 연장하고 이자율을 변경하는 것으로 사채권자들과 합의한 사안(워크아웃과 무관함)에서, 한국회계기준원은 새로운 계약조건이 적용되는 시점에서 기존에 발행된 사채를 상환하고 새로운 사채를 발행하는 것으로 회계처리 하여야 하는 것으로 회신(이 과정에서 발생한 비용은 사채의 상환과 관련된 손익에서 조정)한 바 있다(회계기준원 2004. 10. 1. 사채의 조건변경에 대한 회계처리) 하였다.

국거래소 또는 예탁원 절차 및 시스템상 이미 발행된 파생결합증권의 만기를 연장하는 업무 처리도 가능한 것으로 확인된다.

금융위원회의 위와 같은 입장에도 불구하고, (i) 상품 구조에 따라 만기를 연장하더라도 내재된 파생상품의 가치가 변경되거나 헤지비용을 증권사가 부담하는 것으로 볼 수 없는 상품도 존재하는 점,[66] (ii) 파생결합증권도 투자자와 발행자 사이의 사적 계약이고 양도가 극히 제한되므로 발행자와 증권의 보유자 사이에 합의가 이루어진다면 어느 누구에게도 불이익이 예상되지 않고 특히 사모 발행의 경우 공시의 문제도 발생하지 않는 점 및 (iii) 투자자 보호 취지에서 만기 연장이 투자자에게 유리할 수 있는 점 등을 감안할 때 해당 증권의 조건에 따라 발행된 파생결합증권의 만기 연장이 허용될 여지가 아주 없다고 볼 수 없으므로 필요한 경우 적극적으로 유권해석기관 또는 감독기관에 의견을 제출해 볼 필요가 있다.[67]

(2) 파생결합증권의 인수와 판매위탁의 구별

1) 파생결합증권의 인수업무

파생결합증권도 투자매매업자가 제3자가 취득하게 할 목적으로 인수한 후 제3자에게 매도하는 방법으로 발행될 수 있다. 이때 인수된 파생결합증권을 공모의 방식으로 매도하는 것이 아니라면 증권 등 인수업무에 관한 규정이 적용되지 않으므로 인수 대상 증권의 신용등급을 받거나 수요예측을 하는 등 위 규정에서 정한 절차를 따를 필요는 없고, 기타 일반적인 파생결합증권의 발행이나 양도의 경우와 달리 요구되는 절차는 없다. 또한 국내에서 자본시장법에 따라 발행된 파생결합증권이라면[68] 이를 취득하는 투자자가 전문투자자인지 일반투자자인지 가리지 않는다. 그런데 파생결합증권의 인수업무가 허용되지 않는 것으로 알고 있는 실무자들이 많다. 이는 파생결합증권의 인수업무를 자본시장법상 허용되지 않는 파생결합증권의 판매

66 일별 평가하여 일정 조건을 성취하면 상환되는 구조이면서 기초자산 가격의 산출에 헤지비용이 이미 반영된 경우(기초자산 가격의 산출기관이 위험회피거래의 백투백 거래상대방인 해외 금융투자업자이고 기초자산 가격 산출 공식에 헤지비용까지 반영된 경우 등)를 예로 들 수 있다.

67 한편, 상법상 파생결합사채에 해당하는 파생결합증권의 경우 이론적으로 증권의 조건 변경과 관련하여 상법상 사채권자집회에 관한 조항(상법 제490조 이하)들이 적용될 수 있으므로 이에 관한 유권해석이 필요할 수 있다.

68 해외 금융투자업자가 역외에서 발행한 파생결합증권의 매매에 관하여 자본시장법 시행령 제7조 제3항 제5호의2가 정한 요건이 적용되는 점은 앞서본 바와 같다.

위탁과 혼동한 것으로 보인다.

2) 파생결합증권의 판매위탁

파생결합증권 발행을 위한 관련 인가는 받았으나 발행 후 일반투자자에게 판매할 수 있는 지점이 충분하지 않은 증권사(A사)가 파생결합증권을 발행하면서 투자자의 모집 및 투자설명서의 교부 등 판매절차를 다른 증권사(B사)에 맡기는 경우가 있었다. 해당 파생결합증권의 발행자는 A사이고 투자자가 지급하는 투자금은 A사로 납입되지만 그 외 투자자 보호절차를 포함한 절차는 B사가 수행한다.

이에 관해 금융위원회는 발행업무의 일부를 타사에 위탁한 것으로 보고 발행업무는 자본시장법상 위탁이 허용된 업무에 해당하지 않으므로 위법한 것으로 해석하였다. 금융투자업자의 업무 위탁은 자본시장법에 의해 그 범위 및 절차가 엄격히 제한되는데, 증권의 발행은 새로운 증권의 창출 및 매도로 구성되므로 발행되는 증권의 판매업무는 새로이 창출된 증권의 매도로서 발행업무 중 일부에 해당하고, 이는 자본시장법에 의해 타에 위탁할 수 있는 업무에 해당하지 않는다고 본 것이다.[69]

3) 파생결합증권의 인수업무와 판매위탁의 구별

파생결합증권의 인수업무와 판매위탁은 법상 완전히 다른 개념이나 실무상 혼동하는 경우가 있으므로 그 차이점을 간단히 살펴본다. 해당 파생결합증권의 발행자는 A사, 인수하는 금융투자업자를 B사, 파생결합증권의 최종 투자자를 C라고 하면, 파생결합증권 인수의 경우 인수업무를 하는 금융투자업자가 자신의 명의로 대상 파생결합증권을 취득한 후 투자자에게 양도하므로, (i) A사의 증권 발행과 B사의 인수, (ii) B사의 양도와 C의 증권 취득이라는 두 가지 계약이 성립하고 발행된 증권의 최초 취득자는 B사이다. 이에 비해 파생결합증권 판매위탁의 경우는 A사가 B사와는 판매위탁에 관한 계약, C와는 발행에 관한 계약을 각각 체결하고 투자자 C와 판매업무를 수행한 B사 사이에는 계약상 관계가 성립하지 않으며 발행된 증권의 최초 취득자는 C이다. 발행되는 증권의 최초 취득자가 누구인지, 그리고 최종 취득자와 투자

---

69 자본시장법에 의하면 투자매매업자가 제3자에게 위탁할 수 없는 본질적 업무는 투자자 보호 또는 건전한 거래질서를 해할 우려가 있는 것으로서 투자매매업 관련 계약의 체결과 해지업무, 금융투자상품의 매매를 위한 호가 제시업무 및 증권의 인수업무이다(자본시장법 제42조 제1항 단서 및 동법 시행령 제45조 제2호 가목 및 제47조 제1항 제1호 가목, 나목 및 라목).

자 보호절차 등을 포함한 판매절차를 수행하는 자 사이에 계약관계가 성립하는지 여부에 의해 파생결합증권의 인수업무와 판매위탁을 구별할 수 있을 것이다.

(3) 파생결합증권의 과세[70]

1) 배당소득으로 과세

파생결합증권에서 발생한 소득은 배당소득으로 과세된다. 그런데 앞서 살펴본 바와 같이 상법이 파생결합사채 개념을 도입하면서, 파생결합증권도 사채권에 해당하므로 해당 증권에서 발생한 소득을 이자소득으로 과세하여야 한다거나 적어도 자본시장법의 개정 이후 채무증권으로 분류되는 원금보장형 파생결합증권에 한해서는 이자소득으로 과세하여야 하는 것이 아닌가 하는 견해가 제기되고 있다. 파생결합증권에서 발생한 소득의 과세근거에 관한 논의가 다시 제기되는 현재, 과거 파생결합증권에서 발생하는 소득이 어떠한 근거에서 배당소득으로 과세되었는지 살펴볼 필요가 있어 보인다.

2) 파생결합증권에서 발생한 소득을 배당소득으로 과세하는 배경

2003년 2월 24일 증권거래법 시행령이 개정되면서 증권거래법에 의한 유가증권의 일종으로 주가연계증권의 발행이 허용되었는데(제2조의3 7호의 신설), 주가연계증권은 당시까지 존재하던 증권과 다른 구조이기 때문에 이 증권에서 발생한 소득이 과세대상인지, 과세대상이라면 그 근거가 무엇인지에 관한 논의가 진행[71]되었고, 결론적으로 주가연계증권에서 발생한 소득도 과세대상이고 최초 발행가액 대비 초과소득은 배당소득으로서 과세[72]하는 것이 타당한 것으로 해석되어 지금까지 같은 방법

70 파생결합증권의 과세에 관한 논의는 재정경제부 소득세제과, 서기관 박동규, 〈주가연계증권(ELS)의 이익에 대한 과세방법〉 참조.

71 당시 제기되었던 의견은 다음과 같다. (i) ELS의 이익은 주로 선물·옵션에 따른 자본이득이고, 자본이득은 소득세가 과세되지 않으므로 매매차익과 만기 수령이익 모두 과세대상이 아니라는 견해, (ii) ELS는 채권이므로 그 소득은 이자소득이고, 매매차익은 자본이득으로 과세대상이 아니나 기간 경과이익과 만기 수령이익은 과세대상이므로 원천징수 하여야 한다는 견해, (iii) ELS는 유가증권이므로 매매차익은 자본이득으로 과세대상이 아니나 만기 수령이익은 이자가 아니라 운용수익금의 분배이므로 배당소득으로 만기에 원천징수되어야 한다는 견해, (iv) ELS는 유가증권이므로 매매차익은 자본이득으로 과세대상이 아니나 만기 수령이익은 이자가 아니라 운용수익금의 분배이므로 배당소득으로 만기에 원천징수되어야 한다는 견해 및 (v) ELS는 주로 주식과 주가지수에 투자하는 유가증권이므로 양도시에는 양도소득으로 만기시에는 배당소득으로 과세되어야 한다는 견해.

72 재정경제부 문서 번호 재소득 46073-41.

으로 과세되고 있다.[73] 그 근거는 다음과 같다.

① 파생결합증권에서 발생한 소득이 과세대상이 되는 근거

파생결합증권에서 이익이 발생하는 경우 그 이익은 주로 파생상품에서 발생하나 주가연계증권이 보장하는 일정률의 보장원금은 증권투자신탁의 경우에도 엄격하게 과세되는 이자·배당 및 채권 등의 양도차손익 등을 발생시키므로 전액 비과세는 부적합하고, ELS는 펀드처럼 과세 대상 수익과 비과세 대상 수익이 엄격히 분리되지 않으므로 결국 ELS에서 발생하는 이익은 전액 과세하는 것이 타당하다.

② 파생결합증권에서 발생한 소득을 배당소득으로 과세하는 근거

세법은 유가증권을 원칙적으로 채권과 주식으로 분류하는데 파생결합증권이 주식이 아니라는 것은 분명하고 일정한 지급청구권을 갖는 점에서 채권적 성격을 가진다. 그런데 이자소득세가 과세대상이 되는 '채권 등'은 세법상 '다른 사람에게 양도가 가능한 증권으로서 이자 또는 할인액을 발생시키는 것'으로 규정(소득세법 제46조 동법 시행령 제102조 제1항)되므로 양도가 가능하여야 하고 이자 또는 할인액을 발생시켜야 한다. 파생결합증권은 양도는 가능하나 채권의 원본이 전액 보장되면서 일정한 경과에 따라 일정한 율의 이익을 발생시키는 것이 아니므로 만기 수익을 이자 또는 할인액으로 볼 수 없다. 따라서 파생결합증권은 지급청구권을 갖는다는 의미에서 채권적 성격을 지녔으나 소득세법에서 규정하는 채권 등의 범위에서는 제외되고, 채권적 성격을 지닌 유가증권으로서 배당소득을 발생시키는 혼성증권(Hybrid Securities)에 해당하는 것으로 해석되어 파생결합증권에서 발생하는 소득은 배당소득으로 과세하는 것이다.[74]

---

73 기획재정부(유권해석 당시 재정경제부)는 "주가연계증권(ELS)에서 발생한 소득은 소득의 성질상 배당소득으로 보아 지급시(발행회사에서 매입하는 경우 포함)에 원천징수하는 것이며, 조세특례제한법상의 비과세·저율과세저축에 동 증권을 편입하는 경우 동 증권에서 발생한 소득은 비과세·저율과세를 적용 받을 수 있습니다. 또한 증권투자신탁 및 증권투자회사의 이익과 배당에는 상장되거나 등록된 동 증권의 매매·평가차손익은 포함되지 않으며, 동 증권의 만기시에 소득을 주권으로 지급하는 경우에는 주권의 지급예정일의 직전 개장일 종가를 기준으로 소득금액을 계산하는 것입니다(소득 46073-41(2003. 3. 24))."라고 하여 ELS 이익의 소득구분 등에 대한 과세방법을 명확하게 한 바 있다.

74 아울러 박동규 서기관의 전게 논문은, 파생결합증권에서 발생하는 소득을 이자소득으로 보는 경우 파생결합증권은 정해진 이자율이 없기 때문에 가격 자체에 이익이 포함되어 있으며 구조적으로 주가 또는 주가지수에 연동되어 있기 때문에 가격변동이 매우 클 수 있음에도 불구하고 이자소득으로 과세하면 불확정적인 소득에 과세함에 따라 매매 당사자가 거래시마다 의제 원천징수를 하여야 하는 등 어려움이 생긴다는 점도 감안하여야 한다고 언급하고 있다.

3) 자본시장법 개정안 시행 이후 파생결합증권의 과세

과세 목적의 법 해석과 자본시장 규제 목적의 법 해석은 유권해석기관이 기획재정부와 금융위원회로 다르고 법 적용의 목적도 다르기 때문에 달라질 수 있다. 자본시장법상 증권의 분류와 관계없이 해당 증권에서 발생하는 소득의 본질에 변함이 없는 이상 앞서 살펴본 논의가 그대로 적용될 수 있으므로 과세 근거가 달라지지 않는 것이 타당할 것으로 보인다. 법 개정 이후 기획재정부의 유권해석에 유의할 필요가 있다.

(4) 파생결합증권의 양도

1) 파생결합증권이 양도되는 경우

실무상 파생결합증권의 투자자가 유동성이 필요해지는 등의 이유로 투자를 중단하고자 하는 경우 발행사에 대한 중도상환청구를 하게 되므로 파생결합증권이 양도되는 경우는 찾아보기 어렵다. 다만 제3자에게 취득하게 할 목적으로 인수한 파생결합증권을 최종 투자자에게 이전할 때 발행자의 동의를 받아 양도처리 하게 되는 경우가 있고, 파생결합증권을 취득한 투자신탁의 신탁업자가 변경될 때 종전의 신탁업자로부터 새로운 신탁업자에게 해당 파생결합증권을 양도처리 하는 경우 정도가 실무상 찾아볼 수 있는 파생결합증권 양도의 사례이다.

2) 파생결합증권 양도의 방법

① 일반적인 파생결합증권 양도의 조건

관련 법령상 파생결합증권의 양도를 제한하는 내용은 없으므로 투자자는 증권의 발행 조건에서 정한 바에 따라 파생결합증권을 양도할 수 있는데, 일반적인 파생결합증권 인수계약서[75]에 의하면 발행자의 사전 동의를 양도의 조건으로 한다. 실무상 양도인과 양수인 사이의 양도계약을 체결하고 발행자로부터 동의를 받은 후 예탁원에 관련 서류를 제출하면 대상 파생결합증권이 양도 처리된다. 관련 법상 양도에 관한 계약이 요식계약[76]인 것은 아니나 예탁원이 양도계약의 체결 및 발행자의 동의를

75 자본시장법상 '인수'는 제3자가 취득하게 할 목적으로 증권을 취득하는 것을 의미하므로 최종취득자에 대하여 파생결합증권을 발행하면서 '인수계약서'라는 명칭을 사용하는 것은 자본시장법상으로는 타당하지 않다. 그러나 파생결합증권 발행 실무상 발행자와 투자자 사이에 체결되는 계약을 인수계약서로, 해당 증권에 대한 투자자를 인수자라고 칭하고 있으므로 이에 따른다.

문서로 확인할 것을 요구하므로 당사자간 의사의 합치 및 확인만으로 부족하고 문서로 작성한 후 당사자들이 서명 또는 날인 하여야 한다.

② 파생결합증권 양도에 관한 사전적 포괄적 동의 가부

(가) 파생결합증권의 양도에 관한 사전적 포괄적 동의

파생결합증권의 양도에 대하여 발행자가 사전적 포괄적으로 동의할 수 있는지가 문제될 수 있다. 외화 표시 파생결합증권을 취득하면서 환위험을 헤지하기 위해 타 금융기관과 외환파생상품거래를 체결하고 이 거래에서 발생하는 채무를 담보하기 위하여 파생상품거래의 상대방에게 위 파생결합증권을 양도담보 또는 질권설정의 방법으로 담보제공 하는 거래가 실무상 자주 일어난다. 이때 통상적으로 발행일에 인수자가 발행자와 인수계약을 체결함과 동시에 인수자의 파생거래 상대방을 양수자(양도담보의 경우) 또는 질권자(질권설정의 경우)로 특정하여 발행자로부터 담보제공 목적으로 양도하거나 질권을 설정한다는 점에 대한 동의서를 받는다.

문제는 해당 증권을 담보물로 제공받은 금융기관이 담보 목적물인 증권을 타에 처분하는 방법으로 담보권을 실행할 때 다시 발행자의 동의를 받아야 하므로 이는 결국 발행자의 동의 없이는 담보권을 실행할 수 없어 담보권 행사에 장애가 존재하는 경우에 해당하게 된다는 점이다. 이러한 경우 인수자 및 담보권자가 발행자에게 파생결합증권의 양도에 관한 사전적 포괄적 동의, 즉 담보권의 실행으로 해당 증권을 처분하게 되는 경우에 관해서는 발행자가 이미 동의한 것으로 처리해 줄 것을 요구하게 된다.

이때 파생결합증권의 양도에 발행자의 동의를 요구하는 것은 해당 증권의 상환조건이 성취되고 발행자가 상환금을 지급하여야 할 때 증권의 보유자로서 상환금을 지급받을 자가 누구인지 알지 못하여 제 때 상환금을 지급하지 못하거나 권리 없는 자에게 상환금을 지급하는 등의 문제가 발생하는 것을 예방하기 위한 것이라는 이유를 들어 사전의 포괄적 동의가 불가하다는 입장을 표하는 경우가 있다. 그러나 이는 아래에서 보는 바와 같이 증권 결제의 시스템상 타당한 이유가 되지 못한다.

---

76 유효하게 성립하기 위하여 계약 체결에 일정한 형식을 요하는 계약을 말하고, 법률상 정해진 요건을 갖춘 어음이나 수표를 작성하여야 하는 어음·수표 계약(어음법 제75조, 수표법 제1조)이나 주식청약서를 작성하여야 하는 주식인수의 청약(상법 제302조), 사채청약서를 작성하여야 하는 사채의 청약(상법 제474조) 등이 이에 속한다. 법률상 특별히 정함이 없는 일반적인 사법상 법률행위는 사적자치 원칙에 따라 일정한 형식을 요하지 않는 불요식계약이고, 장외파생상품거래도 이에 속한다.

(나) 사모 발행과 공모 발행의 경우 사전적 포괄적 동의의 가능여부

이는 발행된 증권의 예탁계좌에 따라 나누어 살펴보아야 한다. 대부분의 사모 발행의 경우로써 예탁원 계좌가 있는 자가 자신의 예탁원 계좌 자기분으로 해당 증권을 취득하는 경우와 모든 공모 발행의 경우로써 발행자인 금융기관에 계좌를 개설하고 발행자의 예탁원 계좌 고객분으로 해당 증권을 취득하는 경우에 각각 결제 절차가 달라지기 때문이다. 실무상 대부분의 사모 발행 파생결합증권의 경우 예탁원 계좌가 있는 금융기관간 거래되므로 전자에 해당하나, 일부 개인고객과 금융기관 외 법인고객이 사모 발행 파생결합증권을 취득하는 경우 등은 사모 발행이라 하더라도 후자의 방법에 의해 예탁 결제가 이루어진다.

투자자가 예탁원 자기 계좌로 취득하는 파생결합증권의 경우는 특별히 사전적 포괄적 동의가 안 된다고 볼 이유가 없다. 파생결합증권의 발행자는 상환조건이 성취되었을 때 상환금을 지급함으로써 해당 증권에 관한 모든 의무를 다하게 되는데, 투자자가 예탁원 자기 계좌로 취득한 경우 발행자가 상환금을 예탁원의 결제계좌에 입금하면 예탁원 시스템에 따라 자동으로 계좌부 기재에 따른 파생결합증권 보유자에게 상환이 이루어진다. 법적으로 해당 파생결합증권의 소유자로서 상환금을 지급받을 권리자는 예탁원 계좌부에 파생결합증권을 보유한 것으로 기재된 자[77]이므로 당사자간 양도에도 불구하고 계좌부 대체기재가 없었다면 발행자는 계좌부상 보유자에게 상환금을 지급하여야 하는 것이어서, 결국 발행자는 발행 이후 양도사실에 신경 쓸 필요 없이 상환금을 예탁원 결제시스템에 입금하면 그만인 것이다. 따라서 투자자의 예탁원 계좌로 예탁된 파생결합증권의 경우는 발행자가 사전에 포괄적으로 해당 증권의 양도에 동의하고 발행 이후 그 증권이 순차 양도되며 발행자가 양수인에 관한 정보를 알지 못한다 하더라도 발행자의 의무 이행에 아무런 문제가 없으므로 실무상 사전적 포괄적 동의를 거부할 이유가 없다.

발행사의 예탁원 계좌 고객분으로 예탁된 파생결합증권의 경우는 인수자가 취득한 파생결합증권이 발행사의 투자자 계좌부에 혼장 예치되고 상환금이 예탁원 결제

77 증권의 양도는 원칙적으로 증권 실물의 교부를 요건으로 하나, 예탁된 증권의 경우 실물 교부없이 처분이 이루어지는 점을 반영하여 자본시장법 제311조는 투자자 계좌부와 예탁자 계좌부에 기재된 자는 각각 그 증권 등을 점유하는 것으로 보고(제1항), 투자자 계좌부 또는 예탁자 계좌부에 증권 등의 양도를 목적으로 계좌 간 대체의 기재를 한 경우에는 증권 등의 교부가 있었던 것으로 보는 것(제1항)으로 정하고 있다.

시스템을 거치되 최종적으로 발행사가 해당 투자자의 계좌로 입금 처리하여야 한다. 파생결합증권은 실물의 인출이 금지되므로 계좌 기재로 실물 교부를 대체할 수밖에 없는데 발행사 예탁원 계좌 고객분으로 예탁된 증권의 경우 양도 처리는 발행사가 발행사의 고객 계좌 기재를 수정하는 방법으로 한다. 따라서 양도시점에 발행사가 이에 동의하여 처리해 주지 않으면 유효한 양도가 불가능하므로 사전적 포괄적 양도에 관한 동의가 있더라도 양도시점에 발행사가 양도에 동의할 계약상 의무가 있다는 의미일 뿐이다. 이 점은 투자자의 예탁원 계좌에 예탁된 파생결합증권의 경우에는 양도인이 예탁원에 예탁증권계좌대체청구서를 작성하여 제출하면서 발행사의 사전적 포괄적 동의서를 해당 양도에 대한 동의서로써 예탁원에 제출하여 추가적인 발행자의 협력이 없더라도 양도할 수 있다는 점과 구별된다.

(다) 권리행사약정서의 체결

한편, 실무상 은행 신탁이 취득하는 파생결합증권과 관련하여 부도 등의 사유로 파생결합증권 발행사가 상환금을 지급하지 않거나 지급하지 못할 우려가 있는 경우에는 신탁이 위탁자에게 파생결합증권이 실질적 관리자임을 확인하는 확인서를 작성하여 주고, 위탁자가 이를 발행사에 제출하면 발행사가 확인서 제출자를 해당 파생결합증권의 권리자로 인정하면서 위탁자가 발행사에 개설한 위탁계좌로 대체기재하는 방법으로 권리자 명의변경 사실을 기재한다는 내용의 약정서를 체결하는 경우가 있다. 이는 발행사가 파생결합증권의 양도에 관하여 사전적 포괄적으로 동의하는 일례라 할 것이다.

3) 양도에 관한 계약서 및 동의서의 작성요령

파생결합증권 양도에 관한 계약서와 동의서를 별도로 작성할 수도 있으나 양도에 관한 계약서에 발행자의 동의를 기재하고 양도인, 양수인 및 발행자가 함께 서명 또는 날인하여 작성하는 방식이 더 용이하다. 이 경우 양도인, 양수인 및 발행자 수에 1을 더한 수만큼 작성하여 1부를 예탁원에 제출한다. 별도로 작성하는 경우에는 양도계약서는 양도인과 양수인의 수에 추가로 1부를 더 작성하고, 동의서는 발행자가 1부 작성하여 양도계약서와 함께 예탁원에 제출한다.

① 양도계약서 기재사항

파생결합증권의 양도에 관한 계약서(확인서)에는 (i) 양도되는 파생결합증권을 특정하고 (ii) 해당 증권이 양도되고 인수자의 지위가 승계된다는 사실을 기재한다. 아울러 (iii) 양수인에게 해당 증권이 양도됨으로써 증권상의 권리의무가 양도인으로부터 양수인에게 완전히 승계되고 양도인은 양수인에게, 발행자는 양도인에게 추가적인 의무나 책임을 부담하지 않는다는 면책조항을 기재한다. 또한 (iv) 양수인이 인수계약서 중 진술과 보장, 위험고지 등 양수시점에 진술하거나 고지 받아야 하는 내용을 진술하고 이해하였음을 기재한다. (v) 그 외 필요한 경우 증권이 일부 중도상환된 사실 등 양수인이 알아야 하는 내용 등 분쟁 발생을 예방하기 위한 내용을 기재하면 된다.

② 발행자 작성 동의서의 기재사항

발행자는 해당 증권의 양도사실에 동의한다는 의사를 표시한 서면을 작성한다. 양도사실에 동의한다는 점과 함께 발행자의 입장에서 더 이상 양도인에게 어떠한 의무도 부담하지 않는 점, 양수인에게 위험고지 등이 이루어진 점, 양수인이 필요한 진술 및 보장조항을 진술하는 점 등을 확인하는 것이 좋은데 이러한 내용의 기재는 양도인과 양수인이 모두 서명 또는 날인하는 서면으로 작성하여야 하므로 동의서를 별도로 작성하는 것보다 양도계약서에 동의사실을 기재하고 발행자가 양도인 및 양수인과 함께 날인하는 것이 작성의 편의 등에 비추어 바람직하다.

(5) 골드뱅킹(금 계좌) 상품의 법적 성격 및 업무처리

1) 금 계좌의 법적 분류 변경

어떤 상품이 자본시장법상 금융투자상품에 해당하는지, 또 해당한다면 어느 금융투자상품에 해당하는지는 해당 상품의 성립 및 규제근거가 되므로 매우 중요하다. 그 일례로 은행이 주로 취급하는 골드뱅킹(또는 금 계좌라고 함)을 들 수 있다. 주로 은행이 취급하는 금 계좌는 고객이 은행에 원화를 입금하면 국제 금시세(달러표시) 및 원 달러 환율을 적용하여 금으로 적립한 후, 고객의 출금요청시 국제 금시세 및 환율로 환산한 원화로 출금하거나 금 실물을 지급해주는 금융상품이다

금융위원회는 금 계좌 판매 초기인 2009년 12월 이를 은행법상 부수업무로 파악하고 자본시장법상 금융투자상품으로 보지 않았으나, 2010년 5월 그 입장을 변경하여 실물로 인출하는 경우는 문제되지 않으나 투자자가 현금으로 출금하는 경우 금시세나 환율 변동 등으로 인하여 원금 손실이 발생할 수 있으므로 금융투자상품이

고, 그 중에서도 파생결합증권에 해당하는 것으로 보았다. 그 결과 금 계좌의 취급자격 및 과세, 업무처리방식이 크게 달라졌다.

2) 법적 성격에 따른 취급의 차이

투자자에게 가장 큰 영향을 준 변화는 은행법상 부수업무로 취급될 때에는 금 계좌에서 발생한 이익은 과세대상이 아니었으나, 자본시장법상 파생결합증권으로 재해석 됨에 따라 그 이익이 배당소득으로 과세되게 되었다는 점이다. 즉, 기존에는 금융위원회가 금 계좌 거래는 은행이 고객의 요청에 따라 실물 금의 매입과 매도를 위탁 받아 대행해주고 매매수수료를 수취하는 것이므로 그 실질이 고객이 직접 금을 매매하는 것과 유사하다고 보았고, 금 매매에 따른 매매차익은 양도소득 과세대상이 아니므로 금 계좌에서 발생하는 이익은 과세되지 않았다. 그러나 금융위원회가 금 계좌를 파생결합증권으로 해석하면서 기획재정부도 2010년 10월 금 계좌 수익을 배당소득으로 규정하고 아울러 2009년 2월부터 15.4%의 배당소득을 소급해서 부과하는 것으로 결정하였다.[78][79]

한편, 금 계좌가 파생결합증권에 해당하게 됨에 따라 상품을 기초자산으로 하는 파생결합증권을 발행하기 위한 인가를 취득한 투자매매업자도 금 계좌를 취급할 수 있게 되었다. 그러나 투자자가 금 계좌 상품의 최대 장점이었던 절세효과를 더 이상

78 기획재정부, 2010. 11. 14, 배포 보도참고자료, '골드뱅킹과세파문' 보도 관련(매일경제, 2011. 11. 15) 참조. 절세효과(금 계좌와 유사한 금 실물 거래는 부가가치세 10%, 금 펀드 기타 구조화 상품은 배당소득세 15.4%, 은행 예금 중 금과 연계된 예금(DLD)은 이자소득세 15.4%가 각 부과된다)가 금 계좌가 선풍적 인기를 끌게 된 결정적 요인이었다는 점에서 과세조치는 금 계좌의 상품성에 큰 타격이 되었을 뿐 아니라, 소급과세결정으로 인하여 당시 금 계좌를 취급하던 은행들은 고객 대신 소급 부과된 세금 약 300억원을 내고 상품 판매를 중단하는 등 문제를 겪었다. 한 동안 신규 설정이 중단되었던 금 계좌는 최근 취급 은행들이 자본시장법상 관련 인가를 취득하고 원천징수 대상으로 설정하여 재판매하고 있다.

79 금 계좌의 과세에 관하여 은행들은 금 계좌의 실질은 실물 거래이고 수익 분배의 성격이 없다는 점 등을 들어 다투었으나 조세심판원은 배당소득으로 보는 것이 타당하다는 결정을 내렸고, 은행들 사이에 다시 이에 관한 행정소송 제기여부가 논의되고 있어 과세대상 해당여부에 관한 문제가 완전히 해결된 것은 아니다. 조세심판원은 골드뱅킹은 그 수익이 기초자산인 금의 가격 변동과 연계하여 발생하므로 소득세법 시행령 제26조의3 제2호 나목에서 규정하는 "광산물 등의 가격 변동과 연계하여 미리 정하여진 방법에 따라 이익을 얻거나 손실을 회피하기 위한 계약상의 권리를 나타내는 증권 또는 증서로부터 발생하는 수익"에 해당된다고 판단되고, 집합투자기구와 유사하게 수익분배의 성격도 있다고 보여지는 바, 쟁점골드뱅킹의 이익은 배당소득으로 봄이 타당하다고 판단한 바 있다(조세심판원 조심2012중0191 (2012. 9. 17) 등).

누릴 수 없게 되면서 적극적으로 이를 취급하고 있는 국내 증권사는 없는 실정이다.

| 표 4-25 | 골드뱅킹의 법적 성격에 따른 취급 차이

	은행법상 부수업무	파생결합증권
적용법률	은행법	자본시장법
취급기관	은행법에 따른 인가를 받은 은행	관련 인가를 취득한 투자매매업자
공시요부	불요	요함
과세방법	비과세	발생한 이익에 배당소득으로 과세

또한 파생결합증권을 공모 발행하는 경우 발행사는 발행에 관한 공시서류를 제출하여야 하는데, 금융위원회는 다음과 같은 금 계좌 고유의 특징을 고려하여 공시 관련 규정 적용에 있어 예외를 인정하고 있으므로 금 계좌를 취급하고자 하는 경우 참고할 필요가 있다.[80]

| 표 4-26 | 골드뱅킹의 공시

예외	근거
일괄신고서추가서류 제출 면제 (자본시장법 제119조 제2항)	고객이 거래를 희망할 때마다 언제든지 실시간으로 판매가 이루어져 일괄신고추가서류 제출이 불가능하므로, 개방형 집합투자증권과 같이 모집시에 일괄신고추가서류의 제출을 면제
일괄신고서제출 시 발행예정기간 무기한 적용 (자본시장법 시행령 제121조 제2항)	발행인(은행)의 정보가 공시되고, 발행가격·만기가 정해져 있지 않아 모집 발행이 불가능하고, 수시로 발행되는 상품의 특성상 발행예정기간을 무기한으로 함
일괄신고서 제출시 전제조건 적용대상에서 제외 (자본시장법 시행령 제121조 제4항 제1호)	최근 1년간 모집·매출실적이 없어도 일괄신고서 제출이 가능한 집합투자증권과 같이 전제조건 적용 제외
투자설명서 표제부 작성시 증권신고서 변경시기 예외 (자본시장법 시행령 제131조 제2항 제7호)	발행예정기간을 무기한으로 하면 청약일 이후에도 정정신고서를 제출할 수 있으므로 표제부에도 증권서 내용이 청약일 이후에도 변경될 수 있다는 내용 명시
정정신고시 효력발생시기의 적용 예외 (자본시장법 제120조, 규칙 제12조 제2항 제1호)	고객이 희망시 실시간 매매가 이루어지는 개방형 상품으로 정정신고서가 수리된 날부터 효력

80 금융위원회, 2011. 8. 26, 국민, 신한, 우리은행의 골드뱅킹 상품의 발행·판매 등과 관련한 비조치 의견서 참조.

	발생
증권발행실적보고서의 회계기간별 제출 (자본시장법 제128조, 발행공시 규정 제2-19조)	증권발행실적보고서 제출이 불가능하므로 회계기간별로 제출
증권예탁절차 생략 (자본시장법 제75조)	계좌를 통해 거래되므로 증권예탁의 필요성이 낮으므로 증권예탁절차 생략
적정성원칙의 적용대상 제외 (자본시장법 제46조의2 제1항, 시행령 제52조의2 제1항 제1호)	일반적인 파생결합증권과 달리 동일한 상품에 대한 자유로운 추가불입이 가능하여 자동이체방식을 이용한 장기적립식 투자가 이루어지므로 적용대상 제외. 투자자 정보확인 의무는 신규고객 및 기존고객의 추가투자에 한해 적용
투자권유시 투자권유자문인력 요건 면제 (자본시장법 제71조 제5호)	전형적인 파생상품(선물, 옵션, 스왑 등)과 연관성이 없어 파생상품투자상담사로 투자권유자문인력을 제한하는 규제 불필요

2. 파생결합증권의 발행과 계약서

2-1. 파생결합증권 발행의 계약서 작성 실무

(1) 파생결합증권의 발행과 관련된 계약서

파생결합증권의 발행은 언제나 위험회피거래를 수반한다.[81] 따라서 파생결합증권의 발행과 관련된 계약서의 검토는 증권의 발행 및 취득을 위한 인수계약서뿐 아니라 해당 증권의 발행 및 취득과 관련한 위험회피 목적 거래에서 작성하는 계약서까지 대상으로 한다. 파생결합증권의 발행과 관련하여 작성되는 계약서는 〈표 4-27〉과 같다.

81 위험회피거래는 파생결합증권의 발행사가 해당 증권의 발행으로 인하여 노출되는 시장위험을 관리하기 위하여 수행하는 것으로서 크게 (i) 다른 거래상대방으로부터 동일한 구조의 장외파생상품 또는 파생결합증권을 매수하는 백투백(Back-to-Back)헤지방법과 (ii) 스스로 채권, 해당 증권의 기초자산과 관련된 주식, 선물, 옵션 등의 운용을 통한 자체헤지방법으로 나누어 볼 수 있다(자세한 내용은 1장 참조).

| 표 4-27 | 파생결합증권의 발행과 관련된 계약서

발행		위험회피거래	
사모발행	파생결합증권 인수계약서	백투백헤지	장외파생상품거래: Confirmation 파생결합증권매수: 인수계약서
공모발행	투자설명서 등 공시서류	자체헤지	없음

(2) 작성기준

파생결합증권 인수계약서를 작성하는 경우 해당 인수계약서에 발행하고자 하는 증권의 구조를 정확히 반영하고 투자자에 대한 위험고지내용을[82] 적정하게 기재하여야 함은 물론, 위험회피거래의 조건과 일치하도록 작성하여야 한다. 발행사가 조건의 불일치로 인하여 관련 위험회피거래를 통하여 피하고자 하였던 위험에 노출되지 않도록 백투백헤지거래를 한 경우에는 백투백 헤지거래상대방과 체결한 거래의 조건을, 자체헤지의 경우에는 자체운용을 위하여 필요한 조건을 각각 인수계약서에 반영한다.

2-2. 파생결합증권 인수계약서의 작성

파생결합증권은 사모의 경우 인수계약서,[83] 공모의 경우에는 발행신고서 및 투자설명서의 공시 및 교부에 의해 발행된다. 실무상 다수의 발행건을 처리하기 위하여 표준안을 마련한 후 상품 구조에 따라 변경이 필요한 부분만 수정하는 방식으로 작성하는 것이 일반적이고 발행사에 따라 기초자산이나 상환 구조를 입력하면 필요한 부분만 수정되어 작성되도록 계약서 등의 작성을 자동화한 경우도 있다.

파생결합증권의 내용은 발행방식의 사모 또는 공모여부와 관계없이 동일하므로, 인수계약서와 발행신고서[84] 및 투자설명서의 내용은 매우 유사하다. 아래에서는 사

82 위험고지사항은 계약서에 기재하는 경우도 있고 별도의 서면으로 작성하여 교부하면서 증권 취득자의 서명 또는 날인을 받는 경우도 있다. 증권의 취득자가 금융투자업자인 경우 인수계약서에 위험고지사항을 기재하는 것이 일반적이고, 그 외 전문투자자나 일반투자자의 경우 그 내용을 재차 강조하여 전달하기 위하여 계약서에 위험고지사항이 기재되더라도 위험고지문을 별도로 작성하여 교부하기도 한다. 본서에서는 계약서에 기재하는 경우를 전제로 기술한다.

83 '인수계약서' 및 '인수자'의 용어사용에 관해서는 각주 57 및 75 참조.

모 발행의 경우 작성되는 파생결합증권 인수계약서 중 가장 많이 발행되는 주가연계증권 인수계약서의 일반적인 구성에 따라 각 조항에서 작성에 주의하여야 할 점을 살펴보기로 한다.

(1) 파생결합증권 인수계약서의 일반적 조항

파생결합증권 인수계약서는 발행사마다 조금씩 다른 양식을 취하지만 그 차이는 대동소이하고 일반적으로 〈표 4-28〉과 같은 조항으로 구성된다.

| 표 4-28 | 파생결합증권 인수계약서의 개요

제목	주요내용
전문	해당 증권의 발행 목적 및 배경
제1조 용어의 정의	발행자, 인수자, 기초자산, 거래소, 영업일, 종가, 계산기관, 상환금액 시장교란사유, 가격산출불능사유 등 증권의 주요 용어의 정의
제2조 증권의 발행조건	증권의 명칭, 기초자산 및 최초기준가격, 액면금액, 발행가액, 발행수량, 발행일, 납입일, 만기일, 증권의 발행방법 등 발행조건
제3조 인수대금의 납입	인수대금의 납입 계좌 및 납입방법
제4조 자동조기상환 및 만기상환	평가일, 상환구조(pay off) 등 증권의 경제적 조건
제5조 투자자의 요청에 의한 중도상환	중도상환신청 가능기간, 신청가능금액의 단위, 중도상환금액 결정기준 등 중도상환에 관한 조건
제6조 증권의 조기상환	증권의 위법사유, 불가항력 등으로 인하여 증권의 유지가 불가능한 경우 및 발행사 또는 인수자의 파산 등 신용사건 발생 등 증권의 조기종료사유 및 조기종료의 경우 정산방법 등 조기종료의 조건
제7조 권리내용의 조정	기초자산, 상환조건 등과 관련하여 증권의 내용이 조정되어야 하는 경우 조정의 방법
제8조 증권의 양도	발행자의 동의를 조건으로 한 증권의 양도
제9조 지연배상	지급의무 이행지체시 적용되는 지연이율
제10조 진술 및 보장	증권의 발행 및 인수와 관련하여 당사자들이 확인하여야 하는 내용의 진술
제11조 계산기관의 선관의무	상환금의 산정 등에 있어 계산기관이 관련 법규를 준수

84 금융투자업자는 일괄신고서 제출 후 발행건별로 일괄신고추가서류를 제출하는 방법으로 공시하므로 일괄신고추가서류의 기재내용이 투자설명서와 유사하게 된다.

	하고 상관례에 따라 선량한 관리자의 주의를 다하여야 할 의무
제12조 위험고지사항	증권과 관련하여 인수자가 이해하여야 할 위험에 관한 내용
제13조 통지	상대방에 대한 통지방법 및 통지처
제14조 준거법 및 재판관할	증권의 준거법 및 분쟁발생시 관할
서명 및 날인	계약 당사자들의 표시 및 서명 · 날인

(2) 파생결합증권 인수계약서의 내용

파생결합증권은 파생상품을 증권화한 것으로, 그 경제적 본질은 표준화된 장내파생상품이 아니라 장외파생상품이다. 그런데 장외파생상품은 전세계적으로 국제파생상품협회(International Swap and Derivatives Association, 이하 "ISDA")가 발간한 ISDA Master Agreement(이하 "기본계약서") 및 관련 정의집(Definitions)에 근거하여 거래되므로 파생결합증권 인수계약서의 많은 조항들은 기본계약서 및 관련 정의집에 그 연원을 두고 있다. 장외파생상품거래에서는 거래의 기초자산에 따라 적용되는 정의집이 달라지는데, 그 중 주가연계증권과 관련된 정의집은 ISDA Equity Derivatives Definitions(이하 "Equity Definitions") 및 ISDA Definitions이다.[85]

또한 앞서 살펴본 바와 같이 파생결합증권 인수계약서는 관련 위험회피거래의 조건들이 반영되어야 하는데 아직까지 대부분의 파생결합증권의 위험회피거래는 백투백 거래상대방과 기본계약서를 체결한 후 거래확인서(Confirmation)에 의한 장외파생상품거래를 하는 백투백헤지의 방법으로 이루어진다. 따라서 위험회피거래의 조건과 인수계약서의 조건 사이의 불일치를 피하기 위해서는 최대한 기본계약서 및 관련 정의집의 기재를 따라 인수계약서의 조건들이 기재되어야 할 필요가 있다.

장외파생상품거래의 기본계약서에 관해서는 따로 살펴보겠지만, 이 장에서 일반적인 파생결합증권 인수계약서 조항 중 주요 조항의 내용 및 작성시 유의하여야 하는 사항과 함께 인수계약서 해당 조항의 연원이 되는 기본계약서 및 관련 정의집의 내용도 필요한 범위에서 병기하기로 한다. 이하에서 인수계약서의 조건 및 표제 뒤

85 발간연도에 따라 내용이 다른 부분이 있지만 파생결합증권을 위하여 참조하는 조항은 대동소이하므로 구별하지 않고 인용하기로 한다.

에 영문으로 병기된 용어는 기본계약서 및 관련 정의집상의 표현이다.

1) 전문

전문에는 파생결합증권 인수계약서를 체결하는 각 당사자의 법적지위(예: 자본시장과 금융투자업에 관한 법률상 금융투자업자인 A 주식회사)와 해당 계약서에서 파생결합증권의 발행 및 인수에 관한 사항을 정한다는 내용이 기재된다.

한편 신용보강에 관한 약정(Credit Support Annex)을 포함한 기본계약서를 체결하고 계속적·반복적으로 기본계약의 적용을 받는 장외파생상품거래를 하고 있는 금융투자업자간 파생결합증권의 발행과 인수의 경우 해당 파생결합증권으로 인하여 발생하는 위험노출액을 다른 장외파생상품거래에서 발생하는 위험노출액과 합산하여 신용보강을 하기로 하는 경우가 있는데, 그러한 경우 전문에 해당 파생결합증권이 기본계약서의 적용을 받는다는 내용을 기재함으로써 위험노출액의 계산이나 담보의 수수에 관한 내용을 따로 정하지 않고 기 체결한 CSA에 따라 담보를 수수함으로써 그 목적을 달성할 수 있다. 이 경우 전문 말미에 '본 계약은 발행자와 인수자 사이에 체결된 ISDA Master Agreement의 적용을 받는 거래(Transaction)로 본다'고 기재하면 된다.

2) 용어의 정의

파생결합증권 인수계약서에서 반복적으로 사용되는 용어들을 정의한다. 주로 발행자, 인수자, 거래소(Exchange), 예정거래일(Scheduled Trading Day), 거래소영업일(Exchange Business Day), 종가(Closing Price), 계산기관(Calculation Agent), 상환금액(Payment), 영업일(Business Day), 시장교란사유(Market Disruption 또는 Hedging Disruption) 등이 기재된다.

① 가격산출기관 또는 지수산출기관(Index Sponsor)

기초자산 가격이 주식(Equity)과 같이 거래소에서의 거래에 따라 결정되는 시가가 고시되는 경우 가격산출기관이 따로 존재하지 않는 반면, 구성종목의 가격을 기초로 정해진 산식에 따라 산출된 결과를 발표하는 지수(Index)의 경우 가격산출기관(Index Sponsor)이 존재한다. 주식 등 가격산출기관이 따로 존재하지 않는 전자의 경우는 뒤에서 살펴보는 시장교란사유만 평가일 순연 또는 권리내용 조정 또는 증권의 기한 전 종료의 원인이 되나, 지수 등 후자의 경우는 가격산출장애사유도 시장교란사유와 함께 그 원인이 될 수 있다는 점에서 구별이 필요하다. 기초자산이 지수인

| 표 4-29 | 가격산출기관

Equity Definitions	내용
Section 1.28. Index Sponsor. "Index Sponsor" means the corporation or other entity that (a) is reponsible for setting and reviewing the rules and procedures and the methods of calculation and adjustments, if any, related to the relevant Index and (b) announces(directly or through an agent) the level of the relevant Index on a regular basis during each Scheduled Trading Day.	가격산출기관은 (a) 지수 관련 조정, 계산방법, 절차 및 규칙의 검토 및 결정 권한이 있고 (b) 예정거래일 동안 (스스로 또는 대리인을 통하여) 정기적으로 해당 지수를 발표하는 회사 기타 법적 주체를 의미한다.

경우 인수계약서에 관련 거래소와 함께 가격산출기관(Index Sponsor)을 기재하는데, 예를 들면, KOPSI200 지수를 발표하는 한국거래소(Korea Exchange), HSCEI 지수를 발표하는 홍콩교역소(Hang Seng Indexes Company Limited), S&P500 지수를 발표하는 스탠다드 앤 푸어스사(Standard and Poors Inc.)가 이에 해당한다.

외국 금융투자업자들이 자체적으로 발표하는 상품(Commodity)이나 주식(Equity) 관련 지수들의 경우 해당 지수를 기초자산으로 하는 파생상품거래의 상대방인 외국 금융투자업자 또는 그 계열사가 산출 및 운용하는 경우가 많다. 가격산출기관이 어디인지, 거래상대방과의 관계가 어떻게 되는지 파악하여 가격산출기관으로 정확히 기재하여야 하고, 해당 지수를 기초자산으로 하는 장외파생상품거래의 상대방과 기초자산의 가격산출기관이 사실상 동일한 주체인 경우가 많으므로 해당 지수의 산출 방법을 충분히 분석하고 이해관계충돌에 주의하여야 한다.

② 예정거래일(Scheduled Trading Day)

예정거래일(Scheduled Trading Day)이란 거래소 및 관련 거래소가 정규거래시간 동안 정상적으로 개장하기로 예정된 날을 말한다. 증권을 발행할 때 예정거래일 중에서 평가일을 정하게 되고, 해당 평가일이 되기 전에 그 평가일이 임시지정 공휴일이 되는 등 예정거래일이 아니게 되는 경우 평가일을 미리 조정할 수 있다. 그러나 일반적인 파생결합증권 인수계약서에서는 예정거래일의 정의를 기재하면서도 위와 같은 경우 미리 평가일을 조정한다는 내용을 기재하는 경우는 찾아보기 힘들다. 어차피 해당 평가일에 시장이 열리지 않는 경우 시장교란사유에 해당하여 평가일을

| 표 4-30 | 예정거래일

Equity Definitions	인수계약서 기재 예시
Section 1.30. Scheduled Trading Day. "Shceduled Trading Day" means any day on which each Exchange and each Related Exchange are scheduled to be open for trading for their respective regular trading sessions.	예정거래일이란 거래소 및 관련 거래소가 정규 거래시간 동안 정상적으로 개장하기로 예정된 날을 말한다.

권리내용 조정 조항에 따라 미룰 수 있기 때문에 따로 기재할 실익은 적다.[86]

ISDA Definitions상의 예정거래일(Scheduled Trading Day)은 각 거래소 또는 관련 거래소가 정규거래시간 동안 개장하기로 예정된 날을 의미한다.

③ 거래소 영업일(Exchange Business Day)

통상 인수계약서에서는 '거래소'를 기초자산 혹은 해당 지수의 구성 종목이 상장되어 거래되는 거래소 및 그 승계기관으로 정의하고 기초자산과 관련된 선물, 옵

| 표 4-31 | 거래소 영업일

Equity Definitions	인수계약서 기재 예시
Section 1.29. Exchange Business Day. "Exchange Business Day" means any Scheduled Trading Day on which each Exchange and each Related Exchange are open for trading during their respective regular trading sessions, notwighstanding any such Exchange or Related Exchange closing prior to tis Scheduled Closing Time.	거래소 영업일은 예정거래일 중 거래소 또는 관련 거래소에서 기초자산, 기초자산의 구성 종목 및 기초자산과 관련된 선물, 옵션 등에 관하여 정상적인 매매거래를 통해 공식적으로 해당일의 종가가 발표하는 거래소 시장 영업일을 말한다.

86 클리켓 구조의 주가연계워런트증권(ELW) 인수계약서의 경우 다음과 같은 평가일 조정에 관한 조항이 추가되는 것이 보통이다. "본 항에서 정의된 모든 지수 평가일에 대하여 각 지수 평가일이 거래소영업일이 아닌 경우 해당일의 직전 거래소영업일을 새로운 해당 지수 평가일로 한다. 단, 해당일이 거래소영업일이 아니라는 사실이 해당일로부터 20 거래소영업일 이전에 거래소로부터 확정공시된 경우에 한하며, 그렇지 않은 경우 해당일의 익 거래소영업일을 새로운 해당 지수 평가일로 한다. 이 경우 만기일은 새로운 최종만기지수 평가일 이후 2영업일에 해당하는 날로 한다."
위 조항의 근거는 ISDA 정의집에 없다. 실무상 클리켓 구조 ELW는 보험사들이 인수하는 경우가 많았는데 보험사들이 보험상품을 운용함에 있어 조건의 변경이 있는 경우 사전에 보험가입자에게 알려야 한다는 규정이 있으므로 해당 규정을 준수하기 위하여 보험사 인수 클리켓 구조 ELW에 기재되었던 조항이 관행으로 통용되는 것이다. 따라서 백투백 거래상대방과의 거래확인서에 이와 일치시키기 위한 별도의 조항을 기재하지 않는 경우 평가일 조정에 관하여 불일치가 발생한다.

션 등이 거래되는 주요 거래소를 관련 거래소로 기재하는 한편, '거래소 영업일'은 예정거래일 중 거래소 또는 관련 거래소에서 기초자산, 기초자산의 구성 종목 및 기초자산과 관련된 선물, 옵션 등에 대한 거래가 정상적인 매매 거래를 통해 공식적으로 해당일의 종가를 발표하는 거래소 시장 영업일로 정의한다.

거래소는 상환 조건인 기초자산 가격과, 관련 거래소는 해당 증권의 발행 후 위험회피거래의 수행과 각각 관련하여 기재되는 것이다. 금융투자업자의 파생결합증권의 발행 및 취득은 위험회피거래를 반드시 수반하고 발행사의 위험관리뿐 아니라 상환자금의 조달도 위험회피거래를 통하여 이루어지므로 위험회피거래를 위하여 필요한 거래소에서 정상적인 거래가 이루어지지 않는 경우도 증권 상환여부를 결정하는 평가일이 될 수 없다. 따라서 평가일은 거래소 영업일이어야 하되, 거래소 영업일은 거래소와 관련 거래소가 모두 정상적으로 거래하는 날로 정의되어야 한다. 파생결합증권의 기초자산이 둘 이상인 경우와 복수의 평가일 평균을 상환평가의 기준으로 하는 경우 거래소 영업일에 관한 기재는 특히 주의하여야 하는데, 그 내용은 뒤에서 따로 살펴보기로 한다.

Equity Definitions상의 거래소 영업일(Exchange Business Day)은 일부 거래소 또는 관련 거래소가 예정마감시간 이전에 폐장하더라도, 각 거래소 및 관련 거래소가 정규매매시간 동안 개장한 예정거래일을 의미한다.

④ 영업일(Business Day)

(가) 영업일의 정의

거래소 영업일이 평가일의 전제 조건이라면, 영업일은 상환금의 지급 결제를 위한 전제 조건이다. 국내에서 발행되는 파생결합증권의 경우 영업일은 대한민국 내에서 시중은행이 정상적으로 영업하는 날(외환거래 포함)로 정의된다.

상환금을 지급하려면 은행의 결제시스템을 이용할 수 있어야 하기 때문이고, 외환거래가 포함되는 것은 해외 금융투자업자와 외화 표시 헤지거래를 한 경우 외환거래에 장애가 발생함으로써 헤지거래상대방으로부터 상환금을 지급받지 못하거나 받은 상환금을 환전하지 못하는 경우 외환거래를 포함하지 않으면 따로 자금을 조달하여 증권의 취득자에게 상환금을 지급하여야 하게 되므로 헤지거래상대방으로부터 상환금을 수령하는 날과 투자자에게 상환금을 지급하는 날을 일치시키기 위한 것이다.

| 표 4-32 | 영업일

ISDA Definitions	인수계약서 기재 예시
Section 1.4. Business Day. "Business Day" means, in respect of any date that is specified in these 2006 Definitions or in a Confirmation to be subject to adjustment in accordance with any applicable Business Day Convention, a day on which commercial banks and foreign exchange markets settle payments and are open for general business (including dealings in foreign exchange and foreign currency deposits) in the place(s) and on the days specified for that purpose in the related Confirmation. (이하 생략)	영업일은 대한민국 내에서 시중은행이 정상적으로 영업하는 날(외환거래 포함)을 말한다.

그러나 파생결합증권의 상환금 지급일은 통상 평가일(불포함)로부터 2영업일 후인 것이 관행이나 해외 금융투자업자를 상대방으로 하는 장외파생상품의 경우 상대방에 따라 평가일로부터 3영업일 후가 결제일이어서 지급일이 일치하지 않는 경우가 많다.[87] 반드시 이를 일치시키지 않더라도 발행사의 유동성으로 쉽게 해결할 수 있으므로 실무상 지급일의 불일치는 크게 문제되지 않는 편이다.

한편 ISDA Definitions상의 영업일(Business Day) 정의는 다음에 살펴보는 Business Day Convention에 따른 조정을 전제로 ISDA Definitions 또는 거래확인서에서 지정된 날과 관련하여 상업은행 및 외환시장이 지급 결제를 하고 정상영업을 위해 개장한 날(외환거래 및 외화표시예금 포함)을 의미하는 것으로 정의된다.

(나) 영업일의 순연

한편, 증권에서 정한 지급일이 영업일이 아닌 경우 영업일을 순연하는 방법은 (i) 직전 영업일로 앞당기는 경우(Preceding), (ii) 그 다음 영업일로 미루는 경우(Following) 및 (iii) 그 다음 영업일로 미루되 수정된 지급일이 원래의 지급일과 다른 달로 넘어가는 경우에는 직전 영업일로 앞당기는 경우(Modified Following)의 세

87 이는 해외 금융투자업자와 하는 헤지목적 장외파생상품거래의 기준통화는 외화인 경우가 대부분인데, 상환평가일에 상환조건이 성취되면 상환평가일의 다음 날 시장 환율로 적용환율을 결정하여 환율이 결정된 날로부터 2영업일 후에 상환금을 지급받는 것이 시장 관행이기 때문이다.

가지가 있다.

일반적인 파생결합증권 인수계약서에서는 중도상환일, 만기상환일 등 지급일 기재 뒤에 영업일이 아닌 경우 익 영업일로 한다는 단서를 간단히 부기하는 정도로 기재하는 것이 일반적이나, 위에서 언급한 영업일 순연의 세 가지 방법 중에서 필요에 따라 달리 정할 수 있다.

이를 ISDA Definitions에서는 Business Day Convention(Section 4.12) 이라고 하는데, 당사자가 위 세 가지 중 합의한 조건을 거래확인서에 기재하고, 거래확인서에 이에 관한 정함이 없는 경우에는 ISDA Definitions에서 정한 바에 따른다. 예를 들면, ISDA Definitions는 당사자들이 달리 정하여 거래확인서 등에서 명시하지 않으면 거래의 발효일(Effective Date, Section 3.2)은 영업일이 아니더라도 조정되지 않고, 지급일(Payment Date, Section 4.9)은 영업일이 아닌 경우 Modified Following 방법으로 조정된다.

| 표 4-33 | Business Day Convention

ISDA Definitions	인수계약서의 기재 예시
Section 4.12. Business Day Convention. (a) "Business Day Convention" means the convention for adjusting any relevant date if it would otherwise fall on a day that is not a Business Day. The following terms, when used in conjunction with the term "Business Day Convention" and a date, shall mean that an adjustment will be made if that date would otherwise fall on a day that is not a Business Day so that: (i) if "Following" is specified, (생략) (ii) if "Modified Following" or "Modified" is specified (생략) (iii) if "Preceding" is specified, (생략) (b) (생략)	▪ "영업일"은 대한민국 내에서 시중은행이 정상적으로 영업하는 날(외환거래 포함)을 말한다. ▪ 자동조기상환일: 본 조 제1항에 기재된 날을 자동조기상환일로 한다. 단, 자동조기상환평가일이 재지정되는 경우 재지정된 자동조기상환평가일 경과 후 2영업일을 새로운 자동조기상환일로 보며, <u>각 경우에 있어 해당일이 영업일이 아닌 경우 익 영업일을 자동조기상환일로 하기로 한다.</u>

⑤ 시장교란사유(Market Disruption 및 Heding Disruption)

발행사는 파생결합증권의 평가일에 조기상환, 중도상환 또는 만기상환을 위하여 기초자산 가격에 따라 상환여부를 결정하고 상환되는 경우 상환금을 확정하며, 위험회피거래 청산으로 발행사의 포지션을 관리하고 상환금을 조달하여야 하는데, 이를 수행할 수 없는 경우 해당 평가일은 다른 거래소 영업일로 조정되어야 한다. 시장교란사유는 거래소에서 시가가 발표되는 주식 등이 기초자산인 경우 거래소에서 거래가 정상적으로 이루어지지 못함으로써 (i) 기초자산 가격이 발표되지 않거나 발표되었으나 정상적인 가격으로 볼 수 없는 경우 및 (ii) 위험회피거래를 청산할 수 없거나 청산이 매우 어려운 경우를 규정하는 내용이다. ISDA Equity Derivatives Definitions (이하 "Equity Definitions")에서는 위 두 가지 경우를 Market Disruption과 Hedging Disruption으로 나누어 규정[88]하고 있으나, 파생결합증권 인수계약서는 이 둘을 모두 포괄할 수 있는 내용으로 시장교란사유 조항을 두는 것이 일반적이다. 시장교란사유가 발생한 경우 해당 평가일은 그러한 사유가 발생하지 않은 다음 거래소 영업일로

| 표 4-34 | 시장교란사유 및 그 효과에 관한 인수계약서 조항

시장교란사유 기재 예시	인수계약서의 기재 예시
"시장교란사유"라 함은, 당해 기초자산과 관련하여 정규거래 마감시각(예정된 마감시각 포함) 직전 1시간 이내에 다음 각 호의 경우가 발생하는 경우로서 발행자가 선량한 관리자의 주의로써 판단하기에 이러한 사유가 중대한 경우를 말한다. 1. 한국거래소 또는 홍콩증권거래소에서 당해 기초자산 및 기초자산과 관련된 선물, 옵션종목의 거래의 제한 및 지연이 발생한 경우 2. 한국거래소 또는 홍콩증권거래소가 당해 기초자산 및 기초자산과 관련된 선물, 옵션종목에 대하여 정상적으로 매매가격을 제공하지 못하는 경우 3. 한국거래소 또는 홍콩증권거래소가 정규매매 마감시각(예정된 마감시각 포함) 이전에 거래를 마감하여 당해 기초자산의 종가가 발표되지 못하는 경우	▪ 권리내용의 조정 조항을 이용하는 경우의 기재례 기준지수결정일, 자동조기상환평가일, 만기평가일 등 기초자산 가격의 확정이 필요한 날에 기초자산의 일부 또는 전부와 관련하여 다음 각 목의 사유가 발생한 경우, 발행자는 상관례에 따라 해당 사유가 발생한 기초자산 및 해당 사유가 발생하지 않은 기초자산에 대한 기준지수결정일, 자동조기상환평가일, 만기평가일, 기준지수, 자동조기상환평가지수, 만기평가지수, 자동조기상환지급일, 만기일, 기타 지급일 등 본 증권의 조건을 변경할 수 있다. 가. 지수산출불능사유가 발생한 경우. 나. 시장교란사유가 발생한 경우.

88 자세한 내용은 p. 503 (2) Additional Disruption Event 참조.

조정되는데, 일반적인 파생결합증권 인수계약서의 거래소 영업일 규정은 거래소 영업일을 거래소 및 관련 거래소가 정상적으로 종가를 발표하는 날로 정의하므로 정의 규정 자체에서 시장교란사유가 발생하지 않은 날이어야 한다는 점을 내포하고 있다고 볼 수 있으나, 아울러 권리내용의 조정 조항에서도 발행자 또는 계산대리인이 해당 평가일에 관한 사항을 조정할 수 있도록 규정하는 것이 보통이다.

⑥ 지수산출불능사유

지수산출불능사유(또는 가격산출불능사유)에는 기초자산의 가격이 주식 등의 경우와 같이 거래소의 매매 결과로 발표되는 것이 아니라 별도의 지수산출기관이 정해진 산식에 따라 산출하여 발표하는 지수인 경우, 지수산출기관이 정상적으로 지수를 발표하지 못하거나 지수를 발표하였으나 중대한 사정변경으로 인하여 해당 지수가 동일성을 상실한 것으로 판단되는 등의 사유로 평가일에 이를 기준가격으로 사용할 수 없는 경우를 기재한다. 파생결합증권 인수계약서의 일반적인 지수산출불능사유는 일시적인 것이 아니라 항구적으로 지수산출이 중단되거나 동일성을 상실하여 기초자산으로 사용할 수 없는 경우가 기재되는 것이 보통이다.

해당 사유가 발생하면 발행자 또는 계산대리인이 대체 지수를 결정하거나 기준가격을 조정하는 등 기존의 조건과 동일성을 유지할 수 있도록 증권의 권리내용을

| 표 4-35 | 지수산출불능사유 및 그 효과에 관한 인수계약서 조항

지수산출불능사유	지수산출불능사유의 효과
"지수산출불능사유"라 함은 다음 각 호와 같다. 1. 천재지변, 한국거래소 또는 홍콩증권거래소 내부사유 등의 사유로 인하여 한국거래소 또는 홍콩증권거래소(또는 그 승계기관)가 기초자산 가격의 산출·발표를 중단하고 달리 다른 기관이 이를 승계하지도 않아 더 이상 기초자산의 가격이 발표되지 않게 된 경우로서 더 이상 본 거래의 지속이 어렵다고 발행자가 선량한 관리자의 주의로써 판단하는 경우 2. 한국거래소 또는 홍콩증권거래소(또는 그 승계기관)가 기초자산 가격의 산출방식을 중대하게 변경하는 등으로 본래의 기초자산 가격과의 동일성이 없어졌다고 발행자가 선량한 관리자의 주의로써 판단하는 경우	■ 권리내용의 조정 조항을 이용하는 경우의 기재례 기준지수결정일, 자동조기상환평가일, 만기평가일 등 기초자산 가격의 확정이 필요한 날에 기초자산의 일부 또는 전부와 관련하여 다음 각 목의 사유가 발생한 경우, 발행자는 상관례에 따라 해당 사유가 발생한 기초자산 및 해당 사유가 발생하지 않은 기초자산에 대한 기준지수결정일, 자동조기상환평가일, 만기평가일, 기준지수, 자동조기상환평가지수, 만기평가지수, 자동조기상환지급일, 만기일, 기타 지급일 등 본 증권의 조건을 변경할 수 있다. <u>가. 지수산출불능사유가 발생한 경우</u>. 나. 시장교란사유가 발생한 경우.

조정하고, 이러한 조정이 마땅하지 않은 경우 해당 증권을 기한 전 종료시킬 수 있다. 이러한 지수산출불능사유가 발생하였을 경우의 효과는 권리내용 조정 조항에 기재한다. 한편, 실무상 지수산출불능사유를 따로 기재하지 않고 권리내용 조정 조문에서 이에 해당하는 사유를 예시하면서 그러한 경우 권리내용을 조정할 수 있다고 규정하는 경우도 많고 효과에 차이는 없다.

Equity Definitions에서는 지수산출불능사유에 해당하는 Index Disruption 사유를 포함한 Index Adjustment Event 및 발생하는 경우 효과를 구체적으로 정하고 있다(Section 11. 1). 인수계약서 기재 지수산출불능사유와 권리내용 조정 중 기초자산 지수의 가격이 발표되지 않거나 동일성을 상실하는 경우에 관한 내용과 유사하다. 해당 부분은 뒤에서 살펴보기로 한다.[89]

⑦ 계산기관(Calculation Agent)

계산기관(또는 계산대리인이라고도 한다)은 상환금액 등 파생결합증권 조건에 따라 지급되어야 할 금액을 계산하고 확정하는 자를 말한다. 일반적으로 발행사 또는 발행사의 승계인으로 기재하되, 금융투자업자 사이의 발행과 인수의 경우 발행사 또는 발행사의 승계인에게 파산 등 기한 전 종료사유가 발생하는 경우 상대방으로 한다는 단서를 추가하기도 한다. 발행사뿐 아니라 인수자도 금융투자업자이므로 파생결합증권의 평가능력이 있고, 발행사에 파산 등 기한 전 종료사유가 발생하면 정상적인 영업활동을 기대하기 어렵기 때문에 상환금액의 확정 기타 인수계약서상 계산기관이 수행하여야 할 권리내용의 확정이 적시에 합리적인 내용으로 이루어지지 못할 가능성이 크기 때문이다.[90]

계산기관은 상환금액을 계산한다. 파생결합증권의 자동조기상환금이나 만기상환금은 정해진 산식에 따라 결정되므로 계산기관을 통하지 않더라도 누구나 얼마인지 알 수 있으나, 중도상환금이나 조기상환금의 경우 평가일의 해당 증권의 평가금액을 기초로 하여 결정되므로 계산기관이 상환금을 결정하게 된다.

한편 권리내용의 조정과 관련하여, 장외파생상품거래에서는 시장교란사유 등의 발생으로 인하여 권리내용 조정이 필요한 경우 계산대리인이 그 역할을 한다. 그러

89 자세한 내용은 p. 502 Adjustments to Indicies 참조.

90 반면 인수자가 금융투자업자가 아닌 경우에는 파생결합증권을 평가할 수 없으므로 신용사건 등 기한 전 종료사유가 발생한 경우에 관한 단서를 추가하지 않고 발행사가 계속 계산기관이 되는 것이 일반적이다.

| 표 4-36 | 계산기관(Calculation Agent)

Equity Definitions	인수계약서의 기재 예시
Section 1.40. Calculation Agent. "Calculation Agent" means the person or entity specified as such in the related Confirmation. Whenever a Calculation Agent is required to act or to exercise judgment in any way, it will do so in good faith and in a commercially reasonable manner. Furthermore, each party agrees that the Calculation Agent is not acting as a fiduciary for or as an advisor to such party in respect of its duties as Calculation Agent in connection with any Transaction.	▪ "계산기관"은 "상환금액" 등을 계산하는 자로서 본 계약에서는 발행자 또는 발행자에 의하여 승계인으로 지명된 자를 말한다 ▪ "계산기관"은 "상환금액" 등을 계산하는 자로서 본 계약에서는 발행자 또는 발행자에 의하여 승계인으로 지명된 자를 말한다. <u>단, 발행자에 제[6]조 제[2]항의 사유가 발생하는 경우에는 "인수자" 또는 그 승계인으로 지명된 자로 한다</u>.

나 파생결합 인수계약서는 권리내용 조정을 발행사가 하는 것으로 정하는 것이 보통이고 경우에 따라 상대방과의 협의나 합의를 조건으로 추가한다. 파생결합증권 인수계약서에서는 통상 발행사가 계산기관이 되므로 구별의 실익은 별로 없다.

한편 장외파생상품거래에서는 기본계약서 부속 Schedule 또는 거래확인서(Confirmation)에서 계산대리인(Calculation Agent)을 정하는데 Equity Definitions 중 상환금 계산 또는 권리내용조정에 관한 각 조항에서 계산대리인을 그 주체로 명시하고 있다.

3) 증권의 발행 조건

증권의 발행 조건 조항에는 증권 명칭, 기초자산, 액면금액, 발행일 및 만기일 등 증권의 기본적인 조건과 함께 예탁원 명의로 실물증권 1매를 발행하여 예탁원에 예탁하고 예탁원이 작성하여 비치하는 예탁자 계좌부상에 해당 증권의 수량을 기재함으로써 교부에 갈음한다는 내용 및 실물 교부와 권면 분할이 금지된다는 내용이 기재된다. 특히 발행 수량 및 방법 등에 관한 내용은 파생결합증권준칙 및 발행대행계약서에 근거[91]한 것으로 그 내용이 발행사와 예탁원 사이에서는 구속력을 가지나 증권의 인수자에게 당연히 효력이 있는 것은 아니기 때문에 인수계약서에 기재되어 계약내용으로 편입되지 않으면 인수자에 대하여 주장할 수 없다. 특히 사모 발행의 경우 해당 증권이 50매 이상으로 권면분할 되어 거래될 가능성이 있는 경우 모집으

91 파생결합증권이 증권의 발행의 업무처리 근거가 되는 규정 및 계약은 p. 334 〈표 4-16〉 발행절차별 적용대상 및 근거규정 참조.

| 표 4-37 | 증권의 발행 조건

제목	주요 내용
증권의 명칭	발행사가 부여한 회차(제000회) 등 해당 증권을 특정할 수 있는 명칭
기초자산 및 최초기준가격	기초자산의 공식적 명칭 및 Ticker, KE Code 등 정보 및 최초기준가격 기재
액면금액	해당 파생결합증권의 액면금액
발행가액	투자자가 실제로 납입하는 금액으로 금액과 액면금액 대비 %를 기재 (실무상 파생결합증권의 가격은 액면금액 대비 발행가액의 비율을 의미함)
발행수량	파생결합증권은 실물증권 1매로 발행
발행일	증권이 발행되는 날짜 기재
납입일	투자자가 발행가액을 납입하는 날로 발행일과 같은 날로 함
만기일	만기상환금이 지급되는 날짜를 기재하고 평가일이 변경되는 경우 변경된 평가일로부터 몇 영업일 후로 순연되는지 기재; 이 때 연기되는 영업일의 수는 해당 파생결합증권의 평가일과 상환금 지급일 사이의 영업일수 차이와 동일하게 함
권면의 분할 및 병합	파생결합증권은 기명식 증권으로 발행되고 권면의 분할 및 병합은 인정하지 아니한다는 점을 기재
증권의 발행방법	파생결합증권은 예탁원 명의의 실물증권 1매를 발행하여 예탁원에 일괄예탁하는 방식으로 발행되고, 증권 소유자가 해당 증권의 실물 발행을 청구할 수 없다는 점을 기재

로 간주될 수 있으므로 권면분할 금지특약이 반드시 인수계약서에 기재되는 동시에 증권의 권면에 기재되어야 한다(증권의 발행 및 공시에 관한 규정 제2-2조 및 제2-2조의2 참조).

4) 인수대금의 납입

투자자가 납입일에 인수대금을 납입한다는 점과 함께 이를 납입할 계좌를 기재한다. 금융투자업자 사이의 거래인 경우에는 보통 BOK wire 계좌를 기재하나, 그 외 상대방과의 거래인 경우에는 일반 은행 계좌를 기재한다. 또한 계좌에 관하여 당사자간 별도 합의하는 경우에는 이에 따르도록 하여 계약서에 기재된 계좌를 변경할 수 있는 근거를 마련해 둔다.

5) 증권의 상환 조건

파생결합증권의 상환 조건을 정한다. 조기상환평가일이 있는 경우 조기상환평가일과 만기평가일을 항을 달리하여 규정하면서 조기상환 또는 만기상환되는 경우 발행자가 인수자에게 추가적인 상환의무를 부담하지 않는다는 점을 확인을 위하여 기재하는 것이 보통이다. 평가일과 상환조건, 상환기준이 되는 기초자산의 가격 등을 기재하고, 어느 평가일이 거래소 영업일이 아닌 경우 다음 거래소 영업일을 평가일로 한다는 점을 해당 평가일을 기재한 조항에 단서로 추가한다. 증권의 지급조건을 결정하는 조항이므로 가장 주의를 기울여 그 조건을 정확히 기재하여야 한다.

① 절사의 문제

증권의 상환여부를 결정함에 있어 기초자산 가격의 복수일 평균을 사용하는 경우 기초자산 가격의 평균이 원 단위로 떨어지지 않으므로 어떻게 처리할지 문제가 된다. 통상 최초기준가격은 소수점 두 자리 미만으로 절사하고, 최초기준가격을 절사하면 조기상환평가가격은 유한소수가 되므로 절사하지 않는다. 조기상환기준가격도 조기상환평가가격과 비교할 수 있으면 되므로 절사하지 않는다. 절사 조건이 달라지면 헤지거래상대방과의 상환여부가 일치하지 않을 가능성이 발생하므로 주의하여야 한다.

② 평가일의 기재

파생결합증권의 각 상환평가일의 기준가격은 하루의 기초자산 종가를 사용하기도 하고, 복수의 평가일의 기초자산 종가 평균을 사용하기도 한다. 최근 파생결합증권의 평가일에 발행사 또는 발행사의 헤지거래상대방이 델타헤지를 위하여 해당 파생결합증권의 기초자산을 매도하면서 기초자산 가격이 하락하여 상환이 무산되고 투자자와의 사이에서 분쟁이 발생하는 일이 생기면서 발행사 또는 발행사의 헤지거래상대방가 헤지거래 결과 평가일의 기초자산 종가에 과도하게 관여하는 것을 예방하기 위하여 기초자산이 개별주식이면 일정한 경우 3영업일 이상 종가의 평균을 사용하도록 하는 등 평가일 및 기준가격 결정에 관한 금융감독원의 제도개선안[92]이 발표된 바 있다. 해당 제도개선안은 일몰규정이 있는 행정지도로써 2010년 11월 7일 일몰되었으나 같은 내용이 파생상품 업무처리 모범규준[93] 및 파생결합증권의 발행 및 운용에 관

92 금융감독원 2009년 10일 1일 금자파총-00173, ELS 발행 및 운용관련 제도개선안. 이에 부수하여 한국거래소는 헤지거래에 관하여 기초주식의 공정시세형성을 위한 헤지거래가이드라인을 발표하였다(한국거래소 2009년 9월 18일 시행 감시감리이-132 ELS 기초주식의 공정시세형성을 위한 헤지거래 가이드라인 통보).

93 파생상품모범규준 〈참고 15〉 ELS 발행 및 운용기준.

한 모범규준[94]에 포함되었으므로 평가일의 결정에 있어 이를 준수하여야 한다.[95]

③ 평가일 순연의 문제

한편, 평가일이 어느 한 기초자산에 관하여 거래소 영업일이 아닌 경우 이를 어떻게 처리할 것인가가 문제된다. 이는 기초자산이 하나인지 또는 복수인지, 평가일이 하루인지 아니면 복수 평가일의 기초자산 가격 평균을 상환평가의 기준가격으로 하는지에 따라 달라진다. 먼저 기초자산이 하나이고 각 평가일이 하루인 경우에는 평가일이 거래소 영업일이 아닌 경우 다음 거래소 영업일로 연기하면 족하다. 그런데 기초자산이 복수인 경우 또는 복수의 평가일의 평균가격을 상환조건으로 하는 때에는 해당 평가일이 어느 한 기초자산에 대하여만 또는 평가일 중 어느 한 평가일만 거래소 영업일이 아닌 경우 이를 어떻게 조정할 것인지 문제된다.

실무상 복수의 기초자산의 거래소 및 관련 거래소가 같은 경우(예를 들어 두 기초자산 모두 한국거래소에서 거래되는 주식인 경우)에는 이러한 문제가 발생하지 않는다고 주장하는 경우가 있다. 그러나 거래소가 같더라도 복수 기초자산 중 어느 하나에 대해서만 거래장애사유가 발생하여 해당일의 종가가 정상적으로 발표되지 않는 경우(예를 들어 한 종목에만 거래소 규정상 거래정지사유가 발생하여 거래가 정지되는 경우)가 있을 수 있으므로 거래소 및 관련 거래소가 동일하더라도 평가일 조정의 문제는 거래소 및 관련 거래소가 복수인 경우와 마찬가지로 존재한다는 점에 유의하여야 한다.

또한 어느 평가일이 거래소 영업일이 아닌 경우는 물론 예정거래일이 아니게 되거나 시장교란사유가 발생하여 교란일(Disrupted Day)이 되는 경우에도 같은 문제가 발생하는데 일반적인 인수계약서는 이러한 경우는 거래소영업일 순연에 관한 조항과 별도로 권리내용 조정 조항에 발행자 또는 계산대리인이 평가일 변경을 포함하여 해당 증권의 조건을 조정할 여지를 폭넓게 열어둔다. 실무상 평가일이 변경되는 각 사유 및 효과를 구별하지 않고 사용하는 경우가 많으나, 이는 〈표 4-38〉과 같이 구별될 수 있다. 파생결합증권 발행 후 백투백 헤지거래를 한 경우 인수계약서와 헤지거래계약서의 조건을 일치시켜야 한다.

94 금융투자협회 2012. 10. 30. 시행 파생결합증권의 발행 및 운용에 관한 모범규준 V. 내부통제와 위험관리.
95 자세한 내용은 1장 참조.

| 표 4-38 | 평가일이 변경되는 사유 및 효과

인수계약서상 평가일 변경의 사유	조정된 평가일
거래소 영업일이 아닌 경우	평가일 순연방법 참조
예정 거래일이 아닌 경우	평가일 순연방법 참조(단 '평가일'을 '예정거래일'로 본다)
시장교란사유 또는 지수산출불능사유	권리내용 조정 조항에 따라 조정 ▪ 시장 관행: 해당 사유가 해소된 다음 거래소 영업일로 하되 계약서에서 정한 일정 영업일 동안 해소되지 않는 경우 계산대리인이 선량한 관리자의 주의의무로 기준가격 결정

(가) 기초자산이 둘 이상인 경우

가) 기초자산이 둘 이상인 경우 평가일 순연방법

기초자산이 복수이고 각 평가일이 하루인 거래에서 어느 한 기초자산에 대해서만 거래소 영업일이 아닌 경우 거래소 영업일이 아닌 기초자산에 대해서만 평가일을 다음 거래소 영업일로 하는 방법과 모든 기초자산에 대하여 평가일을 다음 거래소 영업일로 하는 방법이 모두 가능하나, 우리나라 파생결합증권 및 장외파생상품 시장의 관행은 어느 한 기초자산에라도 평가일 변경사유가 발생하면 모든 기초자산에 관하여 평가일을 두 기초자산 모두에 관한 다음 거래소 영업일로 순연하는 것이다.

Equity Definitions상으로는 별도의 당사자간 합의가 없는 경우 거래소 영업일이

| 표 4-39 | 평가일 순연에 관한 인수계약서 기재례 Ⅰ

인수계약서 기재례	비고
해당일이 두 기초자산 중 어느 하나에 관한 거래소 영업일이 아닌 경우 이후 최초로 도래하는 두 기초자산 모두에 관한 거래소 영업일을 새로운 자동조기상환평가일로 한다.	거래소 및 거래소 영업일의 정의내용과 무관하게 함께 순연하도록 기재하는 경우
해당일이 거래소 영업일이 아닌 경우 다음 거래소 영업일을 새로운 자동조기상환평가일로 한다.	▪ 사유 발생 기초자산에 관한 평가일만 순연하고 사유가 발생하지 않은 기초자산은 원래의 평가일에 평가 ▪ 단, 거래소 영업일의 정의를 <u>모든 기초자산에 관하여</u> 거래소가 정상적인 종가를 발표한 날로 정의하는 경우 모든 기초자산에 관하여 평가일 순연으로 해석될 수 있음

아닌 기초자산만 평가일을 연기하는 것이 원칙[96]이므로 백투백 헤지거래를 함에 있어 장외파생상품거래의 조건을 이와 같은 평가일 순연에 관한 파생결합증권 시장 관행과 일치시켜 해당 사유가 발생하였을 때 헤지거래와 파생결합증권의 평가일이 달라지는 것을 예방하려면[97] 거래확인서(Confirmation)에서 관련 Equity Definitions를 수정하기 위한 별도의 조항을 두어야 한다. 복수의 기초자산의 거래소 및 관련 거래소가 동일하다 하더라도 이러한 문제는 여전히 존재한다는 점은 앞서본 바와 같다.

나) 평가일 순연에 관한 분쟁 사례[98]

평가일 순연에 관한 불명확한 기재로 인하여 파생결합증권의 상환여부에 관한 투자자와 발행사의 판단이 달라 분쟁이 발생한 사례가 있다. 해당 사안의 개요는 다음과 같다.

- A사가 HSCEI 및 NIKKEI225 지수를 기초자산으로 하는 파생결합증권을 발행(매 3개월마다 자동조기상환기회가 부여되며 조기상환조건을 달성하면 연 18%의 수익, 만기시 두 기초자산 모두 최초기준지수의 80% 이상인 경우 36%의 수익이 발생하는 구조)
- 최초기준가격 결정일(2008.08.22)에 홍콩시장이 태풍으로 인하여 휴장하여 발표되지 않고 NIKKEI225는 정상 발표됨
- 거래 관행에 따라 두 기초자산 모두의 최초기준가격을 다음 거래소 영업일(2008.08.25, 23일과 24일은 휴일)의 종가로 함
- 만기평가일에 기초자산 NIKKEI225가 만기상환기준가격을 하회함으로써 원금 손실 발생

문제는 제7차 조기평가일인 2010년 5월 18일 NIKKEI225가 10,242.64, HSCEI가 11,426.18을 기록하였는데 HSCEI는 만기상환기준가격을 넉넉히 상회하였지만 NIKKEI225가 2008년 8월 22일 NIKKEI225 종가(12,666.04)를 최초기준지수로 하면 최초기준지수 대비 평가일 종가가 80.9%로서 자동조기상환조건을 충족하는 반면, 변경된 2008년 8월 25일 종가(12,878.66)를 최초기준지수로 하면 최초기준지수 대비 평가일 종가가 79.5%로서 자동조기상환조건을 충족하지 못하는 상황이 되었다는 것이다.

96 ISDA Equity Derivatives Definitions Section 6.6 Consequences of Disrupted Days.

97 헤지거래와 파생결합증권의 평가일이 달라지는 경우 해당 차수 평가일의 상환여부 및 상환금이 달라질 수 있으므로 평가일은 반드시 일치하도록 유의하여야 한다.

98 2010. 9. 14. 금융분쟁조정위원회 조정결정서 조정번호 제2010-73호.

투자자는 최초의 상품설명서 및 유가증권신고서에 기재된 최초기준지수결정일에 정상적으로 발표된 NIKKEI255까지 결정일을 임의로 변경하여 조기상환금 지급을 거부하는 것은 부당하다고 주장하면서 금융분쟁조정을 신청하였고, 발행사는 (i) 유가증권신고서 등에서 최초기준지수가 최초기준지수결정일의 거래소 종가로 규정되어 있으므로 기초자산이 두 가지인 경우 양 거래소 모두가 정상적으로 거래되는 영업일의 종가를 의미하고 (ii) 그렇지 않더라도 권리내용의 변경 조항을 근거로 최초기준지수결정일을 변경할 수 있다고 주장하였다. 해당 파생결합증권의 영업일 순연 및 권리내용 조정 관련 기재는 아래와 같다.

유가증권신고서

Ⅰ. 1. 용어의 정의

(1) '최초기준지수', '자동조기상환 평가지수', '만기평가지수'는 각기 본 신고서상에 명시한 최초기준지수결정일, 자동조기상환평가일, 만기평가일에 기초자산 거래소 종가를 말한다.

(3) '거래소 영업일'은 증권선물거래소 및 기초자산과 연계된 선물, 옵션 등의 파생상품(이하 "관련 파생상품"이라 한다) 매매가 주도적으로 이루어지는 거래소가 정상적인 매매거래를 통해 공식적으로 해당일의 종가를 발표하는 날을 말하며 정규거래마감시간 이전에 폐장하는 날은 제외한다.

Ⅰ. 3. 공모 유가증권의 내용

(1) 자동조기상환평가일, 만기평가일이 거래소 영업일이 아닌 경우에는 그 이후 최초로 도래하는 거래소 영업일이 각 평가일이 됨

사업설명서

5. 권리내용의 변경 및 결제불이행에 관한 사항

(3) 권리내용의 조정

13) 외환시장을 포함한 금융시장의 거래중지사태가 발생하여 발행사가 본 증권과 관련한 위험회피거래를 수행함에 있어 제한이 따른다고 발행사가 정당하고 합리적으로 판단하는 경우 발행사는 만기일을 재지정하거나 만기상환금액의 산출에 필요한 조건들을 조정하여 만기상환금액 산출에 사용할 수 있다.

금융감독원은 (i) 유가증권신고서, 사업설명서 등에 두 기초자산 중 어느 하나의 기초자산 지수가 산출되지 않음을 이유로 다른 기초자산의 최초기준지수결정일을 변경할 수 있다는 명시적 규정이 없고, 달리 피신청인 주장과 같은 상관습이 존재한다고 보기 어려우며(평가일 순연 조항에 관한 판단), (ii) NIKKEI225는 2008년 8월 22일 종가로 특정이 되므로 이를 기준으로 위험회피거래를 하면 될 것으로 판단되며 달리 NIKKEI225의 기준일을 HSCEI의 기준일과 맞추어야 할 불가피한 사유가 있다고 볼 만한 사정을 찾기 어렵다(권리내용 조정 조항에 관한 판단)고 판단하여 투자자의 주장을 받아들였다.

위 분쟁 사례는 파생결합증권 인수계약서(또는 공모의 경우 발행신고서 및 투자설명서 등 공시서류) 중 평가일 순연 조항에 관하여 일반적으로 기재하는 경우와 같이 단순히 거래소 영업일이 아닌 경우 익 영업일을 평가일로 한다는 기재만으로는 시장관행에 따라 정상적으로 기준가격이 발표된 기초자산에 관해서까지 평가일이 순연되었다고 주장할 수 없다는 점을 말해 준다. 일부 실무자들은 위 사례를 정상적으로 종가가 발표된 기초자산에 관한 평가일은 순연할 수 없다는 내용으로 잘못 이해하고 있는데, 위 사례는 명시적으로 규정된 평가일 순연의 조건이 모든 기초자산에 관하여 평가일을 순연하는 시장관행과 같이 해석되지 않았기 때문이지 그 자체를 금지하는 취지가 아니라는 점에 유의하여야 한다.

(나) 평가일이 복수인 경우

파생결합증권의 상환여부를 평가함에 있어 복수의 평가일의 기초자산 가격 평균을 사용하는 거래에서 복수의 평가일 중 일부에 대해서만 평가일 조정사유가 발생하는 경우 어떻게 조정할 것인지가 문제된다. Equity Definitions에 의하면 (i) 해당 평가일은 생략하고 나머지 평가일의 기초자산 가격을 평균하되 모든 평가일에 조정사유가 발생하는 경우에는 마지막 평가일을 다음 거래소 영업일로 순연하는 방법("Ommision"), (ii) 해당 평가일을 다음 거래소 영업일이 평가일에 해당하더라도 관계없이 그 거래소 영업일로 순연하는 방법("Postponement") 및 (iii) 해당 평가일을 평가일이 아닌 거래소 영업일로 연기하는 방법("Modified Postponement")의 세 가지 방법이 있다. 예를 들어 상환기준가격으로 기초자산 종가의 3일 평균가격(1일, 2일, 3일이라고 가정한다)을 사용하고 그 중 1일에 평가일 조정사유가 발생하였으며, 평가일 조정사유가 발생한 날 외에는 모두 정상 거래소 영업일이라고 가정하면 다음과 같이 적용된다.

| 표 4-40 | Averaging Date의 순연 예시

조건	예시
Ommision	2일과 3일의 기초자산 가격만 평균. 모든 평가일에 조정사유가 발생하면 3일을 4일로 순연
Postponement	1일에 조정사유가 발생함으로써 1일을 대신하여 2일의 기준가격을 사용하므로 결과적으로 {(2일 기준가격×2)+3일 기준가격]/3}으로 결정
Modified Postponement	평가일이 아닌 날로 순연되므로 2일, 3일 및 4일의 기준가격 평균으로 결정

이 중 우리나라 파생결합증권 및 장외파생상품 시장의 관행은 'Modified Postponement'에 해당하는 방법이다. 기초자산이 복수이면서 평가일도 복수인 경우에는 앞서 위 조건 중 하나와 함께 두 기초자산 중 어느 하나에만 평가일 조정사유가 발생하는 경우 순연방법도 기재하여야 한다. 그렇지 않으면 원칙적으로 조정사유가 발생한 기초자산만 평가일이 조정되는 것으로 보게 된다.[99]

| 표 4-41 | ISDA Definitions Section 6.7 (c) 평가일이 복수인 경우 평가일 순연방법

Averaging Date Disruption	인수계약서 기재례[100]
(i) "**Omission**", then such Averaging Date will be deemed not to be a relevant Averaging Date for purposes of determining the relevant Settlement Price or Final Price. If through the operation of this provision no Averaging Date would occur with respect to the relevant Valuation Date, then Section 6.6 will apply for purposes of determining the relevant level, price or amount on the final Averaging Date in respect of that Valuation Date as if such final Averaging Date were a Valuation Date that was a Disrupted Day;	실무상 사용되지 않음
(ii) "**Postponement**", then Section 6.6 will apply for purposes of determining the relevant level, price or amount on that Averaging Date as if such Averaging Date were a Valuation Date that was a Disrupted Day	해당일이 두 기초자산 모두에 관한 거래소 영업일이 아닌 경우 이후 최초로 도래하는 두 기초자산 모두에 관한 거래소 영업일인 날로 한다.

99 Equity Definitions에서는 Section 6.6에 명시적으로 거래확인서에서 달리 정하지 않는 한 사유가 발생한 기초자산에 관해서만 평가일을 연기하는 것으로 기재되어 있고, 파생결합증권 인수계약서에서는 평가일 순연조건을 명확히 기재하지 않으면 앞서 살펴본 분쟁사례에서 금융감독원 해석을 볼 때 위와 같이 해석된다고 보는 것이 타당하다.

100 국내 시장관행에 따라 모든 기초자산에 대하여 조정되는 것을 반영한 기재례.

irrespective of whether, pursuant to such determination, that deferred Averaging Date would fall on a date that already is or is deemed to be an Averaging Date for the Transaction; or	
(iii) "**Modified Postponement**", then: (A) in the case of an Index Transaction or a Share Transaction, the Averaging Date shall be the first succeeding Valid Date(이하 생략). (B) in the case of an Index Basket Transaction or a Share Basket Transaction, the Averaging Date for each Index or Share not affected by the occurrence of a Disrupted Day shall be the date specified in the Confirmation as an Averaging Date in respect of the relevant Valuation Date and the Averaging Date for an Index or Share affected by the occurrence of a Disrupted Day shall be the first succeeding Valid Date in relation to such Index or Share.(이하 생략); and (C) "Valid Date" shall mean a Scheduled Trading Day that is not a Disrupted Day and on which another Averaging Date in respect of the relevant Valuation Date does not or is not deemed to occur.	해당일이 두 기초자산 모두에 관한 거래소 영업일이 아닌 경우 이후 최초로 도래하는 두 기초자산 모두에 관한 거래소 영업일이고 본 계약상(자동조기 또는 만기) 상환평가일이 아닌 날로 한다. ▪ 장외파생상품의 경우 좌기와 같이 평가일 조정사유가 발생한 기초자산에 관해서만 적용되도록 정의되므로 모든 기초자산에 관해 평가일을 조정하려면 그러한 취지의 조항을 명시적으로 기재하여야 함

④ 상환일의 기재

각 평가일에 상환조건이 성취되는 경우 상환금이 지급되는 날을 기재한다. 통상 평가일로부터(불포함) 2영업일을 상환일로 하는 것이 거래 관행이나, 기초자산이 해외 지수 등 해외 거래소와 관련된 경우에는 시차 때문에 평가일로부터 2영업일 지급처리가 어려울 수 있으므로 3영업일로 정하는 경우가 있다.

6) 증권의 중도상환

① 중도상환에 관한 조항의 개요

투자자의 요청에 의한 중도상환에 관한 조항이다. 공모 발행된 파생결합증권의 경우 투자자가 중도상환을 신청하더라도 발행사가 동의하는 경우에 한하여 중도상환이 이루어지도록 하는 것이 일반적이나, 사모 발행의 경우에는 일반적으로 투자자 신청이 있으면 발행사가 이에 응하여야 하는 것으로 정하는 것이 일반적이다. 그러나 공모 발행의 경우에도 실무상 투자자가 중도상환신청을 하였는데 발행자가 이에 응하지 않는 사례는 찾아볼 수 없다. 증권의 중도상환에 관한 조항은 보통 다음과 같은 내용을 포함한다.

| 표 4-42 | 중도상환에 관한 조항의 내용

기재사항	내용
중도상환신청 가능기간	발행일의 다음 날부터 만기평가일 전 ○영업일까지 ▪ ○영업일은 평가일 후 상환금 지급일까지의 영업일수와 같은데, 이는 만기평가일 또는 만기평가일 후 만기일 사이의 기간에 중도상환금을 지급하는 경우가 발생하지 않게 하기 위한 목적이고, 국내 또는 아시아에서 거래되는 기초자산의 경우에는 2영업일, 그 외의 경우는 시차를 고려하여 3영업일이 되는 것이 일반적임 ▪ 중도상환신청일이 영업일이 아닌 경우 다음 영업일에 신청된 것으로 간주한다는 점 기재
중도상환신청 최소금액	중도상환청구시 1회당 액면금액 기준 최소금액 ▪ 투자자와 합의한 바에 따라 기재
중도상환금액 결정일	중도상환청구한 날(불포함) 이후 최초 거래소 영업일 ▪ 중도상환신청의 처리절차를 고려하여 시간을 기재한 후 그 시간 이전에 신청된 경우에는 당일, 이후에 신청된 경우에는 다음 거래소 영업일을 평가일로 정하는 경우도 있음
중도상환금액 결정기준	계산대리인이 중도상환금액결정일의 기초자산 가격, 시중 금리, 위험회피거래 및 시장상황을 고려하여 일반적인 거래 관행에 따라 합리적이고 정당한 판단에 의해 선의로 결정 ▪ 통상 헤지거래의 청산가치로 중도상환금액이 결정됨 ▪ 인수자가 다른 금융투자업자인 경우 인수자와의 협의 또는 합의가 조건으로 기재되는 경우가 많음 ▪ 공모 발행 파생결합증권의 경우 금감원 가이드라인에 따라 증권의 공정가액의 95% 이상으로 결정한다는 점을 발행신고서 및 투자설명서에 명시[101]
중도상환금액 지급일	중도상환금액결정일 이후 ○영업일 ▪ 다른 상환평가일과 지급 사이의 영업일수와 동일하게 기재

101 금융감독원은 2012. 3. 1. 파생결합증권 투자의사결정에 중요사항의 기재를 보강하고 어려운 표현이나 권리관계가 불명확한 기재사항을 구체화하기 위하여 공시서류 작성기준을 개정하고자 기업공시서식 작성기준 개정안을 시행하였는데, 동 가이드라인에서 중도상환금액 결정에 관하여 증권의 95% 이상을 지급할 것을 정하고 있다. 그 문언은 다음과 같다. "중도상환수수료(투자자가 본 증권의 중도상환에 관하여 발행인에게 지급할 수수료로서 발행인이 본 거래의 헤지를 위하여 보유하고 있던 기초자산, 관련 선물/옵션, 외화, 채권 및 이자율 스왑 등의 매수/매도 포지션을 청산할 때 발생하는 매수/매도호가 차이로 인한 비용 등을 포함함), 중도상환가격결정일의 기초자산 가격, 시중 금리, 기초자산 가격의 변동성, 기초자산의 배당률, 관련 선물 옵션의 가격, 만기까지의 잔존기간 등을 고려하여 공정

② 중도상환금액의 결정 및 지급에 관한 내용 기재

중도상환금액은 통상 헤지거래의 청산가치를 기준으로 결정된다. 특히 파생결합증권 발행과 함께 장외파생상품 또는 파생결합증권을 매수하는 백투백 헤지거래를 한 경우 투자자가 발행사에 대하여 중도상환신청을 하면 같은 날 발행사는 헤지거래상대방에게 신청된 금액만큼 중도상환신청을 하여 헤지거래상대방이 결정한 중도상환금액을 투자자에 대한 중도상환금액으로 결정하는 것이 일반적이다. 이때 채권평가사가 고시하는 해당 파생결합증권의 평가가격을 중도상환금액 결정에 참조하나, 채권평가사가 고시하는 평가가격이 반드시 상업적으로 합리적인 가격인 것은 아니므로 이를 고려하되 헤지거래의 청산가치를 기준으로 조정한 금액을 지급하게 된다.

이러한 중도상환금액 결정 및 지급과 관련하여 계약서 작성에서 유의할 점은 먼저 헤지거래상대방과 체결한 계약의 중도상환 조항과의 일치여부이다. 특히, 일부 장외파생상품거래의 거래확인서에서는 중도상환이 신청된 날이 영업일이 아닌 경우 신청되지 않은 것으로 본다고 규정하는 경우가 있다. 파생결합증권에서 일반적으로 정하는 것처럼 신청일이 영업일이 아닌 경우 다음 영업일에 신청된 것으로 간주한다고 하면 투자자가 다시 신청하지 않더라도 다음 영업일을 신청일로 하여 중도상환절차가 진행되나, 신청되지 않는 것으로 보면 이후 도래하는 최초 영업일에 중도상환을 다시 신청하지 않으면 중도상환절차가 진행되지 않는다는 차이점이 있으므로 발행사가 업무 처리 절차상 위험을 부담한다. 특히 백투백 헤지거래 상대방은 해외 금융투자업자인 경우가 대부분이어서 영업일 기준이 파생결합증권과 달라 신청한 날이 우리나라 영업일이나 상대방 소재지에서는 휴일일 수도 있으므로 가능한 이에 관한 조건을 일치시키는 것이 좋다. 또한 기초자산이 해외 지수 등 해외 거래소와 관련된 것인 경우 시차를 고려하면 중도상환금액결정일의 익 영업일을 지급일로 하기 어려울 수 있으므로 이를 고려하여 지급일을 기재한다.

③ 원금손실 발생 가능성에 관한 위험고지

원금보장형 파생결합증권이라 하더라도 중도상환신청시에는 중도상환금액결정일의 해당 증권 평가가격에 따라 원금의 손실이 있을 수 있다. 투자자는 원금보장형

가액의 95% 이상의 가격(단 발행 후 6개월까지는 90% 이상)으로 본 증권을 중도상환 합니다. 따라서, 동 중도상환가격은 중도상환신청일, 중도상환가격결정일 및 중도상환금액 지급일 등에 공시된 공정가액과 다를 수 있으며, 이 경우 원금보장형이라 하더라도 기초자산 가격의 변동 등으로 인하여 원금의 손실이 발생할 수 있습니다."

파생결합증권의 경우 수수료 명목의 비용을 제하는 외에는 원금이 보장되는 것으로 오해하기 쉬우므로, 파생결합증권은 ELD의 중도해지나 펀드 수익증권의 환매처럼 일정 요율로 사전에 결정된 수수료가 있는 것이 아니고 중도상환금액결정일의 기초자산 가격 등을 고려한 대상 파생결합증권의 평가결과(공정가액)에 따라 중도상환금액이 결정되므로 해당 증권의 평가가치가 중도상환금액결정일 당시 원금 미만인 경우에는 원금손실이 발생할 수 있다는 점에 관한 명확한 고지가 필요하다. 이러한 내용의 위험고지는 중도상환에 관한 조항 또는 위험고지사항에 관한 조항에 기재한다.

대법원은 원금보장형 주가연계증권에 투자하는 투자수익증권을 매수한 투자자가 중도상환신청을 하였는데 중도상환금이 투자원금 미만으로 결정되자 투자자가 판매 은행에 설명의무 위반으로 인한 손해배상을 청구한 사안에서, 투자자에게 교부된 투자설명서에 "환매수수료: 장외파생상품의 투자일의 익 영업일로부터 장외파생상품 만기일 전일까지 환매금액의 5%, 따라서 중도환매시에 원금 손실을 초래할 수 있으며 펀드 조기상환시에는 환매수수료가 없습니다"라고 기재되었으나 이러한 기재만으로는 만기 전 언제든지 환매하더라도 원금에서 환매수수료만을 공제할 뿐 그 이외에는 원금을 환급 받을 수 있는 금융상품이라고 오해할 수 있다고 보아 설명의무 위반으로 인한 판매 은행의 투자자에 대한 손해배상책임을 인정한 바 있다(대법원 2010. 11. 11 선고 2008다52369 판결[102]).

7) 증권의 조기상환(또는 기한 전 종료)

파생결합증권의 기한 전 종료사유를 기재한다. 실무상 사용되고 있는 인수계약서에서는 통상 발행자의 귀책사유가 아닌 원인과 발행자의 귀책사유로 볼 수 있는 원인을 나누어 기재하고 있다.

① 발행자의 귀책사유가 아닌 원인으로 종료시키는 경우

아래 사유가 발생한 경우에는 발행자가 해당 파생결합증권을 기한 전 종료시키고 인수자에게 상환금을 지급할 수 있도록 한다. 해당 사유가 발생하였을 때 증권의

102 단 이 사안에서 투자자는 중도환매가격이 당초 이해한 것과 다르다는 설명을 듣고 신속한 환매를 권유 받았음에도 판매 은행에 대하여 원금 전액의 보장과 손해배상 등을 요구할 뿐 중도환매요청을 하지 않은 채 해당 증권을 계속 보유함으로써 만기에 이르러 원금 대부분을 상실하는 손해를 입었는데, 대법원은 손해배상범위를 설명의무 위반으로 원고가 중도환매가격에 관하여 오해를 함으로써 갖게 된 기대이익의 상실, 즉 중도환매시 원금 전액에서 소정의 수수료를 제외한 금액과 중도환매시 지급받거나 받을 수 있는 금액의 차액을 넘을 수 없는 것으로 판시하였다.

종료 및 상환금 지급을 발행사의 의무로 할 것인지 아니면 발행사의 재량에 따라 상환여부를 결정할 수 있도록 할 것인지 문제되는 경우가 있으나, 보통 이에 해당하는 사유는 객관적으로 증권의 유지가 불가능한 때에 해당하므로 어느 쪽으로 정하든지 별다른 차이가 없다.

1. 본 증권의 발행 이후 관련 법령의 제정·개정, 관련 법령의 해석의 변경 등으로 인하여 본 증권과 관련된 거래가 위법하게 되거나 발행자에게 추가적으로 조세 기타 공과금 납부의무가 발생하는 경우
2. 천재지변, 전시·사변 기타 이에 준하는 사유로 인하여 본 증권을 유지하는 것이 곤란한 경우
3. 본 증권의 기초자산 발행사의 영업의 전부 또는 일부 양도, 합병, 부도, 파산 등의 사유가 발생하여 본 증권의 유지가 곤란하게 된 경우(기초자산이 개별주식 또는 개별주식군인 경우)
4. 거래소 및 관련 거래소의 폐쇄 등으로 기초자산의 거래가 중단되는 경우나 기초자산의 전부 또는 일부가 거래소(혹은 그 승계기관)에서의 상장폐지 등으로 본 증권을 유지하는 것이 곤란한 경우

② 발행자의 귀책사유에 해당하는 원인(이하 "파산 등의 사유")으로 종료시키는 경우

파생결합증권 투자자는 액면금액에 가까운 납입금(즉, 액면금액에 발행가격을 곱하여 결정한 발행금액)을 발행사에 지급하므로 해당 금액만큼 발행사의 신용위험에 노출된다. 따라서 발행사에 신용사건이 발생하는 경우 인수한 파생결합증권을 적시에 종료시키고 상환금을 확정하는 것이 매우 중요하다. 이러한 사유가 발생하는 경우에는 발행자가 의무적으로 해당 증권을 종료시키고 상환금을 지급하도록 하는 것이 일반적이다. 인수계약서에는 일반적으로 다음 사유 중 전부 또는 일부를 기재한다.

1. 파산, 회생절차개시의 신청을 한 경우 또는 제3자의 신청에 의하여 파산이 선고되거나 회생절차가 개시된 경우
2. 청산인, 관리인, 관재인, 수탁인, 기타 유사한 직위의 자가 임명된 경우
3. 어음교환소 또는 거래은행의 거래정지처분이 있거나 지급정지나 지급불능을 문서로 인정하는 경우
4. 제3자인 채권자의 이익을 위하여 영업의 전부 및 중요한 일부를 양도 기타 처분하기로 약정하

거나 자력의 부족으로 인해 채권자와 채무의 상환유예 및 조정, 사적 화의, 경영 및 자금관리, 기타 이와 유사한 약정을 체결하거나 이에 관한 주주총회의 결의, 채권자협의회의 소집, 기타 이러한 약정의 체결을 위한 절차가 개시된 경우

5. 정관에 정한 해산사유의 발생, 법원의 해산명령 또는 해산판결, 주주총회의 해산결의가 있는 경우
6. 재정적 이유로 감독기관으로부터 주된 영업의 정지 및 취소 등의 행정처분을 받은 경우, 예금자보호법 또는 금융산업의 구조 개선에 관한 법률에 따라 부실금융기관으로 지정된 경우 또는 관련규제법령에 의하여 자산이 관리인 혹은 관재인에게 이전되거나 감독기관으로부터 그 이전을 명령 받은 경우
7. 발행자의 휴업 또는 폐업 등으로 본 증권의 유지가 곤란하게 된 경우
8. 지급불능 또는 지급정지의 상태에 이른 것으로 인정되는 경우
9. 인수계약서상의 진술 및 보장이 부정확하거나 허위로 판명되거나 또는 더 이상 정확하지 않거나 진실에 부합되지 않게 된 경우

③ 증권의 조기상환 조항의 작성 및 검토시 유의할 점

증권의 조기상환 조항은 정상적으로 파생결합증권이 상환될 수 없는 상황에 적용되는 것이므로 그 작성 및 검토에 유의하여야 한다. 특히 발행자의 귀책사유에 해당하는 조기상환사유가 발생하는 경우 증권의 조기상환금액의 회수가 불가능할 수 있으므로 인수자의 입장에서는 가능한 노출되는 위험이 최소화되도록 만전을 기할 필요가 있다.

(가) 조기상환사유의 적용범위

조기상환사유의 적용범위, 즉 해당 사유가 어느 당사자에게 발생하였을 때 조기상환사유가 발생한 것으로 정할 것인가는 파산 등의 사유의 경우 문제된다. 실무상 사용되고 있는 대부분의 파생결합증권 인수계약서는 증권이 발행된 후에는 인수자만 발행자의 신용위험에 노출된다는 점에서 발행자에게 해당 사유가 발생하는 경우만 조기상환사유로 규정하고 있다.

발행자와 인수자 간에 해당 파생결합증권의 발행 및 인수 외 다른 거래가 없는 경우에는 별 문제가 없으나, 해당 파생결합증권 외에 장외파생상품거래 등 여러 건의 거래가 존재하고 상호 간 채권·채무를 부담하는 경우에는 인수자에 파산 등의 사유가 발생한 경우에만 발행자가 인수자에 대하여 가지고 있는 다른 채권으로 파생결합증권에 기한 채무와 제한없이 상계할 필요가 있으므로[103] 적시에 해당 증권을 종

료시키고 조기상환금액을 확정하여 이행기가 도래하도록 할 필요가 있다.[104] 따라서 조기상환사유 중 파산 등의 사유는 발행자뿐 아니라 인수자에게도 적용되도록 규정하는 것이 좋다.

(나) 파생결합증권을 조기상환시킬 수 있는 당사자

실무상 작성되는 파생결합증권 인수계약서는 대부분 파생결합증권의 조기상환을 발행자의 권리 또는 의무로 규정하고 있다. 그러나 발행자의 귀책사유가 아닌 사유의 경우에는 인수자도 발행자에게 조기상환을 청구할 수 있도록 하고, 파산 등의 사유의 경우에는 해당 사유가 발행자 뿐 아니라 인수자에 발생한 경우에도 적용되도록 하면서 발행자와 인수자 중 해당 사유가 발생하지 않은 당사자만 파생결합증권을 조기상환시킬 수 있도록 규정하도록 하는 것이 바람직하다.

발행자의 귀책사유가 아닌 조기상환사유가 발생한 경우는 객관적으로 해당 증권을 유지하기 어려운 때이므로 발행자와 인수자 중 어느 쪽이 조기상환청구권을 행사함으로써 해당 증권을 기한 전 종료시킬 수 있다고 보아도 달리 그 상대방에게 불리한 점이 없고, 발행자가 증권의 조기상환을 해태하는 경우에는 인수자가 조기상환청구권을 행사함으로써 적시에 권리관계를 확정할 필요가 있기 때문에 발행자뿐 아니

103 실무상 파생결합증권에서 발생한 채권은 발행자에 대하여 부담하는 다른 채무와 상계할 수 없다고 알고 있는 경우가 많다. 그러나 인수계약서에서 상계에 관한 정함이 없더라도 민법에 따라 금전채권이고 상계적상에 놓인 경우에는 당연히 상계할 수 있으므로 이는 상계에 관한 법리를 오해한 것이다. 파산 등의 사유가 발생한 상대방에 대한 상계는 채무자의 회생 및 파산에 관한 법률(이하 "통합도산법")에 의하여 행사하는데, 파산절차와 회생절차를 나누어 따져보아야 한다. 통합도산법의 의한 상계는 민법상 상계보다 범위가 넓고 행사조건이 완화되어 있는 편이다.

104 통합도산법에 의하면 채무자가 파산하는 경우에는 파산 결정의 전후를 불문하고 해당 결정이 있기 전에 원인된 법률관계가 이미 성립되어 있는 경우 그 법률관계에서 정한 바에 따른 권리 행사가 가능하므로, 파산선고 전에 이행기가 도래하지 않은 채권이라 하더라도 상계권의 행사가 금지되는 특별한 사정(통합도산법 제422조 또는 민법상 상계금지사유)이 없으면 상계할 수 있다(동법 제416조 내지 제421조).

그러나 회생절차 개시의 경우에는 회생채권자가 회생절차 개시 당시 이미 채무를 부담하고 있더라도 신고기간 만료 전에 상계할 수 있게 된 때에만 회생절차에 의하지 않고 상계할 수 있다(동법 제144조 제1항). 여기서 '상계할 수 있게 된 때'라 함은 상계적상에 놓이는 것을 의미하는데, 상계적상에 놓이려면 상계하는 자가 가진 채권(자동채권)의 이행기가 도래하여야 한다. 따라서 일방 당사자가 회생절차와 관련된 경우 특히 해당 당사자와 사이의 거래를 적시에 종료시키고 해당 거래에서 발생한 채권의 이행기가 도래하도록 하는 것이 중요하다. 파생결합증권이 기한 전 종료되는 경우 기한 전 종료금액 채권의 이행기는 인수계약서에서 정한 기한 전 종료금액의 지급일이므로 신고기간 만료 전에 종료금액의 지급일이 도래하여야 파생결합증권의 기한 전 종료 결과 발행자에 대하여 보유한 채권을 발행자에 대하여 부담하는 다른 채무와 상계처리할 수 있다.

라 인수자도 조기상환청구권을 행사할 수 있도록 하는 것이 타당해 보인다.

파산 등의 사유가 발생하는 경우는 아래와 같은 점에서 해당 사유가 발생하지 않은 당사자(이하 "반대당사자")만 조기상환청구권을 행사할 수 있도록 정하는 것이 바람직하다. 반대당사자는 채권 신고 기한 전에 파생결합증권을 종료시키고 조기상환금액을 확정한 후 신고할 필요가 있고, 특히 회생절차 개시의 경우 신고기간 만료 전에 상계적상에 놓이지 않으면 상계권의 행사가 제한될 수 있으므로 신고기간 만료 전 해당 증권을 종료하고 이행기가 도래하도록 하여야 한다.[105] 그런데 파산 등의 사유가 발생한 당사자는 정상적인 영업활동을 할 수 없어 파생결합증권의 종료에 관한 의사표시를 제 때 하지 못할 가능성이 크기 때문에, 파생결합증권 인수계약서에서 반대당사자가 단독으로 조기상환청구권을 행사할 수 있도록 규정할 필요가 있는 것이다.

한편, 일방 당사자에 파산 등의 사유가 발생하였다 하더라도 반대당사자가 흑자도산 한 것으로 판단하거나 백투백 헤지거래와의 관계를 고려할 때 해당 증권을 종료시키지 않고 유지하는 것이 유리하다고 판단하는 경우도 있을 수 있다. 따라서 일방 당사자에 해당 사유가 발생한 경우 반대당사자만 종료여부에 관한 판단의 재량을 가지도록 할 필요가 있다는 점에서도 반대당사자만 조기상환청구권을 행사할 수 있도록 하는 것이 타당하다.

(다) 조기상환을 의무로 규정하여야 하는지 여부

조기상환사유가 발생하였을 때 파생결합증권의 조기상환을 발행자의 의무로 규정할 것인지 문제되는 경우가 있다. 이는 조기상환사유의 발생으로 인하여 인수계약서 상의 권리 행사가 제한되는 경우를 예방하고자 하는 취지인데, 증권의 조기상환을 발행자의 의무로 규정하더라도 실무상 일반적으로 사용되는 인수계약서에서처럼 발행자의 재량에 따라 조기상환평가일이 지정되도록 한 경우에는 발행자가 이를 지체하면 소구 등의 사법상 조치를 취하지 않는 한 발행자가 조기상환평가일을 지정하는 것을 기다릴 수밖에 없어 조기상환을 의무로 규정한 의미가 없다.

따라서 조기상환을 의무로 규정하였는지는 위 취지와 별로 관련이 없다. 조기상환시킬 수 있는 당사자를 앞서 본 바와 같이 발행자의 귀책사유가 아닌 경우에는 발행자 및 인수자, 발행자의 귀책사유인 경우는 사유발생당사자가 아닌 당사자로 하고

105 우리나라는 통상 30일 내에 회생 결정이 내려지는 편이므로 특히 회생절차와 관련된 경우 상계권 행사가 제한되지 않도록 적시에 회생채무자와의 사이에 존재하는 거래를 종료시킬 수 있어야 한다.

조기상환청구권자가 조기평가일을 지정할 수 있도록 하되 이를 해태하는 경우 그 상대방이가 지정하도록 하는 등 이에 대응할 수 있는 규정을 둔 후 어느 쪽이든 조기상환청구가 있는 경우 발행자가 이에 응하여야 한다는 내용을 규정하는 것이 바람직하다.

(라) 조기상환평가일의 지정 및 조기상환금액의 확정

파생결합증권이 위 각 사유의 발생으로 인하여 조기상환 되는 경우 조기상환평가일이 지정되고, 조기상환평가일의 기초자산의 가격, 위험회피거래 및 시장상황 등을 고려하여 조기상환금액이 결정되며, 조기상환평가일로부터 인수계약서에서 정한 일정 기한 후 도래하는 조기상환금지급일에 인수자에게 위 조기상환금액이 지급된다.

이때 조기상환평가일은 발행자의 귀책사유가 아닌 사유로 인하여 증권이 조기상환 되는 경우에는 발행자가 지정하고 조기상환금액을 결정하도록 해도 무방하나, 발행자의 귀책사유에 해당하는 사유로 인하여 증권이 조기상환 되는 경우에는 사유발생당사자가 아닌 당사자가 조기상환평가일 지정하여 사유발생당사자에게 통지하고 조기상환금액을 확정하도록 하여야 한다. 앞서 언급한 바와 같이 그러한 사유가 발생한 당사자는 파산이나 회생 등 관련 절차에 관한 결정이 있고 관리인 등이 선임될 때까지 모든 법률관계가 동결되고 정상적인 영업활동이 불가능하므로 적시에 조기상환평가일을 지정하고 조기상환금액을 확정하는 것이 불가능할 가능성이 크기 때문이다.

이에 관하여 파생결합증권의 조기상환금액은 발행사가 해당 증권의 발행과 관련하여 수행한 헤지거래의 청산가치로 결정되어야 하므로 발행사에 파산 등 사유가 발생한 경우에도 발행사가 조기상환평가일을 지정하고 조기상환금액을 결정하여야 한다고 주장하는 경우가 있다. 그러나 해당 사유가 발생한 발행사는 헤지거래상대방으로부터 타당한 정산금을 확정받을 것을 기대하기 어렵고[106] 그러한 위험을 직접 헤지거래상대방과 이에 관한 협의를 진행할 수 없는 인수자가 부담하는 것은 부당하므로 인수자가 상업적으로 합리적인 방법으로 결정한 조기상환금액으로 확정하고 발행자

106 장외파생상품거래의 경우 비귀책당사자(Non Defaulting Party)가 정산금액(Close-out Amount)을 계산하므로 발행사에 파산 등 사유가 발생한 경우 발행사의 헤지거래상대방이 위험회피거래의 청산가치를 결정하게 된다.

가 그 결정 근거를 가지고 헤지거래상대방과 협의를 진행하는 것이 옳다.

또한 어느 경우든 조기상환평가일은 해당 사유가 발생하고 평가일을 지정하는 자가 상대방에게 조기상환평가일 지정의 통지를 한 날보다 장래의 날이어야 한다. 평가일을 지정하는 자에게 가장 유리하게 조기상환금액이 결정될 수 있는 날을 소급하여 임의로 선택할 수 있도록 하는 것은 부당하기 때문이다. 따라서 해당 통지를 하는 날에 장래를 향하여 조기상환평가일을 지정한 후 해당 평가일 경과 후 조기상환금액을 결정하여 다시 통지하는 방법으로 규정하여야 한다.

파생결합증권 인수계약서의 조기상환평가일은 앞서 살펴본 바와 같이 지정권한이 있는 자가 지정하는 경우가 일반적이지만, 당사자에 따라 조기상환평가일 해당 사유가 발생한 날로 자동 지정되도록 하는 경우도 있다. 해당 사유가 발생하는 즉시 조기상환평가일을 확정시킴으로써 일방 당사자에게 유리한 날로 평가일이 지정되거나 조기상환에 관한 권리의무의 확정이 지체될 가능성을 차단하기 위한 취지에서 자동으로 지정되도록 하는 것이다. 해당 사유 발생 이후 시장상황이 어떻게 변동할지 알 수 없다는 점에서 그 자체로는 양 당사자에게 평등한 조항이나, 사유발생당사자가 아닌 당사자가 금융투자업자인 경우는 지정된 평가일을 기준으로 대체거래를 하는 등 장래를 향하여 평가일을 지정할 필요가 있을 수 있으므로[107] 이러한 점을 고려하여 관련 조항을 작성 및 검토할 필요가 있다.

조기상환금액의 확정과 관련하여 상대방과의 협의 또는 합의를 조건으로 하는 경우가 있다. 결론적으로 협의 또는 합의를 조건으로 하는 것이 반드시 사유발생당사자가 아닌 당사자에게 유리하다고 할 수 없다. 앞서 본 바와 같이 특히 일방당사자에게 파산 등 신용사건이 발생한 경우 가장 중요한 것은 적시에 조기상환금액을 확정하는 것이고, 금액의 타당성은 추후에도 다툴 수 있기 때문이다. 협의 또는 합의가 진행되지 않아 차일피일 금액의 확정이 미뤄지는 경우 파산 또는 회생절차에서 적시에 채권을 신고하거나 상계권을 행사하는 데에 실패할 수 있고 협의 또는 협의가 진행되는 동안 조기상환금 지급일이 도래하지 않으면 그 동안 지연이자도 발생하

107 인수자가 같은 구조의 장외파생상품거래나 파생결합증권 발행을 하면서 헤지 목적으로 해당 파생결합증권을 인수한 경우, 헤지 목적 거래를 유지하여야 하므로 헤지 목적으로 취득한 파생결합증권이 종료됨과 동시에 대체거래를 하여야 한다. 대체거래를 과거의 날로 소급하여 체결할 수는 없으므로 해당 파생결합증권의 청산가치와 대체거래의 가격을 일치시키려면 조기상환평가일이 대체거래 개시를 위한 평가일과 같아야 한다.

지 않는다. 그러나 일방당사자가 협의 또는 합의의 조건없이 발행자가 조기상환금액을 결정하도록 정하였다면 그 당사자는 해당 금액을 상업적으로 합리적인 방법으로 확정할 의무가 있고 확정된 금액이 부당한 경우 반대당사자는 이 금액에 대하여 사법상 절차에서 다투면서 최종 확정된 금액과 발행자가 확정한 금액 간 차액에 대해 지연이자를 발생시킬 수 있다.

(마) 조기상환금액의 지급

조기상환금액의 지급일은 조기상환금액 평가일로부터 각 인수계약서에서 정한 영업일이 지난 날로 한다. 헤지거래청산이 불가능한 경우 등에는 일정기간 동안 조기상환금액의 지급을 연기할 수 있다는 단서를 기재하는 경우도 있다.

| 표 4-43 | 증권의 조기상환에 관한 인수계약서 기재례

일반적인 인수계약서 기재 예시	위 논의내용의 반영
(발행자의 귀책이 아닌 사유의 경우) 발행자는 다음 각 호에 해당하는 사유가 발생한 경우 법령이 허용하는 범위 내에서 만기일 이전이라도 본 증권의 보유자와 합의하여 본 증권의 보유자에게 상환금을 지급한다.	발행자는 다음 각 호에 해당하는 사유가 발생한 경우 법령이 허용하는 범위 내에서 만기일 이전이라도 본 증권의 보유자에게 상환금을 지급하여야 하고, 인수자가 증권의 조기상환을 청구하는 경우 이에 응하여야 한다.
(발행자의 귀책인 사유의 경우) 발행자는 다음 각 호에 해당하는 사유가 발생한 경우 해당 사유의 발생, 본 증권의 조기상환 및 조기상환평가일을 명시하여 통지하고 조기상환 하여야 한다.	발행자 또는 인수자는 상대방에게 다음 각 호에 해당하는 사유가 발생한 경우 해당 사유의 발생, 본 증권의 조기상환 및 조기상환평가일을 명시하여 통지하고 본 증권을 조기상환시킬 수 있다.
(조기상환평가일의 결정) 본 조에 의하여 본 증권의 조기상환사유가 발생하여 발행자가 만기일 이전에 본 증권을 조기상환하는 경우, 본 계약에서 달리 규정하지 않는 한, 조기상환평가일은 조기상환의 사유가 발생한 시점 이후의 특정 거래소영업일로서 발행자가 본 증권의 보유자와 합의하여 정한 날로 하고, 발행자는 조기상환평가일로부터 10영업일 이내에 본 증권의 보유자에게 조기상환금액을 지급한다.	본 조에 의하여 본 증권의 조기상환사유가 발생하여 발행자가 만기일 이전에 본 증권을 조기상환하는 경우, 본 계약에서 달리 규정하지 않는 한, 조기상환평가일은 조기상환의 사유가 발생한 시점 이후의 특정 거래소영업일로서 계산기관이 정한 날로 하고, 발행자는 조기상환평가일로부터 10영업일 이내에 본 증권의 보유자에게 조기상환금액을 지급한다 ■ "계산기관"은 "상환금액" 등을 계산하는 자로서 본 계약에서는 발행자 또는 발행자에 의하여 승계인으로 지명된 자를 말한다. 단, 발행자에 제[6]조 제[2]항의 사유[108]

108 파산 등의 사유가 기재된 조항.

(조기상환금액의 결정 및 지급) 본 증권의 조기상환사유가 발생하여 발행자가 만기일 이전에 본 증권을 조기상환하여야 하는 경우 발행자는 조기상환평가일의 기초자산의 가격, 위험회피거래 및 시장상황 등을 고려하여 조기상환금액을 결정한다.	본 증권의 조기상환사유가 발생하여 발행자가 만기일 이전에 본 증권을 조기상환하여야 하는 경우 계산기관은 조기상환평가일의 기초자산의 가격, 위험회피거래 및 시장상황 등을 고려하여 조기상환금액을 결정한다. ■ "계산기관"은 위와 같이 기재

8) 권리내용의 조정

① 권리내용 조정의 사유

권리내용의 조정 조항은 파생결합증권의 조건이 조정될 수 있는 경우 및 조정의 방법을 기재한다. 아래와 같은 내용은 통상 다툼 없이 인수계약서에 포함된다. 권리내용 조정의 주체는 계산기관 또는 발행자로 하되, 거래상대방이 거래상대방과의 합의 또는 협의를 조건으로 조정된 내용이 확정되도록 할 것을 요구하는 경우 그러한 조건을 추가하기도 한다.

아래 내용은 HSCEI 지수와 개별주식이 기초자산인 파생결합증권의 권리내용 조정 기재 예시이다. Equity Definitions에서는 시장교란사유(Market Disruption Events. Article 6), 기초자산 지수 및 주식의 가격 조정사유(Adjustments and Modifications Affecting Indices, Shares and Transactions, Article 11), 기타 조정사유(Extraordinary Events, Article 12) 및 사유별 조정방법을 해당 조항에서 구체적으로 열거하나,[109] 파생결합증권 인수계약서에서는 각 사유를 예시적으로 기재함으로써 조정사유가 폭넓게 적용될 수 있도록 하고 각 사유 발생시 조정방법을 구체적으로 정하지 않을 뿐 아니라, 아래 6의 다와 같이 권리내용 변경이 불가피한 경우는 계약에 정함이 없더라도 권리내용을 조정할 수 있도록 포괄적인 규정을 두는 것이 일반적이기 때문에 특별히 조문상 누락으로 인하여 권리내용 조정이 필요한데 할 수 없는 경우는 없을 것으로 보인다.

> 1. 거래소 또는 그 승계기관의 기초자산 가격의 발표 또는 통신상의 오류 기타 발행자 이외의 제3자의 귀책사유로 인하여 본 증권의 지급금액이 잘못 산정, 지급된 경우 추후 정정발표 또는 확인된 정확한 기초자산의 가격을 기준으로 산출한 금액과의 차액을 정산하며, 발행자는 본 증권

109 자세한 내용은 p. 502 이하 참조.

의 보유자에 대하여 별도의 손해배상 책임 등을 부담하지 않는다.
2. HSCEI 지수의 계산 발표는 지수산출기관의 소관이며 HSCEI 지수의 구성종목과 산출방식의 변경, HSCEI 지수의 계산 및 발표의 정지 및 재개, 폐지 등에 관한 사항은 지수산출기관의 정함에 따른다.
3. 지수산출기관이 지수를 계산하기 위한 공식 또는 방법을 변경하거나 기타 다른 방식으로 지수를 중요하게 변경한 경우(구성주식, 자본화 기타 다른 사소한 사유의 변경이 있는 경우 지수를 유지하기 위하여 공식 또는 방법에 명시되어 있는 변경을 제외), 발행자는 i) 본 파생결합증권(주가연계증권)의 발행조건 및 권리내용에 대한 변경이 적절하다고 판단하는 경우 이를 조정하거나, 혹은 ii) 변경일 전 마지막으로 유효한 지수를 계산하는 공식 및 방법에 따라 변경 전 지수를 구성하는 주식(다만, 그러한 주식이 거래소에서 상장폐지된 경우는 제외함)을 이용하여 산출한 지수를 만기지수로 사용할 수 있다.
4. 지수산출기관이 HSCEI 지수의 산출, 발표를 중단하고 그대신 다른 기관이 이를 발표하게 될 경우, 발행자는 i) 새로 발표된 지수가 종전의 최초기준지수와 실질적으로 동일하다고 인정하는 경우 새로운 지수를 최초기준지수로 정하거나, 혹은 ii) 본 파생결합증권(주가연계증권)의 발행조건 및 권리내용에 대한 변경이 적절하다고 판단하는 경우 이를 조정할 수 있다.
5. 기초자산 발행사의 증자, 감자, 합병, 분할, 기초자산에 대한 액면분할, 액면병합 등으로 인하여 기초자산의 본질가치 변동이 있는 경우 본 증권의 발행자는 해당 사유 발생 전후에 수정주가의 연속성이 최대한 유지되도록 선량한 관리자의 주의의무를 다하여 상관례에 따라 기초자산의 기준가격 등 본 증권의 내용을 조정할 수 있다.
6. 기준가격결정일, 자동조기상환평가일, 만기평가일 등 기초자산 가격의 확정이 필요한 날에 기초자산의 일부 또는 전부와 관련하여 다음 각 목의 사유가 발생한 경우, 발행자는 상관례에 따라 해당 사유가 발생한 기초자산 및 해당 사유가 발생하지 않은 기초자산에 대한 기준가격결정일, 자동조기상환평가일, 만기평가일, 기준가격, 자동조기상환평가가격, 만기평가가격, 자동조기상환지급일, 만기일, 기타 지급일 등 본 증권의 조건을 변경할 수 있다.
   가. 지수산출불능사유가 발생한 경우
   나. 시장교란사유가 발생한 경우
   다. 본 계약에서 정하지 않은 사항으로 인해 본 증권의 권리내용 변경이 불가피한 경우

② 권리내용 조정의 주체

원칙적으로 계산기관이 권리내용 조정 주체가 되도록 하는 것이 타당하나 계산기관은 발행자와 동일한 경우가 많으므로 계산기관 대신 발행자가 권리내용을 조정하는 것으로 하기도 한다. 그러나 앞서 살펴본 바와 같이 금융투자업자간 발행 및 인수의 경우 계산기관에 관한 조항에서 계산기관을 발행자로 하되 발행자에 파산 등

의 사유가 발생한 경우 인수자로 변경될 수 있도록 규정하는 것이 바람직하고, 그러한 경우 파산 등의 사유 발생시 발행사와 계산기관이 달라질 수 있으므로 발행사에 해당 사유가 발생하였으나 파생결합증권을 종료시키지 않고 있는 중에 아래와 같은 내용의 권리내용 조정이 필요한 때를 대비하여 권리내용 조정의 주체도 원칙대로 계산기관으로 기재하는 것이 좋다.

③ 권리내용 조정의 내용

권리내용 조정에 관한 조항의 일반적 내용에 의하면 권리내용 조정은 계산기관(또는 발행사)이 단독으로 또는 인수자와의 협의 또는 합의를 조건으로 행한다.

(가) 기초자산이 주식인 경우

실무상 권리내용의 조정이 필요한 경우 기초자산 주식 발행사의 합병이나 기업분할, 증자 또는 감자 등이 자주 발생한다. 해당 사유가 발생하면 (i) 기초자산 주식의 가치가 희석화되는 등 변동하므로 그 효과에 따라 기초자산 가격이 조정되고, 이를 반영하여 상환기준가격도 조정되며, (ii) 관련 절차에 따라 기초자산의 거래가 정지된 기간에 파생결합증권의 평가일이 포함되는 경우 거래정지사유가 해소된 다음 날로 해당 평가일이 연기되는데 상장주식의 경우 거래소규정에 따라 기초자산 주식의 조정된 가격 및 거래정지기간 등이 결정되므로 권리내용 조정의 내용을 확정하는 계산기관이나 발행사의 재량이 특별히 문제되지 않는다. 경우에 따라 조정내용을 명확히 하기 위한 취지에서 거래소 규정에서 정한 권리조정의 기준을 계약서에 기재하기도 하나, 규정은 언제라도 변경될 수 있고 선량한 관리자의 주의의무를 가지고 권리내용 조정을 행하여야 하는 발행자 또는 계산기관이 특별한 사정 없이 거래소가 발표하고 다른 시장참가자가 모두 따르는 조정내용을 부정할 수는 없으므로 이를 구체적으로 기재할 필요는 없어 보인다.

한편, 인수자의 동의를 조건으로 기재한 경우가 아니면 기초자산 가격, 상환기준가격 및 평가일의 변경에 상대방의 동의를 받을 필요는 없지만, 실무상 투자자 보호 취지에서 사전에 인수자에게 변경 예정인 내용과 함께 그러한 증권의 조건 변경으로 손실을 예상하는 경우 중도상환청구를 통하여 증권을 종료시킬 수 있다는 점을 통지하는 것이 보통이다.

(나) 기초자산이 지수인 경우

지수가 기초자산인 경우 권리내용 조정 사유로 기초자산 지수의 산출이 중단되거나 산출기관 또는 산출방식 등의 중대한 변경으로 동일성을 상실한 것으로 판단될 수 있는 경우를 예시적으로 열거하는데 이는 사실상 지수산출불능사유와 중복된다. 권리내용 조정 조항상으로는 포괄적으로 평가일이나 상환일 등 조건을 조정할 수 있다고 기재되는데 기초자산 지수의 발표가 중단되고 이를 승계하는 지수가 없거나 중대한 변경으로 동일성을 상실한 경우 해당 파생결합증권을 종료시키는 내용도 포함한다고 보는 것이 타당하다. 이는 평가일 및 상환일을 앞당기는 내용의 조정으로 볼 수 있다.

④ 상대방 및 예탁원에 대한 통보

권리내용의 조정이 발생하는 경우 조정내용을 상대방에게 통보하여야 함은 물론, 예탁된 증권의 조건이 변경되는 것이므로 예탁원에 지체 없이 예탁원에 통지하여야 한다.

⑤ 주로 협의되는 조건

(가) 합의 또는 협의 조건의 추가

특히 금융투자업자 간 발행 및 인수의 경우 인수자로부터 인수자와의 합의 또는 협의를 조건으로 권리내용을 조정할 것이 요청되는 경우가 많다. 권리내용을 조정하는 발행자나 계산기관은 선량한 관리자의 주의의무로써 필요한 조정을 하여야 하고 조정 결과는 상업적으로 합리적인 것이어야 한다. 그런데 합의 또는 협의를 조건으로 기재하더라도 조정내용에 관하여 합의에 이르지 못하는 경우 사법 절차에 따라 분쟁을 해결할 수밖에 없는데 그러한 조건이 없더라도 조정 결과가 상업적으로 합리적이지 못한 경우 같은 방법으로 다툴 수 있으므로 위 조건의 추가여부는 양 당사자에게 큰 의미가 없어 보인다. 오히려 합의를 조건으로 권리내용을 조정하여야 하는 경우 합의에 이르지 못함으로 인하여 상환금의 지급이 지체되는 경우 지연이자가 발생하지 않게 되는데 일단 발행자 또는 계산기관이 권리내용 조정을 확정한 후 그 부당함을 다투는 경우에는 타당한 권리내용 조정 결과가 다시 확정되면 추가로 지급될 상환금과 이미 지급된 상환금의 차액에 관한 지연이자를 청구할 수 있다. 나아가 권리내용의 조정은 보통 계속적 거래관계를 전제로 시장관행에 따라 결정되므로 인수자 입장에서는 굳이 위와 같은 조건을 주장할 필요가 없는 것으로 생각된다.

| 표 4-44 | 인수 또는 협의 조건의 추가 예시

일반적인 인수계약서	인수 또는 협의 조건 추가
지수산출기관이 HSCEI 지수의 산출, 발표를 중단하고 그대신 다른 기관이 이를 발표하게 될 경우, 발행자는 i) 새로 발표된 지수가 종전의 최초기준지수와 실질적으로 동일하다고 인정하는 경우 새로운 지수를 최초기준지수로 정하거나, 혹은 ii) 본 파생결합증권(주가연계증권)의 발행조건 및 권리내용에 대한 변경이 적절하다고 판단하는 경우 이를 조정할 수 있다.	지수산출기관이 HSCEI 지수의 산출, 발표를 중단하고 그대신 다른 기관이 이를 발표하게 될 경우, 발행자는 인수자와 협의(합의)하여 i) 새로 발표된 지수가 종전의 최초기준지수와 실질적으로 동일하다고 인정하는 경우 새로운 지수를 최초기준지수로 정하거나, 혹은 ii) 본 파생결합증권(주가연계증권)의 발행조건 및 권리내용에 대한 변경이 적절하다고 판단하는 경우 이를 조정할 수 있다.

(나) 기초자산 가격이 정정되는 경우 상환금 정산의 기한 제한

발행자 또는 인수자의 귀책이 아닌 사유, 즉 거래소의 기초자산 가격의 발표 또는 통신상의 오류로 인하여 상환금액이 잘못 산정, 지급된 경우 추후 정정발표 또는 확인된 기초자산 가격을 기준으로 상환금을 다시 정산하여야 한다는 것은 지극히 당연하다. 그런데 일부 거래당사자의 경우 위 내용의 권리내용 조항에 일정 영업일 내에 그러한 정정이 발생한 경우에 한하여 정산한다는 단서를 추가하는 때가 있다.

그러한 단서를 추가하는 것은 파생결합증권 발행과 관련하여 백투백헤지의 방법으로 장외파생상품거래를 한 경우 Equity Definitions Section 11.4에 의한 정산과 인수계약서에서 발생하는 상환금의 정산을 일치시키기 위한 것으로, 위 Section 11.4에 의하면 해당 사유가 발생하더라도 정해진 기한(Settlement Cycle: 결제주기)안에만 정산할 수 있는데 인수계약서에서 해당 기한이 지난 후의 정산을 허용하면 헤지거래와의 불일치로 인하여 발행사가 위험에 노출될 수 있으므로, 기초자산이 국내 주식이나 지수인 경우 한국거래소의 결제주기인 2영업일 내에 해당 사유가 발생하는 경우에만 상환금을 정산할 수 있도록 하는 것이다.

그러나 Equity Definitions Section 11.4의 취지가 결제주기 내에 기초자산의 정정이 이루어지지 않으면 잘못 발표된 기초자산에 따른 상환금 지급을 그대로 확정짓고자 하는 것으로 보이지는 않는다. 결제주기 내에 정정 발표된 경우에는 어차피 결제일에 정정된 기초자산 가격에 기초하여 상환하게 될 것이므로 따로 차액을 정산할 필요가 없기 때문이다. 따라서 오히려 결제주기 내에 기초자산 가격이 정정 발표된 경우는 계산기관에 통지하여 정정된 금액을 지급하여야 하고 필요한 경우 지급일 등을 조정할 수 있다는 점을 정하였을 뿐, 그 이후 기초자산 가격이 정정된 경우는 정산할 수 없다는 내용까지 포함한다고 보기는 어려울 것으로 생각된다.

| 표 4-45 | 기초자산 가격의 정정과 상환금 정산

인수계약서 해당 조항	ISDA Definition 관련 조항 .
거래소 또는 그 승계기관의 기초자산 가격의 발표 또는 통신상의 오류 기타 발행자 이외의 제3자의 귀책사유로 인하여 본 증권의 지급금액이 잘못 산정, 지급된 경우 추후 정정발표 또는 확인된 정확한 기초자산의 가격을 기준으로 산출한 금액과의 차액을 정산하며, 발행자는 본 증권의 보유자에 대하여 별도의 손해배상 책임 등을 부담하지 않는다. 단, 그 기초자산가격의 정정이 지급일로부터 2영업일 내에 이루어진 경우에 한한다.	**Section 11.4. Correction of Share Prices and Index Levels.** In the event that any price or level published on the Exchange or by the Index Sponsor and which is utilized for any calculation or determination made under a Transaction is subsequently corrected and the correction is published by the Exchange or the Index Sponsor within one Settlement Cycle after the original publication, either party may notify the other party of that correction and the Calculation Agent will determine the amount that is payable or deliverable as a result of that correction, and, to the extent necessary, will adjust the terms of such Transaction to account for such correction. **Section 1.37. Settlement Cycle.** "Settlement Cycle" means, in respect of an Index or Share, the period of Clearance System Business Days following a trade in the shares underlying such Index or such Shares, as the case may be, on the Exchange in which settlement will customarily occur according to the rules of such Exchange (or, if there are multiple Exchanges in respect of an Index, the longest such period), and in respect of an Exchange-traded Contract, the period of Exchange Business Days following a trade in such Exchange-traded Contract on the Exchange in which settlement will customarily occur according to the rules of such Exchange.

가끔 거래상대방에 따라 위 조항의 취지를 권리관계의 조속한 확정이라고 주장하면서 백투백헤지거래를 한 경우가 아니거나, 백투백헤지거래와 관계없이 2영업일이 아닌 적당한 영업일로 기재하여 위 단서를 기재하려고 하는 경우도 있다. 위 관련 조항의 해석과 관계 없이 당사자 간 합의되는 경우 해당 단서의 추가가 불가능할 이유는 없으나, 기초자산 가격이 당사자들의 귀책이 아닌 사유로 잘못 발표되고 뒤이어 정정되었는데 정정 전의 가격과 후의 가격에 따라 상환조건 성취여부가 달라지는 경우를 생각해 보면 사유야 어찌되었든 상환금 정산의 기한을 매우 단기의 영업일 내로 제한하는 것은 극히 부당해 보인다. 단, 파생결합증권의 인수자가 투자신탁기구인데 해당 증권의 상환금이 해당 집합투자기구에게 지급되고 다시 그 집합투자기구의 투자자들에게 지급됨으로써 그 집합투자기구가 청산되어 소멸한 경우에는 사실상 상환금의 정산이 불가능할 것이다. 발행사의 파생결합증권의 상환금 지급과 집합투자기구의 투자자에 대한 수익금의 지급은 통상 1영업일을 사이에 두고 이루어지기 때문에 사후적인 정산이 사실상 어렵다.

(다) 외환시장장애사유를 원인으로 한 권리내용 조정

파생결합증권 발행 후 위험관리는 대부분 백투백헤지의 방법으로, 즉 파생결합증권과 같은 구조의 장외파생상품거래를 체결하는 방법으로 한다. 아직까지 백투백헤지 거래의 상대방은 대부분 해외 금융투자업자인데 해외 금융투자업자와 체결하는 거래에서는 기준통화를 달러화로 하면서 원화와 외화간 환전 불가, 자금의 국내외간 이동 제한 등 외환거래장애사유(FX Disruption)가 발생하는 경우도 지급일 등의 조정이 가능하도록 규정하는 것이 대부분이다.

파생결합증권의 표시통화가 원화이고 기초자산도 외화와 아무런 관계가 없는 경우에도 이러한 점을 반영하기 위하여 외환장애사유를 권리내용의 조정사유로 기재하는 경우가 있다. 원화표시 증권이라 하더라도 해외 기초자산인 경우에는 투자자가 위험회피거래와 관련하여 외화가 관계될 것을 예측할 수 있겠지만, 국내 시장에서 원화로 거래되는 기초자산인 경우에는 그러한 예측이 사실상 불가능하다는 점에서 기재 및 고지에 유의하여야 할 것으로 보인다. 그러나 역시 인수자가 이의하지 않는다면 권리내용 조정사유로 기재하지 못할 이유는 없다.

(라) 특정 헤지거래상대방과의 거래를 통해서만 위험관리를 할 수 있는 경우

파생결합증권의 기초자산이 특정 외국 금융투자업자 또는 그 계열사가 산출하여 발표하는 지수이고, 발행사가 해당 파생결합증권을 발행하면서 그 금융투자업자와 해당 지수를 기초자산으로 하는 같은 구조의 장외파생상품거래를 헤지 목적으로 체결하는 경우가 있다. 이때 해당 금융투자업자와 체결한 헤지 목적 장외파생상품거래를 유지할 수 없으면 대체거래의 체결이나 자체 운용에 의한 위험관리 등의 위험회피거래가 사실상 불가능한 경우가 많다. 이러한 경우 당사자의 귀책사유 없이 해당 증권을 위하여 체결한 위험회피거래를 특정하여 기재하면서 이를 유지할 수 없는 경우 증권을 종료시키는 등 권리내용을 조정할 수 있다는 내용의 추가가 필요하다.

당사자의 귀책사유 없이 해당 위험회피거래를 유지할 수 없는 경우의 예를 들면, 해당 지수가 상품(Commodity)에 관한 지수이고 지수산출기관은 해당 지수의 산출 및 운용을 위해 미국 시장에서 상품 관련 선물 등 파생상품 거래를 하는 경우를 들 수 있다. 미국 상품선물거래위원회(Commodity Futures Trading Committee)는 금융기관의 상품 관련 장외파생상품의 포지션 크기 및 비율을 규제하고 있는데 관련 규정이 변경되고 헤지거래상대방이 보유 중인 포지션이 개정된 규정에 의해 일부 해소되어야 하는 경우 발행사가 체결한 장외파생상품거래가 해지될 수 있다. 이는 우리나라에는 존재하지 않는 규정이고 위 미국의 규정이 국내 발행사에는 적용되지 않으므로 위 사유를 통상적인 권리조정이나 기한 전 종료사유의 내용에 근거하여 해결하기 어렵고, 포괄적인 권리내용 조정사유를 근거로 하거나 위와 같이 특정 헤지 거래를 유지할 수 없는 경우를 따로 권리내용 조정사유로 기재하여 이에 근거하여 증권을 종료시키는 등 필요한 조정을 하여야 한다.

표 4-46 기초자산 가격의 정정과 상환금 정산

외환거래장애사유 등의 포함	특정 헤지거래에 관한 사유 기재
본 증권의 발행일로부터 만기일 이전까지의 기간 중에 외환시장을 포함한 금융시장의 거래중지사태가 발생하여 발행자가 본 증권과 관련한 위험회피거래(비거주자와의 모든 거래를 포함)를 수행함에 있어 제한이 따른다고 발행자가 판단하는 경우 발행자는 만기평가일(혹은 자동조기상환 평가일)을 재지정 하거나 만기상환금액(혹은 자동조기상환금액)의 산출에 필요한 조건들을 조정하여 산출할 수 있다.	발행자가 본 증권의 위험회피를 위하여 ××××년 ××월 ××일 A사와 체결한 Y지수를 기초자산으로 하는 장외파생상품거래가 발행자의 귀책사유 없이 종료되고 발행자가 최선의 노력을 다하였음에도 불구하고 이를 대신할 위험회피거래를 새로 체결할 수 없는 경우

9) 진술 및 보장

① 주요 내용

보통 계약서에서 진술 및 보장 조항의 내용은 계약을 유효하게 성립시키기 위하여 갖추어야 하는 당사자들의 사실에 관한 내용으로, 그러한 내용에 관해서는 계약 체결 과정에서 증빙서류의 제출 등 방법을 통하여 따로 확인하는 절차를 거치지만 그러한 절차에서 중대한 사실이 누락되거나 허위로 제공되는 등의 경우 등을 대비하여 각 당사자들이 해당 사실이 진실에 부합한다는 점을 보증하게 하고 사실과 다를 경우 채무불이행 책임을 부담하도록 하기 위해 기재된다.

파생결합증권 인수계약서의 진술 및 보장 조항은 주로 아래와 같은 내용을 기재한다. 발행자의 계산기관으로서의 지위와 상환금 지급 의무자로서의 지위의 이해 상충, 발행자의 헤지 거래로 인한 기초자산 가격의 불리한 변동 등 위험고지사항과 중

| 표 4-47 | 파생결합증권의 진술 및 보장 내용

진술주체	주요내용
공통진술	▪ 해당 증권을 발행 및 인수할 권리능력 및 적법절차 준수 ▪ 해당 증권 상의 유효하고 구속력 있는 의무의 부담 ▪ 해당 증권 만기까지 기초자산 관련 시세조종 등 위법행위 가담 금지 ▪ 파산, 회생절차 등 증권상 의무 이행에 불리한 사실의 부존재
발행자의 진술	▪ 인수자를 위한 조언자 또는 수임인의 지위에 있지 아니함 ▪ 선량한 관리자의 주의의무를 다하여 증권상 의무를 이행함 ▪ 인수자에 발생한 조세를 보전하거나 보상하지 아니함
인수자의 진술	▪ 독립적 투자자의 지위에서 해당 계약을 체결 – 계약의 체결과 이행과 관련하여 해당 증권의 조건 및 위험을 이해하였으며 상대방의 권고에 의존하지 않고 스스로의 합리적 의사판단 또는 전문가의 조언에 의함 ▪ 해당 증권의 위험을 고지 받고 이해함 – 가격변동으로 인한 손실발생 위험에 대해 설명을 듣고 이해함 – 발행자의 헤지거래가 기초자산 가격에 영향을 줄 수 있고 발행자는 이에 관하여 책임을 지지 않는다는 점을 이해함 – 발행자가 권리내용을 조정하는 경우 상환금 지급의무자로서의 지위와 이해상충이 있을 수 있다는 점을 이해함 – 발행자의 신용에 관한 사항을 확인하고 인지함 – 명시된 경우 외에는 중도상환 및 양도 불허 사실을 인지함 ▪ 관련 법령에 따른 조세를 부담하고 발행자에게 보상을 요구하지 않음 ▪ 해당 증권을 필요한 절차에 따라 전액 인수함

복되거나 위험고지사항에 기재되는 것이 타당해 보이는 내용도 있는데, 이는 위험고지목적과 아울러 인수자가 해당 내용을 고지받았고 이를 이해하고 해당 인수계약을 체결한다는 점을 진술하고 보장 하는 데에 초점을 둔 것으로 이해할 수 있다.

진술 및 보장 조항에 기재된 사실은 해당 파생결합증권이 발행되는 때부터 종료될 때까지 유효하고, 이는 각 당사자가 증권이 유지되는 동안 해당 조항에서 진술한 사실을 유지하여야 한다는 것을 의미한다. 진술 및 보장 조항에 기재된 사실이 진실과 다른 경우 이는 해당 진술을 한 당사자의 채무불이행의 일종으로 귀책사유로 인한 기한 전 종료사유가 될 수 있다. 실무상 사용되는 파생결합증권 인수계약서들의 진술 및 보장 내용은 대동소이한 편이다. 파생결합증권을 적법하게 발행 및 인수하기 위하여 당사자들이 특별히 갖추어야 하는 조건이나 파생결합증권의 발행 및 인수를 위법하게 만들 수 있는 당사자의 특별한 사정이 있다면 그러한 사정의 존재 또는 부존재 사실을 이 조항에 기재하는 것이 필요하다.

한편 파생결합증권이 집합투자기구의 자산으로 인수되는 경우 인수계약서는 발행자와 해당 집합투자기구의 운용사 및 신탁업자의 3자간 계약으로 체결된다. 법적으로 해당 파생결합증권의 인수자는 신탁업자가 되므로 인수자의 진술은 신탁업자의 진술을 의미하고, 이와 별도로 운용사의 진술을 기재한다. 집합투자기구 신탁업자의 자산의 취득은 운용사의 운용지시에 의해서 이루어지므로 운용사가 투자에 관한 의사판단 주체이고 신탁업자는 집합투자재산으로 해당 증권을 취득하고 의무를 이행하는 일종의 집행기구라 할 수 있다. 따라서 일반적인 인수계약서상 인수자의 진술 및 보장 내용은 모두 운용사의 진술에 포함되고, 그 중 권리행사의 제한 또는 의무의 부담에 관한 내용만 인수자인 신탁업자의 진술로 중복 기재하는 것이 실무상 일반적이다. 다만 이 경우 신탁업자가 운용사의 운용지시에 따라 해당 증권을 취득한다는 사실은 파생결

| 표 4-48 | 운용사와 신탁업자의 진술 및 보장 내용

진술주체	주요내용
운용사의 진술	위 표의 인수자의 진술 내용
신탁업자(인수자)의 진술	▪ 관련 법령에 따른 조세를 부담하고 발행자에게 보상을 요구하지 않음 ▪ 해당 증권을 필요한 절차에 따라 전액 인수함 ▪ 운용사의 운용지시에 의한 증권의 취득 ▪ 명시된 경우 외에는 중도상환 및 양도 불허 사실을 인지함

합증권이 집합투자기구의 자산으로 취득되는 경우의 특이한 사실로, 신탁업자의 진술로 기재한다.

② 주로 쟁점이 되는 내용

앞서 제시된 진술 및 보장 조항에 기재되는 내용은 대부분 마땅히 당사자들이 진술하여야 하는 내용들이므로 특별히 해당 조항의 작성이나 검토에 있어 주의하여야 하는 내용은 없다. 그런데 최근 파생결합증권의 발행사 또는 발행사의 헤지거래 상대방의 델타헤지[110] 결과 해당 증권의 평가일에 기초자산이 대량 매도됨으로써 기초자산 가격이 하락하고 결과적으로 해당 증권의 상환이 무산되는 사건들이 발생하면서 인수자가 진술 및 보장 내용 중 발행자의 헤지거래가 기초자산 가격에 영향을 줄 수 있고 발행자는 이에 관하여 책임을 지지 않는다는 점을 이해한다는 내용의 삭제 또는 수정을 요청하는 경우가 많다. 해당 조항은 보통 다음와 같이 기재된다.

> 인수자는 발행자가 본 증권과 관련하여 기초자산, 기초자산 구성종목, 기초자산 또는 기초자산 구성종목과 관련된 선물, 옵션 등 파생상품의 매매, 비거주자를 포함한 다른 기관과의 장외파생상품 거래 등의 헤지거래를 수행할 수 있고 발행자 및 발행자의 특수관계인 등 이해관계자들 역시 영업활동의 결과로 위의 행위를 할 수 있으며 그로 인하여 기초자산 가격 및 본 증권의 가치 등에 중대한 변동을 초래할 수 있고 이러한 정상적인 거래활동이 결과적으로 본 증권의 손익에 영향을 미치게 되었다 하더라도 당해 발행자와 이해관계자는 인수자에게 어떠한 의무나 책임을 부담하지 않음을 인지하였다.

위 내용으로 인하여 발행사 또는 그 헤지거래상대방의 위법한 기초자산 매매행위나 시세조종이 허용되거나 그러한 행위로 인하여 인수자에게 손해가 발생한 경우 발행사의 책임이 면책되는 것은 아니다. 위 조항은 '정상적인 거래활동'이 증권의 손익에 영향을 주는 경우에만 발행자가 인수자에게 어떤 의무나 책임을 부담하지 않는다고 기재하고 있으므로 '위법한 거래활동'의 허용이나 그로 인한 손해의 면책근거가 된다고 볼 여지는 없기 때문이다.[111]

110 델타헤지에 관한 내용은 제1장 참조.

111 2009년 이후 파생결합증권 발행사 또는 그 헤지거래상대방이 해당 증권의 상환평가일에 기초자산을 대량 매도함으로써 기초자산 가격이 하락하고 상환조건이 무산된 결과 투자자가 발행사 또는 발행사의 헤지거래상대방이 해당 증권의 상환을 의도적으로 방해하였다는 이유로 발행사 또는 발행사의 헤

한편 발행사의 입장(자체운용의 경우, 백투백헤지거래를 한 경우에는 발행사의 헤지거래 상대방)에서는 파생결합증권 발행 후 위험관리를 위한 기초자산의 매매가 불가피하고, 평가일에 기초자산 가격이 상환기준가격을 상회하여 상환조건 성취가 예상되는 경우 헤지 목적으로 보유하던 포지션을 청산하고 상환자금을 조달하기 위하여 보유 중인 기초자산을 매도하여야 한다. 따라서 해당 파생결합증권의 발행금액이 크고 기초자산의 거래량이 작을수록 발행사의 매도행위로 인하여 기초자산 가격이 하락할 가능성이 커지는데, 이는 파생결합증권에 수반되는 불가피한 위험이므로 위와 같은 내용이 인수자에게 정확히 고지될 수 있는 범위에서 해당 조항의 적절한 수정은 가능할 것이나 위와 같은 내용의 위험고지 및 인수자의 이해에 관한 진술 및 보장 내용을 삭제하기는 어렵고, 투자자에 대한 설명의무 이행의 관점에서 바람직하지도 못하다.

이 조항의 '정상적인 거래활동'의 범위나 판단기준을 확정적으로 제시하는 관련 규정이나 유권해석, 판례는 아직 존재하지 않는다. 위 조항은 발행자의 헤지거래가 위법행위를 구성하지 않는 범위에서 파생결합증권 인수자에게 발생시킬 수 있는 위험을 인수자가 이해한다는 사실의 진술에 그치는 것이므로 위와 같은 문제를 해결할 수 있는 명확한 기준을 이 조항에서 규정할 것을 기대하기는 어렵다.[112]

지거래상대방을 상대로 손해배상을 청구하는 사안이 다수 발생한 바 있다. 이에 관한 대법원 확정판결은 아직 존재하지 아니하고 사실심의 판단도 엇갈리고 있으나, 사실심 중 발행사 또는 발행사의 헤지거래상대방의 손해배상 책임을 인정한 사안에서는 다음과 같은 내용으로 판시하고 있다: 위험회피거래는 궁극적으로 금융기관이 파생금융상품 발행으로 인한 손실을 방지하여 자산 운용의 건전성을 확보하기 위한 목적에서 이루어지는 것인바, 투자자와 상충적 이해관계를 가진 금융기관은 자신의 책임과 판단 아래 그 방법과 수단을 정한 후 일정한 재량에 따라 위험회피거래를 실행하는 것이므로, 가급적 수요와 공급의 원리에 따라 시장에서 형성되는 기초자산의 공정한 가격 형성을 저해하지 않고 투자자의 정당한 이익과 신뢰를 훼손하지 않도록 주의해야 할 신의칙상 의무가 있다(서울중앙지방법원 2012. 1. 12. 선고 2010가합27835). 유사한 사안으로 피고인의 시세조종행위를 증권거래법위반으로 판단한 형사사건에서도 같은 내용의 판시를 찾아볼 수 있다(서울고등법원 2012. 1. 13. 선고 2010노433 참조).

112 먼저 (i) 발행사가 파생결합증권 발행과 함께 백투백헤지거래를 한 경우 발행사의 위험관리는 백투백헤지거래를 함으로써 완료되고, 발행사의 헤지거래상대방이 발행사와 체결한 장외파생상품거래의 위험관리를 위해 기초자산을 매매하게 되므로 평가일의 기초자산 매도 주체는 발행사의 헤지거래상대방이다. 투자자가 백투백거래를 한 발행사에 대하여 손해배상청구를 한 사안에서 발행사의 대량매도 행위의 공모 또는 방조 및 투자자에 대한 설명의무 위반 등이 주장되었으나 결과적으로 모두 인정되지 않아 발행사의 책임이 없는 것으로 판결이 확정된 바 있다(서울고등법원 2011. 8. 18. 선고 2010나112822 상환금, 원고들이 상고하였으나 2012. 2. 9. 대법원에서 심리불속행기각으로 확정). 한편, (ii) 백투백헤지거래를 한 발행사의 헤지거래상대방 및 자체 운용방법으로 헤지거래를 한 발행사 등 직접

10) 위험고지

파생결합증권과 관련하여 발행사와 인수자간 분쟁이 발생했을 때 발행사의 책임 유무의 판단기준은 대부분 설명의무 이행여부로 귀결된다. 위험고지조항은 발행사의 설명의무 이행을 위한 핵심적인 조항이다.

파생결합증권 인수자가 해당 증권의 취득으로 인하여 노출되는 위험은 크게 기초자산 가격 변동으로 인한 손실 발생가능성을 의미하는 시장위험, 발행사가 상환금을 지급하지 못할 가능성을 의미하는 발행사의 신용위험, 해당 증권의 상환 이전에 이를 처분하지 못할 가능성을 의미하는 유동성위험으로 구별할 수 있다. 파생결합증권 인수계약서의 위험고지에 관한 조항은 발행자가 파생결합증권 인수자에게 인수자가 노출되는 위와 같은 위험을 고지하기 위한 목적으로 기재된다. 실무상 작성되는 위험고지사항은 위와 같은 전형적 위험 외에 계약체결에 관한 사항도 포함되고 있다.

위험고지사항은 인수계약서에 기재되기도 하고 별도의 위험고지문서로 작성되어 인수자에게 교부되기도 한다. 상황에 따라 특별히 위험고지가 강조되어야 하는 경우에는 인수계약서와 별도로 작성한 위험고지문을 교부하면서 기재된 위험이 고지 및 설명되었고 인수자는 이를 이해하였다는 내용을 인수자가 자필로 기재하고 날인하도록 한다.

일반적인 인수계약서의 위험고지사항은 앞서 언급한 각 위험에 관한 내용 및 계약체결에서 주의하여야 할 점에 관하여 인수자가 발행자로부터 충분히 고지 받고 이를 이해하였음을 확인하는 내용으로 〈표 4-49〉와 같이 기재된다.

기초자산의 대량매도행위를 한 자에 대하여 기초자산의 시세조종 등 불법행위로 인한 손해배상청구를 한 사안에서는 피고들이 기초자산 매도가 정당한 헤지거래이고 불법행위로 볼 수 없다는 취지로 주장하며 다투고 있다. 1심 판결은 헤지거래라고 하더라도 기초자산 가격에 영향을 최소화 하도록 주의의무를 다하여야 하는데 이를 해태하였다는 이유로 피고의 책임을 인정한 판결(서울중앙지방법원 2010. 7. 1. 선고 2009가합50394 및 같은 법원 2012. 1. 12. 선고 2010가합27835)과, 정당한 헤지거래 결과이므로 위법하지 않다거나(서울중앙지방법원 2011. 11. 24. 선고 2010가합124659) 만기 전 조기상환평가 기회가 있었으므로 인과관계가 인정되지 않는다(서울중앙지방법원 2010. 5. 28. 선고 2009가합116043)는 등의 이유로 투자자가 패소한 판결이 엇갈렸는데, 그 후 항소심에서는 헤지거래에 위법한 점이 있다고 볼 수 없다고 하여 투자자가 모두 패소하였다.

위 각 사안에서 설명의무 위반의 점과 관련, 델타헤지로 인한 기초자산 매도결과 기초자산 가격이 하락하는 것은 파생결합증권 고유의 위험으로 투자자에게 이미 고지되었다는 피고들 주장의 가장 중요한 근거가 계약서의 진술과 보장 중 위 조항이다.

| 표 4-49 | 위험고지사항의 주요 내용

분류	주요 내용
계약체결에 관한 사항	▪ 독자적 판단 및 적절한 자문에 의한 의사결정 요함 ▪ 발행자의 충분한 설명 후 독자적 판단과 검토 후 계약 체결 요함 ▪ 발행자가 제공한 정보는 투자조언이나 권유에 해당하지 않음 ▪ 증권의 내용을 이해하고 리스크 및 손실가능성을 평가 후 거래 요함 ▪ 관련 법령 및 내규 등에 따라 당사자 적격에 하자가 없어야 함 ▪ 필요한 사항을 외부감사인에 공개하고 적법한 회계처리 요함
시장위험에 관한 사항	▪ 발행자는 기초자산 가격에 따라 확정되는 수익률을 보장할 뿐 특정 목표 수익률을 보장하지 않음 ▪ 기초자산 가격에 의해 수익이 확정되므로 증권의 구조나 권리내용, 위험을 이해하지 못하고 거래하면 기대수익을 달성하지 못하거나 원금 손실이 발생할 수 있음 ▪ 증권의 평가는 발행자가 기초자산가격 기타 시장요인을 고려하여 산출한 시장가격을 바탕으로 함 ▪ 증권의 조건에 따른 상환금 외의 어떠한 이익도 보장되지 않음 ▪ 기초자산에 직접 투자하는 경우보다 수익이 작거나 원금 전액이 손실될 수 있음
유동성위험에 관한 사항	▪ 중도상환이 가능하나 발행자가 중도상환금을 결정하여 지급하고, 이는 증권의 평가금액과 다를 수 있으며, 원금보장형이라 하더라도 원금손실이 있을 수 있음 ▪ 파생결합증권은 유동성이 취약하고 이로 인한 스프레드의 확대 등 예기치 않은 손실이 발생할 수 있음
신용위험에 관한 사항	발행자의 신용위험에 노출됨

그 외 해당 파생결합증권의 기초자산이나 위험회피거래방법 등으로 인하여 발생하는 특별한 위험이 있다면 반드시 기재하여야 한다. 예를 들어 앞서 언급한 특정 외국 금융투자업자가 산출하는 지수를 기초자산으로 하고 해당 금융투자업자와의 장외파생상품거래가 아니면 위험관리가 불가능하여 그 거래가 종료되면 파생결합증권도 기한 전 종료되는 조건이 있는 경우 그러한 사실 및 취지를 위험고지사항에 기재한다. 또한 신용파생결합증권의 경우 ISDA가 발간한 신용파생거래 정의집(ISDA Credit Derivatives Definitions)에서 정의된 용어를 인용하는 경우가 많은데 투자자가 인수계약서만 보고 이해하기 어려운 조건 중 특히 투자자에게 불리한 것은 위험고지사항에 그 내용 및 수반되는 위험을 기재하여 투자자에게 교부하는 것이 좋다.

11) 서명 및 날인

서명 및 날인란에 기재되는 날짜는 보통 해당 파생결합증권의 발행일 또는 최초 기준가격결정일이다. 날짜 기재 밑에 파생결합증권 인수계약서 체결 당사자들의 명칭, 주소 및 대표자(법인인 경우)를 정확히 기재하고 날인하는데, 투자자가 법인인 경우 법인등기부등본상 기재된 명칭, 주소 및 대표자와 일치시켜야 한다. 집합투자재산으로 취득되는 파생결합증권의 경우 발행자, 인수자와 함께 운용사도 기재하는데 인수자와 운용사의 당사자 기재 밑에 해당 파생결합증권을 편입하는 집합투자기구를 명시하고 그 집합투자기구의 신탁업자 또는 집합투자업자라는 내용으로 인수자 및 운용사의 지위를 부기하기도 한다. 한편 신탁이 취득하는 파생결합증권의 경우 인수자로 수탁회사 및 대표이사를 기재하기도 하지만 회사명을 해당 회사의 신탁부로 기재하고 신탁의 지배인으로 등기된 자를 대표자로 표시하기도 한다.

그 외 사용인감과 법인인감 중 하나의 날인을 특별히 요구하는 경우, 계약서의 일부 누락이나 위조 등을 방지하기 위한 간인은 최근 업무상 더 취급이 용이한 기계에 의한 천공으로 대체되는 경향임에도 불구하고 반드시 간인할 것을 요구하는 경우 등 인수자의 내규나 방침에 따라 체결절차와 관련하여 특별히 요구하는 형식이 있을 수 있으므로 체결절차에서 사전에 확인이 필요하다.

| 표 4-50 | 인수계약서의 당사자 표시

대상	표시내용
일반적인 표시	발행사: A 주식회사 서울 영등포구 여의도동 XX-X 대표이사 ○ ○ ○ (인)
집합투자기구의 자산으로 편입되는 경우로서 각 당사자의 지위를 부기하는 경우	운용사: A 자산운용 주식회사 ([집합투자기구명]의 집합투자업자의 지위에서) 서울 영등포구 여의도동 XX-X 대표이사 ○ ○ ○ (인) 인수자: A 은행 주식회사 ([집합투자기구명]의 신탁업자의 지위에서) 서울 영등포구 여의도동 XX-X 은 행 장 ○ ○ ○ (인)
신탁이 인수하는 경우	인수자: A 주식회사 신탁부 서울 영등포구 여의도동 XX-X 지 배 인 ○ ○ ○ (인)

(3) 기타

1) 기초자산 사용에 관한 면책 조항 등

특정 지수를 기초자산으로 하는 파생결합증권을 발행하는 경우, 해당 지수의 지수산출기관이 해당 지수의 사용에 관한 계약을 체결할 것을 요구하는 경우가 있다. KOSPI200 등 한국거래소가 산출 및 발표하는 지수를 기초자산으로 사용하는 경우에 관하여 파생결합증권 발행사와 한국거래소가 지수라이센스계약을 체결하고 있고, 그 외 HSCEI나 S&P500 등 해외지수의 경우에도 각 지수산출기관이 해당 지수 사용에 관한 계약 체결을 요구하고 있는데, 지수 사용에 관한 계약은 통상 각 지수를 기초자산으로 하는 파생결합증권을 발행하는 경우 발행자가 해당 지수의 사용에 관한 계약에서 정한 범위와 방법에 따라 해당 지수를 표기하고 그 사용에 관한 소정의 수수료를 지급하며, 지수산출기관이 사용 실적을 알 수 있도록 관련 자료를 제공할 것을 요구하면 이에 응하여야 한다는 내용을 골자로 한다. 파생결합증권뿐 아니라 장외파생상품거래에서 해당 지수를 기초자산으로 하는 경우에도 동일하다.

지수 사용에 관한 계약 중 인수계약서와 관련이 있는 부분은 지수산출기관의 면책사항을 파생결합증권 인수계약서 기타 투자자에게 교부되는 문서에 게재할 것을 규정하는 내용이다. 실무상 해외 금융투자업자의 거래확인서에서는 위와 같은 지수산출기관의 면책에 관한 사항이 게재된 경우를 종종 볼 수 있으나, 국내에서는 거의 지켜지지 않고 있는 실정이다. 지수산출기관이 게재할 것을 요구하는 면책 조항은 아래에서 보는 바와 같이 그 게재여부에 따라 지수산출기관에 발생할 수 있는 법률적 책임의 성립여부 또는 범위에 영향을 줄 것으로 볼 수 없는 내용으로 실질적인 의미는 없다. 그 내용은 모든 지수가 대동소이 한데, 한국거래소가 관련 계약서에 지수 사용에 관한 거래소 면책 조항으로 첨부할 것을 요구하는 내용을 예로 들면 다음과 같다.[113]

---

113 단, 국내에서 상표권 또는 서비스표권에 근거하여 금융투자상품의 기초자산으로 해당 지수를 사용하는 것에 관한 사용료를 청구할 수 있는가에 대해서는 논란의 여지가 있다. 대부분의 지수산출기관은 상표권 또는 서비스표권에 기하여 수수료를 청구하는데, 라이센스계약에 의한 사용권을 부여받지 않고 해당 지수를 파생결합증권 또는 장외파생상품의 기초자산으로 사용하는 것이 상표권 침해에 해당하려면 타인의 등록상표에 해당할 것, 등록상표의 지정상품과 동일하거나 유사한 상품에 사용할 것, 그리고 상품의 식별표지로 사용할 것이라는 요건을 충족하여야 한다. 여기서 상품의 식별표지란 상품의 출처표시를 의미하는데 파생결합증권 등의 식별표지는 '○○증권 제○○○회'와 같은 표기이고 기

1. 거래소는 KRX 지수 및 KRX 지수에 포함된 정보에 대한 완전성 및 정확성을 보장하지 않으며 KRX 지수 및 KRX 지수에 포함된 정보에 오기, 누락 또는 단절이 있는 경우에도 이를 책임지지 아니한다.
2. 거래소는 이용자, 지수연계 금융상품의 구매자와 KRX 지수 및 KRX 지수에 포함된 정보를 이용하는 모든 개인 및 단체에 대하여 KRX 지수의 완전성 및 정확성을 보장하거나 책임지지 아니한다.
3. 거래소는 KRX 지수 및 KRX 지수에 포함된 정보의 상품성 및 특정목적에 있어서의 정합성 등을 보장하거나 책임지지 아니한다.
4. 거래소는 KRX 지수 및 KRX 지수에 포함된 정보를 이용하는 과정에서 발생할 수 있는 모든 형태의 직접 또는 간접의 손해를 책임지지 아니한다.
5. 거래소는 지수연계 금융상품의 투자자들을 대상으로 당해 지수연계 금융상품의 투자성 및 KRX 지수의 시장대표성(수익성)에 대한 어떠한 조언 및 보장도 하지 아니한다.
6. 거래소와 이용자간의 관계는 이용자신분 및 지수연계 금융상품의 내용을 불문하고 거래소가 편집 및 산출하여 발표하는 KRX 지수에 대한 라이센스를 지수연계 금융상품에 이용할 수 있도록 이용자에게 제공하는 것에 국한된다.
7. 거래소는 이용자 및 지수연계 금융상품의 투자자들이 요구하는 KRX 지수의 편집 및 산출방법에 대한 요구사항을 수용할 의무를 부담하지 아니하며 지수연계 파생상품의 발행 및 판매의 시기선정 및 가격 또는 지수연계 파생상품의 결제방식에 대하여 관여하지 아니한다.
8. 거래소는 지수연계 금융상품의 투자자들에 대하여 지수연계 금융상품의 경영, 마케팅 및 매매와 관련하여 어떠한 의무나 책임을 부담하지 아니한다.
9. 본 조에 의한 거래소의 면책사항은 본 계약의 종료에 불구하고 계속 효력을 가진다.

2) 사모 발행과 공모 발행의 구분

50인 이상의 투자자에게 신규로 발행되는 증권의 취득을 권유하거나(모집, 자본

초자산인 지수가 출처의 표시를 위하여 사용되는 것은 아니기 때문에 상표권 침해의 요건을 충족한다고 볼 수 없기 때문이다. 또한 같은 맥락에서 기초자산으로 사용한 것이 서비스업을 영위하는 자가 서비스업을 타인의 서비스업과 구분되도록 사용한 것으로 볼 수 없으므로 서비스표권의 침해로도 볼 수 없다.

유사한 사안에 관한 해외 판례를 참조하면 다음과 같다. 기초자산으로 다우존스가 발표하는 지수를 기초자산으로 하는 ETF를 발행한 사안에서 미국 법원은 상표권(trade mark)에 기한 청구를 배척하였다. 단, misappropriation에 근거하여 지수산출기관이 일부 승소하였으나(Dow Jones & Co. v. Int'l Sec. Exch., Inc., 451 S.3d 295(2d Cir. 2006)), 이에 해당하는 것으로 볼 수 있는 우리나라의 부정경쟁방지법은 상표권 침해보다 엄격한 요건을 요하므로 이 부분에 관한 미국 법원의 판단과 우리 법원의 판단은 다를 수 있을 것으로 보인다. 독일에서도 기초자산에 연계된 상품이라는 표현(in relation to)에 관해서는 상품의 출처로 사용한 것으로 볼 수 없다고 하여 발행사가 승소하였고, 증권의 출처로 오인할 가능성이 있는 상표사용의 경우에는 발행사가 패소하였다(German Supreme Court ruling in the 'DAX' Case between DB AG and Commerzbank).

시장법 제9조) 증권이 발행 후 1년 이내에 50인 이상에게 양도될 가능성이 있는 경우(간주모집)에는 모집에 해당하게 되어 증권신고서를 제출하는 등 공모 발행의 절차에 따라야 한다(자본시장법 제4조 및 금융투자업규정 제2-2조 제1항). 이와 관련하여 발행사가 신탁에 대하여 파생결합증권을 발행하는데, 해당 증권을 인수하는 신탁이 50인 이상의 위탁자의 특정금전신탁인 경우의 처리에 관하여 실무상 의문이 제기되고 있다. 법적 형식으로는 파생결합증권의 인수자는 신탁 1인일 뿐이지만, 특정금전신탁은 위탁자가 지정한 운용방법에 따라 운용하고 그 결과를 위탁자에게 지급하므로 실질적으로는 위탁자들이 증권을 인수하는 것이기 때문이다.

과거 금융감독원은 특정금전신탁의 경우 청약권유대상자를 위탁자 개개인으로 본다고 해석하여 50인 이상의 투자자들이 특정금전신탁을 통하여 파생결합증권을 청약하는 경우 공모 발행절차에 의하여야 했다.[114] 그러나 이와 같은 해석은 2007년부터 금융감독원 발간 기업공시 실무안내에서 삭제되어 일견 법적 형식에 따라 사모로 보는 것으로 해석이 변경된 것이 아닌가 생각되지만 이에 관하여 따로 명확한 유권해석이 내려진 적은 없다.

3. 장외파생상품거래와 계약서

3-1. 장외파생상품거래의 계약서 개관

(1) 파생결합증권 발행과 장외파생상품거래

파생결합증권의 발행 후 가장 일반적인 헤지거래 방법은 같은 구조의 장외파생상품을 매수하는 백투백(Back to back) 거래를 하는 것이다.[115] 백투백 헤지거래를

114 금융감독원, 2006년 기업공시 실무안내, p. 74[02(발행)-11] 참조.

115 본 장에서는 장외파생상품거래로 헤지하는 경우를 중심으로 다루지만, 백투백 헤지거래는 같은 구조의 장외파생상품거래를 하는 방법과 같은 구조의 파생결합증권을 취득하는 방법이 있다. 전자의 경우 헤지거래상대방은 국내외의 금융투자업자이나 주로 해외 금융투자업자인 경우가 많고, 후자의 경우는 국내의 다른 파생결합증권 발행사인 금융투자업자가 된다. 헤지 목적으로 파생결합증권을 매수하

한 경우 파생결합증권과 장외파생상품거래에서 상환조건 성취여부에 따른 현금 흐름이 반대방향으로 일어나 수익과 손실이 완전히 상쇄된다. 상환조건이 성취되면 파생결합증권 발행사는 헤지거래상대방으로부터 수익을 지급받아 이를 파생결합증권 인수자에게 지급하고, 상환조건이 성취되지 않아 장외파생상품거래에서 손실이 발생하더라도 파생결합증권 인수자에게 납입금 중 손실에 해당하는 부분을 지급하지 않고 이를 장외파생상품거래 상대방에게 지급하거나(unfunded swap[116]의 경우) 동 상대방으로부터 지급받지 못하여(fully funded swap이나 option거래의 경우) 상환조건 성취여부에 따른 수익이나 손실이 발생하지 않기 때문이다. 즉, 파생결합증권의 발행사는 발행한 파생결합증권과 동일한 구조의 장외파생상품거래를 함으로써 시장위험을 완전히 헤지하고 백투백 헤지거래상대방의 신용위험에만 노출되는 것이다. 따라서 백투백 헤지거래를 한 파생결합증권 발행사의 수익은 발행 당시 파생결합증권 가격과 백투백 헤지거래 가격의 차액[117]으로 결정되고 더 이상 해당 증권이나 파생상품거래에서 추가적인 손실이나 수익이 발생하지 않는다.

파생결합증권 발행 후 자체적으로 채권, 장외파생상품 및 기초자산의 매매를 통한 운용으로 위험관리를 하는 경우가 점차 증가하고 있지만 여전히 대부분의 파생결합증권의 헤지거래는 백투백 거래를 통하여 이루어지고 있으므로 파생결합증권 발행과 장외파생상품거래는 밀접한 관련을 가진다. 따라서 파생결합증권의 인수계약서와 장외파생상품거래의 계약서의 작성 및 검토는 떼어서 볼 수 없다. 백투백 헤지거래 목적에 따라 시장위험을 완전히 헤지하기 위해서는 장외파생상품거래의 조건이 파생결합증권 인수계약서에 그대로 반영되어야 하고, 헤지거래로 인하여 노출되는 거래상대방의 신용위험을 관리하기 위해서는 거래상대방에게 파산 등 신용사건이 발생하였을 때 적절히 대응할 수 있도록 신용보강에 관한 약정을 포함한 장외파생상품거래 계약서를 체결하여야 하기 때문이다.

한편, 파생결합증권의 본질은 장외에서 거래되는 비정형 파생상품으로, 그러한

는 경우에도 장외파생상품거래의 경우와 마찬가지로 매수한 파생결합증권 인수계약서의 거래조건을 발행하는 파생결합증권의 인수계약서에 정확히 반영하는 것이 계약서 작성 및 검토의 핵심이다.

116 Unfunded swap과 Fully funded swap의 구조 등에 관한 자세한 내용은 1장 참조.

117 예를 들어 파생결합증권 인수자로부터 액면금액의 100%를 납입받고 파생상품거래 상대방에게 같은 구조의 장외파생상품을 액면금액의 99%로 매수하는 경우 액면금액의 1%가 파생결합증권 발행사의 해당 증권 발행 및 파생상품거래의 수익으로 확정되고 이후 파생결합증권과 장외파생상품에서 발생하는 현금흐름이 완전히 상쇄되므로 추가적인 손익은 없다.

장외파생상품거래를 증권에 표시함으로써 법률적으로 증권에 적용되는 법리와 규제에 따르는 것으로 이해할 수 있다. 따라서 새로운 구조의 파생결합증권을 발행하고 관련 계약서 등 법률문서를 작성하는 때에는 장외파생상품거래에서 사용되는 계약서의 조건을 반영하고 경우에 따라 이를 인용하되, 증권의 법리에 맞게 적절히 수정하면 된다.

(2) 장외파생상품거래의 계약서

1) 장외파생상품거래와 ISDA협회

금융투자업자간 장외파생상품거래에서는 일반적으로 ISDA협회(International Swaps and Derivatives Association, Inc.)에서 제정한 장외파생상품거래의 기본계약서(ISDA Master Agreement), 담보약정서(Credit Support Annex) 및 거래 유형별 정의집(Definitions)이 표준적인 계약관계서류 및 양식으로 널리 이용된다. ISDA협회는 장외파생상품거래에 관한 표준계약서를 제정 및 보급하고 그와 관련된 법적인 문제점에 관한 자문, 홍보 및 교육 등을 하는 미국 뉴욕 소재 협회로 장외파생상품거래의 주요 참가자인 은행 등 금융기관을 회원으로 하는 기관이다. 따라서 장외파생상품거래에 있어 ISDA협회의 계약서나 법률의견이 거래 당사자들에 대하여 당연히 구속력을 가지는 것은 아니고, 거래 당사자들이 ISDA협회가 작성하여 보급하는 계약서 및 관련 법률의견에 구속 받기로 하는 내용의 계약을 체결한 경우에만 해당 거래에 구속력을 가지게 된다.

2) 장외파생상품거래와 ISDA Master Agreement의 체결

ISDA Master Agreement(이하 “기본계약서”)는 계속적 반복적 장외파생상품거래가 예상되는 거래당사자 사이에 체결된다. 당사자 사이에 기본계약서가 체결되면 기본계약서의 적용을 받는 개별거래들은 해당 기본계약서에서 정하지 않은 거래조건을 기재한 Confirmation(이하 “거래확인서”)로 간편하게 체결할 수 있다. 계속적 반복적 거래가 예상되지 않아 기본계약서를 체결할 필요가 없거나 기본계약서를 체결할 예정이나 아직 협의 중인 상태에서 거래하는 경우에는 기본계약서 없이 Long Form Confirmation의 형태로 계약하는데, 기본계약서를 체결한 것으로 간주하면서 그 중 신용보강을 포함하여 수정 보완되어야 하는 내용을 거래확인서에 전부 기재하는 것으로, 장차 기본계약의 체결이 예상되는 경우에는 기본계약서가 체결되면 기본계약서의 내용에 따른다는 점을 명기하기도 한다.

한편, 집합투자기구와 장외파생상품거래를 하는 경우 집합투자기구는 운용사와 신탁업자가 동일하더라도 법률상 완전히 별도의 주체에 해당하고 운용사 및 신탁업자는 집합투자기구별로 운용지시를 하고 집합투자재산을 처분 및 보관하여야 하므로 집합투자기구별로 기본계약서를 체결하여야 한다. 그러나 운용사와 신탁업자가 같은 여러 개의 집합투자기구와 장외파생상품거래를 할 때 번번히 기본계약서를 새로 체결하는 것은 번거로울 뿐 실익이 없으므로, 아래와 같은 특칙을 둠으로써 새로 기본계약서를 체결하지 않고 기 체결한 기본계약서를 이용할 수 있다. 이를 위하여 부속계약서에 (i) 해당 기본계약서의 적용을 받는 거래를 하는 집합투자기구를 특정할 수 있도록 별첨 목록을 첨부하고, (ii) 기본계약서 및 부속계약서가 별첨 목록 기재 각 집합투자기구에 관하여 개별적으로 체결된 것으로 간주되고 집합투자기구별로 완전히 분리 적용한다는 내용의 특칙을 명시한다. 부속계약서 외에 신용보강에 관한 약정이 있는 경우 신용보강약정서도 같은 방법으로 반복적 체결 없이 사용할 수 있다. 이로써 운용사와 신탁업자가 같은 집합투자기구의 경우 다시 기본계약을 협의하여 체결하는 번거로움 없이 별첨 목록에 해당 집합투자기구를 기재하고 별도로 정하여야 하는 사항이 있다면 거래확인서에서 해당 내용만 수정하는 것으로 거래할 수 있다.

3) ISDA Master Agreement의 구성

① ISDA Master Agreement

ISDA Master Agreement는 Section 1 내지 Section 14의 본문과 부속 Schedul (이하 "부속계약서")로 구성된다. 기본계약서의 본문은 부동문자로서 직접 수정할 수 없고 약관처럼 그대로 사용하므로 모든 장외파생거래 참가자들이 동일한 내용으로 체결한다. 본문 중 수정 또는 보완이 필요한 부분은 부속계약서에서 정한다. 부속계약서는 본문의 내용과 다르게 약정하거나 본문을 보완하는 내용을 규정하므로 당사자간 협의를 거쳐 내용이 결정되고 그 내용이 계약상대방마다 다르다. 부속계약서를 포함한 기본계약서를 한 번 체결하고 나면 개별 장외파생상품거래는 구체적인 거래조건을 기재한 거래확인서(Confirmation)에 의해 이루어지고 거래확인서는 기본계약서와 함께 해당 거래의 계약내용이 된다. 기본계약서의 적용을 받는 개별거래들은 해당 거래상대방과의 관계에서 담보수수나 상대방에 신용사건 발생시 파산채권이 되는 정산금 계산 등에 있어 하나의 거래(Single Agreement)로 취급된다.

기본계약서는 1992년판과 그 중 일부 내용을 수정한 2002년판이 있는데,[118] 최근에는 주로 2002년판을 이용하여 체결되는 추세이다. 따라서 본 장에서는 2002년판을 중심으로 자세한 내용을 살펴보고, 1992년판 중 2002년판과 차이가 나는 부분 중 필요한 내용만 관련 부분에서 간략히 설명하기로 한다.

② Credit Support Documents

기본계약을 체결한 당사자들은 상대방의 신용위험을 관리하기 위하여 여러 가지 형식의 신용보강에 관한 약정서를 아울러 체결한다. 신용보강약정의 유형에는 (i) 기본계약에 따른 거래들에서 발생하는 위험노출액을 피담보채무로 하여 당사자 외 제3자가 일방당사자에 대하여 지급보증을 하는 방법,[119] (ii) 기본계약서 체결 당사자간에 증감변동하는 위험출액에 따라 물적 담보를 수수하기 위한 제반조건을 정한 Credit Support Annex(이하 "CSA")를 체결하는 방법이 있고 한편 (iii) 개별적인 양도담보계약서나 질권설정계약서를 체결하거나 거래확인서에서 신용보강에 관한 사항을 정하는 등의 방법으로 개별거래에만 적용되는 담보에 관한 약정을 체결하기도 한다.[120] ISDA협회가 제정한 표준담보약정서류는 여러 종류가 있으나[121] 이 중 기본계약과 관련하여 실무상 가장 일반적으로 체결되는 것은 영국법 CSA 또는 뉴욕법 CSA[122]이므로 이를 중심으로 살펴보기로 한다.

---

118 2002년판은 1992년판 발간 이후 축적된 각국의 유권해석 및 판례, 실무관행 등을 반영하기 위하여 1992년판을 수정한 것으로, 1992년판과 거의 동일한 체제와 내용을 유지하고 있지만, (i) 거래의 중도종료와 청산방법, (ii) 불가항력사유 및 불법성사유, (iii) 신용관련조항, (iv) 시장관행 관련조항 등 몇 가지 중요한 변화가 있었다. 2002년판과 1992년판의 차이에 관한 자세한 내용은, 정순섭, 2002 ISDA 마스터 계약서의 주요 개정사항 해설, BFL 제1호(2003. 9).

119 지급보증인의 채무불이행을 기본계약의 기한 전 종료사유(기본계약서 Section 5(a)(iii) Credit Support Default)로 삼기 위해서는 지급보증인을 부속계약서에 Credit Support Provider로 기재하고, 아울러 지급보증에 관한 계약서를 부속계약서 중 Credit Support Documents에 기재한다. 제3자의 지급보증계약서는 기본계약의 유지에도 불구하고 일정기간이 지나면 종료되는 조항, 보증채무의 한도액을 정하는 조항 등을 포함하는 경우가 있으므로 검토에 유의하여야 한다.

120 이 경우 개별거래의 거래확인서의 전문에서 해당 거래에 한하여 Credit Support Documents로 해당 계약서를 기재하는 내용으로 부속계약서를 수정한다는 조항을 기재하기도 한다.

121 주요 담보약정서류로는 (i) 1994 ISDA Credit Support Annex(New York Law), (ii) 1995 ISDA Credit Support Deed(Security Interest-English Law), (iii) 1995 ISDA Credit Support Annex (Transfer-English Law), (iv) 1996 ISDA Credit Support Annex(Japanese Law) 등이 있다. 이 중 영국법을 준거법으로 하나 담보권 설정방식에 의하는 (ii)와 일본법을 준거법으로 하는 (iv)는 국내에서 거의 사용되지 않고 있다.

③ 거래확인서(Confirmations)

개별거래의 구체적 조건은 거래확인서에서 정한다. 거래확인서는 기본계약서의 일부를 구성하고, 거래확인서와 기본계약서의 내용 사이에 불일치가 있는 경우 거래확인서에서 정한 내용이 가장 우선하여 적용된다. 특정 거래상대방과의 계속적 반복적 거래가 예상되지 않는 경우, 기본계약서의 체결 없이 필요한 범위에서 기본계약서를 수정 적용하는 내용을 기재한 Long Form Confirmation을 사용하는 방법으로도 거래할 수 있다는 점은 앞서 본 바와 같다. 개별거래는 당사자간 의사의 합치로 유효하게 성립하고 거래확인서의 체결이 개별거래의 효력 발생요건인 것은 아니다. 거래확인서에 관한 자세한 내용은 뒤에서 살펴본다.

④ ISDA 정의집(Definitions)

거래조건 중 대부분의 주요 조건들은 보통 ISDA협회가 발간한 정의집(Definitions)들에 정의된 용어를 사용하여 규정하고 필요한 범위에서 거래확인서에서 이를 수정하거나 다시 정의한다. 국내 실무상 가장 많이 사용되는 정의집은 다음과 같다.

표 4-51 ISDA 발간 주요 정의집

기초자산	Definitions
주식 또는 관련 지수	2002 ISDA Equity Derivative Definitions
통화	1998 FX and Currency Option Definitions
신용	2003 ISDA Credit Derivative Definitions
이자율 등	2006 ISDA Definitions (또는 2000 ISDA Definitions)
상품	2005 ISDA Commodity Derivatives Definitions
기타	담보에 관한 Collateral Asset Definition

⑤ 적용순위

기본계약서 본문과 부속계약서 사이에 불일치가 있는 경우에는 부속계약서가 우선하고, 부속계약서와 거래확인서 사이에 불일치가 있는 경우에는 거래확인서가 우선한다. 즉, 기본계약서와 부속계약서 및 거래확인서 사이에 불일치가 있는 경우 적

122 국내에서 신용보강서류로 가장 많이 이용되는 것은 1994 ISDA Credit Support Annex(New York Law)와 1995 ISDA Credit Support Annex(Transfer-English Law)인데 CSA에 상의의무불이행을 기본계약의 채무불이행으로 구성하는 근거 조항은 각 CSA에 따라 다르다. 자세한 내용은 p. 476 참조.

용 우선순위는 거래확인서, 부속계약서, 기본계약서이다. 기본계약서 중에 그 내용이 명기되어 있으므로(기본계약서 Section 1 Interpretation (b) Inconsistency) 다시 기재하지 않아도 불일치가 있는 경우 적용순위는 위와 같을 것이나, 거래확인서 전문에서 이를 다시 명기하는 경우가 많다.

(3) 기본계약서 체결의 법률적 효과

기본계약서를 체결하지 않고도 앞서 언급한 Long form Confirmation을 이용하여 거래하거나 각 거래당사자가 작성한 개별적인 약정서를 이용하여 장외파생상품거래를 할 수 있다. 그러나 기본계약서를 체결하고 개별적인 거래확인서에 의해 거래하는 경우 아래와 같이 법률상 달리 취급되는 경우가 있다.

1) 채무자 회생 및 파산에 관한 법률상 지급결제제도의 특칙

① 장외파생상품거래와 지급결제제도의 특칙

우리나라의 채무자 회생 및 파산에 관한 법률(이하 "통합도산법")은 기본계약서에 근거하여 이루어지는 장외파생상품거래의 경우에는 일방 당사자에 파산 또는 회생절차가 개시되더라도 기본계약에서 정한 거래의 종료 및 정산의 효력을 보장하기 위하여 파산 또는 회생절차상의 부인·해제 등의 적용을 배제하는 내용의 특칙을 두고 있다(통합도산법 제120조 제3항 및 동법 시행령 제14조 제1항).

표 4-52 파생금융거래의 지급결제제도 특칙

통합도산법	통합도산법 시행령
제120조(지급결제제도 등에 대한 특칙) ③ 일정한 금융거래에 관한 <u>기본적 사항을 정한 하나의 계약(이 항에서 "기본계약"이라 한다)에 근거하여</u> 다음 각호의 거래(이 항에서 "<u>적격금융거래</u>"라고 한다)를 행하는 당사자 일방에 대하여 회생절차가 개시된 경우 적격금융거래의 종료 및 정산에 관하여는 이 법의 규정에 불구하고 <u>기본계약에서 당사자가 정한 바에 따라 효력이 발생하고 해제, 해지, 취소 및 부인의 대상이 되지 아니하며</u>, <u>제4호의 거래는 중지명령 및 포괄적 금지명령의 대상이 되지 아니한다</u>. 다만, 채무자가 상대방과 공모하여 회생채권자 또는	제14조(파생금융거래) ① 법 제120조 제3항 제1호에서 "파생금융거래로서 대통령령이 정하는 거래"라 함은 다음 각 호의 기초자산 또는 기초자산의 가격·이자율·지표·단위나 이를 기초로 하는 지수를 대상으로 하는 선도, 옵션, 스왑거래를 말한다. 1. 금융투자상품(유가증권, 파생금융거래에 기초한 상품을 말한다) 2. 통화(외국의 통화를 포함한다) 3. 일반상품(농산물·축산물·수산물·임산물·광산물·에너지에 속하는 물품 또는 이 물품을 원재료로 하여 제조하거나 가공한 물품 그 밖

회생담보권자를 해할 목적으로 적격금융거래를 행한 경우에는 그러하지 아니하다.
1. 통화, 유가증권, 출자지분, 일반상품, 신용위험, 에너지, 날씨, 운임, 주파수, 환경 등의 가격 또는 이자율이나 이를 기초로 하는 지수 및 그 밖의 지표를 대상으로 하는 선도, 옵션, 스왑 등 파생금융거래로서 대통령령이 정하는 거래
2. 현물환거래, 유가증권의 환매거래, 유가증권의 대차거래 및 담보콜거래
3. 제1호 내지 제2호의 거래가 혼합된 거래
4. 제1호 내지 제3호의 거래에 수반되는 담보의 제공 · 처분 · 충당

에 이와 유사한 것을 말한다)
4. 신용위험(당사자 또는 제3자의 신용등급의 변동 · 파산 또는 채무재조정 등으로 인한 신용의 변동을 말한다)
5. 그 밖에 자연적 · 환경적 · 경제적 현상 등에 속하는 위험으로서 합리적이고 적정한 방법에 의하여 가격 · 이자율 · 지표 · 단위의 산출이나 평가가 가능한 것

기본계약서 Section 5 및 6에서 정한 거래의 조기종료 및 정산은 거래상대방의 신용위험관리에 핵심적인 역할을 한다. 우리나라의 경우 통합도산법의 시행 이전에는 이에 관한 명시적 법적 근거가 존재하지 않아 일방 당사자에 파산 또는 회생절차가 개시되는 경우 그 상대방이 기본계약에서 정한 바에 따라 거래를 종료하고 상계권 행사를 통해 일괄 정산할 수 있을 것이지 논란이 있었으나, 위 지급결제제도의 특칙을 포함한 통합도산법의 시행으로 기본계약에 따른 정산의 명시적 근거가 마련됨으로써 그러한 논란은 입법적으로 해결되었다.

② 지급결제제도 특칙의 적용요건

지급결제제도 등에 관한 특칙이 적용되려면 (i) 기본계약을 체결하고, (ii) 이에 근거하여 적격금융거래를 하여야 한다. 기본계약에 관해서는 법령상 구체적으로 정하고 있지 않다. 장외파생상품거래의 경우 ISDA Master Agreement가 지급결제제도의 적용요건인 기본계약에 해당한다고 보는 것이 통설이고, 그 외의 경우 지급결제제도 특칙의 입법 취지를 고려할 때 적어도 ISDA Master Agreement와 같이 다수의 채권 채무를 일괄정산하여 하나의 정산채권으로 할 수 있는 조항을 포함하여야 기본계약으로 볼 수 있다는 견해가 있다.[123] [124] 적격금융거래는 통합도산법 시행령 제14

123 박준 · 홍선경 · 김장호, 채무자회생 및 파산에 관한 법률 제120조의 해석; 지급결제제도, 청산결제제도 및 적격금융거래에 대한 특칙의 적용범위, BFL 제22호(2007. 3.) pp. 70~81.

124 기본계약으로 검토될 수 있는 예는, 국제적으로 사용되는 계약으로 ISDA Master Agreement, ISMA(International Securities Market Association)가 환매조건부매매거래에 관하여 발표하는 GMRA(Global Master Repurchase Agreement), ISLA(International Securities Lending Association)

조에서 정하고 있는데 기초자산의 제한 없이 선도, 옵션, 스왑거래가 모두 적격금융거래가 될 수 있고, 특별히 제외되는 유형의 장외파생상품거래는 없다. 따라서 기본계약서를 체결하고 이에 근거하여 장외파생상품거래를 하는 경우에는 다른 채권자 또는 담보권자에 대한 사해의사가 있는 특별한 경우를 제외하면 지급결제제도의 특칙이 적용된다.

③ 지급결제제도 특칙 적용의 효과

지급결제제도의 특칙이 적용되면 기본계약에 근거하여 체결된 적격금융거래의 종료 및 정산은 통합도산법 규정에도 불구하고 기본계약서에서 당사자가 정한 바에 따라 효력이 발생하고 해제 · 해지 · 취소 및 부인의 대상이 되지 않는다. 또한 장외파생상품거래에 수반되는 담보의 제공, 처분 및 충당은 중지명령 또는 포괄적 금지명령의 대상이 되지 않는다. 즉, 담보의 수수를 포함한 장외파생상품거래는 기본계약에서 정한대로 종결 및 정산 후 담보물의 처분을 통한 충당이 가능하고, 회생 또는 파산절차가 개시된 당사자의 관리인이 이 중 일부만 부인할 수 없다.

단, 적격금융거래에 수반되는 담보의 처분 및 충당에 관하여, 회생절차 개시 이전에 중지명령 및 포괄적 금지명령이 있더라도 담보의 처분이 허용된다는 점은 법문상 명확하나, 회생절차 개시 결정 이후에는 담보의 처분을 포함한 채권자의 개별집행은 일체 금지되고 회생절차 내에서의 권리행사만 인정되는데(통합도산법 제58조, 제131조 및 제141조 제2항) 따로 적격금융거래에 관하여 제공된 담보의 처분을 허용하는 규정을 두고 있지 않아 이 경우에도 지급결제제도 특칙 조항에 근거하여 기본계약에 따라 담보권을 실행할 수 있는지 여부에 대해서는 논란이 있다.

④ 우리나라에 대한 ISDA Netting Opinion

ISDA협회는 국가별로 각 국가의 대표적 법률회사로부터 해당 국가 도산법에 의할 때 기본계약서에서 정한 바에 따라 거래의 종료 및 일괄정산 등이 가능한지에 관한 법률의견을 받아 발표하는데, 이를 ISDA Netting Opinion이라고 한다.[125] 담보 처분에 관한 위와 같은 문제점으로 인하여 우리나라에 대한 ISDA Netting Opinion은 회생절차 개시의 경우 담보물의 처분이 제한될 수 있다고 기재하고 있다.[126]

가 증권대차거래에 관하여 발표하는 GMSLA(the Global Master Securities Lending Agreement) 등을 들 수 있고, 국내에서 사용되는 계약 중 금융투자협회가 제정하여 사용을 권고하는 장외파생상품거래 표준계약, 현선물환거래약정서 및 기타 약관 등을 들 수 있다.

125 ISDA Netting Opinion은 ISDA협회 회원사의 경우 ISDA협회 홈페이지에서 열람할 수 있다.

2) 집합투자기구 운용사의 직접 거래

투자신탁의 집합투자업자는 투자신탁재산을 운용함에 있어서 투자신탁재산별로 신탁업자에 대하여 투자대상자산의 취득·처분 등에 관하여 필요한 지시를 하여야 하고, 그 신탁업자는 집합투자업자의 지시에 따라 투자대상자산의 취득·처분 등을 하여야 하는 것이 원칙이다. 그러나 예외적으로 투자신탁재산의 효율적 운용을 위하여 불가피한 경우로서 일정한 요건을 충족한 경우에는 집합투자업자가 자신의 명의로 직접 투자대상자산의 취득·처분 등을 할 수 있는데(자본시장법 제80조 제1항), 기본계약을 체결하고 장외파생상품거래를 하는 경우 중 위험회피 목적으로 금리 또는 채권가격을 기초자산으로 하는 스왑거래를 기본계약 체결 후 이에 근거하여 계속적으로 체결하는 때에는 집합투자업자가 거래상대방과 자기의 명의로 직접 거래할 수 있다(동법 시행령 제79조 제2항, 금융투자업규정 제4-49조 참조).

126 이에 해외 금융투자업자들이 국내 금융투자업자와 기본계약서를 협의할 때 회생절차 개시 전 신속히 거래를 종료하고 담보물을 처분하여 충당할 수 있도록 기본계약서에서 당사자 또는 감독기관 등 이외의 제3자가 일방당사자에 대하여 파산, 회생 기타 이와 유사한 절차를 신청한 경우 적용하는 조기종료 선언 유예기간 15일(2002년판 Section 5(vii)(4))을 삭제할 것을 요청하는 경우가 많다. 일방 당사자에 해당 사유가 발생하는 경우 반대당사자로서는 거래를 종료시킬 시기를 선택함에 있어 제약이 없을수록 좋으므로 (i) 양당사자 모두에 관하여 삭제할 것을 제안하거나, (ii) 회생절차 개시의 경우에만 적용하는 것으로 한정하여 유예기간을 삭제하는 것으로 정할 것을 요구 등으로 대응하는 것이 일반적이다.
"If the Transactions are to be collateralized under the Credit Support Annex, we recommend that the 15 day grace period in Section 5(vii)(4) in the 2002 Master Agreement or the 30 day grace period in Section 5(vii)(4) in the 1992 Master Agreement be eliminated for the following reasons. Under the Netting Clause of the DRBL, the disposition (as well as provision) of the collateral to secure derivative transactions under the ISDA Master Agreement will be exempt from the interim stay order or the comprehensive stay order. However, upon commencement of the Rehabilitation Proceedings, all creditors' enforcement actions would be automatically stayed. Therefore, the disposition of collateral that secures Transactions under the ISDA Master Agreement would be also stayed upon commencement of the Rehabilitation Proceedings of the Korean counterparty. If the grace period is allowed in the Bankruptcy Event of Default under Section 5(a)(vii)(4), the secured party would not be able to dispose of the collateral once the Rehabilitation Proceedings are commenced. The commencement of the Rehabilitation Proceedings will occur within one month after the petition filing."(2. A, **MEMORANDUM OF LAW FOR THE INTERNATIONAL SWAP AND DERIVATIVES ASSOCIATION, INC. The Enforceability of Close-out Netting under Korean Law, January 9, 2009**).

3-2. ISDA Master Agreement 본문 및 부속계약서의 주요 내용[127]

기본계약서의 주요 내용은 다음과 같다. 2002년판을 중심으로 개괄적으로 살펴보되 실무상 유의미한 부분에서는 1992년판의 내용도 함께 다루기로 한다.

(1) 기본계약서 본문의 주요 내용(전문 및 Section 1 내지 Section 14)

1) 전문: 계약의 효력발생일 기재

전문에는 계약당사자 및 효력발생일이 기재된다. 전문에 기재되는 날짜는 기본계약이 효력을 발생하는 날을 의미하므로 기본계약의 적용을 받도록 하고자 하는 거래의 체결일보다 앞선 날을 기재한다. 즉, 계약당사자들 사이에 이미 체결되어 존재하는 기본계약서의 적용 대상인 거래들이 있는 경우에는 해당 거래들 중 가장 먼저 체결된 거래의 거래일(Trade Date) 또는 그 이전의 날을, 아직 거래가 없는 경우에는 새로운 거래 체결 전 양 당사자가 합의한 날을 각각 기재한다.

전문에 기재되는 날짜가 기본계약이 체결되는 날이라고 오해하는 경우가 있으나 전문에 기재되는 날은 앞서본 바와 같이 기본계약의 효력발생일로, 그 날짜 이후에 체결되는 적용대상거래는 거래확인서에서 달리 정하지 않는 한 기본계약의 적용을 받는 거래가 된다. 따라서 이미 계속적으로 장외파생상품거래를 하던 당사자 사이에 기본계약을 체결하면서 존재하는 거래 중 특정 일자 이후의 거래만 기본계약서의 적용을 받도록 하고 싶다면 그 특정 일자를 효력발생일로 기재한다. 기본계약서가 실제로 체결된 날은 계약서상에 기재되지 않는 경우도 많고, 기재하고자 하는 경우에는 기본계약서 말미 서명란에 서명 또는 날인과 함께 기재하는 것이 일반적이다.

한편 부속계약서에서 당사자 합의에 따라 기본계약 적용대상거래의 범위를 별도로 정하는 경우도 있다. 이러한 내용은 보통 부속계약서의 Part 5. Other Provision 중 'Scope of Agreement'라는 제목으로 기재되는데, 이 조항에서 기본계약의 적용을 받는 거래의 범위를 따로 정한 경우에는 전문 기재 효력 발생일이 의미가 없다. 실무상 이 조항에서 당사자 사이에 장래 체결하는 모든 거래뿐 아니라 이미 기본계

127 기본계약서 내용에 관한 개설은 황민택, 장외파생상품계약실무(ISDA Master Agreement를 중심으로), 도서출판 탐진, Paul C. Harding, Mastering the ISDA Master Agreement(1992 and 2002)/Mastering Collateral Management and Documentation, 2002 참조.

약서 체결 전에 성립되어 유효하게 유지되고 있는 모든 잔존거래에 기본계약이 적용된다는 취지를 규정하는 경우가 대부분이지만, 당사자간 합의에 따라 특정 거래일 이후 체결된 거래로 적용대상을 제한하는 경우 그러한 취지를 기재하기도 한다.

2) Section 1 Interpretation: 계약의 해석

본 조에서는 기본계약서, 부속계약서 및 거래확인서간 불일치가 있는 경우 부속계약서가 기본계약서에 우선하고, 거래확인서가 부속계약서에 우선한다는 점((a) Inconsistency)과 두 당사자가 기본계약서를 체결하고 이를 바탕으로 개별거래를 한 후 그에 관한 거래확인서를 교환하는 경우 기본계약서와 각 거래확인서는 전체로서 단일의 계약으로 본다는 점((b)Single Agreement)을 규정한다. 단일의 계약(Single Agreement)으로 본다는 규정은 Section 5 및 6의 절차에 따라 거래의 전부 또는 일부가 종료되는 경우 양 당사자 사이의 모든 거래를 정산하여 하나의 정산채권(Close-out Amount)으로 만드는 일괄정산(Close-out Netting)의 근거가 된다.

3) Section 2 Obligations: 지급 등 의무

① Section 2(a) General Conditions: 의무이행과 그 선행조건

당사자들은 거래확인서에서 정한 기일에 각 거래에 관한 지급, 인도의무를 부담한다. 그런데 각 당사자는 (1) 상대방이 채무불이행(Event of Default) 또는 잠재적 채무불이행(Potential Event of Default) 상태에 있지 않고, (2) 조기종료일(Early Termination Date)이 지정되지 않았으며 (3) 기타 의무이행의 선행조건으로 정한 내용이 충족된 경우에만 이행의무가 있다.

② Section 2(b) Change of Account: 계좌의 변경

대금을 지급받을 계좌를 수시로 바꿀 수 있는데, 그러려면 적어도 5영업일(Local Business Days) 전에 상대방에게 통지하여야 한다.

③ Section 2(c)Netting of Payment: 상계 또는 차액정산

(가) 같은 거래, 같은 통화 및 같은 날 지급의무의 상계

쌍방이 같은 거래에서 같은 통화로 같은 날에 서로 지급하여야 할 금액이 있는 경우 차감정산하여 지급의무자가 그 차액을 상대방에 지급하면 된다. 이 조항의 적용례로 이자율스왑 거래에서 지급일에 양 당사자에게 지급의무가 발생하는 경우 그 차액만 정산하는 것을 들 수 있다. 거래의 결제리스크(Settlement Risk)를 줄이기 위

한 것이다. 부속계약서나 거래확인서에서 따로 정하지 않아도 같은 거래, 같은 통화, 같은 날의 지급의무는 기본계약서에 따라 차액정산할 수 있다. 그러나 다수의 거래에서 발생하는 지급의무를 차액정산 하고자 하는 경우에는 부속계약서 또는 거래확인서에서 별도 규정을 두어야 한다.

(나) 다수거래의 상계 적용

기본계약서 1992년판과 2002년판 중 이 조항의 내용은 실질적으로 동일하나, 다수거래에 적용하고자 하는 경우 부속계약서 등의 규정 형식이 달라지므로 주의할 필요가 있다. 다수거래간 상계를 적용하기로 하는 경우에도 위 기본상계에 비하여 다수거래 간 차액정산만 추가로 허용될 뿐, 같은 날 같은 통화로 지급할 의무여야 하는 것은 동일하다.

표 4-53 상계에 관한 규정 비교

	2002년판	1992년판
기본 상계	*Netting of Payments.* Unless "Multiple Transaction Payment Netting" is applicable, if on any date amounts would otherwise be payable:— (i) in the same currency; and (ii) in respect of the same Transaction, by each party to the other, then, on such date, each party's obligation to make payment of any such amount will be automatically satisfied and discharged and, if the aggregate amount that would otherwise have been payable by one party exceeds the aggregate amount that would otherwise have been payable by the other party, replaced by an obligation upon the party by whom the larger aggregate amount would have been payable to pay to the other party the excess of the larger aggregate amount over the smaller aggregate amount.	*Netting.* If on any date amounts would otherwise be payable:- (i) in the same currency; and (ii) in respect of the same Transaction, by each party to the other, then, on such date, each party's obligation to make payment of any such amount will be automatically satisfied and discharged and, if the aggregate amount that would otherwise have been payable by one party exceeds the aggregate amount that would otherwise have been payable by the other party, replaced by an obligation upon the party by whom the larger aggregate amount would have been payable to pay to the other party the excess of the larger aggregate amount over the smaller aggregate amount.
다수거래 상계	The parties may elect in respect of two or more Transactions that a net amount will be determined in respect of all amounts payable on the same date in the same currency in respect of those Transactions, regardless of whether such amounts are payable in respect of the	The parties may elect in respect of two or more Transactions that a net amount will be determined in respect of all amounts payable on the same date in the same currency in respect of such Transactions, regardless of whether such amounts are payable in respect of the

	same Transaction. The election may be made in the Schedule or any Confirmation by specifying that "Multiple Transaction Payment Netting" applies to the Transactions identified as being subject to the election. If Multiple Transaction Payment Netting is applicable to Transactions, it will apply to those Transactions with effect from the starting date specified in the Schedule or such Confirmation, or, if a starting date is not specified in the Schedule or such Confirmation, the starting date otherwise agreed by the parties in writing. This election may be made separately for different groups of Transactions and will apply separately to each pairing of Offices through which the parties make and receive payments or deliveries.	same Transaction. The election may be made in the Schedule or a Confirmation by specifying that subparagraph (ii) above will not apply to the Transactions identified as being subject to the election, together with the starting date (in which case subparagraph (ii) above will not, or will cease to, apply to such Transactions from such date). This election may be made separately for different groups of Transactions and will apply separately to each pairing of Offices through which the parties make and receive payments or deliveries.

다수거래의 차액정산 여부는 보통 부속계약서 Part 4 Miscellaneous에 규정되나, 간혹 Part 5. Other Provision에 기재되는 경우도 있다. 다수거래 사이에 차액정산을 적용하고자 하는 경우 2002년판은 부속계약서에 'Multiple Transaction Payment Netting will apply to the Transactions'라고 기재하고 기본계약서 해당 조항에서 부속계약서나 거래확인서에서 정한 적용시작일부터 적용하거나 달리 정함이 없으면 각 당사자가 서면으로 합의한 날부터 적용한다고 정하고 있다. 반면, 1992년판은 부속계약서에 'Subparagraph (ii) of Netting will not apply to the Transactions'으로 기재하고, 기본계약서 해당 조항에서 적용시작일부터 적용한다고만 규정하고 있다.

그러나 실무상 국내 금융투자업자는 대부분 전산시스템상 다른 종류의 거래 간 차액정산처리가 되지 않기 때문에 다수거래간 차액정산을 적용할 수 없는 경우가 대부분이다. 따라서 부속계약서 해당 조항에서 적용하지 않는 것으로 규정하는 경우가 가장 많고, 그 외 같은 유형의 거래끼리만 적용하기로 하는 단서를 부기하여 결제시스템상 가능한 범위에서 제한적으로 다수거래간 차액정산을 적용하는 것으로 하거나, 적용하지 않는 것으로 하되 적용할 수 있도록 노력하거나 양 당사자가 따로 합의하는 경우에는 적용하는 것으로 기재하기도 한다.

(다) Set-off와의 비교

기본계약서상의 Set-off는 우리나라 법률용어로는 Payment Netting과 동일하게 상계를 의미하나, Payment Netting이 정상적인 거래상황에서 결제리스크를 피하기 위한 같은 날 같은 통화에 의한 같은 거래 또는 다수거래의 지급의무 간 상계임에 비해, Set-off는 일방 당사자에게 신용사건 등이 발생하여 조기종결일(Early Termination Date)이 지정되고 거래가 조기종료 되는 경우 종료사유가 발생하지 않은 당사자(Non-Defaulting Party 또는 Non-Affected Party)가 조기종료금액(Early Termination Amount)을 결정하기 위한 상계라는 점에서 다르다. 지정된 조기종료일을 기준일로 하여 기본계약의 적용을 받는 당사자 사이의 모든 거래의 각 평가결과를 일괄 정산하는 것이므로 당연히 다수거래간 지급의무를 대상으로 하고 대상 채권이나 채무의 확정 전에도 행사할 수 있으며 각 거래에서 정한 통화가 다르더라도 해지통화(Termination Currency)로 환전하여 상계하는 등 요건과 범위가 Payment Netting과 다르므로 혼동하지 않도록 한다.

④ Section 2(d) Tax Gross-up: 세금의 보전

(가) 원칙

기본계약서에 따른 모든 지급금에 부과되는 세금은 지급하는 자(payer)가 부담하는 것을 원칙으로 한다. 상대방에게 지급의무를 이행함에 있어 준거법에 따라 세금을 원천징수하여야 하는 경우, 지급하는 자는 상대방에 그 사실을 알리고 원천징수 한 세금을 납부한 후 관련 영수증을 그 상대방에 주어야 하며 상대방에게 원천징수 한 세금에 관계없이 원천징수가 없었으면 지급하여야 할 금액을 지급(gross-up)하여야 한다.

단, 지급하는 자의 상대방, 즉 세금을 보전 받는 수취인(Payee)이 세금 관련 허위 진술을 하거나 제출하여야 하는 관련 서류를 제출하지 않아 원천징수하여야 하는 경우(Section2(d)(4)(A)), 또는 수취인의 허위진술을 원인으로 하는 거래체결 이후의 과세당국의 조치나 소송 또는 세법 변경으로 인하여 원천징수하여야 하는 경우(Section2(d)(4)(B))에는 보전하지 않는다.

(나) 예외

가) 미국의 해외금융계좌신고제도 도입과 관련된 예외 조항 추가

최근 미국의 과세 관련 규정의 신설 또는 개정으로 인하여 세금 보전의 예외 조항이 부속계약서의 개정을 통하여 추가되고 있다. 미국 정부는 2010년 3월 1일 역외 금융거래를 통한 조세포탈을 예방하기 위하여 해외금융계좌신고제도(Foreign Account

Tax Compliance Act, 이하 "FATCA")를 입법을 통하여 도입하였고, 관련 규정이 2013년 1월 1일에 발효된다. 이는 해외 금융기관이 미 국세청에 미국 납세자의 정보(성명, 주소, 계좌번호, 잔액, 입출금내역 등)를 보고하여야 하고, 이를 위반하면 위반자의 미국 내 원천소득에서 30%의 세금을 원천징수 한다는 내용을 골자로 한다. 파생상품거래에 대한 적용방법은 아직 불확실하고 개인의 정보를 제공하는 것이므로 국내 금융실명제 및 개인정보보호법 등과 상충되는 등의 문제가 있어 구체적인 정보제공 범위 및 방법 등에 관하여 한국 정부와 미국 정부가 협의 중에 있다.

그러나 도입 취지대로 적용되면 거래에서 발생하는 이익을 지급받는 자의 법 위반으로 인하여 원천징수의무가 발생하였음에도 불구하고 이를 지급하는 자가 보전하는 것은 불합리하므로, ISDA협회는 일방 당사자의 FATCA상 의무불이행으로 인한 원천징수가 있는 경우 이는 보전하지 않는다는 취지의 조항의 권고안을 발표하였고, 이를 반영하기 위하여 이미 체결한 부속계약서에 위 조항을 추가하는 내용의 개정이 각 거래상대방별 협의에 의해 점차 이루어지고 있는 추세이다. 위 권고안은 양 당사자에게 동일하게 적용되고 앞서본 바와 같이 일방 당사자의 FATCA 위반으로 인하여 발생한 세금을 상대방이 보전하는 것은 부당하므로 표준안대로 부속계약서에 포함하는 것이 바람직해 보인다. ISDA의 권고안은 아래와 같다.

> *Foreign Account Tax Compliance Act.* Withholding Tax imposed on payments to non-US counterparties under the United States Foreign Account Tax Compliance Act. (a) For purposes of any Payer Tax Representation, the words "any Tax from any payment" shall not include any tax imposed under Sections 1471 and 1472 of the Internal Revenue Code of 1986, as amended (or the United States Treasury regulations or other guidance issued or any agreements entered into thereunder) ("FATCA Withholding Tax"); (b) for the avoidance of doubt the parties agree that for purposes of Section 2(d) of this Agreement the deduction or withholding of FATCA Withholding Tax is required by applicable law; and (c) the definition of "Indemnifiable Tax" shall not include any FATCA Withholding Tax.

나) 국내 거래상대방과의 사이의 세금보전 예외

국내 거래상대방과의 사이에 신용보강약정을 포함한 기본계약을 체결하고 거래하면서 담보를 수수하는 경우 해당 담보에서 발생하는 이자등 과실은 담보제공자에게 지급되어야 한다. 이때 담보목적물의 발행회사(채권의 경우) 또는 수탁은행(은행예금의 경우) 등이 이미 원천징수 후 이자 등을 지급하는 경우를 대비하여 그러한 경우에는 원천징수된 세금을 보전하지 않는다는 취지의 예외 조항을 포함시키기도 한다. 보통 이 조항은 CSA의 Paragraph 13에서 아래와 같이 기재된다.

> ***Korean Domestic Withholding Tax.*** The Distributions or Interest Amounts payable under Paragraph 6(d) in respect of domestic KRW Collateral comprised in Posted Credit Support shall be calculated net of any domestic Korean withholding tax withheld from the Secured Party. Such tax is not an Indemnifiable Tax. The provisions of Section 2(d) of the ISDA Master Agreement will not apply and the Secured Party will not be obliged to gross-up such Distributions or Interest Amount for the amount of the domestic withholding tax. Similarly Sections 5(b)(ii) and 6(b)(ii) will not apply.

4) Section 3 Representations: 진술 조항

양 당사자가 아래와 같은 사실을 진술하고 그 내용이 사실임을 보장하는 조항으로, 이 조항 기재사항 중 세금관련 진술(3(e) 및 (f))을 제외한 나머지 사항에 거짓이 있는 경우 채무불이행사유(Section 5(a)(iv) Misrepresentation)가 되어 그 상대방은 계약을 종료시키고 정산권한을 행사할 수 있다. 세금관련 진술(3(e) 및 (f))이 사실과 다른 경우에는 위 채무불이행사유를 구성하지 않고 다만 Section 2(d)에 의한 지급인의 보전의무가 면제된다.

위 조항 외에 부속계약서에서 각 당사자의 진술사항을 추가하기도 한다. 국내 실무상 표준적으로 추가되는 내용은 양 당사자의 관계에 관한 진술로(Relationship between Parties), 각 당사자는 (1) 스스로의 판단 아래 거래를 하고(Non-Reliance), (2) 거래의 내용을 이해하고 거래하며(Evaluation and Understanding), (3) 각자는 상대방을 위한 수임인(fiduciary) 또는 자문기관(advisor)의 역할을 하는 것이 아니라는(Status of Parties) 것을 기재한다.

｜표 4-54｜ Section 3 Representations(진술 조항)의 주요 내용

제목	내용
Basic Representation	정당하게 설립된 자이고('Status'), 계약서를 체결하고 거래를 할 권한이 있으며('Power'), 그러한 행위는 적법하고('No Violation or Conflict'), 기본계약 및 담보서류와 관련하여 필요한 정부의 동의 또는 기타 필요한 동의를 모두 받았으며('Consents'), 그에 따른 의무는 구속력이 있다('Obligation Binding')(3(a)).
Absence of Certain Events	채무불이행사유(Event of Default), 잠재적인 채무불이행사유(Potential Event of Default), 또는 종료사유(Termination Event)가 발생하지 않았다(3(b)).
Absence of Litigation	계류된 중대한 소송이 없다(3(c)).
Accuracy of Specified Information	제공된 정보는 정확하고 완전하다(3(d)).
Payer Tax Representation Payee Tax Representations	각 당사자가 Schedule에서 진술한 세금 관련 사항이 정확하다(3(e), (f) 및 부속계약서 Part 2).
No Agency	기본계약서와 그에 따른 거래가 자신의 계산으로 체결된 것이고 다른 자의 대리인으로서 한 것이 아니다(3(g), 적용여부는 부속계약서 Part 4(l)에서 규정).

5) Section 4 Agreement: 약정 사항

Section 2에서 정한 지급 등에 관한 기본적인 의무에 부수하여 각 당사자가 이행하여야 할 사항으로 계약서의 확약사항(Covenant, Undertaking)에 해당하는 내용이다. 이 조항에서 정한 내용 중 Section 4(a)(i) 및 (iii)과 4(d)에 규정한 의무를 제외한 나머지 사항을 일방당사자가 이행하지 않은 경우 그 상대방은 채무불이행사유(5(a)(ii) Breach of Agreement)에 근거하여 계약을 종료시키고 정산권한을 행사할 수 있다. 일방 당사자가 세금에 관한 내용인 Section 4(a)(i) 및 (iii)과 4(d)를 준수하지 않는 경우에는 다른 약정 사항 위반 경우와 달리 채무불이행사유를 구성하지 않고, 대신 일정한 경우 지급인이 자신이 원천징수하는 세금에 대하여 보전하지 않아도 되기 때문에 결국 Section 2(d)에도 불구하고 수취인이 당해 세금을 부담하는 결과가 될 뿐이다.

| 표 4-55 | Section 4 Agreement(약정 사항)의 주요 내용

제목	내용
(a) Furnish Specified Information	(i) 부속계약서 또는 거래확인서에 기재된 세금관련 서류(부속계약서 Part 3(a)), (ii) 그 외 부속계약서 또는 거래확인서 기재 서류(부속계약서 Part 3(b)), (iii) 합리적인 범위에서 공제 또는 원천징수 없이 지급하기 위하여 필요한 서류로서 서면으로 요청한 서류의 각 교부
(b) Maintain Authorisations	인허가 유지
(c) Comply With Laws	위반시 계약상 채무이행능력에 중대한 침해가 우려되는 법령의 준수
(d) Tax Agreement	Section 3(f)에 기재된 진술이 부정확하거나 사실이 아닌 경우 상대방에 즉시 통지
(e) Payment of Stamp Tax	계약의 체결 및 이행과 관련하여 부과되는 인지세 납부 등

6) Section 5 Event of Default and Termination Event: 채무불이행사유 및 종료사유

기본계약서 Section 5는 채무불이행사유(5(a)Event of Default)와 종료사유(5(b) Terrmination Event)로 나누어 기본계약 하에 체결된 거래들을 종료시킬 수 있는 사유들을 정하고 있다. 대체로 채무불이행사유는 일방 당사자의 귀책사유가 있는 경우로 볼 수 있는 사유들이고, 종료사유는 어느 한 당사자의 귀책으로 볼 수는 없으나 계약내용 또는 이행에 관하여 중대한 변경이 발생한 것으로 볼 수 있는 사유들이어서 취지가 다르고, 따라서 발생하였을 때 계약의 종료 절차 및 관련 권리관계의 확정 내용에 있어 다르게 취급된다.

① Section 5(a) Event of Default: 채무불이행사유

기본계약서가 정하고 있는 채무불이행사유는 다음과 같다. 부속계약서에서 Specify Entity(Part 1(a), 이하 "특정조직") 또는 Credit Support Provider(Part 4(g), 이하 "담보제공자")를 기재하는 경우 특정조직이나 담보제공자에 각 사유가 발생하는 경우도 채무불이행에 해당하게 된다. 채무불이행당사자를 Defaulting Party, 그 상대방을 Non Defaulting Party(이하 "반대당사자")라고 한다.

❙ 표 4-56 ❙ Section 5(a) Event of Default(채무불이행사유)의 내용

제목	내용
(i) Failure to Pay or Deliver	지급 또는 인도의무 불이행
(ii) Breach of Agreement; Repudiation of Agreement	기타 약정사항 위반; 이행거절
(iii) Credit Support Default	신용보강 관련 의무의 불이행
(iv) Mispresentation	허위진술
(v) Default under Specified Transaction	특정 거래에 관한 불이행
(vi) Cross Default	교차채무불이행
(vii) Bankruptcy	파산 등
(viii) Merger Without Assumption	채무인수를 수반하지 않는 합병

(가) Section 5(a)(i) Failure to Pay or Deliver: 지급 또는 인도의무 불이행

일방 당사자가 Section 2(a)(i)에 따른 변제기에 지급의무 또는 인도의무를 이행하지 못하거나 Section 9(h)(i) (2) 및 (4)에 의한 지연배상을 이행하지 못하고, 그 불이행 당사자에게 불이행이 통지된 후 1영업일까지 불이행이 계속된 경우를 말한다. 기본계약서에서는 불이행 통지 후 1영업일까지 유예기간을 두고 있으나, 부속계약서에서 이를 삭제하거나 연장하는 경우가 많다.

(나) Section 5(a)(ii) Breach of Agreement, Repudiation of Agreement: 기타 약정사항 위반, 이행거절

이 조항은 기본계약서에 따라 이행하여야 할 약정 사항을 이행하지 않거나 이행을 거절하는 경우 적용된다.

가) 기타 약정사항 위반(Breach of Agreement)

이 채무불이행사유는 일방당사자가 기본계약서에 따라 이행하여야 할 약정사항을 이행하지 않고 그 불이행 당사자에게 불이행 사실이 통지된 후 30일 이내에 관련 의무를 이행하지 않는 경우에 적용된다. 기본계약서에서 정한 유예기간은 부속계약서에서 단축될 수 있다.

기본계약서의 약정사항임에도 불구하고 이 사유가 적용되지 않는 것은 (1) 기본계약서에 따른 금전지급 또는 실물 인도의무, (2) 종료사유(Termination Event)가 발생한 경우 이를 통지할 의무(Section 6(b)(i))와 (3) 세금과 관련된 서류나 세금 관련 진술사항이 사실과 다를 때 이를 통지할 의무를 위반한 경우이다. (1)의 예외는 위 지급 또는 인도의무 불이행에 관한 규정(Section 5(a)(i))이 적용되고, (2)의 예외는 이를 예외로 두지 않는다면 종료사유 발생 자체보다 종료사유 발생에 대한 통지의무 위반이 더 엄격한 채무불이행사유가 되는 결과가 되어 불합리하며, (3)의 예외는 해당 경우 지급자가 해당 세금에 대하여 보전할 의무가 면제되고 의무위반자인 수취인이 해당 세금을 부담하는 불이익이 Section 2(d)(i)에 따로 정해져 있기 때문이다.

나) 이행거절(Repudiation of Agreement)

당사자가 기본계약서 및 거래확인서에 의한 거래의 전부 또는 일부를 부인하거나 이행을 거절하거나 효력을 다투는 경우 이 조항에 의한 채무불이행사유에 해당한다.

(다) Section 5(a)(iii) Credit Support Default: 신용보강 관련 의무의 불이행

이 조항은 (1) 당사자 또는 담보제공자가 Credit Support Document(이하 "담보서류")에 따른 의무를 위반하는 경우, (2) 피담보채무가 모두 변제되기 전에 담보권자의 서면 동의 없이 담보제공이 종료되는 등 담보권의 전부 또는 일부가 효력을 상실하는 경우(단, 이 경우 각 담보서류에서 정한 조건에 따라 종료된 경우는 제외한다) 및 (3) 당사자나 담보제공자가 담보서류의 전부 또는 일부를 부인하거나 이행을 거절하는 경우에 적용된다. 이 조항이 적용되는 담보제공자 또는 담보서류는 부속계약서에서 지정되어야 한다.

(라) Section 5(a)(iv) Mispresentation: 허위진술

이 조항은 기본계약이나 담보서류상 당사자나 담보제공자에 의한 진술이 사실과 다르거나 오해를 초래한 것으로 밝혀지고 그 내용이 중대한 경우 적용된다. 단, Section 3 (e)와 (f)에 의한 당사자의 세금 관련 진술에는 이 조항이 적용되지 않는다. 이 경우는 Section 2(d)에 의하여 지급인의 보전의무가 면제될 뿐이다.

(마) Section 5(a)(v) Default under Specified Transaction: 특정거래에 관한 채무불이행

기본계약서의 당사자, 당사자의 담보제공자 또는 특정조직이 특정거래(Specified Transaction) 또는 특정거래 관련 담보거래상의 의무를 불이행(인도불이행 제외)하고 그 결과 특정거래의 청산, 특정거래상 채무의 기한의 이익상실 또는 조기종료가 발생하는 경우 또는 위 의무를 부인하거나 이행을 거절하거나 효력을 다투는 경우 이 조항에 의한 채무불이행이 발생한다.

이 조항의 적용을 위한 특정거래의 정의는 부속계약서 Part 1(b)에서 정할 수 있다. 부속계약서에서 달리 정하지 않는 경우 기본계약서의 정의(Section 14 참조)에 따르는데, 기본계약서에서는 특정거래를 기본계약의 당사자(또는 당사자의 담보제공자 및 해당 특정조직)들 사이에 체결된 기본계약에 따른 거래가 아닌 모든 거래로서, 사실상 체결이 가능한 모든 종류의 금융거래를 포함하도록 포괄적으로 정의하고 있다. 2002년판에서 정의하고 있는 특정거래는 각종 장외파생상품거래는 물론, 유가증권 대차거래, 환매거래 등을 모두 포함하는 것으로 1992년판의 정의보다 확장된 것이다.

(바) Section 5(a)(vi) Cross Default: 교차채무불이행

부속계약서 Part 1 (c)에서 교차채무불이행을 적용하기로 하고, 기본계약서의 당사자, 담보제공자 및 특정조직이 제3자에 대하여 부담하는 (i) 하나 또는 그 이상의 부속계약서에서 정한 특정채무(Specified Indebtedness)를 불이행 한 결과 부속계약서에서 정한 한도금액(Threshold Amount) 이상의 채무에 대하여 기한의 이익을 상실할 수 있게 되거나 (ii) 위 한도금액 이상의 특정채무를 불이행하는 경우 이 조항에 의한 채무불이행이 발생한다.

기본계약서의 당사자와 제3자 사이에 발생한 채무불이행을 기본계약서의 당사자 사이의 채무불이행사유로 삼을 수 있는 규정이다. 당사자, 당사자의 담보제공자 및 특정조직이 각각 제3자에 대한 채무를 불이행하는 경우에는 이를 합산하여 한도금액 초과여부를 판단한다.[128]

가) Specified Indebtedness(특정채무)

부속계약서에서 특정채무의 정의를 수정하지 않으면 기본계약서의 정의에 따라 차입금과 관련된 일체의 채무를 의미하고, 그 채무가 현재의 채무인지 장래의 채무인지, 우발채무인지, 주채무인지 보증채무인지 등을 불문한다. 기본계약서의 당사자가 국내외 금융투자업자인 경우에는 부속계약서 해당조항에서 파생상품거래에서 발생하는 채무를 포함하는 내용으로 수정하는 경우가 종종 있고, 은행인 경우에는 예금(deposit)채무를 제외하는 내용으로 수정하는 경우를 자주 볼 수 있다.

나) Threshold Amount(한도금액)

한도금액은 부속계약서의 같은 조항에서 정하는데 기본계약서에 따른 제반 거래를 조기종료하기 전까지 감수할 의사가 있는 상대방의 신용리스크 최고금액으로 이

128 Harding, 전게서, p. 187.

해할 수 있다. 각 당사자에 대하여 정액으로 기재하기도 하지만, 각 당사자의 자기자본(Shareholder's Equity)의 일정비율(통상 1~3%)로 기재하는 경우가 많다.

(사) Section 5(a)(vii) Bankruptcy: **파산**

기본계약서의 당사자, 담보제공자 또는 특정조직(이하 "당사자 등")이, (1) 해산하는 경우(합병, 신설 합병 또는 흡수 합병에 의한 경우 제외), (2) 채무초과 상태가 되거나 기한이 도래한 부채를 이행할 능력이 없음을 서면으로 인정하는 경우, (3) 채권자 또는 채권자의 이익을 위하여 일반적인 양도, 조정 또는 화해를 하는 경우, (4) (A)당사자에 대한 파산, 회생 혹은 규제당국, 감독기관 또는 기타 유사한 공공기관에 의하여 파산 또는 회생에 관한 법률이나 채권자의 권리에 영향을 미치는 기타 유사한 법률에 따라 파산이나 회생의 재판 또는 기타 구제를 구하는 법적 절차가 개시되거나, 당사자에 의하여 혹은 위 규제당국, 감독기관 또는 기타 유사한 공공기관에 의하여 해산이나 청산이 신청된 경우, (B)파산 또는 회생에 관한 법률 또는 채권자의 권리에 영향을 미치는 기타 유사한 법률에 따라 파산이나 회생의 재판 또는 기타 구제를 구하는 법적 절차가 개시되었거나, 또는 해산이나 청산 신청이 제기되고, 그러한 절차 또는 신청이 위 (A)에 규정되지 않은 개인 혹은 조직에 의해 개시 또는 신청된 경우로서 (i) 파산이나 회생에 관한 재판 또는 구제명령의 개시 또는 해산이나 청산 명령이 내려지거나, 또는 (ii) 각 경우에 있어 그 개시 또는 신청으로부터 15일 이내에 기각, 취소, 유예 또는 제한의 결정이 내려지지 않는 경우, (5) 해산, 공적 관리나 청산을 위한 결의가 통과된 경우(합병, 신설 합병이나 흡수 합병에 의한 경우 제외), (6) 당사자 또는 그의 모든 자산 또는 실질적으로 모든 자산에 대하여 관리인, 임시청산인, 파산관재인, 수탁자, 보관인 또는 기타 이와 유사한 공무원의 선임을 구하거나 선임하여야 하는 경우, (7) 당사자 등의 모든 자산 혹은 실질적인 모든 자산을 담보권자가 점유하거나 강제집행 등 법적 절차를 취하고, 담보권자의 점유 또는 그 법적 절차가 취해진 이후 15일 이내에 기각, 취소, 유예 또는 제한되는 등 해소되지 않는 경우, (8) 해당 관할 법률상 위 (1) 내지 (7)의 사유와 유사한 효과를 가져오는 사유를 초래하거나 그 대상이 되는 경우, 또는 (9) 위와 같은 행위를 조장하거나 동의, 승인 또는 묵인하는 조치를 취하는 경우, 이 조항에 의한 채무불이행사유가 발생한다.

(아) Section 5(a)(vii) Merger Without Assumption: **인수 없는 합병**

기본계약서의 당사자, 담보제공자 또는 특정조직이 합병하거나 중요한 자산을 양도하거나 다른 조직으로 재조직되는 등의 경우에 (1) 변경되는 조직, 존속하는 조직 또는 양수인의 조직이 이 계약 또는 담보서류상의 당사자 또는 담보제공자의 모든 의무를 인수하지 않거나, (2) 담보서류가 상대당사자의 동의 없이는 변경된 조직, 존속하는 조직 또는 양수인의 이 계약상의 채무이행까지 담보하지 못하는 경우 이 조항에 의한 채무불이행사유가 된다.

② Section 5(b) Termination Event: **종료사유**

당사자 또는 당사자의 담보제공자나 특정조직에 대하여 아래 각 사유가 발생하는 경우 이 조항에 의한 종료사유에 해당한다. 각 사유가 발생한 당사자를 Affected Party(이하 "사유발생당사자"), 그 상대방을 Non Affected Party(이하 "반대당사자")라고 한다.

(가) Section 5(b)(i) Illegality: 위법사유

거래체결 이후 발생한 사유로 인하여(당사자나 당사자의 담보제공자가 취한 조치 제외) 기본계약 및 거래확인서에서 정한 모든 조항을 적용한 이후에도 (1) 당사자의 계약상 지급 또는 인도의무 이행, 상대방의 지급 또는 인도의 수령 또는 기타 계약상 중요조항의 준수; 또는 (2) 당사자 또는 담보제공자의 담보서류상 부담하는 지급 또는 인도의무 이행, 상대방의 지급 또는 인도의 수령 또는 기타 담보서류의 중요한 조항 준수가 위법한 것이 되는 경우(인허가 유지 위반으로 인한 경우는 제외) 이 조항에 의한 종료사유에 해당한다. 이때 위 각 사유가 발생한 당사자가 사유발생당사자가 된다.

(나) Section 5(b)(ii) Force Majeure Event: 불가항력사유

거래체결 이후에 발생한 불가항력 또는 국가행위로 인하여 기본계약서 및 거래

표 4-57 Section 5(b) Termination Event(종료사유)의 내용

제목	내용
(i) Illegality	위법사유
(ii) Force Majeure Event	불가항력사유
(iii) Tax Event	과세사유
(iv) Tax Event Upon Merger	합병에 따른 과세사유
(v) Credit Event Upon Merger	합병에 따른 신용사유
(vi) Additional Termination Event	추가종료사유(부속계약서에서 정함)

확인서에서 정한 모든 조항을 적용한 이후에도, (1) 당사자의 계약상 지급 또는 인도 의무 이행, 상대방의 지급 또는 인도의 수령 또는 기타 계약상 중요조항의 준수가 방해되거나, 불가능하거나 비현실적으로 되는 경우 또는 (2) 당사자 또는 담보제공자의 담보서류상 부담하는 지급 또는 인도의무 이행, 상대방의 지급 또는 인도의 수령 또는 기타 담보서류의 중요한 조항 준수가 방해되거나, 불가능하거나 비현실적으로 되는 경우 이 조항에 의한 종료사유에 해당하고 위 각 사유가 발생한 당사자가 사유발생당사자가 된다. 이 조항의 불가항력 또는 국가행위는 관련 사무소, 당사자 또는 담보제공자가 통제할 수 없고 모든 합리적인 노력을 다해도 극복할 수 없는 경우를 의미한다.

(다) Section 5(b)(iii) Tax Event: **과세사유**

거래 이후 과세당국의 조치 또는 관할법원에 제기된 소송으로 인하여 또는 세법의 개정으로 인하여, 당사자가 결제예정일에 (A) Section 2(d)(i) (4)에 따라 세금을 보전하여야 하거나 그렇게 할 실질적 가능성이 있는 경우, 또는 (B) 세금이 원천징수 또는 공제된 금액을 수령하였으나 Section 2(d)(i) (4)에 의한 세금의 보전을 받을 수 없거나 그렇게 될 실질적 가능성이 있는 경우 이 조항에 의한 종료사유에 해당한다. 이때 위 각 사유가 발생한 당사자가 사유발생당사자가 된다.

(라) Section 5(b)(iv) Tax Event Upon Merger: **합병에 따른 과세사유**

인수 없는 합병에 해당하지 않는 경우로서, 일방 당사자가 합병, 자산의 중요한 부분의 양도 또는 재조직을 하고, 그 결과 상대방(Burdened Party, 부담당사자)이 다음 결제예정일에 (1) 세금을 보전하여야 하거나, (2) 세금을 보전 받지 못하는 경우 이 조항에 의한 종료사유가 발생하고, 합병 등 사유가 발생한 당사자가 사유발생당사자가 된다. 부담당사자와 사유발생당사자는 일치할 수도 있고 다를 수도 있다. 뒤에서 살펴보겠지만, 종료통지의 권한자는 사유발생당사자가 아닌 부담당사자이고, 종료금액의 계산권한자는 사유발생당사자라는 점에 유의한다.

(마) Section 5(b)(v) Credit Event Upon Merger: **합병에 따른 신용사유**

부속계약서에서 이 조항을 적용하기로 명시하고, 당사자, 담보제공자 또는 특정조직에 대해 아래에서 정한 지정사유(Designated Event)가 발생하며, 그 사유가 인수 없는 합병에 해당하지 않고, 지정사유발생 직후 담보서류를 고려할 때 그 사유가 발생한 당사자 또는 그 승계인의 신용도가 사유발생 직전의 신용도보다 상당히 저하되는 경우를 말하고, 이때 사유발생당사자는 지정사유가 발생한 당사자, 승계인, 존속조직 또는 양수인이다.

지정사유란, (1) 합병, 중요한 자산의 양도, (2) 제3자(개인 또는 법인을 불문함)가 당사자의 (A) 이사회의 과반수를 선임할 권한을 갖는 지분증권 또는 (B) 사실상 지배가 가능해지는 지분의 실질적 소유권을 취득, 또는 (3) 사채발행, 채무부담, 채무보증 또는 우선주나 우선주로 전환 또는 교환 가능한 다른 증권(법인이 아닌 주체의 경우에는 다른 형태의 지분증권)의 발행을 통하여 자본구조에 실질적 변경을 초래하는 경우를 말한다.

(바) Section 5(b)(vi) Additional Termination Event: 추가종료사유

양 당사자 사이에 위 각 종료사유 외에 종료사유로 정하고자 하는 사항이 있는 경우 부속계약서 또는 거래확인서에서 추가종료사유를 적용하는 것으로 하고 종료사유로 정하고자 하는 내용 및 해당 사유가 적용되는 당사자를 명시한다. 일반적으로 추가종료사유로 기재되는 사항은 당사자의 신용과 관련된 사유 또는 외환거래장애사유이고 구체적인 내용은 다음과 같다.

가) 당사자의 신용과 관련된 사유

추가종료사유로 기재되는 사항 중 당사자의 신용과 관련되는 사유는 실질적으로 채무불이행사유와 같은 효과를 가지고, 발생하는 경우 기본계약서의 적용을 받는 모든 거래가 사유발생거래가 될 수 있다. 당사자의 신용과 관련된 사유로서 추가종료사유로 주로 기재되는 사유들은 다음과 같다.

- 당사자의 부채비율이나 신용등급을 일정 기준에 따라 유지할 것
- 당사자가 소재한 국가의 신용등급을 일정 기준 이상으로 유지할 것, 또는 당사자의 영업의 전부, 실질적 전부 또는 기본계약 적용 거래와 관련된 부분을 정상적으로 유지할 것
- 관련 인허가를 유지할 것
- 구조조정촉진법 등 한국 고유의 도산절차에 관한 조항
- 경영권 변동에 관한 사항을 포함하여, 위 내용을 포괄적으로 중대한 사정 변경(Material Adverse Change)으로 묶어 정의하는 조항

이러한 사유는 경우에 따라 부속계약서에서 추가채무불이행사유(Additional Event of Default)라는 표제(heading) 아래 기본계약서의 채무불이행사유를 수정하

는 형식으로 기재되기도 한다. 추가채무불이행사유로 기재하는 경우 기본계약에 따른 거래 중 해당 사유의 영향을 받는 일부의 거래만 사유발생거래로 지정하여 종료시킬 수 있는 종료사유의 발생과 달리 해당 사유가 발생하는 경우 기본계약서하에 체결된 모든 거래를 조기종료할 수 있게 되므로 주의하여야 한다.[129]

나) 외환거래장애사유

외화 당국의 조치나 법령 또는 유권해석의 변경 기타 사유로 인하여 기본계약서상의 의무이행을 위한 환전, 송금 또는 적용 환율의 결정 등이 불가능한 경우를 추가종료사유로 기재하는 경우를 종종 볼 수 있다.[130] 실무상 국내 당사자가 국외 금융투자업자와 기본계약서를 체결할 때 국외 금융투자업자가 국내 거래상대방을 편면적 적용당사자로 하여 이러한 사유를 적용할 것을 요구하여 이러한 조항의 적용 여부에 관한 협의를 하게 되는 경우가 많다. 기본계약서에서 정의되는 내용이 아니어서 거래상대방 별로 위 사유로 제시하는 구체적 내용 및 효과가 다르므로 그 사유의 내용 및 발생한 경우의 효과, 아울러 편면적 적용의 타당성을 신중히 고려하여 수용 여부를 결정하여야 한다.

다) 기타: 가압류·가처분 기타 보전조치나 압류 등 강제집행 결정

가압류·가처분 기타 보전조치나 압류 등 강제집행 결정(이하 "가압류 등 사유")을 추가종료사유로 기재하는 경우가 있다. 실무상 위 사유가 해당 당사자의 신용에 문제가 생긴 것으로 볼 수 있기 때문에 추가채무불이행사유 또는 추가종료사유로 기재되는 것으로 오해하는 경우가 많은데,[131] 원래 이러한 사유를 추가불이행사유나 추가종료사유로 기재하는 이유는 기본계약서의 적용을 받는 개별거래에서 발생한 일부 채권에 위와 같은 처분이 내려지는 경우 그 이후 당사자 사이에 발생하는 채권채무와 가압류 등 사유 발생 거래상의 채권채무 사이의 상계권의 행사가 제한되어 기본계약에서 정한 일괄정산에 장애가 될 수 있기 때문에 위 사유가 발생한 거래를 일

129 한편, 기본계약서의 당사자 중 상대적으로 우월한 지위에 있는 당사자가 추가종료사유(또는 경우에 따라 추가채무불이행사유)의 적용당사자를 상대방으로 한정하여 실질적으로 거래를 유지할 수 없다고 볼 수 없는 사유까지 추가종료사유 또는 추가채무불이행사유로 기재할 것을 요구하는 경우가 많으므로 각 사유의 발생과 효과를 고려하여 수용여부 결정에 만전을 기할 필요가 있다.

130 국가 신용등급에 관련된 사유를 Soverign Event, 환전 등 외환에 관한 사유를 Inconvertibility Event로 정의하기도 한다.

131 특히 간단한 소명과 담보의 제공이 있으면 쉽게 보전조치가 취해지는 우리나라에서 위와 같은 사유의 발생만으로 해당 당사자 신용에 문제가 생겼다고 보는 것은 매우 불합리하다.

괄정산 대상에서 제외시키기 위한 것이다.[132]

따라서 원래의 취지를 고려하여 가압류 등 사유 발생을 추가채무불이행이나 추가종료사유로 기재하는 경우 가압류 등의 대상은 기본계약서의 적용을 받는 개별거래에서 발생한 채권 기타 권리 또는 상대방과의 사이에서 발생한 금전채권으로 하여야 한다. 간혹 일방 당사자의 상대방과의 사이에서 발생한 채권 채무와 관계없는 자산의 일부 등에 대한 가압류 등 사유 발생을 기재하는 경우가 있는데 이는 우리나라 보전처분의 결정 실무상 문제가 있다.[133]

또한 추가채무불이행사유보다 추가종료사유로 기재하는 것이 타당하다. 추가채무불이행사유로 기재하면 일부 거래에 해당 사유가 발생하더라도 기본계약하에 체결된 모든 거래를 종료시켜야 하기 때문에 해당 사유에 영향을 받지 않는 거래까지 종료하거나 일괄정산의 제한 가능성을 감수하면서 전부 유지할 수밖에 없게 되기 때문이다. 추가종료사유로 기재하여 필요한 경우 해당 사유가 발생한 거래만 종료시킬 수 있도록 하는 것이 바람직해 보인다.

③ Section 5(c) Hierarchy of Events: 사유들간의 우열

위법사유 또는 불가항력사유에 해당하는 동시에 채무불이행 사유에 해당하는 경우 각 사유의 적용 우선순위는 다음과 같다.

| 표 4-58 | 사유 적용의 우선순위

조항	중복사유		취급
5(c)(i)	위법사유 또는 불가항력사유	지급 또는 인도 불이행(5(a)(i)) 기타 약정사항 위반(5(a)(ii) (1)) 담보불이행(5(a)(iii) (1))	위법사유 또는 불가항력 사유에만 해당
5(c)(ii)	위법사유 또는 불가항력사유	위에서 정한 사유 외의 채무불이행 사유 또는 그 밖의 종료사유	채무불이행사유 또는 기타 종료사유에 해당
5(c)(iii)	불가항력사유	위법사유	위법사유

132 지급을 금지하는 명령을 받은 제3채무자는 그 후에 취득한 채권에 의한 상계로 그 명령을 신청한 채권자에게 대항하지 못한다(민법 제498조). 즉, 일방당사자(X)가 상대방(Y)에게 부담하는 채무, 즉, Y의 입장에서는 X에 대하여 갖는 채권에 대하여 일방당사자(Y)의 채권자가 위와 같은 조치를 취하는 경우 그 이후 X가 해당 당사자(Y)에 대하여 취득하는 채권으로 가압류 등 조치가 취해진 채무와 상계(Set-off)할 수 없다(바꾸어 말하면 상계하더라도 가압류 등 조치를 취한 Y의 채권자가 적법한 절차를 거쳐 지급을 요구하는 경우 다시 지급하여야 한다). 따라서 X에 채무불이행사유 등이 발생할 때 기본계약서가 예정한 일괄정산의 제한사유 또는 장애사유가 되는 것이다.

133 원인채권의 충분한 소명이 없어도 담보납입을 조건으로 가압류 등 결정이 쉽게 내려지는 편이다.

④ Section 5 (d) Deferral of Payments and Deliveries During Waiting Period: 대기기간 중 지급 및 인도의 연기

어떤 거래에 관하여 위법사유 또는 불가항력사유가 발생하여 계속되는 경우, 그 거래상의 지급 또는 인도의무의 이행기는 (i) 대기기간(Waiting Period) 종료 후 첫 영업일 또는 (ii) 대기기간 중 해당사유가 존재하지 않게 된 경우에는 사유가 존재하지 않게 된 날의 다음 영업일까지 연기된다. 이때 대기기간은 위법사유의 경우는 3영업일, 불가항력사유의 경우는 8영업일로 하되, 담보서류상 부담하는 의무와 관련하여 해당 사유가 발생하는 경우에는 대기기간이 적용되지 않는다(Section 14 Definitions).

⑤ Section 5 (e) Inability of Head or Home Office to Perform Obligations of Branch: 본사 또는 본점의 지점채무이행불가능

관련 사무소 및 본점 모두에 대하여 위법사유나 불가항력사유가 계속되고 있는 한 채무불이행사유 중 지급 및 인도의무불이행(Section 5(1)(i))이나 담보서류상의 의무불이행(Section 5(iii)(1))에 해당하지 않는 경우를 정하고 있는 조항이다.

즉, (i) 본점이 아닌 어느 사무소(Office)에 위법사유 또는 불가항력사유가 발생한 경우, (ii) 부속계약서에서 Section 10(a)를 적용하기로 함으로써 본점 외의 사무소를 통해 거래를 체결하더라도 본점을 통하여 거래한 경우와 동일하게 보기로 합의한 바에 따라, (iii) 사유발생당사자가 아닌 당사자가 사유발생당사자에게 본점을 통한 의무 이행을 요구하였으나, (iv) 사유발생당사자의 본점이 그 의무를 이행하는 것이 위법사유 또는 불가항력사유에 해당하여 이를 이행할 수 없을 때 그 불이행은 채무불이행사유에 해당하지 않는다.

7) Section 6 Early Termination; Close-Out Netting(조기종료; 일괄정산)

① Section 6(a) Right to Terminate Following Event of Default(채무불이행사유에 따른 종료권)

일방당사자(Defaulting Party, 이하 "채무불이행당사자")에 채무불이행사유가 발생하는 경우, 상대방(Non-defaulting Party, 이하 "반대당사자")은 채무불이행당사자에게 해당 채무불이행사유를 명시한 통지를 함으로써 조기종료일(Early Termination Date)을 지정하고 기본계약서의 적용을 받는 모든 거래를 종료시킬 수 있다. 이때

조기종료일은 해당 통지의 효력이 발생한 이후의 날로써 통지일로부터 20일 내의 날로 지정하여야 한다.

단, 부속계약서에서 자동조기종료(Automatic Early Termination)를 적용하기로 하는 경우[134]에는 당사자 등에 Section 5(a)의 (1) 해산, (3) 채권자 이익을 위한 양도, 조정 또는 화해, (5) 해산, 공적 관리나 청산을 위한 결의 통과, (6) 관리인이나 청산인, 파산관재인 등의 선임 및 이와 유사한 사유로서 (8)이 발생한 경우에는 해당 사유가 발생한 즉시, Section 5(a)의 (4)파산, 회생 기타 이와 유사한 절차의 신청이나 개시 및 이와 유산한 사유로서 (8)이 발생한 경우에는 해당 절차의 개시 또는 해당 신청의 제출 직전 시점이 각각 조기종료일이 되고 별도의 통지 없이 기본계약의 적용을 받는 모든 거래가 종료된다.[135]

---

134 자동조기종료의 적용 여부는 당사자 별로 달리 정할 수 있다. 일방당사자에 대하여 자동조기종료조항을 적용하는 것으로 정하는 경우 해당 당사자에 위 각 사유가 발생하면 거래가 자동조기종료된다. 즉, 부속계약서에서 'Section 6(a) will apply to Party A'라고 정하면 Party A에 해당 사유가 발생하는 경우 Party A를 Defaulting Party로 하여 거래가 자동조기종료 되는 것이다. 실무상 이렇게 기재한 경우 Party B에게 각 사유가 발생하면 자동조기종료되는 것이라고 잘못 이해하고 Party B에 각 사유가 발생하면 기본계약서 하의 거래들이 자동으로 조기종료 되도록 기재하고자 하는 취지에서 위 예와 같이 기재하는 경우가 있으므로 부속계약서의 기재에 주의하여야 한다. 기본계약서의 관련 조항의 기재를 참조한다.

"Automatic Early Termination" is specified in the Schedule as applying to a party, then an Early Termination Date in respect of all outstanding Transactions will occur immediately upon the occurrence with respect to such party of an Event of Default specified in Section 5(a)(vii)(1), (3), (5), (6) or, to the extent analogous thereto, (8), and as of the time immediately preceding the institution of the relevant proceeding or the presentation of the relevant petition upon the occurrence with respect to such party of an Event of Default specified in Section 5(a)(vii)(4) or, to the extent analogous thereto, (8).

135 자동조기종료조항을 적용할 것인지 여부는 각 당사자가 소재한 국가의 파산 관련 법률(우리나라의 경우는 통합도산법)에 따라 달라질 수 있다. 파산 등 절차가 개시된 후에는 관련 법률에 의해 채권자들의 권리행사가 제한되고 파산한 당사자의 관리인 등이 선택적으로 거래를 종료시킬 수 있는 경우 자동조기종료의 적용을 통하여 해당 사유발생 즉시 거래가 종료된 것으로 함으로써 관련 법률에 의한 반대당사자의 기본계약상의 권리행사 제한 가능성을 예방하는 것이 바람직하다. 단, 파산 등 사유가 발생하는 경우 주로 해당 당사자 소재지 법률이 배타적으로 적용되는 것이 일반적이므로 자동조기종료가 해당 국가의 관련 법률에 의해 허용되는지 검토하여야 한다.

우리나라 통합도산법은 파산 등 사유의 발생 이후에도 반대당사자의 기본계약에 따른 권리 행사가 인정되고(지급결제제도의 특칙 참조), 상대방에 파산 등 사유가 발생하면 대체로 즉시 알 수 있어 적기에 대응이 가능하므로 실무상 국내 거래상대방들 사이에서는 자동조기종료조항을 적용하기로 하는 경우가 드물다. 그러나 해외 금융투자업자의 경우에는 해당 사유의 발생 사실의 파악 자체가 늦어져서 제때 대응하지 못할 가능성에 대비하고 관련 법령상 권리제한 가능성을 최대한 낮추기 위하여 자동조기종료조항을 적용하려고 하는 경우도 많다. 자동조기종료조항의 적용은 각 당사자 별로 달리 정

② Section 6(b)Right to Terminate Following Termination Event (종료사유에 따른 종료권)

(가) Section 6(b) (i) Notice: **사유발생통지**

사유발생당사자는 상대방에게 종료사유와 각 사유발생 거래(Affected Transaction)를 명시하여 통지하고(이하 "사유발생통지"), 상대당사자가 요구하는 종료사유에 관한 정보를 제공한다. 다만, 불가항력사유와 그 외의 종료사유들은 사유발생통지가 의무인지 여부에 차이가 있다. 기본계약서는 불가항력사유가 발생한 경우에는 사유발생당사자가 위 통지를 하도록 합리적 노력을 하여야 한다고 기재하고 있는 반면, 나머지 사유가 발생한 경우에는 반드시 위 통지를 하여야 한다고 기재하고 있다.

(나) Section 6(b)(ii) Transfer to Avoid Termination Event: **종료사유를 피하기 위한 양도**

한편, 한 당사자에게만 과세사유가 발생하거나, 합병에 따른 과세사유가 발생하고 부담당사자가 사유발생당사자인 경우에는 조기종료일을 지정하기 위한 조건이 있다. 즉, 사유발생당사자는 위 통지로부터 20일 이내에 종료사유를 소멸시키기 위하여 계약상 권리 및 의무를 다른 사무소(Office)나 관계회사(Affiliate)에 양도하기 위한 노력을 하여야 한다. 사유발생당사자가 그러한 양도를 하지 못한 경우 사유발생통지 후 20일 이내에 그 사실을 반대당사자에게 통지하고 반대당사자는 사유발생통지 후 30일 이내에 위와 같은 양도를 할 수 있다. 각 당사자의 이러한 양도는 상대방의 서면 사전동의를 조건으로 하되, 그 동의는 불합리하게 유보될 수 없다.

(다) Section6(b)(iii) Two Affected Parties(**사유발생당사자가 2인인 경우**)

과세사유가 발생하고 사유발생당사자가 2인인 경우, 각 당사자는 사유발생통지

할 수 있으므로 거래상대방이 적용을 원하는 경우 이를 수용하지 않을 이유는 없어 보인다. 단, 파생결합증권 발행사의 경우, 파생결합증권 발행 후 위험회피목적 장외파생상품거래를 한 거래상대방에 파산 등 사유가 발생하면 이는 일반적으로 해당 증권을 종료시킬 사유에 해당하지 않으므로 증권을 유지하여야 하고, 그 결과 파산한 거래상대방과의 거래를 종료시키면서 다른 거래상대방과 종료된 거래를 대체하기 위한 거래를 하거나 자체 헤지 포지션을 구축하여 위험회피거래를 지속하여야 한다. 자동조기종료조항을 적용하면 사유발생일로 조기종료일이 소급하여 지정되고 조기종료일을 평가기준일로 하여 종료된 거래의 가치가 평가되므로, 거래일을 기준으로 하는 대체거래 또는 새로 구축한 헤지포지션의 평가 가치와 종료된 거래의 평가가치를 일치시킬 수 없는 문제가 생긴다. 따라서 상대방은 자동조기종료조항을 선택하더라도, 파생결합증권 발행사의 경우에는 자동조기종료사항을 적용하지 않고 장래를 향하여 대체거래를 체결하기로 한 날 또는 자체포지션을 구축할 수 있는 날을 조기종료일로 정하여 통지한 후 그 날을 기준으로 채무불이행당사자에 대한 거래를 종료시키는 한편 대체거래의 가격으로 종료된 거래의 평가가치를 결정하는 것이 바람직하다.

이후 30일 이내에 종료사유를 피하기 위한 조치를 합의하기 위하여 최선을 다하여야 한다.

(라) Section6(b)(vi) Right to Terminate(종료권)

기본계약서는 종료사유 발생으로 인한 거래의 조기종료를 (i) 과세사유, 합병에 따른 과세사유, 합병에 따른 신용사유 및 추가종료사유가 발생한 경우(Section 6(b)(iv) (1))와 (ii) 위법사유 및 불가항력사유가 발생한 경우(Section 6(b)(iv) (2))로 나누어 기재하고 있고, 각각 거래를 조기종료할 수 있는 자가 다르다. 또한 종료사유가 발생한 경우에는 사유발생거래 중 일부만 지정하여 해지할 수 있다. 이 점이 종료권을 행사하는 경우 모든 거래를 종료시켜야 하는 채무불이행사유에 의한 조기종료와 다르다.

가) 과세사유 등의 발생에 의한 조기종료(Section 6(b)(vi) (1))

과세사유, 합병에 따른 과세사유, 합병에 따른 신용사유 및 추가종료사유가 발생한 경우 종료권을 행사할 수 있는 당사자는 아래와 같다. 종료권을 행사할 수 있는 당사자는 종료사유가 계속되고 있으면 20일 이내 통지에 의하여 통지가 효력을 발생하는 날 이후의 날을 사유발생거래 전체에 관한 조기종료일로 지정할 수 있다.

표 4-59 과세사유 등의 발생에 의한 조기종료

조기종료사유	종료통지권한자
▪ 양당사자에게 과세사유가 발생하고 이를 해소하기 위한 합의가 이루어지지 않는 경우	사유발생당사자(따라서 양당사자)
▪ 일방당사자에게 과세사유가 발생하고 이를 해소하기 위한 양도가 이루어지지 않는 경우	사유발생당사자
▪ 합병으로 인한 과세사유가 발생하고 부담당사자가 사유발생당사자가 아닌 경우	부담당사자(따라서 반대당사자)
▪ 합병으로 인한 과세사유가 발생하고 부담당사자가 사유발생당사자인데 이를 해소하기 위한 양도가 이루어지지 않는 경우	부담당사자(따라서 사유발생당사자)
▪ 합병으로 인한 신용사유가 발생한 경우	반대당사자
▪ 일방당사자에게 추가종료사유가 발생한 경우	반대당사자
▪ 양당사자에게 추가종료사유가 발생한 경우	사유발생당사자(따라서 양당사자)

나) 위법사유 및 불가항력사유의 발생에 의한 조기종료(Section 6(b)(vi) (2))

어느 한 시점에 위법사유 또는 불가항력사유가 발생하여 계속중이고 적용되는 대기기간(위법사유는 3영업일, 불가항력사유는 8영업일)이 만료된 경우 어느 한 당사자는 상대방에게 20일 이내의 통지에 의하여 사유발생거래의 (i) 전부에 대하여 종료통지의 효력이 발생하는 날 또는 그 이후의 날을, (ii) 일부에 대하여 종료통지가 효력을 발생하는 날로부터 2 현지영업일 이후의 날을 각각 조기종료일로 지정할 수 있다. 상대당사자가 일부 거래에 관한 조기종료일 지정 통지를 수령한 경우, 조기종료일을 지정한 상대방에 대한 통지로써 나머지 사유발생거래의 전부 또는 일부에 대하여 같은 일자를 조기종료일로 지정할 수 있는데 그러한 통지는 조기종료일 이전에 효력이 발생하여야 한다. 단, 담보서류에 따른 지급이나 인도의무의 이행 및 중요한 조항의 준수 등과 관련하여 위법사유나 불가항력사유가 발생한 경우 사유발생당사자는 반대당사자가 사유발생거래의 일부에 관하여 조기종료일을 지정한 후에만 나머지 거래에 대하여 위법사유 또는 불가항력사유의 결과로 조기종료일을 지정할 수 있다.

| 표 4-60 | 위법사유 또는 불가항력사유 발생에 의한 조기종료

조기종료사유	종료통지권한자
▪ 위법사유 또는 불가항력사유의 발생 및 계속 ▪ 대기기간의 만료	양 당사자 중 한 당사자(단, 담보 관련 의무에 위 종료사유가 발생한 경우는 반대당사자 원칙. 반대당사자가 일부에 대한 종료를 선언한 경우에만 나머지 거래에 관하여 사유발생당사자가 종료 선언 가능)

③ Section 6(c) Effect of Designation(지정의 효력)

채무불이행사유 또는 종료사유의 발생으로 인하여 조기종료일을 지정하는 통지가 있는 경우, 조기종료일은 통지 이후 채무불이행사유 또는 종료사유의 지속 여부와 관계없이 지정된 날짜에 도래하고,[136] 조기종료일에 지정된 거래(종료사유의 경우) 또는 모든 거래(채무불이행사유의 경우 또는 종료사유 발생 결과 모든 거래가 조기종료 대상 사유발생거래로 지정된 경우)가 종료된다. 조기종료일의 지정 이후에

136 즉, 기본계약서에 의하면 조기종료일이 지정되어 상대방에게 통지된 후에 해당 조기종료일 지정의 원인이 된 채무불이행사유나 종료사유가 해소되더라도 지정된 조기종료일에 조기종료의 효과가 발생하므로, 조기종료에 관한 통지는 철회가 불가능하다.

는 계약상의 지급이나 인도의무의 이행이 중단되고 Section 6(e)에 의해 계산된 조기종료금의 지급의무만 남는다.

④ Section 6(d) Calculations; Payment Date(계산; 지급일)

(가) Statement(계산서)

조기종료일이 지정된 후 가능한 빨리 각 당사자는 Section 6(e)에 따라 정산금을 계산하고 상대방에게 (1) 계산내역(계산근거 및 증빙 포함), (2) 조기종료금액(사유발생당사자가 2인인 경우 제외), (3) 지급받을 계좌가 기재된 계산서를 제공한다.

(나) Payment Date(지급일)

조기종료금액은 Section 9(h)(ii) (2)에 따라 결정된 이자금액과 함께 (1) 채무불이행사유로 인한 조기종료일의 경우에는 지급금액의 통지가 효력이 발생하는 날, (2) 종료사유로 인한 조기종료일의 경우에는 지급금액의 통지가 효력이 발생한 날로부터 2 현지영업일(또는 사유발생당사자가 2인인 경우에는 그 계산서를 제공하는 두 번째 당사자가 발송한 계산서가 효력을 발생하는 날)에 지급하여야 한다.

⑤ Section 6(e) Payments of Early Termination(조기종료시의 지급)

조기종료에 따라 지급될 금액(Early Termination Amount, 이하 "조기종료금액")은 이 조항에 따라 결정된다. 조기종료금액의 결정권한은 채무불이행사유와 종료사유 모두 사유가 발생하지 않은 반대당사자(Non-defaulting Party, Non-affected Party)에게 있고, 조기종료금액을 결정하기 위한 정산금액(Close-out Amount)이나 미지급금(Unpaid Amounts) 등은 부속계약서에서 정한 해지통화(Termination Currency)[137]로 환산하여 결정[138]된다. 일부 종료사유의 경우 조기종료일 지정의 통

137 해지통화는 부속계약서 Part 1(g)에서 정한다. (i) 국내 당사자들의 경우 원화, (ii) 국내 당사자와 외국당사자 사이에 체결되는 경우에는 달러화로 지정되는 경우가 많고, (iii) 반대당사자(Non-defaulting Party 또는 Non-affected Party)에 의해 지정되도록 정하는 경우도 있다. 이때 반대당사자가 해지통화를 결정하지 못하는 경우 보충적으로 달러화 등이 지정되도록 규정하기도 한다.

138 종료통화상당액(Termination Currency Equivalent)은 종료통화 외의 통화(이하 "기타통화")로 결정된 정산금액 등을 종료통화로 환전한 금액을 말한다. 결정당사자가 정산금액 결정 기준일에 통상적인 방법에 따라 환전이 일어나는 도시 오전 11시 경의 현물 환율(spot exchange rate)을 적용하여 결정한다(기본계약서 Section 14 Definitions 중 Termination Currency Equivalent 참조). 여기서 환율을 결정하는 '통상적인 방법'은 종료된 개별 거래의 조건 또는 관행을 의미한다. 예를 들어 조기종료된 원화 표시 기초자산에 관한 달러화 결제 스왑거래가 평가일의 다음날 기준 환율을 적용하여 그 다음날(평가일로부터 2영업일)에 지급결제를 하는 조건인 경우, 이러한 거래가 채무불이행사유로 인하여 조

지권한자와 조기종료금액의 결정권한자가 다를 수 있다는 점에 유의한다.

반대당사자에게 계산권한이 있다는 점이 반대당사자의 계산결과에 채무불이행당사자 또는 사유발생당사자가 반드시 구속된다는 것을 의미하는 것은 아니다. 반대당사자의 계산은 상업적으로 합리적이어야 하므로, 반대당사자는 상대방에게 계산근거를 제시하여야 하고 채무불이행당사자나 사유발생당사자도 계산결과가 타당하지 못하다고 판단하는 경우 그 결과에 대하여 다툴 수 있다.[139] 특히 장외파생상품거래의 평가는 장내파생상품처럼 시장에서 공개적으로 결정되고 고시되는 가격이 있는 것이 아니라 평가하는 자가 사용하는 parameter나 평가모델에 따라 크게 달라질 수 있으므로 다툼의 여지가 크다.

조기종료의 경우 당사자간 수수하여야 하는 금액을 전체적으로 살펴보면, (i) Close-out Amount(정산금)와 Unpaid Amount(미지급금)의 합계인 Early Termination Amount(조기종료금)와 (ii) 반대당사자가 지출한 Expense(비용)의 합계로 구성된다.

(가) Section 6(e)(i) Events of Default(채무불이행사유)

채무불이행사유로 인한 조기종료금액은 (1) (A)반대당사자가 결정하는 종료되는 거래의 정산금액(Close-out Amount)[140]과 (B)반대당사자에게 지급될 미지급금액

기종료되면 조기종료일이 지급일이 되므로 조기종료일의 직전 영업일의 현물환율을 적용하여 환산하게 된다.

139 *Peregrine Fixed Income Ltd v Robinson Department Store Public Co Ltd. Queen's Bench Division (Commercial Court), 18 May 2000* 참조; Peregrine(금융사, 채무불이행당사자, 조기종료금액 수취인)과 Robinson(반대당사자, 조기종료금액 지급인)이 조기종료방식으로 Market Quotation을 지정한 1992년판 기본계약을 체결하고 스왑거래를 하였는데, Peregrine에 채무불이행 사유가 발생하여 반대당사자인 Robinson이 기본계약서에서 정한 바에 따라 조기종료일을 지정하고 Market Quotation 방식으로 조기종료금액을 결정하여 통지하였으나 Peregreine이 조기종료금액이 과소평가되었고 상업적으로 합리적으로 결정되었다고 볼 수 없다고 다툰 사안이다. 영국법원은 (1) 채무불이행당사자가 반대당사자의 Market Quotation 결과가 상업적으로 합리적이지 못하다는 점을 다툴 수 있고, (2) Market Quotation 방법이 경우에 따라 상업적으로 합리적이지 않을 수 있으며, (3) 그러한 경우 Loss 방법에 따라 조기종료금액을 결정할 것이 요구되고, (4) Loss 금액의 결정은 법원의 판단에 의할 수 있다고 보았다.
즉, 기본계약서에서 Market Quotation 방법을 지정하였더라도 이 방법에 의한 조기종료금액의 결정이 상업적으로 합리적이라고 볼 수 없는 경우 지정된 방법에 구속되지 않는다. 이 사안에서는 반대당사자 Robinson에도 법정관리 유사한 절차가 개시된 상태에서 호가를 받았고, 시장에서 받는 호가에는 평가대상 거래의 당사자인 Robinson의 신용도도 반영되어 각 거래가 극히 낮은 가격으로 평가될 수밖에 없으므로 Market Quotation의 적용이 상업적으로 합리적이라고 볼 수 없다고 판단한 것이다.

140 정산금액 결정의 방법은 기본계약서 1992년판과 2002년판이 다르다. 1992년판에서는 정산금액 결정의 방법으로 (i) Market Quotation(대체거래를 한다고 가정하는 경우 지급하거나 지급받을 수 있는

(Unpaid Amounts) 의 합계에서 (2) 채무불이행당사자에게 지급될 미지급금액을 차감한 금액이다. 이 금액이 양수인 경우 채무불이행당사자가가 반대당사자에게, 음수인 경우 반대당사자가 채무불이행당사자에게 그 절대값을 지급한다.

가) 정산금액(Close-out Amount)

정산금액(Close-out Amount)은 종료되는 거래와 관련하여 (a) 종료 되는 거래가 정상적으로 유지되었다면 결정당사자(Determining Party)에 발생하였을 지급 또는 인도의무, (b) 결정당사자가 다른 거래상대방과 종료되는 거래와 같은 구조의 대체거래를 하거나 해당하는 자체 운용 포지션을 구축하는 등 종료거래의 대체를 위하여 부담한 손실 또는 비용(양수로 표시) 또는 일반적인 상황에서 결정당사자에게 실현되었을 이익(음수로 표시)을 의미한다.

정산금액은 결정당사자에 의해 결정되는데, 결정당사자는 기본계약서의 정의에 따라 정산금액을 결정하는 자로 정의되므로 채무불이행사유로 거래가 조기종료 되는 경우에는 반대당사자를 의미한다. 결정당사자는 상업적으로 합리적인 결과를 얻기 위하여 선의로 행위하고 상업적으로 합리적인 방법을 사용하여야 한다. 결정당사자는 모든 종료거래에 대한 총액으로 정산금액을 결정하여야 하고, 조기종료일을 기준으로 하되 조기종료일을 기준으로 하는 것이 상업적으로 합리적이지 않은 경우에는 조기종료일 다음의 상업적으로 합리적인 날을 기준으로 결정한다. 정산금액의 결정에서는 미지급금 및 비용(Expense)을 고려하지 않는다.

결정당사자는 정산금액의 결정을 위하여 (i) 하나 또는 복수의 제3자가 제공하는 대체거래를 위한 호가, (ii) 하나 또는 복수의 제3자가 제공하는 시세, 가격, 이율

금액으로 복수의 Reference Market Maker 로부터 가격(quotation)을 제시받아 결정하는데, 어느 거래에 관하여 3 이상의 호가를 제시받은 때에는 그 중 최고와 최저 가격을 제외한 후 나머지 가격을 산술평균하고 3 미만의 호가를 받은 때에는 Market Quotation 방법으로 결정할 수 없는 경우로 본다) 또는 (ii) Loss(해당 거래를 종료함으로써 당사자에게 실제 발생한 손실이나 이익에 해당하는 금액) 중 하나로 정하고, 아울러 지급에 관하여 (i) First Method(거래를 해지하게 된 책임이 누구에게 있는가에 따라 정산금의 지급 여부가 결정되는 방법으로, 정산금액을 계산한 결과 Non-defaulting Party가 Defaulting Party에게 지급하여야 하는 경우 이를 지급하지 않고, Defaulting Party가 Non-defaulting Party에 지급하여야 하는 경우에만 지급) 또는 (ii) Second Method(책임 소재와 관계없이 정산금액이 계산된 대로 당사자 사이에 지급) 중 하나로 정하여 부속계약서에 기재하도록 되어 있었다. 당사자가 부속계약서에서 이를 지정하지 않은 경우에는 Market Quotation과 Second Method를 지정한 것으로 간주된다.

2002년판은 이러한 선택을 하지 않고 일괄정산(Close-out Netting)에 의해 정산금액(Close-out Amount)을 정하는데 이는 위 두 가지 방법을 절충한 것으로 평가된다.

등의 시장정보, (iii) 결정당사자의 관계회사를 포함한 내부의 출처에 의한 (i) 또는 (ii)에 열거된 것으로서 결정당사자가 유사한 거래의 평가에 있어 통상적인 업무과정에서 이용하는 것과 같은 유형의 정보를 고려할 수 있으나, 이에 한정되는 것은 아니다.

결정당사자는 위 각 정보가 쉽게 얻을 수 없거나 종료금액 결정을 위하여 이를 이용하는 것이 합리적이지 않다고 판단하는 경우가 아니라면 기본계약서에서 정한 절차 및 위 (i)에 의한 호가 및 (ii)의 시장정보를 고려하여야 한다. 위 (i) 내지 (iii)의 정보를 고려함에 있어 조달비용을 포함시킬 수 있고, 이를 제공하는 제3자에는 제한이 없다. 또한 상업적으로 합리적이고 계산에 중복되지 않는 범위에서 결정당사자는 종료거래와 관련된 헤지거래의 종료, 청산 또는 재구축에 대해 부담하는 손실이나 비용 또는 이로 인한 이익을 고려할 수 있다.

정산금액 결정의 상업적으로 합리적인 방법에는 (1) 정산금액의 결정시점에 있어 결정당사자가 제3자와 종료거래와 유사한 거래의 가격결정 또는 평가에 있어 통상적인 업무과정에서 이용하는 모델을 (ii)의 시장자료 또는 (iii)에 따라 취득한 정보에 적용하는 방법과 (2) 종료거래마다 다른 평가방법을 적용하는 것을 포함시킬 수 있다.

나) 미지급금액(Unpaid Amounts)

미지급금액(Unpaid Amounts)은 조기종료일이 전에 이미 이행기에 도달하였으나 조기종료일 지정으로 인하여 조기종료일 현재 이행되지 않은 지급 또는 인도의무를 의미한다. 그 중 인도의무의 공정시가는 결정당사자가 원래의 인도예정일을 기준으로 선의로 상업적으로 합리적인 절차에 의하여 결정하고 각 당사자에게 인도의무가 있는 경우 양 당사자들이 결정한 공정시가의 종료 통화 상당액의 평균이 된다.

(나) Section 6(e)(ii) Termination Event(종료사유)

종료사유 발생으로 인하여 조기종료일이 지정된 때에는 사유발생당사자가 1인인 경우와 2인인 경우에 따라 조기종료금액을 결정하는 방법이 다르다.

사유발생당사자가 1인인 경우에는 반대당사자가 채무불이행사유 발생의 경우와 같이 조기종료금액을 결정한다. 사유발생당사자가 2인인 경우에는 각 당사자가 종료거래의 정산금액을 결정하고 각 결정된 정산금액의 차액을 반분한 금액과 각 당사자에 대한 미지급금을 가감하여 조기종료금액을 결정한다.

위법사유 및 불가항력사유의 발생으로 인한 조기종료금액을 계산하는 경우, 결정당사자는 정산금액을 결정하기 위하여 하나 이상의 제3자 또는 결정당사자의 관계회사로부터 호가를 취득하거나 기타 방법으로 결정하는데 호가를 제공하는 자는 결정당사자의 신용도 및 담보서류 등을 고려하지 않으면서 mid-market 호가를 결정하여야 한다.

(다) Section 6(e)(iii) 및 (iv) 조정사유

자동조기종료조항이 적용됨으로써 자동으로 조기종료일이 과거로 소급하여 지정된 경우에는 조기종료일부터 조기종료금액을 실제 지급하는 날까지 기간동안 쌍방이 이행한 지급 또는 인도가 있을 수 있으므로 조기종료금액의 결정에 있어 그러한 사정을 고려하여 필요한 조정을 하여야 한다(Section 6(e)(iii) Adjustment for Bankruptcy).

한편, 일방당사자 또는 담보제공자가 위법사유 또는 불가항력사유의 발생으로 인하여 조기종료금액을 지급하지 못한 것은 채무불이행사유를 구성하지 않고, 그 후 채무불이행사유, 합병에 따른 신용사유 또는 추가종료사유 등이 발생하고 그 결과 모든 거래에 대하여 조기종료일이 지정되는 경우 지급되지 못한 조기종료금액은 미지급금(Unpaid Amounts)로 취급된다(Section 6(e)(iv) Adjustment for Illegality or Force Majeure Event).

(라) Section 6(e)(v) Pre-Estimate(사전예상계산)

Section 6(e)에 의하여 회수되는 금액은 위약벌이 아닌 손실의 합리적인 사전예상 금액이다. 이는 거래 손실과 장래 위험으로 발생할 수 있는 손실을 위하여 지급되고, 당사자들이 달리 정하지 않은 경우에는 어느 당사자도 상대방에 대하여 거래의 조기종료 결과로 인한 추가 손해의 배상을 청구할 수 없다.

(마) Section 6(f) Set-off(상계)

채무불이행당사자가 있거나 합병에 따른 신용사유가 발생한 경우 또는 모든 거래가 사유발생거래가 되는 종료사유가 발생하고 1인의 사유발생당사자가 있는 경우, 반대당사자는 상대방에 대한 사전 통지 없이 이 계약에 따라 발생한 것인지, 만기가 도래하였는지, 우발채무인지 또는 기준통화가 무엇인지를 불문하고 상대방과의 사이에 존재하는 채권 · 채무를 상계함으로써 조기종료금액을 감액할 수 있다.[141] 반대당

141 기본계약서 상계에 관한 조항이 존재하지 않는다고 하더라도 관련 법률상 규정된 요건에 따라 상계할

사자는 이 조항에 의한 상계를 위하여 조기종료금액 또는 기타금액을 상업적으로 합리적인 방법으로 다른 통화로 환산할 수 있고, 채무가 확정되어 있지 않은 경우에도 선의로 그 채무를 추정하여 상계할 수 있다.[142]

8) Section 7 Transfer(양도)

기본계약상의 이익과 의무는 상대방의 사전 서면 동의 없이 양도될 수 없다.[143] 단, (i) 기본계약상 권리에 영향을 주지 않는 범위의 합병 기타 포괄승계에 의한 양도, (ii) 채무불이행당사자로부터 지급받을 조기종료금액의 전부 또는 일부(이자(Section 9(h)), 비용(Section 11) 및 해지통화가 아닌 통화로 지급되거나 확정된 결과 발생한 부족금액을 청구할 권리(Section 8)을 포함)의 양도는 상대방의 동의 없이 허용된다. 아울러 1인에 대한 과세사유나 합병에 따른 과세사유 발생시 이를 해소하기 위한 양도에 관한 상대방의 동의는 합리적 이유 없이 유보될 수 없는 점은 앞서 본 바와 같다.

9) Section 8 Contractual Currency(계약통화)

기본계약에 의한 모든 지급의무는 해당 지급에 관하여 계약에서 정한 통화(Contractual Currency, 계약통화)로 이루어져야 하고, 다른 통화에 의한 지급이 있더라도 소멸하지 않는다. 단, 지급을 받는 당사자가 지급받은 다른 통화를 계약통화

수 있을 것이나 당사자간 계약에서 정한 바에 따라 상계의 요건이나 범위를 조정할 수 있다. 특히 파산 등 사유가 발생하는 경우 당사자 합의에 우선하여 파산에 관한 법률(우리나라의 경우 통합도산법)이 적용되나, 통합도산법의 지급결제제도의 특칙과 같은 조항으로 해당 법률에서 기본계약의 효력을 인정하는 경우에는 기본계약에 따른 상계가 허용될 것이다. 거래상대방 소재지 관할의 파산에 관한 법률이 기본계약서에서 정한 상계를 허용하는지 여부는 해당 국가의 ISDA Netting Opinion을 참조하면 된다.

142 위 상계에 관한 조항의 적용범위를 계약당사자들뿐 아니라 당사자의 관계회사(Affiliate)에 대한 채권, 채무까지 상계할 수 있도록 정할 것을 요구 받는 경우가 있다. 양 당사자 사이에 체결된 기본계약이 관계회사에 대하여 당연히 효력을 가지는 것은 아니어서 관계회사가 별도로 동의하지 않는 한 관계회사에 대하여 그러한 상계의 효력을 주장할 수는 없다. 그러나 위와 같이 기재하는 경우 기본계약체결 상대방에 대해서는 관계회사와 관련된 채권 또는 채무를 포함하여 이행금액을 결정한 후 주장할 수 있을 것이다.

143 거래확인서(Confirmation)에서 일방당사자의 관계사(Affiliate)에게 권리 또는 의무의 일부를 상대방의 동의 없이 양도할 수 있도록 특칙을 두는 경우가 있다. 그러나 그러한 양도가 허용되는 경우 기본계약서의 적용을 받는 거래에서 발생한 채무만 분리하여 양도함으로써 채권과 채무의 귀속당사자가 달라질 수 있고, 그 결과 정산금액의 결정을 위한 상계에 양도된 채권이나 채무는 포함시킬 수 없게 될 수 있다는 점을 고려하여야 한다.

로 교환함으로써 계약통화로 지급받은 경우와 동일한 결과가 된다면 해당 지급의무가 소멸한다. 이때 다른 통화로 지급받은 금액이 계약통화로 지급받아야 할 금액보다 부족한 경우 지급의무당사자는 즉시 부족 금액을 지급하여야 하고, 초과하는 경우에는 지급받은 당사자가 즉시 초과 금액을 반환하여야 한다(Section 8(a) Payment in the Contractual Currency). 기본계약에 의한 지급의무 또는 조기종료금액에 관하여 계약통화와 다른 통화로 판결 등이 내려진 경우, 지급을 받는 당사자는 판결 등에 의해 지급받을 수 있는 금액을 전부 지급받은 후 계약통화가 아닌 다른 통화로 지급받음으로써 계약통화로 지급받는 경우와 비교하여 부족금액이 있는 경우 즉시 지급의무자로부터 이를 지급받고, 초과금액이 있는 경우 반환한다. 단 이러한 차액은 판결 등에서 계약통화를 다른 통화로 환전할 때 적용한 환율과 해당 당사자가 실제로 판결 등에서 정한 금액으로 계약통화를 구입할 수 있는 환율에 차이가 생긴 경우에 한한다(Section 8(b) Judgments).

10) Section 9 Miscellaneous(잡칙)

① 개관

일반적인 영문계약서에 의례히 포함되는 조항 및 지연이자의 결정에 관한 조항을 기재하고 있는데, 개괄적인 내용은 다음과 같다.

| 표 4-61 | Section 9 Miscellaneous 개요

표제	내용
(a) Entire Agreement	양당사자간의 완전한 합의로 이 계약 외의 구두 또는 서면의 진술에 의존하지 아니함
(b) Amendments	이 계약의 수정은 양당사자가 서명하여 교환한 서면에 의한 경우만 유효함
(c) Survival of Obligations	거래의 종료 이후에도 양당사자의 채무는 존속
(d) Remedies Cumulative	이 계약상의 권리는 이 계약 또는 법률에 의한 권리나 특권을 배제하지 않음
(e) Counterparts and Confirmations	(i) 이 계약은 부본으로 작성 교부될 수 있고 각각 원본으로 간주되며, (ii) 당사자들은 각 거래조건에 동의한 시점부터 법적으로 구속되고 거래확인서는 가능한 즉시 체결
(f) No Waiver of Rights	이 계약상의 권리를 행사하지 않거나 행사가 지연되더라도 권리의 포기를 의미하는 것이 아님

(g) Headings	이 계약의 표제는 참조의 편의를 위한 것이고 계약의 해석에 영향을 미치거나 고려되지 않음
(h) Interest and Conpensation	아래 상세 설명 참조

② Section 9(e) Counterparts and Confirmations(부본 및 거래확인서)

당사자들은 기본계약하에 체결되는 개별거래(Transaction)의 조건에 구두 또는 기타의 방법으로 동의한 시점부터 법적으로 구속되고, 거래확인서가 작성되어야 그 효력에 구속되는 것이 아니다. 거래확인서는 거래 후 가능한 빨리 체결하도록[144] 하여야 하는데, 해외 금융투자업자와 체결하는 경우 실무상 양 당사자가 서명한 실물의 맞교환 없이 전자메일이나 팩시밀리에 의한 교환으로 체결하는 것이 일반적이다.

③ Section 9(h) Interest and Compensation(이자 및 보상)

이 조항은 지연이자의 계산기간 및 적용이율에 관하여 정하고 있다. 이 조항에 따른 이자는 일할 복리로 계산된다(Section 9(h)(iii)).

(가) Section 9(h)(i) Prior to Early Termination(조기종료일이 지정되지 않은 경우)

가) 지급 또는 인도불이행

지급불이행이나 인도불이행이 발생하는 경우 원래의 지급 또는 인도일(포함)로부터 실제 지급일 또는 인도일(불포함)까지의 기간에 대하여 연체이율(Default Rate)을 적용하여 계산한 이자를 지급한다. 연체이율은 수취인이 지급받지 못한 금액을 조달하는 경우 소요되는 비용에 연 1%를 추가한 연이율의 의미하는데, 수취인이 증명하는 조달비용에 따르고 실제 지출된 비용의 입증을 요하지 않는다.[145] 지연이자는 지연된 금액과 같은 통화로 지급한다(Section 9(h)(i) (1) Interest on Defaulted Payments, (2) Compensation for Defaulted Deliveries).

나) 지연된 지급 및 인도에 대한 이자

지연된 지급은 (i) 지급받을 당사자가 Section 2(a)(iii)에서 정한 선행조건을 갖추지 못하여 지급이 이루어지지 않은 경우(Section 9(h)(i) (3)(A)), (ii) 위법사유 또

144 부속계약서 또는 거래확인서에서 거래확인서의 수령 후 ○영업일 내에 그 조건에 관하여 이의하지 않으면 그대로 체결된 것으로 확정하기로 정하는 경우가 있다. 개별거래의 구체적 조건은 거래확인서에 기재되는데 실무상 그 조건의 확인 및 협의가 가능한 기간에 유의하여 위 조항을 적절히 정하여야 한다.

145 인도불이행의 경우 지연이자 계산 기준금액은 인도받을 당사자가 결정한 인도대상물의 시장가격으로 한다. 또한 인도의무자는 위와 같이 결정된 지연이자와 함께 거래확인서 등에서 정한 바에 따라 상대방에 대한 보상의무도 있다.

는 불가항력사유가 발생하여 대기기간이 적용됨으로써 지급 또는 인도가 연기된 경우(Section 9(h)(i) (3)(B)) 및 (iii) 위법사유 또는 불가항력사유가 대기기간 이후에도 계속됨으로써 지급 또는 인도가 지연되는 경우(Section 9(h)(i) (3)(C))를 의미한다. 이때 지급이 지연된 금액에 대하여, (i)의 경우는 선행조건이 만족되었더라면 지급되었을 원래의 지급일(포함)부터 실제 지급일(불포함)까지의 기간, (ii)의 경우는 원래의 지급일(포함)부터 대기기간 종료일 또는 채무불이행사유(잠재적 채무불이행사유 포함)가 발생한 날 중 빠른 날(불포함)까지의 기간, (iii)의 경우는 원래의 지급일(포함)부터 해당 사유가 해소되거나 채무불이행사유(잠재적 채무불이행사유 포함)가 발생한 날 중 빠른 날(불포함)까지의 기간에 대하여 적용연기이율(Applicable Deferral Rate)을 적용하여 지연이자를 계산하고, 지급이 지연된 금액과 동일한 통화로 이를 지급한다.

지연된 인도는 지연된 지급이 발생하는 경우와 같은 사유로 인하여 인도의무의 이행이 이루어지지 않은 경우를 말하고, 인도당사자는 거래확인서 또는 기본계약서에서 정한 범위 및 관련 법률이 허용하는 범위에서 상대방에게 보상하고 이자를 지급하여야 한다. 이때 적용되는 적용연기이율(Applicable Deferral Rate)은 〈표 4-62〉와 같다.

| 표 4-62 | 적용연기이율(Applicable Deferral Rate)

대상	적용연기이율
Section 9(h)(i) (3)(A) 선행조건 관련	은행간 시장의 주요 은행(major bank)이 지급인에게 제시하는 같은 통화의 overnight deposits 금리
Section 9(h)(i) (3)(B) 위법사유 또는 불가항력사유의 대기기간 관련	은행간 시장의 주요 은행(major bank)이 우량은행(prime bank)에게 제시하는 같은 통화의 overnight deposits 금리
Section 9(h)(i) (3)(C) 위법사유 또는 불가항력사유의 대기기간 이후 지속 관련	은행간 시장의 주요 은행(major bank)이 지급인에게 제시하는 같은 통화의 overnight deposits 금리와 수취인의 해당금액 조달비용을 산술평균한 이율

(나) Section 9(h)(ii) Early Termination(조기종료일이 지정된 경우)

기본계약서는 Section 9(h)(ii)에서 조기종료일이 지정된 경우 미지급금의 결정을 위한 지연이자와 조기종료금액에 부리되는 지연이자를 나누어 규정하고 있다.

가) Section 9(h)(ii) (1) Unpaid Amounts(미지급금 결정을 위한 지연이자)

먼저 미지급금의 결정을 위한 지연이자는 해당 채무의 원래의 지급일(포함)부터 조기종료일(불포함)까지의 기간에 대하여 적용정산이율(Applicable Close-out Rate)[146]을 적용하여 계산하는데 각 채무별 적용정산이율은 〈표 4-63〉과 같다.

| 표 4-63 | 미지급금 결정을 위한 적용정산이율

대상	적용정산이율	정의
(i) 채무불이행당사자의 채무	(a)(i) 연체이율 (Default Rate)	지급받을 자의 해당 금액 조달비용에 연 1%를 추가한 연이율[147]
(ii) 반대당사자의 채무	(a)(ii) 정상이율 (Non-default Rate)	은행간 시장의 주요 은행(major bank)이 반대당사자에게 제시하는 같은 통화의 overnight deposits 금리
(iii) 위법사유 또는 불가항력사유에 관한 대기기간으로 연기된 채무로서 채무불이행당사자가 없고 연기기간 중	(a)(iii) 적용연기이율 (Applicable Deferral Rate)	은행간 시장의 주요 은행(major bank)이 우량은행(prime bank)에게 제시하는 같은 통화의 overnight deposits 금리
(iv) 기타종료사유	(a)(iv) 적용연기이율 (Applicable Deferral Rate)	은행간 시장의 주요 은행(major bank)이 지급인에게 제시하는 같은 통화의 overnight deposits 금리와 수취인의 해당금액 조달비용을 산술평균 한 이율

146 Section 14 중 적용정산이율(Applicable Close-out Rate)의 정의 (a)항 참조.

147 연체이율(Default Rate)를 결정하기 위한 조달비용은 지급받을 당사자가 지급받을 금액을 조달하였다면 부담하였을 모든 비용을 의미하고 실제 지급되었을 것을 요하는 것은 아니다.
예를 들어 개별거래의 계약통화는 원화였으나 종료통화는 달러화인 경우, 개별거래의 조기종료일 기준 평가금액을 원화로 결정한 후 종료통화인 달러화로 환산하여 확정하고 지연이자는 달러화 조달비용을 기준으로 결정하는데, 이때 해당 거래당사자의 조달방법이 원화를 대출받아 CRS(통화스왑)를 통하여 달러화를 조달받는 것이었다면(국내 증권사의 경우 달러화 대출이 사실상 불가능하므로 통상 이러한 방법에 의해 달러화를 조달하게 된다) 해당 거래당사자의 원화대출금리에 CRS의 Swap Rate까지 더하고 다시 1%를 더하여 연체이율을 정한다. 실제로 그러한 방법으로 조기종료금액 상당액을 조달하였는가는 관계가 없고, 다만 실제 조달했다면 그러한 방법으로 조달하였을 것이라는 점의 증명으로 충분하다.
아울러 실무상 조달비용의 결정기준은 거래당사자가 발행한 채권이 있는 경우에는 채권의 금리로 하는 것이 일반적이나, 채권을 발행한 경우가 없다면 같은 신용등급의 다른 회사가 발행한 채권의 금리를 인용하거나 해당 당사자의 대출금리를 기준으로 하기도 한다. 각 경우 계약통화 또는 해지통화 등 지급되어야 하는 금액과 같은 통화에 대한 금리(예를 들어 종료통화가 달러화인 경우 달러화 채권 발

나) Section 9(h)(ii) (2) Interest on Early Termination Amounts(조기종료금액에 대한 이자)

조기종료금액에 대한 지연이자는 조기종료일(포함)부터 실제 지급된 날(불포함)까지의 기간[148]에 대하여 적용정산이율[149]을 적용하여 계산한다. 이때 적용정산이율은 (i) 해당 조기종료일(포함)부터 조기종료금액을 지급하여야 하는 날까지의 기간과 (ii) 지급하여야 하는 날(포함)부터 실제 지급일(불포함)까지의 기간에 달리 적용된다. 먼저 조기종료일부터 조기종료금액을 지급하여야 하는 날까지의 기간에 각 채무에 적용되는 적용정산이율은 〈표 4-64〉와 같다.

| 표 4-64 | 조기종료일부터 조기종료금액을 지급하여야 하는 날까지의 기간의 적용정산이율

대상	적용정산이율	정의
(1) 채무불이행당사자의 채무	(b)(i) (1)연체이율	위 정의 참조
(2) 반대당사자의 채무	(b)(i) (2)정상이율	위 정의 참조
(3) 기타의 경우	(b)(i) (3)적용연기이율	은행간 시장의 주요 은행(major bank)이 지급인에게 제시하는 같은 통화의 overnight deposits 금리와 수취인의 해당금액 조달비용을 산술평균 한 이율

그리고 지급일부터 실제지급일까지의 기간에 적용되는 적용정산이율은 〈표 4-65〉와 같다.

| 표 4-65 | 조기종료금액을 지급하여야 하는 날부터 실제 지급일까지의 기간의 적용정산이율

대상	적용정산이율	정의
(1) 위법사유나 불가항력사유의 계속으로 인하여 지급하지 못한 경우	(b)(ii) (1)적용연기이율	은행간 시장의 주요 은행(major bank)이 지급인에게 제시하는 같은 통화의 overnight deposits 금리와

행 금리 또는 달러화 대출의 금리)를 적용하여야 한다.

148 단, 각국의 파산에 관한 법률은 파산 등 절차의 개시결정이 있고 난 이후 기간에 대한 지연이자는 배당에 있어 원래의 채무보다 후순위로 취급되는 경우가 많다. 이러한 경우 파산 등 절차의 개시결정이 있는 날까지의 지연이자만 채권신고를 하는 방법으로 처리하고, 파산 등 절차의 개시결정 이후에 발생하는 이자금액은 파산 등 사유발생 당사자의 다른 모든 채권자가 배당받은 이후에 잔존 재산이 있는 경우에 지급받을 수 있으므로 기본계약서의 정함에도 불구하고 실제로 지급받을 가능성은 작다.

149 Section 14 중 적용정산이율(Applicable Close-out Rate)의 정의 (b)항 참조.

		수취인의 해당금액 조달비용을 산술평균 한 이율
(2) 채무불이행당사자의 채무로써 (1) 외의 경우	(b)(ii) (2)연체이율	
(3) 반대당사자의 채무로써 (1) 외의 경우	(b)(ii) (3)정상이율	
(4) 기타의 경우	(b)(ii) (4)종료이율 (Termination Rate)	각 당사자의 조달비용을 산술평균 한 연이율

11) Section 10 Offices; Multibranch Parties(사무소; 복수지점당사자)

① Section 10 Offices; Multibranch Parties의 주요 내용

부속계약서에서 Section 10(a)를 적용하기로 한 경우, 본사 또는 본점 이외의 사무소(Office)를 통해서 체결한 거래는 본사 또는 본점을 통하여 거래한 경우와 동일한 것으로 본다. 단, 위법사유 또는 불가항력사유의 발생으로 대기기간 동안 연기된 지급 또는 인도의무에 대해서는 그 의무의 이행이 Section 5(d)에 의해 연기되는 동안에는 상대당사자의 본사 또는 본점에 대하여 상환청구권을 갖지 않는 것으로 한다(Section 10(a)). 한편, 당사자가 부속계약서에서 복수지점당사자(Multibranch Party)로 기재된 경우, 해당 당사자는 부속계약서에 기재된 어느 사무소를 통해서라도 거래를 체결하고 지급 및 인도의무를 이행하거나 수령할 수 있다(Section 10(b)). 당사자가 거래를 체결하는 사무소는 해당 거래확인서에서 명시되거나 따로 서면으로 합의한 사무소로 하고, 거래확인서에 명시되거나 달리 합의가 존재하지 않는 경우 본사 또는 본점으로 본다. 당사자들이 달리 합의하지 않는 한 당사자가 거래를 체결하는 사무소가 동시에 거래를 기장하고 지급 및 인도를 행하는 사무소인 것으로 하고, 상대방의 사전 서면 동의 없이는 변경할 수 없다(Section 10(c)).[150]

150 본점과 지점간 도산, 담보제공, Set-off, Netting 등과 관련하여, 외국 본점과 국내 지점은 사법상 및 도산법상으로는 동일한 entity이나, 금융규제, 외국환규제 및 세법상으로는 별개로 취급될 수 있다는 점에서 이 조항의 적용에 관한 법률적 불확실성이 존재한다. 예를 들어 우리나라 자본시장법은 외국 금융투자업자의 특례조항을 두어 외국 금융투자업자의 국내 지점이 청산 또는 파산하는 경우 국내의 자산은 국내에 주소 또는 거소가 있는 자에 대한 채무의 변제에 우선 충당하여야 하는 것으로 정하고 있다(자본시장법 제65조 제3항). 만약 외국 금융투자업자와 Section 10(a)와 (b)를 적용하는 것으로 기본계약서를 체결하고 외국 금융투자업자의 우리나라 내 지점과 거래한 외국의 다른 투자자가 있는데 해당 외국 금융투자업자가 파산한다면, 외국 투자자는 거래한 우리나라 내 지점에 자산이 있더라도 해당 외국 금융투자업자의 국내 채권자들이 채권을 모두 충당하기 전에는 채무를 이행받을 수 없고, 나아가

② Ring Fencing 조항

부속계약서에서 Section 10(a)를 적용하기로 명시한 경우 본사 또는 본점 이외의 사무소(Office)를 통하여 거래한 자는 해당 사무소에 위법사유 또는 불가항력사유가 발생하는 경우 대기기간이 경과하면 본사 또는 본점에 대하여 사유발생거래의 이행을 청구할 수 있다. 이때 이행청구를 받은 본사 또는 본점에 위법사유나 불가항력사유가 발생하여 계속중이 아니라면 본사 또는 본점은 그 청구에 따라 지점의 채무를 이행하여야 한다. Section 10(a)의 적용으로 본사 또는 본점이 아닌 사무소를 통한 거래도 본사 또는 본점과 거래한 경우와 동일하게 취급되기 때문이다.

그러나 Section 10(a)의 적용에도 불구하고 거래한 사무소에 위법사유나 불가항력사유가 발생한 경우에는 거래상대방이 본사 또는 본점에 사유발생거래의 이행 또는 사유발생거래로 인하여 전부 또는 일부 거래가 조기종료된 결과 발생한 조기종료금액의 지급을 청구할 수 없도록 하는 조항을 Ring Fencing 조항이라고 한다. 각국에 사무소를 두고 있는 국제적인 금융기관의 경우 일부 지점에 위법사유나 불가항력사유가 발생하는 것은 본사가 통제할 수 없는 사유이고, 전쟁 등이 발생한 경우처럼 해당 지점에 발생하는 손실을 예측할 수 없는 상황에서 지점이 부담하는 채무를 떠안는 것은 불합리하다는 등의 이유로 이러한 조항의 기재를 요구하는 경우가 간혹 있다. 이 조항을 기재하면 해당 사유 발생시 본사의 책임이 제한되어 이 조항이 없는 경우보다 그 상대방에게 불리한 것으로 볼 수 있으므로 수용 여부를 신중히 검토할 필요가 있다. Ring Fencing 조항의 기재례는 다음과 같다.

> ***Notwithstanding Section 10(a)*** (i) in the event that a party ("X") enters into a Transaction and events or circumstances arise which constitute an Illegality or a Force Majeure Event in respect of which X would be the Affected Party and the Transaction would be an Affected Transaction, the obligations of X in respect of such Transaction, any Early Termination Amount payable as a result of the designation of an Early Termination Date in respect of that Transaction as a result of that Illegality or Force Majeure Event and any interest thereon pursuant to Section 9(h) shall be obligations of the Office through which X entered into that Transaction only and the other party will not have recourse to, or be entitled to

Section 10(b)에도 불구하고 다른 지점과 한 거래에서 발생한 채권의 이행을 구할 수 없을 것이다.

demand payment from, any other branch or office of X in respect of such obligations of X; and
(ii) notwithstanding Section 1(b), any provision of any Confirmation that is inconsistent with this Section 10(d) will only prevail if it refers expressly to this Section 10(d)."

12) Section 11 Expenses(비용)

채무불이행당사자는 기본계약 또는 채무불이행당사자가 당사자인 담보서류에 따라 상대당사자가 자신의 권리를 행사하거나 보전할 때 생기는 모든 비용 및 거래의 조기종료로 인하여 반대당사자가 부담하는 비용(변호사 비용, 집행비용 및 인지세 등을 모두 포함)을 반대당사자의 청구가 있은 후 즉시 합리적인 범위에서 보상하여야 한다.[151]

13) Section 12 Notices(통지)

이 조항은 기본계약과 관련된 통지의 방법 및 효력발생 기준일을 정한다. 기본계약에 따른 각종 통지는 부속계약서에서 정한 주소 기타 연락처로 통지되어야 하고, 그 중 채무불이행사유 또는 종료사유에 관한 통지는 전자메시지나 전자우편의 방법으로 할 수 없다. 배달일(또는 배달시도일)이나 수령일이 현지영업일이 아니거나 업무시간이 종료된 이후인 경우에는 그 다음 현지영업일에 송달되어 효력이 있는 것으로 본다(Section 12(a)).

| 표 4-66 | 통지방법 및 효력발생기준일

통지방법	효력발생일
(i) 서면으로 인편이나 쿠리어로 송달	도달일
(ii) 텔렉스	수령인의 확인응답 수령일
(iii) 팩시밀리	책임자가 수령하는 날(발송인이 입증책임을 부담하고 발송인의 팩시밀리에 의해 표시된 발송일로 입증되지 않는다)
(iv) 내용증명우편이나 등기우편(해외는 항공우	배달된 날 또는 배달이 시도된 날

151 채무불이행당사자가 해당 비용을 청구 즉시 지급할 것을 기대하기는 어렵기 때문에, 파산 등 사유 발생의 경우에는 조기종료금액과 함께 파산절차에서 파산채권 중 일부로 신고하고, 조기종료금액의 확정을 위한 협의과정에서 함께 확정하는 방법으로 처리된다.

편) 등 수령확인증이 작성 기타 방법	
(v) 전자메시지 시스템	수령일
(vi) 전자우편	전달된 날

각 당사자는 상대방에 대한 통지로써 기본계약서 기재 주소, 팩스번호 또는 전화번호 등의 정보를 변경할 수 있다(Section 12(b)).

14) Section 13 Governing Law and Jurisdiction(준거법 및 관할)

기본계약서의 준거법은 부속계약서에서 정하고(Section 13(a) Governing Law), 관할은 준거법에 따라 준거법이 영국법인 경우에는 영국의, 뉴욕법인 경우에는 뉴욕의 비전속적 관할로 한다(Section 13(b)Jurisdiction (i)).[152] 당사자는 기본계약에 의해 결정된 관할 법원에 제소된 소송절차에서 관할에 대한 이의나 부적절한 법정지(inconvenient forum) 취지의 이의 등 관할에 대하여 다툴 권리를 포기한 것으로 본다(Section 13(b)(ii)). 그러나 어느 관할에서 소송절차가 제기되었다고 하여 그 밖의 관할에서 소송을 제기하는 것을 배제하는 것은 아니다(Section 13(b)(iii)).

한편, 각 당사자는 소송절차에서 송달을 수령하기 위하여 부속계약서에 송달대리인(Process Agent)을 지정할 수 있다. 지정된 송달대리인이 그 역할을 할 수 없게 된 경우, 해당 당사자는 신속히 상대방에게 그 사실을 통지하고 30일 이내에 상대방이 동의할 수 있는 송달대리인을 임명한다(Section 13(c) Service of Process).[153]

152 해외 거래상대방과 기본계약을 체결하는 경우에는 국제 관행에 따라 영국법 또는 뉴욕법을 준거법으로 하는 것이 일반적이나, 국내 거래상대방 사이에 체결하는 경우에는 우리나라 법을 준거법으로 하고 우리나라 법원의 배타적 또는 비배타적 관할로 하는 것으로 부속계약서에서 정하는 것이 일반적이다.

153 송달대리인(Process Agent)은 소송절차에서의 송달의 편의를 위한 것으로 부속계약서에 기재하는 방법으로 지정한다. 국내 당사자들 사이에 기본계약이 체결되는 경우에는 송달이 쉽게 가능하므로 송달대리인을 지정할 필요가 없고, 실무상으로도 지정하는 예가 없다. 그러나 외국 당사자와 영국 또는 뉴욕을 관할로 하여 기본계약을 체결하여 영국이나 뉴욕에서 소송절차가 개시되는 경우 외교적인 경로로 소송제기 사실 등을 송달하여야 적법한 소송이 되는데 그러한 방법은 절차도 어렵고 오랜 시간이 소요되므로 각 관할 내에서 쉽게 송달절차를 완료하기 위하여 각 관할 내에 송달대리인을 지정할 것이 요구되는 것이다. 지정된 송달대리인에게 송달되면 본인에게 송달된 것과 같은 효력이 발생한다. 해당 관할 내에 계열사 등 관계 회사나 지점이 있는 경우 이를 지정하고, 없으면 송달대리인 업무를 전문적으로 하는 법률회사 등을 지정하는 것이 일반적이다. 관계회사나 지점을 지정하는 경우에도 적법한 송달의 효력이 발생하려면 부속계약서에 지정된 관계 회사 등을 명시하여야 하고, 원칙적으로 지정된 회사 등의 동의서를 상대방에게 교부하여야 하나 이는 실무상 생략되는 경우가 대부분이다. 법률회사 등을 지정하는 경우 비용이 발생하므로 법적 절차가 개시되고 상대방의 지정요구가 있는 경우 일정한 기간 내

각 당사자는 법률상 허용되는 범위에서 판결의 집행에 대하여 국가 주권이나 기타 유사한 근거에 기한 모든 면책을 포기한다(Section 13(d) Waiver of Immunities).

15) Section 14 Definition(정의)

기본계약서에서 사용하는 용어를 정의하는 조항이다. 앞서 살펴본 기본계약의 주요 내용 중 관련 부분에서 분설하였거나 부속계약서의 해당 부분에서 언급할 것이므로 생략한다.

(2) 부속계약서(Schedule)의 주요 내용

부속계약서는 필요한 범위에서 부동문자로 수정 없이 사용하는 기본계약서 본문을 수정하거나 보완한다. 그 주요 내용은 다음과 같다.

1) Part 1 Termination Provision(종료조항)

기본계약에 의한 조기종료와 관련하여 기본계약을 수정하거나 보완하는 내용이 기재되고 기본적인 내용은 다음과 같다. 당사자별로 아래 내용 외의 기타 조항을 추가하기도 한다.

| 표 4-67 | 부속계약서 Part 1 Termination Provision

부속계약서	관련조항
(a) Specified Entity(특정조직)[154]	▪ 특정 거래에 관한 채무불이행(Section 5(a)(v)) ▪ 교차채무불이행(Section 5(a)(vi)) ▪ 파산 등(Section 5(a)(vii)) ▪ 합병에 따른 신용사유(Section 5(b)(v)
(b) Specified Transaction(특정 거래)	▪ 특정 거래에 관한 채무불이행(Section 5(a)(v)) –특정거래의 정의
(c) Cross Default(교차채무불이행)	▪ 교차채무불이행(Section 5(a)(vi)) (i) 교차채무불이행 조항의 적용여부(적용시 (ii) , (iii) 기재) (ii) 특정채무(Specified Indebtedness) (iii) 한도금액(Threshold Amount)
(d) Credit Event Upon Merger (합병에 따른 신용사유)	▪ 합병에 따른 신용사유(Section 5(b)(v)) –적용 여부(당사자 별로 적용여부를 달리할 수 있음)

에 지정하는 것으로 정하는 것이 바람직하나, 외국 거래상대방의 경우 내부적인 기본계약서 체결 승인 기준상 송달대리인을 미리 지정할 것을 조건으로 하는 경우가 있기 때문에 협의에 의해 결정한다.

154 부속계약서에서 각 당사자와 관련하여 특정조직을 기재하는 경우 특정조직에 위 각 사유가 발생하는

(e) Automatic Early Termination (자동조기종료)	▪ Section 6(a) Right to Terminate Following Event of Default(채무불이행 사유에 따른 종료권) －적용 여부(당사자 별로 적용여부를 달리할 수 있음)
(f) Termination Currency (종료통화)	▪ Section 14 Definition
(g) Additional Termination Event (추가종료사유)	적용 여부(적용시 아래 기재) －추가종료사유에 해당하는 사유 －각 종료사유에 관하여 사유발생당사자

2) Part 2 Tax Representation(조세에 관한 진술)

기본계약서의 Section 3(e) 및 3(f)와 관련하여 지급인과 수취인의 세금 관련 진술을 기재하는 조항이다. 먼저 (a) Payer Representations(지급인의 진술) 조항에는 일반적으로 당사자가 누구든지 어느 금액을 지급하는 자(payer)가 그 상대방에게 지급하는 금액에 대하여 원천징수할 세금이 없다는 점을 진술하는 표준적인 조항이 기재된다. 그리고 (b) Payee Representations(수취인의 진술) 조항에는 금액을 지급받는 측(payee)에서 지급인과 수취인이 서로 다른 조세 관할지에 소재한 경우 관련 있는 조세협약(tax treaty)상 혜택을 받을 수 있다는 내용과, 같은 조세 관할지에 소재한 경우는 수취인이 해당 지역의 거주자임을 확인하는 내용이 주된 내용으로 기재되나 Payer Representations와는 달리 계약서마다 규정내용이 많이 다를 수 있다.

3) Part 3 Agreement to Deliver Documents(서류교부에 관한 합의)

부속계약서나 거래확인서에서 정한 서류의 교부의무를 기재한 기본계약서 Section 4(a)(i) 및 (ii)과 관련하여 상대방에게 교부되어야 하는 서류를 정하는 조항이다.

① 세금 관련 서류교부(Part 3(a))

(a)항에서는 Section 4(a)(i)과 관련하여 당사자들 사이에 주고 받을 세금과 관계된 서류(Tax forms, documents or certificates)를 규정하는데, 교부의무가 있는 당사자, 교부대상 서류 및 교부시기를 각각 정한다. 주로 상대방이 세금 원천징수를 면제받거나 원천징수하는 세금을 가능한 줄이는 데 필요한 서류나 증명서를 교부대상

경우 당사자에 해당 사유가 발생한 것으로 본다. 당사자의 관계회사를 포괄적으로 기재하는 경우(Any Affiliate) 또는 관계회사 중 일부를 명시적으로 열거하는 경우가 있고 적용하지 않는 것으로 하는 경우도 있다.

서류로 포괄적으로 기재한다.

② 기타 서류교부(Part 3(b))

(b)항에서는 Section 4(a)(ii)와 관련하여 그 외 서류(Other documents)를 기재하는데, 교부의무가 있는 당사자, 교부대상 서류 및 교부시기와 함께 기본계약서 Section 3 Representation(진술조항) 중 (d)Accuracy of Specified Information(특정정보의 정확성) 진술의 적용 대상인지 여부를 기재한다. 일반적으로 교부대상 서류로는 계약의 유효한 성립의 증빙을 위한 문서 및 당사자의 신용상태 등 중요사항에 관한 문서, 그리고 보충적으로 기타 합리적인 범위에서 상대방의 교부요청이 있는 문서가 규정되는데 그 구체적 예는 〈표 4-68〉과 같다.

| 표 4-68 | Part 3 (b) 서류 예시

취지	문서 예시(국내 당사자의 경우)
성립 증명	■ 법인등기부등본, 사업자등록증 및 법인인감증명서
권리능력 증명	■ 정관 ■ Authorized Signatory ■ 기본계약 체결 및 수권에 관한 이사회의사록 ■ 위임전결규정(체결결정 및 집행 권한소재) ■ 위임전결규정에 따른 결재서류 ■ Legal Opinion
기타서류[155]	■ Letter from Process Agent: 송달대리인을 지정한 경우 ■ 가장 최근의 감사보고서: 재무제표 등 정보 제공(공시 참조로 대체 가능) ■ Credit Support Document: 기본계약에 수반된 담보서류가 있는 경우 ■ (보충적으로) 상대방이 합리적인 범위에서 요구하는 서류

(가) 당사자의 성립 증명을 위한 서류

당사자의 성립 증명을 위하여 국내 당사자의 경우 법인등기부등본, 사업자등록증 및 법인인감증명서를 교부하고, 외국 당사자의 경우는 이에 준하는 설립지 국가의 서류를 교부한다. 국내의 경우 법리적으로는 법인등기부등본의 교부만으로 당사자 설립의 증명은 부족함이 없으나 위 세 가지 서류의 일괄 교환이 시장관행이 되어 있다.

155 보통 기타서류에 해당하는 서류들에 대하여 기본계약서의 Section 3(진술조항)이 적용되지 않는 것으로 기재되고, 나머지 서류에는 적용되는 것으로 기재된다.

(나) 당사자의 권리능력 증명을 위한 서류

당사자의 권리능력을 증명하기 위하여 당사자의 권리능력 범위를 증명하는 정관 및 관련 인허가증명서와 기본계약 체결에 관한 의사결정이 유효하게 이루어졌음을 입증하는 기본계약 체결 결의 이사회의사록 제출이 요구된다. 단, 기본계약서의 체결이 이사회 결의사항이 아닌 경우 이를 대체하는 내부적인 의사결정 절차 및 해당 절차를 이행하였음을 증명할 수 있는 서류를 교부한다. 예를 들어 대표이사의 전결로 기본계약의 체결을 결정하는 회사의 경우 대표이사가 전결할 수 있다는 점을 증명할 수 있는 위임전결규정과 대표이사가 실제로 전결하였다는 점을 증명할 수 있는 기본계약 체결에 관한 대표이사의 결재서류 사본을 제공한다.

(다) 기본계약 및 개별거래를 체결하는 자의 권한 증명을 위한 서류

또한 기본계약을 체결하는 자 및 개별거래를 체결하는 자의 권한을 입증하고 이후 개별거래의 체결에서 번번히 증명서류를 주고받지 않기 위하여 기간을 정한 서명감(Authorized Signatory)을 교부한다. 이 서명감은 진정성립의 증명을 위하여 대표이사가 진정성립을 진술하고 서명하거나 법인인감을 날인한 후 원본대조 필과 함께 교부한다.

(라) 기타: 일방 당사자가 법률의견서(Legal Opinion)를 요구하는 경우

일부 외국계 은행 등과 기본계약서를 체결하는 경우 법무법인 등으로부터 해당 당사자가 기본계약의 유효한 체결을 위한 모든 조건(위 (i) 내지 (iii) 포함)을 갖추었다는 점을 확인하는 법률 의견(Legal Opinion)을 받아 제출할 것을 요구받는 경우가 있다. 해당 법률의견은 법무법인이 해당 당사자가 기본계약의 유효한 체결을 위한 모든 조건(위 (i) 내지 (iii) 포함)을 갖추었는지를 관련 서류 등의 실사를 통하여 확인한 후 그 결과에 관한 의견을 제공하는 것을 내용으로 한다.[156]

4) Part 4 Miscellaneous(잡칙)

주요 내용은 〈표 4-69〉와 같다.

156 그러나 계약의 유효한 성립은 자신의 변호사 등 전문 조력인의 자문을 받아 계약당사자 각자가 검토하고 리스크를 부담하는 것이 타당하다. 상대방의 비용으로 유효성립에 관한 법률의견을 받아 제출하도록 하는 것은 우리 시장관행 및 통념에 부합하지 않으므로 대부분 수용하지 않거나 법률의견을 요구하는 당사자의 비용부담을 조건으로 수용하는 것이 일반적이다.

| 표 4-69 | 부속계약서 Part 4 Miscellaneous

표제	내용
(a) Addresses for Notice (통지를 위한 주소)	기본계약서 Section 12(a)(통지)와 관련하여 주소, 참조, 팩스, 전화 등 연락처 기재
(b) Process Agent (송달대리인)	송달대리인을 지정한 경우 지정된 송달대리인 기재
(c) Offices(사무소)	기본계약서 Section 10(a) 관련 각 당사자 별 적용 여부 기재
(d) Multibranch Party (복수지점당사자)	기본계약서 Section 10(b) 관련 각 당사자 별 적용 여부 기재 적용하는 경우 적용 지점/사무소 열거
(e) Calculation Agent (계산대리인)	계산대리인 지정
(f) Credit Support Document (담보서류)	기본계약서 관련 담보약정이 있는 경우 해당 서류 기재
(g) Credit Support Provider (담보제공자)	기본계약 당사자 중 일방에 신용보강을 제공하는 제3자가 있는 경우 기재
(h) Governing Law (준거법)	준거법 기재
(i) Netting of Payments (지급의 차감정산)	적용 여부 기재 필요한 경우 범위 등에 관한 내용 추가 기재 가능
(j) Affiliate(관계회사)	기본계약서에 따르기로 하는 내용 또는 별도 정의 기재
(k) Absence of Litigation (소송의 부존재)	Section 3 진술조항 중 계속 중인 중대한 소송이 없음을 진술하는 (c)항 관련, Specified Entity가 있는 경우 특정조직 기재
(l) No Agency(대리인 부존재)	Section 3(g) 조항의 적용여부 기재
(m) Additional Representation (추가진술)	Section 3(진술조항)과 관련하여 추가진술 적용여부 기재 적용하는 경우 추가진술 내용 기재[157]
(n) Recording of Conversation (대화의 녹음)	거래 관련 전화 등의 녹음에 동의

① Calculation Agent(계산대리인)

계산대리인은 개별거래의 지급금액을 계산하거나 거래조건의 조정이 필요한 경우 그 내용을 결정하는 역할을 한다. 기본계약서와 부속계약서에서 계산대리인이 언

157 일반적으로 적용하는 것으로 하고, (1) 각 당사자가 독자적 판단에 의하여 거래를 체결한 사실(Non-Reliance; 독자적 판단), (2) 각 당사자가 거래를 이해하고 평가할 능력이 있다는 사실(Assessment and Understanding; 평가 및 이해) 및 (3) 각 당사자가 상대방에 대하여 수임인 또는 자문인이 아니라는 사실(Status of Parties; 당사자의 지위)을 기재한다.

급되는 부분은 계산대리인을 지정하는 이 조항뿐이고, 계산대리인의 역할 내지 주의의무는 ISDA 협회 발간 각종 정의집에서 찾아볼 수 있다.

즉, Equity Definitions Section 1.40은 계산대리인(Calculation Agent)은 거래확인서에서 지정한 자로서, 선의 및 상업적으로 합리적인 방법으로 그 역할을 하여야 하며, 각 당사자의 조언인 또는 수임인에 해당하지 않는다고 규정하고 있고, 그 외 각종 교란사유의 발생 여부 판단 및 발생한 경우의 조정, 기준가격과 상환금액의 결정 등 여러 조항에서 조정 및 결정의 주체를 계산대리인으로 정하고 있다.

부속계약서에서 계산대리인은 기본계약서의 양 당사자 중 일방당사자 또는 양당사자로 지정하는 것이 일반적이다. 이 경우 계산대리인으로 지정된 자에 채무불이행사유가 발생하면 정상적인 영업활동이 중단되어 계산대리인의 역할을 기대하기 어려우므로 반대당사자 또는 양 당사자가 합의한 제3자 등으로 변경되는 단서를 추가하는 경우가 많다. 부속계약서의 기재에도 불구하고 개별거래의 거래확인서에서 계산대리인을 달리 정하면 거래확인서의 정함이 우선 적용되는 것은 물론이다.[158]

② Credit Support Document및 Credit Support Provider

양 당사자 사이에 기본계약에 부수하여 체결된 담보서류가 있거나 일방당사자에

---

158 각 당사자가 서로 계산대리인으로 지정되기를 원하거나 우월적 거래상대방이 해당 당사자를 계산대리인으로 하더라도 채무불이행사유 발생시 반대당사자로 계산대리인을 변경하는 단서의 추가에 반대함으로써 계산대리인 조항에 관한 협의가 이루어지지 않아 기본계약의 체결이 지연되는 경우가 자주 발생한다. 물론 양 당사자 사이의 형평성을 고려할 때 특히 금융기관간 거래라면 양 당사자로 지정하거나 적어도 위와 같은 단서를 추가하는 것이 바람직한 것은 물론이다. 그러나 이러한 합의가 여의치 않은 경우, 다음과 같은 점을 고려할 필요가 있다.

(i) 먼저 실무상 계산대리인이 기본계약에 따른 거래에 조기종료일이 지정되는 경우 정산금을 결정한다고 오해하는 경우가 있는데 조기종료일 지정의 경우 정산금의 계산은 앞서 본 바와 같이 반대당사자가 하고 계산대리인과는 관계가 없다.

(ii) 부속계약서에서 계산대리인에 관하여 정하더라도 거래확인서에서 해당 거래를 매도하는 당사자를 계산대리인으로 지정하게 되는 것이 일반적이다.

(iii) 일방당사자를 계산대리인으로 지정한 후 일정 사유 발생시 변경하는 단서를 추가하는 것과 관련하여, 채무불이행사유가 발생한 경우는 조기종료일이 지정되고 거래가 종료될 가능성이 매우 높으므로 정상적인 거래유지를 전제로 계산대리인이 해당 거래 관련 결정하여야 하는 경우가 발생할 가능성이 매우 낮고, 만약 조기종료일의 지정에도 불구하고 미지급금 발생 거래와 관련하여 계산대리인의 결정이 필요한데 그 역할을 하지 못하더라도 Section 6(e)(f) Set-off(상계)에서 정한 바에 의하여 반대당사자가 확정하여 정산금액을 계산할 수 있다.

따라서 부속계약서에서 자신을 계산대리인으로 지정하는 것을 관철시키고 거래확인서에서도 이를 유지할 것이 아닌 바에야 부속계약서상의 계산대리인 조항의 협의를 위하여 많은 시간과 비용을 들일 실익은 별로 없어 보인다.

신용보강을 제공한 제3자가 있다면 부속계약서 위 각 조항에 기재한다. 일방당사자에 대하여 제3자가 지급보증을 한 경우, 해당 당사자에 관한 담보서류로 해당 보증계약서를 기재하고 담보제공자로 지급보증인을 기재한다.

기본계약에 부수하여 체결된 담보서류나 신용보강인이 있더라도 이 조항에 기재하지 않으면 기본계약서 중 담보서류 및 담보제공자에 발생한 사유에 관한 조항이 적용되지 않으므로 유의하여야 한다. 한편, 기본계약서와 함께 CSA를 체결하는 경우 뉴욕법 CSA는 담보서류로서 기재되지만, 영국법 CSA는 기본계약하의 거래(Transaction)로 보기 때문에 담보서류에 기재하지 않는다.

3-3. Credit Support Documents의 주요 내용

(1) Credit Support Annex 개관

기본계약서를 체결하면서 기본계약서의 적용을 받는 장외파생상품거래에서 노출되는 상대방의 신용위험을 관리하기 위해 신용보강에 관한 약정도 함께 체결하는 경우가 많다. ISDA협회가 제정한 여러 종류의 표준 담보약정 서류 중 국내에서 주로 사용되는 것은 1994 ISDA Credit Support Annex (New York Law, 이하 "뉴욕법 CSA")와 1995 ISDA Credit Support Annex (Transfer-English Law, 이하 "영국법 CSA")이다.[159] 뉴욕법 CSA와 영국법 CSA의 구조를 개괄하면 〈표 4-70〉과 같다.

| 표 4-70 | 뉴욕법 CSA와 영국법 CSA의 구조

	뉴욕법 CSA	영국법 CSA
표제	Dated as of Parties	Dated as of Parties
서문	Paragraph 1 Interpretation Paragraph 2 Security Interest	Paragraph 1 Interpretation
담보	Paragraph 3 Credit Support Obligation	Paragraph 2 Credit Support Obligation

159 한편, 거래상대방에 따라 원화 담보물에 적용되는 한국법 CSA를 별도로 작성하여 사용을 요구하는 경우가 있다. 이는 ISDA협회에서 발간하여 배포하는 것이 아니다. 따라서 부동문자 부분도 널리 사용되는 영국법이나 뉴욕법 CSA 내용과 다른 부분을 포함하므로 자세히 검토하여야 한다. 또한 계속적 거래가 예상되지 않는 경우 Long-form Confirmation을 체결과 함께 각 금융기관이 자체적으로 작성한 질권설정계약서 또는 양도담보계약서를 체결하는 경우도 있다. 이 경우 Confirmation 중 Credit Support Documents 조항을 두고 해당 거래에서 체결한 담보약정서를 기재한다.

수수	Paragraph 4 Conditions Precedent, Transfer Timing, Calculations and Substitutions Paragraph 5 Dispute Resolution Paragraph 6 Holding and Using Posted Collateral	Paragraph 3 Transfer Timing, Calculations and Exchanges Paragraph 4 Dispute Resolution Paragraph 5 Transfer of Title, No Security Interest, Distributions and Interest Amount
담보 실행	Paragraph 7 Events of Default Paragraph 8 Certain Rights and Remedies	Paragraph 6 Default
기타 조항	Paragraph 9 Representations Paragraph 10 Expenses Paragraph 11 Miscellaneous	Paragraph 7 Representations Paragraph 8 Expenses Paragraph 9 Miscellaneous
정의	Paragraph 12 Definitions	Paragraph 10 Definitions

CSA도 기본계약서와 같이 부동문자로서 수정 없이 사용하는 본문과 당사자 협의에 의하여 본문을 수정하거나 보완이 필요한 내용을 기재하는 부분으로 구성되는데, 뉴욕법 CSA의 부동문자 부분은 Paragraph 1부터 12까지이고 Paragraph 13에서 당사자들이 수정 및 보완하고자 하는 내용을 정하고, 영국법 CSA는 Paragraph 10까지가 부동문자이고 Paragraph 11에서 수정 및 보완하는 내용을 정한다. 뉴욕법 CSA와 영국법 CSA의 핵심적인 차이점은 〈표 4-71〉과 같다.

| 표 4-71 | 뉴욕법 CSA와 영국법 CSA의 차이점

	뉴욕법 CSA	영국법 CSA
담보제공 방법	담보권(Security Interest)의 설정	소유권의 이전(Title Transfer)
형식	기본계약서의 일부로써 부속 계약서에서 Credit Support Documents로 기재	기본계약서와 별도 거래(Transaction) Confrimation에 해당
수정	Paragraph 13	Paragraph 11
불이행 효과	ISDA Master Agreement Section 5(a)(iii) 해당	Section 5(a)(i) Failure to Pay or Deliver 해당
담보반환 방법	담보권의 해지(제공되었던 담보를 특정물로서 반환)	담보권자에게 양도되었던 담보물의 동종 대체물의 양도

1) 뉴욕법 CSA와 영국법 CSA 차이①: 담보제공방법

뉴욕법 CSA와 영국법 CSA의 가장 중요한 차이는 담보제공방법에 있다. 뉴욕법

CSA는 담보권 설정 방법(Security Interest)에 의하여, 영국법 CSA는 소유권을 이전하는 방법(Title Transfer)에 의하여 담보를 제공한다. 그 결과 뉴욕법 CSA에 의하여 담보를 제공하는 경우 담보물은 여전히 담보제공자의 소유에 속하므로 담보권자가 파산하는 경우 담보제공자는 환취권 등 소유권에 기한 권리의 행사로 담보물 자체를 반환받을 수 있다. 그러나 영국법 CSA의 경우에는 담보물의 소유권이 담보권자에게 이전되므로 담보권자가 파산하는 경우 담보제공자는 일반채권자의 지위에서 반환 받아야 하는 담보가액에 해당하는 금액을 배당 등 절차에 따라 받을 수 있을 뿐이어서 제공된 담보가액에 해당하는 만큼 담보권자의 신용위험에 노출된다.

따라서 영국법 CSA에는 뉴욕법 CSA 중 담보권 설정에 관한 조항(Paragraph 2. Security Interest), 담보물의 활용에 관한 조항(Paragraph 6. Holding and Using of Posted Collateral) 및 담보권 행사에 관한 조항(Paragraph 8. Certain Rights and Remidies) 등이 없다. 소유권 이전의 방법에 의해 담보를 제공하므로 담보권설정에 관한 조항 대신 영국법 CSA에 의한 담보제공은 완전한 소유권의 이전이고 담보권의 설정이 아니라고 선언하는 내용이 들어가고(Paragraph 5(a) Transfer of Title 및 (b)No Security Interest), 대내외적으로 완전한 소유권의 이전이므로 당연히 소유자인 담보권자가 담보물을 처분할 수 있으므로 따로 담보의 활용이나 담보권 실행방법에 관한 내용이 필요하지 않기 때문이다.

한편, 담보목적물에서 발생하는 이자 등 과실의 처리에 있어서는 담보제공방법의 차이에도 불구하고 뉴욕법 CSA와 영국법 CSA는 동일하게 담보권자가 담보제공자에게 이를 그대로 지급하는 것으로 정하고 있다. 단, 담보제공자가 이를 수령할 권리의 법적 성격은 다르다. 뉴욕법 CSA에서는 담보권자가 담보물의 소유자로서 소유권 내용의 일부로서 이를 수령하는 것이고, 영국법 CSA는 담보권자에 대하여 이를 지급할 것을 청구할 계약상 권리를 행사하는 것이기 때문이다.

2) 뉴욕법 CSA와 영국법 CSA 차이②: 기본계약과의 관계 및 불이행의 효과

또한 계약서의 구성상 뉴욕법 CSA는 부속 계약서와 함께 기본계약서의 일부를 구성하고 부속 계약서 중 Credit Support Documents를 기재하는 조항에 양 당사자 사이에 체결된 CSA를 기재하여야 한다. 반면 영국법 CSA는 기본계약하에 체결되는 개별 거래(Transaction)중 하나에 해당하므로 부속 계약서의 위 조항에 이를 기재하지 않는다. 따라서 각 CSA상 의무의 불이행이 있는 경우, 뉴욕법 CSA는 기본계약서 Section 5(a)(iii)의 신용보강 불이행(Credit Support Default)에 해당하고, 영국법 CSA는 Section 5(a)(i)의 거래상 의무 불이행(Failure to Pay or Deliver)에 해당한다.

| 표 4-72 | 뉴욕법 CSA와 영국법 CSA의 기본계약과의 관계

뉴욕법 CSA	영국법 CSA
This Annex supplements, forms part of, and is subject to, the above-referenced Agreement, is part of its Schedule and is a Credit Support Document under this Agreement with respect to each party.	This Annex supplements, forms part of, and is subject to, the ISDA Master Agreement, including, without limitation, Sections 1(c), 2(a), 5 and 6, the credit support arrangements set out in this Annex constitute a Transaction(for which this Annex constitutes the Confirmation).

(2) 영국법 CSA의 Paragraph 1 내지 10 개관

영국법 CSA의 각 조항의 주요 내용은 다음과 같다.

| 표 4-73 | 영국법 CSA Paragraph 1 내지 10의 주요 내용

영국법 CSA	주요 내용
Dated as of Parties	▪ 기본계약서와 같이 효력발생일 기재 ▪ 기본계약하의 거래(Transaction)에 해당하고 Annex는 거래확인서(Confirmation)에 해당
Paragraph 1 Interpretation	불일치가 있는 경우 Paragraph 11, CSA 부동문자, 부속계약서 순으로 적용
Paragraph 2 Credit Support Obligation	▪ Credit Support Amount＝양수인(Transferee)의 위험노출액(Exposure) ＋양도인(Transferor)의 Independent Amount －양수인의 Independent Amount －양도인의 Threshold Amount (a) Delivery Amount Credit Support Amount에서 이미 제공된 담보의 평가액(Credit Support Balance)을 뺀 금액이 양수이고 Minimum Transfer Amount를 초과하면 양도인이 추가 담보 제공 (b) Return Amount

	반대로 음수이고 절대값이 Minimum Transfer Amount를 초과하면 양수인이 해당 금액 상당을 반환
Paragraph 3 Transfers, Calculations and Exchanges	(a) Transfers 담보는 (i) 현금은 계좌이체, (ii) 증권은 실물교부 또는 예탁계좌대체의 방법으로 제공 (b) Calculations Valuation Agent가 Valuation Date 기준 Exposure를 계산하고 다음 영업일(Notification Date) 영업시간 전에 그 결과를 양당사자에게 통지하면 그 다음 영업일(Transfer Date)에 담보 수수(단, 통지가 영업시간 종료 후 있는 경우 다음 다음 영업일) (c) Exchanges 양도인은 이미 제공된 담보를 양수인이 동의하는 경우에만 교체할 수 있음
Paragraph 4 Dispute Resolution	(a) Disputed Calculations or Valuations ▪ 이의제기의 대상은 (i) Delivery Amount 또는 Return Amount 및 (ii) 제공된 담보의 평가 결과 ▪ 절차 (i) 이의제기당사자(Disputing Party)가 (a)(i)의 경우는 통지 받은 날의 다음 날, (a)(ii)의 경우는 Transfer Date의 다음 날 각 영업시간 종료 전까지 상대방 및 Valuation Agent에게 이의제기 (ii) (a)(i)에 관한 이의제기의 경우, Disputing Party가 이의하지 않는 부분은 통지받은 날의 다음 날 영업시간 종료 전에 담보물 양도 (iii) 양당사자는 Resolution Time(Paragraph 11(e)(i)에서 지정)까지 분쟁해결을 위한 협의 (iv) 실패하면, (a)(i)의 경우는 11(c)에서 달리 정하지 않으면, Valuation Agent가 (A) 이의가 없는 부분을 참고하거나, (B) 4개의 reference market maker에 호가를 요청(4개를 받을 수 없는 경우 받은 호가, 호가를 하나도 받을 수 없는 경우 Valuation Agent의 원래의 평가 기준)하거나 (C) Paragraph 11(e)(ii)에서 정한 절차를 활용하여 재계산하고, (a)(ii)의 경우는 Paragraph 11(e)(ii)에 따라 재계산 (b) No Event of Default 이의가 제기되어 담보가 양도되지 않는 경우 위 절차를 완료할 때까지 채무불이행사유를 구성하지 않음
Paragraph 5 Transfer of Title, No Security Interest, Distributions and Interest Amount	(a) Transfer of Title 담보목적물, 배당 또는 이자 등의 제한 없는 소유권의 양도 (b) No Security Interest 이 계약에 의하여 양도되는 목적물에 담보권을 설정하는 것이 아님 (c) Distributions and Interest Amount 담보목적물에서 발생하는 이자나 배당 등 과실은 이를 양도함으로써

	Delivery Amount가 발생하지 않는 범위에서 발생한 다음 Settlement Day에 담보제공자에게 이전
Paragraph 6 Default	채무불이행사유로 인하여 조기종료일이 지정되면, 조기종료일이 Exposure 평가 기준일(채무불이행사유에만 적용되는 조항) ▪ 제공된 담보는 정산금 결정에 있어 Unpaid Amount에 해당
Paragraph 7 Representations	제공되는 담보물에 소유권이 제한되는 사유(타에 담보로 제공 기타 제3자의 권리의 목적 등)가 없고 담보물의 유일한 소유권자이거나 이를 양도할 권리를 가진다는 점을 진술
Paragraph 8 Expenses	각자에 발생한 비용은 각자 부담함
Paragraph 9 Miscellaneous	(a) Default Interest 이 계약에 의한 지급 또는 인도가 지체되는 경우 약정한 지연이자율을 적용한 지연이자 지급 (b) Good Faith and Commercially Reasonable Manner 이 계약상의 평가 기타 의무의 이행은 상업적으로 합리적인 방법으로 하여야 함 (c) Demand and Notices 이 계약상의 모든 통지는 기본계약서에서 정한 바에 의함 (d) Specifications of Certain Matters Paragraph 11 및 기타 거래확인서에 정한 바의 적용을 받음
Paragraph 10 Definitions	▪ 용어의 정의

(3) 뉴욕법 CSA의 Paragraph 1 내지 12 개관

뉴욕법 CSA는 앞서 본 바와 같이 담보물 제공방법의 차이로 인한 점 외에는 영국법 CSA와 크게 다르지 않다. 각 조항의 주요 내용은 다음과 같다.

| 표 4-74 | 뉴욕법 CSA Paragraph 1 내지 10의 주요 내용

뉴욕법 CSA	주요 내용
Dated as of Parties	▪ 기본계약서와 같이 효력발생일 기재 ▪ 부속계약서의 일부이고 Credit Support Documents에 해당
Paragraph 1 Interpretation	(a) Definitions and Inconsistency 불일치가 있는 경우 Paragraph 13이 부속계약서에 우선함 (b) Secured Party and Pledgor

	담보권자(Secured Party)는 당사자 중 일방당사자이고 담보제공자(Pledgor)는 그 상대방
Paragraph 2 Security Interest	담보제공자는 담보권자에게 최우선순위의 제한 없는 담보권을 설정하고 담보가 반환되는 경우 즉시 당사자들의 추가적인 행위 없이 담보권이 해지됨
Paragraph 3 Credit Support Obligation	영국법 CSA와 동일 (단, 양도인은 담보제공자, 양수인은 담보권자에 해당)
Paragraph 4 Conditions Precedent, Transfer Timing, Calculations and Substitutions	(a) Conditions Precedent 담보제공자의 Delivery Amount의 제공(Paragraph 3(a)) 및 이의제기(Paragraph 5)와 담보권자의 Return Amount의 반환(Paragraph 3(b)), 교체된 담보의 반환(Paragraph 4(d)(ii)) 및 담보에서 발생한 배당 또는 이자의 지급(Paragraph 6(d))은 다음 조건을 전제로 함 (i) 상대방에게 채무불이행사유, 잠재적 채무불이행사유 또는 특정조건(Specified Condition, Termination Event 중 일부 또는 전부를 Paragraph 13에서 특정조건으로 정함)이 발생하고 계속되지 않을 것 (ii) 지급의무 불이행의 계속으로 인하여 조기종료일이 지정되거나 또는 채무불이행사유 또는 특정조건의 결과 조기종료일이 지정되지 않았을 것 (b) Transfer Timing 및 (c) Calculations 영국법 CSA와 동일 (d) Substitutions 영국법 CSA의 Exchange에 해당 (i) 담보권자에 대한 교체될 담보를 지정한 통지로써 담보제공자는 담보를 교체할 수 있고, (ii) 담보권자는 담보제공자에게 대체담보를 수령한 다음 영업일에 지정된 담보를 반환하되, 대체담보와 평가가치가 같은 만큼만 반환할 의무가 발생
Paragraph 5 Dispute Resolution	영국법 CSA와 동일
Paragraph 6 Holding and Using Posted Collateral	(a) Care of Posted Collateral 담보권자는 제공된 담보에 관하여 자신의 소유물에 대한 것과 같은 정도의 관리자로서의 주의의무를 다하여야 함 (b) Eligibility to Hold Posted Collateral; Custodians (i) General 담보권자는 Paragraph 13에서 정한 조건을 전제로 예탁기관(Custodian)을 지정할 수 있고 지정한 예탁기관으로 하여금 담보를 보관하게 할 수 있음. 이 경우 담보제공자는 지정된 예탁기관에 담보를 제공함으로써 담보제공 의무를 이행할 수 있고 예탁기관의 담보보관은 담보권자의 보관과 동일한 것으로 간주 (ii) Failure to Satisfy Conditions 담보권자나 그 예탁기관이 담보를 보관할 조건을 충족하지 못하는 경우, 담보제공자의 청구에 의해, 청구 후 5 영업일까지 해당 조건을 충족하는 예탁기관 또는 담보권자에게 이전하여야 함

	(iii) Liability 담보권자는 예탁기관의 행위에 대하여 자신의 행위와 동일한 책임을 부담 (c) Use of Posted Collateral Paragraph 13에서 달리 정하지 않고, 담보의 수수(Paragraph 3), 교체된 담보의 반환(Paragraph 4(d)(ii)), 이의제기(Paragraph 5), 배당 또는 이자의 지급(Paragraph 6) 및 담보권 실행(Paragraph 8)에서 정한 권리나 행사나 의무 이행을 제한하지 않는 범위에서, 담보권자가 특정조건에 관한 채무불이행당사자 또는 사유발생당사자가 아니고 담보권자의 특정조건 또는 채무불이행사유의 결과 조기종료일이 지정되지 않은 경우, 담보권자는 (i) 담보를 처분(매매, 재담보 제공 등)하거나 (ii) 담보권자 또는 예탁기관 또는 지정한 자의 명의로 등기나 등록할 수 있음 (d) Distributions and Interest Amount 영국법 CSA와 유사함. 단, Interest Amount와 관련하여, 담보제공자에게 지급되지 않은 이자는 현금 담보로 본다는 단서 추가
Paragraph 7 Events of Default	■ 기본계약서 Section 5(a)(iii) (1) 담보불이행에 해당하는 사유 (i) 담보의 제공 또는 반환, 이자의 지급이 불이행에 관한 통지 후 2 영업일 동안 불이행이 계속되는 경우 (ii) 담보 사용에 관한 제한(Paragraph 6(c))의 위반이 있고 위반상태가 위반사실의 통지 후 5 영업일 동안 계속되는 경우 (iii) 위 (i) 또는 (ii)에서 정한 사항 외의 CSA상의 약정사항 또는 의무를 위반하고 위반사실 통지 후 30일 동안 시정되지 않는 경우
Paragraph 8 Certain Rights and Remedies	(a) Secured Party's Rights and Remedies 담보제공자에게 (1)채무불이행사유 또는 특정조건이 발생하여 계속중인 경우 또는 (2)채무불이행사유 또는 특정조건으로 인하여 조기종료일이 지정된 경우, 담보제공자가 모든 의무를 이행하지 않으면 담보권자는 다음 권리를 행사할 수 있음 (i) 관련 법률에 의해 제공된 담보에 대하여 행사할 수 있는 권리 (ii) 기타 담보(Other Posted Collateral)에 관한 약정에서 정한 권리 (iii) 담보제공자의 채무와 제공된 담보 또는 해당 가액(또는 담보권자의 담보를 반환할 의무)과의 상계 (iv) 제공된 담보의 처분 및 충당 담보로 제공된 증권의 가치가 급속히 하락할 수 있다는 점 및 관련 법률에 의해 요구되고 담보제공자가 포기할 수 없는 통지 외에는 담보의 처분에 관하여 담보제공자에게 사전 통지를 요하지 않는다는 점을 알고 있다는 점을 진술 (b) Pledgor's Rights and Remedies 담보권자의 채무불이행사유 또는 특정조건으로 인하여 조기종료일이 지정되어 있는 경우(일부 거래에 관하여 지정된 경우 및 담보권자가 기본계약서 Section 6(e)에 의한 모든 의무를 이행한 경우 제외) 담보제공자는

	(i) 관련 법률에 의해 제공된 담보에 대하여 행사할 수 있는 권리 (ii) 기타 담보(Other Posted Collateral)에 관한 약정에서 정한 권리를 행사할 수 있고, (iii) 담보권자는 즉시 제공된 모든 담보 및 이자(Interest Amount)를 담보제공자에게 이전하여야 하고, (iv) 제공된 담보 및 이자가 (iii)에 의해 이전되지 않으면, 담보제공자는 (A) 제공된 담보 또는 이에 해당하는 금액과 자신의 채무를 상계할 수 있고, (B) 위 (A)에 의해 상계하지 않은 범위에서 제공된 담보가 반환될 때까지 자신의 채무이행을 유보할 수 있음 (c) Deficiencies and Excess Proceeds 담보권자는 위 (a) 및 (b)에 따른 상계 또는 담보의 처분과 충당 후 남은 부분을 담보제공자에게 반환하여야 하고, 담보제공자는 그러한 처분 및 충당, 상계 등의 적용 후 남은 채무에 대해 이행의무가 있음 (d) Final Returns 더 이상 담보제공자가 이행하여야 할 채무가 없으면 담보권자는 모든 담보 및 이자를 담보제공자에게 이전하여야 함
Paragraph 9 Representations	각 당사자는 아래의 사항을 진술 (i) 담보권 설정을 위하여 필요한 모든 권한이 있음 (ii) 제공된 적격담보의 단독 소유자이거나 담보권 설정을 할 수 있는 제한 없는 권리가 있음 (iii) 제공된 담보에 관하여 담보권자는 제한 없는 최우선순위 담보권 취득 (iv) CSA상의 의무 이행은 Paragraph 2에 의한 담보권 설정 외에는 담보제공을 구성하지 않음
Paragraph 10 Expenses	(a) General 이 조항에서 달리 정하지 않으면, 각 당사자는 CSA상의 의무이행을 위하여 지출한 비용을 각자 부담하고 상대방 비용의 보전의무가 없음 (b) Posted Credit Support 담보제공자는 제공된 담보에 부과되는 세금 등을 담보권자의 담보의 사용(Paragraph 6) 여부와 관계없이 즉시 지급하여야 함. 단, 담보의 사용으로 인하여 발생한 세금 등은 제외. (c) Liquidation/Application of Posted Credit Support Paragraph 8에 따른 담보의 처분과 관련하여 담보권자 또는 담보제공자에게 발생한 합리적 비용은 기본계약의 비용에 관한 조항에 따라 채무불이행당사자가 부담하고, 채무불이행당사자가 없는 경우에는 양 당사자가 반분하여 부담함
Paragraph 11 Miscellaneous	(a) Default Interest 담보권자의 제공된 담보의 반환 또는 이자의 지급을 지체하는 경우 해당 의무가 발생한 날(포함)부터 실제 이행된 날(불포함)까지 지체된 부분의 가치

	(Value)에 연체이율(Default Rate)을 적용한 지연이자를 지급(일할 복리). (b) Further Assurances 양 당사자는 상대방의 요청이 있는 경우 즉시, 담보권의 유효한 성립 및 보존, 담보권에 관한 CSA상의 권리 행사 등을 위하여 합리적으로 필요한 서류의 교부 기타 조치를 취하여야 함 (c) Further Protection 담보제공자는 제공된 담보에 관한 소송, 신청 기타 담보권에 중대한 영향을 주는 사유가 발생하는 경우 그것이 담보권자의 담보 사용으로 인한 것이 아니라면 담보권자에게 즉시 통지하고 방어를 위한 조치를 취하여야 한다. (d) Good Faith and Commercially Reasonable Manner, (e) Demands and Notices 및 (f) Specifications of Certain Matters ■ 영국법 CSA와 동일
Paragraph 12 Definitions	■ 용어의 정의

(4) 영국법 CSA의 Paragraph 11 및 뉴욕법 CSA의 Paragraph 13 개관

각 CSA의 부동문자 부분을 수정 및 보완하는 내용을 정한다. 부동문자 부분을 전제로 담보와 관련된 구체적 조건을 규정하는데, 주된 협의의 대상은 영국법 CSA와 뉴욕법 CSA가 크게 다르지 않다. 최근 주로 체결되는 것은 뉴욕법 CSA이므로, 주요 조항의 설명은 뉴욕법 CSA를 기준으로 한다.

1) 영국법 CSA 및 뉴욕법 CSA의 fallback 규정

위 각 Paragraph에서 정함이 없으면 다음 각 조항은 다음과 같이 정한 것으로 본다.

| 표 4-75 | 영국법 CSA 및 뉴욕법 CSA의 fallback 규정

조항	영국법 CSA	뉴욕법 CSA
Base Currency	US Dollars	해당없음
Eligible Currency	Base Currency	해당없음
Independent Amount	Zero	Zero
Threshold	Zero	Zero
Minimum Transfer Amount	Zero	Zero

Rounding	No rounding	No rounding
Valuation Agent	The party making demand under Paragraph 3 and the Transferee for Paragraph 5 payments	The Secured Party for purposes of Paragraph 3(a) and the Pledgor for purposes of Paragraph 3(b)
Exchange Date	The Settlement Date following the Transferee's receipt of New Credit Support	해당없음
Resolution Time	1.00 pm London	해당없음
Alternative	Paragraph 4 dispute resolution	Paragraph 5 dispute resolution
Transfer of Interest Amount	Last Local Business Day of a calendar month	Last Local Business Day of a calendar month
Base Currency	US Dollars	해당없음
Eligible Currency	Base Currency	해당없음
Consent for Substitution	해당없음	No consents required
Eligibility to Hold Collateral	해당없음	Secured Party cannot be a Defaulting Party
Notification Time	해당없음	1.00 pm NY
Specified Condition	해당없음	No Specified Conditions apply

2) 영국법 CSA Paragraph 11 개요

영국법 CSA Paragraph 11에 공통적으로 기재되는 내용은 다음과 같다.

| 표 4-76 | 영국법 CSA Paragraph 11 주요 내용

표제	내용
(a) Base Currency and Eligible Currency	CSA 적용 기준 통화(Base Currency)및 적격담보 중 현금으로 인정되는 통화(Eligible Currency)
(b) Credit Support Obligations	(i) Delivery Amount, Return Amount, Credit Support Amount (ii) Eligible Credit Support(적격담보) (iii) Independent Amount, Threshold, Minimum Transfer Amount, Rounding
(c) Valuation and Timing	(i) Valuation Agent 지정, (ii) Valuation Date(위험노출액 및 담보가치평가일),[160] (iii) Valuation Time(평가기준일),[161] (iv) Notification Time
(d) Exchanges	Exchange Date 기재

(e) Dispute Resolution	(i) Resolution Time,[162] (ii) Value(Paragraph 4의 적용에 있어 Value의 정의) 및 (iii) Alternative(Paragraph 4 Dispute Resolution 적용여부)
(f) Distributions and Interest Amount	(i) Interest Rate(현금담보 수령 시 담보양수인이 양도인에게 지급하는 이자의 이율), (ii) Transfer of Interest Amount(양도인의 이자지급일), (iii) Alternative to Interest Amount(Paragraph 5(c)(ii) Interest Amount 적용여부 기재)
(g) Addresses for Transfers	담보 업무처리를 위한 계좌 등 기재
(h) Other Provisions	기타 조항

3) 뉴욕법 CSA Paragraph 13 개요

뉴욕법 CSA Paragraph 13에 공통적으로 기재되는 내용은 다음과 같다.

| 표 4-77 | 뉴욕법 CSA Paragraph 13 주요 내용

표제	내용
(a) Security Interest for "Obligations"	CSA상의 Obligation은 기본계약에 따라 발생한 것에 한정함
(b) Credit Support Obligations	(i) Delivery Amount, Return Amount, Credit Support Amount (ii) Eligible Collateral(적격담보) (iii) Other Eligible Support (iv) Threshold: Independent Amount, Threshold, Minimum Transfer Amount, Rounding
(c) Valuation and Timing	(i) Valuation Agent 지정, (ii) Valuation Date(위험노출액 및 담보가치평가일),[163] (iii) Valuation Time(평가기준일),[164] (iv) Notification Time
(d) Conditions Precedent and Secured Party's Rights and Remedies.	Termination Event 중 특정조건(Specified Condition)에 해당하는 것을 기재
(e) Substitution	(i) Substitution Date 및 (ii) Consent(담보교체에 담보권자 동의 요부)[165]
(f) Dispute Resolution	(i) Resolution Time,[166] (ii) Value(Paragraph 5의 적용에 있어

160 위험노출액을 계산하는 날로 통상 매 영업일이 되고, 경우에 아주 드물게 매주 월요일 1회 등으로 정하는 경우도 있다.

161 통상 Valuation Agent가 위험노출액을 계산하는 날(Valuation Date)에 직전 영업일 종가(Valuation Time)를 기준으로 위험노출액 및 담보를 평가하여 각 당사자에게 통지한다.

162 시차를 고려하여 업무 처리가 가능한 시간을 기재한다.

	Value의 정의) 및 (iii) Alternative(Paragraph 5 Dispute Resolution 적용여부)
(g) Holding and Using Posted Collateral	(i) Eligibility to Hold Posted Collateral; Custodians 담보를 보관할 수 있는 자격 기재: 보통 담보권자나 예탁기관이 채무불이행당사자 또는 사유발생당사자가 아닐 것[167]과 담보를 보관할 수 있는 관할(jurisdiction)을 정함 (ii) Use of Posted Collateral. 담보의 사용 허용여부 및 허용범위를 정함(원화 담보의 경우 재담보 설정만 허용하는 경우가 일반적임)
(h) Distributions and Interest Amount	(i) Interest Rate(현금담보 수령 시 담보권자가 담보제공자에게 지급하는 이자의 이율), (ii)Transfer of Interest Amount(담보제공자의 이자지급일), (iii)Alternative to Interest Amount(Paragraph 6(d)(ii) Interest Amount 적용여부 기재)
(i) Additional Representation(s)	추가진술이 있는 경우 기재
(j) Other Eligible Support and Other Posted Support	Other Eligible Support가 있는 경우 (i) Value(가치평가 방법) 및 (ii) Transfer(담보제공 방법) 기재
(k) Demands and Notices	담보 관련 통지방법 및 연락처 기재
(l) Address for Transfers	담보권 설정을 위한 계좌 등 기재
(m) Other Provisions	기타 조항 ■ 원화담보물의 담보제공 및 처분 방법에 관한 사항이 기재되는 경우가 많음

163 위험노출액을 계산하는 날로 통상 매 영업일이 되고, 경우에 아주 드물게 매주 월요일 1회 등으로 정하는 경우도 있다.

164 통상 Valuation Agent가 위험노출액을 계산하는 날(Valuation Date)에 직전 영업일 종가(Valuation Time)를 기준으로 위험노출액 및 담보를 평가하여 각 당사자에게 통지한다.

165 예탁원을 통하여 처리되는 담보의 경우 절차상 담보권자의 동의가 있어야 반환 처리될 수 있으므로 결국 교체시 담보권자의 동의가 필요하다(증권 등의 담보관리에 관한 규정 제35조). 단 이 조항에서 동의를 요하지 않는 것으로 정하면, 양 당사자는 이 계약에서 정한 사항의 이행을 위하여 협력할 의무가 있으므로 개별 담보 교체시 담보권자가 동의를 유보할 수 없다고 해석할 수 있을 것이다. 실무상 담보제공자가 제공된 담보의 조달비용 변동 또는 제공된 담보의 만기 도래 기타 사유로 담보를 교체하여야 할 때가 발생할 수 있다. 담보교체와 관련하여 담보권자는 업무처리의 번거로움 외에 달리 부담하는 위험은 없고, 위와 같은 경우 담보권자의 동의가 이유 없이 유보되면 곤란하므로 가능한 제한없이 교체할 수 있도록 하는 것이 바람직하다.

166 시차를 고려하여 업무 처리가 가능한 시간을 기재한다.

167 담보권자 또는 담보권자의 위탁을 받아 담보를 보관하는 예탁기관이 이 조항에서 정한 조건을 충족하지 못하게 되는 경우 담보제공자의 요청에 따라 담보를 보관하는 자를 변경하여야 하고 즉시 담보제공자에게 담보를 반환하여야 하는 것은 아니다.

(5) CSA 주요조항 및 쟁점

1) Eligible Collateral(적격담보)

CSA에 따라 담보로 제공할 수 있는 것을 적격담보(Eligible Collateral)로 기재한다. 어느 당사자에 대하여 적격담보인지와 함께[168] 각 적격담보별로 인정비율(Valuation Percentage)을 규정한다.[169]

① 국내 금융기관의 외화담보 취급의 문제점

외국 금융투자업자와 체결하는 CSA의 경우 미 달러화와 미 국채 등 달러화 표시 외국 발행 채권이 기본적인 담보로 포함된다. 그런데 외화담보의 제공과 관련하여, 국내 금융투자업자 중 특히 증권사의 경우 보유 외화자산이 적은 편이어서 외화담보를 조달하려면 추가적인 조달 비용이 들고, 담보 제공 목적 보유 자산으로 인하여 환위험에 노출되며, 현재 예탁원이 외국 발행 채권을 담보로 수수하는 업무는 처리하지 않기 때문에 CSA에서 정한 관할에 정해진 요건을 갖춘 Custodian을 지정하여 담보를 취득하거나 제공하여야 하므로 보유 중인 외국 발행 채권이 있다 하더라도 원화담보를 제공하는 것보다 Custodian의 지정비용 등이 추가로 지출되는 등의 문제가 있다.

실제로 이러한 점으로 인하여 실무상 미 국채 등 담보의 제공은 물론 수령도 매우 드물고, 외화담보를 제공하여야 하거나 수령하는 경우는 USD 현금을 이용하는 것이 보통이다.

② Eligible Collateral(적격담보)로서의 원화담보

국내 금융투자업자의 경우 앞서 본 바와 같이 외화담보를 제공하는 데 어려운 점이 많기 때문에 가능한 원화담보를 적격담보에 포함하는 것이 좋다. 단, 원화는 달러화만큼 국제적 신인도가 인정되지 않기 때문에 해외 소재 당사자와 CSA를 체결하는 경우 원화담보를 포함시키지 못하거나, 포함하더라도 원화담보 제공한도(KRW Collateral Cap)를 정하거나, 대한민국의 신용등급이 투기등급으로 하락하면(Sovereign Event) 원화담보의 적격성을 상실하도록 하는 등 거래 상대방이 원화담보 수령으로

168 일방당사자에 대하여만 적격담보인 것으로 할 수 있다.

169 한편 ISDA협회는 2003년 ISDA Collateral Asset Definitions를 발간하였는데 이 정의집에서 담보로 제공하는 현금과 증권을 국가별로 정의하고 각각 기호(ICAD Code)를 부여하고 있다. 따라서 적격담보물을 기재함에 있어 개별 적격담보물을 CSA에서 정의하는 대신 이 기호를 이용하여 기재할 수도 있다.

인하여 노출되는 위험을 관리하기 위한 조건을 두는 경우가 많다. 한편, 국내에서 제공되는 원화담보에 관해서는 기본계약의 준거법에도 불구하고 물권법정주의에 따라 우리나라 법이 준거법으로 적용된다.

(가) 원화담보의 포함과 CSA

적격담보 중 원화담보를 포함하는 경우, 뉴욕법 CSA를 체결하면서 Paragraph 13에서 Transfer의 정의를 수정하여 원화담보의 한국법에 따른 제공방법을 반영하는 등 기타 원화담보와 관련하여 필요한 조항을 수정하거나 추가하는 경우가 많고, 간혹 외화담보와 별도로 한국법 CSA를 체결하는 경우도 있다. 영국법 CSA를 체결하는 경우는 영국법 CSA는 소유권 이전의 방법으로 담보를 제공하므로 원화담보에 관해서는 담보권 설정에 의하여 담보를 제공할 수 있도록 뉴욕법 CSA를 이용하거나 한국법 CSA를 이용하여 별도의 CSA를 체결한다.

(나) 일반적인 원화 적격담보

원화담보 중 주로 적격담보로 인정되는 것은 현금(Cash), 일정한 등급 이상의 은행에 예치한 은행예금(Cash Deposit), 국고채(Korea Treasury Bond[170]) 및 통안채(Monetary Stabilized Bond)이고, 그 외 특별법에 의하여 설립된 은행이나 공사[171]가 발행한 채권 또는 신용등급이 일정 기준 이상인 은행이나 회사가 발행한 채권을 포함하기도 한다. 적격담보는 양당사자가 합의하기에 따라 그 범위가 얼마든지 달라질 수 있다.[172]

③ 원화담보의 제공방법

일반적인 CSA에 의하면 원화담보는 현금의 경우는 계좌 이체의 방법, 예금 및 기타 증권의 경우에는 근질권 설정의 방법으로 제공된다.[173] CSA에 의한 담보 제공을 위하여 근질권을 설정하는 경우 이는 우리나라 민법상 근질권에 해당하므로 민법

170 ISDA협회가 발간한 Collateral Definitions에 의하면 KTB는 한국정부가 발행한 채권이고, 이를 우리법에 맞추어 해석하면 기획재정부가 발행한 채권을 의미하는데, 기획재정부가 발행한 채권은 국고채 외에 국민주택채권도 포함한다.

171 산업은행, 기업은행 등 은행이나 한국금융공사, 예금보험공사, 한국전력 등 공사나 공기업 등을 예로 들 수 있다.

172 예탁원을 통하여 담보를 수수하는 경우 계좌대체가 제한되는 증권을 적격담보로 할 수 없고(증권 등의 담보관리에 관한 규정 제28조 제2호 및 동 규정 시행세칙 제9조), 상장주권 또는 금융위원회에 등록된 채권평가회사가 가격을 평가할 수 있는 채권만 적격담보로 할 수 있다.

173 실무상 국내 거래상대방과의 개별 거래에서 필요에 따라 양도담보의 방법으로 담보를 제공하는 경우도 있고, 그러한 경우 해당 거래를 위하여 따로 양도담보계약서를 체결하기도 한다.

이 정한 설정 요건에 따라야 하고 민법에서 정한 것과 같은 효력을 가진다.

(가) 현금(Cash)의 담보 제공

국내에서 제공되는 원화담보에 관해서는 기본계약의 준거법에도 불구하고 물권법정주의에 따라 우리나라 법이 적용되는데, 국내법상 현금이 담보로 인정되는지에 관하여 의문을 제기하는 해외 금융투자업자가 많다. 결론적으로 현금도 담보로 제공될 수 있고, 이 때 담보로 제공된 현금은 담보권자의 일반재산에 혼장 보관되고 보증금(Security Deposit)으로 취급될 것이다.

그러나 현금을 담보로 제공하는 경우 적용되는 이자율이 매우 낮은 데 비해 현금을 예금한 후 예금채권에 질권을 설정하는 방법으로 담보를 제공하면 그보다 높은 예금이자를 수령하면서 담보로 제공할 수 있고, 담보로 제공되는 현금은 다른 담보물과 달리 담보권자의 재산과 혼장되어 담보제공자가 일반채권자의 지위에서 반환청구권을 행사할 수 있을 뿐 예금채권에 질권을 설정한 경우처럼 소유권에 기해 반환받을 수 없고 제공된 현금담보만큼 담보권자의 신용위험에 노출되므로[174] 현금을 담보로 제공하는 경우는 실무상 거의 존재하지 않는다.

(나) 현금 외 담보의 제공: 질권 설정

가) 질권설정의 일반 법리

원화담보 중 예금은 민법상 지명채권, 그 외 국채, 통안채 등 채권은 무기명채권에 해당하므로 권리질권에 관한 조문 중 관련 조항에 근거하여 해당 채권의 권리양도방법에 따라 질권을 설정하게 된다.[175]

먼저 예금채권의 경우 채권증서가 있는 지명채권에 해당하므로 그 증서를 질권자에게 교부함으로써 질권설정의 효력이 생기지만(민법 제347조) 질권설정자가 확정일자 있는 증서에 의하여 제3채무자에게 질권설정의 사실을 통지하거나 제3채무자가 이를 승낙함이 아니면 제3채무자 기타 제3자에게 대항할 수 없다(민법 제349조 제1항 및 제450조).[176] 이때 증서는 예금통장, 제3채무자는 예금은행이 된다.

174 담보로 제공된 현금이 특정될 수 있다면 소유권에 기한 반환청구가 인정되는 미국 판례와 다른 점이고, 뉴욕법 CSA상의 담보권 설정 방법과 달리 취급된다는 점이 현금을 담보로 제공할 수 없다는 문제제기의 원인으로 보인다.

175 질권의 설정은 법률에 다른 규정이 없으면 그 권리의 양도에 관한 방법에 의한다(민법 제346조).

176 질권설정의 요건을 정확히 이해하려면 성립요건과 대항요건을 구별할 필요가 있다. 성립요건이란 말 그대로 법률행위를 성립시키기 위한 요건이고 대항요건은 법률행위의 효력을 제3자에게도 주장하기 위한 요건이다. 예를 들어 예금채권에 질권을 설정하는 경우 증서에 해당하는 통장을 질권자에게 교

한편, 예금 외 국고채, 통안채 기타 일반적으로 적격담보에 포함되는 채권은 무기명채권에 해당하는데, 이 경우 증서를 질권자에게 교부함으로써 질권설정의 효력이 생긴다(민법 제347조 및 제351조). 그러나 위 채권은 실물 증권이 예탁원에 예탁되어 있으므로 따로 실물을 인출한 경우가 아니면 예탁원계좌부 기재의 방법으로 질권을 설정하게 된다. 즉, 예탁원에 예탁된 증권을 담보로 제공하는 경우[177] 자본시장법에서 투자자계좌부와 예탁자계좌부에 기재된 자는 각각 그 증권 등을 점유하는 것으로 보고(자본시장법 제311조 제1항), 투자자계좌부 또는 예탁자계좌부에 증권 등의 양도를 목적으로 계좌 간 대체의 기재를 하거나 질권설정을 목적으로 질물인 뜻과 질권자를 기재한 경우에는 증권 등의 교부가 있었던 것으로(같은 조 제2항) 정하고 있으므로 담보로 제공되는 채권이 예탁된 예탁자계좌부의 비고란에 질권설정에 관한 사항을 기재하는 방법[178]으로 질권을 설정한다.[179] 그런데 계좌부 기재의 방법으

부함으로써 유효하게 질권을 설정할 수 있지만(성립요건), 확정일자 있는 통지로써 질권설정의 사실을 제3채무자인 예금은행에 통지하거나 예금은행으로부터 질권설정에 관한 동의를 받지 않으면(대항요건을 갖추지 않으면) 만약 예금은행이 질권설정에도 불구하고 예금주인 질권설정자에게 예금을 지급하더라도 질권자는 예금은행과 이를 다툴 수 없고 질권설정자에게 질권설정계약의 위반을 주장할 수 있을 뿐이다. 반면 확정일자 있는 통지로 질권설정의 사실을 예금은행에 통지하였거나 예금은행으로부터 질권설정에 관한 동의를 받았다면(대항요건을 갖추었으면) 예금은행이 예금주인 질권설정자에게 예금을 지급하더라도 질권설정자는 질권 실행에 기하여 예금의 지급을 청구할 수 있고 은행은 이에 응하여야 한다.

177 예탁원을 통한 담보의 제공, 관리 및 실행에 관해서는 증권 등의 담보관리에 관한 규정에서 정하고 있다. 장외파생상품거래에 따른 담보관리업무는 동 규정 제4장 및 동 규정 시행세칙 제3장에서 정하고 있는데, 장외파생상품거래담보계좌를 이용하여 거래하는 경우에만 위 각 장에 의한 규정이 적용되고 일반담보계좌를 이용하는 경우에는 위 각 장이 적용되지 않는다. 예탁원은 장외파생상품거래의 경우 장외파생상품거래담보계좌를 이용하여서만 담보를 수수할 수 있도록 단계적으로 시스템 사용 제한을 하고 있다. 이 규정은 현금도 예탁결제원이 지정한 은행계좌에 입금하는 방법으로 이 규정에 의하여 제공될 수 있는 담보로 규정하고 있으나(규정 제32조 제1항 제1호) 현금을 담보로 주는 경우(주로 외화)에는 예탁원을 통하지 않고 담보권자가 지정한 계좌로 이체하는 것이 일반적이다.
위 각 장에서는 담보관리대상, 담보관련 원장에 기재되어야 하는 내용, 수탁기관 및 상임대리인에 관한 사항, 예탁원을 통하여 담보를 수수하는 경우 담보관리자료 제출의무, 담보의 제공방법, 현금담보의 관리 및 운용에 관한 사항, 일일정산 방법, 담보의 대체 및 교환에 관한 사항, 담보관리조건의 변경의 방법, 채무불이행 발생시 담보의 처리, 기타 담보관리 종료의 처리 등을 상세히 정하고 있고, 예탁된 증권을 예탁원을 통하여 담보로 제공하는 경우 예탁원의 규정이 당사자간 합의에 우선하여 적용되므로 그 내용에 유의하여야 한다.

178 증권 등의 담보관리에 관한 규정 제32조 제1항 제2호 참조

179 자본시장법 제311조에서 실물 증권의 양도 대신 계좌부 기재의 방법으로 예탁된 증권의 양도 및 질권설정을 할 수 있도록 하기 전에도 현재와 같은 방법으로 질권을 설정하는 것이 실무상 관행이었다. 이에 관하여 계좌부 기재는 증권의 실물양도가 아니므로 질권이 유효하게 성립된 것으로 볼 수 없다

로 질권을 설정하기 위해서는 예탁원 시스템상 질권설정자뿐 아니라 질권자도 예탁원에 계좌를 보유하고 있어야 한다. 따라서 예탁원에 계좌를 보유하고 있지 않은 투자자나 해외 금융투자업자에게 담보를 제공하여야 하는 경우에는 부득이 양도담보의 방법으로 담보를 제공하거나 질권자가 예탁원에 계좌를 보유한 제3자를 예탁기관(custodian)으로 지정하여 예탁기관을 질권자로 기재하는 방법으로 담보를 제공하기도 한다. 이때 지정된 예탁기관은 예탁원의 증권 등의 담보관리에 관한 규정 제30조의 수탁기관 또는 상임대리인에 해당한다.[180]

나) 예금(Cash Deposit)의 담보제공의 실무

특히 국내 투자매매업자들은 조달한 자금의 일정 부분을 예금으로 운용하고 있고 보유한 예금채권을 담보로 제공하는 경우 추가적인 조달비용 없이 예금채권에서 발생하는 이자를 그대로 수령할 수 있으므로 예금채권을 적격담보로 가장 선호하는 편이다. 예금채권을 적격담보로 하는 경우에 관하여 다음 사항을 참조한다.

담보권자는 담보제공자의 신용위험 외에 예금은행(deposit bank)의 신용위험에도 노출되므로 예금은행을 해당 당사자(CSA 체결 당사자가 은행인 경우)로 한정하거나 양당사자가 합의한 은행 또는 일정 신용등급 이상의 은행으로 하는 조건을 정하는 경우가 대부분이다.

예금채권의 담보제공은 당사자가 해당 예금채권에 대한 질권설정의 합의를 하고, 예금은행의 동의를 받은 후 담보제공자가 해당 예금채권의 통장을 담보권자에게 교부하고 질권설정일을 확정일자로 기재하여 공증받는 것이 일반적이다. 실무상 담보권자와 담보제공자가 예금은행의 동의서가 첨부된 예금은행이 제공하는 질권설정계약서를 별도로 체결하면 예금은행이 전산상 해당 예금채권에 질권설정 처리를 하는데, 이후에는 담보제공자의 일체의 처분(예금의 일부 인출, 이중 담보제공 등)을 위한 예금은행의 업무처리가 전산상 금지되므로 확정일자나 통장의 교부는 생략하기도 한다. 증서의 교부는 민법상 질권설정의 요건이므로 생략하는 경우 이론적으로는 질권설정의 효력이 문제될 수 있으므로 생략하는 것이 바람직하지 않고, 질권설정일을 확정일자로 기재하여 공증받는 것은 앞서 본 바와 같이 예금은행에 대항요건을

는 논란이 제기되어 왔으나 이는 위 자본시장법 제311조의 도입으로 해결되었다.

180 따라서 예탁원에 계좌를 개설한 예탁자이어야 하고, 선임 또는 변경의 경우 예탁원에 신고하여야 한다(증권 등의 담보관리에 관한 규정 제30조).

갖추기 위하여 질권설정통지를 하는 경우 요구되는 것이므로 예금은행의 동의를 받는 실무상 법률적으로 의미가 없어 생략해도 무방할 것으로 보인다.

실무상 해외 금융투자업자가 예금채권은 담보로 제공받을 수 없다고 오해하거나 내부 시스템이나 절차상 처리가 불가능하여 예금채권을 담보로 제공받을 수 없는 경우가 있다. 예금은행이 요구하는 서류와 절차만 갖추면 해외 금융투자업자라도 예금채권의 질권자가 될 수 있고, 실제 처리된 사례가 있으므로 참조한다.

④ Valuation Percentage(인정비율)

인정비율은 담보평가액 대비 담보로 인정되는 금액(Value)의 비율이다. CSA상 담보인정금액은 담보평가액에 이 비율을 곱하여 계산한다.[181] 미국 달러화 현금(USD)은 대개 100%로 하지만, 그 외의 적격담보물의 경우에는 해당 담보물의 신용위험이나 유동성위험 및 장래 해당 담보의 가치변동 가능성을 고려하여 그 미만의 인정비율로 정하는데, CSA를 체결하는 각 당사자의 내부적 기준에 따라 협의되고, 각 적격담보물의 신용위험 및 유동성위험이 작을수록[182] 높아지는 것이 일반적이다.[183]

2) Thresholds

이 조항에서는 Credit Support Amount의 계산을 위한 조건(Independent Amount 및 Threshold) 및 담보의 제공 및 반환 처리를 위한 기준(Minimum Amount Transfer 및 Rounding)을 정한다.

① Independent Amount

Independent Amount는 개시증거금 개념에 해당한다. 위험노출액의 평가일부터 실제로 담보가 제공될 때까지 위험노출액의 증가 또는 담보가치의 하락으로 인하여 노출되는 신용위험의 관리를 위하여 징구되는 것으로, 보통 양당사자 중 신용도가 낮은 당사자가 개별 거래에 관하여 상대방에게 제공하고 해당 거래의 위험노출액의

181 담보의 가치(Value)는 영국법 CSA의 Paragraph 11 및 뉴욕법 CSA의 Paragraph 13에서 달리 수정되지 않으면 (A)현금의 경우는 액면금액, (B)증권의 경우는 Valuation Agent가 취득한 호가(bid price)에 인정비율을 곱한 금액을 말한다.

182 일반적으로 만기가 짧을수록 노출되는 담보물 발행사의 신용위험이 작아지고 유동성이 풍부해지므로 인정비율이 높아진다.

183 실무상 Valuation Percentage와 haircut을 혼동하는 경우가 많은데 이 두 개념은 구별하여 사용하여야 한다. haircut은 Valuation Percentage가 100%보다 얼마나 작은지를 말하는 개념이다. 즉 담보의 Valuation Percentage가 80%인 경우 haircut은 20%이다.

변동과 관계없이 거래 종료시까지 반환되지 않는다. Independent Amount는 이 조항에서 기본계약하에 체결되는 거래의 액면금액(Notional Amount) 대비 일정비율로 정하여 기본계약이 적용되는 모든 거래에 적용되도록 하거나, 이 조항에서는 적용하지 않는 것으로 하되 개별 거래의 거래확인서에서 제공하여야 하는 금액을 정한다. Independent Amount를 적용하기로 하는 경우 적용 거래의 효력발생일에 정한 금액에 해당하는 가치의 담보를 적격담보물로 제공한다. CSA나 기타 ISDA 발간 정의집에서 명시적으로 제공시점을 정하고 있지 않으나 실무상 적용 거래의 효력발생일에 제공하여야 하는 것으로 취급되고 있다.

② Threshold

상대방에 대하여 담보제공을 면제해 줄 수 있는 위험노출액을 의미하는 것으로 상대방의 신용을 고려하여 결정하고 협의한다. 각 당사자에 대하여 일정한 금액으로 정하기도 하지만, 신용등급에 따라 변하도록 기재하는 경우가 많다.[184] 최근에는 양 당사자 모두에 대하여 0인 것으로 체결하여 좀 더 엄격한 신용위험 관리를 도모하면서 대신 지나치게 자주 담보의 수수가 발생하는 것을 방지하기 위하여 Minimum Transfer Amount를 상대적으로 큰 금액으로 정하는 경우가 종종 있다.

Threshold Amount가 정액 또는 신용등급 기준으로 정해진 경우 (i) 일방당사자에게 채무불이행사유 등이 발생하는 경우(경우에 따라 잠재적 채무불이행사유도 포함), (ii) 기본계약에 따라 체결한 거래가 더 이상 존재하지 않는 경우 또는 (iii) 신용등급에 따른 금액 기준을 규정한 경우 신용등급이 일정등급 이하로 하락하거나 당사자들이 정한 신용평가기관으로부터 등급을 부여받지 못한 때에는 0으로 한다는 단서가 추가되는 경우가 많다.

③ Minimum Transfer Amount 및 Rounding

Minimum Transfer Amount(이하 "MTA")는 담보의 이전이 실제로 이루어지는 최소 금액으로, 지나치게 자주 작은 금액의 담보 수수가 발생하지 않도록 하기 위하여 정한다. Delivery Amount나 Return Amount가 발생하더라도 그 금액이 MTA보다 작으면 담보의 제공이나 반환이 유보되고, MTA를 초과하게 되면 발생한 금액 전

184 일방 당사자만 담보제공의무를 부담하도록 하는 편면적 CSA 체결의 경우, 담보제공의무가 면제되는 당사자에 관하여 Threshold를 'Infinite'로 기재함으로써 해당 당사자의 Credit Support Amount는 언제나 0이 되도록 하면 된다.

체에 대한 수수가 이루어진다. 상대방의 신용을 고려하여 정하고 신용도가 높을수록 금액이 높아질 수 있으나, 원래의 취지는 담보 수수절차의 간편화를 위한 것으로 Threshold와는 다르다. MTA도 Threshold처럼 (i) 일방당사자에게 채무불이행사유 등이 발생하는 경우(경우에 따라 잠재적 채무불이행사유도 포함), (ii) 기본계약에 따라 체결한 거래가 더 이상 존재하지 않는 경우 또는 (iii) 신용등급에 따른 금액 기준을 규정한 경우 신용등급이 일정등급 이하로 하락하거나 당사자들이 정한 신용평가기관으로부터 등급을 부여받지 못한 때에는 0으로 한다는 단서가 추가되는 경우가 많다.

Rounding은 절사 개념이다. Delivery Amount나 Return Amount를 양당사자가 정한 기준에 따라 절사하는 것으로, 간편한 담보수수 절차를 위하여 정한다.

3) 담보의 재사용 허용여부

① CSA상의 담보사용에 관한 조항

영국법 CSA에 의한 경우 담보물의 소유권이 담보권자에게 이전되므로 담보권자는 대외적 소유권자로서 제공된 담보를 담보제공, 매도 기타 처분할 수 있고 담보권자의 담보물 사용에 관한 조항을 따로 두지 않는다. 또한 뉴욕법 CSA에 의하더라도 현금이 담보로 제공되는 경우에는 국내법상 보증금과 같이 담보권자의 소유가 되고 담보제공자는 일반채권자의 지위에서 반환청구권을 가질 뿐이므로 담보의 사용이 문제되지 않는다. 그러나 뉴욕법 CSA에 의하여 현금 외의 담보를 제공하는 경우에는 담보권 설정의 방법에 의하므로 영국법 CSA와 달리 Paragraph 13(g)에서 담보의 사용여부 및 범위에 관하여 정한다.

② 뉴욕법 CSA의 담보사용에 관한 조항과 민법상 전질권의 활용

실무상 국내법에 의하면 담보의 재사용이 허용되지 않는다고 이해하고 있는 경우가 많으나, CSA에서 담보의 재사용을 허용하는 것으로 정하면 민법상 전질에 의하여 담보권자가 제공받은 담보물을 타에 담보로 제공하는 방법으로 사용할 수 있고 예탁기관의 업무처리도 가능하다.[185] 이 경우에도 민법상 전질에 관한 법리가 적용되는데 우리나라 민법은 전질을 승낙전질과 책임전질로 나누어 규율하고 있고 각 성립요건 및 효력이 다르므로 CSA에 근거한 전질이 이 중 어디에 해당하는지 문제된다.

185 증권 등의 담보관리에 관한 규정 제32조 제2항 및 동 규정 시행세칙 제11조 참조. 한편, 일반담보계좌와 장외파생상품거래담보계좌는 상호간 호환되지 않아 예를 들어 장외파생상품거래담보계좌로 제공받은 담보를 일반담보계좌를 사용하는 상대방에게 전질할 수 없다.

| 표 4-78 | 민법상 책임전질과 승낙전질

	책임전질	승낙전질
요건	대항요건으로 원질권자설정자에 대한 통지 또는 원질권설정자의 승낙	성립요건으로 원질권설정자의 승낙 (대항요건 불요)
성립근거	민법 제336조, 제337조	민법 제343조, 제324조 제2항
효과	원질권에 종속: 원질권 범위 내 성립 ■ 원질권의 피담보채무액의 범위 ■ 원질권의 실행까지 전질권 실행 불가	독립된 질권: 원질권과 독립하여 성립 ■ 원질권의 피담보채무액의 범위와 무관 ■ 원질권 실행과 관계없이 전질권 실행 가능

일반적으로 CSA에서 원화담보의 재사용을 허용하는 조항[186]은 관련 법령이 허용하는 범위 내에서 질권자가 질권설정자(Pledgor)의 권리에 제약받지 않고 질권이 설정된 담보를 다시 담보로 제공(re-pledge) 할 수 있도록 하면서, 아울러 이를 위하여 필요한 계좌부 기재(register or record) 등의 근거도 마련하고 있는데, 이는 제공된 담보를 다시 타에 담보로 제공하는 것에 대한 동의로 볼 수 있다.[187] 따라서 CSA의 담보 사용에 관한 조항(Paragraph 6 및 Paragraph 13(g))에 근거하여 질권의 목적물을 전질하는 경우 이는 승낙전질에 해당하는 것으로 볼 것이고, 승낙전질은 원질권설정자의 승낙만으로 성립하므로 다시 그 성립을 위하여 원질권설정자에게 전질권

186 원화담보의 재사용에 관한 일반적 문언은 다음과 같다; In relation to KRW Collateral, the provisions of Paragraph 6(c) will apply to Party A and to Party B; *provided* that with respect to KRW Cash Deposit and KRW Eligible Bonds, the words "notwithstanding Section 9-207 of the New York Uniform Commercial Code," shall be deleted and sub-paragraphs (i) and (ii) shall be amended to read as follows:
"(i) Re-pledge any Posted Collateral it holds consisting of KRW Cash Deposit or KRW Eligible Bonds, free from any claim or right of any nature whatsoever of the Pledgor, to the extent permitted under applicable law; and
(ii) Register or record in favour of the Secured Party any relevant security interest(including the re-pledge) granted over any Posted Collateral consisting of KRW Cash Deposit or KRW Eligible Bonds in accordance with any applicable law."

187 이를 사전적 포괄적 동의로 볼 수 있는지 여부에 관한 논의(한민, 홍선경, 장외파생상품거래와 담보-Rehypothecation 문제를 중심으로, 제16면, BFL 제44호(2010. 11)참조)가 있으나, CSA에서 이미 담보의 사용을 허용하는 것으로 쌍방간 동의하였는데 다시 전질을 위하여 상대방의 동의를 구하여야 한다고 해석하는 것은 이 조항을 무의미하게 만들고, 나아가 양 당사자가 사전에 제공된 담보의 사용을 허용하는 것으로 포괄적으로 동의할 수 없다고 볼 근거도 없으므로 CSA의 담보사용 조항을 승낙전질을 성립시키기 위한 승낙으로 보는 데 어떤 문제가 있다고 보기 어려울 것으로 보인다. 실무상으로도 CSA의 담보사용에 관한 조항을 근거로 승낙전질을 성립시키는 방법으로 전질을 제공하고 있다.

설정의 통지 등을 요하지 않는다.

제공된 담보가 전질된 후 담보권자에 파산 또는 회생 절차가 개시되는 경우 원질권제공자인 담보제공자는 소유권에 기하여 질물을 회수할 수 없고 이에 해당하는 금액에 관하여 담보권자의 일반 채권자의 지위에 놓이게 되므로 담보물 가치만큼 담보권자의 신용위험에 노출되게 된다. 이 점을 고려하여 담보사용의 허용여부를 판단하여야 한다.[188]

아울러 원질권자와의 관계에서 위험노출액 변동 등의 사유로 담보를 반환하여야 하는 경우 전질된 질물의 원질권을 해지하여야 하므로 전질권설정자(질권자)가 전질권자에게 새로운 담보를 제공하고 전질권을 해지할 수 있어야 한다. 따라서 필요한 경우 전질권자와의 사이에서 제공된 담보의 교체가 가능하도록 전질권설정자와 전질권자와의 사이에 체결한 CSA 중 담보 교체에 관한 조항에서 담보의 교체에 담보권자의 동의를 요하지 않는 것으로 정하는 것이 좋다.

4) Base Currency 및 Base Currency Equivalent의 정의

영국법 CSA에서는 Paragraph 11(a)에서 Base Currency의 정의를 두고, 뉴욕법 CSA에서는 Paragraph 13(m)에서 추가 정의 조항을 기재하여 Base Currency를 정한다. Base Currency와 다른 종류의 통화의 담보물이 제공되었을 때 이를 Base Currency로 환산한 것을 Base Currency Equivalent라 하고, Base Currency Equivalent의 정의 조항에서 환산에 적용되는 환율을 기재한다.

기타 통화 표시 담보물을 Base Currency로 환산할 때 적용되는 환율에 관하여 Valuation Agent가 실제로 환전한 환율로 하기로 하는 경우가 많다.[189] 그러나 실무상 외국 은행과 CSA 및 기본계약을 체결하고 위 조항을 적용하는 경우, Valuation Agent인 외국 은행이 공개된 시장에서 고시되는 환율과 큰 차이가 나는 내부에서 결

188 전질이 설정된 후 원질권자, 전질권설정자 및 전질권자 도산의 경우 법률관계에 관해서는 한민, 홍선경 전게 논문 참조

189 예를 들면, "***Base Currency Equivalent***" means, with respect to an amount on a Valuation Date or any other date of calculation(the "Applicable Date"), (a) in the case of an amount denominated in the Base Currency, such Base Currency amount, and (b) in the case of an amount denominated in a currency other than the Base Currency(the "Other Currency"), the amount of Base Currency required to purchase such amount of the Other Currency at the spot exchange rate determined by the Valuation Agent for value on such Valuation Date.

정한 환율을 적용하고 그 결과가 국내 당사자인 그 상대방에게 크게 불리함에도 불구하고 위와 같은 조항으로 인하여 다투지 못하는 경우가 있을 수 있다.[190] 따라서 가능한 공개 시장에서 고시되는 환율을 적용 환율로 기재하는 것이 바람직하다.[191]

5) 담보목적물에 보전조치가 취해지는 경우 처리에 관한 규정

영국법 CSA에서는 Paragraph 11(i) 또는 뉴욕법 CSA에서는 Paragraph 13(m)에서 담보목적물에 가압류, 가처분 기타 보전조치가 취해지는 경우를 추가채무불이행사유(Additional Event of Default)로 정하는 경우가 있다. 이는 당사자의 신용에 관한 문제 때문이라기 보다 보전조치가 취해지면 이후 담보권 실행을 위한 처분이나 담보에 근거하여 취득한 채권을 자동채권으로 하는 상계권의 행사가 사실상 제한될 수 있기 때문이다.[192] 추가채무불이행사유로 기재하는 경우 조기종료일이 지정되면 전체 거래를 종료하여야 하기 때문에 일부 담보목적물에 해당 사유가 발생하는 경우를 추가채무불이행사유로 하는 것은 적절하지 않고, 담보의 적격성 상실 사유로 기재하여 일정한 기간 내에 해당 담보를 교체하도록 하되 교체의무를 이행하지 않는 경우를 기본계약서상 채무불이행사유 중 신용보강 관련 의무불이행(Section 5(a)(iii))을 적용하는 것이 타당하다.

(6) 기타: 거래의 조기종료시 제공된 담보의 처리

영국법 CSA는 채무불이행사유로 조기종료일이 지정되면 제공된 담보는 Unpaid Amount로서 정산금에 반영된다(영국법 CSA Paragraph 6 참조). 한편, 뉴욕법 CSA에서는 관련 규정(Paragraph 8)이 조금 복잡하다.

뉴욕법 CSA Paragraph 8에 의하면, (a)담보권자는 담보제공자에 채무불이행사유(또는 특정조건)이 발생하여 계속 중이기만 하면 조기종료일이 지정되지 않더라

---

190 실제로 리먼 파산 후 금융위기 상황에서 외화 담보 조달 비용이 치솟고 거래상대방인 외국 은행의 위와 같은 환율 적용으로 국내 금융기관이 큰 손해를 입게 된 경험이 있다.

191 이 경우 주로 사용되는 환율은 로이터 스크린 KFTC 18에 고시되는 KRW/USD market exchange rate이다.

192 특히 국내에서는 쉽게 보전조치를 허용하는 결정이 내려지므로 일부 자산에 보전조치가 취해졌다고 하여 당사자의 신용에 문제가 생긴 경우로 보기 어렵다. 반면 담보목적물에 가압류 또는 가처분 결정이 내려지면 해당 담보의 처분이나 해당 담보에 기한 권리와 상대방에 대한 채무의 상계가 제한될 수 있다. 각주 131 및 132 참조.

| 표 4-79 | 뉴욕법 CSA에 의한 담보 처리

내용	담보권자(Paragraph 8(a))	담보제공자(Paragraph 8(b))
권리행사 사유	담보제공자에 채무불이행사유 또는 특정 조건이 발생하여 계속 중이거나 이로 인하여 조기종료일이 지정된 경우	담보권자의 채무불이행사유 또는 특정조건으로 인하여 전체 거래에 관하여 조기종료일이 지정되어 있는 경우
권리내용	담보 처분 또는 취득 후 충당 또는 상계	▪ 담보의 즉시 반환 청구 ▪ 담보와 자신의 채무 상계 또는 담보 반환까지 채무 이행 거절

도, 또는 조기종료일이 지정되었으면 해당 사유가 계속 중이지 않더라도 Paragraph 8(a)에서 정한 바에 따라 담보권을 실행할 수 있으나,[193] (b)담보제공자는 담보권자의 채무불이행사유(또는 특정조건)으로 인하여 기본계약이 적용되는 모든 거래에 관하여 조기종료일이 지정된 경우에만 Paragraph 8(b)에서 정한 권리를 행사할 수 있고 해당 사유가 발생하여 계속 중이나 조기종료일은 지정되지 않은 경우 또는 일부 거래만 조기종료되는 경우에는 행사할 수 없다는 점에 유의한다.

담보권자가 채무불이행당사자 또는 특정조건의 사유발생당사자로서 조기종료일이 지정된 경우, 담보권자가 조기종료금액의 수취인에 해당한다면 담보를 즉시 반환하여야 하는 것이 아니라 처분하여 자신의 채권에 충당할 수 있다고 오해하는 경우가 있다. 그러나 위와 같은 경우에는 담보권자는 더 이상 담보에 관한 권리를 행사할 수 없고 즉시 담보제공자에게 이를 반환하여야 한다는 점은 Paragraph 8(b) 문언상 명확하다.

그럼에도 불구하고 리먼 계열사와 거래하면서 해당 회사에 질권설정방법으로 담보를 제공했던 국내 금융기관들은 2008년 리먼 파산시 예탁결제원 업무처리 규정상 계좌부 기재로 질권 설정된 채권의 질권을 해지하려면 질권자의 동의서 제출이 요구되는데 파산한 리먼 계열사들이 업무처리가 중지되면서 즉시 질권 해지에 관한 동의

193 예탁원에 예탁된 증권에 질권을 설정하는 방법으로 담보가 제공되고 담보제공자가 추가담보제공이나 담보교환의무를 이행하지 않은 경우(기본계약 중 담보서류에 관한 채무불이행에 해당할 것이다) 예탁결제원이 지체없이 담보권자 및 담보권설정자에게 통지한 후 현금담보는 담보권자가 지정한 은행계좌로 이체하고 담보증권은 담보권자의 예탁계좌로 계좌대체하는 방법으로 처리하고(증권 등의 담보관리에 관한 규정 제37조 제2항 및 시행세칙 제17조 제1항), 그 외 다른 채무불이행사유가 발생하여 담보권자가 담보권을 실행하고자 하는 경우 담보권자가 예탁원에 이를 청구하면 예탁원이 위와 같은 방법으로 담보를 처리한다(증권 등의 담보관리에 관한 규정 제37조 제3항 및 시행세칙 제17조 제1항).

서를 받을 수가 없어, 파산관재인들이 질권 해지 동의서를 제공할 때까지 담보목적물을 회수할 수 없었다.[194]

이러한 경험을 바탕으로 예탁원은 2011년 장외파생상품계좌를 별도로 개설하였다. 이 계좌를 이용하여 담보를 제공하는 경우 계좌 개설 후 거래상대방과 체결한 CSA를 예탁원에 제출하고 위와 같은 사안이 발생하면 해당 CSA에서 정한대로 담보권자의 동의가 없더라도 담보제공자가 담보물을 회수할 수 있다.[195] 따라서 향후 리먼 파산과 같은 사유가 다시 발생하더라도 이 계좌를 이용하여 담보를 제공한 담보제공자는 담보권자의 추가적인 행위를 기다릴 필요 없이 즉시 담보를 회수할 수 있을 것으로 보인다.

담보의 반환이 지연된 기간 동안 담보목적물의 평가금액에 관하여 지연이자를 청구할 수 있다. 이때 지연이자가 부리되는 채무는 당사자들이 달리 정하지 않는 한 제공된 담보가액 전체가 아니라 담보가 제공된 것으로 인정되는 금액, 즉 담보의 평가금액에 인정비율을 곱한 금액이다(Paragraph 11(a) 및 Paragraph 12 중 Value의 정의 참조). 이를 반환이 지체되는 담보 전체에 대한 이자로 계산하기 위하여 Paragraph 13에서 Value의 정의를 조기종료시에는 인정비율을 곱하지 않은 담보의 평가금액으로 하도록 수정하는 등 특칙 조항을 두기도 한다. 지연이자율(Default Rate)은 CSA에 정의되지 않고 기본계약서의 정함에 따른다.

3-4. 거래확인서(Confirmation)의 체결

(1) Term Sheet의 교부

통상 장외파생상품거래는 양 당사자들이 메신저, 전화 또는 이메일 등의 방법으로 거래 조건에 합의한 후 합의된 해당 거래의 주요 조건을 전자파일인 Term Sheet의 형태로 상대방에게 교부한다. Term Sheet은 어디까지나 거래 조건의 확인을 목

194 파산한 리먼 계열사 파산관재인들은 위 조항에 기한 담보반환의무를 다투지 않았으나, 질권해지에 관한 동의서 작성 및 교부 업무처리에 약 2년 정도의 시간이 걸렸다.

195 담보권자에 기본계약서상 채무불이행사유가 발생하여 담보가 반환되어야 하는 경우는 담보권자와 담보권설정자 사이에 미리 정한 담보관리 종료사유가 발생한 경우로서 담보권 말소에 동의한 때에 해당하므로 그 내용이 표시된 문서, 즉 양당사자간 체결한 CSA를 예탁원에 제출하여 확인 받은 후 담보제공자가 담보권을 말소하고 담보를 반환받을 수 있다(증권 등의 담보관리에 관한 규정 제38조 제1항 제2호 및 시행세칙 제17조 제3항).

적으로 교부되는 것으로 만약 당사자가 합의한 내용과 Term Sheet의 기재가 다르더라도 당사자가 합의한 대로 거래의 효력이 발생할 것이다. 보통 Term Sheet에는 Term Sheet상의 내용이 당사자를 구속하지 않는다는 점이 기재되어 있는데 그러한 기재가 생략되더라도 Term Sheet의 성격이 달리 해석되는 것은 아니다. 그러나 거래에 관한 내용이 표시된 서면을 교부받는 것이므로 Term Sheet의 수령자는 즉시 검토하여 필요한 경우 이의를 제기해 두는 것이 좋다.

(2) Confirmation(거래확인서)의 체결

1) 거래확인서

거래확인서에서는 개별적인 거래조건 및 해당 거래에 관하여 기본계약서와 달리 적용되는 내용을 기재하고 이는 부속 계약서와 함께 기본계약서의 일부를 구성한다. 부속계약서 및 CSA를 포함한 기본계약서와 불일치하는 부분이 있는 경우 거래확인서의 정함이 가장 우선하여 적용된다.

2) 거래확인서의 체결과 계약의 효력

거래확인서는 거래 성립과 Term Sheet의 교부 이후 쌍방이 서명 또는 날인하여 교환하는 사후적인 확인 자료이다. 장외파생상품거래가 법률상 요식계약인 것은 아니므로 각 거래의 법적 효력은 거래확인서의 작성과 관계없이 거래 당사자들 사이에 구두 기타 방법으로 해당 거래 조건에 합의가 발생한 때부터 발생하고, 거래확인서의 작성여부에 따라 효력이 달라지는 것은 아니다.

3) 거래확인서 기재사항

거래확인서에는 개별 계약 조건과 함께 해당 거래에 기본계약서 및 관련 ISDA Definitions를 적용하기로 한다는 내용을 기재하고, 그 외 개별 거래를 위하여 특별히 필요한 위험고지(Risk Diclosure) 및 진술조항(Representations)을 포함하기도 한다. 해당 거래의 상품구조와 함께 중도상환, 평가일 순연 및 권리내용 조정에 관한 내용이 주요 개별 계약 조건을 구성한다. 기준통화가 외화이거나 원화이더라도 거래상대방이 해외 금융투자업자인 경우에는 외환시장의 교란사유 및 해당 사유가 발생한 경우의 효과도 반드시 포함된다. 일반적인 거래확인서의 개요는 〈표 4-80〉과 같다.

| 표 4-80 | Confirmation 개요

표제	내용
전문	■ 이 거래에 적용되는 기본계약서 및 관련 정의집 기재 ■ 거래확인서가 기본계약서의 일부를 구성하고 불일치하는 경우 거래확인서가 우선하여 적용된다는 점[196]
General Terms	■ 양당사자: 계약당사자 기재 ■ Trade Date: 거래체결일 ■ Effective Date: 거래의 효력발생일 ■ Underlying: 기초자산 ■ Exchanges: 거래소 및 관련거래소 특정 ■ Business Days: 영업일 기준 도시 및 Business Day Convention[197]
Economic Terms	■ 거래구조에 따른 경제적 조건 기재 Initial Exchange Amount, Floating Amounts, Equity Amounts, Knock In Events, Early Termination, Exchange Rate 등
Settlement Terms	■ Cash Settlement: 현금 결제 여부 기재 ■ Settlement Currency: 결제 기준통화 기재 ■ Payment Dates: 지급일 기재
FX Provision	■ FX Disruption(외환교란사유) 및 발생시 조정방법
Adjustment Events	■ 기초자산 관련 권리내용 조정, 사유 발생시 조정방법 기재 및 결정당사자(Determining Party) 기재
Additional Disruption Event	■ 이 거래에 적용하는 교란사유, 발생시 효과 및 결정당사자 기재
Representations	■ Non-Reliance, Agreements and Acknowledgments Regarding Hedging Activities, Additional Acknowledgment 등의 적용여부
Account Details	■ 양당사자의 결제계좌 정보 기재

① FX Provision

해당 거래에 적용하는 외환장애사유, 발생시 효과 및 권리내용 조정을 행하는 당사자를 기재한다. 특히 해외 금융투자업자와 거래하는 경우 반드시 포함되는데, ISDA 발간 FX Definitions에서 정한 교란사유를 인용하는 경우도 있지만, 많은 경우

196 기본계약서를 체결하지 않고 거래하는 경우에는 당사자 사이에 체결한 것으로 간주하는 기본계약서와 필요한 범위에서 이를 수정하는 내용의 부속계약서 조항을 거래확인서에 기재한다. 기본계약서 체결을 위한 협의 진행중 거래하는 경우에는 양당사자가 가능한 빠른 기본계약서 체결을 위해 최선을 다해 노력하고 기본계약서가 체결되면 해당 기본계약서의 적용을 받는 거래로 본다는 점을 기재하기도 한다.

197 General Terms 중 Exchange, Business Day, Exchange Business Day 등에 관해서는 인수계약서와 관련하여 해당 부분을 설명한 p. 376 이하 참조.

거래확인서에서 따로 정의한 교란사유 및 효과에 의한다.

외환장애사유는 결제금액을 결정할 환율이 정상적으로 발표되지 않는 경우, 통화간 환전에 제한이 발생한 경우 또는 국내외간 원화 또는 외화자금의 이체가 제한되는 경우 등 다양하게 규정된다. 외환교란사유 발생의 결과는 주로 결제일 또는 적용환율 결정일을 해당 사유 종료시까지 연기하는 것을 골자로 한다. 그런데 간혹 상환평가일을 조정하도록 하는 경우가 있어 그러한 내용이 포함되지 않도록 주의를 요한다. 외환장애사유는 기초자산 가격과 관계가 없으므로 외환장애사유가 발생하더라도 상환평가가 가능하고, 특히 해당 거래를 파생결합증권 발행 후 헤지목적으로 체결한 경우 앞서 본 바와 같이 인수계약서의 조건과 해당 장외파생상품거래의 조건을 일치시킬 수 있어야 하는데 원화 표시 기초자산을 기준으로 상환 여부를 결정하고 원화로 상환금이 결제되는 상품에서 위와 같은 외화에 관한 사유를 평가일 자체의 변경사유로 투자자에게 주장하는 것은 상업적으로 합리적인 권리내용 조정으로 인정되기 어려울 것이기 때문이다.

② Adjustments Event 및 Additional Disruption Evnet

권리내용의 조정이 필요한 때에 관한 조항으로, 이에 해당하는 사유, 발생시 조정방법 및 조정내용의 결정당사자를 기재한다. 기초자산의 종류에 따라 관련 Equity Definitions에서 조정사유 및 해결방법을 정의하고 있으므로 이를 인용하여 간단히 기재할 수 있다.

Equity Definitions는 Article 11(Adjustments and Modifications Affecting Indices, Shares and Transactions)에서 기초자산인 지수, 주식 및 거래에 영향을 주는 사유 및 해당 사유가 발생하는 경우 각 사유별로 거래조건을 조정하는 방법을, Article 12(Extraordinary Events)에서 기타 기초자산과 관련하여 발생할 수 있는 합병(Merger Event), 주식병합(Tender Offer), 지수조정사유(Index Adjustment Event), 발행사의 국유화(Nationalization), 파산(Insolvency), 해당 주식의 상장폐지(Delisting) 기타 교란사유(Additional Disruption Event) 등의 정의 및 이에 관한 사항을 정하고 있다. 실무상 특히 장외파생상품거래의 기초자산이 주식인 경우 발행사의 합병, 분할 또는 증자, 감자 등의 사유가 자주 발생하고, 이러한 사유가 바로 Equity Definitions의 위 조항의 적용으로 해결해야 하는 경우이나, 대부분 거래소가 거래소규정에 따라 거래정지여부 및 조정된 가격을 결정하여 발표하므로 특별한 문제 없이 거래소의 조정결과에 따르는 경우가 많다. 이러한 경우를 제외하고 파생결합증권 발행 후 헤지목적거래로 체결되는 거래에서 주로 사용되는 조건을 살펴보면 아래와 같다.

(가) Adjustment Event

Article 11에서는 기초자산인 지수의 산출방식의 변경이나 기초자산인 주식의 가치의 희석화 등으로 인하여 기초자산의 연속성이 상실된 것으로 볼 수 있는 경우에 관하여 정하고 있다. 이 중 기초자산이 주식인 경우 발행사의 합병, 분할 또는 증자, 감자 등의 사유가 자주 발생하는데 이러한 사유로 인하여 주식의 가치의 연속성을 상실하게 되면 대부분 거래소가 거래소규정에 따라 거래정지여부 및 조정된 가격을 결정하여 발표하므로 특별한 문제 없이 거래소의 조정결과에 따르게 된다. 지수의 경우 Equity Definitions가 정하고 있는 조정사유는 〈표 4-81〉과 같다.

| 표 4-81 | Section 11.1 Adjustments to Indices

표제	내용
Index Modification	기초자산을 지수로 하는 거래에서 지수산출기관이 평가일 또는 그 이전에 지수산출방식에 중대한 변경을 가하거나, 기타 중대한 수정을 하는 경우(원래의 지수산출방식에 따라 구성종목 또는 비중의 변경 등 일반적인 변경은 제외)
Index Cancellation	기초자산 지수가 영구적으로 폐지되고 승계인이 없는 경우
Index Disruption	평가일에 지수산출기관이 지수를 산출하여 발표하지 못하는 경우

지수의 조정사유가 발생하는 경우에 관하여 양 당사자가 거래확인서에서 각 사유별로 조정방법을 지정하는데 선택할 수 있는 조정방법은 〈표 4-82〉와 같다. 시장관행상 Index Modification 및 Index Disruption에 관해서는 Calculation Agent Adjustment를, Index Cancellation에 관해서는 Cancellation and Payment를 지정하는 것이 일반적이다.

| 표 4-82 | Section 11.1 Adjustments to Indices

표제	내용
Calculation Agent Adjustment	계산대리인이 해당사유가 중대한지 판단하고, 중대하다면 관련 평가가격, 기준가격, 기초자산지수 등을 조정(단, 해당사유 발생 직전에 지수를 구성하던 증권들만을 이용하여 지수산출방법에 따라 계산)

Negotiated Close-out	당사자들은 상호간 합의할 수 있는 조건으로 거래를 종료할 수 있고 거래의 종료에 합의하지 않는 경우 지수의 산출이 필요한 시점의 지수산출방법에 따라 결정된 조건으로 거래를 유지할 수 있음
Cancellation and Payment	(1) Index Disruption의 경우, 거래는 평가일에 취소 (2) Index Cancellation의 경우, 지수산출기관이 지수의 폐지를 발표한 날의 직전 거래소영업일과 및 지수가 폐지된 날의 직전거래소영업일 중 나중에 도래하는 날에 취소 (3) Index Modification의 경우, 각 당사자는 지수의 수정이 발표된 이후 언제든지 해당 사유의 효력 발생 이전의 통지로 거래의 취소를 선택. 취소된 거래는 사유 발생 직전의 유효한 지수의 결정방법에 따라 평가

(나) Additional Disruption Event

해당 거래의 유지 가부 및 유지비용, 해당 거래 관련 위험회피거래의 가부 및 거래비용에 관한 사유가 발생하였을 때 적용되는 규정으로, 적용되는 사유, 사유발생 시 조정방법 및 조정내용의 결정당사자를 기재한다. 기초자산이 주식 또는 주식 관련 지수인 거래(이하 "Equity Swap")에 적용할 수 있는 사유는 Equity Definitions Section 12.9에 정의되어 있는데 주요 내용은 〈표 4-83〉과 같고, 거래확인서에서 해당 사유를 적용하기로 명시한 경우에 적용된다.

| 표 4-83 | Section 12.9 (a) Additional Disruption Event

표제	내용
Change in Law	법령의 개정이나 유권해석의 변화로 인하여 거래와 관련된 주식의 취득 및 처분이 위법해지거나, 해당 거래상의 의무 이행의 비용이 중대하게 증가한 경우(세금 부담이 증가한 경우 포함)
Failure to Deliver	기초자산의 시장에서의 유동성 부족으로 인하여 실물 인도가 불가능한 경우
Insolvency Filing	기초자산 발행사가 파산 기타 유사한 절차의 개시신청을 하거나 제3자에 의해 신청되고 발행사가 동의한 때(발행사가 동의하지 않은 경우는 이 사유에 해당하지 않음)
Hedging Disruption	Hedging Party(이 거래와 관련하여 위험회피거래를 수행하는 당사자)가 상업적으로 합리적인 노력을 하였음에도 불구하고 이 거래의 체결 또는 이 거래상의 의무 이행을 위하여 기초자산 가격의 위험관리 목적으로 필요하다고 간주되는 거래 또는 자산의 취득이나 처분이 불가능할 때

Increased Cost of Hedging	이 거래의 체결 또는 이 거래상의 의무 이행을 위하여 기초자산 가격의 위험 관리 목적으로 필요하다고 간주되는 거래 또는 자산의 취득이나 처분과 관련하여 세금, 비용 또는 수수료(중개수수료 제외)가 중대하게 증가된 때(단, Hedging Party의 신용도 하락 등 사유로 인한 경우는 이에 해당하지 않음)
Loss of Stock Borrow	Hedging Party가 상업적으로 합리적인 노력을 다하였음에도 불구하고 거래확인서에서 정한 Maximum Stock Loan Rate 이하의 비용으로 위험회피거래를 위하여 필요한 주식의 수량을 대차할 수 없을 때
Increased Cost of Stock Borrow	Hedging Party가 기초자산 주식을 대차하는 비용이 거래확인서에서 정한 Initial Stock Loan Rate를 초과할 때

우리나라 장외파생상품시장에서는 Change in Law와 Hedging Disruption은 적용하고, 나머지는 적용하지 않는 것이 관행이 되어 있다. 거래상대방에 따라 거래확인서에서 적용하는 사유의 문언을 수정하기도 한다. 위 각 사유가 발생하였을 때 취할 수 있는 조치도 해당 정의집에 규정되어 있는데 그 주요 내용은 〈표 4-84〉와 같다.

표 4-84 Section 12.9 (b) Additional Disruption Event 발생의 효과

사유	발생 효과
Change in Law	각 당사자는 거래의 종료일을 지정한 2 예정거래일 이상의 사전 통지로써 거래를 종료시킬 수 있고 Determining Party(거래확인서에서 정함)가 Cancellation Amount(해지되는 거래의 정산금액에 해당)을 결정함
Failure to Deliver	▪ 기본계약서의 채무불이행에 해당하지 않음 ▪ 인도의무자는 1 영업일 내에 상대방에게 사유발생을 통지한 후 결제일에 인도할 수 있는 수량만큼 인도하고 수령당사자는 인도받은 만큼 지급의무 이행 ▪ 수령당사자는 원래의 결제일에 상대방에 대한 통지로써 거래를 종료할 수 있고 해당 통지가 효력을 발생하는 날에 원래의 결제일에 거래가 종료된 것으로 간주되며, 수령당사자가 일부 인도된 주식을 고려하여 Cancellation Amount를 결정
Insolvency Filing	Change in Law와 동일
Hedging Disruption	Hedging Party가 해당 사유가 계속되는 동안 상대방(Non Hedging Party)에게 종료일을 기재한 최소 2 예정거래일 이전의 사전 통지로써 관련 거래를 종료시킬 수 있고 Determining Party가 Cancellation Amount 결정
Increased Cost of Hedging	▪ Hedging Party는 즉시 Non Hedging Party에게 해당 사유의 발생 및 상환기준가격 등의 조정(Price Adjustment)이 취해질 것이라는 점을

	통지 ■ Non Hedging Party는 위 통지 수령일로부터 2 예정거래일 이내에, (A) 관련 거래의 조건 조정(Price Adjustment)에 동의, (B) 계산대리인이 결정한 Price Adjustment에 따른 금액을 지급, (C) 2 예정거래일에 거래를 종료 중 하나를 정하여 통지 ■ 위 통지가 2 예정거래일까지 없으면, Hedging Party는 종료일을 지정한 통지로 거래를 종료시킬 수 있음 ■ 어느 한 당사자가 거래 종료를 선택하는 경우 Determining Party가 Cancellation Amount를 결정
Loss of Stock Borrow	■ Hedging Party가 상대방(Non Hedging Party)에게 해당 사유의 발생을 통지 ■ Non Hedging Party는 해당 사유의 통지를 수령한 2 예정거래일 내에 Hedging Party에게 필요수량을 Maximum Stock Loan Rate 이하의 비용으로 (A) 대차해 주거나, (B) 제3자(Lending Party)로 하여금 대차해 주도록 할 수 있음 ■ 위 조치가 취해지지 않은 경우, Hedging Party는 종료일을 지정하여 거래 종료의 통지를 할 수 있고 이 통지가 효력을 발생하는 날 거래가 종료되며, Determining Party가 Cancellation Amount를 결정 ■ 거래확인서에서 Hedging Disruption과 Loss of Stock Borrow가 모두 적용되는 것으로 명시되고 둘 모두에 해당하는 사유가 발생하는 경우 Loss of Stock Borrow로 취급
Increased Cost of Stock Borrow	■ Hedging Party는 즉시 Non Hedging Party에게 해당 사유의 발생 및 상환기준가격 등의 조정(Price Adjustment)이 취해질 것이라는 점을 통지 ■ Non Hedging Party는 위 통지 수령일로부터 2 예정거래일 이내에, (A) 관련 거래의 조건 조정(Price Adjustment)에 동의, (B) 계산대리인이 결정한 Price Adjustment에 따른 금액을 지급, (C) 2 예정거래일에 거래를 종료 중 하나를 정하여 통지 ■ 위 통지가 2 예정거래일까지 없으면, Hedging Party는 종료일을 지정한 통지로 거래를 종료시킬 수 있고, Determining Party가 Cancellation Amount를 결정 ■ Non Hedging Party는 위 기간 동안 Price Adjustment나 거래의 종료를 피하기 위하여 필요수량을 Initial Stock Loan Rate로 (X) 대차하거나, (Y) 제3자(Lending Party)로 하여금 대차하게 할 수 있음

③ Market Disruption(시장교란사유)

파생결합증권 인수계약서의 시장교란사유에 해당하는 내용으로 기초자산별 정의집에서 그 정의 및 발생한 경우의 효과를 찾아볼 수 있다. Equity Swap과 관련하여 해당 사유는 Equity Definitions Section 6.3에 정의되어 있는데, 거래확인서에서 적용여부를 명시하지 않아도 적용되고 평가일(Valuation Date)에만 해당 사유의 발생이 문제된다는 점이 Adjustment Event 또는 Additional Disruption Event와 다르다. Trading Disruption 또는 Exchange Disruption이 발생하고 계산대리인이 관련 평가시간(Valuation Time) 이후 1시간 내에 해당 사유의 발생이 중대하다고 결정한 경우 또는 Early Closure가 발생한 경우에 각 사유가 발생한 것으로 인정된다.

| 표 4-85 | Section 6.3 (a) Market Disruption Event

표제	내용
Trading Disruption	거래소 또는 관련거래소[198]에서 기초자산 또는 기초자산과 관련된 선물이나 옵션계약에 거래의 정지나 제한(가격제한폭 포함)이 부과되는 경우
Exchange Disruption	Early Closure를 제외하고, 기초자산과 관련하여 거래소 또는 관련 거래소에서 정상적인 거래 또는 가격의 발표가 이루어지지 않는 경우
Early Closure	거래소 영업일에 거래소 또는 관련거래소가 예정 종료시간 전에 폐장하는 경우(폐장이 정규마감시간 또는 호가제출 마감시간 1시간 전에 발표된 경우 제외)

④ 교란사유 발생의 효과: 평가일(Valuation Date)의 순연

Equity Definitions에 의하면 거래확인서에 기재된 평가일이 연기되는 경우는 예정된 평가일(Scheduled Valuation Date)이 예정거래일(Scheduled Trading Day)이 아니게 되거나 교란일(Disrupted Day)이 되는 경우이다. 임시 공휴일이 지정되는 경우와 같이 예정평가일이 예정거래일이 아니게 되는 경우에는 다음 예정거래일을 평가일로 한다(Section 6.2 Valuation Date). 단, 이때 평가일 조정은 교란일 발생의 경우 평가일 순연에 관한 조항을 전제로 하므로 결국 교란일 발생시 평가일 순연의 방법과 동일한 기준이 적용된다.[199]

한편 어느 예정거래일(Scheduled Trading Day)에 거래소 또는 관련거래소가 정규개장시간 동안 개장하지 않거나 시장교란사유가 발생한 경우 해당일은 교란일(Disrupted Day)이 되는데 계산대리인은 가능한 빨리 각 당사자에게 교란일의 발생

198 기초자산이 지수인 경우 지수 구성종목의 20% 이상과 관련된 경우를 의미한다.

199 **Section 6.2. Valuation Date.** "Valuation Date" means, in respect of an Option Transaction, each Exercise Date and, in respect of a Forward Transaction or an Equity Swap Transaction, each date specified as such or otherwise determined as provided in the related Confirmation(or, if such date is not a Scheduled Trading Day, the next following Scheduled Trading Day), in each case, subject to the provisions of Section 6.6 below.

을 통지하여야 한다(Section 6.4 Disrupted Day).[200] 어느 평가일이 교란일일 때 평가일 조정의 방법은 Section 6.6 및 6.7에서 정하고 있다. 거래확인서에서 달리 수정하지 않으면, (i) 해당 평가일은 다음 예정거래일로 연기되는데 기초자산이 복수인 경우 위 각 사유가 발생한 기초자산에 관해서만 평가일이 연기되고 위 사유가 발생하지 않은 기초자산은 원래의 평가일에 평가되며(Section 6.6 Consequences of Disrupted Days), 이를 전제로 (ii) 해당 회차의 상환 조건 평가를 복수의 평가일 기초자산 가격의 평가로 하는 경우(Averaging Date)에 관해서는 평가일 조정 방법으로 거래확인서의 Averaging Date Disruption 항목에서 앞서 인수계약서의 평가일 순연에 관한 부분 중 설명한 바와 같이 Omission, Postponement 및 Modified Postponement 중에서 선택하도록 되어 있다.[201]

우리나라 장외파생상품 시장의 관행은, 파생결합증권 인수계약서와 같이, 어느 기초자산에 관하여 사유가 발생하였는가와 관계없이 어느 한 기초자산에 관해서라도 교란일이면 모든 기초자산에 관한 평가를 연기된 평가일에 하고, 복수의 평가일 기초자산 가격의 평균으로 상환기준가격을 정하는 경우 어느 한 평가일에 어느 한 기초자산에 관하여 교란사유가 발생하면 위와 같이 모든 기초자산에 관하여 평가일을 조정하되 Modified Postponement에 의하는 것이다. 따라서 거래확인서에서 이를 반영하기 위한 적절한 수정 및 명시가 되었는지에 유의하여야 한다. 당사자들끼리 다르게 합의할 수 있음은 물론이다.

4) 거래확인서 검토 시 유의사항

기본계약에 따른 거래를 위하여 거래확인서를 체결하는 경우 대부분의 주요 조건이 ISDA협회가 발간한 관련 정의집에서 정의되고, 경우에 따라 거래확인서에서 언급이 없더라도 관련 정의집에서 정한 바에 따라 적용되게 되므로, 반드시 관련 정의집을 참조하여야 한다.

아울러 파생결합증권의 발행 후 백투백 헤지거래 목적으로 장외파생상품거래를 하는 경우에는 거래확인서에서 정한 조건이 인수계약서에 그대로 반영될 수 있도록 하되, 국내 법령 및 판례 기타 유권해석에 어긋나지 않도록 하고 필요한 경우 거래

200 계산대리인이 적시에 통지하지 못한다고 하더라도 교란일의 발생 여부에 영향을 주는 것은 아니다.
201 각 방법의 자세한 내용은 p. 390 참조.

확인서 조건을 조정하여야 한다.

한편, 거래확인서의 체결과 관련하여 부속계약서에서 일정 기한 안에 이의를 제기하지 않으면 기재 조건에 동의하고 체결한 것으로 간주하는 조항이 있는 경우가 있으므로 주의할 필요가 있다.

관련법령 · 규정 및 참고문헌

• 자본시장과 금융투자업에 관한 법률 및 시행령
• 상법 및 시행령
• 금융투자업규정 및 시행세칙
• 금융기관 분담금 징수등에 관한 규정
• 증권의 발행 및 공시에 관한 규정 및 시행세칙
• 유가증권시장 업무규정 및 시행세칙
• 유가증권시장 상장규정 및 시행세칙
• 유가증권시장 공시규정 및 시행세칙
• 시장감시규정 및 시행세칙
• 증권등 예탁업무규정 및 시행세칙
• 채권등록업무규정 및 시행세칙
• 증권명의개서대행업무규정 및 시행세칙
• 금융투자회사의 영업 및 업무에 관한 규정 및 시행세칙
• 금융투자전문인력과 자격시험에 관한 규정 및 시행세칙
• 기업공시서식 작성기준
• 파생상품업무처리 모범규준
• ELS 헤지거래 가이드라인
• 파생결합증권 발행 및 유통에 관한 준칙
• 신상품 배타적 사용권 심의기준
• 표준투자권유준칙
• 파생결합증권 신고서 작성 가이드라인

• 변제호 · 홍성기 · 김종훈 · 엄세용 · 김유석 공저, 자본시장법, 지원출판사.
• 금융투자업자 영업용순자본비율 산정기준 해설, 금융감독원.

- 기업공시 실무안내 2012, 금융감독원.
- 남길남, ELS · DLS 시장 공시 현황 및 개선 과제, 자본시장연구원.
- 노상규 · 임원규, 장외파생상품을 활용한 신금융상품 설계, 도서출판 구상.
- 한국거래소, 시장전문가들이 함께 만든 ELW시장의 이해, 에세이퍼블리싱.
- 법무부, 상법 회사편 해설, 2012.
- 김건식 · 정순섭 공저, 자본시장법(제2판), 두성사, 2010.
- 박준, 한국상사판례학회 및 한국기업법학회 2011년 8월 하계학술대회 자본시장법 개정의 주요내용과 과제, 기업금융활성화와 신종증권에 관한 자본시장법의 개정.
- 홍영만, 자본시장법 유권해석, 2009.
- 한국증권법학회, 자본시장법 주석서 Ⅰ, Ⅱ, 박영사, 2009.
- 유혁선, 파생상품의 법적 개념에 관한 소고, 증권법연구 제12권 제1호(2011).
- 김영민 · 신영재 · 유석호, 개정상법상 사채제도의 변화, BFL 제51호(2012. 1).
- 임재연, 자본시장법, 박영사, 2012.
- 상장사협의회, 2011 개정상법상 사채제도 해설.
- 정승화, 파생결합증권 발행제도에 관한 법적과제, 증권법연구 제8권 제2호(2011).
- 정순섭, 2002 ISDA 마스터 계약서의 주요개정사항 해설, BFL 제1호(2003. 9).
- 박준 · 홍선경 · 김장호, 채무자회생 및 파산에 관한 법률 제120조의 해석; 지급결제제도, 청산결제제도 및 적격금융거래에 대한 특칙의 적용범위, BFL 제22호(2007. 3).
- 황민택, 장외파생상품계약실무(ISDA Master Agreement를 중심으로), 도서출판 탐진.
- Harding, Paul C., Mastering the ISDA Master Agreement, 1992 and 2002/ Mastering Collateral Management and Documentation, 2002.
- 한민 · 홍선경, 장외파생상품거래와 담보－Rehypothecation 문제를 중심으로, BFL 제44호(2010. 11).
- Figlewski, S., Forecasting Volatility using Historical Data, Working Paper, Stern School of Business, New York University, 1994.
- J.P. Morgan, RiskMetrics Monitor, Fourth Quarter, 1995.

- Engle, R. and Mezrich, J. GARCH for groups, RISK, August, 1996.
- Manaster, S., and Gary Koehler, The Calculation of Implied Variances from the BlackScholes Model: A Note, The Journal of Finance 37, March, 1982.
- Wikipedia, Correlation and dependence.
- John C. Hull, Options, Futures, And Other Derivatives.
- Wilmott, Paul, Paul Wilmott On Quantitative Finance.
- Steven E. Shreve, Stochastic Calculus for Finance Ⅰ, Ⅱ.
- Espen Gaarder Haug, Option Pricing Formulas.
- Daniel J. Duffy, Finite Difference Methods in Financial Engineering.
- Press, William H, Numerical Recipes in C++.
- 조희철, mathFinance.

감　수

유석진

- 서강대 경영대학원
- 前 하나대투증권 CRO, 파생상품담당임원
- 現 여주대 경영대 겸임교수
- 現 와이즈에프엔 상무

집 필 자

지영근

- 연세대 Finance MBA
- 前 미래에셋증권 장외파생팀
- 前 리먼브라더스증권 Vol Product Controller
- 現 금융투자협회 파생상품지원부

최한진

- 서울대 금융수학 박사과정 수료
- 前 현대증권 ELS운용, 리스크관리 팀장
- 現 현대증권 전략운용팀장

문성제

- 연세대 Finance MBA
- 前 미래에셋증권 ELW 트레이더
- 現 우리투자증권 ELW 트레이더

정재은

- 서울대 외교학과
- 現 신영증권 파생상품본부 변호사

ELS · ELW 거래실무서

초판인쇄 2013년 1월 2일
초판발행 2013년 1월 4일

감 수 유석진
지은이 지영근 · 최한진 · 문성제 · 정재은
펴낸이 안종만

편 집 우석진
표지디자인 김지은
기획/마케팅 조성호
제 작 우인도 · 고철민

펴낸곳 (주) 박영사
서울특별시 종로구 13-31번지
등록 1959. 3. 11. 제300-1959-1호(倫)
전 화 02)733-6771
f a x 02)736-4818
e-mail pys@pybook.co.kr
homepage www.pybook.co.kr
ISBN 978-89-6454-400-6 93320

정 가 35,000원